한국사

9

통일신라

국사편찬위원회

한국사 간행취지

우리 겨레가 앞으로 어떻게 살아갈 것인가 하는 문제는 우리들은 물론 우리와 더불어 살아가는 세계인들의 관심사일 것이다. 이에 대한 해답은 과거에 어떻게 살아왔는가 하는 우리 역사에 대한 인식을 통해 찾을 수 있을 것이라고 생각된다.

본 위원회에서는 이미 1970년대에 『한국사』 25권을 간행하여 해방 이후 한국사의 연구성과를 집대성함으로써 한국사에 대한 인식을 새롭게 한 바 있다. 그 이후 한국사회는 놀라운 성장과 발전을 이루었고 역사학계도 상당한 연구성과를 축적하였다. 이러한 변화에 발맞추어 한국사학계는 새로운 『한국사』 편찬의 필요를 느끼게 되었다.

이에 본 위원회는 일차적으로 한국사 연구지원비를 마련하여 역사학계로 하여금 1980년대 중반까지 연구성과가 미진하다고 생각되는 분야를 연구할 수 있도록 하였다. 이어서 1989년부터 1990년까지의 준비를 거쳐 1991년에는 '신편 한국사 편찬위원회'를 따로 구성하고 총 60권에 달하는 새로운 『한국사』를 편찬하기로 하였다. 그리고 다음과 같은 『한국사』 편찬의 목표를 세웠다.

① 한국의 역사와 문화에 대한 객관적 인식의 토대를 제공할 수 있는 한국사를 편찬한다.

② 민족의 창조적 문화활동과 민족사의 내재적 발전을 드러내는 한국사를 편찬한다.

③ 최근까지의 연구성과를 체계화하고 새로운 영역을 개척함으로써 한국사 연구의 지평을 넓힌다.

④ 한국사 연구와 관련하여 고고학·인류학·사회학·경제학 등 인접학문의 연구성과를 수용하여 한국사 인식의 폭을 넓히는 데 기여한다.

새로운 『한국사』를 펴내면서 우리 모두가 바라는 바는, 민족의 통일에 대비해야 하고 급격히 변화하는 시대상황 속에서, 한국사 연구자의 깊이 있는 연구를 도와주고 독자들의 역사인식을 드높일 수 있는 길잡이 구실을 할 수 있었으면 하는 것이다.

국사편찬위원회 위원장

목 차

개 요 1

Ⅰ. 삼국통일

1. 삼국통일 과정 15
   1) 7세기 신라의 내정변화 15
   2) 대여제항쟁과 나당군사동맹 22
   3) 백제의 패망과 부흥운동 31
   4) 고구려의 패망과 부흥운동 47
   5) 대당전쟁 56

2. 삼국통일의 역사적 의의 65
   1) 민족융합의 문제 65
   2) 삼국통일의 역사적 의의 71

Ⅱ. 전제왕권의 확립

1. 무열왕계의 왕권확립 77
   1) 문무왕의 왕권강화 77
   2) 김흠돌란의 발생 83
   3) 신문왕의 개혁정치 89

2. 전제왕권과 귀족 95

3. 중앙통치조직의 정비 109
1) 중앙통치조직의 정비과정 109
2) 중앙통치조직 112
3) 내정기관의 정비 122
4) 재상제도의 운영 124

4. 지방·군사제도의 재편성 128
1) 9주 5소경 128
2) 군사조직 135
3) 진과 성곽시설 143

5. 토지제도의 정비와 조세제도 152
1) 토지제도 152
2) 조세제도 163

Ⅲ. 경제와 사회

1. 수공업과 상업의 발달 179
1) 수공업의 발달 179
2) 상업의 발달 194

2. 귀족의 경제기반 204
1) 사유지와 목장 205
2) 식 읍 208
3) 녹읍과 녹봉 209
4) 문무관료전 213

3. 농민의 생활 217
1) 신라장적 217

2) 촌락과 농민의 지위 ······ 226

4. 천민의 생활 ······ 234

1) 향·부곡 ······ 234

2) 노 비 ······ 236

5. 의식주 생활 ······ 240

1) 의생활 ······ 240

2) 식생활 ······ 251

3) 주생활 ······ 258

Ⅳ. 대외관계

1. 당과의 관계 ······ 267

1) 친당외교의 추진 ······ 267

2) 나당 친선외교의 확립 ······ 270

2. 일본과의 관계 ······ 280

1) 7세기 후반~8세기 일본과의 국가간 교섭 ······ 281

2) 9세기 전반 일본의 사신파견 ······ 284

3) 신라상인에 의한 무역의 전개 ······ 286

4) 9세기 후반 일본의 신라에 대한 경계강화 ······ 289

3. 해상활동 ······ 293

1) 항로의 개척과 항해술의 발전 ······ 293

2) 해외무역 ······ 305

3) 당에서의 활동 ······ 318

V. 문 화

1. 유학과 역사편찬 ······ 335
1) 유학의 발달 ······ 335
2) 역사의 편찬 ······ 356
2. 불교철학의 확립 ······ 360
1) 교학의 발달 ······ 362
2) 불교신앙의 일반화 ······ 398
3) 승려들의 국가적 활동 ······ 412
3. 과학과 기술의 발달 ······ 417
1) 하늘의 과학 ······ 417
2) 땅의 과학과 기술 ······ 428
3) 사람의 과학과 기술 ······ 434
4. 언어와 문학 ······ 439
1) 이두와 언어 ······ 439
2) 향 가 ······ 460
3) 한문학 ······ 469
5. 예 술 ······ 478
1) 회 화 ······ 478
2) 서 예 ······ 484
3) 조 각 ······ 495
4) 공 예 ······ 520
5) 건 축 ······ 538
6) 음 악 ······ 600
7) 무용·체육 ······ 620

개　요

I

통일신라는 한국 고대사회에 있어서 정치적 안정과 문화적 번영을 이룩한 시기이다. 비록 국토와 인구는 크게 감소되었으나, 영토적 야욕을 지닌 당의 세력을 한반도 밖으로 축출시켜 民族의 自決權을 확보하고, 백제·고구려문화의 폭넓은 수용과 盛唐文化까지 포용하여 새로운 민족문화를 발전시킨 것은 통일신라의 역사적 위상을 높여줄 수 있다. 특히 이 시기는 새로운 통일국가 수립과 외세 축출이라는 민족적 과제 수행에 따라 형성된 국민의 공감대 위에 武烈王代의 「전제왕권 확립」은 시대적 요청이라 하겠다. 따라서 정비된 중앙·지방·군사·토지제도의 재편성, 귀족의 경제기반 확대와 산업의 발달 등이 수반되어 한국 전통사회의 모델을 이룩하게 되었다. 이에 적극적인 對唐外交(조공·숙위)와 해상활동을 통해 신라의 국제적 지위를 높였으며, 통일신라문화의 융성으로 佛敎哲學과 儒敎政治(국학·독서출신과·국사편찬)의 정착 및 각종 불교미술과 과학기술의 발달이 이어져 미증유의 번성기를 구가하였다. 따라서 영토와 인구의 축소라는 외형적 의미로 신라통일을 평가할 수는 없을 것이다.

II

신라의 삼국통일은 백제·고구려의 정벌과 당군의 축출로 이룩되었다. 그러나 신라의 통일에 대해서는 「領土·人口의 縮小와 外勢利用」이라는 불완전한 요인을 들어 북한에서나 일부 진보적 견해를 가진 연구자들은 통일을 부인하고 있다. 이른바 「후기 신라론」이 그것이다. 따라서 그들 대부분의 주장은 고려의 통일을 진정한 통일로 간주하고 있다. 그러나 영토나 인구문제만 갖고 통일을 운위할 수는 없으며, 그것으로 볼 때도 고려 통일시의 영토는 신라의 통일과 전혀 차이가 없었다. 인구문제도 신라시대는 10여 년간에 10여 만의 고구려 유민이 흘러들어 왔으나, 발해 유민 수용에 소극적이었던 고려시대는 100여 년에 걸쳐 10여 만이 귀화한 사실로 알 수 있다. 따라서 신라의 통일은 영토·인구상 불완전하였으나, 최초의 민족통일로서 단일정부하에 민족국가가 출범한 것이다. 더구나 문화적으로는 백제·고구려의 문화를 파괴시키지 않고 거의 그대로 수용하여 새로운 민족문화를 매듭지었으므로 그 의의를 더욱 높일 수 있었다.

또한 民族融合문제에 있어서도 통일의 주체적 당사국인 신라는 동족의식을 바탕으로 한 「一統三韓意識」을 실현한 것으로 생각된다. 그러므로 백제·고구려 유민에 대한 광범한 정치적 배려(관직 부여, 9서당 참여, 5소경 설치)를 아끼지 않았으며, 대당전쟁에 공동으로 참여시킨 명분을 찾을 수 있었다. 그 후 통일신라는 민족적 분열과 대립을 극복하여 단일국가로 국제사회에 적극 참여할 수 있었고, 대당·대일관계에서도 독자적 관계를 수립할 수 있게 되었다. 따라서 통일신라는 한국사의 전개과정에서 주체적 발전과 새로운 도약관계에 들어서게 된 것이다.

Ⅲ

통일신라는 무열계의 專制王權이 확립된 사회였다. 이미 통일전쟁을 수행하던 文武王代(661~681)에도 律令制度에 입각한 관료제를 모색하였고, 眞珠·欽突·軍官 등 귀족층을 도태시켜 무열왕권의 반대세력을 제거시켰다. 특히 왕의 가까운 측근을 중용하고 6두품 이하의 전문관료군을 흡수하여 神文王代(681~692)에 개혁정치를 통한 官僚制를 확립하였다. 특히 그는 중앙·지방·군사·토지제도의 개편과정에서 중앙집권적 통치질서를 마련하여 다음의 聖德王代(702~737)의 극성기를 준비할 수 있었다. 이러한 전제왕권의 수립과정에서 효소왕·성덕왕·효성왕을 거쳐 경덕왕 때까지 귀족들의 반발이 계속되었으므로 왕당파와 반전제주의파간의 대립이 이어졌다. 따라서 통일신라의 전제왕권도 결국은 귀족들의 도전으로 무너지고, 귀족들에 의한 下代社會가 전개되어 갔다.

신문왕을 이은 성덕왕은 새로운 귀족의 지지기반을 바탕으로 적극적인 親唐政策을 전개하여 신라의 국제적 지위를 높이는 동시에 전제왕권의 위상을 과시할 수 있었다. 한편 景德王(742~765)은 漢化政策과 같은 제도의 개편보다는 불국사·석굴암의 창건, 奉聖寺成典의 중창, 華嚴經의 보급 등 불교의 장려를 통해 왕실의 권위와 신성함을 고양시켰다. 특히 불국사의 가람배치에서 중앙지향성이나 화엄승의 활동 속에서 신라 전제왕권의 또다른 특성을 엿볼 수 있다. 이와 같은 통일신라의 전제왕권은 한국사상에서 보여지는 최초의 관료정치로서 우리 나라 전통사회의 원형으로 정착되어 그 후 고려·조선으로 이어져 내려왔다.

Ⅳ

통일신라의 중앙정치조직은 특정한 시기에 이룩된 것이 아니다. 法興王 이래 眞平王代를 거쳐 신문왕 6년(686)의 例作府가 설치될 때까지 170년간을 거치면서 완비되었다. 동시에 이 행정체계는 신라의 骨品制와 같은 족적기반과 전통적인 당의 3성 6부제와 같은 중국적 요소를 조절하는 과정에서 독자적 관료체제를 마련하게 되었다. 통일신라의 중앙행정체제는 특정기관의 월권을 방지하고 조선시대의 議政府와 같은 중간기구를 두지 않음으로써 왕과 중앙기관이 직결되어 있었다. 따라서 上大等과 侍中에게 수상으로서의 역할과 지위를 보장하지 않았으며, 執事部가 중앙행정을 총괄하는 首府가 될 수 없었다. 따라서 중앙의 14관부와 19典(7寺成典 포함)의 상호균형을 이루게 하는 동시에 宰相이 이를 겸직케 함으로써 양자간의 원활한 운영을 보장하였다. 동시에 115개의 宮廷官府에도 다양한 기관을 두어 행정·외교·사법기능을 부여하여 王室內閣(Kitchen-cabinet)의 의미를 갖고 있었다. 다만 재상이 私臣을 겸하게 하여 왕권의 침투를 용이하게 하였으며, 각 중앙 핵심기관간의 견제와 균형을 유지하였다.

이와 같은 통일신라의 중앙관제는 행정적 정비뿐 아니라, 그를 뒷받침할 법적장치나 정신적 지지기반을 갖고 있었다. 우선 반대파 제거를 위한 방편으로서의 連坐制의 활용과 소수 진골귀족의 배타적인 권력 독점을 위한 兼職制의 응용, 司正機關의 권한 강화, 그리고 內廷官府의 다양화 등을 내세우고 있다. 한편 유교적인 王道政治理念의 구현과 신성한 왕권의 지지기반인 불교의 이상을 결합시킨 萬波息笛의 정신으로 승화시켰으며, 국민 상하간의 조화와 균형을 위한 安民歌의 이상을 실현시키려 하였다.

한편 지방·군사제도의 재편성도 왕권의 전제화를 위한 하부 및 지지기반으로 마련하였다. 신문왕 5년(685)의 9주5소경제가 지방제도의 골격을 이루게 하였다. 이러한 지방제도는 백제·고구려에 대한 배려와 중국식 군현제를 가미한 것으로 전국적으로 119군 291현(경덕왕대)의 수치를 나타내고 있어 보통 1군에 3~4개의 현을 갖고 있었다. 그러나 군에 따라서는 領縣을 갖지 못한 경우도 있었으며, 군에는 예외없이 外司正과 法幢이 파견되었다. 소경은 2~3개의 영현을 거느린 郡 정도의 규모로 직접 村을 지배하는 읍락이었다. 다만 소경은 州의 都督과 같이 행정·병마·사법·징세권을 행사하였다.

군사제도는 중앙군과 지방군사 조직으로 대별되었다. 중앙에는 왕실수비의 侍衛府와 중앙 핵심부대인 9誓幢이 있었다면, 신라인으로 임명된 軍師幢主 휘하에 백제·고구려·보덕국인으로 구성된 三武幢이 있었다. 지방에는 10停이 있었으며, 그 휘하에 三千幢과 신삼천당이 있었다. 그외 5州誓가 있었으며, 州治에는 별도로 緋衿幢·萬步幢이 있었다. 이들은 대체로 長槍을 주무기로 무장되었으며 갑옷과 투구에 도끼를 들고 있었다.

통일신라는 확대된 영역을 효과적으로 지배하기 위해 鎭을 설치하였다. 특히 발해를 막으려는 北鎭과 서북방 방어를 위한 浿江鎭, 그리고 완도의 淸海鎭 등이 대표적이다.

신라는 왕도에 宮城을 쌓고, 변방(군진)에 성곽을 축조하였다. 전자가 지배체제의 유지를 위한 것이라면, 후자는 외적침입에 대처한 것이다. 중앙(경주)의 月城은 현재 경주시 인왕동의 半月城(1,841m)을 뜻하며, 각 주치에도 성곽을 쌓았는데 삽량주성(사벌주)·남한산성(한산주)·웅진성(웅천주)·승암산성(완산주) 등에서 그 흔적을 보게 된다. 또한 소경의 경우도 國原城(중원경)·西原京城(서원경)·盆山城(금관소경) 등의 예로 보아 성곽을 쌓았으며, 군현에도 성곽을 쌓고 있었다. 따라서 국가체제를 유지하기 위해서는 행정요충에 성곽을 쌓았으므로, 신라의 경우도 고구려와 같이 지방행정조직은 곧 군사체제였고, 성곽을 통하여 이를 수호하게 하였다.

V

통일신라의 정치적 번영과 문화의 융성은 경제·사회기반의 확충과 안정에서 온 것이다. 우선 수공업은 귀족의 수요증대나 조공무역의 발달에서 온 결과였지만 신라사회의 전반적인 성장을 가져왔다. 우선 수공업은 宮中手工業과 官營手工業을 위주로 하되, 민간수공업도 발달하였다. 궁중수공업은 本彼宮과 御龍省의 정비로 본격화된 후, 귀족(진골)과 대중수출(조공)의 수용에 따른 금·은제품, 果下馬, 海豹皮, 해산물, 우황·인삼 등 약재와 고급 직물, 세공품 등이 주류를 이루었다. 그외 각종의 옷감·염색·가죽제품의 제작에 있어서 전문성과 협동성은 산업의 분업을 촉진시켰다. 그리고 工匠府·彩典·船府 등의 분산 지배하에 있던 관영수공업은 수취제도의 정비에 따라 在地匠人들을 중앙편제나 調의 방식으로 납공케 하는 동시에, 兵器製造나 築城에 수반된 장인을 징발하는 두 형태로 발달하였다. 그러나 경덕왕 이후에는 관영수공업체제로 통합되었으며, 나말에는 서역·중국제품의 수입으로 수공업은 크게 위축되었다.

한편 민간수공업은 생활일용품을 생산하는 농민 위주의 수공업과 전문적인 匠人중심의 계층으로 구분할 수 있다. 다만 이러한 장인계급의 전문화 과정에 따른 사회·경제적 지위향상은 불교의 평등사상과 결부되어 신분향상의 계기가 되기도 하였다. 또한 귀족층에서도 독자적인 수공업을 경영하였으며, 寺院의 수공업이 번창하여 자체의 수용충당을 위해 僧匠이 활약하기도 하였다. 그외 수공업 기술의 발전상은 불경인각·鑄鐵·彫金·토기제작·造船術·製鹽 등 다양한 분야에 이르렀다.

상업의 경우를 보면 소지왕 12년(490)에 시장을 두었다는 기록 이후, 점차 도시를 중심으로 발전되어갔다. 통일 후에는 중앙에 西市典과 南市典이 설치되면서 상행위가 번창해졌으며 5通5驛을 중심으로 교통요지에도 상인활동은 활발하였다. 이때 매매된 품목은 일용품·철·기름·서역물품·노비 등이었고 교환수단으로는 布와 米穀이 이용되었다. 대외무역은 공무역(朝貢)으로 금·은·동·포·인삼·우황·미발 등이 수출되었으며, 수입품은 대체로 왕실에 필요한 의복류와 기물이었다. 그러나 신라의 후기에 이르러 대중국수출품이 신라의 금은제품이나 불상 등으로 변하여 신라수공업의 발전상을 엿볼 수 있었다. 이러한 공식무역 외에 사무역이 성행되어 산동일대는 고구려 유민 출신인 李正己일가의 독점적 사무역과 나말의 張保皐의 무역은 한중일의 3각무역으로 발전되어 막강한 해상세력으로 발전되기도 하였다. 특히 이들 해상세력 중에는 王建(개성)·劉相晞(배천)·柳天弓(정주)·王逢規(강주)·朴允雄(울산) 등과 같이 호족으로 성장하여 나말여초의 정치계에 큰 영향을 주게 되었다.

통일신라에서 정치발전과 문화융성은 무엇보다도 귀족의 경제기반 확충에 있었다. 특히 그들은 국가로부터 받은 祿邑·祿俸 외에 막대한 사유지와 목장을 갖고 있었다. 이러한 사유지는 기진·상속·매매·병합·개간·점탈에 의한 것이었으며 많은 농민이 隷民化되었다. 따라서 농민들은 新羅帳籍에서 보듯이 소유한 토지는 비교적 넓었으나 관모전답·촌주위답·연수유답 등 2~3종의 토지경작과 牛馬 및 각종의 나무(뽕·잣·호도)를 재배하여 무거운 조세와 부역을 면할 수 없었다. 다만 신라의 9등호제에 대해서「人丁의 多寡」로 또는「財産의 다과」로 구분지었다는 엇갈리는 견해가 있지만, 농민은 국가로부터 제한된 토지소유권을 받은 대신 과중한 부담(조·용·조와 군역)을 강요받게 되었다.

당시는 영농방식이나 地力의 한계와 施肥法의 미발달로 休閑法이 유행되었고, 직파법으로 농촌에서는 벼·보리·콩·조·깨·인삼 등이 재배되었으나 주곡은 쌀·보리·콩이었다. 따라서 대부분의 농민층은 보리밥·잡곡밥을 먹었으며, 간장·된장·소금·마늘 등이 주요한 조미료가 되었다. 그러나 신라말 농장의 확대로 농촌의 기본조직인 촌락이 붕괴되어 유민화됨으로써 광범위한 농민반란이 야기되었다. 이와 같은 수취제의 구조적 모순은 고려정부에 의해서 개선될 수밖에 없었다.

한편 鄕·部曲民의 경우 그 신분에 대한 양인설이 대두되었으나, 신라에는 신라장적에서 보듯이 피지배층에서 노비층이 큰 비중을 차지하였다. 신라장적의 경우 25명의 노비가 보여 전체인구의 5.4%나 되어 노비의 비율이 당나라보다 높았다. 이들 노비는 형벌·부채·포로·매매·세습 등 다양한 요인으로 발생하였으며, 그 가격이 쌀 10여 석 정도의 수준이었다. 다만 이들은 공민으로서 국가에 대한 권리나 의무가 없이 소유자의 사유물로서의 역할뿐이며, 노동에 사역되었다. 이러한 노비는 나말의 혼란기에 있어서 촌락내부의 계층분화에 따라 또다른 공급원을 제공하였지만, 그들은 귀족의 경제기반이 된 동시에 나말에는 사병으로 활동하여 사회적 불안요소가 된 바 있었다.

끝으로 통일신라시대의 의식주 생활은 종래 역사서술에서 홀시했던 부분이다. 특히 홍덕왕의 服飾禁制에서 보듯이 태평성세하의 문란상과 사치를 금하는 조치와 같이 신분에 따른 다양한 복식을 엿보게 한다. 남자의 두발은 묶은 머리(소인)·상투(성인)로 頭衣는 弁과 幞頭이며, 여자는 다양한 頭飾을 하였다. 그리고 의복의 경우 남녀 공히 겉옷으로 袍(오늘의 두루마기)를, 하의는 袴(바지)를 입었으나, 여자의 치마는 의례용이었다. 다만 저고리(短衣)는 신라에서 尉解라 부르는데 주로 여자쪽에서 입었으며, 그외 다양한 복식이 있었다.

식생활은 통일 후 벼농사가 확대되면서 주식으로 자리잡았으나 국민의 대부분은 보리·조의 잡곡으로 생활하였으며, 과일·채소가 재배되었다. 특히 미나리·오이·앵두가 생산되었고, 상류층에서는 육류와 생선을 식용하였다. 이러한 식생활의 변화에 따라 조리·저장·가공을 위한 다양한 食器의 개발, 수저의 활용이 보이며 된장·간장·국·꿀·기름·생강 등 다양한 발효식품과 조미료가 사용되었다. 그리고 명절, 제사의 유행에 따른 節食이 일반화되어 다양한 식생활문화가 보급되었다.

주생활의 경우도 흥덕왕 9년(834)의 屋舍에 대한 규제에서 4두품과 백성은 같은 수준의 크기로 되어 있지만, 집의 크기·재료·모습 등에서 계층간의 차이가 뚜렷하였다. 따라서 일반 백성들은 움집이나 초가집에서 생활을 영위했으리라 생각된다.

Ⅵ

통일신라의 정치·사회적 안정은 문화의 융성을 가져왔다. 백제·고구려문화의 발전적 흡수, 盛唐文物의 수용, 귀족들의 경제적 기반의 확대 등과 왕권의 전제화과정으로 8~9세기는 미증유의 문화번영을 구가할 수 있었다. 귀족 위주와 불교중심의 문화일 망정, 민족문화의 근간으로서 통일신라문화는 일대 도약을 할 수 있었다.

유학은 漢文學 위주의 특징을 지녔으나 왕도정치의 이념으로서 전제왕권의 정당성을 뒷받침하였다. 우선 國學은 전제왕권의 확립과 유교정치구현의 상징으로 설치되었으며, 善政의 명분과 敎書나 詔書의 내용에서 더욱 구체화되었다. 이러한 국학의 설치는 讀書出身科의 필요성을 높여주었으며, 사회의 윤리적 덕목과 국민의 교화에 기여하게 되었다. 따라서 삼국시대의 역사편찬의 경험과 당의 史官制의 영향으로 국사편찬의 가능성이 크다. 이러한 추측은 宿衛學生들의 활동이나 나말의 瑞書院·崇文臺·翰林院 등 문한기관의 확충에서도 엿보인다.

신라유학의 발달은 무엇보다도 도당유학생인 숙위학생들의 활약으로 이룩되었다. 6두품 계열인 이들은 진골 위주의 신라사회를 벗어나 자유로운 수학과 활동이 보장된 당나라 국학에서 賓貢科를 통하거나 그곳의 문인·학자들과 교우하여 선진문물을 체득한 전환기의 知的集團이 되었다. 그 후 일부는 외직에 참여한 바 있고, 대체로 도교·불교와 관련을 맺었으며, 한림직과 근시직에 종사함으로써 왕권강화 내지 유교정치풍토를 주도하였다. 최치원·최신지 등은 불우한 일생을 마쳤으나, 신라에 중국문화를 소개하였고 科擧制와 國史編纂의 필요성을 제시하여 고려왕조 건설에 기초를 마련하였다. 동시에 유교에다 불교·도교까지 포용하여 고려왕조가 지향한 유불의 조화라는 시대정신을 이끌어 나말여초의 사상적 연결을 꾀한 교량인이 된 것이다.

통일신라 문화융성에는 불교철학을 빼놓을 수 없다. 唯識 위주의 교학기반을 이어 통일신라는 뚜렷한 종파가 형성되어 광범한 불교의 대중화와 독자적 교학체계가 확립되었다. 통일기 교학활동의 중심은 유식과 華嚴이었다. 유식은 瑜伽論을 소개한 圓測의 활약으로 정착되었는데, 그는「識說과 三性說」에 자신의 사상을 집대성하였다. 그는 진제·규기의 사상을 비판하고 포용과 화해의 견해를 나타내었으며, 順憬·憬興·太賢 등으로 이어져 法相宗으로 연결되었다.

한편 元曉는 다양한 교학섭취와 朗智·사복 등 많은 스승을 섭렵하면서 자유로운 구도생활과 왕실의 지원 등을 통해 국민교화와 종파의 극복·화해를 지향하였다. 원효의 사상은 중생의 佛性을 기반으로 發心과 念佛을 강조한 一心의 淨土觀이다. 따라서 그는 200여 권의 저술을 통해서 교파간의 갈등과 차이와「空과 有의 대립」을 극복하는 융통무애한 화합을 강조한 것이다. 그리고 義相은 一乘法界圖를 통해 화엄일승의 연기법을 밝히는 동시에 그는 洗穢法을 통해 이론의 실천을 강조하였다. 특히 그는 三衣一鉢의 정신으로 八不淨財를 몸으로 실천하면서 백성을 교화시키는 데 게을리하지 않았다. 무엇보다 의상은 觀音信仰과 彌陀信仰을 화엄교단의 중심신앙으로 전개하여 신라 중대사회의 안정에 기여하였다. 동시에 그는「一卽多 多卽一」의 화엄법계연기설을 풀이하여 연기의 핵심을 中道義로 파악하였다. 眞正·表訓·智通 등으로 이어지는 그의 법통은 신라 화엄학을 주도하였다.

통일신라 불교계에는 미타신앙·관음신앙·미륵신앙·지장신앙 등도 크게 번창하였으며, 불교의 평등·자비사상은 기층민의 지위를 향상시켜 주었다. 이로서 화엄사상은 중대 전제왕권이나 사회안정에 부응함으로써 불국토내의 정신적 일체감 조성에 기여하였다.

통일신라의 문화에는 그외에도 천문학·수학·도량형뿐만 아니라, 풍수지리 · 지리 · 농업기술 · 의학 · 인쇄술 등에서 큰 발전을 보였다. 그리고 뛰어난 항해술은 장보고 활동의 기반이 되었다.

특히 불교예술의 발달에 따라 불상(조각)의 조성에서 뛰어난 솜씨를 보여 석굴암을 이룩하였다. 이러한 석굴암은 그 후 불좌상 표현에 모본이 되었으며, 사원 건축과 탑파예술의 극치를 보게 된다. 한편 석탑에 있어서는 감은사지 3층석탑 등 한국석탑의 전형을 이룩하게 되었으며, 다보탑 · 화엄사 4사 3층석탑 등 특수양식의 발생도 보게 되었다.

Ⅶ

통일신라의 사회적 번영은 대외관계에서도 나타났다. 3국간의 서해직항로의 확보와 외교전쟁을 극복하고 적극적인 친당정책을 통해 신라의 국제적 지위를 높였다. 이로서 다양한 朝貢使를 통한 문물의 교류, 숙위외교를 통한 통일의 완성, 그외 숙위학생의 파견 등으로 동아세계에 직접 참여하여 신라인의 세계관을 확장시켰다. 이러한 遣唐使들은 외교적 역할 이외에도 金春秋(무열왕) · 金法敏(문무왕) · 金俊邕(소성왕) · 金彦昇(헌덕왕) 등의 경우처럼 왕으로 등장하여 정치활동까지 한 바 있었다. 그러나 이러한 견당사와 구법승의 활동, 그리고 新羅坊과 같은 산동반도 일원에서의 신라인의 활동은 결국 신라인의 왕성한 해외진출욕에 따른 황해횡단항로나 남방항로의 확보와 발달된 선박 · 항해술에서 가능한 것이다. 이러한 사실은 圓仁의 《入唐求法巡禮行記》에도 나타나 있다.

한편 일본과의 관계도 7세기 후반 당의 위협에 대처하기 위해 교류가 시작된 이래 8세기에는 신라문물이 일본에 전래되어 白鳳文化나 율령정치에 큰 영향을 주었다. 그러나 일본 우위의 외교교섭을 내세우는 일본과 중국적인 華夷秩序를 내세웠던 신라는 공적인 교섭 거부로 나타날 수밖에 없다. 따라서 민간교역으로 그 잔재를 유지하였으며, 9세기 이후 양국관계는 적대의식으로 확산되었다.

통일신라의 대외관계는 그외에도 西域과의 관계가 있다. 빈번한 조공사와 求法僧을 통해서 서역에 대한 인식이 나타났으며 6세기말 圓光에 의해서 보다 넓은 이해가 가능하게 되었다. 그 후 통일신라의 활발한 대당관계로 서역문물이 수용되고 귀족적 수요의 필요성으로 서역문물이 널리 퍼지게 되었다. 괘릉의 무인석이나 각종 금속·유리제품에 서역의 영향이 나타났으며 화려한 장식적 취미가 널리 유행하게 되었다. 그러나 이러한 과정에서 사치풍조가 만연된 문제까지 야기되었다.

〈申瀅植〉

Ⅰ. 삼국통일

1. 삼국통일 과정
2. 삼국통일의 역사적 의의

Ⅰ. 삼국통일

1. 삼국통일 과정

1) 7세기 신라의 내정변화

7세기를 전후한 시기부터 新羅는 국내외의 정세변화로 말미암아 큰 시련을 겪게 되었다. 그것은 첫째, 내정에 있어서 眞平王이 眞智王을 폐위시키고 왕권을 장악하여 善德·眞德 두 여왕에게 계승되는 동안 진지왕의 아들 龍春과 그 아들 春秋로 이어지면서 왕권을 되찾기에 모든 노력을 다했을 것이다. 결국 김춘추가 太宗武烈王으로 나가기까지는 신라 지배층간에 상호 결속력이 약화되어 대외적 문제들을 적극 대처하지 못했을 것이라는 점이다. 둘째, 신라는 고구려·백제의 도발을 받아오던 중 특히 백제의 빈번한 침입으로 자국의 國土守護마저 불안하다는 위기의식이 고조되었던 상황이었다. 셋째, 과거의 역사적 사실로 보아 신라는 삼국간의 세력균형 속에서 존속·발전해 왔다. 4세기부터는 고구려와 親交하여 백제·가야세력을 견제해 왔고, 다시 고구려가 北守南進의 기세를 뚜렷이 보이자 신라는 백제와 羅濟共守同盟을 체결하여 訥祗王 17년(433)부터 진흥왕 14년(553)까지 120년간 고구려를 방어하고 자국의 발전을 거듭하였다. 그러나 백제가 聖王 7년(551) 고구려로부터 탈환한 漢江下流地域을 진흥왕 14년에는 신라가 백제로부터 탈취함으로써 나제동맹은 파기되고 삼국이 각각 대립항쟁의 국면으로 전환되었다. 바로 이 무렵 중국대륙에서는 2백여 년간 지속된 魏晉南北朝시대의 막을 내리고 6세기말부터 隋·唐이 통일제국을 이룩하면서 수·당중심의 국제질서로 재편성하려 했다.

바로 이 같은 상황에 놓여 있던 신라는 내적 정권변동을 추진하면서도 정치적 안정이 요구되었고, 삼국간의 대립에서 국토를 팽창시켜, 자국의 발전을 도모하기 위해서는 가장 유력한 국제상황에 적응해야 했다. 이렇게 절박한 국가적 현실문제를 하나하나 최선의 방법으로 해결해 나가는 과정이 곧 신라의 삼국통일과정이었던 것이다.

신라의 국가적 기반을 확립한 것은 眞興王代(540~576)였으므로 통일기반도 이 시기에 마련되었다고 할 수 있다. 그런데 진흥왕에게는 銅輪과 舍輪(金輪)의 두 王子가 있었는데 太子로 책봉된 장자 동륜이 일찍 죽었기 때문에 차자인 사륜이 眞智王으로 즉위하였다. 그러나 진지왕 4년(579)에 왕위를 폐위시키고 동륜의 아들 白淨이 眞平王으로 즉위하였다.

이런 사실로 보아 진흥왕 33년(572)에 동륜이 죽자, 정계는 왕위계승을 둘러싸고 그 지지세력이 사륜(진지왕)系와 백정(진평왕)系로 양분되었음을 알 수 있다. 이렇게 정계가 양분된 이유는 각자의 정치권력상 이해관계가 작용했겠지만, 그들의 명분은 상이했을 것이다. 이 두 왕의 출자로 보아서 진지왕 지지파는 왕의 현실적 지배능력을 강조한 반면, 진평왕 지지세력은 王統의 원칙적 장자상속을 내세웠을 가능성이 높다. 또 두 세력의 핵심인물로서는 진지왕 원년에 上大等을 자임한 居柒夫를 중심으로 奈勿王系가 진지왕 추대의 핵심세력이라 믿어지고, 이에 반발하여 진평왕을 추대한 핵심인물은 진평왕 원년(579)에 상대등이 된 弩里夫였을 것이다. 거칠부는 진흥왕대《國史》편찬과 북방의 국토확장으로 유명하지만, 노리부는《三國史記》거칠부전에 보이는 8장군 중 奴夫이고 〈丹陽赤城碑〉에 나타난 內禮夫와 동일 인물로 알려졌다.[1] 따라서 이 두 사람은 함께 북방진출의 주역으로 활동했고 같은 喙部 출신이면서도 왕위계승 등 정치적 견해를 달리 해왔다고 보인다.

결국 진지왕을 폐위시키고 진평왕을 즉위시키는 政爭의 와중에서 거칠부를 중심한 내물왕계가 몰락했을 것이다. 거칠부도 이후 기록에 보이지 않지만, 진평왕 9년에 내물왕 7대손 아찬 冬臺의 아들인 大世가 신라의 좁은 山谷을 한탄하며 吳越로 떠났다는 일화로 당시의 정정이 짐작된다. 또 진평왕 43년에는 唐으로 가버린 6頭品 出身 薛罽頭가 신라는 用人함에 있어 骨品을

---

1) 李基白, 〈丹陽赤城碑 發見의 意義와 赤城碑 王敎事部分의 檢討〉(《史學志》12, 檀國大, 1978), 28쪽.

논하여 그 族이 아니면 비록 鴻才傑功이 있다 하더라도 신분을 넘어설 수 없다고 불만을 토로하였다. 이는 골품제사회의 폐쇄성 위에 왕위계승을 둘러싼 정쟁이 타협에 의해서만 이루어지지 않았다는 점도 고려될 문제이다.

비록 진평왕이 쿠데타에 의해서 왕권을 장악했지만, 진지왕의 자손은 홀대할 수 없었던 듯하다. 진지왕의 아들 용춘(龍樹)과 그 아들 춘추가 진평·선덕·진덕왕대에 걸쳐 계속 중용되었고, 이런 정치적 활동을 기반으로 춘추의 王權 획득이 가능했기 때문이다. 따라서 진평왕대는 반대파인 진지왕 지지세력을 제거 혹은 흡수하면서 자파의 강화정책을 수행하였을 것이다. 行政機構의 신설과 확장만 보아도 位和府·調府·禮部·領客府·侍衛府를 설치하였다. 특히 진평왕 46년에 시위부를 설치했다는 것은 왕의 威儀와 신변보호라는 관점에서 주목된다.[2] 이러한 조치는 행정력의 강화인 동시에 和白會議라는 귀족집단의 발언권을 약화시키면서 왕권을 보호·강화하는 데 노력한 증거라고 할 수 있다.

바로 이런 과정에 용춘이 활약하고 있었다. 즉 진평왕 7년에는 三宮(大宮·梁宮·沙梁宮)에 각각 私臣을 두어 관장케 했지만, 재위 44년에는 內省에 사신 1인을 두어 3궁을 兼掌케 하였는데, 그가 곧 이찬 용춘이었다. 내성은 왕실의 여러 업무를 담당한 宮內府와 같은 것으로서 왕성을 수호하는 시위부와 함께 왕의 신변과 王家를 보호하는 가장 중요한 기관의 하나였다.[3] 또 용춘은 진평왕의 둘째 공주 天明夫人과 결혼한 부마였으므로[4] 진평왕과 밀착되어 왕실보호에 적격자라 할 수 있다. 그러나 용춘은 처음부터 진평왕과 밀착했다기보다는 오히려 그 반대세력이었을 것이다. 만일 진평왕의 쿠데타가 없었다면 용춘은 父王인 진지왕을 계승하여 왕위에 오를 수 있었기 때문이다. 따라서 용춘이 內省私臣에 오르고 부마가 되었다는 사실은 진평왕이 반대세력을 끌어들여, 왕권의 안정과 강화를 도모한 것으로 이해된다. 한편 진지왕의 지지세력이 도태되는 상황에서 용춘 또한 권력계에 살아남

---

2) 《三國遺事》 권 1, 紀異 2의 '桃花女 鼻荊郎' 설화는 眞智王系에 대한 眞平王의 경계와 흡수라는 상징적 표현일 것이라는 면에서 주의할 필요가 있다.

3) 《三國史記》 권 4, 新羅本記 4, 진평왕 44년.

4) 李基東, 〈新羅 奈勿王系의 血緣意識〉(《新羅 骨品制와 花郎徒》, 一潮閣, 1984), 83쪽.

기 위해서도 자기의 현실적 불만을 잠재시키고 왕권과 결탁할 수밖에 없었을 것이다.

그런데 진평왕 53년(631)에 伊飡 柒宿과 阿飡 石品의 謀叛事件이 발생했다. 이 사건의 성격은 씨족의 集團主義理念과 王子支配意識간의 갈등이라 하지만,[5] 왕위계승문제를 중심으로 한 왕권과 和白權의 대립으로 빚어진 산물이라 할 수 있다. 모반은 현체제에 대한 도전을 의미하며 그 시기가 진평왕말인 점을 고려하면 왕위계승문제로 모반했다 볼 수 있다. 결국 善德女王이 즉위한 것은 왕권의 승리이며 종래 진평왕 지지세력의 승리였다. 선덕여왕의 즉위는 聖骨의 男子가 없었기 때문이라 했는데, 이것은 용춘을 비롯한 眞骨貴族의 누구도 아직 확고한 지지기반을 갖고 있지 못했다는 것을 의미하기도 한다.

여기서 의문시되는 것은 眞骨王의 시초가 金春秋로부터 비롯되었다 했는데 왜 그가 진골이었느냐 하는 점이다. 이는 진지왕비의 父 起烏公이 葛文王 칭호가 없는 것으로 미루어 母系에 관계가 있으리라는 추측과,[6] 성골이 上代의 진골에 대한 후세의 追稱인 이상 奈勿王·眞智王도 진골이라는 견해가 있다.[7] 성골이 언제 발생했는지 분명하지 않지만, 진지왕이 특별히 진골일 이유가 없다.[8] 추측건대 진지왕을 폐위시키면서 그 자손을 진골로 강등시켜 일단 왕위계승권을 박탈했을 것이라 생각되며 이것이 진평왕으로 하여금 안심하고 용춘을 등용할 수 있는 유리한 조건이 되지 않았겠나 믿어진다.

다시 용춘은 진평왕 51년에 大將軍으로서 金舒玄·金庾信 등과 고구려 娘

5) 今西龍, 〈新羅骨品考〉(《新羅史硏究》, 國書刊行會, 1960), 211쪽.
6) 池內宏, 〈新羅の骨品制と王統〉(《滿鮮史硏究》 上世 2, 吉川弘文館, 1960), 570쪽.
7) 李基東, 앞의 책, 88쪽에서 "眞智王에 대한 武烈王系의 始祖觀은 中代에 들어와서 비롯된 것은 아닐 것이고, 中古末의 어느 시기, 가령 眞興王의 直系인 銅輪太子의 直系卑屬으로 구성된 小리니이지 集團이 排他的으로 나머지 王室親族集團의 구성원이 갖고 있는 眞骨보다도 한층 높은 신분으로서 聖骨을 주장했을 때 成立되었을 것이 아닌가 한다. 여기에 龍春을 眞骨인 것으로 생각한다면 그 시기는 善德女王의 卽位 以前이 아니면 안될 것이다"라고 하였다.
8) 銅輪과 舍輪은 同腹兄弟라고 믿으며 사륜이 언제 결혼했는지 알 수 없으나 즉위 후 妃를 맞았다는 기록은 없다. 今西龍說을 믿는다면 그는 眞骨로 왕위에 오른 셈이므로 믿을 수 없다.

臂城을 정복하였다. 또 선덕여왕 4년(636)에는 아찬 水品과 각 州縣을 순회하여 민심을 안정시켰고, 선덕여왕 12년에는 왕실과 국가적 사업이라 할 皇龍寺九層塔의 창건을 감독하였다. 이런 그의 역할은 일견 용춘에 대한 왕의 신뢰를 뜻하는 듯하지만, 핵심적 정치권력계에서는 소외된 부분에 종사하여 결정된 정책을 실천하는 위치였다고 판단된다. 여기서 용춘과 서현이 동일한 戰場에 참가하여 두 家門이 더욱 가까워질 수 있는 계기가 마련된 것이고, 이는 양 가문이 戰功에 의한 공동이익을 추구하는 同病相憐의 처지가 투합되었을 것이다.

김유신 가문은 法興王 19년(532)에 투항한 金官國主 金仇亥(仇衡)가 本國(金官國)을 食邑으로 받고 沙梁部에 정착하였다. 이후 그 아들 武力은 국토확장 사업에 참여하여 진흥왕 14년(553)에 新州軍主가 된 것으로 보아 戰功이 컸다고 믿어진다. 군주는 단순한 外職이 아니라 兵部令·上大等에 버금가는 것으로서 중앙의 제일급 인물이 받을 수 있는 관직이었음을 고려하면,[9] 중앙 귀족사회에서 중요한 위치에 있었음을 알 수 있다.

그럼에도 불구하고 김유신 가문은 외래 투항인으로서 그 한계성이 있었다. 이는 그들의 결혼설화에서 엿보인다. 김무력의 아들 김서현은 肅訖宗(법흥왕의 동생 立宗 葛文王의 아들)의 딸 萬明과의 결혼이 野合에 의해 성취되었는데 이때 숙흘종이 딸 만명을 別第에 가두어 그들의 결혼을 반대했던 것이다. 이는 서현이 왕족과 혼인할 만큼 확고한 정치적 지위를 확보하지 못한 증거이다.[10] 또 김유신의 여동생 文姬(文明夫人)와 김춘추의 결혼 이야기는 김유신의 政略같은 설화로 느껴진다.[11]

이와 같은 한계 속에서 김춘추 가문이 용춘·춘추의 父子에 걸쳐 왕실과 밀착하며 일정한 정치적 위치를 확보하는 동안, 김유신 가문 또한 구형·무력·서현·유신의 4代를 거치면서 신라의 발전과 왕실의 안정에 지대한 일익을 담당하였다. 더욱 중요한 것은 이 양가가 한층 결속해갔다는 점이다.

---

9) 申瀅植, 〈金庾信家門의 成立과 活動〉(《韓國古代史의 新硏究》, 一潮閣, 1984), 246쪽.
10) 申瀅植, 위의 책, 249쪽.
11) 《三國遺事》 권 1, 紀異 2, 太宗金春秋公條에서 善德女王 때라 했다.

선덕여왕 16년(647)에 毗曇·廉宗의 반란이 일어났다. 비담은 "여왕이 정치를 잘하지 못한다"는 이유를 들어 擧兵했지만, 결국 실패하여 비담 등 30여 인이 죽음을 당했다. 이 난을 진압하는 과정은 《三國史記》 金庾信傳(上)에 상세히 전한다. 비담의 군대는 明活山城에 포진하고 김유신이 지휘하는 王軍은 月城에 포진하여 10여 일 동안 공방전을 벌인 끝에 비담을 죽이고 그 九族까지 처형했다는 것이다. 이때는 선덕여왕말 진덕여왕초이고 처음 비담군이 여왕을 폐위시키려 했으나 "왕이 스스로 방어했다"는 것이다. 비담의 난이 일어난 선덕여왕 16년(647) 전후는 신라가 일대 위기에 봉착했던 시기였다. 즉, 선덕여왕 11년에는 백제에게 大耶城 등 40여 성을 빼앗겨 김춘추가 고구려에 청병외교를 갔었으나 실패하였다. 이때 김유신이 군대를 거느리고 고구려 접경에 가서 김춘추를 돌려보내라고 시위한 것도 양자의 관계를 이해하는 데에 도움이 될 것이다. 다시 진덕여왕 원년(647)에는 김춘추의 對唐外交로 羅唐軍事同盟이라는 획기적 성과를 얻었으나 이 동맹이 백제를 제압하는 데 직접 효과가 있었던 것은 아니었다. 선덕여왕 14년에는 唐의 고구려 침공을 도와 신라에서도 3만 군을 동원해서 고구려 南境을 공격함으로써 준군사동맹의 체제로 들어갔지만 이 틈에 백제에게 國西 7城을 빼앗겼던 것이다.

문제된 비담의 반란 명분은 선덕여왕 12년에 당으로 파견된 신라사신에게 당 太宗이 말한 것과 일치하므로 주목된다.[12] 태종의 발언은 신라의 독자성을 무시한 모욕적 언사였지만 비담 등은 현재의 왕실을 척결하기 위하여 이를 이용했을 것이다. 이런 면에서 비담의 난은 당의 책동에 자극받아 일어난 신라 내부의 국론분열상을 보여주는 것이었다. 즉 또다시 여왕의 즉위를 반대하는 세력과 王黨派 사이의 대립으로 표출된 것이다.

비담의 난에 대한 견해는 첫째, 이 난을 일으킨 편은 실제 상대등 비담이 아니라 퇴위를 강요받은 善德女王측이라는 주장으로서, 곧 왕당파의 친위쿠데타라는 것이다.[13] 둘째, 정당한 왕위계승자가 없을 경우 왕위에 대한 결정은 和白의 의결사항이며 그 첫 대상은 상대등이므로 이 난은 상대등 비담이

12) 《三國史記》 권 5, 新羅本紀 5, 선덕여왕 12년.
13) 井上秀雄, 〈新羅政治制度の變遷過程〉(《新羅史基礎硏究》, 東出版社, 1974), 441쪽.

왕위쟁탈을 목적으로 일으켰고 추대될 사람도 바로 비담이라는 주장이다.[14] 셋째, 김춘추·김유신 등 新興勢力과 비담 등 舊貴族勢力간의 쟁패전이었으며, 선덕여왕 개인을 반대한 것이 아니라, 권력의 핵에서 밀려난 原銅輪系의 反眞智王系 運動이라는 견해이다.[15] 선덕여왕이 비담의 난중에 죽은 점으로 보아, 왕이 병석에서 일어나지 못할 줄을 알고 왕위계승을 의논하던 중, 비담 등은 진덕여왕의 옹립을 반대했고, 김춘추·김유신과 이들과 제휴한 閼川 등은 진덕여왕의 옹립을 적극 주장하였을 것이다. 여기에 여의치 않았던 비담이 직접 왕위획득을 목적으로 난을 일으켰다고 생각된다.

그런데 이 비담의 난 결과, 진덕여왕을 옹립한 왕당파가 승리함으로써 신흥세력인 김춘추·김유신 등이 정치적 실권을 장악하고 나아가 김춘추의 태종무열왕권을 창출시킬 수 있는 결정적 계기가 된 듯하다. 따라서 진덕여왕 5년(651)에 설치한 執事部는 이런 정치세력의 변동과 그 맥락을 같이했다고 생각된다. 집사부의 기능이 王命의 시행과 일반 행정관부의 통제였다면, 화백회의 및 상대등으로 대표되는 귀족세력을 통제하려는 전제왕권의 필요에 의한 설치라고 보기 때문이다.[16] 그렇다면 왕권전제화를 표방하면서 실은 김춘추·김유신 등이 실권장악을 위한 조치였다고도 할 수 있다. 이들 신흥세력이 확고한 권력기반을 형성했다지만 김춘추가 귀족사회를 대표하는 제1인자는 아니었다. 진덕여왕이 즉위하자 상대등에 오른 이찬 알천이 그 대표적 존재였다. 당시 다른 귀족이 김유신의 위엄에 복종하였지만, 알천이 席首의 위치에 있었다는 것은 당시 상황을 잘 전해준다.[17] 결국 구귀족에 속하면서 신흥세력에 가까운 알천이 신·구세력의 중재에 적격자였을 것이다.

진덕여왕이 죽자 김춘추가 태종무열왕으로 즉위하였는데(654) 그 과정은 결코 순탄하지 않았다. 처음 群臣은 알천을 왕위계승자로 추대했으나, 그가 김춘추에게 사양했다는 것이다. 이는 여러 귀족의 결의를 무시하고 김춘추의 合法性과 正統性을 확보하려는 수단에 불과했다고 믿어진다.

---

14) 李基白, 〈上大等考〉(《新羅政治社會史硏究》, 一潮閣, 1974), 100~101쪽.
15) 申瀅植, 〈武烈王系의 成立과 活動〉(앞의 책), 116쪽.
16) 李基白, 〈新羅 執事部의 成立〉(앞의 책), 151~153쪽.
17) 李基白, 〈大等考〉(위의 책), 80쪽.

요컨대 무열왕권은 신라 내부의 장기간에 걸쳐 전개된 政爭을 통하여 획득된 것이었다. 이것은 王室이 성골에서 진골로 전환된 시초였지만, 이런 갈등과정으로 인해 對麗濟抗爭에 커다란 영향을 미쳤을 것이다. 대내적 갈등으로 대외항쟁에 국력을 결집하지 못하여 신라는 장기간 守勢에 놓여 있었다고 판단된다.

2) 대여제항쟁과 나당군사동맹

(1) 대여제항쟁

4, 5세기의 신라는 고구려를 통하여 前秦과 외교하는 한편 백제·가야·왜 등을 견제하여 자국의 성장을 도모하였다. 그런데 고구려가 長壽王 15년(427) 평양천도를 단행하자 더욱 위협을 느낀 것은 백제였다. 이에 신라는 백제의 제의에 동감하여 訥祇王 17년(433) 羅濟共守同盟을 맺었다. 이 동맹은 고구려의 남진을 신라·백제가 공동방어하는 동시에 신라는 고구려의 간섭을 배제하고 독자성을 표방한 것이었다.

신라와 고구려간의 최초 충돌은 눌지왕 34년이었지만 이때 고구려는 신라와 修好國임을 강조했고 신라는 공손한 말로 사과했다는 것이다.[18] 이후 고구려의 신라 침공이 계속되었으나 신라 炤知王 3년(481)의 彌秩夫(興海)전투를 고비로 점차 신라의 반격에 밀려 후퇴하는 양상을 보였다. 이 시기에는 나제간에 상호 원병이 효과를 거두었지만, 中原高句麗碑의 건립 추정연대가 소지왕 3년인 점을 고려하면 5세기말까지 고구려는 역시 신라의 두려운 존재였을 것이다. 따라서 고구려 장수왕 63년(475)에 百濟 漢城이 고구려군에 의해 함락되고 蓋鹵王이 전사했지만, 백제와 동맹국으로서의 신라는 고구려와 곧 대결할 수 없었다.

그러나 진흥왕 12년(551)에는 백제군과 나란히 北進하여 신라는 고구려 10郡을 정복했고 백제는 한강하류의 6군을 탈환하였다. 그런데 진흥왕 14년에

---

18) 《三國史記》 권 3, 新羅本紀 3, 눌지마립간 34년.

백제로부터 이 6군을 탈취함으로써 나제동맹은 파기되고 삼국의 相互抗爭期로 접어들었다. 이 시기 고구려는 귀족간의 정쟁과 밖으로 突厥의 위협으로 인해 南顧의 여지가 없었던 상황이나,[19] 신라는 한강유역을 확보하여 통일기반을 구축하였다. 그러나 고구려·백제간의 국경을 차단함으로써 양국의 침공을 받게 되어 신라는 孤立을 면할 수 없었다. 6세기 후반은 삼국간의 전쟁이 소강상태였으나, 7세기 전반에 신라·고구려 사이에는 5차례의 격돌이 나타나 있다.

〈표 1〉 7세기 羅麗交戰

연도	신 라	교전	고구려	교 전 지 역	전 황
603	眞平 25	←	嬰陽 14	北漢山城	진평왕이 率兵하고 漢水를 건너서 항전하니 高句麗軍 퇴각.
608	眞平 30	←	嬰陽 19	新羅北境, 牛鳴山城	고구려군이 침습하여 8천 인을 노획하고 신라 우명산성도 함락.
629	眞平 51	→	榮留 12	高句麗 娘臂城	신라군이 娘臂城을 함락하고 참살 5천.
638	善德 7	←	榮留 21	七重城外	고구려군 퇴각.
655	武烈 2	←	寶臧 14	新羅北境	고구려·백제·말갈 침입, 신라 33城을 함락

이 시기 고구려는 수·당의 침입을 성공적으로 방어하여 중국과 대등한 자존적 입장을 취하면서 北守南進의 자세로 다시 신라를 침공했던 것 같다. 처음은 北漢山城을 침공해 왔고, 다음은 신라 북경을 침입하여 8천 인을 포로해 갔고 牛鳴山城을 함락하였다. 이 두 차례의 침입이 5년의 간극을 두었으나 모두 고구려 영양왕 때 사실이고 고구려의 대수전쟁기간이라는 면에서도 주목된다. 수의 침략을 방어하면서 고구려는 한강유역을 재탈환하려는 의도였던 듯하다. 특히 溫達장군이 빼앗긴 雞立峴·竹嶺 以西지역을 회복하

19) 盧泰敦, 〈高句麗의 漢水流域 喪失의 原因에 대하여〉(《韓國史硏究》 13, 1976), 29~57쪽.

기 위해 출정했다가 阿且城 밑에서 전사한 것도 영양왕 때의 일이었다.[20] 또 선덕여왕 7년(638)에 七重城(積城)을 침입한 고구려군은 알천의 군이 격퇴하였다. 또 태종무열왕 2년(655)에 고구려·백제·말갈이 連兵하여 북경의 33성을 습취해 갔다고 기록되어 있다. 이 말갈은 고구려에 복속된 부류이며 麗濟의 連兵이라는 기록이 문제된다. 흔히 이 시기에 고구려와 백제가 동맹했다고 서술하지만 이는 신라의 對唐外交과정에서 교묘히 날조된 것이며, 실은 고구려와 백제가 각각 신라 변경을 침입하여 도합 30여 성을 습취한 것이라는 주장도 있다.[21] 이에 반하여 신라가 고구려를 공격한 예는 진평왕 51년(629)에 娘臂城을 함락하여 5천여 명을 참살했다는 것이 유일한 전과이다.

이상《三國史記》에 나타난 羅麗간의 항쟁에서, 진흥왕 12년부터 진평왕 24년 사이에는 전쟁이 없고, 7세기 전반 50여 년간에 5~6회의 전쟁뿐이며 접전지역도 북한산성·칠중성이므로 낭비성 또한 북방이라 추측된다.[22] 따라서 신라는 고구려의 北守南進을 방어하여 확장된 북경을 착실히 수호하였다고 할 수 있다.

그러나 7세기에 접어들면서 백제와의 항쟁은 더욱 격렬하고 심각했다. 백제가 고구려로부터 탈환한 한강하류를 신라가 진흥왕 14년(553)에 탈취함으로써 동맹이 파기되고 적대관계로 돌변하였다. 이에 격분한 백제 聖王은 재위 32년(554)에 3만 군으로 신라 管山城(沃川)을 침공하였으나 신라의 선방으로 참패하면서 백제는 거의 50여 년간 신라와 항전하지 못한 것으로 보인다. 즉 6세기 후반에는 단지 威德王 24년(577)·25년의 공방전이 보일 뿐이다. 그러나 진평왕 24년부터 무열왕 2년까지는 총 25회의 전쟁에서 백제의 선제공격이 20회, 신라의 선제공격이 5회이므로 백제의 침공이 압도적이었다. 이 시기는 백제 武王·義慈王代이고, 신라에서는 진평왕·선덕여왕·진덕여왕대

20) 李基白, 〈溫達傳의 檢討〉(《白山學報》 3, 1967), 148쪽.
21) 李昊榮, 〈麗·濟連和說의 檢討〉(《慶熙史學》 9·10합집, 1982), 30쪽.
22) 李元根, 〈百濟 娘臂城考〉(《史學志》 10, 檀國大, 1976), 11쪽에서 淸州로 비정했고, 李丙燾, 《國譯 三國史記》(乙酉文化社, 1977), 319쪽에서는 咸鏡道 어느 곳으로 추측했다. 이 낭비성은 최근에 抱川 半月山城이라는 주장이 있어 주목된다(徐榮一, 〈高句麗 娘臂城考〉, 《史學志》 28, 1995, 36쪽).

에 해당하여 신라는 내적인 권력투쟁과 왕권다툼이 계속되었던 관계로 백제의 도발에 적극 대처하지 못했던 것 같다.

나제 양국관계가 긴박해짐에 따라 국경에 築城이 더욱 많았을 것인데, 신라 眞智王 2년(577)에는 內利西城을 쌓아 椺蒜城·麻知城과 나란히 하여 백제의 침공을 방어코자 했더니, 백제에서는 熊峴城·松述城을 쌓아 위의 신라 성과 맞선 방어선을 구축하였다.

격렬한 신라·백제간의 실전을 살피면 花郎徒를 비롯한 당시 젊은이들이 圓光의 世俗五戒 중 「臨戰無退」를 護國의 시대정신으로 받아들인 것 같다. 진평왕 24년의 阿莫城전투에서는 貴山과 箒項이 분전하다가 전사하였다. 또 진평왕 33년에는 椵岑城(居昌郡?)에 침입한 백제군과 100일 동안 싸우다가 縣令 讚德 등이 전사하고 성도 함몰되었다. 이에 北漢山城主 邊品은 진평왕 40년에 가잠성 탈환작전을 전개했는데 찬덕의 아들 奚論이 20여 세로 종군하여 전사했다는 것이다. 또 진평왕 46년에는 백제군이 신라의 速含(咸陽郡) 등 6城을 침공하였는데 급찬 訥催가 城兵과 함께 역전했지만 눌최는 전사하고 6성도 함락당했다.

당시 신라정부는 上州·下州·貴幢·法幢·誓幢의 5軍을 동원하여 구원케 했지만, 백제군의 당당함을 겁내어 진군하지 못했다는 것이다. 이는 눌최의 武勇과 대조되는 한편 5군의 작전이 歸一되지 못하고 사기가 저하되어 있었던 점을 볼 수 있어서, 전세가 신라쪽에 불리하게 나타나 있다. 이 같이 해이한 수세로 인하여, 善德女王 11년(642)에는 國西의 40여 성을 백제에게 빼앗기고, 이해 8월에는 백제 장군 允忠의 1만 군에게 大耶城(陜川)이 함락되고 都督 品釋 등이 전사하여 엄청난 손실을 입게 되었다. 이런 신라군의 참패는 백제 大軍의 집요한 공격에도 있었겠지만, 신라군 내부의 불화도 큰 원인이었다. 즉 품석은 그 幕客인 黔日에게 원한을 샀던 바, 검일이 백제군에게 內應했으며, 품석의 보좌관인 西川은 은밀히 백제군에게 항복할 것을 약속하는 등 대야성군의 내적 불화와 戰意의 상실을 엿볼 수 있다.

〈표 2〉 羅·濟相爭

연도	신 라	교전	백 제	교 전 지 역	전 황
554	眞興 15	←	聖王 32	신라 管山城(沃川)	백제 성왕, 4인의 좌평이 전사함과 동시에 3만 명의 군대가 무너짐
562	眞興 23	←	威德 4	신라 國邊	왕이 군사를 내어 백제군 1천 인을 살획함
577	眞智 2	←	威德 24	신라 西邊 州郡	이찬 世宗이 一善北에서 격파하여 3,700급을 참획.
578	眞智 3	→	威德 25	백제 閼也山城(礪山)	신라가 알야산성을 공격
602	眞平 24	←	武王 3	신라 阿莫城(雲峯)	백제군을 대파했으나 貴山·箒項이 전사.
605	眞平 27	→	武王 6	백제 영역	신라가 發兵하여 백제를 침공.
611	眞平 33	←	武王 12	신라 椵岑城	100일간 전투, 신라 현령 讚德이 전사. 성이 함몰.
616	眞平 38	←	武王 17	신라 母山城(雲峯)	백제가 내공.
618	眞平 40	→	武王 19	백제가 영유한 가잠성	漢山州 軍主 邊品이 가잠성을 회복하려고 침공. 奚論이 전사.
623	眞平 45	←	威德 24	신라 勒弩縣	
624	眞平 46	←	威德 25	신라 速含(咸陽)·櫻岑·岐岑·烽岑·旗縣·穴柵	이 6성은 백제군에게 함락·항복하였다. 訥催가 전사.
626	眞平 48	←	威德 27	신라 主在城	신라 주재성주 東所가 전사.
627	眞平 49	←	威德 28	신라 西邊 2城	백제장군 沙乞이 2성을 함락시키고 300여 인을 포로해 감.
628	眞平 50	←	威德 29	신라 가잠성	진평왕이 군사로 격퇴
633	善德 2	←	威德 34	신라 西谷城	백제군이 13일 만에 서곡성 함락
636	善德 5	←	威德 37	신라 西南邊의 玉門谷(女根谷)·獨山城 근처	신라장군 알천이 백제군 500인을 참살.
642	善德 11. 7	←	義慈 2	신라 獼猴城 등 40여 성	의자왕이 大兵으로 침공하여 40여 성을 공취해 감
	善德 11. 8	←	義慈 2	신라 大耶城(陜川)	백제장군 允忠군사가 대야성을 攻拔. 도독 品釋과 竹竹·龍石 등이 전사

연도	신 라	교전	백 제	교 전 지 역	전 황
644	善德 13. 9	→	義慈 4	백제 7성	대장군 金庾信이 백제 7성을 攻取.
	善德 14. 1	←		신라 買利浦城	백제 大軍이 침입하자 대장군 김유신이 반격하여 2,000급 참수.
	善德 14. 3	←	義慈 4	신라 西邊	대장군 김유신이 출정.
	善德 14. 5	←	義慈 4	신라 國西 7성	백제군이 습취해 감.
647	眞德 1.10	←	義慈 7	신라 茂山·甘勿·桐岑	金庾信의 步騎 1만 명이 방어. 丕寧子·擧眞 전사. 백제병 3천급 참수.
648	眞德 2. 3	←	義慈 8	신라 腰車城(尙州) 등 10여 성	백제장군 義直이 침습. 김유신군이 3路로 협격하여 격퇴
649	眞德 3. 8	←	義慈 9	신라 石吐 등 7성 道薩城(天安?) 부근	백제장군 殷相군이 7성을 攻陷. 대장군 김유신과 장군 陳春·竹旨·天存 등 군이 방어하여, 백제 장사 100인·군졸 8,980급 참수. 戰馬 1만 필 획득. 병기 무수.
655	武烈 2	←	義慈 15	신라 北境 33성	고구려·백제·말갈이 연합하여 33성을 공취해 감
660	武烈 7	→	義慈 20	백제 泗沘城	羅唐聯合軍에게 백제 패망.

* 《三國史記》, 新羅本紀를 중심으로 작성.

또 참패요인에는 城 중심의 방어체제에도 있었다고 본다. 백제는 대병을 동원하여 기습하므로 신라의 여러 성에 흩어져 있는 소수의 守城軍이 방어하기에는 역부족이었다고 믿어진다. 따라서 수세에 있던 신라는 대야성전투를 전후하여 적극적 방어와 공세로 전환하기 위해서 군사체제에 새로운 정비가 있지 않았나 생각된다. 선덕여왕 13년(644)에는 김유신군이 백제 7城을 습취했고, 그 이듬해에는 백제군 2천 명을 참수했으며, 선덕여왕 14년에는 步·騎 1만 명을 거느린 김유신이 적 3천 명을 참수했다고 하였다. 진덕여왕 2년에 김유신을 押督州(慶山)都督으로 삼은 것은 이 해에 백제장군 義直이 腰車城(尙州)을 침입한 때문이라 했는데, 이는 대야성·加兮城(居昌)지역을 방어하려는 계획이었을 것이다. 그런데 진덕여왕 3년에는 김유신군이 道薩城(天安) 밑에서 백제 장사 100인, 군졸 8,980명을 참했고 戰馬 1만 필을 노획하는 큰 전과를 올렸다.

백제군의 침입은 현재의 경상·충청도의 전 국경선에서 일어났는데 주로 김유신이 방어에 나서고 있는 점은 주목된다. 생각건대 선덕여왕 11년(642) 김춘추가 고구려에 원병외교로 갔을 때 김유신이 군대를 동원했고, 선덕여왕 14년에 당이 고구려를 침공할 때 신라는 3만 군을 동원하여 고구려 남경을 공격하였으며, 선덕여왕 16년 김유신이 비담의 난을 평정하였다. 이러한 과정에 김유신은 1만 명 이상의 大兵을 거느리고 백제의 침입을 방어하는 동시에 金春秋가 후일에 왕위를 획득하는 군사적 기반으로 작용했다고 믿어진다. 그럼에도 불구하고 백제의 빈번한 침공으로 수세에 몰려 있던 신라는 국방상 위기의식을 느꼈던 것이다.

(2) 나당군사동맹

삼국간의 상호항쟁은 신라 ·고구려 ·백제 사이의 좁은 국제문제만이 아니라 중국을 비롯한 주위의 여러 나라와 보다 넓은 국제관계로 복잡하게 얽혀 있었다. 특히 중국에서는 581년 隋帝國이 성립되고, 다시 618년에는 唐이 수를 멸하고 수립되었다. 이 수·당의 통일제국은 주위의 돌궐·거란·토곡혼 등을 복속하고 동북아시아의 覇者임을 자처하여 각각 수·당 중심의 국제질서를 세우려고 하였다. 이제는 위진남북조시대의 세력균형에 의한 각국의 존립이 아니라 수·당에 의한 강자만의 논리가 곧 국제질서를 재편성할 기세였다.

이 같은 중국의 수·당에 맞서 가장 완강한 대립을 보인 것은 고구려였다. 고구려는 "비록 말은 藩臣이라 칭하면서도 誠節이 미진하다"는 책망과 동시에 굴종을 강요하는 수에 대하여[23] 遼西지방을 선제공격함으로써 고구려의 독자성을 과시하였다. 이에 수는 4차에 걸쳐 고구려를 침략했지만 고구려는 이를 모두 격퇴하며 薩水大捷(淸川江) 같은 큰 전승을 거두기도 하였다.[24] 다

---

23) 《三國史記》 권 19, 高句麗本紀 7, 평원왕 32년.

24) 《한국사》 2(국사편찬위원회, 1977), 496쪽. "동북아시아의 국제관계는 隋-新羅로 연결된 東西세력과, 突厥-高句麗-百濟-倭로 연결되는 南北세력이 팽팽히 맞서 있었으며, 麗隋의 전쟁은 이 동맹세력의 盟主끼리의 싸움"이라 했지만, 이는 실증없는 추상이다. 또 隋·百濟관계로 보아도 高句麗·百濟가 與國일 수 없다는 사실이 나타난다.

시 당과는 약 30여 년간 표면상 평화와 화해의 분위기를 유지하며 대립했으나[25] 결국 장기간의 전쟁이 고구려·당 사이에 전개되었다. 이것은 당의 覇權主義에 의하여 고구려가 스스로 복속해 오지 않으면 정벌이 불가피하다는 일방적 결행이었다.[26] 결국 寶臧王 4년(645)에 당 태종이 대병력으로 요동을 침입하였으나 훌륭하게 물리친 이래 장기전이 지속되었다.

이렇게 고구려가 수·당과 치열한 전쟁을 계속하는 동안, 신라는 백제의 빈번한 침략을 방어하기에 급급하였다. 이런 신라와 백제도 수·당과 교섭하여 각각 자국의 유리한 국제관계를 유지하려 하였다. 그러나 백제는 수와 함께 고구려를 共伐하겠다는 일종의 濟隋軍事同盟을 맺고 軍期를 정했으나 실제는 출병하지 않았으므로 국제적 신뢰성의 상실과 국력의 허약성을 스스로 노정시킨 결과가 되었다. 이런 결과는 당과의 외교에도 영향을 미쳐 실패요인으로 작용했다고 할 수 있다. 더욱이 당은 삼국간의 항쟁을 화해시키려고 중재에 나서면서도 신라를 당의 번신이라고 두둔하면서 백제에 압력을 가했기 때문에 백제는 당과 외교관계를 단절했던 것이다.[27]

이때 신라는 眞平王 43년(621)에 처음으로 당에 사신을 파견한 이래 급속히 접근하는 한편 삼국의 상호항쟁을 삼국내의 세력균형에 의하여 해결하려고 했던 것이 일차적 시도였다. 즉 선덕여왕 11년(642)·12년에 신라는 여제의 침공을 당에 전하며 구원을 청하기도 했지만[28] 한편 김춘추가 고구려에 가서 청병했다는 사실이다. 이 사실에서 삼국의 성장과정에서 삼국관계에 의한 역사적 배경을 의식한 점과 삼국 자체내에서 문제해결을 시도했다는 점 등이 주목된다. 그러나 이에 실패한 신라는 오직 당과의 제휴가 불가피했고 고구려정벌에 실패한 당은 여제가 연합했다는 현실에서 적극적으로 신라를 끌어들이지 않을 수 없는 상황이었다. 바로 이런 상황에서 羅唐軍事同盟이 체결될 수 있었다.

---

25) 申瀅植, 〈三國의 對中關係〉(앞의 책), 315쪽.
26) 《舊唐書》 권 61, 列傳 11, 溫大雅弟 彦博 및 권 199上, 列傳 149上, 東夷 高麗 武德 7년.
27) 《舊唐書》 권 199上, 列傳 149上, 東夷 百濟 貞觀 22년.
28) 《三國史記》 권 5, 新羅本紀 5, 선덕여왕 12년.

비담의 난을 평정하고 정치적 기반을 확고히 했던 김춘추는 그 아들 문왕과 함께 진덕여왕 2년(648)에 당으로 가서 당 태종을 만나자 태종은,

> 내가 양국을 평정하면 平壤以南과 百濟土地는 다 그대 新羅에게 주어 길이 평안하게 하려 한다(《三國史記》 권 7, 新羅本紀 7, 문무왕 11년).

고 말하였고, 이어 計策과 軍期를 정하였던 것이다. 이것이 곧 나당군사동맹이며 이는 신라의 단순한 청병과 당의 막연한 출사의 약속만이 아니었다. 나당 양국이 여제를 멸망시키면, 그 戰後에 있을 양국간의 領土分割約定으로서 평양 이남과 백제 全土는 신라가 영유한다는 외교적 타결이었다.[29] 그러나 당의 고구려정벌계획이 貞觀 19년(선덕여왕 14년, 645)의 실패 이후부터 장기전략으로 전환되었기 때문에, 신라와의 군기를 실천하는 데는 긴 세월이 소요되었다. 그 이유는 나당의 여제정벌이 결코 쉽지 않았다는 사실이었다. 당은 고구려를 두고 백제를 정벌하기가 쉽지 않았으며 신라는 백제의 침입을 방어하는 데도 힘겨웠는데 고구려를 공격한다는 것은 더욱 어려웠다. 선덕여왕 14년에는 요동을 공격하는 당을 도와 신라가 고구려 남경을 침공했더니 그 틈에 백제는 신라 서변의 7성을 빼앗아갔다. 또한 고구려는 당의 침공이 없는 시기를 틈타서 신라를 침범하는 경우도 있었다. 이렇게 4國이 얽히어 싸우면서 나당이 백제를 先攻한다는 결정을 내리기까지는 양국의 오랜 주저가 있었던 듯하다. 그러나 그 전략의 묘는 바로 당이 대고구려 정벌전략에서 장기전략을 실천하는 과정의 산물인 듯싶다.

요컨대 신라는 대당외교를 적극화하여 상호 결속하였지만, 이는 신라가 일방적으로 당에 의존한 것이 아니라 오히려 당이 신라를 적극 끌어들인 것이라고 볼 수 있다. 그런데 신라가 여제 양국의 위협을 받았지만, 신라에서 일차적인 통합대상으로 삼은 것은 백제였다. 따라서 당의 강적이 고구려였던 상황을 재빨리 간파한 신라는 대당외교에서 여제 양국의 침입과 위협을 거

---

29) 李昊榮, 〈新羅三國統一에 관한 再檢討〉(《史學志》 15, 檀國大, 1981) 참고.
이 시기 당의 동태로 보아 김춘추가 압록강 이남의 땅을 신라가 소유할 것을 조건으로 내세웠더라도 받아들였을 것이다. 왜냐하면 당은 압록강 이북의 요동을 겨냥했기 때문이다.

론하면서 결론은 백제에 초점을 두었다. 이런 과정에서 신라는 여제가 連兵할 것이라는 점을 강조하여 당에게 의구심을 갖게 함으로써 당이 신라에 접근하도록 유도하여 나당군사동맹은 물론 백제를 먼저 멸망시키는 외교에 성공하고 있었던 것이다.

3) 백제의 패망과 부흥운동

(1) 백제의 패망

이미 唐 貞觀 22년(진덕여왕 2년, 648)에 나당군사동맹이 이루어졌더라도 양국의 動兵은 좀체로 쉽지 않았다. 당은 정관 19년의 고구려정벌에 실패한 이후 장기전략으로 들어갔고 고구려가 의연히 존재하는 한 백제정벌은 어렵다고 판단했을 것이다. 그런데 신라에서는 김춘추가 태종무열왕으로 즉위(654)한 이후 律令政治를 표방하고 왕자인 文王을 中侍로, 김유신을 상대등으로 삼아 자파의 세력을 더욱 강화하는 한편 당의 장기전략에 따른 고구려의 대응양상을 통찰한 위에 백제를 先攻하자고 당에 제의했던 듯하다.

당에서는 고종이 즉위(649)하여 태종의 遺業을 완수하려고 고구려에 대한 침략을 계속하고 있었다. 그런데 무열왕 6년 4월에는 백제의 잦은 침범으로 당에 「乞師」했고, 10월에는 청병에 대한 당의 응답을 초조하게 기다리는 왕의 모습을 볼 수 있다. 그러면 나당이 백제를 선공하기로 약속한 시기는 언제쯤일까 하는 문제이다. 우선 나당동맹이 체결된 진덕여왕 2년(648)에는 백제의 선공이 논의되기 어려웠다면, 신라 무열왕과 당 고종이 즉위한 650년부터 654년을 그 논의의 上限으로 고려될 문제라고 본다. 여기에는 그렇게 추단한 몇 가지 단서가 있다.

신라에서 百濟呑倂이 구체화되기는 무열왕 2년경이다. 김유신이 당시 백제의 권력을 장악하고 있던 佐平 任子를 심리적으로 교란시키기 위하여 二重間諜 租未坤을 이용했던 바, 동요하는 임자의 의중을 헤아리고 급히 백제탄병을 꾀했다는 것이다.[30] 이런 謀議가 김유신 개인이 아니라 신라정부 차원

---

30) 《三國史記》 권 42, 列傳 2, 金庾信 中.

에서 획책된 일이라면, 이를 통하여 백제의 형편을 알고 당에게 백제를 선공하자고 제의했을 가능성이 크다. 이것은 수가 백제를 통하여 고구려 내정을 정탐하려 했듯이 신라는 당과 연결되어 적대국의 정보를 교환했을 것은 너무나 당연했다. 사실 신라는 일찍부터 백제의 사정을 당에 전하여 당 태종의 백제관을 형성하였던 것인데,[31] 여기서 김유신은 백제가 無道함을 왕에게 말하면서 탄병의 책략을 의논하고 있는 것이다.

그래서 고구려와 백제가 신라 북경의 30여 성을 앗아간 무열왕 2년(655)을 주목하여, 무열왕이 당에 구원을 요청하면서 먼저 백제를 공벌하자고 제의하여 당의 內諾을 얻은 것이라는 주장이 있다.[32] 그런데 무열왕 3년·4년의 양년은 당의 고구려 침략이 없었고, 고구려는 보장왕 15년(656) 당의 皇太子冊封 賀使를 보냈다. 당에서는 賀魯의 亂을 맞아 顯慶 2년(657)까지 이를 진압하고 있었다. 한편 신라에서는 진덕여왕 5년(651)에 入唐한 金仁問이 무열왕 3년에 귀국하면서 王子인 文王을 입당시키는데 이는 宿衛로서 당의 황태자 책봉 축하의 의미도 있었다고 보아야 할 것이다. 이런 점으로 보아 무열왕 3년에 문왕을 통하여 백제를 선공하자고 제의했고 당은 현경 2년 12월 蘇定方이 하로를 사로잡은 뒤 확약했을 것이다.[33]

이렇게 결정된 백제 선공전략은 당의 고구려정벌 장기전략의 연장선상에서 수행되었다. 왜냐하면 정관 19년(645) 이후 당은 장기전략으로 전환하고 소수병력으로 자주 요동을 침공하여 고구려가 피폐하기를 기다리면서 거의 15년간을 지속해 오는 동안 고구려는 물론 백제까지도 이러한 전쟁방식에 길들여져 있었다고 할 수 있다. 이런 허를 찔러 기습적으로 감행한 작전이 곧 백제선공이라 하겠다. 따라서 현경 3년·4년의 양년에 걸쳐 요동을 공격함으로써 고구려의 관심을 요동으로 집중시키는 한편, 다음해인 현경 5년에는 백제정벌을 단행한 것으로 생각된다.

---

31) 《三國史記》 권 5, 新羅本紀 5, 선덕왕 12년조 唐 太宗의 말.
32) 李丙燾, 《韓國史》 古代篇(震檀學會, 1959), 507쪽.
33) 李昊榮, 《新羅의 三國統合過程 硏究》(慶熙大 博士學位論文, 1985), 133쪽.
또 이 시기의 對唐外交를 보면 태종무열왕 원년(654) 양국 사신의 왕래, 2년의 "王遣使入唐 救援", 6년의 "遣使入唐 乞師"가 기록되었고, 文王은 4년(657)에 唐에서 돌아와 中侍가 되었다.

이후 신라에서 唐軍의 내도를 고대하던 중 태종무열왕 7년(660 ; 당 고종 顯慶 5년) 3월, 당의 출병을 통보 받았다. 이 때 唐軍指揮官으로,

左武衛大將軍 蘇定方 ; 神丘道行軍大摠管
金仁問 ; 神丘道行軍副大摠管
師左驍衛將軍 劉伯英
左武衛將軍 憑士貴
左驍衛將軍 龐孝泰

등이 水·陸 13(10)만 군을 거느리고 6월 18일 萊州(山東半島)를 출발하여 바다로 德勿島(德積島)에 도착해서 여기서 신라의 군 지휘관과 만남으로써 실제 나당연합군이 형성된 셈이다.

한편 신라에서는 5월 26일 왕과 태자 法敏·金庾信·眞珠·天存 등을 장군으로 삼아 大兵을 거느리고 수도 慶州를 출발하여 6월 18일 南川停(利川)에 도착했다. 21일에 법민 등은 兵船 1백 척으로 덕물도로 나아가 당군을 맞아들이는 동시에 법민·소정방 양인은 백제정벌의 구체적 전략을 논의하였다. 결국 신라군은 7월 10일 백제 伎伐浦에서 당군과 합동하여 泗沘城(扶餘)을 공격 입성하기로 전략을 세웠던 듯하다.

주목되는 것은, 당이 신라왕을 嵎夷道行軍摠管으로 임명한 것 외에 당에서 숙위하고 있었던 金仁問을 당군의 水路를 안내하는 향도역할로서 副大摠管으로 임명한 듯한 것인데, 이는 신라가 藩臣國이었다는 당의 의식 표출이라 믿어진다.

법민이 소정방과 전력을 의논하고 돌아오자, 법민, 대장군 김유신, 장군 品日·欽春(欽純) 등에게 精兵 5만을 주었으며 왕은 今突城(尙州 白華山)에 住次하였고, 7월 9일 유신이 거느린 신라군은 黃山으로 진군했다. 이러한《三國史記》의 기록대로 動兵했다면, 신라 대군이 경주에서 남천정까지 와서 이 중의 5만 정병을 뽑아 다시 남하하여 백제정벌로 들어간 것이다. 여기서 신라군의 百濟征伐 進軍路 문제도 있지만,[34] 대병력이 왜 그렇게 먼 거리를 우회

34) 池內宏은 新羅軍이 報恩·沃川을 경유하였다고 보았고, 炭峴은 忠淸南·北道 道界의 고개인 오늘의 馬道嶺이라 하였다(池內宏, 〈百濟滅亡後の活動及び唐·

했는지 그 이유가 납득되지 않는다. 이를 긍정하는 입장에서는 ① 唐兵을 영접하는데 신라군의 盛勢를 보여주려는 것,[35] ② 고구려군의 남하를 우려한 것,[36] ③ 對백제전략으로서 백제의 防禦主力을 분산·교란시키려는 의도 등으로 추측할 수 있다. 아마도 황산으로 향하는 백제진입로인 報恩 혹은 沃川에 먼저 군대를 집결시켜 놓고 여기서 왕을 비롯한 법민·김유신 등 주요 지휘관과 일부 병력만이 북상해서 남천정까지 갔다가 다시 남하하여 합류하지 않았겠나 추측된다. 따라서 위에서 보이지 않는 「新羅督軍 金文穎」과 良圖 등도 도중에 離合했을 것이다.[37]

7월 9일 신라군이 황산에서 階伯의 5千決死隊를 격파했는데 이 전쟁이 백제정벌의 승패를 가늠하는 중대한 고비로 《삼국사기》는 기록했다. 계백이 먼저 험한 곳에 三營을 설치했으므로 신라군도 三道로 나누어 진격했지만 戰勢는 신라군에게 불리하여 4戰 모두 패배하고 士卒은 力竭한 형편이었다. 이때 김유신의 弟 흠순은 아들 盤屈을 출전케 해서 전사했고,[38] 품일도 官昌을 출전시켜 전사했다.[39] 반굴은 화랑인지 알 수 없지만 관창은 화랑으로서 勇戰하다가 전사함으로써 여타의 병사들이 분전할 수 있는 기폭제 역할을 해서 강개한 신라군의 力戰으로 大勝을 가져왔다. 이에 계백 등 대부분의 백제

羅·日關係－附說 白江及び炭峴について〉, 앞의 책, 213~236쪽).

鄭永鎬는 新羅軍의 進軍路程을 南川停→三年山城(報恩)→山桂里土城(沃川)→장군재(沃川)→구진베루(沃川)→郡西(沃川)→馬山(錦山)→炭峴(→伎伐浦→泗沘城)으로 추정하였다(鄭永鎬, 〈金庾信의 百濟攻擊路硏究〉, 《史學志》 6, 檀國大, 1971, 61쪽).

35) 《三國史記》 권 5, 新羅本紀 5, 태종무열왕 7년.

36) 洪思俊, 〈炭峴考〉(《歷史學報》 35·36합집, 1967), 66쪽.

37) 軍期를 어겼다고 金庾信과 蘇定方 사이에 爭論이 일어난 속에 金文穎이 등장하는데, 이 드라마틱한 사건이 《三國史記》의 新羅本紀에는 보이고, 金庾信傳에는 기록되지 않은 점은 좀 이상하다. 良圖는 문무왕 2년(662) 唐兵에게 軍糧을 운반하고 돌아올 때 "良圖以兵八百人 泛海還國"(金庾信 中)이라 한 점으로 보아, 이때도 水軍을 지휘하여, 신라군 지휘관을 德積島에 往復시킨 海軍大將이 아니었을까 추측된다. 이 양도는 金仁問傳에서 入唐해 西京에서 죽었다고 했는데, 이는 本紀에서 문무왕 10년 唐의 圓獄에서 죽었다는 것과 부합된다.

38) 《三國史記》 권 5, 新羅本紀 5, 태종무열왕 7년. 이 때 흠순이 "爲臣莫若忠 爲子莫若孝 見危致命 忠孝兩全"(《三國史記》 권 47, 列傳 7, 金令尹)이라는 유명한 말을 남겼다.

39) 《三國史記》 권 5, 新羅本紀 5, 태종무열왕 7년 및 권 47, 列傳 7, 官昌.

군을 함몰시키고 佐平 忠常과 常永 등 20여 인을 사로잡음으로써 黃山大捷을 거두었다. 병력의 다과가 반드시 승패를 좌우한다고 말할 수 없지만, 5만 신라군이 5천 백제군 격파에 시일이 지연될 수 있다는 것은 인정된다.

따라서 7월 10일이라는 軍期를 넘기고 다음날인 7월 11일에야 신라군은 당군과의 약속장소인 기벌포에 도착하여 당군과 합류하였다. 그러나 당병은 9일에 도착했기 때문에 백제병의 저항을 받았다.[40] 만일 신라군이 기일내에 도착했다면 당군은 백제병과 싸우지 않았을 것이다. 그래서 소정방은 기일을 지키지 못한 책임을 신라독군 김문영에게 지워 그를 군문에서 斬하겠다고 문책하였다. 아마 唐將으로서 신라 지휘관을 억압하여 그 복종을 강요한 첫 조처였을 것이다. 그러나 이에 대응하여 김유신은 여러 사람 앞에서 말하되,

> 대장군은 황산의 戰役을 보지 못하고 기일을 넘긴 것을 罪하려고 하니 내가 죄없이 욕을 당할 수는 없다. 먼저 당군과 決戰하고 뒤에 백제를 깨뜨리겠다(《三國史記》 권 5, 新羅本紀 5, 무열왕 7년).

라고 一喝怒聲으로 장부다운 기상을 보였다. 이에 소정방의 右將 董寶亮이 "신라병이 장차 變하려 한다"고 하여 일단 무마되었다. 이것은 김유신의 울분에 동조한 신라군이 당군과 一戰不辭의 태세를 갖추었던 험악한 상황으로 이해되며 이로 인해 신라군의 사기가 크게 앙양되었고, 이후 唐將이 신라군을 업신여기지 못한 중대한 계기가 되었다.

신라군이 기벌포에 이르자, 백제의 왕자(隆?)가 좌평 覺伽로 하여금 글을 당의 장수에게 보내어 退兵을 요구했지만, 7월 12일 사비성을 포위하였다. 위의 진격과정에도 나당군 사이에 누가 선봉에 서느냐를 놓고 다투다가 양군이 나란히 진격했다는 사실로 보아 신라군이 적극적으로 백제병을 攻破했을 것으로 믿어진다. 7월 13일에 백제 왕자인 隆, 大佐平 千福 등이 법민 앞에 항복했다는 것도 신라군이 城下에 접근하여 포위하고 있었기 때문이다.[41]

---

40) 《三國史記》 권 5, 新羅本紀 5, 무열왕 7년 7월 9일조에 "是日 定方與副摠管金仁問等 到伎伐浦 遇百濟兵 逆擊大敗之"라 했고 11일까지는 날짜의 기록이 없다. 그러나 軍期는 7월 10일이고, 12일에는 사비성을 포위·함락시키고 있으므로 신라군이 기벌포에 도착한 것은 11일이 분명하다.

41) 그러나 《三國史記》 권 28, 百濟本紀 6 의자왕 20년조에서는 이들이 唐將에게

다시 熊津城으로 피난갔던 의자왕 등이 18일에 돌아와 항복함으로써 백제는 멸망한 것이다.

따라서 今突城에 주차했던 태종무열왕은 7월 29일 所夫里城에 이르러 弟監 千福을 시켜 戰功을 告했고, 8월 2일 酒宴을 베풀어 승리를 자축하고 당병을 위로했는 바,

> 王과 定方 및 諸將은 堂上에 앉고 義慈王과 子 隆은 堂下에 앉아서 혹은 의자왕에게 술잔을 나르게 하니 백제 좌평 등 群臣은 슬피 울지 않는 자 없었다(《三國史記》 권 5, 新羅本紀 5, 무열왕 7년).

고 하여, 승리자의 당당함과 패배자의 참담한 모습을 여실히 묘사하고 있다.

비록 왕과 大臣의 일부가 항복했지만, 백제군의 저항은 계속되었다. 그러나 당군은 郎將 劉仁願에게 1만 명의 병력을 주어 사비성을 지키게 했다. 이에 신라는 왕자 仁泰, 사찬 日原 등에게 7천 명의 병력을 주어 함께 주둔시켰다. 그리고 9월 3일 당군은 백제의 포로로 왕 및 태자 孝, 왕자 泰·隆·演과 大臣·壯士 등 88인과 백성 12,807인을 끌고 唐京(長安)으로 돌아갔다.

신라의 대당관계는 처음부터 평등한 입장이 아니었고 따라서 신라왕도 唐의 일개 장군으로 임명된 형편이었지만, 당은 신라의 권익을 무시한 채 일방적으로 백제 본래의 5部 37郡 200城 76萬戶[42]를 재편성하여 熊津·馬韓·東明·金漣·德安의 5都督府를 설치해서 州縣을 통치케 했고 백제인으로 도독·刺史·縣令을 삼았다는 것이다. 그러나 이 5도독부는 웅진과 덕안을 제외하고는 계획에 그쳤다고 하나[43] 백제 옛땅에 대한 당의 직접 지배는 나당사이의 領土分割約定의 위반이었으므로 신라의 자주성과 권익을 되찾기 위해 후일 나당전쟁이 불가피했다.

사실 신라는 당 13만 군의 성원을 얻어 단시일에 백제를 패망시켰지만, 신라군은 계백군과 같은 강력한 백제군의 저항을 격파하면서 깊숙히 백제영역을 가로질러서 기벌포까지 진격했고 사비성 함락에도 앞장서서 싸웠던 것

항복했다고 기록하였다.

42) 《舊唐書》 권 199上, 列傳 149上, 東夷 百濟.

43) 李丙燾, 앞의 책, 512쪽.

이다. 이에 비하면 당군은 13만이라는 숫자적 대세로 산동반도→덕물도→기벌포까지 바다로 순항했고 겨우 사비성 함락에 진군함으로써 그 聲勢만 가하고 오히려 모든 實利를 앗아갔다. 그러나 신라는 또 하나의 강적인 고구려 정벌이 남아 있었으므로 對唐戰爭을 결단하기까지는 더 많은 인내와 기다림이 요청되었다.

그러면 백제는 왜 그렇게 쉽게 패망했을까. 여기서 백제의 패망원인을 개략하면, 첫째 백제는 6세기말부터 빈번한 전쟁을 무궤도하게 펼침으로써 국력소모가 과다하였다. 둘째 王을 비롯한 백제 지배자들이 사치와 방일에 빠져 국가를 충실히 지키려는 애국심이 없었기 때문에 국가를 수호하는 일이 곧 자기를 유지하는 것이라는 의식이 철저하지 못했던 듯하다. 셋째 그 말기에 이를수록 애국적 충신은 도태되었고 害國的 姦臣들이 득세했던 것이다. 의자왕 16년(656)에 좌평 成忠은 "王과 宮人의 淫荒 耽樂과 그칠 줄 모르는 음주"를 極諫하자 投獄으로 보상되었고, 이 성충과 興首가 炭峴과 白江(기벌포)에서 水陸으로 침입하는 외적을 방어해야 한다고 주장했지만 이런 최후의 忠言마저 묵살되었다. 넷째 백제는 신라의 변경을 기습하여 신라를 괴롭히는데 만족하고, 강력한 외적의 침공에 대비한 근본적 대책에 소홀했던 듯하다. 따라서 나당연합군의 기습에 방어력을 발휘하지 못한 채 무너지고 말았다. 앞에서 말한 성충의 탄현·기벌포 방어전략이 의자왕 19년(660) 나당의 침공을 받은 뒤에야 다시 홍수에 의해 건의되었으나 이것이 채택되지도 않았거니와, 이미 이때는 신라군이 탄현을 넘어섰고 당군이 백강에 들어온 이후였다. 여기서 당군을 먼저 치면 신라군은 겁내어 돌아갈 것이라는 좌평 의직의 전략도 적용될 상황이 아니었다. 외적의 침입을 당하여 화급한 방어전략이 지리멸렬했다는 것은 국가를 수호하려는 방어책에 얼마나 소홀했었는지 알 수 있다. 다섯째 백제의 外交에서 백제가 隋와 軍期를 정하여 함께 고구려를 共伐키로 약속했지만, 이를 실천하지 못했다는 사실이다. 이것은 수를 이은 당에 있어서 백제의 외교가 不信될 수밖에 없었으므로 외교에도 실패했다고 할 수 있다. 당시 백제에서는 倭와 親交하여 왜를 믿었는지 모르지만 親倭는 勢가 될 수 없었다. 여섯째 당시 3국은 모두 城 中心의 防禦體制였는데 백제는 史上 유례가 없는 신라의 5만 대병을 맞아 일시에 방어할 병력과 기동력

이 없었다고 판단된다.[44)]

요컨대 신라는 국제관계 변화의 물결을 타고 당과 군사동맹을 체결하여 무열왕 7년(660) 숙적인 백제를 패망시켰지만, 이에 대한 정당한 대가를 할양받지 못했던 것이다. 바로 이것이 나당동맹의 와해와 나당전쟁의 잠재적 도화선이 되었다.

(2) 백제국 부흥운동의 진압

백제 사비성의 외곽지대에서 나당군에게 저항하는 백제군을 진압하지 않고 당의 주력부대의 대부분은 顯慶 5년(의자왕 30년 ; 660) 9월 3일 바다를 통하여 唐京 장안으로 돌아갔다. 이렇게 당군이 급히 철수한 이유는 그들의 사전 전략이었을 것이다. 즉 첫째 당의 의도는 처음부터 대군의 성세만 빌려주고 실제는 신라군으로 하여금 백제를 정벌케 할 목적이었던 것 같다. 따라서 당군의 참전은 사비성 함락에 그쳤고 이후의 백제군 진압에는 신라군을 동원하려 했다. 둘째 당군은 먼 海道에 지속적인 軍糧供給도 어려웠음을 감안했을 것이다. 셋째 백제정벌의 餘勢를 몰아 고구려를 급습하려는 전략이 있었던 듯하다. 현경 5년 12월 소정방이 契苾何力·劉伯英·程振名 등과 고구려를 침략한 사실로 알 수 있다. 결국 당은 직접 백제를 지배할 목적으로 사비성에 留鎭唐兵 1만 명을 남기고 백제군은 신라군에게 진압시키려는 철저한 당 중심의 정책만을 펴갔다.

백제군은 당군이 떠나기 전인 8월 2일 사비성의 南岑과 貞峴에서 저항했고, 佐平 正武는 豆尸原嶽(忠南 青陽郡 定山面)에 주둔하면서 나당인을 抄掠하였다. 또 8월 26일에는 신라군이 任存城(大興)의 大柵을 공격하였으나 백제군이 많고 지세가 험하여 이기지 못하고 다만 그 小柵만을 공파했다는 것이다.[45)] 바로 이 임존성은 문무왕 3년(663)까지 백제국 부흥군의 본거지가 되었고 黑齒常之·沙吒相如·遲受信 등의 지휘하에[46)] 3만 부흥군을 거느리고 2백여 성을 탈환하는 등 자못 그 형세가 대단해서 소정방군도 이들에게 패배

---

44) 李昊榮, 〈百濟 敗亡原因論〉(《朴性鳳教授回甲紀念論叢》, 1987), 151쪽 참조.
45) 《三國史記》 권 5, 新羅本紀 5, 태종무열왕 7년.
46) 《新唐書》 권 108, 列傳 33, 劉仁軌.

한 채 돌아갔던 것이다.[47]

또 한편 백제 遺臣으로 武王의 從子인 福信과 승려 道琛은 周留城(韓山?)에 웅거하면서 의자왕의 왕자로 倭國에 인질로 가 있던 扶餘豊을 맞아 백제왕으로 삼았더니 西北部가 모두 그들에게 호응하였다는 것이다.[48] 이 주류성에는 부여풍 외에 왕자 扶餘忠勝·扶餘忠志 등도 부흥군을 지휘하고 있었다.[49] 이는 이미 패망한 백제왕실의 왕통을 다시 계승하여 부흥군의 지주를 삼고 백제유민을 귀일시키려는 의도였다. 따라서 이 백제임시정부가 수립됨으로써 보다 강력한 항전기반을 구축했던 것인데, 이런 주류성·임존성의 부흥군 세력은 서로 犄角之勢로 호응하였다.

이 같은 부흥군은 무열왕 7년(660) 9월 23일부터 대거 진출하여 사비성을 포위 공격하였다. 이것은 부흥군이 단순히 포로가 되었거나 항복한 백제인을 구출할 목적만이 아니라 사비성 탈환을 위한 공격으로 보아야 할 것이다.[50] 이때 유인원 휘하의 당·신라병이 웅전하여 일진일퇴를 거듭하면서 신라에 원병을 요청한 듯하다. 따라서 무열왕은 직접 태자 법민과 諸軍을 거느리고 그 해 10월 9일부터 11월 7일까지 약 1개월간 대대적인 백제국 부흥군 진압에 나섰다. 이에 따른 논공행상이 이루어지는 가운데 주목되는 것은 才質에 따른 백제인의 임용이다. 이런 조치는 백제인들을 흡수 융합하려는 懷柔政策으로 믿어진다. 더욱이 함락한 尒禮城에 「官守」를 설치했다는 것은 신라가 신라병을 留守케 했다고 보인다. 이는 당이 백제를 지배하더라도 그 지배질서가 확립되지 못했고 백제국 부흥군이 지배하고 있는 곳은 더욱 방기상태에 있었으므로 그 지역을 신라에서도 '官守'하지 않으면 부흥군 진압의 의미가 없었을 것이다. 그러나 백제지배를 둘러싸고 나당 사이에 신경전을 벌이고 있던 당시에 있어서 관수가 분쟁의 도화선이 아닐 수 없었다. 현실적으로 백제에 대한 지배권은 당이 행사하면서 신라는 그 당을 도와 攻取地域을 지켜주어야 한다는 二重苦를 겪어야 했다. 그런데 이후 나당간의 분쟁으로 보

47) 《舊唐書》 권 109, 列傳 59, 黑齒常之.
48) 《三國史記》 권 28, 百濟本紀 6, 의자왕 20년.
49) 《新唐書》 권 108, 列傳 33, 劉仁軌.
50) 《三國史記》 권 5, 新羅本紀 5, 무열왕 7년조에는 "謀略生降人" 등을 이유로 들고 있지만 적절하다고 볼 수 없다.

아 이 신라병의 留守地域은 실제 신라가 지배했던 것이며 당도 이를 묵인할 수밖에 없었던 미묘한 상황이었다고 생각된다.

이 무렵 당은 左衛郎將 王文度를 熊津都督으로 임명해 왔으나 무열왕 7년(660) 9월 28일 신라 三年山城에서 갑자기 죽었으므로 다시 檢校帶方州刺史라는 직함을 가진 劉仁軌가 부임하여 신라군의 도움으로 사비성의 포위망을 뚫을 수 있었다. 대개 이 기간은 무열왕 7년(660)말·8년초로서 사비성의 당병은 신라로부터 공급받던 糧道가 끊어지고 1천 명의 당병이 부흥군에게 섬멸당하기도 하였다.[51]

이렇게 백제국 부흥군의 사비성 공격이 치열하자 무열왕 8년 2월 왕은 이찬 품일을 大幢將軍, 迊湌 文王·大阿湌 良圖·阿湌 忠常을 大幢副將軍으로 삼고, 잡찬 文忠을 上州將軍으로, 아찬 眞王을 副將으로, 아찬 義服을 下州將軍으로, 武欻·旭川 등을 南川大監으로, 文品을 誓幢將軍으로, 義光을 郎幢將軍으로 삼아 당병을 구원케 하였다. 3월 5일에는 品日軍이 豆良尹城(錦山郡 富利面)에서 백제 부흥군에게 패배했고 12일에는 古沙比城(臨陂)에서 豆良尹城을 한달 6일간 공격했으나 이기지 못하고 4월 19일에 돌아오는 길에 올랐다. 下州軍은 賓骨壤(古阜 동쪽)에서 부흥군과 싸워 많은 兵器를 잃었다. 왕은 大軍의 敗報를 듣고 金純·眞欽·天存·竹旨 장군으로 增援했던 바, 加尸兮津(高靈 加耶川)에 이르러 대군이 加召川(居昌의 加川)에 후퇴했다는 말을 듣고 증원군도 돌아왔던 것이다.

한편 백제국 부흥군에서는 더욱 사기가 오른듯, 도침은 領軍將軍, 복신은 霜岑將軍이라 하고, 使者를 유인궤에게 보내어 말하되, 당이 백제인의 老少를 죽인 후 백제국을 신라에게 넘겨준다고 하니 죽음으로써 싸울 수밖에 없다고 하였다.[52] 이에 인궤는 그 부당성을 주장하는 한편 신라와 함께 진압할 것을 당 고종에게 청하는 것을 보면 역시 나당간의 협조가 잘 이루어지지 않고 있다는 것을 알 수 있다. 이 무렵 신라군이 부흥군에게 계속 패하는 것은 무열왕말에서 문무왕초라는 전환기에 귀족들의 해이에도 그 원인이 있겠으나 신라군의 소극적 대응이 더 큰 원인이었을 것이다. 문무왕 원년(661) 당

51) 《三國史記》 권 7, 新羅本紀 7, 문무왕 11년.
52) 《三國史記》 권 28, 百濟本紀 6, 의자왕 龍朔 원년.

의 고구려정벌에 신라군의 호응을 요청받아 문무왕이 직접 군대를 통솔하여 진군하던 중, 留鎭唐兵의 요청에 따라 백제국 부흥군을 甕山城(大德郡 懷德面 鷄足山城)·雨述城(대덕군 회덕면)에서 격파하고 항복한 達率 助服은 級湌에 古陁耶郡 太守로, 恩率 波加는 급찬에 田宅·衣物을 주었다.

이런 속에 문무왕 2년초에는 평양 부근에서 敗戰과 饑寒에 떠는 소정방군에게 군량을 공급하기 위하여 신라는 대병력과 물량을 동원하여 運糧을 왕복하면서 고구려군과도 싸워야 했다. 이때 백제에 臣屬했던 耽羅國主가 투항해 오고 백제평정을 자축하는 잔치를 배설한 점으로 보아 신라측에서는 백제국 부흥군의 저항을 지극히 경시했던 듯하다. 문무왕 2년(662) 8월, 신라는 19장군의 대병력을 동원해서 內斯只城(儒城)을 討破했고, 稱病하며 國事에 무심하다는 이유로 大幢摠管 眞珠와 南川州摠管 眞欽 및 그 一族을 죽임으로써 문무왕의 새 체제를 정립하는 동시에 이미 안일로 흐르기 시작한 일부 귀족들에게 一罰百戒로 肅正했던 것이라 보인다. 이렇게 해서 문무왕 3년부터 다시 부흥군 진압작전이 크게 진행되어 欽純·天存의 군대가 居列城(居昌)을 攻取하여 7백 급을 참하고 居勿城과 沙平城을 함락시켰으며 德安城(恩津)을 쳐서 1천 7백 급을 참하였다. 이렇게 보면 신라군은 사비성으로부터 비교적 멀리 떨어진 외곽지대의 부흥군 진압에 주력했고, 사비성은 당병에게 맡기었다고 할 수 있지만 여기에도 金仁泰의 7천 병력이 유진당병을 돕고 있었다.

한편 사비성에서는 끈질긴 복신 등의 부흥군 공격을 받아 유인원 등은 孤立無援으로 포위되었는데 유인궤가 신라병을 이끌고 복신 등이 점거한 眞峴城을 점령함으로써 비로소 신라 運糧의 길이 통했다는 것이다.53) 당병을 이

---

53) 《新唐書》 권 108, 列傳 33, 劉仁軌 및 《資治通鑑》 권 200, 唐紀 16, 高宗 上之下 龍朔 2년. 위의 《資治通鑑》에서는 "初仁願·仁軌等屯熊津城"이라 했고 그 注에 "考異曰 去歲道琛·福信圍仁願於百濟府城 今云尙在熊津城 或者共是一城 不則圍解之後 徙屯熊城耳"라 하여 혼동된다. 이것만으로는 사비성을 백제부흥군이 상당기간 奪還하지 않았나도 의심된다. 그런데 《三國史記》 권 5, 新羅本紀 5, 무열왕 7년조에서 "九月三日 郎將劉仁願以兵一萬人 留鎭泗沘城 王子仁泰 與沙湌日原級湌吉那 以七千兵 副之"라 하고, 권 7, 新羅本紀 7. 문무왕 11년조 王의 答薛仁貴書에는 "同鎭熊津"이라 하였고 "圍逼府城 熊津請兵", "熊津漢兵一千" 등으로 기록하고 있다. 이상에서 필자는 9월 3일조의 사비성에서 당병과 신라

같은 위기에 몰아넣을 만큼 강렬한 백제국 부흥군 내부에서는 이미 문무왕 원년 복신이 도침을 죽이고 그 병력을 앗아 임존성으로 들어가 전횡했고, 그 이듬해에는 부여풍이 다시 복신을 살해함으로써[54] 그들 상호불신이 번지는 속에 부여풍과 흑치상지가 지도적 위치를 확보했으나 이런 내분은 파국을 자초한 결과가 되었다.

또 유인원이 唐에 더 많은 군대를 요청하자, 문무왕 3년(663) 右衛將軍 孫仁師가 7천 병력을 이끌고 덕물도를 거쳐 웅진부성으로 들어왔다. 손인사는 杜爽과 웅진도독으로 임명된 夫餘隆을 대동했는데 이는 당병은 물론 신라에도 督戰의 새 기운을 제공하였다. 따라서 신라에서는 문무왕이 김유신 등 28(30)將軍을 거느리고 부흥군 진압에 나섰다.

유인궤는 두상·부여융을 별장으로 삼아 손인사·유인원의 당병 및 신라왕이 거느린 제군과 합세하여 먼저 豆良尹城과 周留城을 함락시켰다. 이에 扶餘豊은 고구려로 망명했고 왕자 扶餘忠勝·扶餘忠志는 무리들과 항복했지만 지수신은 임존성을 고수했다. 이 주류성이 함락되자 다른 성은 저절로 무너졌다. 한편 유인궤의 수군은 白江口에서 백제부흥군을 돕는 倭兵船과 회전하여 4백여 척을 불살랐다. 이 전투로 부흥군의 핵심세력이 모두 무너져 사타상여·흑치상지도 항복했다. 유인궤는 사타상여·흑치상지 등 降將들을 앞세워 임존성을 공파하자 지수신도 고구려로 망명하였다.[55]

백제국 부흥군 진압작전을 보면 신라군의 단독진압, 당병 단독진압, 나당병의 연합작전으로 나누어 생각할 수 있지만 나당군을 분리하여 분석하기는 어렵다. 적어도 金仁泰 7천 병은 언제나 당병과 행동을 같이 했다고 보이기 때문이다. 당병이 본토의 원병까지 동원했더라도 그 主力은 신라군이었으며 신라왕이 직접 대병력으로 참전한 사례도 적지 않았다. 유인궤의 武功으로 기록된 주류성전투도 신라의 驍騎가 선봉에 서서 격파했던 것이다.[56] 백제

병 7천이 끝까지 주둔했다고 보고, 백제부흥군이 포위한 '府城'도 사비성으로 보았다.

54) 《三國史記》 권 28, 百濟本紀 6, 의자왕 龍朔 원년(661) 및 2년조에 의함. 권 6, 新羅本紀 6에는 福信 등의 初起를 문무왕 3년(663)조에 몰아서 언급하여 내부 변화의 연대가 무시되었다.

55) 《新唐書》 권 108, 열전 33, 劉仁軌傳이 이 부분의 중요 자료이다.

殘衆이 泗沘山城(扶蘇山城)에서 항거했다는 문무왕 4년(664) 3월의 기록은 있으나 부흥군의 대부분은 문무왕 3년(663)까지 진압되었다.

요컨대 《삼국사기》가 많은 독자적 자료를 가지고 있지만 위 부분은 中國史書에 근거한 기록도 적지 않다. 따라서 연대와 사건을 정확히 일치시키기에는 무리가 있고 판단도 쉽지 않다. 그러나 신라는 4년간 엄청난 국력으로 백제국 부흥군 진압에 절대적 역할을 하였음에도 불구하고 소위 留鎭唐兵의 요청과 지휘에 의하여 당을 돕는 경우도 적지 않았다. 신라는 고구려를 패망시키지 못한 시점에서, 당은 백제 전 지역을 자의대로 지배하지 못했던 시점에서 나당 서로가 불가피했던 것이 곧 백제국 부흥군 진압과정의 시기였다. 이는 양국의 상반된 이해관계 속에서 신라는 대가없는 전쟁으로 당에게 굴종을 강요당했던 것이다.

(3) 새로운 나제관계

처음부터 나당관계는 불평등해서 신라가 당의 「번신」임이 강조되더니, 백제정벌에는 태종무열왕을 嵎夷道行軍摠管으로 임명하여 신라왕이 당군의 일개 지휘군인 것처럼 당이 일방적으로 처우했다. 다시 백제국 부흥군을 진압하던 마지막 단계인 문무왕 3년(663) 4월에는 신라국을 「鷄林都督府」로, 신라왕을 「鷄林州大都督」으로 당 황제가 임명했다. 백제 故地에 熊津都督府를 두었으므로 신라는 패망한 백제와 하향식 평준화가 이루어진 것이다. 이것이 아무리 형식적이었다 하더라도 신라국은 당이 통치하는 일개 지방으로 편속된 것이며, 왕도 일개 지방장관으로 전락된 것이었다. 이런 조처는 당의 강압적 覇權主義 산물이었고 신라가 바라는 바는 아니었다. 따라서 만약 백제지역에서 그 부흥군을 진압키 위해 당병이 있었다면 진압한 뒤에는 당병의 철수와 동시에 백제 전역에 대한 통치권을 신라에게 양도해야 마땅했다. 왜냐하면 그것은 領土分割約定에 명시되어 있었기 때문이다.

그러나 백제국 부흥군을 거의 진압할 무렵인 문무왕 3년부터 당의 백제지배정책은 더욱 구체화되었다. 그 해 손인사가 別帥로 대동한 杜爽(杜大夫)과

---

56) 《三國史記》 권 7, 新羅本紀 7, 문무왕 11년조의 答薛仁貴書 龍朔 3년.

부여융이 있는 바, 나당군이 주류성을 함락하고 임존성은 공파하지 못한 시점에 두상은 백제국 부흥군을 평정한 뒤 웅진도독부와 신라가 和親할 것을 요구했다. 신라에서는 아직 백제를 평정하지 못했고 또 백제는 간사하고 反覆이 심하여 이제 會盟하더라도 後患이 두렵다는 이유로 停盟을 요청했다.[57] 그런데 부여융을 웅진도독으로 삼아 백제유민을 무마케 하며 임존성을 공파한 뒤 신라에게 화친을 강요했다. 이미 유인궤는 무열왕 7년(660)말경 고구려를 멸하려면 먼저 백제를 주멸하여 留兵鎭守하여 백제를 心腹시켜야 한다고 주장한 바 있지만 이제 당의 계획된 海東支配政策의 일환으로 구현되었다.

문무왕 4년 2월, 角干 김인문과 이찬 천존이 唐使 유인원, 웅진도독 부여융과 더불어 일차 회맹을 가졌는데, 이는 본격적 誓盟을 하기 위한 예비회담으로 여겨진다. 그리하여 문무왕 5년 8월 就利山(公州 鷲尾山)에서 문무왕과 부여융 사이에 화친할 것을 서맹하였다. 이때 盟文은 유인궤가 짓고 유인원이 서맹을 권유하였다. 그 맹문의 내용은 나제 양국이 형제처럼 結好和親하겠다는 것이며, 이것을 「金書鐵券」으로 제작하여 각각 宗廟에 두고 자손만대까지 이를 犯하지 말라는 것이었다.[58] 이미 나당에 의하여 패망된 백제가 신라와 대등한 국가로 부상되었다면 이는 엄청난 모순이었다. 더욱이 부여융은 앞잡이에 불과했고 파견된 당의 관리와 당병이 실권을 가졌을 것은 분명하다. 따라서 당이 신라에 대해 패권적 우위성을 과시한 이상, 웅진도독부가 계림도독부인 신라와 평등하더라도 오히려 웅진이 우월한 위치에 설 가능성을 내포했고, 회맹에서 보는 것처럼 당의 파견관리는 신라에 강압과 간섭을 했던 것이라 추측된다. 그러나 신라는 아직 고구려를 패망시키지 못한 상황에서 이러한 당의 처사에 불만과 적개심을 가졌더라도 노골적 반발은 보일 수 없는 처지였던 것 같다.

그러면 문무왕 5년 서맹 당시 당이 지배한 百濟故地의 범위는 대강 어느 정도였을까. 《三國史記》 地理志 末尾에 기록된 "都督府一 十三縣" 이하는 1도독부 7주 51현이며 이것은 대충 충청남도 南半 및 全羅南·北道 전체에

57) 위와 같음.

58) 《三國史記》 권 6, 新羅本紀 6, 문무왕 5년.
《舊唐書》 권 199上, 列傳 149上, 東夷 百濟.

해당하고 백제 패망 당시의 영역에 버금간다는 것이다.[59] 이렇게 볼 때 신라가 백제국 부흥군 진압과정에서 일부 백제 토지와 유민을 흡수했다고 하더라도 기본적으로 백제영역은 당이 지배하고 있었다.

그런데도 그 지배영역에 대한 나당간의 분쟁이 야기되었음을 볼 수 있다. 즉 문무왕 8년(668)의 사실로서 신라는 會盟處에서 백제가 '移封易標'한다면서 境界에 대한 분쟁을 토로하고 토지와 노비를 침탈하여 신라 백성을 유인해서 내지에 숨겼다고 강조했다. 이것은 신라의 거짓이라고 보기도 하였으나, 다시 나제가 양립되고 웅진의 당 관리가 우위에 있던 당시는 가능했다고 믿는다.

한편 당이 신라를 정벌하리라는 소문과 아울러 新羅內에는 "신라의 兵器를 盜取하여 1州의 땅을 습격하려는" 漢城都督 朴都儒와 같은 親熊津分子가 생겨나서 실로 어지러운 삼각관계를 볼 수 있다. 문무왕 10년 6월의 나제 사이의 인질교환 문제가 이루어지지 않은 것도 상호불신이 얼마나 컸던가를 알 수 있다. 그 해 7월, 나제간의 境界劃定문제가 다시 대두되었는데, 이 때 신라의 입장을 다음과 같이 밝히었다.

> 入朝使 金欽純(欽春) 등이 돌아와 장차 境界를 획정하려 할새 地圖에 의하여 披檢하면 百濟舊地를 통히 割還케 하라는 것이었다. … 3·4년간에 한번 주고 한번 뺏으니 신라의 백성은 모두 本望을 잃고 (아래와 같이) 말한다. "나제는 累代의 원수인데 지금 백제의 정형을 보면 따로 一國을 자립할 모양이니 百年 후에는 (新羅의) 자손이 반드시 呑滅될 것이다. 신라가 이미 國家(唐)의 州郡이 되어 양국으로 나눌 수 없는 관계이니 원컨대 一家되어 후환이 없도록 해달라" 하였다. 去年 9월에 이 사실을 具錄하여 使臣을 보내어 奏聞케 하였으나 漂流되어 도로 오게 되었고 또 다시 사신을 보냈으나 역시 도달치 못하였다. … 百濟가 (없는 사실을) 꾸미어 唐에 말하되 新羅가 배반한다 하였다(《三國史記》 권 7, 新羅本紀 7, 문무왕 11년).

이것은 문무왕이 薛仁貴에게 答한 일부로서, 백제가 당을 배경으로 신라를 참소·위협해서 신라가 분노를 토로했던 것인데, 당이 신라측에 전부 반환하라 한 백제 옛 지역은 地圖에 의한 무열왕 7년(660) 이전의 백제영토를 의미

59) 池內宏, 〈百濟滅亡後の動亂及び唐·羅·日三國の關係〉(앞의 책), 178~185쪽.

하는 것이다. 아마도 이것은 신라군이 백제국 부흥군을 진압하고 「官守」한 그 지역을 반환하라는 것이며, 신라는 이를 거부하는 입장으로 보면 신라가 일부 영토를 점령하고 있었던 것이 사실일 것이다. 이와 같은 백제의 영토와 유민문제가 정확히 언제부터 제기되었는지 분명치 않으나 기록에는 문무왕 9년에 "또 欽純 角干과 良圖 波珍飡을 당에 보내어 사죄하였다"고 했으므로 이전에도 같은 문제로 遣使했음을 알 수 있다.

> 高宗은 欽純의 還國을 허락하였다. 良圖는 留囚하여 끝내 圓獄에서 죽었다. 왕이 백제토지와 유민을 擅取하므로 皇帝가 責怒하여 재차 使者를 유수했던 것이다(《三國史記》 권 6, 新羅本紀 6, 문무왕 10년).

라고 하였다. 문무왕 9년(669)부터 나타나는 謝罪使는 첫째가 일부 백제의 영토와 유민을 신라가 取한데 대한 당의 힐책 때문임을 위의 예에서 알 수 있다. 둘째는 나·당전쟁을 지속하면서 당에 대한 신라의 무마책으로서의 사죄사였다. 여기는 첫째 조건에만 해당하는 것으로, 나제 사이의 경계획정 문제는 문무왕 5년 회맹 전후부터 대두되었으며 이런 강역문제는 상호간에 좀더 확장된 영토지배를 위한 분쟁이라 하겠다. 이런 면에서 신라는 방금의 나·제관계에서 "이미 국가(당)의 州郡이 되어(되었을 망정) 양국으로 나눌 수 없는 관계이니 원컨대 一家되어 후환이 없도록 해달라"고 역설적으로 불만을 제기하였던 것이다. 한편 이것은 주체적 신라 입장에서 간절히 소망한 삼국의 통합논리이기도 했다. 이렇게 간절한 소망을 성취하기 위하여 신라국을 대신한 사신인 金良圖는 당의 옥중에서 殉職해야 했다.

요컨대 무열왕 7년부터 신라가 백제국 부흥군을 진압하여 일부지역을 관수에 의해 지배하였고 유민도 항복과 노획으로 흡수했으나, 문무왕 5년 회맹과 境界劃定 이후부터는 나당 사이에 지배 영역에 대한 분규가 격화되어 문무왕 10년경에는 더욱 이것이 심화되었다. 바로 이런 부차적 분규는 고구려를 패망시키면서 신라의 근본적 불만을 자극하여 당에의 정면적 대결로 신라는 응분의 대가를 찾겠다고 일어서게 되었다.

4) 고구려의 패망과 부흥운동

(1) 고구려의 패망

고구려는 對隋戰爭을 잘 극복하여 오히려 수를 멸망으로 몰아넣었지만, 이어 일어난 당과의 대결에서는 고구려가 패망하였다. 고구려가 嬰陽王 9년(598) 수의 요서지방을 선제공격한 이후 강한 독자성을 표방하며 수와의 정면대결까지 불사한 태도는 당과도 대립할 수밖에 없는 상황으로 치달아 당과의 전쟁이 불가피했던 것이다.

이러한 고구려의 수·당과의 전쟁과정은 이미 소상히 밝혔으므로[60] 여기서는 당이 고구려를 패망시키는 과정에서 신라가 당의 군사동맹국으로서 어떠한 역할을 하였는가 하는 점을 중점적으로 살피겠다. 이러한 이유는 특히 신라의 입장에서 자국의 이해관계가 직결되어 나·당동맹이 와해될 수밖에 없고 신라의 대당전쟁이 불가피한 또 하나의 원인이었기 때문이다.

당이 성립된 武德 원년(618)부터 高祖를 지나 太宗 18년(644)까지 27년 동안 당은 고구려에 대하여 표면상 평화정책을 구사하면서 道敎傳播를 통한 문화적 羈縻政策으로 고구려의 복속을 기대했던 것으로 보인다. 이에 고구려도 이런 당의 대고구려 정책을 어느 정도 수용하면서 화평을 지속하려고 했던 듯하다. 그것은 당이 전한 도교를 淵蓋蘇文도 적극 수용하여 자기의 獨裁權力을 유지하는데 사상적 무기로 사용하려 했다는 一說이 있는 까닭이다.[61]

그러나 唐朝에서는 이미 고조 초기부터 고구려가 抗禮하면 四夷를 복속시킬 수 없다는 데 합의함으로써[62] 당의 패권주의에 의하여 당 중심의 국제질서를 재편성해 가려고 하였다. 이런 면에서 수의 정책을 그대로 계승한 것이었다.[63] 따라서 당의 입장에서 고구려가 스스로 굴복하여 복속해 오지 않으

60) 《한국사》 5(국사편찬위원회, 1996), 109~138쪽 참조.
61) 李乃沃, 〈淵蓋蘇文의 執權과 道教〉(《歷史學報》 99·100합집, 1982) 참조.
62) 《舊唐書》 권 61, 列傳 11, 溫大雅·彥博.
63) 《舊唐書》 권 63, 列傳 13, 裴矩.
《三國史記》 권 20, 高句麗本紀 8, 영양왕 18년.

면 강제로 굴복시켜야 했고, 그것이 회유에 의한 부드러운 방법으로 불가능한 경우 戰爭이라는 극단적 방법을 동원할 수밖에 없는 카드가 마련되어 있었다. 그런데 "고구려는 수에 稱臣하다가 끝내 隋 煬帝를 拒逆"했으므로[64] 사실상 전쟁의 카드만이 있을 뿐이었다. 이런 까닭에 武德 9년(626)에 당이 朱子奢를 내세워 三國의 화평을 仲裁하면서 번신인 신라를 두둔하는 입장이었고, 貞觀 15년(641)의 唐使 職方郎中 陳大德이 고구려의 지형과 내정을 살피어 전략에 이용하려 했던 것이다.

이에 대하여 고구려에서는 수대의 포로교환(榮留王 5년, 622), 죽은 병사의 해골 매장, 수에 대한 戰勝塔인 京觀을 헐어버리는(영류왕 14년) 등 당의 요구에 부응하였고 당이 전파하는 도교의 적극적 수용을 통해서도 전쟁만은 피하여 당과 화평을 유지하고자 하였다. 특히 정관 14년에는 世子 桓權을 入唐시켰고 寶臧王 3년(644) 연개소문이 당에 白金을 보내는 한편 숙위 50명을 보내겠다는 마지막 카드를 던졌으나 거절되었다. 이런 한편 고구려는 천리장성을 부여성에서 卑沙城까지 축조함으로써(영류왕 4년) 국방력을 강화하였다.

이상에서 보면 고구려의 외교적 강경책이 대당전쟁을 초래한 것만은 아니었다. 고구려는 그 독자성이 침해되지 않는 범위내에서 당의 화평을 가장한 문화적 기미정책에 부응·굴종하면서까지 오히려 양국간의 전쟁을 피하고자 외교적 타결을 다했다고 보인다. 당은 연개소문의 쿠데타로 영류왕을 죽이고 국정을 오로지 한다는 이유를 내세워 고구려 침공을 서둘렀다. 또 여기는 신라의 入唐路를 차단한다는 이유도 있으나 고구려의 내란을 틈탄 당의 침공이라 할 수 있다. 한편 고구려는 그 독자성을 유지하고 연개소문은 자기의 권력을 유지하기 위해서도 弑君을 강조하는 당에게 대립·항전하지 않을 수 없는 상황이었다. 당의 도전에 고구려의 응전은 너무나 불가피했다.

당의 고구려 침공은 초기(645~646)·중기(647~666)·말기(667~668)의 3기로 구분할 수 있다. 貞觀 19년(보장왕 4년, 645) 2월부터 당 태종이 수륙 15만 이

64) 《舊唐書》 권 199上, 列傳 149上, 東夷 高麗 武德 7년.

상의 대병력을 거느리고 요동을 침공하였다. 그리하여 요동지방의 城 대부분이 함락되고 고구려 원병 15만을 거느린 高延壽·高惠眞도 패배하여 많은 병력과 군량·병기 등 막대한 손실을 입었으나 오직 新城과 楊(梁)萬春이 城主였다는 安市城에서 끝까지 당병을 방어하였다. 9월에 접어들면서 遼左는 寒氣가 닥치고 軍糧이 다하여 당 태종은 소득없이 退歸하였다. 한편 당은 신라·백제에도 출병을 요청하였지만, 백제는 출병하지 않았고, 신라만은 3만의 병력을 동원하여 고구려 남쪽 水谷城을 공격하였다. 이것으로써 신라는 당의 번신이며 동맹국임을 분명히 표시하였다.

이 정관 19년의 실패로 당은 정관 21년부터 高句麗征伐 長期戰略으로 선회하였다. 즉 자주 小部隊를 보내어 교대로 요동지방을 侵擾해서 피곤케 하면 요동이 황폐화하고 인심이 고구려로부터 떠나서 鴨綠江 이북은 싸우지 않고도 취할 수 있다고 결론짓고 이를 결행하였다.[65] 그리하여 정관 19년부터 乾封 원년(보장왕 25년, 666)까지는 쉴 새 없이 요동을 침입했고 이것이 관례처럼 되어 고구려는 방어에 치중하였다.

바로 당의 이 장기전략의 틈바구니에서 신라는 眞德女王 2년(648) 나당군사동맹을 더욱 확실히 체결하고 당에 백제의 선공을 제의하여 무열왕 3년(656)경에 합의됨으로써 나당연합군에 의한 백제멸망이 가능했다. 이렇게 되자 신라는 더욱 많은 부담을 안아야 했다. 이미 앞에서 말한 것처럼, 백제국부흥운동을 진압하고 실체도 없는 백제와 형제같이 화친할 것을 웅진도독과 회맹해야 하였다. 이런 한편 4년간을 留鎭唐兵 1만 명의 식량·의복까지 제공해야 했다. 문무왕 원년(661) 6월에는 당에 숙위하고 있던 金仁問·儒敦이 귀국하여, 이미 35軍을 동원해서 당이 고구려를 침공하고 있었는데, 이에 '擧兵相應'할 것을 요청했다. 이때 신라는 김유신 등 9장군으로 편성된 대병력을 왕이 직접 거느리고 북진하다가 甕山城·雨述城의 백제국 부흥군을 진압한 것으로 끝맺었다. 여기에 다시 신라는 군량을 수송하라는 당의 요청을 받았다. 이에 문무왕 2년(662) 정월 김유신·김인문·김양도 등 9장군이 수레 2천여 량에 쌀 4천 석·벼 2만 2천 석을 싣고 平壤 근처에 가서 소정방에게

65) 《三國史記》 권 22, 高句麗本紀 10, 보장왕 6년.

전하였다. 특별히 소정방 개인에게는 銀 5천 7백 分과 細布 30疋・頭髮 30兩・牛黃 19량을 증여하였다. 人馬가 凍死하는 추위 속에 고구려군과 싸우면서 왕복하기란 쉬운 일이 아니었다. 당시 김양도는 군사 800명을 거느리고 海上으로 돌아왔다는 기록으로 보아 신라의 水陸軍이 나란히 북상했을 것으로 보인다.66)

그런데 신라 문무왕 4년 7월에는 김인문・품일 등이 一善・漢山州兵을 거느리고 웅진의 당병과 더불어 고구려 突沙城을 攻滅하였다는 것이다. 이 해에는 당의 고구려 침공도 없었으므로 상응했다고 할 수 없다. 따라서 이 해 2월에 신라와 부여가 회맹하면서 다시 고구려 南京을 공격하여 고구려의 수비체제를 교란시키려는 나당의 책략이 아니었나 추측된다. 더욱 궁금한 것은 이 돌사성을 나당의 어느 쪽에서 留守했는지 알 수 없지만 신라에서 官守했을 것이다. 이후 문무왕 6년 2월에는 입당하여 숙위하고 있던 天存의 아들 漢林과 庾信의 아들 三光을 통하여 고구려정벌을 위해 청병했다는 것이다. 이에는 12월에 투항한 淵淨土를 통해서 莫離支 연개소문이 죽었다는 소식을 알았겠지만, 그 이전인 문무왕 5년말에 이미 그 사실을 알고 있었기 때문에 고구려정벌을 요청한 것이 아닐까 본다.67)

당에서는 乾封 원년(666)년 6월에 男生의 망명에 따라 급히 龐同善・高侃 등을 보내어 요동을 침공하였고, 그 이듬해 7월에는 당 고종의 칙령으로 知鏡(문무왕의 5弟)・愷元(문무왕의 6제)을 장군으로 삼아 요동의 전쟁에 참여케 하였다. 또 유인원・김인태軍은 卑列道로 진군케 했고 신라의 병력은 多谷・海谷의 二道를 따라 평양으로 모이게 하였다.68) 이에 문무왕은 김유신 등

66) 《三國史記》 6, 新羅本紀 6, 문무왕 2년조와 권 42, 列傳 2, 金庾信 中은 大同小異하다. 김유신전에는 문무왕 원년 12월 10일에 출발한 것으로 되어 있다. 新羅本紀에는 문무왕 2년 정월 출발→정월 18일 風樹村→정월 23일 七重河(臨津江)→菻壤→梨峴→2월 1일 獐塞(黃海道 遂安)→2월 6일 楊隩에서 군량과 선물을 보낸 것으로 나온다.

67) 《三國史記》・《新・舊唐書》・《資治通鑑》은 연개소문의 卒年이 666년으로 되어 있으나, 男生의 墓誌를 통하여 665년이 타당하다고 하였다(李丙燾, 《譯註三國史記》, 341쪽).

68) 池內宏, 〈唐の高宗の高句麗討滅の役と卑列道・多谷道の稱〉(앞의 책), 262~263쪽에서 三道의 추정은 다음과 같다.

①卑列道(安邊) : 德源－阿虎飛嶺－陽德－成川－江東－平壤

30장군과 병력을 거느리고 경주를 출발하여 9월에 漢城停(廣州)으로 와서 唐將 李勣을 기다렸다. 10월 2일 이적이 평양성 북쪽 200리에 도착하여 尒同兮村主 大奈麻 江深에게 契丹 騎兵 80여 명을 거느리게 해서 阿珍含城(江原道 安峽)을 지나 漢城에 이르러 편지로 兵期를 독촉하였다. 그러나 11월 11일 신라군이 獐塞(遂安)에 이르러서 이적이 철군했다는 소식을 듣고 돌아왔다.

다시 이해 12월 유인원이 唐帝의 칙명을 전하고 문무왕에게 大將軍의 旌節(旗)을 주면서 高句麗 遠征을 협력하라는 것이었다. 또 總章 원년(문무왕 8년, 668) 6월 12일에는 유인궤가 숙위하던 金三光과 함께 黨項城에 도착하여 作戰의 약속을 마치고 유인궤는 泉岡으로 떠났다.

이렇게 나당 사이의 빈번한 접촉이 이루어지는 동안 당병은 이미 요동을 거쳐 압록강을 건너서 평양 근처까지 육박하였다. 6월 21일 신라는 김유신을 대당총관으로 삼아 30여 장군의 20만[69] 대병력을 이끌고 북진해서 남하한 당병과 연합한 후 평양성을 포위하였다. 결국 고구려는 寶藏王 27년(668) 9월 21일 평양성이 함락됨으로써 기록상 시조 東明王으로부터 28대 705년 만에 패망하였다.

이에 신라군은 蛇水에서 蕃漢諸軍과 연합했는데 고구려군이 출전하므로 오직 신라군이 선봉에 서서 대파했으며 이적은 신라 驍騎 500명을 취하여 먼저 入城함으로써 평양성을 격파했다고 한다.[70] 이러한 신라군의 전과는 문무왕 8년 10월 22일의 논공행상에 잘 나타나 있다. 여기서 혁혁한 전공자들은 下級將校나 지방출신인 바,[71] 이는 실전에서 각 소부대의 지휘자들이 가장 큰 역할을 했던 점과 동시 귀족장군들의 臨戰態度를 이해할 수 있는 것이라 생각된다.

---

②多谷道(大谷道) : 開城－平山(大谷城)－瑞興－黃州－平壤
③海谷道(水谷道) : 朔寧－新溪(水谷城)－遂安－祥原－平壤

69) 《三國史記》 권 44, 列傳 4, 金仁問전에 20萬을 출동했다는 기록은 상당히 과장된 것으로서 2만 명으로 보아야 할 것 같다.
70) 《三國史記》 권 7, 新羅本紀 7, 문무왕 11년조 答薛仁貴書.
71) 申瀅植, 《三國史記硏究》(一潮閣, 1981), 50쪽 〈표〉도 여기서 적출하였다.

〈표 3〉 문무왕 8년 평양전의 논공행상

전 투 지	관 직	인 명	공 적	승진·포상	
蛇川戰	大幢小少監	本 得		一吉湌	租 1,000石
	南漢主少監	金相京	戰死	一吉湌(追贈)	租 1,000石
平壤城 內戰	漢山州少監	朴京漢	平壤軍主 殺害	〃	〃
平壤城 大門戰	黑嶽令	宣 極		〃	〃
平壤 軍營戰	誓幢幢主	金遁山		沙湌	租 700石
平壤 北門戰	南漢山軍師	山 渠		述干	粟 1,000石
平壤 南橋戰	斧壤人	仇 杞		〃	粟 700石
平壤 小城戰	比列忽假軍師	世 活		高干	粟 500石

아무튼 신라는 선덕여왕 14년(645) 이래 당의 요동 침공에 부응하여 대병을 대기시키고, 出動의 헛걸음도 한두 번이 아니었다. 선덕여왕 14년엔 고구려 남경을 공격했고, 무열왕 7년(660)에는 백제를 패망시켰으며, 문무왕 2년(662)초에는 전쟁보다 어려운 運糧으로 평양 부근까지 적진을 뚫고 왕복했다. 이는 곧 백제국 부흥군의 진압에 이어 평양성 함락에 신라군이 선봉의 역할을 아낌없이 발휘했던 것이다. 그럼에도 불구하고 당이 평양에 安東都護府를 설치하여 설인귀에게 2만 당병으로 유진케 함으로써 신라는 다시 대가없이 물러서야 했다.

(2) 고구려국 부흥운동

고구려가 패망한 보장왕 27년(668) 전후로 당에 망명한 자와 포로·강제로 이치된 고구려 유민은 엄청난 숫자였다. 20만 명을 포로해 간데 이어 평양의 安東都護인 설인귀가 總章 2년(669) 4월에 38,200戶를 수륙 양로로 내지에 옮기고 고구려에는 빈약자만 두어 안동을 지키게 했다는 것이다. 그 이유는 '고구려민으로 離叛者가 많기 때문'이라는 것이다.[72] 따라서 당의 강제 徙民은 평양 부근의 부강자를 抽戶함으로써 抗唐勢力을 제거키 위한 수단이었다.[73] 이러한 당의 강제 사민은 옛 고구려 領內의 고구려인에게 더욱 충격과

72) 《資治通鑑》 권 201, 唐紀 17, 總章 2년(669).
73) 李丙燾, 〈高句麗 一部遺民에 대한 唐의 抽戶政策〉(《韓國古代史硏究》, 博英社, 1976), 458쪽.

동요를 주었고 그것이 劍牟岑의 부흥운동으로 표출되었다는 견해도 있다.[74)]

그러나 백제가 패망하자 부흥군들이 사비성의 외곽지대에서 여전히 항쟁하던 백제군을 주축으로 모여든 유민을 조직하여 백제국 부흥운동을 전개했던 것처럼, 고구려국 부흥운동도 본래부터의 고구려군이 평양의 외곽지대에 산재하면서 일으킨 對唐抗戰의 연속으로 파악하여야 할 것이다. 이러한 고구려인들의 부흥운동은 신라의 대당전쟁과도 깊은 관련이 있었다.

> 6월에 고구려 水臨城人 牟岑(혹은 劍牟 : 鉗牟岑) 大兄이 遺民을 수습하여 窮牟城으로부터 浿江 南에 이르러 唐의 관리와 僧 法安 등을 죽이고 신라로 향하여 서해 史冶島(蘇斧島)에 이르러 고구려의 大臣 淵淨土의 아들 安勝을 만나 漢城으로 맞아들여 君王으로 삼고 小兄 多式 등을 (신라에) 보내어 哀訴하였다. "亡한 나라를 일으키고 끊어진 世代를 잇게 하는 것은 천하의 公義이니 오직 大國(新羅)을 바랄 뿐이다. 我國의 先王은 道를 잃어 멸망을 당하였거니와 지금 臣 등이 본국의 귀족 안승을 얻어 군왕을 삼았으니 (貴國의) 藩屛이 되어 永世토록 盡忠하겠다." 그리하여 왕은 그를 國西 金馬渚(益山)에 있게 하였다(《三國史記》 권 6, 新羅本紀 6, 문무왕 10년).

본래 검모잠은 水臨城의 軍指揮官(酋長)으로 抗唐運動을 전개하면서 궁모성·패강(大同江) 남쪽과 사야도를 거쳐 여기서 안승을 만나 고구려왕으로 추대하는 동시에 한성으로 나와서 신라의 후원을 요청했던 것이다. 이렇게 해서 그들은 망해버린 고구려의 正統을 다시 계승한「高句麗國」을 한성에 수립한 것인데 신라로 망명한 뒤는「報德國」으로 명명되었다. 여기서 한성은 廣州說[75)]도 있으나 載寧說[76)]이 유력해 보인다. 그런데 司馬光의 《通鑑考異》에 다음과 같은 기록이 있다.

> 實錄 咸亨 元年에 楊昉과 高侃이 安舜(勝)을 討伐하고 비로소 安東都護府를 拔하여 平壤에서 遼東州로 옮기었다(《資治通鑑》 권 201, 唐記 18, 고종 원년 2년).

---

74) 村上四男, 〈新羅と高句麗國〉(《朝鮮學報》 37·38합집, 1966), 40쪽.
75) 李丙燾, 《譯註三國史記》, 103쪽.
76) 池內宏, 앞의 책, 426쪽 및 村上四男, 앞의 책, 43쪽에서 載寧으로 보았다.

이에 대한 해석의 一說을 좀 장황하게 소개하면 다음과 같다. 즉 이들은 抽戶에 의한 안동도호부의 허술한 틈을 타서 함형 원년(670)초에는 평양을 점령하였다는 것이다. 따라서 종래 안동도호부의 移轉에 대해서도 儀鳳 원년(676) 遼東古城(遼陽)으로 옮기고 그 이듬해 新城(撫順)으로 옮겼다는 것만 받아들였는데[77] 總章 2년(669) 4월 신성으로 移治되었다는 것이다. 여기서 총장 원년 12월에 安東都護로 평양에 주재하던 설인귀가 그 이듬해 4월에 신성에서 1년간 통치하다가 咸亨 원년(670) 4월에 吐蕃征討司令官으로 전임했다.[78] 그런데 그 해 3월에는 신라의 薛烏儒와 고구려 遺將 高延武가 각각 1만씩의 兵力으로 압록강(대동강)을 건너서 唐兵과 싸우고 있었다. 바로 이런 상황에 검모잠의 봉기 사실을 기록하고 있다. 이것은 검모잠 등이 문무왕 9년(669)에 거병하여 그 이듬해초에 평양을 점령했으나 양방·고간 등 당병에 의해 후퇴하는데 이때 신라 설오유가 唐兵驅逐에 나섰던 것이라 볼 수 있다. 여기서 한성(재령)은 당시 신라영토와 평양의 緩衝地였기 때문에 한성의 「小高句麗國」 再興이 가능했다는 것이다.[79] 위의 고연무는 문무왕 20년 왕의 妹(혹은 金義의 딸)를 안승에게 시집보내자 그 답례로 안승의 奉表를 문무왕에게 전달한 大將軍 太大兄 延武였다. 그런데 검모잠 등이 한성에서 항당운동을 하던 중, 안승이 검모잠을 죽이고 신라로 왔다고 하였다.[80] 그 이유는 알 수 없지만, 그들 사이에는 현실을 대처하는 데, 즉 부흥운동에 극한적 이견을 가졌던 것 같으며, 안승이 아직 어린 나이라면 고연무와 검모잠 사이의 대립적 내분일 것으로 추측된다.[81]

---

77) 《舊唐書》 권 39, 地理 21 및 池內宏, 앞의 책, 391쪽.

78) 《舊唐書》 권 196上, 列傳 146上, 吐蕃 上. 그런데 考異에서 引用文에 이어 "儀鳳元年(676) 二月甲戌 以高麗餘衆反叛 移安東都護府於遼東城 蓋咸亨元年(670)言移府者 終言之也"라고 676년의 移治說을 주장한 점은 문제가 된다.

79) 村上四男, 앞의 책, 43쪽. 村上은 《朝鮮古代史硏究》(開明書院, 1978) 속에서 〈漢城の小高麗國〉을 재정리했으나 기본논지는 같다.

80) 《新唐書》 권 220, 列傳 145, 東夷 高麗.

81) 《三國史記》 권 7, 新羅本紀 7, 文武王 11년조 薛仁貴書에서 "高麗安勝 年尙幼冲"이라 했으나 이것을 단순히 나이가 적다는 의미로 볼 수 있을지 의문이다. 그러나 高·劍 두 장군이 실질적 지휘자였을 것이므로 나이 적은 安勝을 상징적 王으로 추대했을 가능성이 높다. 그리고 《三國史記》 권 22, 高句麗本紀 10, 寶藏王 下의 總章 2년(669) 2월에 安勝이 신라로 투항했다는 기록은 史治島로

이상과 같이 평양지역에서 고연무·검모잠 등이 고구려국 부흥운동을 활발히 전개하자 이에 자극된 것인지 알 수 없으나 요동지방에서도 항당운동이 일어났다. 즉 문무왕 11년 7월에는 부흥군이 안시성에서 봉기하여 고간에게 공파당하였다.[82] 그런데 《三國史記》 地理志 끝에 "압록수 이북의 항복하지 않은 11성"이 기록되었는 바, 이들 11성은 고구려가 패망한 668년에 항복하지 않았다는 뜻일 것이다. 이것은 11성 중에 안시성이 들어 있는 점으로 보아서도 확신된다.[83] 이렇게 고간 등이 요동지방의 고구려국 부흥군을 격파하며 한반도로 남하하자 북진한 신라군은 당군에 대한 적극적 방어에 나서게 되었다.

한편 요동지방에서 고구려국 부흥군의 항당운동으로 인해서 儀鳳 원년(676)·2년에 遼陽·新城으로 안동도호부를 옮긴 당 또한 고구려 유민지배에 부심하지 않을 수 없었다. 이에 의봉 2년에는 寶臧王을 遼東都督朝鮮王으로 봉하여 신성의 안동도호부에 부임케 해서 유민을 무마케 하였다. 그러나 부임한 보장왕은 오히려 靺鞨과 함께 고구려국 부흥운동을 전개하려다가 공주(邛州)로 유배되었다. 이후 그 손자인 寶元이 嗣聖 2년(685)부터 垂拱 4년까지 朝鮮王으로 봉해졌다가 聖曆 원년(698)에는 忠誠國王으로서 안동도호부 지배지역의 고구려인을 진무하도록 하였다. 이 보원도 고구려국 부흥운동세력과 內通하자 성력 2년에 보원 대신 보장왕의 아들 德武를 안동도호로 파견시켰다.[84] 당의 이 같은 조치는 그것이 비록 안동도호부의 휘하에 있었다 하더라도 당이 고구려인을 무마하기 위하여 세운 또 하나의 「고구려」이며 이를 당이 세운 「小高句麗」라 해도 좋을 것이다.[85] 이와 같이 당의 강제적 徙民과 자치적 소고구려의 재건에 의한 기미정책에도 불구하고 처음부터 고구려인

망명한 것으로 보아야 하겠다. 또 설인귀와 平壤에 留鎭하던 劉仁軌는 곧 病으로 돌아가서 監修國史로 있었기 때문에(《新唐書》 권 108, 列傳 33, 劉仁軌) 總章 2년(669)~咸亨 4년(673)까지의 활동이 나타나지 않는 것이다.

82) 《資治通鑑》 권 202, 高宗 咸亨 2년.

83) 《한국사》 권 2(국사편찬위원회, 1977), 523쪽에서 677년까지 11개 성이 항복하지 않았다고 한 대목은 해석상 주목된다.

84) 《舊唐書》 권 199上, 列傳 149上 東夷 高麗 및 《新唐書》 권 220, 列傳 145, 東夷 高麗조 참조.

85) 日野開三郎, 〈小高句麗國の建國〉(《東洋史論叢》 8, 三一書房, 1984), 80쪽.

의 고구려국 부흥·抗唐운동은 여러 곳에서 치열하게 전개되어 끈질기게 계속되었다. 바로 이러한 고구려인의 항당과 독립정신은 渤海國을 수립함으로써 계승·성취되었다.

5) 대당전쟁

(1) 대당전쟁의 원인

이미 앞에서 지적한 바와 같이, 신라는 小國際社會인 삼국의 첨예한 대립을 극복하고자 당과 적극 제휴하였고, 당 또한 강적 고구려를 무너뜨리고 당 중심의 국제질서를 수립하기 위하여 신라를 적극 지지함으로써 상호 외교적 접근이 가능했다. 이것은 당의 고구려 침공의 패배로 나당관계가 진전되어 貞觀 22년(648) 나당군사동맹이 체결되었다. 이후 당의 고구려정벌 장기전략의 일환으로서 顯慶 5년(660) 백제를 패망시켰으나 熊津都督府를 설치하고 留鎭唐兵 1만 명을 사비성에 두어 百濟故地에 대한 당의 직접지배에 들어갔다. 그리고 백제국 부흥군을 진압하자 웅진부와 신라 사이의 山河之盟을 강요하고 경계와 遺民을 현경 5년 이전의 나제 상태로 획정·환원할 것을 요구하는 등 문제로 신라를 자극하였다.

다시 總章 원년(668) 나당연합군이 고구려를 패망시키자 고구려의 首都 평양에 안동도호부를 설치하고 설인귀로 하여금 2만 명의 당병을 통솔하게 하여 고구려 고지에 대한 당의 직접지배에 들어갔다.

신라는 9년간의 대가없는 전쟁을 치루면서 당의 치닥거리에 국력만 무수히 낭비하고도 끝내 당에 편속된 州縣으로 전락해서 자주성만 상실했을 뿐이었다. 貞觀 22년(648)의 나당동맹에서 麗濟 양국을 평정하면 평양 이남과 백제영토를 신라에게 준다는 영토분할약정은 일언반구도 없이 당은 오히려 총장 원년 고구려를 패망시키자 신라에게 옛 고구려 영토를 내놓으라고 강요했다는 것이다. 즉 설인귀에게 보낸 〈答薛仁貴書〉에서

> 또 卑列의 城은 본래 신라의 것으로 고구려가 打得한지 30여 년만에 신라가 도로 이 성을 얻어 백성을 옮기고 官吏를 두어 守備하였는데 당이 이 성을 고

구려에 주었다(《三國史記》 권 7, 新羅本紀 7, 문무왕 11년).

고 하였다. 당이 비열의 諸城을 신라로부터 빼앗아 고구려에 주었다는 말은 그 고구려지역을 당이 지배하고 있었으므로 결국 당이 탈취해 갔다는 뜻이고 더욱이 約定은 고사하고 찾은 땅도 약탈한다고 공박한 것이다. 이런 참을 수 없는 분노를 삼키며, 신라의 몫은 신라의 힘으로 찾겠다고 선언했다. 즉, 설인귀에게 고구려정벌에서 평양을 함락시키는 데 신라군의 大功이 있었음을 강조하면서,

이에 신라 병사는 말하기를 전쟁이 이미 9년을 거쳐 人力이 다 하였으되 양국을 평정하고 보니 누대의 宿望을 이제야 이루었으며 마땅히 나라로서는 盡忠의 恩을 입어야 하고 개인으로서는 效力의 賞을 받아야 할 것이라 하였다(《三國史記》 권 7, 新羅本紀 7, 문무왕 11년).

는 것이다. 비록 부드러운 문장이기는 하나 신라 병사들의 輿論을 빌어 9년 동안 전쟁한 대가를 받아야 한다고 강조했다. 이것은 당이 그 은혜를 갚지 않으면 신라가 스스로 그 대가를 찾겠다는 의지가 도사린 엄청난 의미의 함축이었다고 본다. 더욱이,

또 신라가 백제를 평정한 때부터 忠을 다하고 힘을 바치어 國家(唐)에 負(失)한 바 없었는데, 무슨 罪로 一朝에 저버림을 받는지 알 수 없다(《三國史記》 권 7, 新羅本紀 7, 문무왕 11년).

고 하였다. 이는 신라가 반역한다는 〈薛仁貴書〉에 대한 부당성을 논박한 것으로, 반역이 아니라 버림받은 신라의 정당한 조치라는 의미가 강하게 숨어 있는 것이다. 여하튼 "雞林大都督開府儀同三司上柱國新羅王 金法敏 白"으로 끝맺은 상기 인용의 〈답설인귀서〉는 强首의 초안으로 추측되는데, 실로 오래 쌓인 분노가 컸기 때문에 시원하게 답했고 對唐戰爭을 이미 결심했던 까닭에 자신에 찬 힘있는 문장을 구사하였다. 따라서 이는 準外交文書로서 10년간 나당과 濟麗 사이에 있었던 중요한 역사적 사실을 신라 입장에서 연대별로 요약했는 바, 신라의 정당성을 천명함으로써 당의 부당성을 여지없이 지

적·공박한 것이다.

요컨대 신라의 근본적이고 중대한 전제는 영토분할약정이며 당이 그 약속을 이행하지 않기 때문에 당과 결전할 수밖에 없다는 결연한 宣戰布告文이 곧 〈답설인귀서〉라 하겠다. 결국 신라는 영토분쟁과 자주성 손상을 근원적으로 해결하기 위하여 국가의 흥망을 걸고 대당전쟁을 택한 것이다.

(2) 대당전쟁의 승리

나당간의 상반된 이해 속에 문무왕 9년(669) 5월 欽純·良圖가 謝罪使로 入唐한 이유는 백제토지와 유민을 신라에서 취한 때문이라 했다. 이에 이듬해 정월 양도는 당의 圓獄에서 殉國하고 흠순은 7월에 귀국하였다.[86] 이 상황에 당은 신라를 정벌하겠다고 겁박했을 가능성은 너무나 충분한데, 渡唐留學僧 義湘이 당에서 흠순으로부터 "당이 신라를 치려고 한다"는 말을 듣고 돌아와 신라정부에 이 말을 전하였다.[87] 의상의 귀국연대는 문무왕 10년(670)과 11년 양설이 있지만[88] 위의 사실을 참작하면 문무왕 10년초임이 확실하다. 바로 四天王寺의 창건도 이 시기로, 佛力에 의존하는 것 이외에도 당병을 구축하기 위한 국민적 단결을 호소한 상징적 의미를 경시해서는 안된다. 또 〈답설인귀서〉에서 문무왕 8년의 웅진을 통한 소식에, 당이 선박을 수리하여 밖으로 倭國을 공격한다는 구실을 내세워 실상은 신라를 치려고 한다는 말이 들렸다는 것이다.

이렇듯 문무왕 8년 직후부터 이미 나당관계는 극히 불안정했고 신라는 위기의식을 느끼고 있었음이 분명하다. 따라서 이에 대응한 신라는 軍備를 강화하여 一戰을 불사할 태세를 갖춘 것이 사실이라 하겠다. 신라는 백제 패망 직후 당이 신라까지 침략하려 함을 알고 왕과 김유신·多美公 등이 그 대책을 의논하여 당병과 싸울 것을 결의하는 모습이 보인다.[89] 이것을 그대로 받

86) 《三國史記》 권 6, 新羅本紀 6, 문무왕 10년 정월. 흠순은 문무왕 10년 정월에 還國을 허락받아 7월에 귀국했다(《三國史記》 권 7, 新羅本紀 7, 문무왕 11년 答薛仁貴書).
87) 《三國遺事》 권 4, 義解 5, 義湘傳敎.
88) 閔泳珪, 〈義湘〉(《韓國의 人物像》 3, 新丘文化社, 1963), 89쪽.
89) 《三國史記》 권 42, 列傳 2, 金庾信 中.

아들이기는 어렵다 하더라도 당의 태도 여하에 따라 신라의 신축성 있는 대책을 숙의했을 가능성과 당의 웅진도독부 설치에 따른 신라인의 불만과 불안은 능히 추측될 만하다. 비단 문무왕 8년뿐만 아니라 비록 동맹국이라 할지언정 그들의 大兵을 신라가 접한 적국으로 불러들이게 되었으므로 무열왕 7년(660) 당시부터 그들이 신라까지 해하지 않을까 하는 의구심은 당연히 가졌을 법하고 만일에 그런 경우가 발생한다면 그 대책이 무엇인가를 신라는 고심했다고 보아야 할 것이다. 여하튼 문무왕 11년의 〈설인귀서〉에서 "신라왕은 機心을 움직여 邊城에 무력을 기울인다"고 들었다면서 당에 반역하지 말라는 위협을 가하고 있다. 설인귀와의 서신왕래 시기가 《三國史記》 그대로인지 모르겠으나, 문무왕 11년은 이미 북방에서 신라가 군사적 행동을 감행하여 당병과의 전쟁을 강행하고 있었던 시기였다.

신라의 대당전쟁은 고구려국의 부흥군이 당병과 싸우는 현장으로 1만의 신라군을 투입함으로써 개시되었다. 즉 문무왕 10년(670),

> 3월에 沙湌 薛烏儒가 고구려 太(大兄高)延武와 더불어 각각 精兵 1만을 거느리고 압록강을 건너 屋骨에 이르렀다. 말갈병이 먼저 와서 皆敦壤에서 기다렸다. 夏 4월 4일에 싸워서 우리 군사가 크게 이겨 斬首는 헤아릴 수 없었다. 당병이 이어 이르므로 우리 군대는 후퇴하여 白城을 지켰다(《三國史記》 권 6, 新羅本紀 6, 문무왕 10년).

라 하여 3월과 4월에 신라 장군 薛烏儒와 고구려 장군 高延武가 함께 압록강까지 진출하여 당병과 싸웠다는 것이다. 여기서 압록강은 패강(대동강)으로 추정되기도 하는데,[90] 당은 漢兵을 고간과 말갈병을 가진 李謹行을 파견하였다. 이들 당병은 바다로 온 듯하고, 먼저 도착한 이근행 부대는 패배시켰으나 고간에게는 신라 및 고연무군이 패하여 白城(白水城 : 載寧平野)에 후퇴했던 것이다. 이렇게 당병에게 밀려 안승·고연무 등 고구려 부흥집단이, 문무왕 10년 6월, 신라로 망명하여 金馬渚(익산)에 안치되었더라도 그들의 정병은 여전히 신라군과 함께 북방에서 당병을 저지했을 것이다.

결국 신라가 고구려국 부흥군과 합세하여 당병과 싸우는 이유는 기본적으

---

90) 池内宏, 앞의 책, 430쪽.

로 그들을 한반도로부터 축출하려는 데 있었기 때문에, 우선 평양의 북방에서 남하하는 당병을 저지하는 동시에 百濟故地를 攻取하는데 더 큰 목적이 있었다고 본다. 그것은 문무왕 10년 7월부터 당이 지배하고 있던 백제고지를 대대적으로 공략하는 데서도 알 수 있다. 즉,

> 7월에 왕이 百濟餘衆의 反覆을 의심하여 大阿湌 儒敦을 웅진도독부에 보내서 和를 청한 즉, 듣지 않고 司馬禰(禰)軍(백제인)을 보내어 (신라를) 엿보게 하였다. 王이 우리를 도모하려 함을 알고 禰軍을 (신라에) 머물러 두어 보내지 않았으며, 군사를 들어 백제를 칠새, 品日·文忠·衆臣·義官·天官 등은 36城을 攻取하였고 그 人民을 內地(신라)로 옮기었으며, 天存·竹旨 등은 7성을 취하고 敵首 2千을 베었으며, 軍官·文穎은 12성을 취하고 狄兵(唐의 蕃兵)을 쳐서 7천을 베고 戰馬와 무기를 얻음이 매우 많았다(《三國史記》 권 6, 新羅本紀 6, 문무왕 10년).

고 하였다. 백제가 신라의 請和에 不從했다든지 신라를 치려 했기 때문에 逆擊했다는 것은 구실에 불과했고, 왕이 직접 출정한 大兵力은 사전의 면밀한 계획없이는 불가능한 것이다. 실제 戰果만 보더라도 위 인용문의 누계인 82성은 7월 한달간에 획득한 성과였다.

또 문무왕 11년(671) 정월에는 웅진 남쪽에서 백제인과 싸워서 幢主 夫果가 전사했는데, 당병이 백제를 來援하려 한다는 말을 듣고 대아찬 眞功에게 甕浦를 지키게 했다. 6월에는 죽지 등이 加林城(林川) 부근의 石城(임천 동쪽 石城里)에서 드디어 당병과 싸워 5,300급을 베고 백제 장군 2인, 당병 장교 6인을 포로한 대전과를 올렸다. 여기서 웅진 남쪽, 가림성 등 현재 충남지방을 공략했다는 것과 전년의 82성이 현재 전라남북도에 해당한다고 추정하면[91] 신라의 전략은 우선 수비가 허술했던 전라도지방을 먼저 공략하고 이어 당병의 본부격인 웅진으로 압축하여 들어갔다고 하겠다. 따라서 석성전투의 당병은 사비성에 주둔했던 1만 명이며 이들을 크게 함몰시켰다는 의미일 것이다. 또 포로 속에 백제 장군과 당병이 들어 있는 것은 웅진도독부의 당병과 다수의 백제인으로 편성된 군대가 신라군에 맞섰기 때문이다.

91) 池內宏, 위의 책, 450쪽.

이것으로써 신라는 백제고지의 거의 全地城을 점령했던 것 같다. 이리하여 문무왕 11년 7월에는 所夫里州(扶餘)를 설치하여 阿湌 眞王을 도독으로 삼았다. 불과 1년간에 백제 전지역을 석권하기 위하여 그 이전에 점유했을 金馬渚에 문무왕 10년 6월 고구려 부흥집단을 안치하고, 다시 안승을 「고구려왕」으로 책봉한 이유는 바로 당병·백제인을 견제키 위한 신라의 책략이었을 것이며, 나아가 이들을 백제 경략에도 동원해서 당병구축의 선봉에 내세웠을 가능성이 크다.

신라가 백제 전역을 점거했을 무렵 〈설인귀서〉가 문무왕에게 전달되어 고간의 漢人騎兵과 이근행의 말갈병이 구름처럼 몰려오고 있다고 한 것은 당의 신라에 대한 應戰을 뜻한다. 문무왕 11년 10월 6일, 級湌 千福 등 신라 수군이 당의 漕船 70여 척을 격파하여 무수한 당병을 水葬시키는 동시에 포로도 적지 않았다. 이것은 바로 설인귀가 수군을 錦江口에 정박시키고 웅진을 공격하려다가 신라군에 대패한 것이다.[92] 이러한 당병의 도래로 북방에서의 전투는 가열되었다. 신라는 남하하는 당병을 저지·구축하여야 했다. 문무왕 10년(670) 전후로 평양지방에서 고구려 부흥운동을 전개한 검모잠 등을 진압한 고간이 그 이듬해 안시성으로 옮겨가고 평양 이남에서 다시 고구려 부흥운동이 일어났는데 이들은 검모잠 餘衆의 봉기로 생각된다. 문무왕 12년에 고간·이근행군이 평양에 도착하여 泉山(白水城?)에서 싸웠는데, "新羅援兵 2천 명을 사로잡았다"고 하였다.[93] 이 전투에 대한 문무왕 11년 9월과 12년 7월의 기록을 보면, 고간이 1만 병·이근행이 3만 병인데 신라군과 고구려군이 합세하여 韓始城과 馬邑城에서 대승하고 백수성까지 진격한 사실이 확인된다. 여기서 후퇴하는 고간군을 추격하여 石門에서 싸우다가 대아찬 曉川 등 7장군이 전사하는 大敗를 기록하고 있다. 이 전투에서 패배한 羅麗軍은 牛岑城(황해도 金川郡 縣內面 牛峰里)을 거쳐 七重河(臨津江)에 이르렀고, 문무왕 13년 윤 5월에 신라 영내로 귀환한 듯하다.[94] 바로 이런 상황속에서 문무왕 12년 9월에는 당으로 사죄사를 보냈다. 즉, 백제토벌로 당에 獲罪하여

92) 池內宏, 위의 책, 458~460쪽.

93) 《新唐書》 권 220, 列傳 145, 東夷 高麗.

94) 村上四男, 앞의 책, 44쪽.

級飡 原川·奈麻 邊山을 사신으로 삼고, 신라에 억류중인 兵船郎長 鉗耳大候 등 5인과 군사 170인을 보내며 사죄했다는 것이다. 이는 신라의 兩端政策으로서 한반도내에 있던 당병을 격파하고, 새로 파견되는 당병과 싸우면서 사죄의 형식으로 당과 외교적 타결을 시도했지만 쉽게 이루어지지 않았고 戰勢는 불리하였다.

황해도 방면에서 싸우던 신라군은 후퇴하여 임진강과 한강 사이의 신라 북경에서 대치하게 되었다. 즉 문무왕 13년(673) 9월에는 당병과 아홉번을 싸워 2,000급을 베었고 瓠瀘河(임진강)·王逢(幸州 漢江)에 익사시킨 적도 많았다는 것이다. 또 당병은 大楊城과 童子城(江華 通津)을 멸했다는 것이다. 그런데 이때 당병이 우잠성을 항복받았다는 것이다.

이런 격렬한 전쟁 속에 신라는 대아찬 徹川에게 兵船 100척를 주어 서해를 지키게 함으로써 당 수군의 침략에 대비하는 동시에 제해권을 장악하였다. 또 처음 태종무열왕이 백제를 멸하고는 戍兵을 없앴으나 이때 다시 설치했다는 것이다. 이는 지방에 대한 통치를 강화하되 특히 百濟故地의 수병을 강화했던 것이라 보면 북방에서 당병을 방어하며 통합된 내지에 대한 통치 질서를 세워가고 있는 것이라 믿어진다.

이 같이 단호한 신라의 대당정책은 더욱 가열된 전쟁으로 고조되었고 문무왕의 왕권까지 부정하려는 감정으로까지 확산되었다. 즉 당은 왕의 官爵을 삭제하고 唐京에 있던 김인문을 신라왕으로 삼아 귀국하게 하였다.[95] 따라서 신라는 西兄山과 靈廟寺 前路에서 閱兵을 하였고 薛秀眞이 六陣兵法을 시험하는 등 전력과 전술을 강화하는 면이 현저하였다. 이는 응당 對唐戰爭을 승리로 이끌기 위한 노력이었다.

그러나 한편 문무왕 14년 2월에는 宮內에 연못을 파고 산을 만들어 화초를 심고 진기한 禽獸를 기르며, 그 다음해 정월에 百司와 州郡의 印을 銅鑄하여 반포했다는 사실은 대당전쟁을 낙관한 나머지 內的 體制整備와 아울러 통일신라가 해체될 사치의 씨앗을 뿌리고 있었던 것이다.

더욱이 문무왕 15년 2월에 당은, 유인궤가 七重城을 격파한 뒤 군사를 이

---

95) 《資治通鑑》 권 202, 唐紀 18, 고종 上元 원년(674).

끌고 돌아간 다음, 이근행을 安東鎭撫使로 삼아 경략하게 했는데, 신라에서는 다시 당에 사죄사를 보내어 왕의 관작을 회복하였다. 이러한 일련의 변동과 아울러 백제고지와 고구려 남경까지 州郡을 설치했다는 사실은 효과적 지배체제를 마련하는 동시에 대당전쟁의 종말을 예견한 조처였다고 생각된다. 특히 고구려 남경 지역에 대한 주군설치는 당에 대한 영토분할약정을 고수하겠다는 신라의 의지표현으로 주목된다.

신라는 당병·거란병·말갈병이 내침할 것이라는 소식을 듣고 9軍의 대병력을 북방에 배치하였다. 그런데 문무왕 15년 9월에 설인귀는 風訓[96]을 향도로 삼아 泉城에 침입했으나 신라 장군 文訓 등이 逆戰하여 당병 1,014급을 베고 병선 40척을 취했으며 戰馬 1,000필을 얻어 설인귀를 敗走시켰다. 여기서 대패한 설인귀는 다시 문무왕 16년(676) 11월에 부여 앞바다에 나타났다. 이에 사찬 施得이 선병을 이끌고 설인귀병과 所夫里州 기벌포에서 싸웠으나 초전에서 패배하였다. 다시 나아가 대소 22戰으로 적 4,000급을 베고 크게 이겼다.[97] 이들 海戰은 전황으로 보아 신라의 수륙 양군이 서해의 남북을 누비며 당병을 가차없이 격파했던 것이다.

이제 대당전쟁을 最大回戰이라 할 買肖城전투에 대해 언급키로 하겠다. 이에 대한 자료는,

① (上元 2년) 2월에 劉仁軌는 七重城에서 신라의 무리를 대파하였다. 또 말갈을 浮海시켜 신라 南(北)境을 經略하여 많은 무리를 斬獲하였다. 인궤는 병사를 이끌고 돌아왔다. 詔書를 내려 李謹行을 安東鎭撫使로 삼아 신라 매초성에 주둔하여 경략할새 세번 싸워 모두 이겼다. 신라는 곧 사신을 보내어 조공을 바치고 또 사죄하였다. 上이 赦하여 신라와 법민의 관작을 회복하고 김인문은 中道에서 돌아오자 임해군공으로 고치어 봉하였다(《資治通鑑》 권 202, 唐紀 18).

---

96) 伏誅된 장군 金眞珠의 아들로 당시 唐에서 宿衛學生으로 있었다.

97) 《三國史記》 권 7, 新羅本紀 7에 薛仁貴가 羅唐戰爭에 참전한 것은 문무왕 11년(671)·15년·16년의 3回로 기록했다. 池內宏은 설인귀가 上阮中 象州로 유배되었으므로 문무왕 15년·16년의 내침은 잘못이며 문무왕 11년 1回만 사실로 보았고 그의 패배도 인정하였다(池內宏, 앞의 책, 460·473쪽). 그러나 제미슨은 그가 유배 이후에도 참전 가능성을 시사했다(제미슨, 〈羅唐同盟의 瓦解〉, 《歷史學報》 44, 1969, 4쪽).

② (文武王 15년 9월) 29일 (唐將) 이근행이 20만의 군병을 거느리고 매초성에 來屯하였으므로 아군이 이를 擊走시켜 戰馬 30,380필을 획득하고 기타 兵器의 노획도 이와 같았다(《三國史記》 권 7, 新羅本紀 7, 문무왕 15년).

고 하는 두 기록의 전과가 상반되나 《삼국사기》가 정확하다. 단지 이근행의 軍數는 문무왕 11년(671) 고간·이근행이 도합 4만을 거느렸으므로, 20만은 지나친 과장이다. 다음 매초성의 위치로 楊州說이 있으나,[98] 매초성은 현재 경기도 漣川郡 淸山面 大田一里 「大田里山城」이고, 또 매초성은 買蘇川城이며 따라서 '매소성'으로 읽어야 하며 지금 漢灘江을 '매소천'이라 했을 것으로 보기도 한다.[99] 이 천험의 요새에 이근행군이 주둔하기를 기다려 미리 대기하고 있던 신라 9군이 철통같이 에워싸고 대파해 버린 것이다. 이 매소성 전투를 마지막으로 육지에서의 대당전쟁은 끝난 것이다. 앞에서 본 문무왕 16년 설인귀군과의 기벌포 앞 해전의 승리로 종결지었다. 이렇게 해서 참으로 길고도 험란한 대당전쟁은 문무왕 10년(670)부터 16년까지 7년간에 걸쳤고 신라의 승리로 끝맺었다.

그러면 다시 생각할 것은, 당이 왜 전쟁을 종결지었는가 하는 문제이다. 누가 보아도 신라와 당은 국력의 비교가 되지 않기 때문일 것이다. 흔히 신라가 사죄사를 보냈기 때문에 고종이 이를 허락하는 형식으로 당의 체면을 세우고 더 이상 用兵하지 않았다[100]고 한다. 다른 이유없이 이것이 설득력을 갖는다면 唐帝의 寬大性일 수밖에 없으나 이것만으로 충족되지 않는다. 그런데 다음 자료는 주목된다.

그 뒤 신라가 外叛하니 高宗이 發兵하여 토벌하려 하였다. 그때 文瓘은 病으로 在家했다가 곧 병든 몸을 수레에 싣고 고종 뵙기를 청하였다. (장문관이) 아뢰되, "근래에 吐蕃이 犯邊하여 군대를 주둔시키고 邊境을 寇掠합니다. 신라는 아직 순종하지 않지만 군대가 唐土內를 침범하지 않습니다. 만약 동·서를

98) 池內宏, 앞의 책, 469쪽.
99) 《中央日報》, 1968년 6월 9일자 6면.
買蘇川城 전투에 대해서는 《三國史記》 권 43 列傳 3 金庾信 下에 앞서 唐兵에게 패한 元述에 대하여 "至乙亥年 唐兵來攻買蘇川城 元述聞之 欲死之以雪前恥 遂力戰有功賞"이라 하였다
100) 池內宏, 앞의 책, 484쪽.

함께 정벌한다면 신은 백성이 그 폐해를 견디지 못할까 두렵습니다. 用兵을 멈추고 修德하여 백성을 안도하도록 청합니다." 하여 고종이 이에 따랐다(《舊唐書》 권 85, 列傳 34, 張文瓘).

장문관은 더욱 급박한 토번의 당내 침입을 내세웠지만, 신라정벌 반대론자임이 분명하며, 그 뜻을 말할 수 있고 고종이 이를 받아들일 수밖에 없었던 唐朝의 분위기와 外患의 상황이 긴박했다는 사실이다. 토번은 661년 6월에 吐谷渾을 공격함으로써 당과의 전쟁이 계속되었는데 700년에 잠시 당과 화해했을 뿐이다. 따라서 우리에게 익히 알려진 설인귀는 670년 4월에 토번정벌의 실패로 제명되었고, 676년 유인궤도 그 정벌에 참전하였다. 또 7세기 이후 거란과 돌궐의 鐵勒이 叛唐하고 있었다.[101] 신라는 바로 이 같은 당의 외환을 알았을 가능성이 높지만, 여하튼 국가의 흥망을 걸고 대당전쟁을 전개하여 승리함으로써 신라의 자주성과 국익을 戰取할 수 있었다.

2. 삼국통일의 역사적 의의

1) 민족융합의 문제

신라의 삼국통일은 미리 민족적 동일성을 내세우면서 출발한 것이 아니고, 삼국간의 격렬한 대립 속에 자기보존의 방편이 상대국의 呑倂이라는 國家意識으로 깊이 작용한 결과였다. 삼국통일의 주체적 당사국인 신라는 三韓을 한 국가로 통합했다는 '一統三韓'의식을 가지고 있었고 삼한은 삼국을 상징했기 때문에 신라인은 고구려·백제가 같은 韓族이라는 동족의식을 가졌던 것이라 한다.[102] 그런데 동족의식의 가장 중요한 요소로 언어의 동질성을 꼽을 수 있다. 《三國史記》 本紀·列傳을 보면 삼국인 사이에 의사소통상 언어의 장애가 거의 없었던 것 같지만, 언어학자의 연구에서는 삼국간에 상당한

101) 申瀅植, 《統一新羅史研究》(三知院, 1990), 15~16쪽.
102) 邊太燮, 〈三國統一의 民族史的 意味〉(《新羅文化》 2, 東國大, 1985), 58쪽.

거리감을 갖고 있었다. 즉 오늘날 우리 국어의 가장 이른 단계를 夫餘韓祖語라 가정할 때, 고구려·신라·백제어는 여기서 갈려나온 것인데 삼국의 후기에 서서 볼 때 夫餘系와 韓系의 分岐를 1천 년 이상으로 추측하였다.[103] 그럼에도 불구하고 인종적·문화적으로 동질적 성격을 지닌 國家群으로[104] 상호의존적 균형을 취하면서 비교적 자주 접촉하는 동안에 비록 자각된 것은 아니더라도 동족적 친근감을 가져왔을 것이다.

이것이 신라에 의한 國體의 통합과 새로운 지배질서를 마련하는 과정에서 차츰 신라국민으로서 더욱 동질성을 자각하면서 동족의식이 뚜렷해졌을 것이며 민족적 융화가 촉진되었을 것이다.

무열왕 7년(660) 이래 신라는 일부 백제토지와 유민을 흡수하여 당과 마찰을 빚기도 했다. 11월에는 포로한 백제인 중에서 좌평 忠常·常永과 達率 自簡에게 一吉湌(7등위)을 주어 총관으로 임명하였고 恩率 武守에게는 大奈麻(10등위)에 大監職을 주었다. 또 은솔 仁守는 대나마에 弟監으로 삼았다. 이들은 才質을 고려한 임용이라 했는데, 실은 백제국 부흥군 진압에 동원키 위한 방편이었으므로 이들이 백제의 포로나 降卒을 인솔하고 출전했을 것이라 생각된다. 이후 문무왕 원년(661) 2월에는 충상을 아찬(6등위)으로 승급시켜서 사비성을 공격하는 백제국 부흥군을 진압하는데 참전시키고 있다. 다시 그해 7월 17일에는 충상이 品日 등과 함께 上州摠管에 임명되고, 自簡은 眞欽 등과 下州摠管에 임명되었다. 이들 신라군은 당의 고구려 침공에 상응하여 북상하다가 백제국 부흥군을 진압하였다. 신라에서는 雨述城에서 항복한 달솔 助服을 급찬(9등)에 古陁耶郡(安東) 태수로 삼았고, 은솔 波伽에게 급찬에 田宅과 衣物을 주었다는 것인데, 이들 또한 일부 백제 유민과 동반시켰을 것으로 추측된다.

이와 같이 백제정벌과 백제국 부흥군을 진압하는 과정에서 항복한 백제 장군들은 다시 전쟁터에 동원하기 위하여 임시로 관등과 관직을 수여하였으

103) 李基文, 〈古代 三國의 言語에 대하여〉(《27회 全國歷史學大會 發表要旨》, 1984), 37쪽.

104) 盧泰敦, 〈三韓에 대한 認識의 變遷〉(《韓國史硏究》 38, 1982), 129~156쪽.

나 문무왕 11년부터 백제가 평정·통합됨에 따라서 백제 유민에 대한 대처 방안이 대두한 듯하다. 그것은 주로 백제의 관료와 장군 등을 신라의 官僚組織體系內로 흡수할 때의 처우규정으로서 문무왕 13년에 확정되었다(〈표 4〉 참조). 그러나 바로 이 시기는 한창 나당전쟁을 수행하고 있던 중이었으므로 유민 가운데에서 대당전쟁에 동원될 수 있는 유용한 재질을 충분히 감안했다고 보아야 할 것이다. 이런 면에서 신라가 백제 전지역을 정복하면서 대당전쟁을 더욱 활기있게 추진할 인적자원을 종래 신라인 수만큼이나 더 얻은 셈이지만 백제 유민은 대당전쟁에 그렇게 많이 동원된 것 같지는 않다. 신라로서는 단지 이들을 조속히 안정시키는 일 또한 큰 과제였을 것이었기 때문이다.

한편 고구려가 패망한 문무왕 8년을 전후하여 그 유민도 적지 않게 신라로 망명·투항해 왔다. 즉 문무왕 6년에는 고구려 대신 淵淨土(淵蓋蘇文의 弟)가 12城 763戶 3,543人을 가지고 투항하였다. 신라는 연정토와 그 從官 42인을 왕도·州府 등에 안치시키고 衣物·糧料·家舍를 주어 새로운 정착에 지장이 없도록 하였다. 그리고 12성 중에서 8성은 성읍 백성이 온전함으로 士卒을 보내서 지키게 했던 것이다. 또 문무왕 8년 11월 5일 신라군이 고구려정벌을 마치고 개선할 때 포로 7,000人과 함께 입경하였다. 다시 문무왕 10년 6월에는 안승 등 고구려국 부흥운동 4,000호가 망명해 왔다. 문무왕 13년에 호로하(임진강)에서 신라군이 唐將 이근행의 군에게 밀리면서 "餘衆은 모두 신라로 달아났다"고 한 이 '여중'은 신라군과 함께 항당하던 고구려국 부흥군일 것이다.[105] 이렇게 수차에 걸쳐 신라로 망명·투항한 고구려 유민은 공식적 집계만도 30,543명인데 이 숫자는 7세기 당시로는 엄청난 것이다. 여기에 점령한 고구려 남경의 토지와 유민까지 참작하면 놀라운 팽창이었다.

이들 고구려 유민의 상당수는 문무왕 10년 이후 백제고지의 정복과 대당전쟁에 동원되었을 것이나 문무왕 16년에 나당전쟁이 신라의 승리로 끝남에 따라 이들 고구려 유민에 대한 조치가 정책적 문제로 제기되지 않을 수 없

105) 《三國史記》 권 22, 高句麗本紀 10, 말미 總章 4년.

었을 것이다. 왜냐하면 일부 투항·포로한 고구려 유민은 따로 신라 內地에 분산·안치했으므로 별다른 문제가 없었겠지만, 고구려국 부흥운동을 주도하던 안승집단은 신라로 망명하면서 금마저에 머무르게 했는데 거의 독립적 세력을 형성하고 있었기 때문이다. 이들 안승집단은 문무왕 14년까지 「고구려」라 했을 것이며, 그 이후부터는 「報德國」으로 冊命하여 신라 스스로 宗主的 의미를 강화하면서 그들의 독자성을 부인하는 정책으로 전환하였다. 아직 나당전쟁이 계속되는 동안은 이들 집단의 성격은 그런대로 유지될 수 있었다.

그러나 신라에서는 문무왕 20년에 왕의 누이를 안승에게 시집보내고 문무왕 23년에는 그에게 蘇判(3등위)을 주는 동시에 金氏로 賜姓하여 甲第와 良田을 주어 京都에 살도록 하였다. 그러니까 보덕국은 안승을 왕으로 문무왕 23년까지 고구려 官制를 사용하면서, 신라의 간섭없이 독자적으로 운영되어 왔었다. 문무왕 16년에 나당전쟁이 끝나고 7년이 흘러간 이 시점에서 신라가 통일국가로서 새로운 통치체제를 재정비함에 안승집단은 이제 장애가 될 뿐더러 신라로서는 그들을 흡수·융합할 필요성이 절실했다고 믿어진다. 신라의 이 같은 조치에 반발하여 신문왕 4년에 안승의 族子로 장군인 大文 등이 반란을 일으켰으나 신라군에게 진압되면서 餘衆을 남쪽 州郡으로 옮김으로써 고구려국 부흥집단은 사라졌다. 그러나 이들 고구려 유민 중 관료나 장군이었던 유력한 자들을 신라 관료조직내로 흡수하기 위하여 그 처우규정을 신문왕 6년(686)에 제정하였다(〈표 5〉 참조).

〈표 4〉 백제 유민에게 주어진 신라 관계

百濟官階		新羅官階			
官階	官階名	中央官階	中央官階名	地方官階	地方官階名
2	達率	10	大奈麻	4	貴干
3	恩率	11	奈麻	5	選干
4	德率	12	大舍	6	上干
5	扞率	13	舍知	7	干
6	奈率	14	吉舍(幢)	8	? 伐
7	將德	15	大烏	9	? 尺

〈표 5〉 고구려 유민에게 주어진 신라 관계

高句麗 官階		新羅 官階	
中央官階	中央官階名	中央官階	中央官階名
3	鬱折(主簿)	7	一吉飡
4	太大使者(大相)	8	沙飡
5	皀衣頭大兄(位頭大兄)	9	級伐飡
6	大使者(從大相)	10	大奈馬
7	大兄	11	奈馬
8	收位使者(儒相)	12	大舍
9	上位使者(狄相)	13	舍知
10	小使者(小相)	14	吉土(吉次)
11	小兄	15	大烏(烏知)
12	諸兄		
13	先人		
14	自位		

이상 백제인과 고구려인에 대한 두 표를 비교하면 백제인은 京位 대나마(10등위)가 최고 관등이고 귀간 등 外位도 수여하도록 규정하였다. 고구려인에게는 일길찬(7등위)·사찬(8등위)을 상위 관등으로 규정하여 백제인보다 두 등급을 높게 책정했으나 이것은 큰 차별이라고 할 수 없다. 고구려인으로 최고 관등을 받은 主簿가 地籍圖나 戶籍을 작성하는 技能人이었다면,[106] 통일 직후 폭증된 인구와 확대된 영토를 정확하게 파악하기 위해서도 주부는 매우 긴요한 존재였을 것이다. 이 같은 필요에서 주부를 최고 관등으로 대우했다면 그 영향은 新羅帳籍에까지 미쳤을 것이 분명하나, 경덕왕 18년(759)에는 調府·禮部 등의 大舍(12등위)를 주부라 고치는 것으로 보아, 주부의 직능도 단순한 文書記錄官으로 전락하고 그 등급도 낮아졌음을 알 수 있다.

통일신라 초기의 여제에 대한 이러한 흡수·융합정책은 이후 얼마나 지속적이었는지 알 수 없지만 신라정부가 고심한 흔적은 안승집단의 처리과정에서 현저히 볼 수 있다. 더욱이 신문왕 5년(685)에 지방행정구획을 재편성함에 있어 신라로 통합된 전 영역을 9州·5小京으로 나누었다. 옛 신라 땅을 3州·

---

106) 李昊榮, 〈三國時代의 敗政〉(《國史館論叢》 13, 國史編纂委員會, 1990), 106쪽.

로, 옛 백제 땅을 3주로, 옛 고구려 땅을 3주로 각각 數的 均分을 의도한 것은 여제인을 같은 통일신라인이라는 同質化政策에서 나온 것이라 한다. 또 9誓幢에 신라인뿐 아니라 백제·고구려·말갈인으로 조직한 이유는 이들을 포섭과 회유하는 동기에서 나온 민족융합정책이라는 것이다.[107]

한편 삼국의 국민은 공통적으로 佛敎를 신봉한다는 점을 감안하여 신라정부에서는 불교를 통해 亡國으로 격앙된 여제인의 마음의 상처를 치유하려 하였으며,[108] 熊川州 출신인 高僧 憬興을 國老로 우대한 것은 민심을 수습하려는 정책과도 상통된다고 할 수 있다.[109]

물론 이러한 일련의 민족융합정책에 대하여 회의적·부정적 견해도 있다. 즉, 통일 후 신라정부는 여제 유민을 제도적 장치로 차별하였기 때문에 그들 유민은 망국의 원한을 버리지 못하고 오히려 신라에 대한 경계심과 적개심을 갖게 되었다는 것이며, 이로 인해 그들은 내심에 잠재한 國系意識을 쉽사리 버리지 못했다는 것이다.[110] 그러나 신라인을 중심으로 여제인을 차별한 것인데, 그 차별의 정도는 인류의 역사변혁 과정에서 불가피한 산물인 동시에 시대적 한계성이라고 볼 수 있다.

요컨대 신라는 여제 유민과 함께 대당전쟁을 승리로 끝맺으면서 이들 유민을 흡수·융합하고자 고심한 흔적이 뚜렷이 보인다. 첫째 투항·망명한 유민은 신라 內地에 분산·안치시켰고, 둘째 유민 가운데 지배층은 신라 관료조직 속으로 흡수하였다. 셋째 신라와 옛 여제지역을 9주로 나누었고 5소경을 설치함으로써 행정구획편제에 평등을 취하려고 한 것이다. 넷째 불교로 유민의 정신적 안정과 그 수습을 배려한 듯하다. 이와 같이 증가된 국민과

---

107) 邊太燮, 앞의 책, 63쪽.
필자는 9州·9서당 등의 제도는 중국의 天下思想을 도입하여 新羅가 天下를 지배한다는 新羅中心思想의 표징으로 보았다.

108) 金相鉉, 〈新羅 三國統一의 歷史的 意義〉(《統一期의 新羅社會硏究》, 新羅文化硏究所, 1987), 397쪽.

109) 許興植, 〈新羅佛敎界의 組織과 行政制度〉(《新羅文化祭學術發表會論文集》 8, 1987), 150쪽.
崔根泳, 앞의 책, 60쪽에서 文武王이 그를 國師로 임명하려 했으나 '曲爲國老'한 사실(《三國遺事》 권 5, 感通 7, 憬興遇聖)은 차별한 처사로 보았다.

110) 崔根泳, 위의 책, 63쪽.

확대된 영토를 新羅化하려는 정책을 추구했는데, 이런 융화정책이 민족형성의 결정적 역할을 한 것이다.

2) 삼국통일의 역사적 의의

신라의 삼국통일은 비록 그것이 불완전했더라도, 新羅史의 입장에서 참으로 중대한 의미를 가질 뿐만 아니라 이후 韓民族史 展開過程에도 결정적 영향을 미쳤다.

그러나 후대 史家들의 회의적이고 부정적 견해로 말미암아 역사적 진실이 가려진 채 혼돈된 修辭가 지금도 계속되고 있다. 이들 부정적 견해의 근본적 원인은 신라의 삼국통일을 역사진행의 현장인 당시 상황에서 이해하려 하지 않고 후대의 역사적 현실에 대한 불만의 입장에서 각자 숨겨진 목적 실현에 맞추어 멋대로 해석하는 好材로 삼고 있기 때문이다.

예컨대 민족주의 사학자 申采浩는 일제의 강점에 의한 한국의 피식민 상황하에서 자주와 독립을 되찾으려는 국권회복운동의 일환으로 우리 나라 역사를 연구하였다. 따라서 여기에는 유구한 역사의 자긍과 강력한 힘의 투쟁이 요청되었던 까닭에 고조선·고구려를 중심으로 역사를 서술한 것으로 믿어진다. 더욱이 우리 역사상 가장 강력한 국가였던 고구려의 끈질긴 대중국 투쟁을 부각하는 한편 당과 제휴하여 고구려 및 백제를 멸망시킨 신라를 증오하여 낮추어 평가했다고 보인다. 그것은 대당외교를 강화하여 나당군사동맹을 체결한 金春秋를 事大主義의 병균을 전파한 주인공으로 평가했고, 또 통일의 공이 컸던 金庾信에 대해서도 “대개 김유신은 智勇있는 名將이 아니요 陰險鷙悍한 정치가이며 그 평생의 大功이 戰場에 있지 않고 陰謀로 隣國을 亂한 자이다”라고 하였다.111) 이러한 평가는 국권회복이라는 당면과제의 해결을 위하여 민족적 단결이 요청되었던 상황에서 강조되었던 까닭이었다.

우선 신라의 삼국통일은 신라국의 획기적 發展의 계기였다. 삼국은 모두 동일종족·동일민족적 특성을 공유했지만 장구한 세월 동안 분리되어 성장

---

111) 《丹齋申采浩全集》 上(螢雪出版社, 1979), 325~329쪽.

하면서 삼국 그 자체가 小國際社會를 형성하고 대립해 왔던 것이다. 신라는 고대국가의 건설과 유·불교의 문화수용과정에서 고구려·백제의 영향을 받기도 하고 세력균형을 취해 왔지만, 신라의 後進性은 좀체로 극복되지 못했던 것이다.112)

그러나 고구려의 北守南進政策에 자극된 나제동맹이 120년간 지속되는 동안 신라는 유·불 등을 통해서 문화국가의 면모를 과시했고, 加耶 병합과 한강 유역 정복으로 자국의 국력에도 자신을 갖게 되었다. 이러한 문화와 영토 확장과정은 곧 후진성 극복과정이기도 하여 이후 국제환경의 변화를 自國에게 유리한 방향으로 전개하기 위하여 어떻게 대처해 갔는가에 주목한다면 신라의 그 정확한 판단과 저력은 참으로 놀라운 것이었다.

신라는 6, 7세기에 있어서 내외의 국가적 위기를 슬기롭게 극복할 줄 알았던 국가의식·국민의식·문화의식을 조화있게 갖추고 있었다. 대내적 권력투쟁도 서서히 안정되었고 급격한 유혈사태에 의해 주체적 변혁이 일어난 것은 아니었다. 한편 신라는 중국대륙의 정세변화에 민첩하게 반응하면서도, 먼저 작은 국제사회인 삼국관계에 의하여 문제를 해결해 보려고도 하였다. 그것은 신라의 역사적 경험에 의해서 백제와의 항쟁을 고구려와 교섭함으로써 해결하고자 노력하였다. 즉 고구려에의 청병이 실패되자 비로소 당과 더욱 적극적으로 교섭하였다. 당은 그의 패권주의적 동방정책의 일환으로 신라를 끌어들인 셈이지만, 신라의 단계적인 외교의 적중이 그렇지 못했던 고구려·백제와 비교되어 결국 신라는 뛰어난 국제감각으로 현실을 대처하였다고 하겠다.

다음으로 신라는 백제·고구려를 패망시키기까지 표면상 당과 주종관계에서 있었으나, 그것은 신라의 자주성을 포기한 것은 아니었다. 국가의 이익을 위한 외교였을 뿐이었다. 바로 국가의 흥망을 건 대당전쟁은 표면상 유보되었던 주체성 회복운동인 동시에 전쟁 전의 영토분할약정을 지키지 않았던 당을 응징하고 국익을 되찾기에 이르렀고 이것이 신라의 참모습이었다고 할 수 있다.

---

112) 金哲埈, 〈統一新羅·支配體制의 再整備〉(《한국사》 3, 국사편찬위원회, 1977), 30쪽.

신라가 한반도로부터 수만의 당병을 패퇴시켰을 때 신라의 北境은 임진강에서 함경남도 德源에 이르렀다. 문무왕 8년(668)에 比列忽州를 다시 설치하고 15년에는 현재의 덕원으로 비정되는 鐵關城을 축조했던 데서 알 수 있다.[113] 이렇게 東北境은 크게 북상해 있었고 서북경은 통일 이후 점차 북쪽으로 확대하던 중 발해를 견제시키려는 당이 신라에게 平壤 이남의 영유권을 공인함으로써 聖德王 34년(735)부터 대동강에서 원산만을 연결하는 북경이 설정되었다.[114] 이 같이 신라의 영토와 인구는 종래의 약 3배로 팽창되었고 이것은 참으로 신라의 획기적 발전이기 때문에 종래 삼국기의 「신라」와는 달리 「통일신라」라 명명하는 데 인색할[115] 필요가 없다.

물론 신라의 통일은 완벽하게 삼국을 다 포함하지 못했고 고구려 남쪽 일부를 영유했으면서 삼한을 삼국으로 의식한 「一統三韓意識」에 의하여 「삼국통일」로 간주되어 왔고 때로는 「半島統一」이라는 실증적인 말로도 표현되고 있다. 그러나 民族의 활동무대가 축소되었다든지, 요동과 만주지역이 상실되었다는 것은 역사적 사실이기는 하나, 그 책임을 신라에게 전가시킬 이유가 없다. 異族인 唐을 끌어들여 동족을 멸망시킨 신라를 반민족적 행위로 보려는 民族主義史學은 국가를 잃은 민족으로서 국가건설을 목적한 그 당시의 상황논리임을 알아야 한다. 이런 상황논리가 그 글의 行間에 들어 있지 않다면 굳이 민족주의사학이라 할 이유가 없다. 또 오늘날에도 민족만을 주장하는 史學이 있다면 이는 국가와 국민이 민족 속에 매몰돼 다분히 이념적 사학이며 역사적 현실은 아닐 것이다. 여기에 민족과 국가와 국민을 판별할 줄 아는 사학이 절실히 요청되기도 한다. 왜냐하면 민족의식이 없었거나 있었더라도 지극히 박약했던 때에 신라는 당을 이용하면서[116] 고구려·백제 양국을 패망시켜서 고구려의 많은 유민을 흡수하였고 백제를 정복·통합하여 삼국 중 자국을 보존하고 발전시킬 최선책을 실현함으로써 생명력 있는 민족국가 건설의 기반을 구축하였기 때문이다.

113) 池內宏, 앞의 책, 478쪽.

114) 李基東, 〈新羅下代의 浿江鎭〉(《韓國學報》 4, 一志社, 1976) 참조.

115) 김영하, 〈신라 삼국통일은 타당한가〉(《역사비평》 20, 역사비평사, 1993), 190쪽. 통일신라를 중세라 하면서 '통일'을 빼고 '신라'라고만 하자는 것이다.

116) 申瀅植, 앞의 책(1990), 37쪽.

본래 삼국은 血統·言語·習慣이 비슷하였는데,[117] 이제 전 백제인과 상당수의 고구려인들이 흡수된 통일신라는 한 국가의 같은 영역 안에서 같은 문화를 향유하게 된 국민으로 정착함에 따라 참으로 민족공동체가 이루어진 것이다. 이후 잠시 後三國으로 분리되었다가도 高麗國에 의한 再統一이 당연시 된 것은 그 동안 민족적 응집력을 하나의 국민의식으로 축적시켜 왔기 때문이다. 이러한 통일신라의 기반 위에서 고려를 지나 조선조 초기에 이르면서 750여 년간의 꾸준한 북진 끝에 현재의 압록강과 두만강에 이르기까지 영역을 회복·확대할 수 있었다.

신라의 삼국통일과 자주성 회복과정은 곤혹스러운 삼국 상호항쟁과 국가이익에 앞선 대당관계를 신라 특유의 대응과 인내와 기다림으로 당차게 극복한 쾌거의 역사이기도 하다. 만일 생명력있는 한민족의 현재를 긍정한다면 신라가 수립한 창조적 전통과 역사에 대하여 무한한 신뢰와 긍지를 가질 수 있을 것으로 확신한다.

〈李昊榮〉

117) 申瀅植, 〈新羅統一의 歷史的 意義〉(《新羅史》, 梨大出版社, 1985), 38쪽.

Ⅱ. 전제왕권의 확립

1. 무열왕계의 왕권확립
2. 전제왕권과 귀족
3. 중앙통치조직의 정비
4. 지방·군사제도의 재편성
5. 토지제도의 정비와 조세제도

Ⅱ. 전제왕권의 확립

1. 무열왕계의 왕권확립

1) 문무왕의 왕권강화

신라는 반도를 통일하여 막대한 영토와 인구를 지배하게 되는 것과 때를 같이 하여, 안으로도 새로운 정치적·사회적 발전을 이룩하게 되었다. 신라인 자신은 이러한 새로운 변화를 上代가 끝나고 中代가 시작되는 것으로 생각하였는데, 그것은 太宗武烈王의 즉위로부터 시작하였다. 그러나 이러한 전환은 무열왕계의 왕위계승이라는 단순한 王系의 변화만으로 그치는 것은 아니었다. 그의 즉위과정에서 살펴볼 수 있듯이 또 다른 정치적 측면의 변화를 포함하고 있었기 때문이다. 즉 專制政治의 시작이라는 새로운 정치형태의 출현을 알리는 것이었다.

그러나 무열왕대에 성립된 전제정치에는 일정한 한계가 있었다. 眞骨貴族의 반발을 무시하고 왕위에 오른 무열왕은 집권과정으로 말미암아 진골귀족세력들이 상당한 불만을 가지고 있었다. 더욱이 百濟征伐을 눈 앞에 두고 있던 시기였기에 무열왕의 왕권행사에는 어느 정도의 제약이 따를 수밖에 없었다. 이에 무열왕은 직계 세력의 등용을 통하여 왕권을 강화시키고자 하였다. 그는 즉위 직후 金法敏을 兵部令에 임명하고, 그 다음해에 그를 太子에 책봉하고, 그리고 5년(658)과 7년에는 中侍와 上大等에 왕자인 文王과 전제정치의 성립에 크게 기여한 金庾信을 각각 임명하는 조치를 취하였다.

한편으로 무열왕은 진골귀족의 정치적 불만을 해소하는 데에도 상당한 노력을 기울였던 것 같다. 백제정벌이라는 무열왕계가 당면하고 있는 최대현안을 해결하기 위하여는 무엇보다도 진골귀족세력의 협력이 절대적으로 필요하였기 때문이다. 따라서 무열왕은 진골귀족세력에 대한 타협과 회유책을 아울러 실시하였던 것으로 생각된다. 그 구체적인 모습은 자세히 살필 수 없지만, 무열왕이 백제정벌에 앞서 문무왕의 즉위 이후 제거되는 眞珠를 병부령에 임명하고 있는 사실에서 짐작할 수 있다.[1] 그 결과 무열왕은 짧은 재임기간이지만 이러한 노력을 통하여 어느 정도 정치적 안정을 얻을 수 있었던 것으로 보인다.

전제정치 성립기의 정치적 한계는 무열왕의 뒤를 이어 왕위에 오른 文武王의 즉위 직후에도 계속되었다.[2] 때문에 문무왕 역시 즉위 초기에는 진골귀족세력을 회유하면서 지지기반의 확충을 꾀하고자 노력하였다. 문무왕이 즉위 직후인 元年(661)과 8년에 계속해서 모든 文武官 전원의 官等을 하나씩 승진시키고 있는 사실에서 그것을 엿볼 수 있다. 여기에는 신라의 백제 및 고구려의 정복달성을 기념하는 論功行賞的인 성격이 포함되어 있었겠지만,[3] 보다 큰 목적은 문무왕이 자신의 세력기반을 확대시키기 위한 정치적 안정에 있었던 것으로 생각된다. 따라서 이러한 노력과 함께 문무왕은 비로소 왕권을 강화시켜 나갈 수 있었다.

그러나 문무왕의 일관된 정책은 진골귀족세력을 약화시키고 무열왕계의 전제정치를 확립시키는 것이었다. 이것은 왕권강화를 통해서만 이룩될 수 있는 일이었다. 이에 문무왕은 三國統一戰爭과 對唐戰爭을 치르면서 반대되는 많은 진골귀족을 도태시켜 나가는 등 일련의 정치개혁을 단행함으로써 그 목표를 추구해 나갔다. 薛仁貴가 문무왕에게 보낸 편지에서 문무왕이 "안으로는 의심하는 신하들을 없앴다."고 지적한 말에서 잘 나타나고 있다.[4] 그러므로 무열왕에 의하여 성립된 무열왕계의 전제정치가 보다 확고한 기반을 마련한 것은 문무왕대였다고 할 수 있다.

---

1) 《三國史記》 권 5, 新羅本紀 5, 문무왕 6년 8월.
2) 문무왕대의 정치·외교적 상황에 대하여는 金壽泰, 〈文武王〉(《韓國史 市民講座》 13, 一潮閣, 1993) 참고.
3) 李基東, 〈新羅 中代의 官僚制와 骨品制〉(《震檀學報》 50, 1980 ; 《新羅骨品制社會와 花郎徒》, 一潮閣, 1980, 135쪽).
4) 《三國史記》 권 7, 新羅本紀 7, 문무왕 11년 7월. 삼국통일전쟁을 전후한 시기의 광범위한 중앙귀족의 도태에 대하여는 李基東, 위의 책, 116쪽이 참고된다.

그러면 전제정치의 확립을 위한 문무왕의 왕권강화의 방향은 무엇이었을까. 그것은 크게 두 가지의 방향에서 추진되었던 것으로 생각된다. 하나는 진골귀족들의 군사적 기반의 박탈이며, 또 다른 하나는 관료적인 질서의 확립이라고 할 수 있다. 이러한 두 가지 목표는 서로 연결되면서 문무왕의 재위 전기간에 걸쳐서 실시·진행되었다.

먼저 진골귀족의 군사적 기반의 박탈에 대하여 알아보면, 문무왕은 그의 즉위초부터 주목할 만한 현상으로 삼국통일전쟁을 수행해 나가면서 군사적인 이유로 여러 진골귀족을 제거시키고 있다. 이것은 문무왕 2년(662)에 있었던 大幢摠管 진주와 南川州摠管 眞欽의 처형에서 우선 알 수 있다. 진주와 진흠이 한가히 놀며 國事에 마음을 쓰지 않는다고 하여 그들을 처형하였다.[5] 진흠의 경우에는 자세히 살필 수 없지만, 진주는 당시 병부령이라는 그의 정치적 비중이나, 무열왕대 백제정벌전쟁에서, 문무왕 원년에는 대당의 將軍으로서 군사적으로 크게 활동한 인물임에도 불구하고 국사를 돌보지 않는다는 매우 모호한 죄목으로 처형된 것이다. 이러한 까닭에 문무왕이 당시 병부령을 역임하고 있던 진주를 제거한 것은 바로 왕권의 전제화를 반대하는 진골귀족에 대한 억압책에서 나온 것으로 이해되고 있다. 즉 문무왕이 김진주와 같은 병부령을 제거한 것은 전제정치의 확립을 지향하면서 병부령이 갖고 있던 兵權을 국왕 직속으로 돌리기 위해서 취한 조치였다는 것이다.[6]

군사적인 측면에서 문무왕이 왕권강화책을 실시했으리라는 사실은 문무왕대 총관, 즉 장군의 경력을[7] 가졌던 인물들이 빈번히 신라를 배반한 일과 관련시켜 이해할 수 있다. 문무왕 8년(668)·10년에 각각 장군을 역임한 인물인 朴都儒와 藪世가 熊津都督府와 연결되어 반란을 일으킨 것이다.[8] 그런데

5) 《三國史記》 권 6, 新羅本紀 6, 문무왕 2년 8월.

6) 朱甫暾, 〈新羅 中古期 6停에 대한 몇가지 문제〉(《新羅文化》 3·4합집, 1987), 38쪽. 병권을 국왕으로 귀속시키려는 문무왕의 정책은 그 자신이 武烈王代에 병부령을 역임했다는 사실에서 미루어 보아도 알 수 있다.

7) 村上四男, 〈新羅の總管と都督〉(《朝鮮古代史硏究》, 開明書院, 1978), 158~159쪽. 鄭敬淑, 〈新羅時代의 將軍의 成立과 變遷〉(《韓國史硏究》 48, 1985), 16쪽.

8) 鄭敬淑 역시 앞의 글, 21쪽에서 장군경력의 소지자들이 일으킨 반란임을 지적하고 있다. 朴都儒는 문무왕 8년(668) 고구려정벌을 위한 군단을 편성할 때 漢城州行軍摠管이었다. 한편 문무왕 15년에 일어난 것으로, 신라의 대당전쟁시 병

당시 이러한 사건이 빈번히 일어난 것은 문무왕이 軍政的인 측면에서 왕권 강화를 실시하려고 했던 사실과 밀접한 관련이 있었다. 즉 이들이 당시 문무왕이 실시하고 있는 왕권강화로 말미암아 그들의 정치적 위치에 불안과 위협을 느꼈기 때문에 이러한 사건을 일으킨 것이 아닌가 여겨진다.[9] 그렇다면 삼국통일전쟁이라는 전쟁수행을 치르면서 문무왕이 반대되는 진골귀족세력을 제거한 것으로 파악할 수 있을 것이다.

문무왕이 이와 같이 군사적인 측면에서 중앙의 진골귀족을 도태시키며 왕권을 강화해 나간 것은 특히 軍事制度와 깊은 관계가 있는 것으로 보인다. 당시 군사제도의 핵심은 6停이었는데, 이 6정의 성격과도 관련이 있는 것으로 생각되기 때문이다. 즉 이 6정은 진골귀족이 군사적인 실권을 행사하는 貴族聯合的인 성격을 띠고 있는 것으로,[10] 신라 상대의 정치적 성격과 부합되는 군사기구로서 파악되고 있다. 따라서 이제 전제정치라는 새로운 성격의 정권을 만든 무열왕계로서는 정치제도의 변화뿐만 아니라 군사제도도 변화시킬 필요가 있지 않았을까 한다. 6정에서 여전히 중요한 위치를 차지하고 있는 진골귀족의 세력을 약화시킴으로써 새로운 군사제도를 만들려고 한 것이다. 이것은 9誓幢의 설치와 관련해서 이해할 수 있을 것이다.[11]

한편 이 시기의 진골귀족세력이 私兵을 보유하고 있었다는 사실은 문무왕에게 보다 커다란 문제였다. 독자적인 군사력을 가진 진골귀족세력이 그것을 바탕으로 하여 왕권에 도전할 수 있었기 때문이다.[12] 이러한 까닭에 삼국통

부령 김진주의 아들인 風訓이 嚮導로서 당의 신라공격에 협조하고 있는 것도 같은 범주에 포함시킬 수 있다.

9) 井上秀雄, 〈新羅政治體制の變遷過程〉(《新羅史基礎研究》, 東出版, 1974), 450~451쪽. 박도유의 경우에는 중대 전제왕권의 성립 이후 점차 세력이 약화된 朴氏출신의 眞骨貴族이어서 무열왕계의 박씨세력 약화책과도 관련이 있어 주목된다(李基白, 〈統一新羅와 渤海의 社會〉, 《韓國史講座》 古代篇, 一潮閣, 1982, 314~315쪽).

10) 李基白, 〈韓國의 傳統社會와 兵制〉(《韓國學報》 6, 1977 ; 《韓國史學의 方向》, 一潮閣, 1978, 197~198쪽).
李文基, 〈新羅 六停軍團의 運用〉(《大丘史學》 29, 1986).

11) 朱甫暾은 그것을 대당의 변화와 관련하여 설명하고 있다(朱甫暾, 앞의 글, 38~39쪽).

12) 일반적으로 이 시기의 진골귀족들이 사병을 가지고 있다고 지적되는 사실은 여기에 크게 참고가 된다(井上秀雄, 〈新羅兵制考〉, 《朝鮮學報》 11·12, 1957·1958

일전쟁과 대당전쟁이 성공적으로 마무리 된 뒤 문무왕의 또 다른 목표는 이들 진골귀족세력이 보유하고 있는 사병의 혁파에 있었다. 이에 문무왕은 그의 遺詔에서 "州郡의 兵器를 거두어 農具를 만들라"고[13] 神文王에게 요구하였는데, 이것은 진골귀족의 사병과 관련된 언급으로 생각된다. 문무왕은 진골귀족세력에 대한 통제력을 보다 강화하기 위하여 진골귀족의 사적 무력을 제거하는 정책을 과감히 실시하고자 한 것이다.[14]

군사적인 측면에서의 문무왕의 왕권강화는 관료세력의 성장이라는 새로운 정치개혁과 밀접히 연관되면서 진행되어 주목된다. 왜냐하면 문무왕은 삼국통일 이후 지방통치체제를 행정·군사의 양면을 모두 지배하는 군정적 성격에서 행정일원화의 성격으로 전환시키고자 했기 때문이다. 군사권의 행정권으로의 귀속이라고 할 수 있다.[15] 그러나 이것은 관료세력의 증대를 통해서만 가능한 것이었다. 따라서 문무왕의 정치개혁에 있어서 군사적인 측면과 행정적인 측면이 결국 서로 맞물리면서 추진되었음을 알 수 있다.

그러나 무엇보다도 문무왕은 전제정치를 확립시켜 나가기 위하여 진골귀족을 대신하는 새로운 세력기반이 필요하였다. 여기에 관료들의 존재가 주목된다. 이들 관료들이란 왕권에 기생하고 있는 세력이라고 할 수 있기 때문이다. 더욱이 이들은 骨品制度에 크게 의존하는 진골귀족과는 달리 신분보다는 자신의 학문적 및 행정적 능력에 의존하는 새로운 성격의 사람들이었다. 그러므로 문무왕은 자신의 왕권강화와 관련하여 그것을 반대하는 진골귀족세력에 대신하여 새로이 六頭品 이하의 관료들에게 커다란 관심을 보인 것이라고 할 수 있다. 이것은 진골귀족을 공동의 대항세력으로 생각하는 전제왕

; 앞의 책, 175~176쪽 및 李基白, 앞의 책, 196~201쪽). 그러나 최근 私兵說에 대하여는 비판 의견도 있다(李文基, 〈新羅 中古期 王京人의 軍事的 運用〉, 《新羅文化》 5, 1988).

13) 《三國史記》 권 7, 新羅本紀 7, 문무왕 21년 7월.

14) 고려 成宗의 정책이 이것과 비교된다. 성종 역시 지방 주군의 병기를 회수하여 농기구로 만들라는 명령을 내리고 있는데, 이것의 의미에 대하여 李基白은 아직도 여맥을 보존하고 있는 地方豪族들의 私兵에 대한 무장해제에 목적이 있다고 한다. 즉 중앙정부가 그들의 사적인 무력을 제거하기 위한 단호한 정책을 이제 실시한 것이라고 한다(李基白, 〈高麗 京軍考〉, 《李丙燾博士華甲紀念 史學論叢》, 1956 ; 《高麗兵制史硏究》, 一潮閣, 1968, 63쪽).

15) 李基東, 앞의 책, 125쪽.

권과 6두품 이하의 하급귀족과의 결합을 의미하는 것이다.[16]

널리 알려지다시피 무열왕계의 전제정치가 성립된 이후 꾸준히 발전해 나간 것은 바로 관료세력의 성장이었다. 이것은 무열왕대에 일단 시작이 되었지만 문무왕대에 집중적으로 관료화 작업이 진행되었다.[17] 그것은 法典의 정비, 行政官署의 정비, 그것에 바탕을 둔 행정관료의 확충 정비로 나타났다. 무열왕 원년(654)에 理方府格 60여 조를 수정함으로써 시작된 기존의 율령체계에 대한 일대 개정작업은 그 후 문무왕에 의하여 꾸준히 진행되었다. 문무왕이 신문왕에게 "律令格式에 불편함이 있는 것은 곧 개정하여 시행하라"고[18] 명령한 점에서 율령의 계속적인 정비에 대한 그의 집중적인 관심을 알 수 있다. 이와 같은 대규모적인 율령정비는 새로이 성립된 전제왕권을 법전에 의하여 합법화하는 것을 그 목표로 삼고 있었다.

한편 문무왕대 추구된 이러한 법전 정비는 행정관서의 정비 및 관원의 增置와 표리의 관계에 있었다. 문무왕대는 新羅官制의 완성기로 알려지고 있는데,[19] 중요 행정관부 및 그 소속 관원의 수가 많이 증가하였다. 중앙의 입법관서인 理方府가 문무왕 7년(667)에 두 개로 확대되고, 18년에는 그 소속 관원인 卿이 증원된 사실에서 그것을 알 수 있다. 한편 율령의 제정·운영에 관한 최고 실무자라 할 律令博士도 이 시기에 계속 늘어난 듯하다. 또한 문무왕 3년(663)에는 船府가, 문무왕 7년과 21년에는 左右司祿館이 새로이 설치되고, 또한 그 관원이 임명되었다. 그런데 문무왕에 의하여 추진된 관원 증가가 중요 행정관부의 말단 행정책임자인 史의 증가에서 더욱 두드러졌다는 점이 주목된다.[20] 따라서 이와 같은 행정관서의 증설 및 관료조직의 확장은

16) 이때 주로 발탁된 관료들은 6두품이었다. 문무왕대 强首의 활동을 통하여 살펴볼 수 있다. 전제왕권과 6두품 관료와의 관계는 李基白, 〈新羅 骨品體制下의 儒敎的 政治理念〉(《大東文化硏究》 6·7합집, 1970 ; 《新羅思想史硏究》, 一潮閣, 1986)과 李基東의 앞의 책, 128쪽이 참조된다.

17) 여기에는 李基東, 위의 책, 120~125쪽이 크게 참조된다. 이 밖에 申瀅植, 〈新羅中代 專制王權의 特質〉(《國史館論叢》 20, 國史編纂委員會, 1990 ; 《統一新羅史硏究》, 三英社, 1990)에서도 이 당시의 관료에 대한 언급을 찾아볼 수 있다.

18) 《三國史記》 권 7, 新羅本紀 7, 문무왕 21년 7월.

19) 李基白, 〈新羅稟主考〉(《李相佰博士回甲紀念論叢》, 1964 ; 《新羅政治社會史硏究》, 一潮閣, 1974, 141쪽).

20) 李基白, 앞의 글(1982), 329쪽.

관료세력을 급격히 팽창하게 만들었다. 이렇게 하여 전제정치의 성립 이후, 특히 문무왕대에 관료세력들은 비로소 본격적인 정치적 의미를 갖게 되었다. 이상에서 문무왕은 군사적인 측면에서 뿐만 아니라 관료질서의 확립을 통하여서도 왕권강화를 꾀하였음을 알아보았다.

그런데 문무왕의 왕권강화는 대부분 삼국통일 후에 집중적으로 이루어져서 주목된다. 진주의 처형은 문무왕 2년(662)의 일이었지만, 장군 경력을 가진 진골귀족들의 반발이 잦아지는 시기는 바로 이 무렵이다. 또한 관료제도의 정비도 즉위 이후 추진되었지만, 대부분 모두 삼국통일 이후의 시기에 이루어졌다.21) 따라서 문무왕은 對外戰爭의 성공을 바탕으로 하여 왕권강화를 위한 對內的인 정치개혁으로 방향을 바꾼 것이라고 말할 수 있다.

2) 김흠돌란의 발생

무열왕계의 전제정치의 확립을 지향한 문무왕의 집중적인 왕권강화작업은 필연적으로 진골귀족의 커다란 반발을 불러 일으켰다. 이와 같은 문무왕의 정치개혁은 결국 골품제적 신분질서에 기반을 두고 있던 진골귀족세력을 크게 약화시키는 것이었기 때문이다. 따라서 진골귀족들은 문무왕의 왕권강화에 대하여 커다란 불만을 갖고 새로운 모색을 꾀하였다. 즉 진골귀족세력은 당시 太子妃의 父였던 金欽突을 중심으로 뭉쳐나갔는데, 이를 김흠돌세력이라고 부를 수 있다.

김흠돌세력에는 김흠돌을 중심으로 金軍官・興元・眞功 등이 여기에 포함된다. 김흠돌의 경우 그의 활동은 문무왕대에 들어와서야 찾을 수 있다. 김흠돌은 문무왕의 즉위초부터 大幢의 장군으로 임명되어 고구려정벌에도 참여하는 등 군사적으로 크게 활동하였다. 이러한 김흠돌의 정치적 경력 가운데에서도 가장 중요한 것은 그 정확한 시기는 알 수 없지만 문무왕 5년(665) 이후 太子妃로 그의 딸을 바치고 있다는 사실이다.

김흠돌과 매우 밀접한 관련이 있는 김군관의 경우22) 상당히 화려한 경력

21) 申瀅植, 〈三國時代 戰爭의 政治的 意味〉(《韓國史硏究》 43, 1983 ; 《韓國古代史의 新硏究》, 一潮閣, 1984, 296쪽)에서는 문무왕 11년(671) 이후로 보고 있다.

을 가지고 있다. 문무왕 원년부터 장군으로 활약한 이후 계속해서 군사적으로 활동하였는데, 그의 이러한 군사적 활동 가운데에서도 특히 주목되는 것은 당시 그가 병부령을 역임한 사실일 것이다.[23] 더욱이 그는 문무왕 20년(680)에는 최고의 관직인 상대등에까지 오른 인물이기도 하다. 흥원이나 진공의 경우는 문무왕 8년에서 11년 사이에 그들의 활동을 찾아볼 수 있다. 흥원은 문무왕 8년 罽衿幢摠管이 된 이후 군사적으로 활동하다가 10년 면직된 바 있는 인물이다. 진공의 경우 장군의 경력이 있는지 분명하지는 않지만 그 역시 당시 군사적으로 활동한 인물임을 확인할 수 있다.

이와 같이 구체적으로 이름을 알 수 있는 김흠돌세력의 활동에서 드러나는 특징을 살펴본다면, 우선 이들이 문무왕대 활동한 대표적인 진골귀족이었다는 사실이다. 신문왕이 그의 教書에서 이들의 정치적 출세가 이들의 재능보다도 王恩으로 이루어진 것이라고 언급한 사실에서나, 김군관의 경우 班序, 즉 문벌로[24] 승진한 인물이라고 표현하고 있는 점에서 쉽게 그것을 확인할 수 있다. 따라서 이러한 사실은 김흠돌세력의 정치적 성격이 골품제적 신분질서에 의존하고 있는 진골귀족임을 잘 말하여 주고 있다고 하겠다.

또한 이들이 삼국통일전쟁기에 군사적으로도 크게 활동한 인물이었다는 사실을 들 수 있다. 김흠돌·흥원·김군관 등이 모두 장군의 경력을 가진 인물이라든지, 김흠돌의 경우 6정의 가장 중요한 핵심부대인 대당의 장군을, 군관의 경우 장군 및 군사관계로 최고의 관직인 병부령을 역임한 사실에서 쉽게 살필 수 있다. 그러므로 이들 세력이 군사적으로도 당시에 일정한 비중을 차지하고 활동하고 있었다고 말할 수 있겠다. 요컨대 이들 세력은 문무왕대 정치와 군사상의 요직을 차지하고 있었던 진골귀족세력으로서, 문무왕과는 그 정치적 성격을 달리 한다고 말할 수 있다.

---

22) 李基白, 〈上大等考〉(《歷史學報》 19, 1962 ; 앞의 책, 1974, 107쪽)에서는 김군관이 김흠돌에 대하여 그 지지자도 반대자도 아니었다고 한다. 그러나 신문왕이 김군관을 처형한 것이 귀족세력 전체에 대한 경고를 포함하고 있다는 이기백의 말을 따른다면, 그 역시 김흠돌세력에 포함시킬 수 있을 것 같다.

23) 김군관이 병부령에 임명된 시기는 자세히 알 수 없다. 眞珠가 제거된 문무왕 원년(661) 이후의 일일 것으로만 생각된다.

24) 李基白, 앞의 책(1974), 96~97쪽. 상대등이 될 수 있는 어떤 서열과 같은 것이라고 한다.

그러므로 이러한 김흠돌세력은 문무왕의 왕권강화에 커다란 위협요인으로 작용하는 세력이었다. 이는 김흠돌세력이 "능히 始終을 삼가하거나 富貴를 보전하지 않고 … 官僚를 모멸하고 上下를 속이어 매일 그 無厭의 뜻을 나타내고 포학한 마음을 드러내었다. 凶邪한 자를 불러들이고 近臣과 결탁하여 禍가 內外에 통하고 같은 惡人들이 서로 도와 期日을 約定한 후 亂逆을 행하려 하였다"[25]는 사실에서 쉽게 엿볼 수 있다. 이들 세력은 무엇보다도 문무왕의 가장 중요한 세력기반의 하나인 관료를 모멸한 것이다. 이러한 사실은 김흠돌세력이 문무왕대의 관료세력과 충돌·대립하였다는 것을 말해주는 것이 아닐까 생각된다. 이 관료들이란 문무왕의 왕권에 기생하고 있었던 새로운 세력이라고 할 수 있다. 그러므로 김흠돌세력은 관료들의 정치적 성장에 대하여 커다란 불만을 가졌으며, 그 결과 관료세력과 충돌·대립하는 등 무열왕계가 추진하는 전제정치의 확립을 방해하였던 것이다.[26]

때문에 문무왕은 김흠돌을 중심으로 하는 진골귀족세력의 정치적 활동을 크게 제약하는 등 이들을 소외시키고자 끊임없이 노력하였다. 우선 김흠돌의 경우 그의 女가 태자비로 들어간 후 오랫동안 아들이 없었다는 사실과 관련하여 살필 수 있다. 왜냐하면 중대 전제정치의 특징적인 현상으로 역대의 왕들에게서 왕위를 이을 아들을 얻고자 하는 노력이 강하게 나타나서, 심지어 아들을 낳지 못한 왕비를 出宮시키고 다른 왕비를 맞아들이기를 서슴치 않았던 점을 염두에 둔다면[27] 그녀에게 아들이 없다는 점으로 인하여 태자비

25) 《三國史記》 권 8, 新羅本紀 8, 신문왕 원년 8월.

26) 기존의 연구에서는 전제정치하에서 관료세력의 성장이 진골귀족세력과의 충돌 대립보다는 골품제와의 일정한 타협과 함께 이루어진 것으로 보고 있다(李基白, 〈新羅 骨品體制下의 儒教的 政治理念〉, 앞의 책, 1974, 230~231쪽 및 李基東, 앞의 책, 142쪽). 때문에 중대의 관료제가 처음부터 기존의 신분체제인 골품제의 기반위에서 성립되어 그와 마찰되지 않는 한계내에서 운영 전개되었기 때문에 신라의 정치 사회에서 관료제가 순조롭게 발전할 수 없었을 것으로 짐작하고 있다. 더욱이 景德王의 개혁정치가 실패로 돌아가자 그나마 왕권에 기생하면서 발전하고 있던 관료제는 더 이상의 전개가 억제되고 말았다고 한다(李基東, 위의 책, 142쪽). 그렇지만 이러한 현상은 역시 관료세력이 진골귀족과의 일정한 충돌 대립과정을 거침으로서 나타난 것이 아닌가 한다. 왜냐하면 전제정치하의 관료세력의 성장이란 골품제적 신분질서에 입각한 진골귀족의 세력약화를 전제로 하는 것이었기에 골품제적 신분질서를 유지하려는 진골귀족세력과 왕권에 기생 발전하는 관료세력과의 충돌은 불가피하였을 것이기 때문이다.

로서, 신문왕이 즉위한 이후에는 왕비로서의 지위가 매우 불안정하였을 것이기 때문이다.[28] 그러므로 태자비의 無子란 바로 문무왕대 김흠돌의 정치적 위치에도 커다란 영향을 끼쳤을 것으로 생각된다.

홍원의 경우 비교적 분명하다. 문무왕 10년(636) 홍원이 참여한 전역에서 홍원 역시 일정한 공로를 거둔 것으로 파악됨에도 불구하고 일시 퇴각한 일로 그가 다른 사람들과 함께 사형을 받을 뻔했다는 사실은 매우 중요한 의미를 지닌다. 이때 그는 사형은 받지 않았지만, 면직됨으로써 정치적 활동이 좌절되었을 것으로 생각되기 때문이다. 그 결과 홍원은 무열왕계에 반대하는 진골귀족으로서 김흠돌란에 가담하였던 것이다.

군관의 경우에도 마찬가지였을 것으로 보인다. 그것은 군관의 상대등 임명과 관련하여 살필 수 있다. 군관의 상대등 임명은 김유신이 사망한 문무왕 13년 이후 거의 7년이란 오랜 공백기간과 함께[29] 이루어진 임명이었다. 그런데 이러한 사실은 군관의 상대등 임명이 문벌로 이루어졌다는 사실을 고려할 때 그의 상대등 임명이 오히려 오랫동안 저지되었다는 사실을 말해주는 것으로 여겨진다. 더욱이 군관은 임명된 후 약 1년이 조금 지난 시기인 신문왕의 즉위와 함께 바로 내쫓겨졌다는 사실로 보아 그것은 충분히 짐작된다.

군관이 물러난 후 상대등에 임명된 인물을 통해서 군관에 대한 무열왕계의 태도를 엿볼 수 있다. 신문왕의 즉위 직후 임명된 眞福은 문무왕대의 中侍 역임자로서, 중시 출신으로 상대등에 임명된 최초의 인물이기도 하다. 이러한 중시 출신의 상대등 임명은 전제정치의 성립 이후 빈번히 나타나는 현상으로, 그것은 상대등의 성격을 변화시키고자 하는 전제왕권의 정치적 목표

---

27) 李基白, 앞의 글(1982), 312쪽. 그것은 景德王의 예에서 확인이 된다고 한다.

28) 이러한 사실로 말미암아 神文王에 의하여 왕비가 아들이 없다는 이유로 출궁되자 그것에 반발한 金欽突이 자기세력의 약화를 우려하여 난을 일으킨 것으로 해석하고 있다(李丙燾, 《韓國史》 古代篇, 645쪽 · 李基白, 앞의 책(1974), 106쪽, 및 井上秀雄, 앞의 책(1974), 455쪽 등). 그러나 金相鉉 · 辛鍾遠은 그보다는 父의 난에 연루되었기 때문이라고 주장한다(金相鉉, 〈萬波息笛說話의 形成과 意義〉, 《韓國史硏究》 34, 1981, 14쪽 및 辛鍾遠, 〈新羅 五臺山事蹟과 聖德王의 卽位背景〉, 《崔永禧先生華甲紀念 韓國史學論叢》, 1987, 103쪽). 설혹 그렇다고 하더라도 왕비가 사실상 출궁상태에 놓여 있었다는 점을 고려한다면 왕비의 無子는 매우 중요한 정치적 의미를 가지고 있다고 하겠다.

29) 上大等 金庾信이 죽은 문무왕 13년 7월 이후부터 20년 2월까지의 기간이다.

에서 나온 것이라고 할 수 있다.[30] 이러한 사실은 중시와 상대등을 이제까지의 대립관계에서 벗어나게 할 뿐만 아니라, 진골귀족의 성격을 귀족적인 것보다는 왕권에 복속하는 존재로서 관료화시키려는 의지로까지 해석되는 것이다.[31] 진복의 상대등 임명은 역시 군관을 정치적으로 소외시키려는 의도에서 비롯된 것으로, 군관이 문무왕과 신문왕에게 정치적으로 불만을 가지고 있었음을 알 수 있다고 하겠다.

한편 문무왕의 왕권강화로 인하여 이처럼 정치적으로 소외된 진골귀족들도 나름대로의 새로운 모색을 꾀한 것이 아닐까 한다. 문무왕의 왕권강화에 대하여 불만이 있는 진골귀족세력은 일정한 구심점을 중심으로 뭉쳤던 것이다. 이때 태자비의 父로서 당시 대표적인 진골귀족이었던 김흠돌이 자연스러이 부각되었을 것이며, 김흠돌은 문무왕의 왕권강화와 함께 소외된 진골귀족세력을 상징하게 된 것으로 여겨진다. 그 결과 김흠돌을 중심으로 세력을 형성한 진골귀족들은 무열왕계의 왕권에 도전하게 된 것으로 보인다.

따라서 진골귀족을 중심으로 하는 김흠돌세력과 무열왕계와의 충돌은 피할 수 없게 되었다. 이에 문무왕은 유조를 통하여 그의 뒤를 잇는 신문왕에게 자신의 정치개혁을 바탕으로 왕권을 더욱 강화시키라고 명령하게 되었다. 이러한 정치적 상황 속에서 김흠돌세력은 문무왕의 죽음과 신문왕의 즉위라는 정치적 전환기에 새로운 변화를 모색한 것으로 보인다.[32] 김흠돌세력은 문무왕의 사후 한층 강력히 추진될 것으로 보이는 신문왕의 왕권강화 움직임에 미리 대처할 필요가 있었던 것이다. 여기에 신문왕 즉위 직후 단행된 군관의 상대등 교체와 왕비의 無子出宮은 그것을 더욱 촉진시켜 주었던 것

30) 李基白, 위의 책, 104쪽에서 중대 상대등의 지위변화는 김유신의 상대등 임명에서 찾을 수 있다고 한다.

31) 李基白, 〈新羅 執事部의 成立〉(《震檀學報》 25·26·27합집, 1964 ; 위의 책, 169~170쪽).

32) 한편 문무왕말 김흠돌세력이 어느 정도 세력을 회복한 것인지는 자세히 알 수 없다. 문무왕 10년 정치적으로 소외되었던 홍원의 관등이 김흠돌란 당시에 더 높아졌다든지, 오랫동안 저지되었던 군관의 상대등 임명이 20년 2월에 이루어지고 있다든지, 문무왕 19년(679) 8월 중시 天存의 사망 이후 신문왕 3년(683)에 이르기까지 중시가 임명되고 있지 않은 사실 등이 그것을 말해주기 때문이다. 또한 義相이 문무왕 20년 왕에게 王京의 城을 수축하지 말라고 諫하고 있는 것도 당시 진골귀족세력의 움직임과도 일정한 관련이 있지 않았을가 한다.

이 아닐까 한다. 이제 김흠돌을 중심으로 한 진골귀족세력이 세력회복을 노린 것이다. 그것이 바로 신문왕 원년(681) 8월 8일에 일어난 김흠돌란이었다. 문무왕이 7월 1일에 죽었으니 신문왕이 즉위한 지 1개월이 조금 지난 시기에 이 반란이 일어난 셈이다.[33] 그러나 김흠돌세력의 이러한 움직임과 기대는 수포로 돌아가고 말았다.

신문왕은 문무왕의 왕권강화와 함께 진골귀족세력을 소외시킴으로써 일어난 김흠돌란에 대하여 철저한 탄압을 가하였다. 신문왕의 교서는 김흠돌란이 발생한 이후 20여 일에 걸쳐서 행해진 신문왕의 수습과정을 자세히 말해주고 있다. 즉 "枝葉까지 샅샅이 찾아서 모두 이미 죽였다"라고 언급되어 있다. 주동자뿐만 아니라 말단의 가담자들까지도 이를 철저히 색출하여 살해하였음을 말해주고 있는 것이다. 신문왕은 이 기회를 통해서 왕권의 전제화를 반대하는 진골귀족세력을 철저히 탄압하려는 생각에서 그러한 과감한 피의 숙청을 단행한 것이었다.

그러면 이때 진골귀족세력을 철저히 탄압할 수 있었던 신문왕의 勢力基盤은 무엇이었을까. 그것은 신문왕의 교서에서 股肱으로 표시되고 있는 사람들일 것이다. 그 고굉에 대하여 구체적으로 살필 수 없으나, 그 대체적인 것은 파악할 수 있지 않을까 한다. 우선 무열왕계와 김유신계를 들 수 있다. 무열왕계의 경우 전제정치의 성립 이후 보다 왕권을 강화시켜 나가기 위하여 王弟나 王子와 같은 혈연적인 측근을 中侍 등 행정기구의 요직에 임명한 사실에서[34] 미루어 짐작할 수 있다. 김유신계의 경우 무열왕계와는 혼인을 통해서 밀접한 관련을 맺었을 뿐만이 아니라, 전제정치의 성립과정에서나 삼국통일전쟁에서 적극적으로 무열왕계를 도왔다는 사실에서 여기에 포함시킬 수 있겠다.[35] 이들이 신문왕대에 있어서 고굉이었다는 사실은 김흠돌란이 진압된 이후 신문왕 3년(683) 새로이 왕비를 맞아들임에 있어서 상당한 역할을 하고 있음에서도 확인된다. 여기에 언급되고 있는 인물들을

33) 金欽突亂에 대하여는 金壽泰, 〈新羅 神文王代 專制王權의 확립과 金欽突亂〉(《新羅文化》 9, 1993)을 참고.

34) 李基白, 앞의 책(1974), 162~164쪽.

35) 申瀅植, 〈新羅 中代 專制王權의 展開過程〉(《汕耘史學》 4, 1990 ; 앞의 책, 1990, 129~130쪽).

모두 살필 수는 없지만, 주도적인 역할을 한 사람이 무열왕계와 김유신계라는 것은 愷元이나 三光을 통하여 알 수 있다. 이들은 각기 김춘추과 김유신의 아들인 것이다.[36]

한편 문무왕대 이후 계속 성장하고 있던 6두품 이하의 사람들로 구성된 관료세력들도 신문왕의 주된 세력기반 안에 포함시킬 수 있을 것이다. 관료들의 경우 문무왕이 왕권강화를 추진할 때 주된 세력기반이었을 뿐만 아니라[37] 신문왕의 김흠돌란에 대한 철저한 탄압이 바로 왕권의 전제화를 반대하는 진골귀족세력으로부터 전제정치의 기반인 관료세력을 보호하기 위함이었다는 사실에서도 그것을 이해할 수 있을 것이다. 따라서 문무왕대에 단행된 정치개혁을 바탕으로 집중적으로 강화된 무열왕계의 세력기반은 김흠돌란에 대하여 철저한 숙청을 가할 정도로 그만큼 확고한 것이었다.

3) 신문왕의 개혁정치

진골귀족세력에 대하여 대담한 숙청을 단행한 신문왕은 이후 전제정치를 뒷받침하는 정치 및 군사 등에 관한 제도정비에 더욱 박차를 가하였다. 신문왕은 전제정치를 제도적으로 뒷받침할 수 있는 일대 개혁정치를 실시함으로써 무열왕계의 전제정치를 확립한 것이다.

우선 김흠돌란을 진압한 후 신문왕이 제일 먼저 단행한 조치는 바로 군사

---

36) 개원과 무열왕과의 관계는 李基白, 〈新羅 執事部의 成立〉, 앞의 책(1974), 162쪽를 참조할 것. 삼광과 김유신과의 관계는 《三國史記》 권 43, 列傳 3, 金庾信 下에서 알 수 있다. 한편 개원과 삼광과 함께 언급되는 文穎의 경우 당나라 장군 소정방이 대백제전에서 기일을 어겼다고 그를 斬하려고 했을 때 김유신이 목숨을 구해준 점에서(《三國史記》 권 5, 新羅本紀 5, 태종무열왕 7년) 김유신과의 밀접한 관계를 짐작할 수 있다.
이 밖에 竹旨도 여기에 포함시킬 수 있을 것이다. 집사부의 설치 이후 최초로 중시에 임명된 죽지는 김유신과 함께 무열왕계에 계속 협력하였는데, 그는 신문왕대에까지 冢宰로 머물렀다고 한다(《三國遺事》 권 2, 紀異 2, 孝昭王代 竹旨郞). 총재의 구체적인 것은 알 수 없지만, 당시 정치적 실권자의 한 사람임은 분명하다.

37) 문무왕의 遺詔도 여기에 참조가 된다. 문무왕은 官員들로 하여금 태자인 神文王을 도와주라는 이야기를 남기고 있다. 이때 관원이란 관료들을 지칭한 것이 아닐까 생각한다.

제도의 개편이었다. 이것은 문무왕대의 왕권강화가 진골귀족의 군사적 기반을 빼앗기 위한 점이라는 것을 고려할 때 쉽게 짐작된다고 하겠다. 그것은 侍衛府의 개편에서 알 수 있다. 신문왕은 김흠돌의 반란사건이 있은 직후인 신문왕 원년(681) 10월에 시위부를 개편하여 장군 6명을 두는 조치를 취하였다. 진평왕 46년(624)에 조직된 이후 진덕여왕 5년(651)의 개편을 거쳐서 이때 이와 같이 시위부를 개편한 데 대하여 귀족들의 위협으로부터 전제왕권을 보호하는 시위부대를 강화하고 그 격을 높이려는 뜻을 나타낸 것으로 파악되고 있다.[38] 그렇다면 신문왕은 시위부에 대한 개편을 통하여 그 기능을 확대하여 단순히 궁성시위에 그치지 않고, 진골귀족세력의 제거에 초점을 맞춘 것이 아닌가 한다.[39]

신문왕의 군사제도에 대한 개편은 여기에 그치고 있지 않다. 중앙군사조직의 변화를 아울러 꾀하였다. 귀족적인 전통을 가지고 있는 6정에서 전제왕권을 옹호하는 9서당으로의 전환을 신문왕은 그의 당대에 그 대체적인 골격을 완성시켰다.[40] 6정은 이미 문무왕대 많은 6정장군의 제거와 함께 그 기능을 상실하였는데, 眞平王代의 誓幢으로 출발하여 만들어지기 시작한 9서당은 문무왕대의 정비과정을 거쳐서 신문왕에 의하여 3년(683)·6년·7년 계속적으로 만들어져 완성되었던 것이다. 9서당은 이제 6정과는 달리 통일 이전의 귀족적 전통을 부인하는 것이며, 국왕에 직속된 부대로 만들어졌던 것이다.[41] 이러한 中央軍의 정비·완성은 김흠돌란을 통한 진골귀족세력의 제거라는 정치적 변화위에서 가능하였던 것으로 생각된다.

한편 신문왕은 이러한 군사조직의 정비와 함께 진골귀족세력과 중요한 대

---

38) 李基白, 앞의 글(1982), 340쪽.

39) 李文基는 시위부 장군 6인의 설치는 시위부의 격상이나 강화의 의미와 더불어 신문왕 친위세력의 재편성을 의미하는 것이라고 지적하고 있다. 그 결과 명실상부한 국왕 측근 직속의 군사력으로 기능하게 되었다고 한다(李文基, 〈侍衛府의 成立과 性格〉, 《歷史敎育論集》 9, 38쪽).

40) 9서당은 孝昭王代 최종적으로 완성되지만 그 대체적인 골격이 신문왕대 만들어지므로 이와 같이 설명할 수 있다(李基白, 앞의 책, 1974, 340~342쪽).

41) 李基白, 위의 책, 340쪽. 9誓幢의 성격에 대하여는 末松保和, 〈新羅幢停考〉(《新羅史の諸問題》, 東洋文庫, 1954), 347~359쪽 및 井上秀雄, 〈新羅兵制考〉(앞의 책), 178~186쪽이 또한 참조된다.

립요인이 되었던 관료제도에 대하여도 개편을 단행하였다. 그것은 다음의 두 가지 사실에서 알 수 있다. 김흠돌란을 진압한 다음해인 2년에 신문왕은 位和府의 슈을 2인을 두어 선거의 사무를 맡게 하였으며, 이어 國學을 설치하고 거기에도 卿 1인을 둔 것이다.[42] 위화부는 관료의 선발과, 국학은 관료의 양성·배출과 깊은 관련을 맺고 있다고 할 수 있다.[43] 따라서 신문왕이 즉위한 후 가장 시급한 정치적 과제의 하나가 바로 관료제도의 확립과 관련이 있었음을 쉽게 알 수 있다.

이것은 신문왕이 왕권을 제약하려는 진골귀족들의 세력을 억제한 후 국왕을 중심으로 하여 새로이 관료제도를 편성하려는 방향으로 추진하였음을 말해주는 것이다. 즉 문무왕 이후 진골귀족세력과 관료세력의 계속적인 충돌은 관료를 제도적으로 양성·배출할 수 있는 장치를 필요로 하였던 것이며, 한편으로 신문왕은 이러한 관료의 양성을 통하여 왕권의 지지기반을 보다 확충시켜 나가고자 하였기 때문이다. 따라서 이러한 제도개편은 전제정치하에서 왕권의 전제화를 반대하는 진골귀족과 달리 관료라는 새로운 정치세력이 계속적으로 성장할 수 있는 기반을 마련해 주었던 것이라고 하겠다. 이후 신문왕은 5년(685)에 이르러 제4관직인 舍知를 설치함으로써 5단계의 관직제도로 통일신라의 관직체계를 완성시키게 되었다.[44]

한편 군사제도와 관료제도에 대한 개편을 통하여 정치세력의 변화와 정치적 기반을 확대하고자 한 신문왕은 그의 혼인을 통하여서도 그러한 목표를 달성하고자 하였다. 신문왕은 오랫동안 아들이 없었던 김흠돌의 女를 출궁시킨 후 새로이 神穆王后와 혼인을 하였는데, 그것이 바로 王族 金氏의 族內婚이라고 말할 수 있기 때문이다. 신라 중대에 있어서 일반적으로 왕족 김씨의 족내혼이 지적되고 있는데,[45] 孝成王이 그의 姨母와 혼인하고 있는 점에서

42) 《三國史記》 권 8, 新羅本紀 8, 신문왕 2년 4월·6월
43) 李基白, 〈新羅 骨品體制下의 儒敎的 政治理念〉, 앞의 책(1974) 및 李基東, 앞의 책, 124쪽.
44) 李基白, 앞의 글(1982), 329~330쪽. 그러나 李基東은 앞의 책, 122~124쪽에서 중앙 행정관서의 정비가 신문왕 6년에 이르러 例作部의 설치를 마지막으로 하여 唐의 6典組織에 준하는 행정체계가 정비된다고 보고 있다.
45) 李基白, 앞의 책(1974), 310~311쪽. 그러나 중대의 왕실혼인에 대하여는 새로운 고찰이 필요하다. 朴氏王妃가 찾아지고 있기 때문이다.

그것을 확인할 수 있다.[46] 신문왕은 중대에 들어와서 처음으로 족내혼을 한 왕이라는 점에서 특히 그 의미를 찾을 수 있다. 여러 명의 부인이 있었던 것으로 보이는 무열왕의 경우에도 족내혼은 아니었다. 문무왕의 경우 왕비가 김씨로 나오고 있지만 성은 같은 김씨라고 하여도 족내혼은 아니었을 것으로 생각된다.[47] 그러나 신문왕은 김흠돌의 女가 출궁된 이후 무열왕의 사위였던 金欽運[48]의 딸과 혼인을 하는 것으로 보아 이것은 족내혼이라고 말할 수 있다. 신문왕이 이와 같이 족내혼을 한 것은 왕족 김씨가 진골귀족세력의 영향으로부터 벗어나 권력을 배타적으로 독점하고자 한 정치적인 동기에서 비롯된 것이었다.[49] 이러한 일련의 작업을 통하여 신문왕은 중앙에서 정치적인 안정을 도모할 수 있었을 것으로 보인다.

따라서 신문왕은 중앙뿐만이 아니라 이제 지방세력의 통제에 대한 관심도 아울러 가지게 되었다. 이것은 당시 지방에서 독자적인 세력을 형성하고 있던 고구려 遺民세력에 대한 관심에서 살펴볼 수 있다. 예컨대 安勝의 경우를 들 수 있다. 신문왕은 족내혼을 실시한 3년(683) 10월에 지방에 있는 안승을 진골귀족으로 편입시켜 王京으로 올라와 살게 하고 金氏의 姓을 주었다.[50] 안승을 왕경으로 부른 것은 신문왕이 안승을 왕경에 묶어두고자 한 정치적인 의도가 있었던 것으로 여겨진다. 이때 고구려세력은 이러한 신문왕의 정책에 반발하여 마침내 반란을 일으켰다.[51] 그러나 신문왕은 이 반란을 성공적으로 진압하였으며, 또한 그 다음해에 계속해서 지방제도의 개편을 단행하여 5년(685)에 이르기까지 9州 5小京을 정비해 나가면서 중앙집권적인 지방

---

46) 金壽泰, 〈新羅 聖德王·孝成王代 金順元의 政治的 活動〉(《東亞硏究》 3, 1983), 209쪽.

47) 《三國史記》 권 6, 新羅本紀 6, 문무왕 즉위년. 李基白의 경우 족내혼으로 파악하지만(李基白, 앞의 책, 1974, 310쪽), 대표적 진골귀족인 김흠돌의 女가 태자인 신문왕과 혼인을 하고 나중에는 반란까지 일으키는 것을 볼 때 姓氏만 가지고서 족내혼이라고 말할 수 없다. 孝成王의 경우에도 어머니가 죽은 뒤에야 당시의 정치적인 상황으로 말미암아 족내혼을 하였던 것이다.

48) 《三國史記》 권 47, 列傳 7, 金欽運.

49) 李基白, 앞의 책(1974), 311쪽.

50) 《三國史記》 권 8, 新羅本紀 8, 신문왕 3년 10월.

51) 《三國史記》 권 8, 新羅本紀 8, 신문왕 4년 11월. 李基白, 앞의 책(1974), 316쪽 및 盧鏞弼, 〈普德의 思想과 活動〉(《韓國上古史學報》 2, 1989), 138쪽 참조.

통치체제를 마련하였다.[52]

한편 이와 같이 정치적인 안정과 함께 지방세력에 대한 통제를 가능하게 된 신문왕은 토지제도의 개편을 마침내 단행한 것으로 보인다.[53] 이것은 신문왕의 정치개혁의 마무리라고 할 수 있는데, 토지제도의 개편이 단행된 배경에 대하여 보다 새로이 이해할 필요가 있을 것 같다. 즉 전제정치의 성립 이후 진행된 관료세력의 성장과 관련해서이다. 전제왕권은 새로이 성장한 정치세력으로서의 관료들의 생계를 보장하기 위한 또 다른 새로운 경제제도가 필요하게 된 것이다. 특히 김흠돌란의 진압과 함께 진골귀족세력이 상당히 약화되며 관료세력이 계속적으로 성장해 나가는 정치세력의 커다란 변화는 토지제도의 개편을 필요로 하였기 때문이다.

이러한 사실은 문무왕대 활동한 强首를 통하여 알 수 있다. 경제적으로 어려웠던 강수의 경우 무열왕과 문무왕의 총애를 받고 삼국통일전쟁에서 문장을 통하여 외교적으로 커다란 공을 세웠음에도 불구하고 祿邑은 받지 못하고 무열왕대에는 歲租 100석, 그리고 문무왕대에는 200석을 지급받는데 그치고 있었다.[54] 따라서 이러한 관료들에 대한 경제적 대우는 관료들에게는 매우 불만스러운 것일 수밖에 없었다.[55] 따라서 무열왕계의 전제정치를 지지하고 그들의 왕권강화에 협조한 6두품 이하의 관료들에 대한 문무왕과 신문왕의 관심은 결국 토지제도의 개편으로 나타날 수밖에 없었던 것이 아닌가 한다.

이러한 배경속에서 나온 것이 바로 신문왕 7년(687)에 실시한 文武官僚田이라 생각된다. 문무관에게 토지를 차등있게 주었던 것이다.[56] 이것은 신문왕의 주된 세력기반의 하나인 문무관료들에게도 새로이 토지를 준다는 것을 의미하는 것이다.[57] 또한 지금까지의 기준인 신분을 통해서가 아니라 이제

52) 李基白, 앞의 글(1974), 331~339쪽을 참조.

53) 李喜寬, 〈新羅의 祿邑〉(《韓國上古史學報》 3, 1990), 130쪽.

54) 《三國史記》 권 46, 列傳 6, 强首.

55) 李基白은 〈强首와 그의 思想〉(《文化批評》 3, 1969 ; 앞의 책, 1986, 219쪽)에서 강수의 경제적 기반이 매우 불안정하였음을 강조하고 있다. 이러한 까닭에 무열왕계는 6두품 이하의 관료들에 대한 새로운 대책이 필요했을 것이다.

56) 《三國史記》 권 8, 新羅本紀 8, 신문왕 7년 5월.

57) 金哲埈, 〈新羅 貴族勢力의 基盤〉(《人文科學》 7, 1962 ; 《韓國古代社會研究》, 知識産業社, 1975, 233~234쪽).

관직을 기준으로 하여 새로이 토지를 지급하겠다는 것이었다. 이러한 토지제도의 개편은 이제 6두품 이하의 관료들로 하여금 토지를 받게 하고 그들의 경제적 처우도 한층 나아지게 한 것이 아닌가 한다.

나아가 이러한 새로운 토지제도의 시행은 진골귀족들의 경제적인 기반에도 일정한 변화를 동시에 초래하였을 것으로 보인다. 그것은 2년 후인 9년에 녹읍의 혁파로 나타났다. 진골귀족의 주된 경제적 기반이었던 녹읍의 혁파는 바로 진골귀족의 경제적 기반을 약화시키려는 신문왕의 의도와 일정한 관련이 있었다.[58] 이것은 녹읍을 혁파하고 관료전을 이들 진골귀족에까지 새로이 확대실시하여 녹읍을 관료전의 체계내에 포함시키려 한 것으로 보인다. 따라서 녹읍의 혁파는 관료전의 실시와 그것의 제도적 완비를 위한 보완적인 제도개편으로 생각된다. 즉 녹읍과 세조의 제도에서 이제 관료전과 세조의 제도로 전환됨을 나타내주는 것이다.[59]

따라서 이러한 일련의 정책은 진골귀족의 경제적인 기반에 대한 커다란 변화를 의미하는 것이다. 귀족적이고 세습적인 성격을 가지고 있던 토지제도를 이제 관직만을 기준으로 하여 관직에서 물러나면 일단 회수하는 제도로 바꾸었다는 것은 국가의 토지에 대한 지배가 보다 강력해짐을 의미하기 때문이다. 이와 같이 신문왕대 정치개혁의 마무리 작업으로서 단행된 경제제도의 변화는 역시 무열왕계의 집권, 특히 문무왕대 이후 계속적으로 이루어진 정치세력의 변화와 결코 무관한 것은 아니었으며, 그러한 변화가 마침내 토지제도의 변화에까지 영향을 미쳤다고 말할 수 있겠다.[60] 신문왕은 이와 같은 집중적인 정치개혁의 단행을 통하여 왕권의 전제화를 반대하는 진골귀족을 억압하고 비로소 專制王權을 확립시킬 수 있었던 것으로 여겨진다.

한편 신문왕은 이러한 개혁을 발판으로 하여 9년(689) 수도를 大邱로 옮기려고까지 하였다.[61] 그러나 신문왕의 遷都計劃은 그대로 이루어지지 못하였

---

58) 李基白, 앞의 글(1982), 344~346쪽.

59) 李喜寬, 앞의 글, 121쪽. 기존의 연구에서는 식읍과 녹읍에서 관료전과 세조로 바뀐 것으로 말하고 있다.

60) 李喜寬, 〈統一新羅時代 官僚田의 支給과 經營〉(《新羅 産業經濟의 新硏究》, 書景文化社, 1992) 참조.

61) 《三國史記》 권 8, 新羅本紀 8, 신문왕 9년 9월.

다. 그것은 아직도 무너지지 않은 진골귀족세력이 상당히 남아 있었기 때문이었다.[62] 이러한 정치적 상황은 신문왕의 사후 孝昭王代의 정치적 혼란을 낳는 커다란 계기가 되었다.[63] 그러나 그와 같은 정치적 어려움을 극복한 무열왕계는 聖德王 때에 이르러 신라의 전제정치는 그 극성기를 구가하며, 그 기반 위에 "이 피리를 불면 군사는 물러나고, 병은 낫고, 가뭄에는 비가 오고, 오던 비는 개고, 바람은 가라앉고, 물결은 평온해진다."[64]는 위력을 가졌다는 萬波息笛으로서 상징되는 평화를 누리게 되었다.

〈金壽泰〉

2. 전제왕권과 귀족

집중적인 정치개혁의 단행을 통하여 專制王權을 확립시킬 수 있었던 神文王의 끈질긴 노력에도 불구하고 왕권의 전제화를 반대하는 眞骨貴族의 세력은 상당히 뿌리깊은 것이었다. 신문왕대 모든 개혁이 거의 마무리 되어가던 시기인 신문왕 말년인 9년(689)에 遷都를 계획하였다. 신문왕의 천도계획은 결국 진골귀족의 본거지인 王京 慶州를 벗어나려고 하는 전제주의적 정책에서 나온 것이었다. 그러나 그 천도계획은 실천에 옮겨지지 못하였다. 그것은 필시 진골귀족의 반발에 부딪친 때문으로 생각된다.[1]

신문왕대 확립된 무열왕계의 전제왕권에 대항하는 진골귀족의 움직임은 孝昭王대에 들어오면 구체적으로 나타나고 있다.[2] 효소왕이 즉위한 직후 나

---

62) 李基白, 앞의 책(1974), 331쪽.
63) 金壽泰, 〈新羅 孝昭王代 眞骨貴族의 동향〉(《國史館論叢》 24, 1991).
64) 《三國遺事》 권 1, 紀異 2, 萬波息笛.

1) 李基白, 〈統一新羅와 渤海의 社會〉(《韓國史講座》 古代篇, 一潮閣, 1982), 331쪽.
2) 효소왕대의 정치에 대하여는 다음의 글이 참고된다.
文明大, 〈新羅 法相宗(瑜伽宗)의 成立問題와 그 美術〉 上·下(《歷史學報》 62·63, 1974).
金英美, 〈統一新羅時代 阿彌陀信仰의 歷史的 性格〉(《韓國史硏究》 50·51합집, 1985).

타난 정치적 상황을 통하여 살필 수 있다. 효소왕은 6세의 어린 나이로 왕위에 올랐는데, 母后가 섭정하는 등 스스로에 의한 정상적인 왕위수행은 어려웠을 것으로 생각되기 때문이다. 이러한 정치적 상황속에서 신문왕의 전제정치에 크게 위축되었던 진골귀족의 불만이 비로소 표출되었던 것이다. 國仙의 실종, 萬波息笛 및 玄琴의 분실과 彗星의 빈번한 출현 등 왕권의 전제화를 반대하는 진골귀족의 정치적인 움직임으로 생각되는 일련의 사건들이 계속해서 일어났다. 그 결과 전제정치가 계속 유지 발전해 나가기를 바랐던 신문왕의 바람과는 달리 진골귀족세력에 의하여 전제왕권이 흔들리는 등 불안한 정치상황이 전개되었던 것이다.

따라서 효소왕은 그를 뒷받침해주는 일정한 정치세력의 협조아래 왕위를 수행해 나갈 수 있었다.[3] 이러한 까닭에 효소왕과 그를 지지하는 세력은 전제왕권의 안정과 그들의 세력유지를 위하여 일정한 노력이 필요하였다. 그것은 효소왕대 執事部와 近侍機構를[4] 중심으로 실시된 개혁정치를 통하여 알아볼 수 있을 것이다. 자세한 것은 살필 수 없지만, 외교적인 것과 사상적인 측면을 통하여 대체적인 모습을 파악할 수 있다. 우선 외교적인 측면에서 검토해 본다면 그것은 唐과의 관계라고 할 수 있다. 이 시기에 들어오면 신라의 對唐관계에 커다란 변화가 나타나고 있다. 신라는 대당전쟁 이후 중국과 사실상 외교관계가 단절된 상태였다.[5] 장기간의 대립이 지난 신문왕의 즉위 이후에 들어오면 비로소 양국간에는 국교재개의 기운이 일어나게 되었다. 그러나 신라의 당에 대한 외교관계의 개선노력이 보다 구체화된 것은 바로 효소왕대에 들어와서가 아닐까 한다. 이러한 사실은 효소왕 8년(699)에 이루어

辛鍾遠, 〈新羅 五臺山事蹟과 聖德王의 卽位背景〉(《崔永禧先生華甲紀念 韓國史學論叢》, 探求堂, 1987).

金壽泰, 〈新羅 孝昭王代 眞骨貴族의 動向〉(《國史館論叢》 24, 國史編纂委員會, 1991).

3) 母后인 神穆王后를 중심으로, 모후의 入宮에 관련된 무열왕계와 김유신계가 여기에 포함된다.

4) 李基東, 〈新羅 中代의 官僚制와 骨品制〉(《震檀學報》 50, 1980 ; 《新羅 骨品制社會와 花郞徒》, 一潮閣, 1980, 138~141쪽).

5) 申瀅植, 〈羅唐間의 朝貢에 대하여〉(《歷史教育》 10, 1967 ; 《三國史記硏究》, 一潮閣, 1981, 247~248쪽).

———, 〈統一新羅의 對外關係〉(《韓國古代史의 新硏究》, 一潮閣, 1984), 327쪽.

진 당에 대한 朝貢의 재개에서 분명히 알 수 있다. 따라서 효소왕대에 들어오면 대당관계의 실질적인 회복이 이루어졌다고 말할 수 있다. 효소왕에 의하여 적극적으로 추진된 대당관계의 개선노력은 당과의 관련속에서 중국의 문물·제도를 흡수하여 자신의 왕권을 강화하려는 무열왕계의 정치적인 목표와 연결되어 있었다.

사상적인 측면에서 주목해 본다면, 효소왕대 이루어진 法相宗의 수용문제를 생각해볼 수 있을 것이다. 신문왕을 비롯하여 효소왕대에 이르기까지 국왕을 중심으로 왕족과 6두품 같은 하급귀족이 법상종에 커다란 관심을 가졌다고 말할 수 있다. 이때 中代 전제왕권이 법상종에 관심을 가진 이유는 법상종의 사회적 성격을 고려할 때[6] 역시 왕권의 전제화를 반대하는 진골귀족에 대신하여 그 밑의 신분층인 6두품 같은 세력과 연관을 맺으며 왕권강화를 추진하려는 정치적 의도가 내포되어 있었던 것으로 여겨진다. 그러므로 효소왕대 법상종의 수용은 중대 전제왕권의 사상적 기반이었던 華嚴宗과는 다른 측면에서 전제왕권의 강화에 기여하였다고 말할 수 있을 것이다.

그러면 효소왕을 중심으로 한 왕당파세력에 의하여 실시된 왕권강화의 노력은 과연 성공을 거두었던 것일까. 왜냐하면 효소왕 즉위초에 나타났던 진골귀족들의 전제왕권에 대한 반발에서 볼 수 있듯이 왕권의 전제화를 반대하는 진골귀족세력의 행방이 궁금하기 때문이다. 즉위초부터 지속적으로 추진된 것으로 보이는 효소왕의 개혁정치에 대한 진골귀족들의 반발은 기록에 자세히 나타나고 있지 않다. 그러나 효소왕 9년(700)에 이찬 慶永에 의하여 謀叛事件이 일어났다는 사실에서 충분히 짐작할 수 있을 것 같다.[7] 즉 진골귀족의 움직임은 효소왕말에 집중적으로 나타나고 있는데, 王黨派勢力과 왕권의 전제화를 반대하는 진골귀족세력은 이제 군사적인 대립·충돌을 벌이게 된 것이다.

이때 이찬 경영의 난이 실패하고, 집사부 중시였던 金順元이 연루되어 파

6) 金杜珍, 〈高麗初의 法相宗과 그 思想〉(《韓沽劤博士停年紀念 史學論叢》, 知識産業社, 1981 ; 《均如華嚴思想硏究》, 一潮閣, 1981, 111쪽).

7) 慶永의 모반사건이 일어난 배경 및 성격 등에 대하여는 金壽泰, 앞의 글, 111쪽이 참고된다.

면당하였다는 사실은 왕당파와 왕권의 전제화를 반대하는 진골귀족세력과의 대립속에서 왕당파세력이 승리를 거두지 못하였다는 것을 말해준다. 그것은 경영의 난이 실패한 한달 뒤에 효소왕의 배후세력으로 그 당시까지 섭정하였을 것으로 생각되는 모후인 神穆王后의 죽음이 갑자기 일어나고 있다는 사실에서 엿볼 수 있다. 또한 金庾信系를 비롯하여 효소왕의 세력기반에 속하던 여러 인물들의 정치적인 몰락에서도 확인할 수 있다. 이러한 왕당파의 몰락은 이들 세력에 대신하여 진골귀족세력이 새로이 대두하는 세력교체의 현상을 나타나게 하였다. 따라서 효소왕대에 들어오면 신문왕에 의하여 확립된 전제왕권에 일단 제동이 걸리는 모습을 볼 수 있다고 하겠다.

나아가 이러한 세력교체는 그 이후 효소왕의 죽음과 聖德王의 卽位過程에 커다란 영향을 끼쳤던 것으로 보인다. 효소왕의 죽음은 경영의 난이 실패한 2년 후에 갑자기 나타나고 있는데, 당시의 정치적 상황변화에 크게 영향을 받았음이 틀림없다. 이제 진골귀족세력은 효소왕이 죽은 이후의 王位繼承에 대하여 커다란 발언권을 가지게 되었다. 그것은 성덕왕의 즉위과정을 통하여 살필 수 있다. 성덕왕은 太子로서가 아니고 國人, 즉 진골귀족의 추대를 통하여 즉위할 수밖에 없었던 것이다.[8] 이때 성덕왕을 추대한 진골귀족세력은 성덕왕의 첫째 왕비인 嚴貞王后로서 상징된다고 여겨진다.

효소왕의 弟로 왕위에 오른 성덕왕은 즉위초 일정기간 동안 왕권의 전제화를 반대하는 진골귀족세력의 영향을 크게 받게 되었다.[9] 이에 성덕왕은

---

8) 金壽泰, 앞의 글, 114~118쪽.

9) 聖德王代의 정치를 이해하는 데는 다음의 연구가 참고된다.
李昊榮, 〈新羅 中代王室과 奉德寺〉(《史學志》 8, 檀國大, 1974).
濱田耕策, 〈新羅 聖德王代の政治と外交〉(《朝鮮歷史論集》 上, 龍溪書舍, 1979).
———, 〈新羅 聖德大王神鐘と中代の王室〉(《呴沫集》 3, 1980).
金壽泰, 〈新羅 聖德王·孝成王代 金順元의 政治的 活動〉(《東亞硏究》 3, 西江大, 1983).
金英美, 〈統一新羅 阿彌陀信仰의 歷史的 性格〉(《韓國史硏究》 50·51합집, 1985).
———, 〈聖德王代 專制王權에 대한 一考察〉(《梨大史苑》 22·23합집, 1988).
辛鍾遠, 〈新羅五臺山事蹟과 聖德王의 卽位背景〉(《崔永禧先生華甲紀念 韓國史學論叢》, 1987).
申瀅植, 〈新羅 中代 專制王權의 展開過程〉(《汕耘史學》 4, 1990 ; 《統一新羅史硏究》, 三英社, 1990).

父王인 신문왕대와 마찬가지로 왕권을 강화시켜 나가려고 했던 것 같다. 그는 즉위한 지 얼마 안되는 시기인 5년 후 신문왕을 위하여 皇福寺塔을 건립하고, 또한 계속해서 성덕왕 6년(707)에 중대 첫번째 왕인 무열왕을 위하여 奉德寺를 만들기 시작하였다. 중대 전제왕권을 성립시키고 확립시킨 국왕들에 대한 그의 관심은 바로 전제왕권과 관련되는 것으로 생각된다.[10)]

이와 같이 왕권강화를 꾸준히 추구하고자 한 성덕왕의 태도는 여러 측면에서 엿볼 수 있다. 성덕왕은 10년에 들어와서 百官箴을 지어서 군신에게 제시하였다고 한다. 기록에 그 내용이 전하고 있지 않으나 필시 전제왕권하의 人臣으로서 받들어야 할 戒名을 적은 것임이 분명하다.[11)] 그렇다면 이것은 성덕왕의 즉위 이후 왕권을 여러 가지 측면에서 제약하였을 진골귀족세력에 대한 경고가 표현되었던 것으로 보아도 좋을 것이다. 한편 성덕왕의 왕권강화란 사상적인 측면에서도 파악이 된다. 우선 성덕왕의 불교에 대한 관심에서 살펴볼 수 있다. 중대에서 佛敎式 王名을 가진 유일한 왕이었던 성덕왕은 華嚴宗에 대하여 깊은 관심을 가지고 있었다. 또한 성덕왕의 왕권강화란 유교와도 깊은 관련이 있었다. 그것은 유교교육기관에 대한 그의 관심이나, 유교의 권위를 위하여 孔子의 권위를 끌어들인 것 등에서 주목할 수 있다.

그러나 무엇보다도 성덕왕의 왕권강화를 위한 노력은 외교정책을 통하여 분명히 살펴볼 수 있다. 성덕왕대는 외교의 시대로 불릴 정도로 빈번히 당나라에 사신을 파견하였는데, 13년(714) 通文博士을 설치하였다. 통문박사란 바로 대당외교의 文書를 전담하는 기관이라고 할 수 있다.[12)] 이 결과 대당외교가 보다 활발해지는데, 성덕왕의 재위 36년간에 행해진 약 43회의 대당사신 파견은 신라 전기간의 약 1/3에 달하는 것이다.[13)] 성덕왕의 이러한 對唐外交는 무열왕계의 기본적인 대외정책으로 그들의 왕권강화라는 정치적 목표와

10) 李昊榮은 성덕왕이 태종무열왕을 내세워 그의 정통성을 인식시키고 또한 전제왕권을 더욱 강화시켜 보려는 의도가 있었던 것으로 생각하고 있다(李昊榮, 앞의 글, 7쪽).
11) 李基白, 앞의 책(1982), 310쪽.
12) 濱田耕策은 성덕왕대 이와 같이 대당외교가 강화되었음을 외교기관의 개편에서 찾고 있다(濱田耕策, 앞의 글, 221~227쪽).
13) 대당교섭이 시작된 眞平王 43년(621)부터 敬順王 9년(935)까지의 315년간에 약 150회의 사신이 파견되었다고 한다(申瀅植, 앞의 글, 1967, 247쪽).

밀접한 관련이 있었다.

성덕왕이 행한 왕권강화의 노력은 당시 그의 움직임으로 보아 일정한 王黨派勢力의 지지와 협력을 받았을 것으로 보인다. 특히 성덕왕은 그의 왕권강화작업에 孝昭王代의 정치에 참여하였다가 몰락하여 소외당하고 있던 인물들에게 커다란 관심을 갖고 중용했다. 즉위초 이래 그의 왕권을 제약하던 진골귀족세력의 영향을 벗어나기 위하여 선택한 방법이었다고 할 수 있다. 이에 이들 소외세력은 성덕왕의 등장과 함께 재등용되어 성덕왕의 왕권강화에 협력하며 세력을 떨치게 되었다. 이들 세력은 성덕왕의 後妃로 딸을 바친 金順元으로 대표되었을 것으로 보인다.[14)]

성덕왕의 즉위초부터 나타난 성덕왕과 왕당파의 이러한 활동은 이 당시의 정치에 상당한 변화를 낳는 요소가 되었다. 정치적으로 소외당하여 오다가 성덕왕을 도와 활동하기 시작한 이들 왕당파세력은 성덕왕의 왕권강화과정에서 점차 세력이 증대되었을 것이다. 그렇지만 이와는 달리 嚴貞王后로서 상징되며 성덕왕의 왕권을 제약하던 진골귀족세력은 상대적으로 크게 위축되었을 것임은 틀림이 없다. 그러므로 이러한 두 세력의 대립 충돌은 필연적이었을 것이다. 이러한 두 세력의 대립 충돌을 상징적으로 보여주는 사건이 바로 성덕왕의 첫째 왕비인 엄정왕후의 出宮事件이다.

성덕왕 10년(711) 이후 집중적으로 진행된 성덕왕과 왕당파의 활동으로 당시 점차 열세에 몰리고 있던 진골귀족세력은 성덕왕 14년 엄정왕후의 아들인 重慶이 太子로 책봉되는 것을 계기로 그들의 힘을 다시 회복하려고 기도한 것이 아닐까 한다. 이들 두 세력은 태자책봉을 계기로 하여 심각하게 대립하게 되었을 것이다. 그러나 이미 상당히 왕권을 강화시키고 있던 성덕왕과 왕당파세력은 그것을 받아들이지 않았다. 그것은 진골귀족세력이 실패·좌절되었음을 엄정왕후의 출궁이라는 정치적 사건이 나타내주고 있기 때문이다. 엄정왕후가 출궁당하자 이들 진골귀족세력은 자연히 몰락하게 되고 왕당파세력과의 완전한 교체가 이루어진 것으로 보인다.[15)]

---

14) 김순원에 대하여는 지금까지 주로 효성왕대 외척세력의 움직임과 관련하여 간단한 언급이 있을 뿐이다. 그 구체적인 분석은 김수태, 앞의 글(1991)을 참고.

15) 이 무렵에 이루어진 세력교체에 대하여 濱田耕策은 외교문제를 통하여 살펴보

이러한 세력교체는 이후 받아들여진 새로운 왕비의 入宮에서도 찾아볼 수 있다. 성덕왕은 19년에 가서 새로이 왕비를 맞아들이고 있는데, 바로 왕당파 세력으로 중시출신인 金順元의 딸이었다. 이 사건은 왕당파로 하여금 더욱 세력을 떨칠 수 있게 해준 것이 아닐까 한다. 3년 후 김순원의 딸에게서 난 아들을 3세의 어린 나이로 太子로 책봉하여 성덕왕은 자기의 즉위과정과는 달리 왕위계승에 있어서 발생할 수 있는 문제를 일찍부터 없애려고 하였다.[16] 그리고 이후 丁田을 실시하고,[17] 자기 주위의 핵심인물들을 將軍으로 임명한다든지, 또한 浿江 이남 지역의 획득 등을 통하여 정치적·사회적 안정을 꾀하고자 하였다. 그 결과 성덕왕은 이제 전제왕권의 극성기를 구가할 수 있지 않았을까 한다.[18]

孝成王은 성덕왕이 마련해 놓은 신라의 극성기라고 일컬어지는 정치적 안정을 바탕으로 즉위하였다. 그러나 효성왕대는 6년이란 그의 짧은 재위기간 동안 정치적 혼란이 끊이지 않았던 시기라고 할 수 있다.[19] 이 혼란은 효성

고 있다. 그는 당시 대당외교를 강화시키려는 세력과 대일외교에서 종래의 관계를 유지시키려는 세력의 대립이 있었다고 한다. 이들 세력은 서로 대립하다가 대당외교를 중시한 思恭이 上大等이 되는 27년(728)에 교체되었다고 한다(濱田耕策, 앞의 글, 225~227쪽). 그러나 신라 중대에 있어서 대일외교의 비중을 그와 같이 중요하게 볼 수는 없을 것 같다.

16) 申瀅植은 성덕왕 23년 김순원의 女인 炤德王后의 사망 이후에는 김순원의 세력이 允忠에 의하여 견제받았으리라고 보고 있다(申瀅植, 앞의 책, 1990, 135쪽). 그러나 聖德王代의 왕당파세력이 그와 같이 분열되었다고 보기는 힘들 것으로 생각된다.

17) 李基東은 성덕왕초 20여 년간에 일어난 장기간의 재해와 관련하여 그 이전에 실시된 임시방편의 수습책과는 달리 정전 지급을 통하여 백성에 대한 보다 근본적인 구제시책을 편 것이라 하고 있다(李基東, 〈新羅 下代의 王位繼承과 政治變動〉, 《歷史學報》 85, 1980 ; 앞의 책, 1980, 149쪽). 사실 이후 재해에 대한 기록이 거의 나타나고 있지 않다.

18) 金英美는 성덕왕대가 중대의 극성기로 일컬어질 만큼의 성과를 거두게 된 사실은 성덕왕대 성행했던 阿彌陀信仰에서도 잘 나타난다고 한다(金英美, 앞의 글, 1985, 70쪽 및 앞의 글, 1988, 390~392쪽).

19) 孝成王代의 정치를 이해하는 데에는 다음의 연구가 참고된다.
井上秀雄, 〈新羅政治體制の變遷過程〉(《古代史講座》 4, 1962 ; 《新羅史基礎研究》, 東出版, 1974).
李昊榮, 〈新羅 中代王室과 奉德寺〉(《史學志》 8, 1974).
濱田耕策, 앞의 글(1980).
金壽泰, 앞의 글(1983).

왕이 朴氏王妃와 혼인함으로써 일어난 것이었다. 사실 신라 中代에서의 박씨 세력이란 上代와는 다른 것으로, 진골귀족의 세력약화라는 중대 전제왕권의 정책으로 말미암아 상당히 위축된 형편이었다.[20] 이러한 상황 속에서 효성왕의 첫째 왕비로 박씨왕비가 등장하였다는 사실은 중대에 있어서 매우 이례적인 것이라고 할 수 있다. 이러한 박씨왕비의 재등장은 한편으로 성덕왕의 전제왕권의 강화로 크게 위축되었던 다른 진골귀족세력에게도 커다란 영향력을 미쳤을 것임이 분명하다. 그러므로 효성왕의 즉위 이후 왕비 박씨의 입궁으로 인하여 상당한 정치적 문제가 야기되었을 것으로 여겨진다.

효성왕이 왜 이러한 혼인을 하였는지 그 이유는 자세히 알 수 없다. 그렇지만 효성왕 즉위초의 정치적 상황을 통하여 어느 정도 짐작할 수 있다. 김순원의 딸이 왕비로 들어온 성덕왕 19년(720) 이후 왕권강화에 관련하여 참여한 성덕왕의 측근인물들, 즉 왕당파의 사람들이 효성왕대에 들어와서도 계속적으로 정치의 실권을 장악하였다. 따라서 효성왕은 母后와 관계된 이들 세력이 너무 강대하여 그 당시의 정치를 주도하는 등 자신의 왕권을 제약하는 한 요소로까지 성장한 데에 대한 정치적 불만을 가졌던 것은 아닐까 한다.[21] 때문에 효성왕은 성덕왕 후기부터 세력을 떨치고 있던 왕실측근세력에 대신하여 이제 새로운 세력인 朴氏勢力에 관심을 갖고, 또한 박씨세력의 딸과 혼인을 하게 된 것으로 보인다.

이러한 현상은 성덕왕 이래 권력을 장악하고 있던 王黨派들에게 크게 불리하게 작용하게 되었다. 이와 같이 형성된 불만세력은 효성왕을 중심으로 해서 일어난 일련의 움직임에 대항하였던 것으로 보인다. 이들의 움직임은 효성왕 3년(739)에 집중적으로 나타나고 있는데 상당히 긴박하게 움직여 갔던 것 같다. 그것은 信忠의 中侍 임명, 김순원 딸의 입궁, 憲英의 태자책봉 등을 통하여 엿볼 수 있다. 효성왕초 박씨세력의 활동과 함께 일시 열세에 놓였던 외척 김순원의 세력은 신충의 중시 임명과 함께 효성왕으로 하여금

20) 李基白, 앞의 책, 310~311쪽 및 314~315쪽.

21) 李基白은 김순원과 같이 중시를 통하여 성장한 신귀족세력은 점차 왕권에 제약을 가하는 요소로까지 발전해갔던 것으로 미루어진다고 한다(李基白, 〈新羅 執事部의 成立〉, 《震檀學報》 25·26·27합집, 1964 ; 《新羅政治社會史硏究》, 1974, 一潮閣, 168~169쪽).

새로이 그의 딸을 맞아들이게 하여 박씨왕비를 중심으로 일어난 일련의 상황에 대처하고자 하였던 것으로 보인다. 그것은 신충이 중시에 임명된 2개월 후 김순원의 딸이 성덕왕대에 이어 다시 왕비로 책봉되고 있다는 사실에서 알 수 있다. 김순원은 이제 성덕왕·효성왕의 父子 兩代에 걸쳐서 이중적인 혼인을 맺은 셈이다. 또한 이때 효성왕의 혼인은 姨母와 혼인하는 전형적인 族內婚이라고 할 수 있다.[22] 따라서 김순원의 세력은 그의 딸을 왕비로 들임과 동시에 당시의 정치정세에 더욱 밀접히 개입하게 되었을 것이다.

이와 같이 효성왕 3년 김순원의 세력을 중심으로 변화가 생김으로써 이들은 곧 박씨왕비세력을 비롯한 진골귀족세력과 대립하게 되었을 것이다. 그것은 효성왕 3년 3월 김순원의 딸이 왕비로 들어오는 정치정세 속에서 이후 憲英의 비정상적인 태자책봉이 이루어지고 있었다는 사실에서 알 수 있다. 이미 헌영이 태자로 나아가는 데에는 상당한 물의가 있었을 것으로 지적되고 있지만,[23] 효성왕으로 하여금 김순원의 딸을 새로이 왕비로 맞이하게 했음에도 불구하고, 왕이 첫째 왕비인 박씨왕비를 계속 가까이하자 이들 세력은 마침내 왕위계승에까지 개입하였던 것이다. 즉 김순원의 딸에서 태어난 王弟 헌영의 太子책봉을 통하여 지위를 보다 확고히 하려고 하였던 것이다.

효성왕 3년(739)에 일어난 정치적 변화 속에서 김순원과 관계된 세력의 승리는 헌영의 태자책봉 이후 약간의 반발을 받기는 하였다. 진골귀족의 이러한 반발은 첫번째 왕비의 父로 추정되는 永宗의 세력에 의하여 8월에 일어난 모반사건으로 구체적으로 표현되었다.[24] 그렇지만 이러한 진골귀족세력의 반발은 쉽게 진압되었던 것 같다. 성덕왕대 이후 확고히 자리잡은 김순원을 중심으로 한 전제왕권의 옹호세력은 그만큼 강대하였던 것이었다.

한편 효성왕은 영종의 모반이 실패한 2년 후 아무런 이유도 밝혀지지 않은 채 갑자기 죽었다. 효성왕은 자신을 둘러싸고 조성된 당시의 긴박한 분위

---

22) 신문왕대 이후 다시 확인이 되는 왕실 족내혼이다.

23) 李昊榮, 앞의 글, 10~11쪽.

24) 영종의 난은 외척의 지위를 둘러싼 압력(井上秀雄, 앞의 글, 455쪽) 혹은 외척의 권세를 누리고 있던 순원 一族에 대한 저항(濱田耕策, 앞의 글, 37쪽) 등으로 단순히 이해되어 왔다. 영종의 난이 일어난 배경 및 성격에 대하여는 김수태, 앞의 글, 225~227쪽이 참고된다.

기에서 큰 역할이나 영향력을 발휘하지 못했던 정치적 상황에 크게 영향을 받았던 것 같다. 뒤를 이어서 김순원세력의 협력을 받아 태자가 되었던 헌영이 왕위에 오르게 되었다. 따라서 효성왕대 박씨왕비의 등장과 함께 다시 세력을 떨쳐보려고 했던 진골귀족의 움직임은 또한 좌절될 수밖에 없었다고 할 수 있다.

효성왕말 상당한 정치적 알력을 거치면서 왕위에 오른 景德王은 그의 즉위 이후 왕당파세력과 함께 왕권강화책을 실시하였다.[25] 경덕왕이 즉위한 후 제일 먼저 단행한 일은 첫째 왕비인 三毛夫人의 出宮으로 생각된다. 無子라는 이유로 출궁시켰는데, 자신의 왕위계승과 달리 왕위계승권자를 미리 확보하려는 그의 간절한 바램에서 나온 것이라고 할 수 있다. 이러한 점은 경덕왕이 자기의 아들을 무척 원했다는 사실에서 충분히 짐작이 된다.[26]

경덕왕은 즉위 이후 행해진 對唐外交를 보다 활발히 함으로써 왕권을 강화하려고 했던 것이 아닌가 한다. 경덕왕이 唐과의 관련 속에서 그에게 반대되는 귀족세력을 억압하기 위하여 실시한 대표적인 것은 官制改革으로, 바로 漢化政策의 실시였다. 경덕왕 6년(747) 中侍가 侍中으로 바뀜으로써 한화정책은 실시되기 시작하였다. 경덕왕이 한화정책을 통하여 꾀한 것은 보다 획일화된 官僚制의 성립을 통한[27] 왕권의 전제화였다. 경덕왕은 이러한 왕권강화

---

25) 경덕왕대의 정치적 상황을 이해하는 데는 다음의 연구가 참고가 된다.
李基白, 〈景德王과 斷俗寺·怨歌〉(《韓國思想》 5, 1962 ; 앞의 책, 1974).
鈴木靖民, 〈金順貞·金邕論－新羅政治史の一考察〉(《朝鮮學報》 45, 1967 ; 旗田巍·井上秀雄編, 《古代の朝鮮》, 學生社, 1974).
金壽泰, 〈統一新羅期 專制王權의 崩壞와 金邕〉(《歷史學報》 99·100합집, 1983).
金福順, 〈新羅 中代 華嚴宗과 王權〉(《韓國史硏究》 63, 1988 ; 《新羅華嚴宗硏究》, 民族社, 1990).
李泳鎬, 〈新羅 惠恭王代 政變의 새로운 解釋〉(《歷史敎育論集》 13·14합집, 1990).
———, 〈新羅 惠恭王 12년 官號復故의 意味〉(《大丘史學》 39, 1990).

26) 李基白에 의하면 이것은 중대 전제왕권의 한 특징이었다고 한다(李基白, 〈統一新羅와 渤海의 社會〉, 312쪽). 한편 金英美는 경덕왕 7년(748) 효성왕비인 太后가 永明新宮으로 이거한 사실에 대하여 경덕왕이 자신의 즉위배경이 되었던 세력까지도 제거하려고 했던 것은 아닐까 생각된다고 한다(金英美, 〈統一新羅時代 阿彌陀信仰의 歷史的 性格〉, 《韓國史硏究》 50·51합집, 1985, 72쪽). 그러나 경덕왕이 자기의 세력기반인 母后勢力을 제거하였으리라고 생각되지는 않는다.

27) 李基白, 〈韓國政治史의 展開〉(《韓國史學의 方向》, 一潮閣, 1978), 177쪽.

작업을 통하여 당시의 불만귀족세력을 억압하려고 하였던 것이다.

그러나 경덕왕은 출궁당한 첫째 왕비를 중심으로 하는 세력의 심각한 반발을 받았다. 그것은 삼모부인과 남매관계인 金邕의 정치적 활동을 통하여 살펴볼 수 있다. 또한 이들 세력은 金良相의 예에서 살펴볼 수 있듯이 왕권의 전제화에 반대한다는 공통의 목표와 함께 다른 진골귀족세력과 대체적으로 연결되어 갔던 것으로 보인다. 그런데 첫째 왕비와 관련된 세력의 움직임을 보면 오랫동안 별다른 움직임이 보이지 않는다. 그것은 경덕왕의 지속적인 왕권강화책의 실시에 영향을 받은 것은 아닐까 한다. 그런데 경덕왕 13년에 가서 삼모부인과 孝貞이 皇龍寺鐘을 만드는데 다량의 銅을 희사하면서 갑자기 다시 등장하고 있다. 이 때 이들 세력은 왕권의 전제화에 대항할 정도의 힘을 가지게 되었음을 그러한 움직임을 통하여 나타내려고 한 것은 아닐까 추측된다.

이러한 사실은 이후에 있은 반전제주의세력의 움직임을 통하여 엿볼 수 있다. 김옹과 관련된 세력의 움직임이 경덕왕 13년(754)에 나타난 후 곧 경덕왕의 한화정책에 대해서도 심각한 반발이 일어난 것으로 보이기 때문이다. 上大等 思仁이 경덕왕 15년에 시정과 관련하여 왕에게 상소를 하였다고 한다. 이 때 사인이 상소한 내용은 상세히 알 수 없으나, 한화정책 등 경덕왕의 왕권전제화정책에 대한 반발·비판으로 생각되고 있다.[28] 경덕왕 6년에 실시되기 시작한 경덕왕의 한화정책이 이때에 이르러서 비판되었다는 것은 2년 전에 있은 김옹과 관련된 세력의 움직임과 무관하지는 않을 것으로 보인다. 그러나 경덕왕은 상대등 사인을 물러나게 하고 보다 적극적인 왕당파의 인물인 信忠을 상대등에 임명하고, 신충과 함께 16년(757)·18년 계속해서 대규모적인 한화정책을 실시해 나갔다.[29]

---

28) 李基白은 사인을 언급하면서 이때 경덕왕의 한화정책이 이의없이 받아들여지지 않았음을 강조하고 있다(李基白, 앞의 책, 1974, 218쪽). 李泳鎬는 이러한 해석에 대해 비판을 하며, 사인이 상소를 한 것은 왕당파로서 녹읍부활에 반대하는 입장을 취하였기 때문이라 한다(李泳鎬, 앞의 글, 1990b, 9~13쪽). 한편 申瀅植은 이때 사인이 外戚간의 권력쟁탈전을 벌인 결과 신충·의충계와의 대립에서 패하였다고 한다(申瀅植, 앞의 책, 1990, 126·137~138쪽).

29) 李基白, 위의 책, 218쪽. 金英美는 경덕왕의 한화정책이 왕권강화작업의 추진을 반대하는 세력과의 일정한 타협속에서 이루어진 것으로 보고 있다. 그것은 녹

경덕왕에 의하여 16년부터 보다 적극적인 왕권강화책이 실시되어 나갔지만 그것은 곧 왕권의 전제화에 반대하는 진골귀족세력에 의하여 실패로 돌아간 것 같다. 즉 경덕왕의 의도는 그대로 이루어지지 못했다. 경덕왕의 한화정책이 강력히 추진되고 있던 16년에 祿邑이 부활되었다. 말하자면 중대 전제왕권에 의해 실시되었던 官僚田과 歲租의 제도가 이제 다시 녹읍으로 바뀐 것이다. 이것은 경제적인 면에서 진골귀족들이 전제왕권에 대항한 결과였다.30) 진골귀족들은 이러한 승리 후 왕권의 전제화에 대한 반대 움직임을 더욱 강화해 나갔다. 그것은 이후 경덕왕과 반전제주의 귀족세력과의 대립에서 반전제주의세력의 완전한 승리로 돌아간 사실에서 알 수 있다.

경덕왕의 한화정책이 끝난 바로 다음해인 경덕왕 19년(760)에 경덕왕과 대립되는 성격을 가진 金邕이 中侍에 임명된 사실에서 그것을 알 수 있다. 中代 중시직이란 왕이 원하던 정책을 수행해 나감에 있어서 가장 중요한 자리였다. 그 자리에 김옹과 같이 왕과 반대되는 성격을 가진 인물이 임명되었다는 것은 새로운 변화를 암시해주는 것이라고 하겠다. 즉 이제는 더 이상 경덕왕이 원하는 대로의 정책을 마음대로 수행해 나갈 수 없으며, 나아가 경덕왕이 행한 여러 정책이 부정된다는 것을 의미하는 것이다. 이것은 진골귀족세력의 정권장악이라고 말할 수 있다. 그러므로 김옹이 중시가 된 정치적인 사건은 반전제주의세력에게는 결정적인 의미를 갖는다고 하겠다. 따라서 김옹이 중시에 임명된 경덕왕 19년(760)은 신라사에 있어서 하나의 주요한 전환기로 생각된다.31)

읍의 부활(3월)이 한화정책(12월)보다 먼저 시행된 점에서 알 수 있다고 한다(金英美, 앞의 글, 74쪽). 그러나 당시 귀족세력과 경덕왕의 타협이 있었는지는 구체적으로 알 수 없다.

30) 姜晋哲, 〈新羅의 祿邑에 대하여〉(《韓國中世土地所有硏究》, 一潮閣, 1989), 80~81쪽.

李基白, 《韓國史新論》 改正版(一潮閣, 1976), 96쪽.

녹읍부활의 의미를 새롭게 파악하고 있는 金基興은 경덕왕 16년(757)에 王權이 위축된 흔적이 없다고 하며, 이것을 전제왕권의 제도정비선상에 위치하는 것으로 보고 있다(金基興, 〈8~9세기 통일신라의 경제〉, 한국고대사연구회 제4회 합동토론회 발표요지, 1991, 4쪽). 그러나 이 무렵 경덕왕의 왕권이 위축되는 사실은 여러 곳에서 확인할 수 있다.

31) 李基白은 이러한 변화를 金良相이 上大等에 임명된 혜공왕 10년에서 찾을 수

경덕왕의 사후 혜공왕대 약간의 정세변화가 있기는 하였다.[32] 그것은 惠恭王의 즉위와 함께 경덕왕으로 상징되는 정치적 성격이 혜공왕 초년을 지배하는 등 일시 세력회복을 꾀하였기 때문이다. 경덕왕의 嫡子로 왕위에 오른 혜공왕은 8세라는 어린 나이였던 까닭에 그의 母后가 대신 섭정을 하였다. 혜공왕의 모후가 혜공왕을 대신하여 섭정을 함으로써 혜공왕 초년에 상당한 정치적 변화가 일어났다. 혜공왕의 모후가 혜공왕의 즉위와 함께 권력을 장악함으로써 일으킨 중요한 변화는 역시 對唐外交의 강화라고 할 수 있다. 이것은 당과의 관련 속에서 경덕왕말 이래 몰락하고 있던 왕당파들이 세력회복을 꾀한 것이라고 할 수 있다.[33] 따라서 이러한 만월부인의 노력은 경덕왕말 이후 쇠약해진 왕당파의 세력을 다시 규합할 수 있는 계기가 또한 되지 않았을까 한다.[34] 이때 만월부인과 관련된 정치세력의 활동 목표는 바로 경덕왕으로 상징되는 전제왕권을 혜공왕대까지 유지·회복하려는 復古政治라고 할 수 있다.

그러나 경덕왕 19년(760) 이후 일단 세력을 구축한 金邕·金良相 등 反專制主義 귀족세력은 만월부인과 왕당파의 이러한 활동을 그대로 받아들이지 않았다. 이들은 혜공왕초 두 차례의 반란사건을 일으켜서 성공을 한 다음 더욱 확고히 세력을 구축해 나갔던 것이다. 우선 혜공왕 4년(768) 大恭의 난을 들 수 있다. 이것은 혜공왕 초년에 보인 왕당파들의 활동에 대한 반전제주의

있다고 한다(李基白, 〈新羅 惠恭王代의 政治的 變革〉, 《社會科學》 2, 1958 ; 앞의 책, 1974, 236~239쪽). 그러나 경덕왕 19년에 이루어진 정권의 교체는 이후 거의 변동되지 않았으므로 신라 하대의 기원은 바로 金邕이 중시에 임명된 시기에서 찾아야 하지 않을까 한다. 한편 李泳鎬와 申瀅植은 이기백과 필자의 견해에 대하여 비판을 하고 있다(李泳鎬, 앞의 글, 1990 및 申瀅植, 앞의 책, 1990, 142~148쪽). 그러나 신라 중대 정치사의 전개과정을 볼 때, 이때 확립된 정권은 거의 흔들리지 않았다는 사실을 주목할 필요가 있겠다.

32) 혜공왕대의 정치를 이해하는 데는 李基白, 〈新羅 惠恭王代의 政治的 變革〉(앞의 책, 1974) 및 金壽泰, 〈專制王權의 崩壞와 眞骨貴族의 권력투쟁〉(《新羅 中代 專制王權과 眞骨貴族》, 西江大 博士學位論文, 1991)이 참고된다.

33) 金壽泰, 위의 글, 159~163쪽.

34) 申瀅植의 경우 혜공왕은 만월부인의 섭정 이후 의충·신충계와 김옹·김양상계의 세력균형속에서 왕위를 유지하였다고 한다(申瀅植, 앞의 책, 1990, 144쪽). 그러나 이들 세력을 모두 王黨派의 세력으로 설정하고 정치적 변화를 살피는 것은 무리가 있다고 하겠다.

귀족세력들의 정치적 불만이 표출된 것으로 보인다. 그러나 혜공왕 6년에 반전제주의세력은 계속해서 난을 일으켜서 다시 왕당파의 세력을 약화시키고야 말았다.[35] 그것은 이후 혜공왕 7년에 만들어진 聖德大王神鐘銘이 대표적인 반전제주의 인물인 김옹·김양상이 권력을 장악하고 있는 모습을 잘 보여주고 있는 데에서 살필 수 있다. 더욱이 혜공왕 10년에 가서도 김옹·김양상은 上宰·上大等으로 여전히 정치의 실권을 장악하면서 더 이상 흔들리지 않는 상태에 놓이게 되었다.[36] 그리고 이들 반전제주의 귀족세력은 혜공왕 12년 경덕왕이 왕권강화를 위하여 실시한 바 있는 한화정책을 이제 비로소 부정하는 조치를 단행하였다.[37] 15년(779)에 들어와서는 武烈王系에 대한 범진골귀족세력의 규합을 위하여 무열왕계와 밀접한 관계를 가지고 있던 金庾信系와 연결하고 있으며,[38] 또한 무열왕계내에서의 소외된 세력으로 생각되는 金周元과도 결합되었다.[39]

이러한 반전제주의세력의 움직임에 대하여 왕당파들은 唐과의 관련 속에 다시 정권의 회복을 위하여 노력하였다.[40] 그러나 정권을 회복하려는 이들 세력의 보다 구체적이고 적극적인 움직임은 역시 반란으로 표현되었다. 김양상이 상대등으로 등장한 10년 이후인 11년(775)과 16년에 계속적으로 반란을 일으켰다. 그러나 이들 반란은 김옹·김양상 등 반전제주의 귀족세력에 의하

35) 李基白, 앞의 책(1974), 231~233쪽.

36) 金壽泰, 앞의 글(1983b), 134쪽.

37) 李基白, 앞의 책(1974), 247쪽. 여기에 대한 李泳鎬의 반대가 있지만(李泳鎬, 앞의 글, 1990b, 47~53쪽) 설득력이 약하다. 당시의 정치적 변화와 관련시켜 누가 왜 일으켰는가를 그 의미와 함께 살피고 있지 못하고 있기 때문이다.

38) 성덕왕대까지 활동이 확인되는 김유신계의 세력이 언제 어떠한 과정을 거쳐서 몰락하게 되었는지는 분명하지 않다. 그러나 혜공왕 15년(779) 반전제주의 귀족세력에 의하여 김유신의 세력에 대한 회복조치가 단행되는 것으로 보아(李基白, 앞의 책, 1974, 247~252쪽) 중대말의 정치적 변혁속에서 김유신계가 반전제주의 세력에 가담한 사실은 여기에서 확인이 된다.

39) 金周元이 반전제주의자였다는 사실은 李基東, 앞의 책, 155쪽이 참고된다. 한편 申瀅植은 이후 김유신 후손의 동향과 김주원·김경신의 세력향배가 정치권에 새로운 영향을 주게 되었다고 한다(申瀅植, 앞의 책, 1990, 145~146쪽).

40) 《舊唐書》 권 199上, 列傳 149上, 東夷 新羅傳에서 '9년부터 12년까지 매년 사신을 보내어 來朝하였는데, 혹 1년에 두번도 왔다'라고 언급하고 있는 사실이 참고 된다.

여 모두 진압됨으로써 실패하고 말았다.[41]

혜공왕의 즉위 이후 이와 같이 왕당파세력과 반전제주의세력이 계속적으로 벌인 대립·갈등은 혜공왕의 갑작스러운 죽음을 낳게 하였다. 혜공왕 16년 반전제주의 진골귀족세력에 대하여 반란을 일으켰던 志貞의 군사에 의하여 혜공왕이 시해된 것이다. 혜공왕에 대하여 커다란 정치적 불만을 가지고 있었던 이들 왕당파세력은 지정의 난에서 보여주듯이 그들이 일으켰던 난이 일시적으로 성공을 거두었음에도 불구하고 김양상 등에 의하여 진압될 때까지 혜공왕은 별다른 영향력을 발휘하지 못하였기 때문이다. 따라서 이러한 혜공왕의 죽음과 함께 中代라는 한 시대가 끝나고, 이제 下代라는 새로운 시대로 들어가게 되었다. 전제왕권에 의해서가 아니라 귀족들에 의한 정치가 새롭게 열리는 시대가 된 것이다.

〈金壽泰〉

3. 중앙통치조직의 정비

1) 중앙통치조직의 정비과정

통일신라의 통치조직은 中古時代(514~654)에 성립된 제도를 이어 받아 정비한 것이다. 더구나 신라의 통치제도는 특정한 한 시대에 이룩된 것이 아니라, 法興王(514~540)이래 점진적으로 발달하여 眞平王(579)대 크게 정비되었으며, 통일 후 文武王(661~681)을 거쳐 神文王(681~692) 때까지 170여 년의 기간에 정비된 것이다. 다시 말하면 법흥왕 3년(516)에 최초의 관부인 兵部가 설치된 이후 例作府가 성립된 신문왕 6년(686)까지 170년간을 거치면서 신라의 중앙통치조직은 정비된 것이다.[1] 그만큼 신라의 관직체제는 오랜 시기를

41) 志貞의 경우 일시 성공을 거두었지만(李基白, 앞의 책, 1974, 237쪽), 결국 그것도 진압되었다.

1) 신라 관부의 정비과정에 대해서 李基白은 4기로 나누어 다음과 같이 정리하였

두고 점진적으로 성장하였기 때문에 통일 후에 당의 6典體制를 일부 답습하였다고 해도 신라의 고유한 전통은 끝까지 고수한다. 이러한 바탕은 족적기반을 갖고 있는 骨品制度를 관직체계에 적용하는 데 따른 어려움이 컸기 때문이다. 골품제와 관료제가 갖는 모순은 관직제도의 성장에 장애가 되었으며, 관등제와 관직제를 조절하는 중간기능을 대신할「제도적 장치」가 불충분하였음을 보게 된다.

신라는 족적전통을 강하게 갖고 있었지만, 중고기의 왕권강화에 따라 제도의 정비를 통한 통치체제를 갖추기 시작하였다. 우선 법흥왕대에 이르러 백제·고구려와의 빈번한 충돌, 점령지의 확대, 그리고 군사제도의 획일적 지배를 위해서는 지역적 성격을 띤 軍主로서는 어려움이 컸다고 생각된다. 따라서 율령반포·공복제정 그리고 불교공인 등 고대국가의 정치적 정비를 꾀한 법흥왕으로서는 새로운 제도의 설치가 필요하였다. 그러므로 기존의 大輔가 갖고 있는 군사권을 전담한 병부가 설치되었으며, 전반적인 국사는 上大等이 맡게 되었다고 보여진다.[2)]

이어 강화되어 가는 왕권의 입장에서 귀족세력의 견제를 위한 司正府와 국가의 공적인 지출이나 수입을 관장하는 稟主가 설치되었다.[3)] 신라의 중앙 통치제도는 이러한 왕권강화과정에서 설치·분화되어 眞平王대(579~632)에

다(李基白,《新羅政治社會史研究》, 一潮閣, 1974, 141쪽).

시 기	설 치 연 대	관 부 명	시 기	설 치 연 대	관 부 명
1.초창기	법흥왕 3년(516)	병 부	3.정리기	진덕왕 5년(651)	집 사 부
	진흥왕 5년(544)	사 정 부		진덕왕 5년(651)	창 부
	진흥왕 26년(565)	품 주		진덕왕 5년(651)	좌이방부
2.발전기	진평왕 3년(581)	위 화 부	4.완성기	문무왕 3년(663)	선 부
	진평왕 6년(584)	조 부		문무왕 7년(667)	우이방부
	진평왕 6년(584)	승 부		문무왕 17년(677)	좌사록관
	진평왕 8년(586)	예 부		문무왕 21년(681)	우사록관
	진평왕 43년(621)	영 객 부		신문왕 2년(682)	국 학
				신문왕 6년(686)	예 작 부

2) 申瀅植,〈新羅兵部令〉(《歷史學報》61, 1974, 70~72쪽 ;《韓國古代史의 新研究》, 一潮閣, 1984, 152~154쪽).

3) 李基白,〈稟主考〉(앞의 책), 141쪽.

큰 발전이 있었으며,[4] 金春秋·金庾信의 신세력이 강화된 眞德女王시대(647~654)에 새로운 단계를 맞게 되었다. 진덕여왕대의 제도적 정비는 품주의 폐지에 따른 執事部와 倉部의 설치에서 그 절정을 맞게 되었으며, 재정권과 행정권의 분리에 따른 武烈王系 王權의 절대화 과정으로 이어졌다. 특히 진덕여왕 5년(651)의 左理方府 설치 이후, 율령정치의 추구는 통일전쟁이라는 긴급한 상황 속에서도 적극화 되어갔다.[5] 그러므로 문무왕이 "銅으로서 百司 및 주·군의 印章을 주조하여 나누어 주었다"라는 기록에서 당시 정비되어 가던 제도의 모습을 엿볼 수 있었다.[6]

특히 신라 관제정비의 제2기인 진평왕 때는 백제·고구려의 정치적 시련기여서 그들의 정치적·군사적 위협이나 대외간섭은 적게 받는 시기였고, 당의 등장에 따라 적극적 외교활동을 전개하는 시기였다. 따라서 정치적 안정을 위한 제도적 정비에 따른 국력신장을 꾀해야 하는 필요성에서 왕권강화를 위한 일련의 조치가 수반될 수밖에 없었다.[7] 더구나 무열·문무왕대의 통일전쟁기에도 꾸준히 시도된 율령정치 내지는 제도의 정비는 주로 하급관직의 增置로 나타나,[8] 통일전쟁으로 고취된 農民意識이나 백제·고구려 잔민 또는 기층민의 입장을 반영해 줄 수가 있었다. 동시에 팽배한 통일전쟁이 열기를 승화시키는 정치적 모색은 제도적 정비라는 정치적 틀 속으로 용해시킬 수 있었다. 또 발달된 율령제도라는 법제적 테두리 속으로 규제함으로써 진일보된 장치로 국민을 묶을 수 있게 되었다. 여기에 제도가 지닌 합법적인 자기구속이 있게 된다.

---

4) 李基白은 영객부의 설치를 진평왕 43년(621)이라 하였는데, 이는 職官志 上의 "眞平王 43年 改爲領客典"을 잘못 해석한 듯하다(李基白, 앞의 책). 더구나 진평왕 13년에 "置領客府令二員"(《三國史記》 권 4, 新羅本紀 4)이라는 기록이 있는 것을 보면 그 설치연대는 크게 소급될 수가 있을 것이다.

5) 申瀅植, 〈武烈王系의 成立과 活動〉(《韓國史論叢》 2, 聖信女大, 1977 ; 앞의 책, 127쪽).

6) 《三國史記》 권 7, 新羅本紀 7, 문무왕 15년.

7) 李明植, 《新羅政治史硏究》(螢雪出版社, 1992), 241~243쪽.

8) 이때 설치(증치 포함)된 하급관리는 집사부와 병부를 비롯하여 14관부 전체에 이른다. 즉 史와 大舍, 主書 등 실무행정관리를 두어 관부의 하부구조를 정비하였으며, 차관급인 대감급(大監·卿·監)도 대부분 인원을 증원시켜 관부로서의 조직을 완비하였다(申瀅植, 앞의 책, 156쪽).

2) 중앙통치조직

통일신라의 중앙통지조직은 중고말의 제도적 정비로부터 시작되었으나, 무열왕통의 확립과 통일전쟁을 거치면서 일단락 되었다. 특히 文武王(661~681)은 재위 21년간에 7명의 侍中을 교체하였고,[9] 律令格式의 개편을 遺言으로 남긴 바 있을 만큼 중앙정치체제 확립에 기초를 닦기 시작하였다. 말하자면 문무왕은 통일전쟁이란 어려운 상황에서도 14관부의 정비에 커다란 계기를 마련하였다.

〈표 1〉 문무왕대 始置·增置된 관부·관직

관 부	관 직	인 원	연 대	내 용	관 부	관 직	인 원	연 대	내 용
執事部	史	6명	11년	증치	船府	卿	2명	3년	시치
兵部	大監	1	15	〃	領客府	卿	1	15	증치
	弩舍知	1	12	시치	左理方府	卿	1	18	〃
	史	2	11	증치	賞賜署	史	2	20	〃
	史	3	12	〃	右理方府	令	2	7	시치
	弩幢	1	11	시치		卿	2	〃	〃
調府	卿	1	15	증치		佐	2	〃	〃
倉部	卿	1	15	〃		大舍	2	〃	〃
	史	3	11	〃		史	10	〃	〃
	史	7	12	〃	左司祿館	監	1	17	〃
禮部	卿	1	15	〃		主書	2	〃	〃
乘府	卿	1	15	〃		史	4	〃	〃
	史	3	11	〃	右司祿館	監	1	21	〃
司正府	卿	1	15	〃		主書	2	〃	〃
	史	5	11	〃		史	4	〃	〃
	外司正	133	13	시치					

* 申瀅植, 《韓國古代史의 新研究》(一潮閣, 1984), 128쪽에서 전재.

〈표 1〉에서 보듯이 문무왕대에는 右理方府와 左·右司祿館을 설치하였고 外司正을 처음으로 파견하였을 뿐만 아니라, 卿·史 등 실무관직을 완비함으로써 행정체제를 크게 보완하였다. 이어 신문왕 6년(686)의 예작부를 끝으로 중앙통치조직의 정비를 일단락시키게 되었다. 그 후 景德王 18년(759)의 漢北

9) 李基白, 〈新羅執事部의 成立〉(앞의 책).

政策이나, 惠恭王 12년(776)의 復古策 등 일련의 정치적 개혁이 추진되었으나,[10] 통치체제의 골격은 신문왕대의 것을 크게 바꾸지 않았다.

신문왕 6년에 완성된 중앙통치조직은 다음의 〈표 2〉와 같다.

〈표 2〉 통일신라 14관부의 설치와 관원수

관부＼관원	별 칭	설치연대	직 능	令	卿	大舍	舍知	史	小司兵	총수
兵 部		516(법흥왕 3)	내외병마사	3	3	2	1	17	1	27
司 正 府	書正臺	544(진흥왕 5)	감찰	1	3	2	2	15		23
位 和 府	司位府	581(진평왕 3)	인사	3	3	2		8		16
調 府	大 府	584(진평왕 6)	공부	2	3	2	1	10		18
乘 府	司馭府	〃	거마·교통	2	3	2	1	12		20
禮 部		586(진평왕 8)	예의·교육	2	3	2	1	11		19
領 客 府	司賓府	621(진평왕43)	외교	2	3	2	1	8		16
執 事 部	執事省	651(진덕왕 5)	기밀사무	1	2	2	2	20		27
倉 部		〃	재정	2	3	2	1	30		38
左理方府	議方府	〃	형사	2	3	2	2	15		24
右理方府		667(문무왕 7)	〃	2	2	2	2	10		18
船 府	利濟府	678(문무왕18)	선박·수군	1	3	2	1	10	2	19
工 匠 府	典祀署	682(신문왕 2)	공장·제사		1	2		4		7
例 作 府	例作典	686(신문왕 6)	토목·건설	1	2	6	2	8		19
합 계				24	37	32	17	178	3	291

이 표를 보면 통일신라의 중앙행정체제는 14관부가 핵심적인 기구로서,[11] 집사부·사정부·예작부 등은 장관(令)이 1인이었지만, 대부분 복수장관제를 취하고 있었다는 것을 알 수 있다.[12] 이와 같은 장관의 복수제는 귀족의 합의제로서,[13] 또는 권력의 분산에 따른 상호견제의 의미로 생각할 수도 있

10) 李基白, 〈新羅惠恭王代의 政治的 變革〉(앞의 책), 238~247쪽.
11) 申瀅植, 〈三國史記 志의 分析〉(《三國史記硏究》, 一潮閣, 1981), 330쪽.
12) 申瀅植, 〈新羅中代專制王權의 特質〉(《統一新羅史硏究》, 삼지원, 1990), 167쪽.
13) 井上秀雄, 〈新羅政治體制の變遷科程〉(《新羅史基礎硏究》, 東出版, 1974), 436쪽.
李基東, 〈新羅中代의 官僚制와 骨品制〉(《新羅骨品制社會와 花郞徒》, 一潮閣, 1984), 138쪽.

다.[14] 그러나 병부의 경우처럼 복수제의 장관이라고 반드시 동시에 둔 것도 아니고, 둘 수 있다는 것으로서, 당시의 필요성에 따라 增置·複置될 수 있다는 것을 의미한다고 파악된다.

> 兵部令 1인은 법흥왕 3년에 처음으로 두었고, 진흥왕 5년에 1인을 더하였으며 태종왕 6년에 또 1인을 더하였다. 官等은 大阿飡으로부터 太大角干으로 하였고 또 宰相과 私臣을 겸할 수 있었다(《三國史記》 권 38, 志 7, 職官 上).

위의 기사로 본다면, 법흥왕 때의 영 1인은 관부의 책임자로서 軍主를 통제하면서 정복사업은 지휘하기 위한 것이며, 진흥왕 때의 증치는 大伽耶 정복과 같은 긴급한 군사적 필요성으로 파악된다. 그리고 무열왕대의 복치는 백제정벌과 같은 통일전쟁의 원활한 수행을 위한 조치로 생각하되, 법적으로 3인이라고 해서 실제로 3인을 동시에 두었다고는 볼 수 없다.[15] 왕권의 전제화 과정에 따라 행정의 효율적 유지를 위해서 규정상의 정원을 다 활용하였다고는 보기가 어렵다.

다음으로 차관인 卿(侍郞)은 예외없이 복수제를 취하고 있어, 장관이 정치적 의도에 따른 귀족적 타협이라는 사실과 대조된다. 즉 경은 행정실무적 의미가 컸으며, 6두품 계열의 활동무대란 점을 고려한다면,[16] 왕권의 강화과정과 맥을 같이 한다고 하겠다. 특히 앞의 예문에서 보듯이 병부령이 宰相과 私臣을 겸직할 수 있다는 사실은 신라의 관직체계에 있어서 「병부를 기준」으로 한다는 점과 함께 큰 의미가 있다. 즉 신라관직에 있어서 광범한 兼職制는 소수의 眞骨貴族이 권력을 배타적으로 독점하려는 정치적 목적이 있었을 것이다.[17] 그렇지만 하대의 일이지만 하급관직의 文翰·近侍職의 독점과 같은 6두품 계열의 참여를 유도함으로써 왕권을 강화하는 수단으로 이해될 수도 있다.[18] 더구나 당의 6典체제에서 보여지는 '令—卿(侍郞)—大舍—司兵

14) 金哲埈, 〈韓國古代國家發達史〉(《韓國文化史大系》 1, 1964), 51쪽.
15) 申瀅植, 〈新羅의 國家的 成長과 兵部令〉(《韓國古代史의 新硏究》, 一潮閣, 1984), 159~162쪽.
16) 李基白, 앞의 책, 188쪽.
17) 李文基, 〈新羅時代의 兼職制〉(《大丘史學》 26, 1984), 53~59쪽.
18) 李基東, 〈羅末麗初 近侍機構와 文翰機構의 擴張〉(앞의 책), 262~263쪽.

(舍知)－史' 5단계 조직으로 재편함으로써,[19] 당의 발달된 律令政治를 일부 수용하였으며, 정책결정에 있어서의 合議制라는 율령정치의 틀을 어느 정도 규범화한 듯하다.[20] 다만 상위직의 겸직에 따른 권력집중현상이 경제적 반대급부를 절약함으로써 국가경비를 줄일 수 있었다는 견해는[21] 아직도 미결문제로 남는다.

신라의 중앙행정조직은 크게 행정관부 44개, 內廷官府 115개, 그리고 僧職의 政官府 9개 등 170여 관부로 구성되어 있었다. 우선 행정관부는 14관부(部·府)를 비롯하여 19典·6署 등 44개가 있었으며,[22] 총 관원수는 800명 선이 되었다. 이러한 수치는 하나의 관부에 20명 정도의 관리가 있었다는 것으로[23] 그 규모를 짐작할 수 있거니와, 왕실보호기관인 侍衛府가 180명이 되었다는 사실과 비교된다. 행정관부가 44개에 이르고 있으나,[24] 실제로는 14관부와 7寺成典,[25] 그리고 京城周作典을 비롯한 首都行政府가 대표적이었다.[26] 다만 실제의 행정관부와 기타 관부(寺院行政과 수도행정)의 전체관리 수를 같이하여 상호간 균형을 이루게 하였음이 특이하다. 특히 7사성전은 왕실사원으로서 陵色典(내성 소속)과 願堂典(어룡성 소속)과 함께 밀접한 관계를 유지하

---

19) 井上秀雄, 〈三國史記にあらわれる新羅の中央行政官制について〉(앞의 책), 235~236쪽.
李基東, 〈新羅中代의 官僚制와 骨品制〉(위의 책), 123쪽.

20) 池田溫, 〈律令官制の形成〉(《岩波講座 世界歷史》 5, 1970), 313쪽.

21) 李成茂, 《朝鮮初期兩班硏究》(一潮閣, 1980), 134쪽.

22) 19典이 같은 성격이나 지위에 있던 官府는 아니다. 같은 성격의 것은 불교관계의 7寺成典뿐이며, 京城周作典(修城府)이나 永昌宮成典, 그리고 市典(동시전·서시전·남시전) 등 전문기관을 포함하여 다양한 직능을 가진 특수관부를 의미한다. 이에 대해 李仁哲은 직능상으로는 독립된 하위 관서이나 행정상으로 집사부의 통제를 받았다고 하였다(《李仁哲, 《新羅政治制度史硏究》, 一志社, 1993, 48쪽). 그러나 이 관부들이 그 직능이나 책임자의 위치로 보아 집사부의 지휘를 받았다고는 생각할 수 없을 것 같다.

23) 申瀅植, 앞의 책(1981), 331쪽.

24) 李仁哲은 食尺典·直徒典·古宮家典 등 3개 관부를 內省소속의 관부로 간주하였다(李仁哲, 앞의 책, 48쪽).

25) 李泳鎬, 〈新羅中代 王室寺院의 官寺的 性格〉(《韓國史硏究》 43, 1983).
蔡尙植, 〈新羅統一期 成典寺院의 구조와 기능〉(《釜山史學》 8, 1984) 참조.

26) 京城周作典은 典邑署·大日任典·京都驛 등 수도행정을 맡은 여러 관부보다 서열이 높고, 또 최고 관직이 令으로서 일반행정관부와 동격이며, 令을 5인이나 두어 수도관할관청을 총지휘한 듯하다.

면서,[27] 사원에 대한 왕실·국가보호정책의 정신적 후원기관이 되어 왕실의 권위와 정통성을 강조한 것이다.[28] 한편 수도행정은 최고기관인 京城周作典 아래 典邑署·大日任典·彩典·新宮·京都驛 등을 두었다. 이들은 경주의 행정(전읍서와 대일임전), 왕릉(신궁), 교통(경도역) 및 건축보수(채전) 등을 관할한 것으로 생각된다. 그외 市典(동시전·서시전·남시전)과 六部少監典, 그리고 漏刻典·直徒典(성문 수비) 등 전문기관이 있었다. 賞賜署와 左·右司祿館은 창부에, 大道署·國學·音聲署·典祀署 등은 예부에 속한 하부기관이었다.

중앙최고기관인 部와 府는 그 성격이 백제·고구려는 물론 당나라와도 다른 기관이었다. 통일신라의 관부는 구조상으로는 당의 6전조직을 모방한 점도 있으나, 그와는 여러 가지로 차이가 있었다. 무엇보다도 집사부가 품주를 계승한 행정상 최고의 관부이지만, 이른바「機密事務」를 관장하는 中侍(侍中)가 수상으로서의 직능을 갖지 못하였다. 집사부가 '위로는 王命을 받들고 아래로는 行政을 분장하는 여러 관부를 거느리는 가장 중요한 최고행정관부'라는 견해는[29] 사실과 다르다.[30] 즉 집사부의 중시는 법제상 최고관직이지만, 14관부를 통괄하지는 못하였고, 단지 집사부의 장이었다. 오히려 신라의 권력구조는 兵部令 위주의 宰相制였고,[31] 모든 관부는 집사부를 통하지 않고 왕과 직결되어 있었다. 관등에서도 병부령이 시중보다 높았으며, 시중을 거쳐 병부령은 되었으나, 병부령을 거쳐 시중이 된 경우는 없었기 때문이다.[32] 신라는 전제왕권의 유지를 위해 관부의 분화를 꾀하였으며, 장관을 왕과 직결시킴으로써 고려시대의 門下侍中이나, 조선시대의 領議政과 같은 행정수반을 두지 않았다.[33] 동시에 장관의 복수제를 통해서 특정 귀족과의 정치적 타협을 꾀하는 동시에 소수의 인물에게 주요 관직을 겸직시킴으로써 행정의 능률화를 꾀하였다.[34] 즉 조선시대의 겸직이 경비절감의 뜻이 아니 것처

27) 李泳鎬, 앞의 글, 114쪽.
28) 蔡尙植, 앞의 글, 118쪽.
29) 李基白, 앞의 책, 171쪽
30) 李仁哲, 〈新羅中央行政官府의 組織과 運營〉(앞의 책), 165쪽.
31) 申瀅植, 《新羅史》(梨花女大 出版部, 1985), 146쪽.
32) 申瀅植, 〈新羅의 國家的 成長과 兵部令〉(앞의 책, 1984), 164쪽
33) 申瀅植, 〈新羅中代專制王權의 特質〉(앞의 책, 1990), 165쪽.
34) 李文基, 〈新羅時代의 兼職制〉(《大丘史學》 26, 1984), 2쪽.

럼,[35] 고위층의 경우는 소수의 특정 귀족(외척 가문)에게 주요관직을 겸직케 함으로써 전제왕권 유지를 위한 정치적 타협의 의미가 있었을 것이다. 그리고 하위직의 겸직은 직능의 전문성과 행정의 능률성을 고려한 조치로서 결과적으로 절대왕권 유지를 위한 수단으로 생각할 수 있을 것이다.

그리고 部(4부)와 府(10부)의 관계에 대한 뚜렷한 근거는 없으나 양자간에는 큰 차이가 있다고 생각된다. 4개의 部 중에서 집사부와 창부는 품주에서 분리된 것이며, 병부는 최고의 관부였다. 그리고 예부는 국학·음성서·전사서·사범서 등 屬官府를 갖고 있어, 4部는 10府보다 상위기관인 것이다.[36] 특히 部관서의 관리 숫자가 府관서의 관리수보다 훨씬 많다는 사실도 部관서의 위상을 엿보게 한다. 결국 신라는 中古代의 부족적 전통을 지닌 部가 행정적 의미를 지닌 府를 통제했다고 생각된다. 位和府는 집사부, 船府와 乘府는 병부, 領客府와 工匠府는 예부, 그리고 調府는 창부의 감독을 받은 것으로 보인다.[37] 결국 중앙행정관부는 14부와, 7사성전과 6개의 수도행정관부를 포함한 19전의 균형적 구조로 유지되었으며, 진골위주의 고급관리와 6두품 이하 다수의 하급관리로 하나의 관직제도를 형성한 것이다.

신문왕 6년(686)에 정비가 일단락된 중앙통치조직은 기밀사무를 맡은 집사부, 군사를 맡는 병부, 교육·의례를 맡는 예부, 그리고 재정을 맡은 창부 등 4部를 비롯하여, 위화부·사정부 등 10府가 핵심기구가 된다. 여기서 주목되는 것은 병부와 예부의 지위 격상, 乘府의 중시, 그리고 위화부와 공장부의 지위 약화 등이다. 병부는 상대등·집사부·내성 등과 함께 宰府로서 실질적인 首府이기 때문에 관원구성에 있어서 타기관의 기준이 된다. 예부는 영객부와 같은 외교기관을 분리시켰으나, 국학을 비롯한 4개의 속관부를 갖고 있는 대표적 기관이다. 위화부는 사록관과 상사서의 분치에 따라 기능이 약화되고 관원 축소되었으며, 공장부는 별칭이 典祀署란 점과 장관이 차관(卿)급인 監인 점으로 보아 그 지위가 한단계 떨어진 관청이지만, 무열왕실이나 五

李基東, 〈新羅中代의 官僚制와 骨品制〉(앞의 책), 138쪽.

35) 李成茂, 앞의 책, 134쪽.

36) 府가 部보다 상위기관이라면(李仁哲, 앞의 책, 52쪽) 모든 관직체제가 병부 위주로 편성되었다는 《三國史記》 雜志의 기록을 설명할 방도가 없다.

37) 申瀅植, 앞의 책(1990), 162쪽.

廟의 관장기관으로 생각되기도 한다.[38] 이에 대해 선부는 백제부흥운동과 伎伐浦 승리 직후에 설치된 사실로 보아 水軍을 관장하는 기관으로 볼 수 있으며, 병부와 함께 6단계 조직을 갖고 있다. 그러나 14관부의 중앙관부가 관원수에 있어서 어느 정도 균형을 이루고 있으며, 왕과 직결됨으로써 상호간의 조화와 견제를 하게 되었다. 특히 이방부와 사록관의 左·右分置, 예부와 영객부의 역할분담, 창부와 조부의 직능분화 등 직능의 세분화를 통해 특정기관의 권한이 비대해지는 것을 허용치 않았다.[39] 또한 당의 6전체제를 수용하는 과정에서 상대등·집사부·위화부 등 신라 고유한 제도를 유지하였으며, 특히 당의 시중이 "天子를 보좌하고 국정을 총괄"하는 首相임에 대하여,[40] 신라에서 시중은 국정총괄기능을 갖지 못했던 것이다. 국정총괄기관의 부재는 최고위 관직간의 상호견제와 국왕의 국정지배를 원활케 하여 전제왕권의 권위를 높일 수 있었다.

특히 통일신라의 전제왕권은 정비된 관료제도에 바탕을 두었기 때문에, 그러한 제도적 장치 이외의 절대왕권을 지탱할「정신적 뒷받침」이 필요하였다. 우선 왕의 빈번한 敎書나 親書를 통해 유교적인 왕도정치의 구현으로 왕권을 뒷받침한 것이다.

> 大道가 행해졌을 때 天下는 공평해지고 참으로 어질고 능력있는 사람을 선택하여 信義를 강론하니 친목을 도모하고 자기 부모만 부모로 섬기지 않으며, 자기 자식만 자식으로 사랑하지 않는다. …자기만을 위해서 일하지 않으며, 陰謀는 없어지고 도둑은 생겨나지 않는다. 그리하여 문을 닫지 않으니 이를 大同이라 부른다(《禮記》禮運篇).

와 같이 유교적 명분과 德目으로 왕권의 신성함과 國民敎化의 규범을 마련하였다. 동시에 성전을 둔 7개의 왕실사원을 통해 이를 종교적으로 보장케 하였으며, 왕권의 정통성과 권위를 통해 진골귀족에 대한 견제가 가능하였다.[41] 나아가서 華嚴思想이 갖는 조화와 평등을 바탕으로 국민을 한데 묶어

---

38) 申瀅植, 앞의 책(1985), 130쪽.
39) 申瀅植, 앞의 책(1990), 162쪽.
40) 周道濟,《漢唐宰相制度》(1964, 臺灣), 373쪽.
41) 蔡尙植, 앞의 글, 99쪽.

준 불교사상은 결국 萬波息笛의 설화로 나타날 수 있었다.[42] 그러므로 우리는 君·臣·民을 하나로 융합시킨 安民歌에서는 신비적이고도 전능한 佛陀의 진리와 천지의 조화를 꾀한 유교의 예악사상이 결합되어 이상적인 국가상을 제시하였음을 알 수 있다.[43]

이러한 전제정치는 중앙집권적인 행정체제의 완비만이 아니라, 「정신적 뒷받침」과 아울러 법적장치가 또한 필요하였다. 우선 정치적 적대세력을 제거하기 위한 방편으로 連坐制를 이용하였으며,[44] 소수의 진골귀족이 배타적으로 권력을 독점하기 위해서 활용한 兼職制가 그것이다.[45] 특히 司正府와 理方府와 같은 사정·형벌기관의 직능상 분리, 內省의 內司正典과 外司正의 파견 등 감찰기관의 권한 강화도 큰 몫을 하고 있다.[46] 더욱이 귀족적 배경을 지닌 고위직 관리보다 실무위주의 하급관리의 수를 더욱 확대시켜 진골귀족세력을 견제함으로써 왕권의 상대적 절대화를 꾀한 것도 같은 입장이었다. 때문에 집사부가 "귀족세력의 침투를 배제하는 성격"[47]이 아니라, 전제왕권을 지탱해 준 외척(王妃族)이나 특정 가문의 대표가 차지한 관직이므로, 왕은 그를 통해 전제왕권을 유지하였다고 여겨진다.[48] 그러나 특정 귀족들의 배타적인 권력독점은 대부분의 귀족들에게 권력핵심부로의 진출을 봉쇄함으로써 골품사회에서의 정치질서확립에는 도움이 되었으나,[49] 결국은 많은 소외된 귀족들의 불만을 노출시켜 나말의 사회문제가 될 수밖에 없었다. 특히 內省制의 전문화 또는 다양화를 통해 왕권의 행정관직에의 침투를 용이하게 하였으며, 각종 군사조직이 진골귀족의 손에 장악된 한계를 극복하고, 전제왕권의 보호를 위해 侍衛府를 설치·운영한 것이다. 특히 시위부는 일반 군사

---

42) 金相鉉, 〈萬波息笛說話의 形成과 意義〉(《韓國史硏究》 34, 1981), 27쪽.
43) 申瀅植, 앞의 책(1990), 161쪽.
44) 李文基, 앞의 글, 57쪽.
45) 李文基, 위의 글, 53쪽.
46) 李基東은 監察業務의 비중이 높아진 것은 '행정관서의 증설, 관원조직의 확장'으로 官僚群이 급격히 팽창한 사실에 이유가 있다고 보았다(李基東, 앞의 책, 124쪽).
47) 李基白, 〈新羅執事部의 成立〉(앞의 책), 155쪽.
48) 申瀅植, 앞의 책(1990), 169~170쪽.
49) 李文基, 앞의 글, 59쪽.

조직의 將軍이 진골위주로 편성된 것과는 달리 6두품에게도 이를 개방하여 전제왕권의 무력적 기반을 삼았던 것이다.[50)]

중앙행정관부의 핵심은 14부였지만 수도행정은 경성주작전를 비롯한 12개의 관청(典)과 왕실사원인 7사성전[51)]으로 이룩된 19典도 주요한 관부였다. 14부와 19전은 官員이 300명 선으로 양자간의 균형과 조화를 이루고 있다.[52)]

〈표 3〉 7寺成典의 구조

성전 \ 내용	설치연대	설치목적	관원수				
			衿荷臣	上堂	赤位	靑位	史
四天王寺成典	문무왕19년(679)	당군 축출	1	1	1	2	1
奉聖寺成典	신문왕 5년(685)	惠通의 降龍사상	1	1	1	1	2
感恩寺成典	신문왕 2년(682)	문무왕 유업계승	1	1	1	1	2
奉德寺成典	성덕왕 6년(707)	무열왕·성덕왕 추복	1	1	1	2	2
奉恩寺成典	혜공왕 7년(771)	진지왕 추복	1	1		2	2
靈廟寺成典	선덕왕 4년(635)	星神 숭배		1		1	2
永興寺成典	신문왕 4년(684)	국가·왕실태평				1	3
(皇龍寺成典)	진흥왕대(?)	백좌고	1	2	1	4	4

7사성전이나 경성주작전의 책임자인 衿荷臣 또는 令은 내성의 사신이나 병부령을 겸직시켜 행정을 원활히 운영하게 하였다. 더구나 7사성전의 관리도 5등급으로 하여 일반행정관청과 격을 같게 함으로써 중앙행정관부의 틀을 율령정치의 규범 속에 묶을 수 있게 하였다.[53)] 또 7사성전의 책임자인 금하신은 재상 또는 사신이 겸직케 되어 있으므로 사찰행정은 일반행정관부에

50) 李文基, 〈新羅 侍衛府의 成立과 性格〉(《歷史敎育論集》 9, 1986), 48쪽.

51) 《三國史記》 기록에 성전사원은 7개뿐이다. 그러나 〈聖德大王神鐘銘〉에는 奉德寺成典이, 〈皇龍寺九層木塔刹柱本紀〉(黃壽永, 《韓國金石遺文》, 一志社, 1976)에는 皇龍寺成典이 등장한다. 그러나 봉덕사성전은 7사성전에 포함되어 있으므로 실제로 성전사원은 8개가 된다. 이에 대해서는 邊善雄의 〈皇龍寺九層塔誌의 硏究〉(《國會圖書館報》 10－10, 1973)가 참고된다.

52) 申瀅植, 앞의 책(1981), 331쪽.

53) 7寺成典은 執事部 등 일반 고위관부와 같이 5단계 행정조직을 갖고 있었다.

서 관장하였을 것이다. 다만 행정상의 원활한 집행을 위해 政官(政法典)과 大道署(예부 소속)·寺典(내성 소속)·陵色典(내성 소속)·願堂典(어룡성 소속) 등과 관계를 갖고 있었다고 생각된다.[54]

이와 같이 통일신라의 중앙행정조직은 일반행정·수도행정 그리고 왕실사원 등의 관부로 3분할 수 있다.

〈표 4〉 통일신라의 중앙통치구조

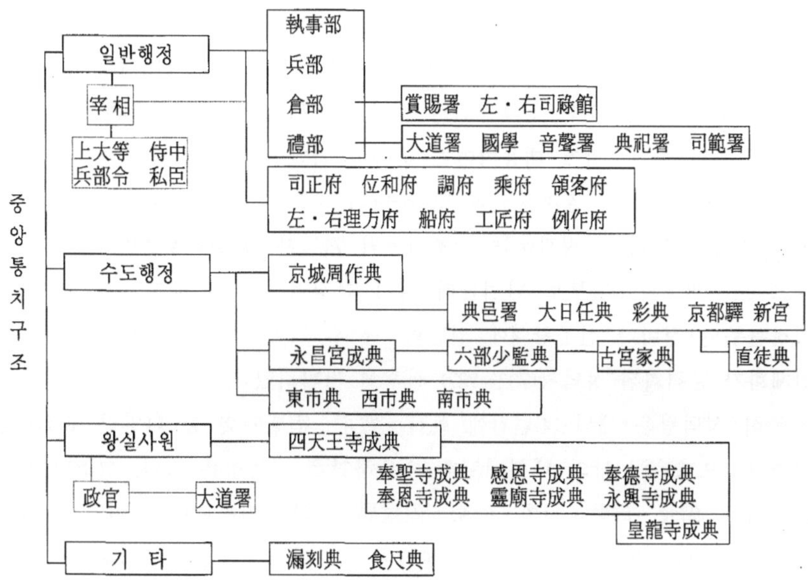

관부 \ 등급		제1단계	제2단계	제3단계	제4단계	제5단계
官 府	명칭	令	卿(시랑)	大舍	舍知	史
(집사부)	관등	대아찬~이찬	나마~아찬	사지~나마	사지~대사	조위~대사
成 典	명칭	衿荷臣(令)	上堂(卿)	赤位	靑位	史
(감은사성전)	관등	대아찬~이벌찬			사지~나마	

54) 寺院行政機關에서 최고직은 大道署의 大正(급찬~아찬)이다. 이러한 관등은 일반행정기관의 차관급(侍郎)에 해당하여 그 상급기관인 14부나 7사성전을 관할 할 수는 없다.

〈표 4〉를 보면 일반행정관부는 14관부를 중심으로 하여 창부와 예부는 각기 3개와 5개의 속관부를 갖고 있어 22개가 된다. 그리고 수도행정관부는 京城周作典의 직속관할기구로 전읍서·대일임전·채전·경도역·신궁 그리고 직도전 등이 있고, 그외 영창궁성전과 6부소감 및 시전 등이 있어 모두 13개가 된다. 그리고 왕실사찰로서는 사천왕사성전을 비롯한 7사성전과 황룡사성전을 포함하여 8개의 관부가 있다. 그외에 누각전·식척전 등이 있다.

3) 내정기관의 정비

다음으로 통일신라 중앙행정조직에 큰 비중을 갖고 있는 115개의 내정관부를 살펴보자. 통일신라는 전제왕권의 유지를 위해 連坐制를 비롯하여,[55] 왕권에 직접적인 무력도발에 대응하려는 군사적 기반인 侍衛府 등이 큰 몫을 하였다.[56] 그러나 신라 전제왕권의 또 하나의 제도적 특징은 다양한 내정관부의 존재라 하겠다. 내정관부는 內省계통의 71관부, 御龍省계통의 35관부, 그리고 東宮계통의 9관부로 나뉘는데 각기 특징적 조직을 갖고 있다.[57] 중앙행정관부의 정비가 신문왕대에 일단락 된 후 그에 따라 궁정관부는 왕권의 전제화가 본격화된 성덕왕(702~737) 전후에 정비되었다.

특히 성덕왕은 재위 36년간에 朝貢·賀正·宿衛外交 등 다양한 교섭사를 파견하였으므로[58] 당의 내성제도를 수용하였을 가능성은 크다. 그러나 당의 殿中省은 尙食·尙藥·尙舍·尙乘·尙輦局 등의 6기관으로 되어 있으나,[59] 신라의 그것은 다양한 조직으로 구성되어 있으며 그 직능도 복잡하고 강하였다. 즉 신라의 내정관부는 내성·어룡성·동궁계통으로 구분되었을 뿐 아니라 그 직능도 궁정관부의 관리를 비롯하여 관리양성·규찰·예의·제사 및 생산관리 등 국정전반에 걸치고 있었다.[60] 따라서 내정관부는 내성·어룡성

55) 朱甫暾, 〈新羅時代의 連坐制〉(《大丘史學》 25, 1984) 참조.
56) 李文基, 앞의 글 참조.
57) 三池賢一, 〈新羅內廷官制考〉上·下(《朝鮮學報》 61·62, 1972) 참조.
58) 申瀅植, 〈統一新羅의 對唐關係〉(앞의 책, 1984), 326~345쪽.
59) 《舊唐書》 권 44, 志 24, 職官 3.
60) 三池賢一, 앞의 글, 60쪽.

등의 일부 고위층은 진골(또는 6두품) 출신으로 임명되었고, 대부분의 관리는 4·5두품, 良人 또는 노비까지 포함되는 특수기관으로 보는 견해도 있다.[61]

신라의 내성은 당의 상승국이나 상연국 등의 직능을 일반행정관부로 이관하고, 洗宅을 어룡성과 동궁성에 둠으로써 하대에 있어서 宣敎省과 瑞書院·崇文臺로 연결되어 왕권재확립의 모색과 관계가 있었다.[62] 더구나 私臣이 병부령이나 재상을 겸직케 함으로써 왕실행정만이 아니라, 국가의 일반행정에까지 관여할 수 있게 하였다. 우선 왕실비서기관인 內省에는 감찰(內司正典)·교육(所內學生)·文翰(詳文師)·천문(天文博士)·醫學·율령(律令典)·의식(引道典)·왕릉(陵色典)·궁중 수요(朝霞房·靴典·鞜典·氷庫典), 그리고 외교(倭典) 등 각종 전문기관이 포함되어 있다. 말하자면 宮中內閣의 의미가 있으며, 전문분야에 있어서 중앙행정관부를 통제하면서 전제왕권의 원활한 운영을 꾀하였다고 생각된다. 즉 내사정전은 司正府, 引道典은 예부, 능색전은 典祀署와 工匠府, 소내학생은 국학, 율령전은 理方府를 감독하였을 가능성이 크다. 다만 이들 관리가 官等이 낮았으므로, 직접 행정관부를 통제한 것이 아니었고, 내성의 私臣이 재상을 겸직하기 때문에 그를 통해 행정적 감독이 가능했으리라 여긴다. 특히 율령·천문·의학 등의 전문가 양성을 관장하고 있어 내성이 갖는 정치적 위상을 짐작할 수 있다. 이와 같이 내성기능의 강화는 시위부 위상의 강화와 함께 전제왕권의 지주로 작용하는 데 손색이 없었으리라 여겨진다.

국왕의 行幸을 관장하는 어룡성은 내성 권한의 비대함에 따라 그 위치도 격상되었다. 여기에도 문한(崇文臺)·의약(藥典·針房·供奉醫師)·음악(監典)·의례(祭典·獄典)·음식(肉典) 등 전문기관을 두었으며, 願堂典을 두어 寺典(내성 소속)과 함께 7사성전을 관장하였다고 생각된다. 그리고 태자궁인 東宮官에도 어룡성과 같이 洗宅이 있어 侍從과 詔誥의 직을 함께 관장케 하여[63] 태자의 위상을 높였다. 특히 律令政治의 발달에 따라 司正官府나 律令機關을 행정·내정기관에 두었을 뿐 아니라, 外司正을 각 지방에도 파견하여 왕권집행의 제도적 장치를 마련하였으며, 외교기관과 제사기관을 內省에도 둠으로써 행

---

61) 李仁哲, 〈新羅內政官府의 組織과 運營〉(앞의 책), 80~85쪽.
62) 李基東, 앞의 책, 262~263쪽.
63) 李基東, 위의 책, 240쪽.

정기관을 견제할 수 있었다. 이와 같은 행정·내정기관의 견제와 균형은 宰相과 私臣을 겸직케 한 데서 유지될 수 있었을 것이다.

끝으로 僧職인 政官(政法典)은 승려를 관장하는 기관으로, 大舍·史 등 하급실무직과 國統(1인)·州統(9인)·郡統(18인) 등 정치 자문직 등이 있었다.[64] 국통(寺主·僧統)은 진흥왕 12년(551)에 고구려 귀화승인 惠亮이 처음으로 임명된 이후, 왕의 정치 자문직에 해당하였다. 따라서 眞興王巡狩碑에 등장된 沙門道人은 上大等·大等과 함께 왕의 수행원으로 정치에 관여한 것으로 생각된다.[65] 따라서 이러한 승관제의 정비는 주통·군통으로 이어져 불교와 정치의 관계로 확대되어 성전사원의 문제까지 연결되었을 것이다.

皇龍寺가 百座講會와 看燈의 장소로서, 승통의 거처로서 中古王室과 깊은 관계를 맺은 이후 文武王과 四天王寺, 神文王과 感恩寺, 聖德王과 奉德寺, 그리고 惠恭王과 奉恩寺로 이어져 왕실과 사찰과의 관계가 성립되어 갔다. 특히 무열계왕실은 이러한 成典寺院을 통해 왕실의 정통성과 권위를 강조함으로써 진골왕족에 대한 견제를 꾀할 수 있었고,[66] 下代에는 백고좌법회를 통해 왕실과 국가의 안녕·보호를 위한 정신적 기반을 마련코자 했으므로 정치적 혼란기에도 역시 願刹의 역할은 컸던 것이다.[67] 그러나 신라말에 이르러 국왕의 빈번한 寺刹幸은 왕권의 회복보다는 정치·경제적 출혈로 이어졌으며, 승통이나 高僧大德이 원만한 정치조정자나 자문의 기능을 다할 수 없게 되어갔다. 따라서 다양한 僧職이나 행정직간의 관계가 혼선을 이루어 도리어 전제왕권 유지에 역기능을 다했다고 생각된다.

4) 재상제도의 운영

신라의 중앙통치조직에는 이러한 관부 외에 宰相制가 따로 있었다. 그러

64) 李弘稙, 〈新羅僧官制와 佛敎政策의 諸問題〉(《白性郁博士頌壽記念論叢》, 1959) 참조.

65) 磨雲嶺碑와 黃草嶺碑에는 法藏·慧忍 등이 居柒夫(대등) 앞에 등장하고 있어 이들의 정치적 위상을 짐작케 한다.

66) 蔡尙植, 앞의 글, 99쪽.

67) 申瀅植, 앞의 책(1981), 177쪽.

나 이것은 행정조직상으로 존재한 것이 아니라, 정치적 의미를 띠고 있던 것이므로 그 성격이나 직능에 대한 설명이 어려운 편이다. 그러나 다음의 기록으로 볼 때 그것은 신라정치상에서 큰 비중을 차지한 관직임에는 틀림없다.

㉮ 眞德大王이 돌아갔는데 후사가 없었다. 金庾信이 宰相인 閼川伊湌과 의논해서 春秋伊湌을 맞아 즉위케 하니, 이가 太宗大王이다(《三國史記》 권 42, 列傳 2, 金庾信 中).

㉯ 憲德王이 즉위하니 諱는 彦昇이며, 昭聖王의 동모제이다. 왕은 元聖王 6년에 唐에 奉使한 후, 大阿湌의 벼슬을 받고…10년에 侍中이 되고 11년에 伊湌으로 재상이 된 후 12년에 兵部令이 되었다(《三國史記》 권 10, 新羅本紀 10, 헌덕왕 원년).

㉰ 元和 7년에 重興이 졸하니 宰相 金彦昇을 세워 왕으로 삼았다. …아울러 宰相 金崇斌 등 3사람에게 門戟을 내려 주었다(《舊唐書》 권 199上, 列傳 149上, 東夷 新羅).

㉱ 文聖大王도 宰相 魏昕을 보내 머물기를 청하므로 주석하였다(〈聖住寺事蹟碑〉, 《考古美術》 9, 1968, 24쪽).

위의 사료로 보면 신라에는 분명히 재상이 있었다. 그러나 제도상으로 설치된 관직이 아니었기 때문에 8세기말 이후 하나의 제도로 정착했건[68] 또는 群臣會議가 宰相會議로 바뀌어 興德王 9년(843)경에 최고정책결정의 회의로 바뀌었던 간에[69] 그 존재와 법적 지위에 대해서는 논란의 여지가 없다.

국내 문헌이나 金石文 이외에 중국측 사료에 재상이란 관직이 나타나 있으며, 위의 사료 ㉰의 '재상 김숭빈 등 3사람에게'로 보나, "大宰相에게 錦彩 三十匹을 하사하고 次宰相에게 금채 二十匹을 하사했다"[70]로 보아 1인 또는 여러 명의 재상이 있었다고 생각된다. 따라서 "병부령의 位는 대아찬으로부터 太大角干에 이르기까지 하였다. 또 재상과 사신을 겸하였다"[71]의 기록이나 〈聖德大王神鍾銘〉에 나타난 金邕[72]이 갖고 있는 上相(大宰相)이나 金良相

68) 木村誠, 〈新羅の宰相制度〉(《人文學報》 118, 1977), 31~33쪽.
69) 李仁哲, 〈新羅의 群臣制度와 宰相制度〉(앞의 책, 1993), 121쪽.
70) 《三國史記》 권 11, 新羅本紀 11, 경문왕 5년.
71) 《三國史記》 권 38, 志 7, 職官 上.
72) 金邕은 兵部令으로서 殿中令·司馭府(乘府)令·修城府(京城周作典)令·四天王寺府令·眞智大王使令 등을 겸하고 있었다. 다만 그를 景德王代의 漢化政策 추진

이 갖고 있는 二宰(次宰)의 존재와 같은 재상이 주로 하대에 집중되어 있다는 사실을 주목할 필요가 있다. 확인된 재상의 명단이 40명이나 되지만,[73] 그 중에서 하대의 인물이 27명이나 되므로 그 성격파악에 도움이 된다. 더구나 통일전쟁기(무열왕~문무왕대)에 6명이 등장하는데, 그 특수상황을 고려하면 통일 전에도 존재하였으나 그 실질적인 활동기는 하대라고 할 수 있다.

재상에 대한 기록은 宣德王 즉위와 더불어 "여성 善德을 세워 王으로 삼고 大臣 乙祭가 국권을 장악했다"라고 처음 나온다.[74] 대신(재상)인 을제는 여왕을 보필하여 국정을 총괄하는 지위에 있었으니, 선덕왕대의 閼川과 김춘추, 무열왕대의 김유신, 혜공왕대의 金邕과 金周元, 원성왕대의 金彦昇, 문성왕대의 金陽(魏昕), 그리고 진성여왕대의 魏弘 등이 그들이다. 이들 재상은 친척(宗室)으로서 당대의 실권자인 동시에 제일의 왕위계승 후보였다.[75]

중고말인 善德·眞德王代는 奈勿直系(銅輪系)와 眞智系(武烈系)의 구·신세력의 충돌기였다. 따라서 선덕왕은 을제, 진덕왕은 알천을 중심으로 왕권을 유지하려 했으나, 결국은 김춘추·김유신 등 신흥세력의 도움을 받지 않을 수 없었다. 여기서 세력판도는 신흥세력으로 이양되었으며, 무열왕의 등장은 이것과 궤를 같이하게 된다. 따라서 재상은 자연히 상대등과 병부령을 중심으로 계승되었으며, 통일전쟁과 같은 긴급한 상황에서는 김유신·金欽純·金軍官 등 武將에게 그 지위를 갖게 할 수밖에 없었다. 그러나 통일 후 中代 專制王權의 확립에 따라 재상의 지위는 강등되어야 했으니, 金欽突·김군관

의 왕당파로 보는 견해(鈴木靖民·李昊榮·李基東)와 反專制主義的인 인물로 생각하는 주장(金壽泰)이 엇갈리고 있다. 이에 대해 李泳鎬는 親王的 人物로 파악하였으며, 필자도 反專制的이거나 反中代的 인물이 아니라고 생각하고 있다(申瀅植, 〈新羅中代專制王權의 展開過程〉, 앞의 책, 1990, 138쪽).

73) 구체적으로 확인한 宰相의 명단을 본다면, 木村誠은 37명이나(木村誠, 앞의 글, 26~27쪽), 李仁哲은 2명(金庾信·車得公)을 추가하였다(李仁哲, 앞의 책, 112~114쪽). 여기에 乙祭(大臣)을 추가하면 40명이 된다.

74) 《新唐書》 권 220, 列傳 149, 東夷 新羅.
이 《新唐書》의 기록에 대해서 《三國史記》 권 5, 新羅本紀 5, 선덕왕 원년조에는 '以大臣乙祭摠持國政'이라고 되어 있다.

75) 宰相이 제도상 또는 법제상 공식제도가 아니기 때문에 그 명칭도 大臣(乙祭·金隱居), 上相(金敬信·金良相·金邕), 宰相(金良相·金崇斌·金彦昇·閼川), 上宰(金周元), 大宰相(金崇斌·金彦昇), 國相(金春秋·金獻貞), 그리고 相(金庾信·金祐徵), 冢宰(竹旨·令胤) 등 다양하였다.

의 처단이 그것이다.

그러나 혜공왕말의 김양상·金敬信·김주원의 세력 갈등은 재상제도의 새로운 변화상을 가져왔다. 이미 혜공왕 7년(771) 성덕대왕신종의 鑄造(鍾銘)에 있었던 김옹·김양상의 겸직사례에서 하대 재상의 위상을 엿볼 수 있다. 김양상·김경신(혜공왕), 김주원·金俊邕(원성왕), 김언승(애장왕), 김승빈(헌덕왕), 金均貞(흥덕왕), 김양(문성왕), 위홍(진성여왕) 등은 당대의 실권자였다. 동시에 가까운 외척이며 왕비족의 대표자였다. 여기서 하대 왕권이 재상의 정치적 지원으로 유지되었음을 확인할 수가 있다.[76] 결국 신라의 재상은 상대등·병부령·시중, 그리고 사신(내성과 어룡성) 중에서 실권자로서 2~3개의 관직을 겸직하는 인물에게 준 명칭이다. 그는 당대 귀족의 대표자나 정치실력자로서 군신회의를 주도하면서 왕권을 지원 또는 견제하기까지 한 것이다.

이상에서 살펴본 바와 같이 통일신라의 중앙행정체계는 中古末에 그 초기형태가 나타난 후, 무열왕권의 확립과정에 따라 신문왕대에 그 윤곽이 마련되었다. 전제왕권을 뒷받침한 중앙행정체계는 관료제라는 조직상의 기구만이 아니라 유교적인 왕도정치이념의 구현과 불교가 지닌 신성한 왕권의 보장을 결합시킨 萬波息笛의 정신으로 무장되었음을 특징으로 하였다. 따라서 이러한 이론적인 바탕을 마련한 통일신라의 전제왕권은 율령정치나 왕도정치와 왕실사원을 통한 휼민과 호국의 불교적 이상을 잊지 않고 있었다.

때문에 통일신라의 중앙행정체계는 특정 귀족대표의 겸직과 재상제라는 법적조치가 불가피하였으며, 전체 최고관부가 왕과 직결되어, 고려·조선시대와는 달랐다. 그러므로 행정기관과 왕실기관(內廷官府)의 견제와 균형을 보였으나, 그 책임자는 재상이 겸직케 함으로써 왕권의 침투를 가능케 하였다. 또 하위직인 비진골계의 전문관직도 직능상의 권위를 인정함으로써 왕권강화의 한 수단으로 이용하였다. 그외 궁정관부에도 행정·사정·외교기능까지 갖게 함으로써 행정관부의 월권을 방지하려는 제도적 장치가 마련된 것도 특기할 내용이다.

〈申瀅植〉

76) 申瀅植, 앞의 책(1990), 173쪽.

4. 지방·군사제도의 재편성

1) 9주 5소경

신라 통일기의 지방제도를 흔히 9州 5小京制 혹은 郡縣制라 한다.[1] 삼국통일 이전에 신라는 전국을 5주로 나누어 지배하였으나 삼국통일 이후에는 확대된 영토에 걸맞게 지방제도를 재편성했다. 우선 종래의 上州·下州·漢山州·首若州·河西州 가운데 하주의 영역을 文武王 5년(665)에 낙동강을 중심으로 동서로 나누어 동쪽지역을 歃良州라고 하고 서쪽지역을 居烈州라 하였다. 이때 설치된 삽량주와 거열주는 종래의 하주를 단순히 동서로 양분한 것이 아니라 삽량주의 영역에는 과거 상주에 속했던 일부 군현이 합쳐졌고, 거열주는 낙동강 서쪽의 오늘날 경남지역과 전북지역이 합쳐진 'ㄱ'자 형태의 주로 되었다. 이에 따라 하주·상주 등의 광역주 명칭은 사라지게 되었으며, 상주는 一善州(후에는 沙伐州)로 불렀다. 거열주의 남서쪽에 해당하는 오늘날의 전남지역에는 發羅州가 설치되었다. 문무왕 5년까지 오늘날의 충남지역과 전라북도 북부지역을 제외한 신라의 전영역에 7주가 두어진 것이다.[2]

충남 일대에 지방제도의 정비가 늦어진 까닭은 백제부흥운동군의 저항과 唐軍의 계속적인 주둔 때문이었다. 문무왕 11년에 이르러서야 이 지역에 所夫里州와 湯井州가 설치되었다. 이로써 전국에 9주가 설치되지만 문무왕 21년에 탕정주가 폐지되어 전국이 다시 8주로 되었다. 神文王 5년(685)에 가서야 거열주를 나누어 完山州와 菁州를 둠으로써 비로소 통일신라의 9주가 완비되었다.

일선주·삽량주·청주·한산주·수약주·하서주·사비주·완산주·발라주

---

1) 藤田亮策, 〈新羅九州五京攷〉(《朝鮮學報》 5, 1953), 87~123쪽.
木村誠, 〈新羅郡縣制の確立過程と村主制〉(《朝鮮史硏究會論文集》 13, 1976), 1~27쪽.

2) 李仁哲, 〈新羅統一期의 地方統治體系〉(《新羅政治制度史硏究》, 一志社, 1993), 195~198쪽.

로 완비된 통일신라의 9주는 신문왕 6년(686)에 사비주·발라주 대신에 熊川州·武珍州를 설치하고, 신문왕 7년에 일선주를 파하고 沙伐州를 둠으로써 사벌주·삽량주·청주·한산주·수략주·하서주·웅천주·완산주·무진주로 정비되었다. 9주의 명칭은 景德王 16년(757)에 漢式으로 크게 한번 개정되었으며, 惠恭王 12년(776)에 다시 복구되었다가 9세기 중엽 이후에 경덕왕대의 개정지명이 다시 사용되었다.[3)]

신라 통일기의 州에는 10여 개 이상의 郡을 포괄하는 영역을 의미하는 주가 있었고, 주의 領縣과 직속촌락들을 포함하는 군 정도의 영역에 해당하는 주가 있었으며, 주의 직속촌락들로만 이루어진 1개 縣 정도 크기에 해당하는 領州가 있었다. 그러나 이들 세 가지 형태의 주가 모두 摠管 혹은 都督이라 불린 한 사람의 지방장관에 의해 다스려졌다.

주의 직할지역(州治)에는 州城이 축조되었다. 주의 직속촌락들은 山城 혹은 羅城으로 둘러싸인 지역에 자리잡고 있었으며 시가지 구획이 이루어진 곳도 있었다. 사벌주(상주)의 경우에 남북대로를 중심으로 동·서에 각기 45坊씩 90방의 시가지 구획이 있었고 시가지 북변 중앙에 관아가 위치하고 있었다.[4)] 州司라고 불린 주의 청사에는 도독을 비롯한 지방관리들이 근무하고 있었다.

주의 지방관으로 도독·州助·長史가 각기 1명씩 두어졌고, 지방감찰관으로 外司正 2명이 배치되었다. 중앙에서 파견된 이들 지방관 외에도 주에는 지방인 출신의 吏職者들이 있어서 지방행정을 보좌하였다. 그 대표적인 인물로 무진주의 州吏였던 安吉을 들 수 있다. 이들 지방관과 이직자들은 주사에서 상시적으로 근무하였다. 正倉院에서 발견된 村帳籍은 당시 지방행정이 문서행정을 통하여 이루어졌음을 보여주고 있다. 신라정부는 문무왕 15년(675)에 銅으로 百司와 州郡의 印을 주조하여 나누어 주었는데 이 또한 당시의 지방행정이 문서행정과 책임행정의 형태로 수행되었음을 의미한다.

9주에는 각기 緋衿幢·萬步幢·師子衿幢·五州誓 등의 군부대가 배치되어

---

3) 李文基, 〈統一新羅의 地方官制 硏究〉(《國史館論叢》 20, 國史編纂委員會, 1990), 11~13쪽.

4) 朴泰祐, 〈統一新羅時代의 地方都市에 對한 硏究〉(《百濟硏究》 18, 1987), 63쪽.

있었다. 이들 군부대의 군관과 병졸은 관아 주변과 주위의 산성에 주둔하면서 주사와 주성을 방위하고 도적을 잡거나 반란을 진압하는 등 치안을 유지하는 역할을 수행하였다.

주에 거주하는 지방관이나 군관·병졸뿐 아니라 모든 주민은 주의 장관인 도독의 명령에 따라야 했다. 도독은 행정권·경찰권·병마권·사법권·징세권·요역징발권 등을 행사했다. 대부분 국왕의 명령을 받아 위임된 권한을 수행한 것이었지만 구체적인 권력의 행사는 자율에 맡겨졌기 때문에 지방에서 도독의 지위와 권력은 막강한 것이었다.[5] 그러나 지나치게 자의적인 공권력 행사나 직무태만, 사리사욕을 탐하는 행위 등은 감찰의 대상이 되었다.

중앙의 명령을 하달받은 주의 도독은 이를 다시 군·현과 주의 직속촌에 하달하였다. 그러나 군의 영현은 군을 통하여 명령을 하달받았기 때문에 주의 도독으로부터 직접 명령을 받는 경우는 없었다. 중앙에 보고하는 사항은 대체로 명령계통과는 역방향으로 전달되었으나 鄕이나 현이 군을 거치지 않고 직접 주사에 보고하는 경우도 있었다.[6]

신라에서 군이 처음 설치된 시기는 6세기 중반 이전이었고, 현이 두어진 시기는 眞平王 33년(611)경이었다. 그 후 군현의 설치가 확대되어 갔지만, 삼국통일로 백제·고구려의 영토가 신라의 영토로 편입됨에 따라 신라의 군현 숫자는 크게 증가하였다. 나아가 통일 직후에 지방통치체제를 정비하는 과정에서도 군현의 숫자가 늘어났다. 《三國史記》 地理志 4의 高句麗故地名과 지리지 2의 개정 이전 군현명(이하 본고구려군현명이라 함)을 비교해 보면 2군 9현이 증가한 것으로 나타난다. 본고구려군현명은 경덕왕 16년 지명개정 직전까지 존속된 군현명이고, 고구려고지명은 진흥왕 18년(557)에서 문무왕 18년(678) 사이에 신라가 설치한 군현명이다.[7] 문무왕 18년에서 聖德王 34년(735) 사이에 2군 9현이 증가한 것이다.

《삼국사기》 지리지 4의 백제고지명과 지리지 3의 본백제군현명을 비교해 보면 3개의 군이 줄고 2개의 현이 증가하였다. 이는 웅천주의 珍惡山郡이 縣

---

5) 웅천주도독이었던 김헌창의 반란도 이를 배경으로 하여 일어난 것이다.

6) 李仁哲, 《新羅村落社會史硏究》(一志社, 1996), 95쪽.

7) 다만 예성강 이북의 군현명은 성덕왕 34년(735) 이후의 상황을 추기한 것이다.

으로, 완산주의 井村縣이 井村으로, 碧骨郡이 碧骨縣으로, 무진주의 阿次山郡이 阿次山縣으로 각기 강등되었기 때문에 일어난 현상이었다. 백제고지명은 신문왕 6년(686)경의 자료에 백제고지명으로 기재된 사료를 바탕으로 작성되었고, 본백제군현명은 앞에서 언급한 군현의 강등이 일어난 이후의 사료를 바탕으로 작성되었다.[8)]

백제말의 지방조직은 5부 37군 250현으로 편성되어 있었다.[9)] 그런데《삼국사기》지리지 4의 백제고지명에 3주 37군 103현만이 등장하는 까닭은 신라가 신문왕 5년에 백제고지의 군현을 새로이 편제하면서 옛백제의 군은 그대로 인정하였지만 옛백제의 현은 신라의 현보다 대부분 작았으므로 250현 가운데 103개만을 현으로 인정하고 나머지는 촌으로 강등시켰기 때문이다.[10)]

삼국통일의 달성으로 신문왕 5년(685)경에 105군 281현에 이르게 된 통일신라의 지방조직은 군현의 승격과 강등이 단행되고 예성강 이북에 大谷郡·水谷城縣·十谷城縣·冬彡忽郡·刀臘縣·內米忽郡·息城郡·鵂嵒郡·五谷郡·獐塞縣·烏斯含達縣·阿珍押縣·伊珍買縣·屈押縣 등 14군현을 설치됨으로써 경덕왕 7년(748)에는 106군 298현으로 되고, 경덕왕 16년에 지명개정과 군현의 승강으로 117군 293현에 달하게 되었다.[11)]

---

8) 井上秀雄, 〈『三國史記』地理志の史料批判〉(《新羅史基礎硏究》, 東京 : 東出版, 1974), 97쪽.

9) 〈唐平百濟碑〉(《朝鮮金石總覽》 上, 朝鮮總督府, 1919). 한편《三國史記》권 28, 百濟本紀 6, 의자왕 20년조와《新唐書》권 220, 列傳 145, 東夷 百濟조에는 5부 37군 200성이었다고 전한다.

10) 이때 군현의 편제기준은 田丁과 戶口였던 것으로 생각되고 있다(朱甫暾, 〈統一期 新羅 地方統治體制의 整備와 村落構造의 變化〉,《大丘史學》37, 1989, 10~11쪽).

11)《三國史記》권 40, 志 9, 職官 下, 外官조에는 군태수 115인, 소수 85인, 현령 201인의 숫자가 기록되어 있는데, 이는 115군 286현에 지방관이 배치되었을 당시의 군현 숫자를 나타낸다.《三國史記》권 9, 新羅本紀 9, 경덕왕 21년조에서는 오곡·휴암·한성·장새·지성·덕곡의 6성을 쌓고 태수를 두었다고 하여 경덕왕 16년까지 이들 지역에는 지방관이 파견되지 않았음을 전하고 있다. 115군 286현에 4군 2현의 숫자를 합치면 119군 288현에 이르러 지리지의 119군 291현에 가까워지는 바, 외관조의 기록은 경덕왕 16년(757)경의 지방관 배치상황을 나타내고 있음을 알 수 있다.

〈표 1〉 신라 통일기 군현수의 변동

州 名			尙州	良州	康州	漢州	朔州	溟州	熊州	全州	武州	합계
郡數	본기(757년)		10	12	11	27	11	9	13	10	14	117
	지리지	757년이전	9	11	11	21	12	8	12	9	13	106
		757년	10	12	11	27	12	9	13	10	15	119
		826년경	10	12	11	28	12	9	13	10	15	120
縣數	본기(757년)		30	34	27	46	27	25	29	31	44	293
	지리지	757년이전	31	34	30	47	25	26	29	31	45	298
		757년	30	34	27	46	26	25	29	31	43	291
		826년경	31	34	30	49	26	25	29	31	43	298

《삼국사기》 지리지에는 경덕왕대에 개정된 군현의 숫자가 119군 291현으로 나타나서 〈신라본기〉 경덕왕 16년(757)조의 기록과는 2군 2현의 차이를 보이고 있다. 〈표 1〉을 보면 삭주와 무주에서 군현의 숫자가 각기 하나씩 차이가 난다. 그같은 차이는 경덕왕 16년에 전반적인 개정이 이루어진 직후 이들 지역의 현 하나씩을 군으로 승격시켰기 때문에 발생한 것이었다. 그 후 통일신라의 군현은 哀莊王代의 개정과 憲德王 7년(815)에 取城郡과 그 영현 3개를 漢州 관내에 편입해 넣음에 따라 120군 298현으로 되었다.

통일신라의 郡은 대개 3개 내지 4개의 현을 거느리고 있었다. 이에 일반적으로 군의 영역이 현의 영역보다 컸다고 말할 수 있다. 그러나 領縣을 1개도 갖지 못한 군도 있어서 군이 현보다 반드시 컸다고 말할 수는 없다. 영현이 없는 군으로는 한주 관내의 槐壤郡·水城郡·獐口郡·瀑池郡·重盤郡·栖嵒郡, 삭주 관내의 狼川郡과 益城郡, 무주 관내의 靈巖郡 등 9개 군이다. 영현이 없는 군은 직접 촌을 지배하는 위치에 있었다.[12]

영현을 가진 군은 그 직속촌으로 이루어진 구역과 영현이 차지하는 구역을 포괄하는 형태였다. 이때 영현에 속하지 않으면서 군에 직속된 복수의 촌들이 군의 직할지를 이루었는데 그 크기는 대체로 영현 하나와 비슷하였다. 그러므로 신라 통일기의 주·군·현은 서로 비슷한 크기의 직할지 안에 있

12) 木村誠, 앞의 글, 5쪽.
李仁哲, 앞의 책(1993), 210~211쪽.

는 복수의 행정촌을 직접 지배하는 위치에 있었다. 하지만 영현에 직속된 촌은 州나 郡이 직접 지배하지 못하고 영현을 통하여 지배하였다.

이러한 신라 통일기 주·군·현의 領屬關係를 단순화시켜서 그 개념도를 그려보면 다음과 같다.[13]

〈표 2〉 주·군·현의 영속관계

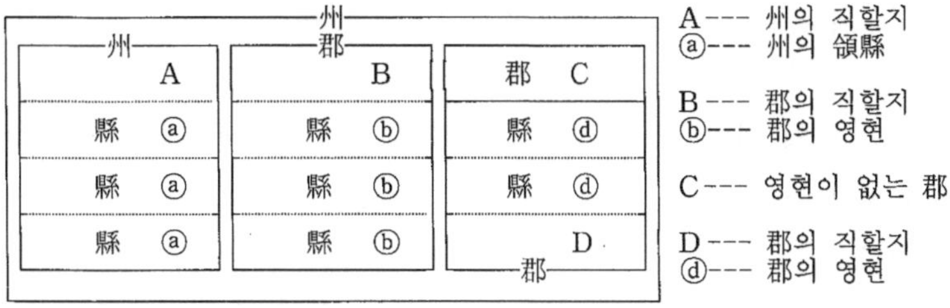

신라 통일기 대부분의 군현은 군의 영역 안에 그 영현이 자리하고 있었다. 그러나 군과 현이 각기 독자적인 영역을 가지고 있었던 탓에 다른 군의 영역을 뛰어넘어서 영속관계가 맺어진 지역도 8곳이나 되었다. 상주 聞韶郡 眞寶縣과 명주 曲城郡 緣武縣, 상주 문소군 진보현과 古昌郡 日谿縣, 명주 有鄰郡 海阿縣과 野城郡 眞安縣·積善縣, 무주 潘南郡 昆湄縣과 영암군, 무주 壓海郡 碣島縣과 務安郡 海際縣, 무안군 珍島縣과 牢山郡 瞻耽縣, 삭주 大陽郡 藪川縣과 連城郡 狶嶺縣 등의 영속관계가 상호 교차하였으며,[14] 한주 관내의 兎山郡 安峽縣·朔邑縣·伊川縣과 牛峯郡 臨江縣·長湍縣 그리고 松岳郡 屈押縣의 경우는 3개 군의 군현 영속관계가 복잡하게 교차하였다. 영속관계의 교차현상은 경덕왕 16년(757)의 군현개편과 그에 따른 군·현간의 昇降이 일어난 데서 비롯되었다.[15]

군의 지방관은 太守였다. 태수는 舍知에서 重阿飡까지의 관등 보유자가 임명되었다. 태수 이외에 중앙에서 지방감찰을 담당한 外司正 1명이 파견되

13) 李仁哲, 앞의 책(1996), 87쪽.
14) 木村誠, 앞의 글, 6~8쪽.
15) 木村誠, 위의 글, 9~10쪽.

었고, 당시 모든 행정단위에는 法幢이 편성되어 있었으므로 군에도 法幢軍官이 파견되었다. 法幢主나 法幢頭上은 태수가 겸직하였지만 法幢監이나 法幢辟主 등은 중앙에서 파견된 군관으로 임명되었다. 이들 법당군관은 公等이라 불린 지방민 출신의 郡吏 9명과 함께 郡司를 구성하고 태수를 보좌하였다.

현에는 지방관으로 少守 혹은 縣令이 파견되었다. 소수는 幢에서 大奈麻까지의 관등 보유자가 임명되었고, 현령은 先沮知에서 沙飡까지의 관등 보유자가 임명되었다. 현에도 법당이 편성되어 있었는데, 소수는 법당두상을 겸하고 현령은 법당벽주를 겸하는 경우가 많았다.[16] 소수가 현령보다 군사적으로 중요한 현에 파견되었던 것이다. 현에도 중앙에서 파견된 법당군관과 지방민 출신의 縣吏들이 있어서 縣司를 구성하고 소수 혹은 현령을 보좌하였다. 태수·소수·현령은 일반행정권을 포함하여 병마권·경찰권·요역의 징발권, 조세 및 공부의 징수권, 사법권을 행사했다. 당시 지방관들은 원칙적으로 국학 출신자만이 임용될 수 있도록 그 자격요건이 제한되어 있었다.

통일신라에서는 군·현과 동질의 지방행정구획이면서 田丁·戶口가 현으로 삼기에 부족한 곳을 鄕으로 삼았다. 종래에는 향을 천인집단이라고 보아 왔으나[17] 최근에는 군·현과 동질의 행정구획이라는 견해가 유력하다.[18] 향에도 지방행정을 수행하는 鄕令이 임명되었고, 軍師라는 법당군관과 級飡·대나마 등의 관등을 가진 村主가 있었다. 이러한 사실은 향이 천민집단이 아니라 군·현과 동질의 행정구획이었음을 보여준다. 향의 행정기관인 鄕司는 주·군을 통하여 중앙정부와 명령·보고계통이 연결되고 있었다.

小京은 智證王 15년(514)에 阿尸村에 소경을 처음 설치한 이후, 진흥왕 18년(557)에 國原小京, 선덕왕 8년(639)에 北小京을 설치하였다. 그러나 이들 소경 가운데 통일기까지 존속된 소경은 국원소경(中原京)뿐이었다. 여기에다 문

---

16) 李仁哲, 〈新羅 法幢軍團과 그 性格〉(앞의 책, 1993), 290~324쪽.

17) 白南雲, 《朝鮮社會經濟史》(1933 ; 윤한택 역, 이성과 현실, 1989, 294~297쪽).
임건상, 《조선의 부곡제에 관한 연구》(1963), 160~166쪽.

18) 木村誠, 〈新羅時代の鄉〉(《歷史評論》 403, 1983), 96~99쪽.
朴宗基, 〈新羅時代 鄕·部曲의 性格에 關한 試論〉(《韓國學論叢》 10, 1988), 60~63쪽.
李仁哲, 앞의 책(1996), 97~ 106쪽.

무왕 18년(678)에 北原小京, 문무왕 20년에 金官小京, 신문왕 5년(685)에 西原小京과 南原小京을 둠으로써 5小京制가 완성되었다.

소경의 영역은 2~3개의 영현을 거느린 군 정도였다.[19] 하지만 소경에는 현이 두어지지 않아서 소경이 촌을 직접 지배하는 구조를 가지고 있었다. 일본 정창원에서 발견된 신라촌장적(D촌)은 서원경 관내의 촌들이 3km의 간격을 두고 10여 호의 촌락이 분포하고 있었음을 보여주고 있다. 그러므로 신라 통일기의 소경은 하나의 거대한 고대도시였던 것이 아니라 일부 중심지역에만 인구와 읍락이 밀집하였을 뿐이고, 그 외의 소경 관내는 대부분 다수의 촌들로 이루어져 있어서 외관상 군현의 관내와 비슷한 모습이었다.

소경의 중심읍락에는 소경의 관아가 있고, 중앙에서 파견된 지방관과 군관들이 있었다. 소경의 장관을 仕臣 혹은 仕大等이라 불렀으며 급찬에서 波珍湌의 관등보유자가 임명되었다. 사신의 아래에는 仕大舍(少尹)가 있어서 사신을 보좌하였으며, 그 외에 지방인 출신의 吏職者들이 있었다. 軍官으로는 小京餘甲幢의 法幢主 3인과 法幢監 3인, 弩幢의 법당두상 3인과 법당벽주 9인이 파견되어 있었다. 이들은 소경에 편성된 법당의 군관직을 맡은 자들로서 사신의 지휘와 통제를 받았다. 소경사신은 州의 도독과 마찬가지로 일반 행정권, 경찰권, 병마권, 역역징발권, 조세 및 공물의 징수권, 사법권을 행사하였으며, 소경의 명령·보고계통에는 중앙과 직접 통하는 방식과 州司를 통하는 방식이 있었다.[20]

2) 군사조직

삼국통일을 달성한 후에 신라정부는 통일국가체제에 걸맞게 군사제도를 재편성하였다. 삼국통일에 많은 기여를 하였던 군부대가 해체되었는가 하면 새로운 군부대가 조직되었다. 해체된 부대로는 6停이 있고 새로 창설된 부대로는 九誓幢·五州誓·三武幢·萬步幢·京五種幢·二節末幢·皆知戟幢·緋衿

---

19) 소경의 장관을 태수라고도 하였다(《三國史記》 권 44, 列傳 4, 金陽). 이는 소경의 영역이 군 정도이고, 그 장관도 군태수급이었음을 말한다.

20) 李仁哲, 앞의 책(1993), 215~220쪽.

幢·新三千幢·師子衿幢·三邊守幢·二罽幢 등이 있었으며, 통일 이전에 창설되어 통일기에도 존속된 부대로 侍衛府·罽衿幢·十停·三千幢 그리고 法幢軍團이 있었다. 이들 군사조직을 그 배치지역에 따라 중앙과 지방으로 나누어 정리해보면 다음과 같다.

(1) 중앙의 군사조직

신라 통일기에 王京에 편성되었던 군사조직으로는 시위부·9서당과 그 지원부대, 그리고 삼무당·경오종당·이절말당·개지극당·계금당이 있었다.

먼저 시위부는 眞平王 46년(624)에 大監을 설치한 이후, 眞德王 5년(651)에 三徒의 편제가 이루어지고 侍衛監이 두어졌다. 신문왕 원년(681)에 시위감을 파하고 장군을 둠으로써 시위부의 조직이 최종 정비되었다.

6정이나 9서당과는 달리 시위부의 장군직은 급찬에서 阿飡까지의 관등 보유자를 임명하도록 되어 있어서 6두품도 취임할 수 있는 군관직이었다. 시위부의 卒은 선저지에서 大舍에 이르는 관등 보유자로 편성되도록 정해져 있었다. 시위부는 그 병졸 조차도 4두품 이상의 신분으로 조직되었다.[21] 시위부는 궁성의 숙위와 국왕의 호종·경호 등의 역할을 수행하였다. 이는 시위부가 왕권수호의 최종 책무를 담당한 군부대였음을 의미한다. 신문왕이 즉위초에 金欽突의 난을 진압하고, 兵部令으로서 上大等을 겸직했던 金軍官을 처형한 직후에 곧바로 시위감을 파하고 시위부에 장군 6인을 두었다는 사실도 시위부의 부대장을 6두품 출신으로 임명하여 왕권을 강화하려 하였음을 보여준다.[22]

9서당과 그 지원부대 역시 왕권강화의 군사적 배경이 되었다. 9서당의 편성은 진평왕 5년(583)에 처음 설치한 서당을 綠衿誓幢으로 재편하고, 문무왕 12년(672)에 백제민으로 白衿誓幢을 조직하면서 시작되었다. 진평왕 47년에 설치한 郎幢을 문무왕 17년에 紫衿誓幢으로 재편성하였고, 신문왕 3년(683)에는 고구려민으로 黃衿誓幢, 靺鞨人으로 黑衿誓幢을 편성하였다. 신문왕 6년에는 報德城民으로 碧衿誓幢과 赤衿誓幢을 편성하였으며, 신문왕 7년에는 百濟殘民으로 靑衿誓幢을 조직하였다. 그리고 문무왕 12년(672)에 설치한 長槍

---

21) 李仁哲, 〈新羅骨品體制社會의 兵制〉(앞의 책, 1993), 345쪽.
22) 李文基, 〈侍衛府의 成立과 性格〉(《新羅兵制史硏究》, 一潮閣, 1997), 150~163쪽.

幢을 孝昭王 2년(693)에 緋衿誓幢을 재편해 넣음으로써 9서당의 조직이 완성되었다.

9서당은 신라인 3개 부대, 백제인과 보덕국인이 각기 2개 부대, 고구려인과 말갈인이 각기 1개 부대로 편성되어, 國人別 부대편성이 엄격히 지켜졌다. 신라인 부대는 군관과 병졸이 모두 신라인으로 편성되었고, 異國人 부대도 군관과 병졸이 모두 해당 국인으로 편성되었지만 복수의 군관 가운데는 신라출신 군관도 포함되었을 것으로 생각된다.[23] 이국인 병졸들은 대개 삼국통일과정에 획득한 포로들과 투항인들로 구성되었다.

대당전쟁이 진행되고 신문왕이 왕권강화를 추진하던 시기에 부대편성이 이루어진 것을 보면, 9서당은 처음에는 백제의 포로군인들을 대당전쟁에 내몰기 위해 조직된 부대였으나, 대당전쟁이 끝난 신문왕대 이후에는 9서당이 국왕의 직속부대로 편제되어 왕권강화에 군사적 배경이 되었음을 알 수 있다. 하지만 9서당이 대부분 이국인 포로들로 편성된 탓에 병졸의 노화·사망 등으로 인한 자연적 결원을 충원하지 못하여 점차 축소·해체되는 운명을 맞게 되었다.

9서당에는 軍師幢·大匠尺幢·步騎幢·黑衣長槍末步幢 그리고 著衿騎幢이 지원부대로 배치되었다. 이처럼 6정의 예하지원부대와 같은 명칭의 부대가 9서당에 들어있는 까닭은 삼국통일의 달성으로 전국을 6개 군관구로 나누어 방위하던 체제가 실효성을 거두기 어려움에 따라 6정을 폐지하고 그 지원부대를 9서당에 재편성해 넣은 때문으로 생각된다.[24]

三武幢은 白衿武幢·赤衿武幢·黃衿武幢으로 편성되었다. 백금무당은 문무왕 15년(675)에, 적금무당은 신문왕 7년(687)에, 황금무당은 신문왕 9년에 각기 편성되었다. 그 명칭이 9서당과 비슷한 것으로 보아, 백금무당은 백제인, 적금무당은 보덕국인, 황금무당은 고구려인으로 편성되었음을 짐작할 수 있다.[25] 삼무당은 각기 幢主 16인, 監舍知 1인, 火尺 8인으로 편성되어 부대장의 숫자가 하급군관의 숫자보다 많았다. 이로 미루어 삼무당은 병졸이 별반

---

23) 井上秀雄, 〈新羅兵制考〉(앞의 책), 181쪽.
24) 李仁哲, 앞의 책(1993), 347쪽.
25) 井上秀雄, 앞의 책, 180~181쪽.

없는 부대였을 것으로 생각할 수 있는데, 이는 삼무당이 9서당을 편성하고 남은 잔여 군관과 병졸로 조직한 부대로서 이국인 군관에 대한 예우적 조치의 일환으로 편성되었기 때문일 것이다.

삼무당에는 軍師幢主 각 1인과 步騎幢主 각 2인이 배치되었는데, 이들의 관등이 三武幢主보다 높았다. 이는 신라인 출신의 군사당주와 보기당주가 이국인들로 편성된 삼무당을 지도·융합할 목적으로 배치되었기 때문이다.

京五種幢은 각기 靑綠·赤紫·黃白·白黑·黑靑의 衿色을 가진 5개 부대로 편성되었다. 각 부대에는 萬步幢主 3인씩이 배속되어 京五種幢主로서 역할을 수행하였다. 二節末幢은 만보당주 2인씩으로 조직된 2개의 절말당이었다. 만보당이 도끼와 방패를 사용하는 보병부대였으므로 이들 부대 역시 도끼를 주무기로 하는 보병부대였음을 알 수 있다.[26]

皆知戟幢은 신문왕 10년(690)에 창설되었다. 개지극이란 가지가 나와 있는 갈구리창으로 對騎兵用 무기였다.[27] 이에 개지극당은 갈구리창으로 무장한 전투부대였다고 하겠다. 罽衿幢은 태종무열왕 원년(654)에 창설된 기병부대였다. 그 이름으로 보아서 부대의 휘장에 그물무늬를 새겼거나 그물로 장식하였던 것으로 짐작된다. 계금당은 '隊大監 1인－弟監 1인－監舍知 1인－少監 1인－火尺 7인'의 군관과 4두품 이상의 병졸로서 조직되어 있었다. 계금당에는 著衿騎幢主 6인과 著衿監 6인이 배속되어 있어서 저금기당이 계금당의 지원부대였다는 것을 알려준다. 저금기당 역시 특이한 휘장으로 장식한 기병부대였다.[28]

왕경에는 이들 부대 이외에도 6세기초에 창설되어 통일기까지 존속된 부대로 법당군단 가운데 京餘甲幢·師子衿幢·弩幢·百官幢·四設幢 등이 있었다. 경여갑당·사자금당·노당 등의 부대는 왕경의 방위와 치안, 질서유지에 커다란 기여를 하였고, 백관당은 주요 관아의 경비를 담당하였고, 四設幢은 弩幢·雲梯幢·衝幢·石投幢으로 편성되어 각기 弩·雲梯·衝車·抛車 등의 특수무기를 제작·보급하였다.

---

26) 李仁哲, 앞의 책(1993), 349쪽.
27) 金基雄, 〈三國時代의 武器小考〉(《韓國學報》 5, 1976), 11~13쪽.
28) 李仁哲, 앞의 책(1993), 349~350쪽.

(2) 지방의 군사조직

신라의 삼국통일 달성은 지방군사조직에 특히 커다란 변화를 가져왔다. 중고시대의 5주체제에 맞게 편성되어 영토확장에 주도적 역할을 담당했던 6정이 폐지되고, 통일신라의 9주체제에 걸맞게 군사조직이 재편성되었다. 통일전쟁에서는 기병이 아무리 선제공격을 하여 적을 격퇴시켰더라도 보병이 성을 점령하여야만 자국의 영토로 확정되는 것이기 때문에 보병군단인 6정의 역할이 중요하였지만, 삼국통일을 달성한 후에는 종래의 6정군단이 주둔하였던 지역이 內地로 되었기 때문에 더 이상 6정을 존속시킬 필요가 없어졌다. 이에 통일신라정부는 보병군단인 6정을 해체하고, 지방민의 반란에 효과적으로 신속히 대처할 수 있는 기병부대를 중심으로 군사조직을 재편성하였다. 신라 통일기에 지방에 편성되었던 군사조직으로 10정・삼천당・신삼천당・5주서・저금기당・비금당・사자금당・만보당・삼변수당・이계당 그리고 법당군단이 있었다.

10정은 통일신라의 9주에 고르게 배치되었던 기병군단이었다. 10정이 처음 창설된 시기는 진흥왕 5년(544)이었지만 10개 정이 모두 설치된 것은 문무왕 5년(665)이었다. 10정은 신라의 삼국통일전쟁에 중요한 역할을 하였고, 삼국통일 후에는 지방의 치안질서유지에 커다란 기여를 하였다. 10정의 각 부대는 '대대감 1인-소감 2인-화척 2인'의 군관조직과 그 아래 병졸로 편성되었다. 10정의 주둔지는 《三國史記》 지리지에서 다음과 같이 찾아진다.

① 音里火停	尙州	尙州	靑驍縣	⑥ 未多夫里停	武州	武州	玄雄縣
② 古良夫里停	熊州	任城郡	靑正縣	⑦ 南川停	漢州	漢州	黃武縣
③ 居斯勿停	全州	任實郡	靑雄縣	⑧ 骨乃斤停	漢州	沂川郡	黃驍縣
④ 參良火停	良州	火王郡	玄驍縣	⑨ 伐力川停	朔州	朔州	綠驍縣
⑤ 召參停	康州	咸安郡	玄武縣	⑩ 伊火兮停	溟州	曲城郡	綠武縣

이처럼 10정은 통일신라의 9주 가운데 8주에 1정씩 배치되고 한주에는 2개정이 배치되었다. 10정의 명칭은 경덕왕 16년(757) 지명개정 이전의 駐屯縣 명칭과 일치하는데, 개정 이후의 명칭도 일정한 법칙성을 띠고 있다. 개정지

명의 첫자는 靑·玄·黃·綠의 4색으로 되어 있는데, 이는 《삼국사기》 직관지 무관조에 기재된 해당 부대의 衿色과 일치한다. 두번째 글자는 驍·正·雄·武 등 군대·무인의 속성과 관련있는 글자로 되어 있다.[29] 이러한 사실은 10정이 경덕왕 16년 이후까지 존속되었음을 의미할 것이다.[30]

10정의 예하지원부대인 삼천당 역시 삼국통일 이전에 창설되어 삼국통일 이후에도 존속되었다. 9세기초(800~808)에 건립된 경주 高仙寺 〈誓幢和尙塔碑〉에 '音里火三千幢主 級湌 高金□'이라는 명문은[31] 삼천당이 9세기초까지 존속되었음을 보여준다. 삼천당의 각부대는 '당주 6인－감 6인－졸 15인'으로 조직되었다. 각 부대에 배속된 병졸이 15명에 지나지 않음은 삼천당이 전투부대가 아니었기 때문일 것이다. 그 명칭으로 보아 삼천당은 僧兵으로 조직된 일종의 정훈부대였다. 이에 10정이 주로 기병의 기동력과 파괴력을 주무기로 하여 반란의 진압에 목적을 둔 부대였다면, 승병으로 조직된 삼천당은 불교적 설법을 통하여 반란군을 회유하거나 이미 진압된 반란세력을 감화시킬 목적으로 설치된 부대였다.

삼국통일 이전에 설치된 삼천당이 10정의 예하지원부대로 편성된 것과는 달리 통일기초에 창설된 新三千幢은 10정과는 관련이 없이 배치되었다. 牛首州三千幢과 奈吐郡三千幢은 문무왕 12년(672)에, 奈生郡三千幢은 문무왕 16년에 각기 설치되었다.[32] 신삼천당의 확대편성은 신라 통일기의 불교융성이나 우수주 관내의 불만세력에 대한 불교감화와 관련이 있지 않을까 한다.

5州誓는 菁州誓·完山州誓·漢山州誓·牛首州誓·河西州誓 등의 5개 부대로 편성되었다. 《삼국사기》 직관지에는 문무왕 12년에 5주서를 모두 설치하였다고 기록하였지만, 청주서와 완산주서는 같은 명칭의 州가 두어진 신문왕 5년(685)경에 설치되었을 것이다. 각 부대의 군관수는 '隊大監 1인(領騎兵)－少

29) 末松保和, 〈新羅幢停考〉(《新羅史の諸問題》, 1954, 東京 : 東洋文庫), 359~367쪽.
30) 경덕왕 16년에 10정의 명칭이 현의 명칭 개정과 함께 靑驍停·靑武停 등으로 개정되었을 것이라는 견해도 있다(李文基, 〈景德王代 軍制改革의 實態와 新軍制의 運用〉, 앞의 책, 372~375쪽).
31) 〈慶州 高仙寺 誓幢和尙塔碑〉(《朝鮮金石總覽》, 1919), 41~43쪽.
〈新羅誓幢和尙碑新片〉(黃壽永編, 《韓國金石遺文》, 一志社, 1968), 72~74쪽.
32) 《三國史記》 권 40, 志 9, 職官 下, 武官.

監 9인(領步兵)·3인(영기병)－화척 2인(영기병)'으로 되어 있다. 이는 5주서의 군관조직이 기병중심으로 되어 있기는 하지만 영기병의 소감(3인)에 비해 영보병의 소감(9인)이 3배나 많아서 5주서의 병졸도 보병이 더 많았음을 나타낸다. 저금기당은 그 명칭으로 보아 '유달리 눈에 뜨이게 특이한 휘장을 한 기병부대'였다. 그 주둔지가 5주서와 같은 점으로 보아 저금기당은 5주서에 배속되어 기병의 빠른 기동력으로 보병 중심인 5주서의 전투력을 지원해준 부대였다고 판단된다.

9주의 州治에 배치된 부대로는 緋衿幢·萬步幢·師子衿幢 등이 있었다.[33] 이들 부대는 신문왕 5년(685) 이후에 창설되었다. 먼저 비금당은 9서당 중의 하나인 비금서당이 長槍幢이었다는 사실에서 長槍을 주무기로 하는 부대로 생각된다. 비금당주는 사벌주·삽량주·청주에 각 3인, 한산주에 2인, 우수주와 하서주에 각 6인, 웅천주에 5인, 완산주에 4인, 무진주에 8인이 배치되었으며, 領幢의 緋衿監 역시 같은 인원이 배치되었으나, 領馬兵의 비금감은 무진주에만 8인이 배치되었다. 이는 무진주의 비금당만이 장창기병과 장창보병으로 조직되고 그 나머지 8주의 비금당은 장창보병으로 편성되었다는 의미가 될 것이다.

만보당은 각기 衿色을 달리하는 18개 부대가 9주에 각각 2개 부대씩 배치되었다. 부대장인 만보당주는 관등이 사지에서 대나마로 되어 있어 다른 부대의 監과 비교될 정도로 낮았다. '萬'字에는 '干戚을 가지고 추는 춤'이라 뜻이 있으므로, 만보당은 '도끼와 방패를 가지고 춤을 추듯이 잘 싸우는 보병부대'라는 의미를 갖는다. 도끼는 동서를 막론하고 일찍부터 사용되어 왔으며 갑옷과 투구로 무장한 적병에게 살상효과가 큰 무기였다.[34] 우리 나라에서는 안악 3호분·약수리고분에 도끼를 들고 행진하는 병사들의 모습이 그려져 있고, 백제·가야·신라고분에서도 허다하게 도끼가 많이 출토되고 있다.[35] 《삼국사기》訥催傳에서는 적이 눌최를 도끼로 쳐죽였다고 전한다. 이

33) 비금당주－비금감, 사자금당주－사자금당감과 같은 군관이 9주에 배치된 사실에 주목하고 신라통일기의 9주에 설치된 군사조직을 '九州停體制'로 부르는 견해도 있다(李文基, 앞의 책, 370~371쪽).

34) 篠田耕一, 《武器と防具》中國編(東京 : 新紀元社, 1992), 67~70쪽.

35) 李仁哲, 〈6~7世紀의 武器·武裝과 軍事組織의 編制〉(《韓國古代史論叢》7, 1995),

로 미루어 만보당은 도끼를 주무기로 하는 보병부대였다고 하겠다.

법당군단은 왕경과 지방의 9주·5소경 그리고 군현에 편성되어 있었다. 통일 이전의 군사당에 대신하여 9주의 州治에 편성된 법당을 사자금당이라 하였다. 각 주의 사자금당은 '당주 3인－감 3인－법당화척 2인'의 군관과 지방민 병졸로 조직되었으며, 獅子隊라 하여 중국에까지 알려졌다. 9주의 州治에는 또한 쇠뇌로 무장한 弩幢이 배치되었다.

5소경에는 小京餘甲幢과 노당이 배치되었다. 소경여갑당은 '법당주－법당감－법당화척'의 군관과 지방민 병졸로 조직되었으며, 노당은 '법당두상－법당벽주'의 군관과 지방민 병졸로 편성되었다.

군현에는 법당군단에 속한 부대 가운데 外餘甲幢·餘甲幢·外法幢이 편성되었다. 이들 부대의 法幢主(52인)와 法幢頭上(147인)을 합한 수(199인)는 《三國史記》 권 40, 직관지 외관조에 기재된 郡大守와 少守를 합친 수(200인)와 거의 일치하고, 법당주(52인)와 法幢辟主(351인)를 합친 수(403인)는 직관지 외관조의 군태수·소수·현령을 합친 수(401인)와 거의 일치한다.[36] 이러한 현상은 6세기 전반에 외여갑당이 편성된 지역(22군 30현)의 법당조직은 그대로 놔두고, 그 이후에 영토확장과 군현의 설치로 새로이 법당을 편성한 지역에는 여갑당과 외법당을 편성하고 법당두상과 법당벽주를 파견하였기 때문에 일어났다. 그러나 실제로는 새로이 법당군관을 파견한 것이 아니라 태수·소수·현령으로 하여금 이들 법당군관직을 겸직하게 하였다. 이에 따라 6세기 전반에 외여갑당이 편성되었던 지역에서는 태수와 현령이 법당주를 겸하였고, 그 이외의 지역에서는 태수와 소수가 법당두상을 겸하고, 현령은 법당벽주를 겸하였다. 당시의 모든 군현에 편성된 법당은 지방관을 군관으로 그 지역의 농민장정을 병졸로 삼았다. 《삼국사기》에서 현령이나 소수가 그 지역민을 이끌고 전투하는 장면을 흔히 볼 수 있는 까닭은 바로 이 때문이다.[37]

9～50쪽.

36) 인원에서 1, 2인의 차이가 나는데 이것은 商城郡의 5畿停에는 경여갑당을 두었고, 《三國史記》 職官志 外官조의 기사와 武官조 법당 관련기사가 시기를 약간 달리하는 자료를 근거로 작성되었기 때문이다. 이러한 점을 감안하면 양자는 완전히 일치한다고 말할 수 있다.

37) 李仁哲, 앞의 책(1993), 290～324쪽.

신라 통일기에 북방을 경비하기 위해 설치한 부대로 二罽幢과 三邊守幢이 있었다. 2계당은 外罽라고도 하는데, 漢山州罽幢은 문무왕 17년(677)에, 牛首州罽幢은 문무왕 12년에 편성되었다. 그 명칭으로 보아 왕경의 罽衿幢과 같은 兵種의 기병부대로 생각된다. 3변수당은 邊守라고도 하는데, 三邊은 漢山邊·牛首邊·河西邊을 뜻한다. 2계당이 기병부대였다는 사실에서 3변수당은 상대적으로 보병부대가 아니었을까 한다. 같은 지역에 동일 병종의 부대가 배치되었을 것으로 생각하기는 어렵기 때문이다.

3) 진과 성곽시설

신라정부는 국토를 방위하고 지배체제를 유지하기 위하여 軍鎭을 설치하고 성곽시설을 축조하였다. 신라 통일기에 설치된 군진으로는 北鎭·浿江鎭·淸海鎭·唐城鎭·穴口鎭 등이 있었다. 이들 군진은 해상교통의 요충이자 군사적 요지에 설치되었다.

태종무열왕 5년(658)에 말갈을 방어하기 위하여 悉直(삼척)에 설치되었던 북진은 문무왕 15년(675)에 安北河(덕원 북면천)에 연하여 關城과 鐵關城을 축조하고, 문무왕 21년에는 沙飡 武仙이 정병 3천으로 比列忽(안변)을 鎭戍하였다는 기록으로 보아 문무왕 21년경에는 함경남도 안변지역으로 옮겨진 듯하다. 효소왕대에는 비열홀에 둘레 1,180보의 성을 쌓았고, 성덕왕 20년(721)에는 永興의 龍興江과 定平의 金津江 사이의 分水山脈을 이용하여 北境長城을 축조하였다.[38] 그리고 경덕왕 16년(757)경에는 炭項關門을 설치하였다. 이러한 사실은 북진이 안변으로 옮겨진 이후, 오늘날의 함경남도 안변군·문천군·고원군·영흥군 일대를 관할하는 군진으로 확대 편성되었음을 의미한다. 헌강왕 12년(886)에 '狄國人(발해인)이 鎭에 들어와 片木을 나무에 걸어 놓고 돌아갔으므로 그것을 취하여 바친다'고 북진이 아뢰어 왔다는 사실을 통하여[39] 북진이 9세기 후반까지 존속되었음을 알 수 있다.

---

38) 李文基, 앞의 책, 345쪽.
池內宏, 〈新羅の戊子巡境碑と新羅の東北境〉(《滿鮮史硏究》 上世-2, 1960), 49~55쪽.

북진이 발해의 남침에 대비하여 동북방에 설치된 군진이었다면 패강진은 서북방에 두어진 군진이었다. 신라정부는 효소왕 3년(694)에 松岳·牛岑 2城을 쌓았고, 성덕왕 12년(710)에 開城을 축조했고 성덕왕 17년에는 한산주도독 관내에 諸城을 축성하였다.[40] 성덕왕 32년에 신라는 당의 요청에 따라 渤海의 남변을 공격하였고, 당나라는 출병의 대가로 성덕왕 34년(735)에 패강 이남의 땅을 신라에 주었다. 이에 패강진이 성덕왕 34년 이후에 설치된 것은 분명하지만 그 설치시기를 구체적으로 전하는 기록은 없다. 그러나 金巖이 패강진두상을 지낸 혜공왕 5년(769)경까지는 설치되었을 것이다.[41]

패강진의 관할범위에 대해서는 다양한 견해가 제시되어 있다.[42] 하지만 당나라가 패강 이남의 땅을 신라의 영토로 인정한 이후에 신라가 예성강이 북으로 진출하였다는 사실에서 이 당시의 패강은 오늘날의 대동강이었음이 명백하다. 그 명칭으로 보아 패강에 설치되었을 패강진도 당연히 대동강에 가깝게 설치되었을 것이다.

신라가 패강에 수자리를 설치하여 발해를 견제하겠다고 당에 보낸 표문이나, 패강의 수자리는 당시 幽州節度府使로 있던 安祿山과 서로 바라보고 멀

---

39) 《三國史記》 권 11, 新羅本紀 11, 헌강왕 12년.

40) 이들 성곽시설의 축조를 예성강 이북에 있는 구고구려인에 대한 격리·견제책으로 이해하고, 패강진의 설치를 구고구려 영토에서의 지배권 장악과 고구려 유민의 정착을 위한 정치적 배려로 이해한 견해가 있어 흥미롭다(申瀅植, 〈統一新羅時代 高句麗遺民의 動向〉, 《統一新羅史硏究》, 三知院, 1990, 101~103쪽).

41) 《三國史記》 권 43, 列傳 3, 金庾信 下.
木村誠, 〈新羅郡縣制の確立過程と村主制〉(《朝鮮史硏究會論文集》 13, 1979), 252~255쪽.

42) 末松保和, 〈新羅の郡縣制, 特にその完成期の二三の問題〉(《學習院大學文學部硏究年報》 21, 1975), 76~77쪽.
方東仁, 〈浿江鎭의 管轄範圍에 關하여〉(《靑坡盧道陽博士古稀紀念論文集》, 1979), 299쪽.
木村誠, 〈統一新羅の郡縣制と浿江地方經營〉(《朝鮮歷史論集》 上, 1979), 258~259쪽.
李成市, 〈新羅兵制における浿江鎭典〉(《早稻田大學大學院 文學硏究科紀要》 7, 1980), 199~207쪽.
李基東, 〈新羅 下代의 浿江鎭〉(《新羅骨品制社會와 花郞徒》, 一潮閣, 1984), 208~231쪽.
李仁哲, 앞의 책(1993), 221~228쪽.

리 도모할 수 있는 좋은 계책이라고 한 唐 玄宗의 말[43] 역시 패강진이 패강(대동강)에 가까우면서 당의 幽州를 서로 바라볼 수 있는 해안가에 설치될 것이라는 점을 암시한다. 그럴 경우에 《삼국사기》 권 37, 지리지 4에 기록된 仇乙峴(송화군 풍천면)·闕口(신천군 문화면)·栗口(은율군)·長淵(장연군)[44]·麻耕伊(송화군)·楊嶽(안악군)·板麻串(송화군 동부)·熊閑伊(송화군 남부)·甕遷(옹진군)·付珍伊(옹진군 강령)·鵠島(백령도)·升山(신천군) 등 12개 군현 미설치 지역을 주목할 필요가 있겠다. 이들 지역이 신라의 영토였음에도 통일신라의 군현을 기록한 《삼국사기》 권 35, 지리지 2 漢州條에는 전하지 않고, 지리지 4 한산주조에만 전해지는데, 이는 이 지역에 군현이 아닌 군진이 설치되었기 때문일 것이다.

《삼국사기》 권 40, 職官志 下 浿江鎭典조에는 '頭上大監 一人 宣德王三年始置 大谷城頭上 位自級飡至四重阿飡爲之'라 하여 패강진의 두상대감과 대곡성두상이 나란히 기재되어 있어, 패강진두상대감이 곧 대곡성두상이었을 것이라는 인상을 주고 있지만, 《삼국사기》 권 5, 新羅本紀 宣德王 3년(782)조에 왕이 한산주를 순행하여 民戶를 패강진으로 옮겼다는 기사가 있고, 그 이듬해인 선덕왕 4년조에 대곡진군주의 임명기사가 적혀 있어 패강진과 대곡진(성)은 서로 다른 군진이었음을 명백히 보여주고 있다.

대곡성 등 14군현이 설치된 시기는 경덕왕 7년(748)으로, 당시 신라에서는 태수나 소수가 법당두상을 겸하였기 때문에 대곡성 등 14군현에 임명된 태수와 소수 역시 법당두상을 겸하였다. 대곡성에는 군태수가 파견되었으므로 대곡성두상의 관등은 본래 舍知에서 重阿飡까지로 태수와 같았다. 14군현 설치 기사에서 대곡성만이 특별히 기재되어 있고, 《三國史記》 패강진전조에도 대곡성만이 보이는 까닭은 대곡성이 이 지역의 다른 성에 비해 규모도 크고, 신라의 패강지역 진출에 군사적으로 중요한 역할을 담당하였기 때문일 것이다. 경덕왕 21년에 五谷·休巖·漢城·獐塞·池城·德谷의 6성을 쌓고 태수

43) 《文苑英華》 권 471, 勅新羅王金興光書.

44) 《新唐書》 권 43下, 志 33下, 地理 7下, 所引 賈耽의 方域道里數記에 보이는 長口鎭은 패강진의 12개 支鎭 가운데 하나로서, 장연군 장산곶에 설치된 지진의 명칭이라 할 것이다.

를 두었다고 하는데,[45] 이들 성곽의 태수는 대곡성두상의 관할하에 있었던 모양이다. 이에 신라정부는 선덕왕 3년(782)에 패강진의 직제를 개편하여 두상대감직을 설치하면서, 대곡성의 군사적 중요성을 감안하여 대곡성두상도 패강진두상대감과 같은 관등을 갖도록 조처하였던 것으로 생각할 수 있다. 그러나 패강진은 그보다 더 서북쪽에 위치한 鳳山을 本鎭으로 하고 앞에서 언급한 황해도 서북해안의 12지역을 군관구로 하여 해안경비와 발해공격을 위한 전진기지의 역할을 수행하였다.

패강진의 본진에는 '頭上大監 1인－大監 1인－頭上弟監 1인－弟監 1인－步監 1인'의 군관이 배치되었고, 대감 6인과 소감 6인이 12개 支鎭에 한명씩 나누어 배치되었다.[46] 이때 대감 6인이 배치된 6개 支鎭은 대감의 관등이 태수와 같은 점으로 보아 郡級에 해당하는 지진이며, 소감이 배치된 6개 지진은 縣級에 이르지 못하는 지진이었다. 패강진에 주둔한 병력은 남쪽의 민호를 옮겨서 편성한 屯田兵과 3년을 기한으로 赴防한 防戍軍으로 조직되었다. 신라정부는 헌덕왕 18년(826)에 한산 이북의 여러 州郡人 1만을 징발하여 浿江長城 300리를 쌓았다.

淸海鎭은 흥덕왕 3년(828)에 張保皐가 중국에서 돌아와 국왕에게 건의하여 설치되었다. 당시에 장보고는 중국의 해적들이 신라인들을 잡아다가 노비로 삼는 것을 보고 돌아와, 흥덕왕에게 莞島에 청해진을 설치하여 해적을 방어해야 한다고 건의하니, 국왕이 이를 허락하고 1만 명의 병력을 주었다고 한다.[47] 그러나 실제로는 장보고가 국왕의 양해를 얻어 완도의 邊民 1만을 규합한 일종의 民軍조직으로 청해진을 설치하였다고 보는 편이 사실에 가까울 것이다. 청해진의 설치목적도 해적선의 소탕이나 해안지대의 안정확보에 한정되는 아니라 동북아시아 무역의 패권장악에 있었다.[48]

《三國史記》 지리지에는 청해진이 기재되어 있지 않다. 하지만 당성진과 혈

45) 《三國史記》 권 9, 新羅本紀 9, 경덕왕 21년.
46) 패강진두상대감은 9세기경에 浿江鎭都護로 그 명칭이 개정되었다(〈新羅皇龍寺九層木塔刹柱本記〉, 《韓國金石遺文》, 163쪽).
47) 《三國史記》 권 44, 列傳 4, 張保皐.
48) 李基東, 〈張保皐와 그의 海上王國〉(《張保皐의 新硏究》, 莞島文化院, 1985 ; 《新羅社會史硏究》, 一潮閣, 1997, 208~211쪽).

구진의 경우를 통해 보면 청해진 역시 郡 정도의 영역에 설치되었을 것이다. 이에 오늘날의 완도군 전역에 걸쳐 청해진이 설치되었고, 완도군이 여러 개의 섬으로 되어 있는 만큼 청해진도 패강진과 마찬가지로 완도에 두어진 본영과 주변의 여러 섬에 설치된 지진으로 구성되었을 것으로 생각할 수 있다. 완도에는 初築 연대를 알 수 없는 郡內里城·駕轎里石城·堂洛里城 등의 성곽이 있고, 신라 통일기에 축성되었을 것으로 추정되는 將島土城이 있다.[49]

청해진의 최고 지휘자는 淸海鎭大使였으며, 그 아래에 兵馬使가 있었다.[50] 청해진의 병력은 국왕이 주었다고 하는 병력과 현지의 주민들을 둔전병으로 편성한 병력 그리고 장보고의 사병으로 조직되었다. 하지만 청해진의 병졸집단은 점차 장보고의 사병으로 변모되어갔고, 마침내는 장보고가 중앙의 왕위쟁탈전에 가담하는 사태까지 벌어졌다. 그 후 장보고는 文聖王 8년(846)에 자신의 딸을 문성왕의 次妃로 삼으려다 중앙귀족들의 반대로 실패하자 반란을 일으켰지만 왕이 보낸 자객에 의하여 피살되었다. 문성왕 13년에 신라정부가 청해진을 파하고 그 곳 백성들을 碧骨郡으로 옮김으로써 청해진은 완전 해체되었다.

唐城鎭은 홍덕왕 4년(829)에 설치되었다. 신라정부는 唐恩郡을 당성진으로 만들고 沙飡 極正을 보내 지키게 하였던 것이다. 당성진은 당은군과 그 영현 3개를 포괄하는 지역에 두어졌다.[51] 당성진의 우두머리는 혈구진과 마찬가지로 鎭頭였다고 생각된다. 당성진이 있던 경기도 화성군 서신면에는 唐城이라 불리는 토석혼축으로 된 길이 1.2km의 포곡식 산성이 있으며 그 주위에 소규모 토성이 있다.

穴口鎭(강화)은 문성왕 6년(844)에 처음 설치되었으며 아찬 계홍이 진두로 임명되었다. 진두는 패강진두상대감 혹은 패강진두상과 같은 계열의 군관명칭이다. 《三國史記》 지리지에 海口郡은 본래 고구려 穴口郡으로 바다 가운데

---

49) 崔根泳·閔德植, 〈靑海鎭의 歷史的 考察과 그 城의 分析〉(《張保皐의 新硏究》, 1985, 莞島文化院), 223~308쪽.
趙由典·金聖範, 〈莞島 淸海鎭 遺蹟에 관한 一考〉(《淸海鎭 張保皐大使 海洋經營史 硏究》, 中央大, 1992), 209~236쪽.

50) 李文基, 앞의 책, 415~417쪽.

51) 李文基, 위의 책, 414쪽.

있으며, 그 영현이 3개였다고 전하는데, 신라정부는 이들 영현을 포함한 혈구군을 문성왕 6년에 혈구진으로 편제하였다. 현재 강화도에 남아 있는 18개의 성곽은 모두 고려시대 이후에 축성된 것으로 알려져 있으나 진성여왕 10년(896)에 궁예가 穴口城을 쳐부수었다는 기록을 통해서 보면[52] 혈구진에도 성곽시설이 있었음을 알 수 있다. 그러므로 통일신라의 모든 군진은 영현을 포함하는 군 정도의 영역에 설치되었으며, 성곽시설이 축조되어 있었다고 하겠다. 다만 북진과 패강진은 몇 개 군을 합친 넓은 지역에 설치되었다.[53]

군진에 축조된 성곽시설이 주로 외적의 침입에 대비하여 만들어진 것이라면, 왕경과 9주 5소경 그리고 군현에 축조된 성곽은 주로 지배체제의 유지를 위해 만들어졌다.

《三國史記》 지리지 서문에서는 혁거세 21년(B.C. 37)에 궁성을 쌓고 金城이라 하였다고 하고, 파사왕 22년(101)에 금성 동남쪽에 성을 쌓고 이름을 月城 혹은 在城이라고 하였는데 둘레가 1,023步였다고 전한다. 또 新月城 북쪽에 滿月城이 있는데 주위가 1,838步이고, 신월성 동쪽에 明活城이 있는데 주위가 1,906步였다고 한다. 경주에는 왕경을 둘러싼 長城이 별도로 축조되지 않은 대신에 동에는 명활산성, 서에는 西兄山城, 남에는 南山新城 등 주위의 산성이 羅城의 역할을 하였다.[54]

금성에 대해서는 그 존재를 부정하는 견해와 긍정하는 견해가 있지만[55] 소지왕 22년(500) 이후의 기록에 나타나지 않는 것으로 보아, 금성이 신라 통일기에는 사용되지 않은 성곽이었음은 분명한 듯하다.

월성은 신월성 혹은 재성이라고도 불렸는데, 신월성은 성의 형태가 초생달

52) 《三國史記》 권 50, 列傳 10, 弓裔.

53) 이들 군진 이외에 施彌知鎭(《三國史記》 권 10, 新羅本紀 10, 헌덕왕 14년)·沙火鎭(《高麗史》 권 1, 世家 1, 태조 원년)·阿弗鎭(阿火)(《高麗史》 권 92, 列傳 5, 庾黔弼)·昵於鎭(《高麗史》 권 82, 志 36, 兵 2, 鎭戍) 등이 사료 상에 보인다. 그러나 시미지진은 정확한 위치를 파악하기 어렵고, 사화진은 상주 사벌면 일대에 설치된 군진이지만 후백제와 신라 중에 누가 설치하였는지가 애매하다. 다만 아불진과 닐어진은 각기 경주군 서면 아화리와 영일군 신광면에 신라가 설치한 후삼국기의 군진으로 간주된다(李文基, 앞의 책, 410~411쪽).

54) 朴方龍, 〈都城·城址〉(《韓國史論》 15, 1985, 國史編纂委員會), 338~387쪽.
李元根, 〈都城〉(위의 책), 541~565쪽.

55) 이에 대해서는 朴方龍, 앞의 글 참조.

처럼 생겼다고 하여 붙여진 이름이며, 재성은 왕이 거처하는 성이라는 뜻이다.[56] 월성은 경주시 인왕동에 자리잡은 반월성을 말하는데, 성의 규모는 동서벽이 860m, 남북폭이 250m이고 성내 면적이 55,000여 평이며, 성벽 길이는 약 1,841m이다. 성벽은 동・서・북 3면과 서남면은 토석을 함께 다지고 그 맨위에 점토를 이겨 덮었다. 성에는 9개의 門址, 垓字와 목책시설이 있었고 성내에는 작은 연못 2개가 있었음이 확인되었다. 滿月城은 통일기초에 왕궁이 협소하여 안압지 동편에서부터 천주사지와 첨성대를 포함하여 奈勿王陵 동쪽 부근까지 궁성지를 넓히고 土墻城壁으로 둘러 만월처럼 되었던 까닭에 붙여진 이름으로 생각된다.[57] 즉 신월성 북쪽에 둥그스럼하게 확장된 부분이 만월성이었다.

명활성은 경주 동쪽에 있는 명활산에 처음에는 토성으로 쌓았다가 석성으로 개축한 4.5km 길이의 包谷式 山城이다. 서형산성은 경주시 서악동에 있는 서형산(선도산) 중턱을 둘러싼 둘레 약 2.9km의 석성이다. 이 산성은 통일 이전에 축조한 것을 문무왕 13년(673)에 증축하였는데, 소금창고가 있었다. 남산신성은 경주시 남산에 있는 성벽 길이 약 3.7m의 포곡식 석성이다. 성에는 右倉(長倉, 동창)・左倉(서창)・중창의 3개 창고지, 建物址 5개소, 망루지 22개소, 성문지 6개소가 있다.[58] 남산신성은 진평왕 13년(591)에 처음 축조되었고, 문무왕 19년에 증축되었다. 이들 성곽시설 이외에 경주와 그 주변에는 왕성을 보호하기 위한 성곽으로 北兄山城・都堂山城・南山土城・高墟城・富山城・甂城・鵲城・良洞里城 등이 있었고, 일본군의 침입을 막기 위해 新垈里城과 關門城(毛伐郡城)을 축성하였다.[59]

9주의 직할지인 州治에도 성곽이 축조되었다. 신문왕 7년(687)에 사벌주에 둘레 1,109步의 성곽을 축조하였고, 삽량주에 둘레 1,260步의 성곽을 쌓았다. 현 상주 시가지와 그 주변에는 尙州邑城・屛風山城・紫山山城・금흔리산성

56) 월성에서는 '在城'이라 양각된 銘文瓦가 출토되어 월성이 곧 재성이었음이 증명되었다.

57) 朴方龍, 앞의 글, 344~349쪽.

58) 朴方龍, 〈慶州 南山新城의 硏究〉(《歷史考古學志》 10, 1994), 533~597쪽.

59) 朴方龍, 〈新羅王都의 守備－慶州地域 山城을 中心으로－〉(《新羅文化》 9, 1992), 25~38쪽.

이 있다. 현 양산읍에도 北部 洞山城과 新基里의 城隍山城 그리고 조선시대의 邑城이 있으며, 菁州의 주치였던 진주시에도 약 600m의 토축 내성과 약 4km의 石築 外城으로 된 晉州城(일명 촉석성)이 있고, 남강 건너편에 望晉山城, 진주 북방 4km지점에 將壇山城이 있다. 州治에 있는 이들 성곽 중에서 州城을 찾아내는 일은 쉽지 않다. 보다 분명한 사실은 주성뿐 아니라 주변의 성곽들이 모두 州司의 방어에 중요한 역할을 하였다는 점일 것이다.

한산주에는 문무왕 12년에 晝長城(남한산성)을 쌓았는데 둘레가 4,360보였다. 首若州의 주치인 춘천에는 三岳山城·牛頭坪古城·鳳儀山城이 있다. 삼악산성과 우두평고성은 삼국시대에 축조된 성곽이고, 봉의산성이 문무왕 13년(673)에 축조된 走壤城으로 알려졌다. 주양성은 춘천시와 소양강 사이에 자리한 길이 약 700m의 석축성이다. 하서주의 주치였던 강릉에는 溟州城과 濊國土城이 있다. '溟州城'銘 와당이 나온 것으로 보아 명주성이 하서주의 주성으로 생각된다.[60)]

웅천주의 州治였던 公州는 백제의 옛 수도였다. 이에 백제의 궁성인 웅진성이 웅천주의 주성으로 사용되었다. 헌덕왕 14년(822)에 웅천주도독이었던 金憲昌이 웅진성에서 관군을 맞아 굳게 지켰다는 기록이[61)] 이를 뒷받침한다. 웅진성은 석축과 토축으로 축조되었는데, 석축산성의 길이는 약 1,900m, 토축산성의 길이는 약 550m로 도합 2,450m의 포곡형 산성이다.[62)]

완산주의 주성은 현 전주시 교동에 있는 僧岩山城(동고산성)으로 생각된다. 8세기 후반에 축조된 것으로 생각되는 이 성에서 신라토기편과 함께 성문 6개, 우물 2개, 건축물 10개가 조사되었다.[63)] 무진주의 주치인 현 광주시에는 光州邑城·無等山古城·武珍都督古城이 있는데 무등산고성은 백제 때 축조되었고, 무진도독고성은 문무왕 18년(678)에 축조되었다고 전하며, 광주읍성 또한 백제토기 등이 발견되어 백제 혹은 통일신라기에 축조된 것으로 생각되고 있다.[64)]

---

60) 朴泰祐, 앞의 글, 68쪽.
61) 《三國史記》 권 10, 新羅本紀 10, 헌덕왕 14년.
62) 成周鐸, 〈都城〉(《韓國史論》 15, 1985, 國史編纂委員會), 172쪽.
63) 全榮來, 〈全州東固山城槪括調査報告〉(《全北遺蹟調査報告》 11, 1980), 19~26쪽.
64) 井上秀雄, 〈朝鮮城郭一覽－江原道·全羅南北道·濟州道編〉(《朝鮮學報》 107, 1983),

소경에도 성곽시설이 축조되었다. 문무왕 13년에 쌓은 國原城(중원경)은 둘레가 2,592보였고, 신문왕 5년(685)에 쌓은 北原京城(원주)은 둘레가 1,031보였다. 또 신문왕 9년에는 西原京城을, 11년에는 南原京城을 쌓았다. 충주시(중원경)에는 忠州舊邑城 · 南山城(마고성) · 桐岳城 · 大林山城 · 逢峴城址 · 彈琴臺土城이 있는데, 충주구읍성이 문무왕 13년에 축조한 국원성일 것으로 생각되고 있다.[65] 원주(북원경)에는 甄萱城 · 鴿原山城이 있으나 어느 것이 신문왕 5년에 축조한 북원경성인지는 알 수 없다. 청주시(서원경)에는 신문왕 9년에 축조한 서원경성으로 생각되는 淸州舊邑城을 비롯하여 上黨山城 · 牛岩山城 · 父母山城이 있고, 외곽지역에도 10개의 성곽이 있다.[66] 남원에는 蛟龍山城(劉仁軌城) · 南原邑城 · 尺門里山城이 있다. 신문왕 11년에 쌓은 남원경성은 남원읍성일 것으로 추정된다. 금관소경이 있던 김해에는 盆山城이 있다. 분산성은 금관가야가 축성한 성곽으로 신라 통일기에는 金官京城으로 사용되었을 것으로 생각된다.[67]

신라 통일기의 군현에도 성곽시설이 있었다. 그러나 군현에서는 삼국시대에 축조된 성곽을 그대로 이용하는 경우가 대부분이었다. 삼국통일전쟁에서 태수 · 소수 · 현령이 적병에 대항하여 싸운 성곽이나, 궁예가 격파하였다는 猪足(인제) · 猩川(화천) · 夫若(금화) · 金城(금화군 금성) · 孔巖(서울 강서) · 黔浦(김포군 검단) · 穴口(강화) 등의 성곽은 모두 군현에 있던 성곽이었다.[68] 통일기에 들어와서 성곽을 증축하거나 신축한 경우도 있었다. 문무왕 13년(673) 8월에 증축하였다는 沙熱山城(청풍), 같은 해 9월에 쌓았다는 召文城(의성 금산성) · 耳山城(고령), 達含郡의 主岑城, 거열주의 萬興寺山城, 삽량주의 骨爭峴城 등이 그에 해당한다. 또 충남의 大岩里城(금산) · 雲柱山城(연기) · 新豊里城(공주) · 山城里城(예산), 전북의 楚山山城(정읍)과 전남의 懷州古城(장흥) · 普平山城(무안) · 沿海山城(강진) · 九修里城(강진) 등도 신라 통일기에 쌓은 성곽이다. 康津의 연해산성과 구수리성은 新羅軍馬의 방목장이었다.[69] 신라정부는 통일

187~188쪽.

65) 井上秀雄, 〈朝鮮城郭一覽－京畿道 · 忠淸南北道編〉(《朝鮮學報》 104, 1982), 138쪽.

66) 李仁哲, 앞의 책(1996), 89~114쪽.

67) 朴泰祐, 앞의 글, 72쪽.

68) 《三國史記》 권 7, 新羅本紀 7, 문무왕 15년 9월 29일 및 권 50, 列傳 10, 弓裔.

국가의 지배체제를 유지하고 외적의 침입을 막아내기 위해 매우 조직적이고 치밀한 계획하에 행정상의 주요 거점과 군사적 요지에 많은 성곽시설을 축조하고 군진을 설치하였던 것이다.

〈李仁哲〉

5. 토지제도의 정비와 조세제도

1) 토지제도

장기간의 전쟁을 통해 삼국을 통일한 신라는 변화된 여건에 따라 체제를 정비해야 하는 과제를 안게 되었다. 새로 제기된 과제들을 해결해가는 데는 영토의 확대와 주민의 증가라는 물질적 기반의 확충과 이러한 결과를 가져온 전쟁의 승리에 따른 왕실의 위상 제고가 큰 몫을 하였다.

왕실은 왕권을 견제하던 진골세력의 상당수를 제거하여 정부기구를 정비하는 등 관료체제를 다져갔다. 국가체제 정비과정의 산물이기도 하지만, 이 같은 작업을 가능케 하는 기반으로서 토지제도의 정비가 수반되었다. 토지제도는 삼국의 통일에 따른 지배체제의 재편 등에 따라 개혁의 여지가 있기도 하였지만, 여전히 본 신라의 영역과 주민이 전 국토와 주민 가운데 큰 비중을 차지하고 있는 데서 오는 제약이 따랐다. 완전히 영토화한 백제지역도 그 지배세력과 주민의 일부가 唐이나 倭로 갔다고 하나 대다수 주민은 여전히 종래의 토지에 긴박된 채 살고 있었다. 부분적으로 영토화한 고구려지역의 주민과 토지의 관계도 결코 크게 단절된 양상이었다고 말할 근거는 적다.

이 같이 종래의 토지와 주민간의 관계가 상당부분에서 지속되고 있다는 현실은 통일기 신라정부의 토지정책을 삼국시대 이래의 농업 및 토지소유 역사과정의 연장선상에 있도록 하였다. 신라를 위시한 삼국시대 후반, 토지는 사적소유의 기초위에서 귀족들의 大土地所有와 일반민의 小土地 自作이

---

69) 井上秀雄, 앞의 글(1982), 142~174쪽.
　　―――, 앞의 글(1983), 173~206쪽.

주류를 이루었다고 볼 수 있다. 전쟁은 전체적으로 부익부 빈익빈을 조장하여 주민들간에는 사회경제적 분화가 심화되고 있었다. 이러한 상황에서 고구려에서는 3등호제가 실시되고 있었는데 신라의 경우도 형편은 유사하였다고 보인다. 전쟁물자의 조달과 국가체제의 효율적 운영을 위한 재정수요가 증대되면서 조세수취의 필요성은 점차 증대되었다. 이에 따라 주민의 재산에 대한 파악과 수취가 당연히 증대되었다.[1]

이러한 과정에서 토지에 대한 計量이 점차 국가적인 차원에서도 문제가 되었을 것이다. 文武王 3년(663) 金庾信에게 주어진 500結의 토지에서 結積이 사용되고 있는 사실을 보게 된다. 이 같은 토지의 사여는 김유신 이외에도 적지 않은 자들에도 있었을 것인데[2] 토지에 대한 국가적 計量의 가능성을 추정할 수 있다.

사료를 통해서 토지의 기증이나 교환·매입 등의 사실도 몇 군데서 확인할 수 있다.《三國史記》新羅本紀 文武王 4년 8월 14일조를 보면 財貨나 田地를 함부로 절에 기증하는 것을 금하고 있다. 전란의 마지막 고비에서 신라인들이 불교에 크게 의존하면서 재물이나 토지를 절에 기증하는 일이 흔히 있었음을 알 수 있다. 토지의 매매나 기증의 사실은 〈大崇福寺碑銘〉과 〈智證大師寂照塔碑銘〉 등 현전하는 금석문을 통해 알 수 있다. 이 같은 사실들은 통일신라에서는 토지에 대한 사유권이 엄존했던 것은[3] 물론 동시에 토지에 대한 측량이 있었을 것을 짐작케 해준다.

이제 7세기말 8세기 전반, 통일신라에서 일관되게 추진된 주요 토지시책에 보이는 토지의 품목별 제도의 정비 내용과 그것이 갖는 역사성을 살펴보도록 하자.

(1) 관료전

통일신라에 들어와 구체적인 토지시책으로 가장 먼저 실시된 것이 文武官

1) 김기흥,《삼국 및 통일신라 세제의 연구》(역사비평사, 1991), 204쪽.
2)《三國史記》권 42, 列傳 2, 金庾信中.
3) 李佑成,〈新羅時代의 王土思想과 公田〉(《趙明基博士華甲紀念 佛敎史學論叢》, 1965), 4~9쪽.

僚田의 지급이다. 神文王 7년(687)의 일이었다. 《三國史記》 新羅本紀 神文王 7년 5월조에는 "敎하여 문무관료전을 차등있게 내렸다"라고 하였다. 문무관료전의 지급은 무열왕대 이래 정부기구의 대대적인 확충에 따른 행정관료의 증가와 직접적인 관련이 있다. 국가기구의 중추적 기능을 감당하게 된 관료들에게 경제적인 대우를 하여야 했기 때문이다. 이들 관료들은 신라 중대 왕권의 수족과 같은 존재였던 만큼 그들의 경제기반을 국가적으로 마련해 주지 않을 수 없었다. 이 관료전은 통일신라기 체제정비의 모범이 되었던 唐의 職田制의 영향을 받은 것도 물론이다.

위에서 인용한 문무관료전 지급 기사에서 문무관료전이 '차등있게' 주어졌다고 한 점이 주목된다. 이는 국가의 사전준비에 의하여 관료의 골품이나 품계 및 직위에 따라 차등적으로 정해진 양의 토지를 지급한 사실을 보여준다. 그런데 관료들은 수도와 지방에 산재해 있었다. 따라서 관료전도 수도와 지방의 토지로 주어졌을 것이다. 이렇게 하기 위해서는 수도 부근과 지방관의 소재지 부근의 토지에 대한 국가의 파악작업이 있어야 했을 것이다. 국지적이겠지만 상당한 양의 토지가 국가에 의하여 量田되는 사실이 있었을 것이다. 이 같은 상당 규모 토지에 대한 양전사업의 실시는 전국적인 토지에 대한 양전사업으로 발전되어갔을 가능성을 갖고 있었다고 보인다.

관료전은 신라촌락문서에 구체적인 모습을 보이고 있다. 이견이 없지 않으나 內省의 하급 사령으로 보이는[4] 內視令의 직전 즉 관료전인 內視令畓이 沙害漸村에 4결 마련되어 있다. 이 토지는 주민들이 소유·경작하였던 것으로 보이는 烟受有田畓과는 구별되어 있다. 이 토지는 또다른 공적인 토지인 官謨田畓과 더불어 연수유전답과 구분되고 있는데, 연수유전답이 조세수취의 대상지로서 파악되고 있는 데 비하여 성격이 전혀 다른 토지였던 것이다. 이 토지는 촌내 주민들의 부역에 의하여 경작되었다고 보인다.

신라촌락문서에서 통일신라 관료전의 지급양태를 추정해볼 수 있다. 4개 촌의 여러 상황을 적어 놓은 촌락문서에 의하면 문서가 작성되는 시점에서의 현임 내시령 이전의 前內視令의 존재가 보인다. 그런데 내시령답은 관모

---

4) 金基興, 〈新羅村落文書에 대한 新考察〉(《韓國史硏究》 64, 1989), 24~29쪽.

전답과 더불어 민간이 소유·경작하고 있는 연수유전답과는 전혀 구분되어 책정되고 있다. 이는 내시령답이 내시령의 교체 등 여타의 여건에 의하여 연수유전답 위에 지정될 수 있는 지목이 아닐 가능성을 보여준다. 통일의 과정에서 많은 토지가 無主地化하였을 것이고, 더구나 고구려·백제지역 지배층의 다수가 이탈함으로써 상당수의 良田을 확보할 수 있었던 국가는 이 같은 조건에서 일정한 양의 토지를 국가소유지로서 장악하고 그 중의 상당 부분을 관모전답이나 관료전 등의 몫으로 할당할 수 있었을 것으로 보인다.

통일신라기의 관료전은 일반주민들의 부역에 의하여 경작되었다고 보이는 만큼 그 생산액의 전액이 수조권을 가진 해당관료의 소득이 될 수 있어서 관료들의 경제적 기반으로 크게 기능하였을 것을 알 수 있다. 관료전은 물론 현직관료에게 주어졌을 것이다. 이에 따라 통일신라기의 진골귀족이나 頭品層은 관료가 되기 위해 노력을 기울였을 것이다.

(2) 녹 읍

祿邑은 관직에 취임한 자의 보수로서 지급되는 고을을 말한다. 이 녹읍은 통일신라기에 한때는 폐지되었다가 수십년 뒤에 다시 부활되었다. 귀족관료의 경제기반으로 크게 기능하였을 이 녹읍의 변천과정은 통일신라기 왕실과 귀족사이의 역학관계를 반영해 주는 요소로서 크게 주목되어 왔다.

《三國史記》에 의하면 문무관료전이 지급된 2년 뒤인 신문왕 9년(689) 춘정월에 "下敎하여 內外官의 祿邑을 파하고 해에 따라 租를 차등있게 내림을 영원한 법식으로 하였다"는 기사가 보인다. 여기서 통일신라 초기에는 있었던 관료들에 대한 보수방식의 하나인 녹읍지급이 없어지는 사실을 보게 된다. 인용한 기사를 통해서 녹읍은 통일신라초 적어도 신문왕 9년 정월 직전에는 존재하고 있었음을 알 수 있다. 그러나 이 제도가 언제부터 확립된 것인지는 자료상으로 밝혀지지 않고 있다. 현재로는 중고기 율령통치가 행하여지고 관제가 어느 정도 정비되는 상황에서 녹읍이 대체로 귀족관료를 중심으로 그들의 연고지에 지급된 것으로 보고 있다.[5]

---

5) 金哲埈, 〈新羅 貴族勢力의 基盤〉(《人文科學》 7, 1962 ; 《韓國古代社會硏究》, 知識産業社, 1975, 236쪽).

이 같이 녹읍제의 시초는 자세하지 않으나, 백제·고구려를 멸망시키고 통일작업의 장애가 되고 있었던 唐軍을 물리치고 난 후 만들어진 左司祿館(677)·右司祿館(681)의 설치가 녹읍제의 정비에 큰 관련이 있으리라는 점은 잘 알려져 있다. 전쟁 후의 논공행상과 일단의 체제정비과정에서 귀족들의 祿에 관한 재정비가 있었을 것은 당연한 일이기도 하다.

녹읍의 성격은 신라 하대의 녹읍에 대한 이해를 통하여 그 윤곽을 알아볼 수 있겠지만 녹읍이 폐지되고 있던 신문왕대의 주요 정치적 흐름을 통해서도 어느 정도 추정이 가능하다. 신문왕은 즉위하자마자 삼국통일전쟁의 공로자들이며 국가권력의 핵심세력인 진골귀족들을 대거 제거하였다. 그 대상에는 자신의 장인인 金欽突도 포함되어 있었다. 이어 國學을 설치하고 각종 정부기구를 설치하였다. 또한 9州 5小京制를 마련하여 지방에 대한 행정권을 확보하였다. 이러한 가운데 재위 7년(687)에 문무관료전을 지급하였던 것이다. 그리고 그 2년 후에 녹읍을 폐지하였다. 여기서 녹읍제의 폐지는 진골귀족 등의 거세와 유관한 정치적 맥락 위에서 나온 사실임을 쉽게 짐작할 수 있다. 녹읍은 더욱 강화되고 있는 관료제와 더불어 나오게 된 관료전과는 전혀 다른 성격과 기능을 갖고 있었을 것을 알 수 있다.

녹읍주는 녹읍에 대하여 법제상으로 田租에 관한 수조권만을 가졌었는지 아니면 노동력의 징발권까지를 가졌던 것인지 분명치 않으나, 현실적으로 귀족인 녹읍주는 해당 녹읍의 인적·물적자원에 대한 거의 완전한 지배권을 행사하고 있었을 것으로 보인다.[6] 전쟁을 치른 상황에서 지방제도도 아직 미비되어 지방관에 의한 밀도있는 통치가 실시되지 않았던 현실에서 핵심권력층이 주류를 이루었을 녹읍주들이 율령의 규정을 넘어선 약탈적인 수취를 하였을 것은 쉽게 짐작이 간다.

국가는 진골귀족세력을 제거하고 유교이념을 적극 원용하여 강력한 왕권을 확립하는 과정에서 이 같은 귀족관료들의 거대한 경제기반을 분쇄하고자 했을 것은 당연한 일로 보인다. 그런데 비록 강력한 왕권에 의하여 귀족세력

姜晋哲, 〈新羅의 祿邑에 대하여〉(《李弘稙博士回甲紀念 韓國史學論叢》, 1969), 64~70쪽.

6) 위와 같음.

을 억압한 신문왕의 정권이라 하여도 귀족들의 경제기반을 일시에 없애버릴 수는 없었을 것이다. 성공적으로 제도를 개혁하기 위해서는 기존의 특권적 수혜자들인 귀족들로 하여금 이 변화를 수용케 할 만한 조치가 있어야 했을 것이다. 여기서 법제상의 녹읍의 收租額 등을 참작하여 歲租를 주도록 하였을 가능성이 있다. 비록 억압적인 정치적 상황이었지만 대응방식이 있었기에 귀족들은 이를 받아들였다고 생각된다.

그런데 이 같이 폐지된 녹읍이 景德王 16년(757) 3월에 다시 부활되었다. 녹읍의 부활은, 신문왕대 녹읍의 폐지가 전제왕권 확립을 위한 진골귀족세력에 대한 억압책의 하나였다는 이해가 널리 받아들여지고 있음에서 자연히 귀족세력의 전제왕권에 대한 도전이라는 면으로 이해되기도 한다.[7] 경덕왕의 뒤를 이은 惠恭王은 귀족들의 반란 끝에 결국 살해되고 下代의 혼란상이 이어졌던 만큼 이러한 이해는 정치적 상황으로 보아도 일면 설득력이 있다고 보인다. 그러나 이 같은 이해는 전체적인 정황에서는 설득력이 있다고 보이지만 지나치게 대세론을 따름으로써 녹읍제가 폐지되었던 67년간의 역사를 간과해 버린 채 녹읍의 부활을 단순히 제도의 복고라고 보는 해석을 내린 감이 있다.

전근대사회 역사에서 60여 년이란 큰 의미없는 기간이 될지도 모를 일이다. 그러나 통일신라 신문왕대에서 경덕왕대에 이르는 이 시기는 매우 역동적인 시기였다. 녹읍이 폐지된 이후 성덕왕 21년(722)에는 일반백성들에게 처음으로 丁田이 지급되는 등 획기적인 체제의 정비가 지속되었다. 경덕왕 16년 녹읍이 부활된 시기의 전후를 보아도 흉년이 지속되는 등의 재난이 적지 않았지만, 군현제를 정비하고 율령박사를 두며 관직명을 바꾸는 등 제도의 정비에 여전히 진력하고 있었다.[8] 또한 우리 나라 불교예술의 진수라고 할 수 있는 석굴암이 만들어지고 불국사가 중건된 것도 이 경덕왕대의 일이었다. 따라서 귀족세력의 확대와 왕권의 상대적인 위축에 의하여 귀족들의 인적·물적 수탈기반인 녹읍제가 복고되었다는 해석은 재고할 여지가 있다.

---

7) 金哲埈, 앞의 책, 237쪽.
姜晋哲, 앞의 책, 80~81쪽.

8) 《三國史記》 권 9, 新羅本紀 9, 경덕왕 16년·17년·18년.

이렇게 보면 부활된 소위 「後期祿邑」은 이전의 「前期祿邑」과는 달리 국가의 행정제도의 정비선상에서 나올 수도 있었다는 이해에 도달할 수도 있게 된다. 「후기녹읍」은 국가의 행정력에 의하여 「전기녹읍」과는 다른 운영과 관리가 가능하다는 국가의 판단하에서 다시 나올 수 있었던 것으로 볼 수도 있겠다. 현재 「후기녹읍」의 유일한 예인 國學의 학생들에 지급된 學生祿邑을 보아도,[9] 한 지역을 학생들에게 공동으로 지급하고 있음에서 귀족들에게 거의 단독으로 지급되었을 「전기녹읍」과는 다른 내용과 성격을 가졌을 가능성을 보게 된다.

「전기녹읍」→歲租(月俸)→「후기녹읍」으로의 역사과정을 거치면서, 「후기녹읍」에서의 녹읍주의 권한은 제한적이어서 주로 收租權과 관련을 가진 정도였다고 보인다.[10] 이러한 변화과정에서 녹읍의 부활은 국가의 민과 토지에 대한 정확한 파악, 특히 경제력을 간단한 수치로 환산한 計烟의 數를 파악할 정도로 국가 행정력이 체계적으로 운용되고 있음에서 나올 수 있었을 것이다. 경제력에 대한 파악이 가능한 만큼 세조를 다시 정확하게 지역의 수조액과 연계하여 제도를 바꿀 수도 있었을 것이다. 제도를 개혁하는 데는 이 같은 계량화와 전국에 대한 치밀한 행정체계에 의하여 녹읍에 대한 국가의 통제가 가능한 데서 국가는 다소 부담이 따르는 녹읍을 부활시킬 수 있었을 것이다.[11] 신라촌락문서에 보이는 內省 직속의 촌락들은 녹읍과 유사한 지배를 받은 것으로 보이는데,[12] 내성이라는 막강한 국가기관의 직속촌에도 군현의 행정력이 미치고 있는 사실들을 보면 「후기녹읍」을 제도화할 수 있었던 신라 중대 왕권 나름대로의 자신감을 볼 수 있는 것이다.

국가에서 세조를 녹읍으로 재전환하는 것은 이 같은 행정적 자신감에서 가능했겠지만 현실적 필요성도 있었을 것이다. 현물로 된 조세를 모으고 보관하며 관료들에게 분급하는 것은 많은 행정력과 경비가 소요되는 일이었을 것이다. 이러한 이유에서 국가는 파악된 경제력을 관료들에게 연결하여 번거

---

9) 《三國史記》 권 10, 新羅本紀 10, 소성왕 원년 3월.
10) 浜中昇, 《朝鮮古代の經濟と社會》(法政大學出版局, 1986), 85쪽.
11) 金基興, 앞의 글, 31~32쪽.
12) 金基興, 위의 글, 32~34쪽.

로움을 덜고자 하였을 것이다. 귀족들을 위시한 관료들로서는 녹읍을 받게 될 때 예상되는 규정 이외의 이익들에 대한 기대가 컸을 것은 물론이다.

녹읍에서의 녹읍주와 국가권력 그리고 녹읍농민의 관계는 어떠했을까. 녹읍주의 녹읍민에 대한 수취를 중심으로 한 지배는 家臣에 의하여 수행되었다. 한편 국가권력이 녹읍내에 미치는 영향력은 「전기녹읍」과 「후기녹읍」에 있어서 차이가 있었을 것으로 보인다. 「전기녹읍」이 있었던 시기는 전란기이거나 전쟁의 후유증이 크게 남아 있었던 시기이고 지방제도도 미비된 상황이었던 만큼, 통일신라 전성기에 비해 귀족의 권력은 상대적으로 강성한 시기였다. 따라서 녹읍에 대한 율령상의 녹읍주의 권한이나 지방관리의 행정권이 녹읍내에서 제대로 지켜지거나 수행되기는 어려웠을 것이다. 녹읍주는 자신의 권력과 경제력의 기반이었던 녹읍내의 인적·물적인 요소에 대하여 가혹하게 수탈하였을 것으로 보인다. 만일 법제적으로도 녹읍에 대한 일체의 지배가 녹읍주에게 주어지고, 지방관의 통제가 배제되었었다면 그 지배의 자의성은 더욱 컸을 것이다.

소위 「후기녹읍」을 국가의 행정이 체계화된 가운데 부활되었다는 견해를 받아들인다면, 녹읍에 대한 지배양상은 「전기녹읍」과는 차이가 있었을 것이다. 녹읍주는 가신을 통하여 녹읍민들에 대하여 주어진 수조권을 행사했을 것이다. 그런데 체계화된 국가의 행정력은 녹읍내의 행정을 장악하고 있었다. 부역이나 군역의 징발 그리고 각종 잡세는 여전히 지방관을 통해 국가에 의해 징발되고 있었다고 보인다. 녹읍주의 자의적인 권한행사는 국가의 지방관들에 의하여 제약을 받게 되었을 것이다.

「후기녹읍」은, 국학의 학생들에 대한 녹읍 지급이 있었던 점을 볼 때, 대다수의 내외관료들에게 주어졌을 것으로 여겨진다. 이 같이 「전기녹읍」이 귀족중심으로 주어진 데 비하여 「후기녹읍」이 권력의 크기가 보다 다양했던 관료들 일반에게 광범위하게 주어지게 됨으로써 녹읍주의 녹읍민에 대한 지배력이 크게 제약될 가능성을 볼 수 있겠다. 하급관료들에 대해서는 공동으로 녹읍이 지급되거나 일정지역의 부분적인 戶에 대한 수조권이 주어지게 되는 상황이 있었을 텐데, 이 경우 녹읍주의 지배력은 국가의 행정력에 의해 통제될 수 있었을 것이다. 삼국전쟁의 공로자이며 公民인 일반민들이 갖게 된 사회경제적 지위나 자신들의 존재에 대한 각성도 「후기녹읍」에서의 녹읍주의 자의적 수탈을 막아주는 힘의 하나가 되었을 것이다.

이상과 같은 견해를 따른다면 「후기녹읍」에서 녹읍주는 원칙적으로 자신에게 주어진 수조권에 의하여 주로 田租를 수취하였을 것이다. 따라서 이 경우 그 수조율은 일반민이 국가에 내는 전조의 수조율과 같았을 것이다. 부활된 녹읍은 관료전과 더불어 주로 현직 관료들의 경제적 기반이 되었다. 이에 따라 이 같은 경제적 기반을 얻기 위해 증가된 귀족들과 두품층은 관료가 되기 위하여 치열한 경쟁을 하게 되었을 것이다. 혜공왕대의 이른바 「96각간의 相戰」도[13] 경제적 혜택을 받을 수 있는 관직을 차지하기 위한 진골귀족간의 상쟁이었다고 보인다.

진골귀족간의 상쟁이 격화되어 국가의 행정력이 이완·마비되는 현상이 생기면서 녹읍은 또다시 녹읍주의 자의적 수탈대상이 되었을 것이다. 그리고 이에 대한 농민층의 반란도 격화되어 갔다. 이에 따라 녹읍은 지방의 새로운 정치세력으로 등장하게 된 호족들의 경제기반으로 쉽게 전화되어 갔을 것으로 보인다.

(3) 정전·연수유전답

문무관료전이 지급되고 녹읍이 폐지되는 토지제도의 변천과정 위에서 성덕왕 21년(722)에 드디어 백성들에 대한 토지의 지급이 실시되었다. 《三國史記》 新羅本紀 聖德王 21년 8월조에는 “始給百姓丁田”이라는 기사가 보인다. ‘처음으로 백성에게 정전을 지급했다’는 내용이다. 여기에 보이는 백성은 학계에서 대개 일반백성을 의미한다고 보고 있다. 이렇게 보면 8세기초 통일신라에는 귀족이나 관료가 아닌 일반백성에게도 토지가 지급되고 있었던 것이다. 정전은 丁을 매개로 하여 지급되는 토지인데서 나온 명칭으로 보인다. 그런데 일반백성에 대한 토지의 지급은 그 규모면에서나 사회의 계급관계 등에서 크게 주목되지 않을 수 없다. 전근대 왕정체제에서 백성 일반에게 토지를 지급하였다는 것은 그 사회의 성격을 규명하는 데 중대한 문제인 것이다.

---

13) 《三國遺事》 권 2, 紀異 2, 惠恭王.

백성 일반에 대한 정전의 지급은 관료전의 지급 등에서 시작된 국가적 양전사업의 확대실시 나아가 사업의 완성과 관련이 있었을 것으로 보인다. 백성일반에게 토지가 지급된다는 것은 국가행정력의 국가내 田土에 대한 파악을 전제로 하지 않을 수 없기 때문이다. 그런데 丁田制가 백성 일반에 대한 토지의 분급이라고 본다면, 이 제도는 전혀 새롭게 마련된 제도일 가능성은 적다고 여겨지는 면이 있다. 일반민의 토지보유·경작의 관행이 지속되어 왔었고 주민의 다수가 여전히 같은 터전위에 살고 있는 이상, 국가에 의한 토지소유권의 완전한 재편 등은 현실적으로 불가능하였으리라 여겨지기 때문이다. 전란이나 자연재해 등으로 無主地나 陳田이 늘어났다고 하여도 土着농민 등의 토지에 대한 보유·경작관계를 존중하지 않을 수 없었을 것이다. 이렇게 볼 때 양전사업을 통하여 일반민의 토지보유상태가 검출되면서 무주지나 진전에 대한 국가적 조치가 단행된 것이 정전의 실제 내용이 아닐까 하는 생각도 든다.

그런데 정전이 지급되는 단계에는 이미 民의 기존의 보유토지에 대한 국가로부터 소유권의 인정이 선결되어 있었을 것은 물론이다. 새롭게 지급되는 형태의 토지가 있다는 것은 기존 보유지에 대한 권리의 인정이 전제되어 있을 때 가능한 일인 것이다. 이렇게 볼 때 정전이 본래의 보유토지와 새롭게 지급된 토지를 다 지칭하는 것이든 혹은 무주지나 진전의 경작을 명하기 위해 지급된 토지만을 가리키든 간에, 정전의 지급은 한국사에 있어서 일반민의 토지소유권의 공인이라는 큰 역사적 의미를 갖고 있음을 알 수 있다.

이 같은 丁田에 대한 이해를 더욱 깊게 하기 위해서는 그와 직결된다고 이해되고 있는 烟受有田畓에 유의할 필요가 있다. 연수유전답은 신라촌락문서에 보이는 지목의 하나이다. 촌내의 경작전답 중에서 국가 내지 관의 소유로 되어 있는 官謨田畓과 內視令畓을 뺀 토지가 모두 이에 해당한다. 촌주의 직무수행과 관련된 촌주위답도 이 연수유전답에 포함되어 있다. 이 연수유전답은 촌내의 일반민들이 보유·경작하고 곡물을 생산하는 토지이다.

그런데 이 토지의 명칭을 주목해보자. 연수유전답이란 「烟이 받아 가진 전답」을 말한다. 명칭 자체로 볼 때 이 토지가 국가나 관에 의하여 효과적인 경작을 위해 분할지급된 토지로 볼 만도 하다. 그러나 촌락문서에 보이는 4

개 촌의 촌민들이 보유한 연수유전답량의 현저한 차이나,[14] 沙害漸村의 연수유답에 포함된 촌주위답의 양 19結 70負 등의 수치로 볼 때, 연수유전답이 관리들에 의해 임의로 할당할 수 있는 토지가 아니었을 것으로 추정된다. 그리고 연수유전답의 「유(有)」는 소유하다는 의미를 갖는 이상 종국적으로 烟 즉 각 戶들이 소유하고 있는 토지로 볼 수 있다.

연수유전답이란 용어는 다른 시기의 토지 지목으로는 보이지 않고 통일신라기에만 사용되고 있다. 왜 이때에만 이러한 지목명이 사용되었을까. 용어 자체에서 볼 때 「연이 받아 갖는」 역사가 통일신라기에 있었던 것을 알 수 있다. 왕정하에서 연에게 토지를 주는 이는 물론 왕(국가)일 것이다. 왕이 토지를 주었던 역사적 사실을 명칭에 싣고 있는 것이다. 그리고 이 같은 일은 성덕왕 21년(722)의 '비로소 百姓에게 丁田을 지급하다'와도 유관할 것이다.

동아시아 고·중세의 왕정체제하에서 토지와 인민은 모두 왕의 것이라는 왕토사상은 기본적인 이데올로기로서 존재하였다. 이 같은 시기에 전통적으로 민이 보유·경작해온 토지에 대하여 국가가 양전하여 토지문서를 마련해 주고 보유자의 소유권을 인정해 줄 때, 백성들은 그 토지를 왕이 준 땅으로 받아들였을 만하다. 특히 그 일이 역사상 최초의 것이었다면 백성들은 자신들이 보유해온 이 토지의 지목을 「연수유전답」이라 하는 데 공감하였을 것이다. 국가로서도 이 토지가 왕에 의하여 백성에게 주어진 토지라는 사실을 상기시켜야 했다. 효과적인 조세징수와 부역 및 군역의 징발을 위해서는 주민의 생존기반인 논과 밭이 왕이 준 땅임을 주지시킬 필요가 있었던 것이다.

연수유전답의 출현에서 우리 역사에서는 경작토지에 대한 소유권이 드러나게 되었다. 물론 이전에도 자신의 보유·경작지에 대한 배타적인 권한이 없었던 것은 아니나 사회·경제상의 분화와 국가와 民의 관계정립 속에서 그 존재의의가 제고됨에 따라 민의 토지 소유권을 공적으로 인정하게 된 것이다. 그런데 그것은 이제 막 드러난 것인 만큼 '연이 받아 가진 전답'이라는 이름으로의 명칭에서 조차 왕토사상을 반영하고 있었던 것으로 여겨진다.

---

14) 4개의 촌 중 공연수가 남아 전하는 沙害漸村·薩下知村, 그리고 西原京 관내의 촌의 연수유전답량의 대강의 평균치를 순서대로 보면, 畓의 경우는 8.5결·4결·2.6결이며, 田의 경우는 5.6결·8결·7.6결이다.

이렇게 볼 때 연수유전답은 종래의 보유지와 새롭게 경작의무가 부여된 토지를 포함하여 民이 현실적으로 경작·소유하게 된 토지였다고 여겨진다. 연수유전답과 정전은 이 같은 관계에서 존립할 수 있었을 것이다. 연수유전답의 경작은 농민들의 자영을 기본으로 하였다. 그러나 촌락문서에 보이는 촌주를 위시한 부유한 농민층은 노비를 부리거나 품을 사서 토지를 경작했을 것이다. 그리고 가정경제가 파탄하여 투탁한 농민들의 노동력을 이용하여 경작하는 경우도 있었다.[15]

2) 조세제도

통일신라의 체제정비는 官制의 정비는 물론 군사 및 사회·경제적인 면에까지 미치는 광범위한 것이었다. 이 같은 변화의 과정에서 국가재정의 주조달원인 조세제도에 대한 정비도 마땅히 따랐다. 조세제도는 특히 토지제도의 정비와 직접적으로 연관되어 체계적인 모습을 갖추었다. 烟受有田畓이나 丁田의 지급은 국가의 공민에 대한 수취의 정당성의 확보라는 면에서 긴밀히 연계되어 있는 것이다.

통일신라기 조세제도의 실태와 그것의 정비된 내용을 파악하는 데는 마땅히 이 시기보다 앞서 있었던 신라 中古期 조세제도의 실상을 먼저 알아야 할 것이다. 그런데 그에 대한 전체상은 현재의 자료로는 재구성하기에 다소 어려움이 따르는 만큼, 고구려·백제 등의 경우까지를 고려하여 살펴볼 수밖에 없는 실정이다.

중고기에도 국가체제의 정비가 지속되고 있었는데, 조세제도도 궤를 같이하며 체계를 갖추어갔다. 이 같은 실상은 조세제도를 관장하는 행정기관의 정비에서 그 양상을 알 수 있다. 眞興王 때에 이미 국가의 재정을 관할하는 稟主가 기구화된 이후 眞平王 6년(584)에는 품주에서 調府가 분리되어 설치되었다. 그리고 기존의 품주에서 다시 倉部가 분리되어 나왔다. 한편 군역징발을 담당하였을 兵部도 이미 法興王 3년(516)에 설치되었다.

---

15) 《三國遺事》 권 5, 孝善 9, 大城孝二世父母 神文代.

이 같은 조세제도의 관장 및 운영기구들의 확충은 곧 민에 대한 수취의 체계화를 보여주는 것이다. 그런데 수취액이나 그 원칙 등에 대한 구체적인 자료는 보이지 않는다. 이제 세목별로 나누어 신라 중대 즉 통일신라기 조세제도의 정비과정과 그 실상이 어떠하였는지 살펴보도록 하자.

(1) 전 조

삼국시대에도 租·調·役의 수취는 물론 있었다. 그러나 《三國史記》에 보이는 租가 곧 田租라고 볼 만한 근거는 없다. 국가적인 量田 사실이 확인되지 않고 있으며 토지소유량의 차이를 곧바로 수조액의 차이로 연계할 만큼 조세제의 역사가 성숙했다고 보이지도 않기 때문이다. 삼국 중 현물의 수취액이 구체적으로 전해지고 있는 고구려의 경우를 참고해 보면, 고구려의 중기까지는 호별 재산의 차이가 문제가 되지 않는 일률적인 정액의 수취가 실시되고 있었다고 보인다. 후기에 가서 사회·경제적 분화가 심화되면서 3등호제에 의한 戶租가 부가되었지만 세액의 차이는 미미한 것이었다.[16] 상대적으로 선진적인 고구려의 조세수취가 이러하였을 때 신라 조세제의 내용이 어떠했는지는 짐작이 가는 일이다. 아마 戶別 재산차이 등이 크게 문제되지 않은 채 동액의 수취액이 일률적으로 민에게 부과되고 있었을 것이다. 그러다가 중고기말에 이르러 호별 재산상의 차이가 문제되는 정도에 이르렀을 것이다. 이 같은 점은 위에서 언급한 고구려의 경우와 이어서 보게 될 통일신라기의 세제의 실상을 보면 어느 정도 추정이 가능하다.

통일신라기에는 토지의 면적에 따라 조세가 부과되었다. 토지의 면적은 結負制로 측량되고 표시되었다. 신라촌락문서에 의하면 모든 경작토지의 면적이 結·負·束의 단위로 자세히 파악되고 있다. 이 같은 양상은 통일신라기 금석문 자료들에서도 확인된다.[17] 다양한 지역들에 관련된 적지 않은 자료들에서 이 같이 토지의 면적이 자세히 파악되고 있음을 볼 수 있는데 이는 국가적인 양전작업이 있었음을 보여 준다. 《고려사》와 《고려사절요》의

---

16) 金基興, 〈6·7세기 高句麗의 租稅制度〉(《韓國史論》 17, 서울大, 1987), 30~40쪽.
17) 예를 들자면 《朝鮮金石總覽》 上에 실려 있는 〈大崇福寺碑銘〉·〈鳳巖寺智證大師寂照塔碑銘〉·〈開仙寺石燈記〉·〈大安寺寂忍禪師照輪清淨塔碑銘〉 등이 있다.

고려 太祖 즉위초의 조세관련 기사에 의하면, 태조 왕건은 궁예가 舊制를 지키지 않고 1結에 6石의 租를 거두었던 사실을 비판하며 '一負에 租三升'을 내도록 하게 하라는 내용이 보인다. 고려 태조 즉위년(915)은 아직도 신라가 존속하고 있었던 때인데 물론 그에 앞서 왕위에 있었던 궁예도 토지면적에 따라 田租를 수취했던 사실을 알 수 있다. 이러한 사실들로 볼 때 통일신라기의 전조는 결부제에 의하여 면적의 크기에 따라 수취되었음을 알 수 있다. 결부제에 의한 전조의 수취는 조선시대에까지 그 기본이 유지되었다.

결부제의 시원은 삼국시대에 있었을 가능성이 크지만, 그것이 국가의 수취기준으로서 일반적으로 적용하게 된 것은 통일신라에 와서의 일이다. 그런데 면적량에 따른 수취는 오늘날의 감각으로 보아서는 지극히 자명한 일이라 여겨지는 면이 있지만, 조세제의 역사로 볼 때는 결코 쉽게 시행될 수 있었던 일이 아니었다.

앞에서도 잠시 언급했지만 신라를 위시한 삼국의 조세수취가 각 호의 재산의 크기에 정비례한다거나 그에 준하는 기준이 적용되었을 가능성은 거의 없다. 국가가 성립되기 이전부터 있었을 공동체 성원으로서의 균등한 의무분담의 관성과, 사회경제적 분화의 미숙함, 그리고 많은 富를 소유하게 된 고대적 지배층의 특권의식, 나아가 국가행정력 및 과학기술 등의 한계에서 재산의 정확한 파악이나 그에 비례한 수취의 실현이란 쉽게 달성될 수 없었다. 그러다가 삼국시대 후반에는 농업의 발전에 따라 사회경제적 분화가 심화되고, 전공에 따른 포상과 전쟁의 피해에 따른 자영소농층 다수의 피해가 누적되는 역사상이 펼쳐졌다. 이 같은 변동상은 민의 지위의 재편을 가져왔는데 전체적으로 볼 때 전시기에 비해 민의 지위가 향상되는 방향으로 나아갔다.

이러한 가운데 삼국이 통일되고 국가의 대대적인 체제정비작업이 진행되었다. 그 과정에 토지제도에 대한 정비도 있었다. 특히 신문왕 7년(687)의 문무관리에 대한 관료전의 지급과 성덕왕 21년(722) 丁田의 지급이 두드러진 변화였다. 이러한 토지제도의 정비는 물론 국가적 양전을 바탕으로 하였다. 양전을 통하여 토지가 측량되고 문서가 작성되었다. 일반민이 보유해 오던 토지의 소유권이 이제 국가에 의해 인정되게 되었다. 약간의 課田도 지급되었다. 국가는 민이 소유하게 된 토지를 '烟受有田畓'이라고 명명하였다. 민이 본래 보유해온 토지이지만 왕토사상, 국가의 양전사업과 토지소유권의 보장에 의해 이 같은 토지명은 백성들에게도 설득력있게 받아들여졌을 것이다.

전국적인 양전을 통한 연수유전답제의 실현은 이 시기까지의 농업사의 일단계 정리의 면을 가진 것이었다. 그리고 새로운 출발점이 된 것도 물론이다. 토지의 소유권을 국가적으로 보장해 주었던 것이다. 한편 이 같은 과정에서 종래의 보유지뿐만 아니라 無主地나 陳田 등을 민에게 지급해 줌으로써 국가 즉 왕권의 존재는 확고한 위치를 가질 수 있게 되었다고 여겨진다.

양전을 통한 소유권의 인정과 일부 토지의 지급으로 국가는 '연이 받아가진 땅' 즉 '국가(왕)가 준 전답'에 대하여 보다 체계적이고 강도 높은 수취를 실현할 수 있게 되었다. 소유권을 인정한 만큼 그 면적에 비례하여 전조의 수취를 요구할 수 있게 되었을 것이다. 사회경제적 분화도 미흡하고 특히 국가가 양전이나 토지의 일반적인 지급행위 등을 실시하지 못한 삼국시대에는 국토내에 있는 경작지에 대한 국왕의 권한이란 관념적으로도 다소 어렴풋이 있었을 것이다. 그런데 통일전쟁의 승리를 통해 높아진 왕실의 위상에서 양전을 실시하여 민의 토지소유권을 인정해 주고 일부 토지를 지급하게 될 때 일반민은 전 시대와는 다르게 왕권의 존재를 실감하고 결부제에 의한 전조의 수취와 같은 대변화를 받아들이게 되었던 것으로 보인다.

각각의 호는 소유·경작하고 있는 토지의 結負束의 양에 따라 전조를 내게 되었다. 그러면 田租의 세율은 어떠했을까. 통일신라의 조의 세율에 관하여는 고려 태조 즉위년에 있었던 기사를 통해 어느 정도 추정이 가능하다고 본다. 다음에 기사들을 인용해 보겠다.

① 太祖 원년 7월에 해당 관에 말하기를 '泰封의 왕이 백성으로 하여금 욕심만을 좇아 거두어들이기만을 일삼아 舊制를 따르지 않고 1頃의 田에 6碩의 세를 거두고 驛戶에게도 絲 3束을 부과하니 백성으로 하여금 농사와 베짜기를 그만두게 하여 도망함이 서로 이어졌다 지금부터는 賦稅를 거둠에 마땅히 舊法에 따르도록 하라' 하였다(《高麗史》 권 78, 食貨 1, 田制 租稅).

② 大司憲 趙浚 등이 上書하기를… 신라의 말기에 토지를 가짐이 고르지 않고 賦稅가 무거워 도적이 떼지어 일어났다. 太祖께서 왕위에 오른 34일에 여러 신하들을 맞이하여 보실 때 크게 탄식하여 말하기를, '근래에 세금을 지나치

게 하여 1頃의 租로 6石을 거두니 백성이 살수 없게 되었으니 내가 이를 심히 가련하게 여긴다. 지금부터는 마땅히 什一을 따라 田 1負에 三升을 租로 내도록 하게 하라' 하였다(《高麗史》 권 78, 食貨 1, 田制 祿科田).

③ 詔하기를, '태봉의 왕이 백성으로 하여금 욕심만을 좇아 거두어들이기만을 일삼아 舊制를 따르지 않고 1頃의 田에 6碩의 세를 거두고 驛戶에게도 絲 3束을 부과하니 백성으로 하여금 농사와 베짜기를 그만두게 하여 도망함이 서로 이어졌다. 지금부터는 賦稅를 거둠에 마땅히 天下通法을 따라 이를 恒例로 하라' 하였다(《高麗史節要》 권 1, 太祖 원년 7월).

위의 자료들에서 태조는 弓裔의 가렴주구를 비판하면서 그가 「舊制」를 따르지 않음을 비난하고 있다. 그리하여 새로 왕위에 오른 태조는 마땅히 「舊法」으로써 수취를 하도록 하라고 말하였다. 구체적으로는 田 1負에 대해 租 3승 즉 1결에 대하여 2석을 거두도록 하였다.

여기서 문제가 되는 것은 「구제」·「구법」이 구체적으로 어느 시대 어느 나라의 법제를 말하는지 하는 점이다. 신라왕조가 존속하고 있었으므로 일단 통일신라가 혼란하기 이전의 법제라고 볼 만하다. 그러나 ②에서 「什一」세가 ③에서는 「天下通法」으로 나타나고 있어 이 같은 손쉬운 단정을 막고 있다. 이 같은 점에서 고려 태조가 십일세를 걷고자 한 것은 통일신라의 법제에 따른 것이 아니라, 새 국가를 개창함에 있어서 「取民有度」의 정신에 입각하여 전단계에 비해 훨씬 가벼운 이상적인 중국의 「십일세」를 표방하게 되었다고 보는 경우도 있다.[18]

위의 자료들을 볼 때 「舊」의 대상 시기는 통일신라 나아가 신라가 될 가능성은 크지만 그것만이라고 단언할 수 없는 것은 사실이다. 고려시대 중·후기 문인들도 십일세가 천하통법이라는 인식은 확실히 있었다.[19] 이렇게 볼 때 문제의 「구법」·「구제」를 통일신라의 법제와 연결시키는 것이 쉽지 않은 점도 있다. 그러나 아직도 통일신라가 지속되고 있는 상황에서 고려 태조 즉위년에 있었던 사실을 보다 역사적 현실에서 살펴볼 필요가 있다.

---

18) 金哲埈, 〈韓國古代社會의 性格과 羅末·麗初의 轉換期에 대하여〉(《韓國史時代區分論》, 乙酉文化社, 1970), 46쪽.
19) 李奎報, 《東國李相國集》 권 19, 乙酉年大倉泥庫上梁文.
李齊賢, 《益齋亂藁》 권 9下, 策文.

王建과 같은 영웅이 일국의 왕으로까지 된 과정에서, 민에 대한 통치를 어떻게 해야 할 것인지에 대해 고민이 없지 않았을 것이다. 그래서 그는 중국사에서 오랜 세월을 두고 이상적인 수취로 이해되어 온 천하통법인 십일세를 알게 되고 그것의 시행을 결심했을 가능성이 있다. 그러나 이 천하통법이 고려초부터 바로 실시되었다고 보면, 이 법은 현실성의 여부를 떠나 있던 관념상의 통법이 아니라 그 시점에서 그것을 받아들일 만한 여건들이 성숙되어 있었음도 자명하다. 따라서 궁예를 가리켜 「구법」 즉 「통법」을 지키지 않는 포악한 자라고 비난하는 것은 왕건만의 판단에서 나온 것이 아니라 당시 사회의 전반적 수준에서 이미 문제가 되었던 것이다. 이 같은 비난은 왕건만이 문제점을 느끼게 되어 할 수 있는 것이 아니었고 일반민까지도 모두 공감하고 있는 현실에서 나올 수 있었다고 여겨진다.

왕건의 궁예에 대한 비판의 기준이 되고 일반 백성들까지도 그를 판단하는데 기준이 되고 있는 「구법」·「구제」는 무엇이었을까. 통일신라말 후삼국시대의 사람들이 고대하는 새롭고 획기적인 『천하통법』이었을까. 혼란의 와중에 있는 당시대인들이 포악한 궁예나 신라의 귀족 또는 탐학한 호족들을 향하여 원망할 때 그들은 무엇을 기준으로 생각했을까. 일단은 자기들이 경험했거나 아니면 조상들이 경험했던 법제들, 지금은 死文으로 남아 있던 「구법」이 아니었을까 한다. 「천하통법」이라는 것은 어느 개인에 의해 발견되거나 도입되는 것이 아니고 오랜 역사의 과정을 거치면서 모든 사람들에게 알게 모르게 받아들여질 수 있는 것임을 생각해야 하겠다.

십일세가 통법이라는 관념이 왕건과 그로부터 200년 내지 400년 정도 뒤에 살았던 李奎報·李齊賢에 있었던 것을 생각할 때, 왕건이 제시한 「천하통법」은 그가 살았던 때로부터 150년 정도 이전의 8세기 중반에도 받아들여질 만한 것이 아니었을까 한다. 중국인들에게서 「천하통법」으로 널리 받아들여지고 있던 십일세를 통일신라기의 정책입안자들이 모를 이유가 없음도 물론이다. 《高麗史》에서 사용된 「구제」·「구법」의 용례도 흔히 話者가 속해 있는 고려왕조 내의 앞 시기에서부터 사용되었던 법제로서 당시에는 실시되고 있지 않았거나 효용이 문제되는 법제를 말하고 있다. 고려 태조 즉위년은 아직도 신라가 지속되고 있는 한 이때의 구제와 구법은 통일신라시대에 사용되던 법제를 지칭하는 것이라 생각된다.

이상의 논리를 정리하면 통일신라말, 왕건의 즉위년에 나타나고 있는 십일세는 통일신라의 체제완성기 즉 8세기 중반에 결부제에 의한 전조의 수취가 실시되면서 적용되기 시작했던 것이라 여겨진다.

전조로 수취된 곡물은 조와 쌀 그리고 콩이 중심이 되었다. 삼국시대 고구려에서는 주로 조로써 현물세를 거두었고 백제에서는 쌀을 거두었는데, 통일신라에도 삼국시대의 농업형태가 지속 발전되었던 이상 이 같은 곡물들이 전조로 수취되었던 것이다.

(2) 호 조

통일신라기의 戶는 그들이 소유한 토지량에 따라 전조를 냄은 물론 각 집에서 생산한 布 등을 국가에 調로서 납부하였다. 고구려를 위시한 삼국에서도 戶調는 수취되고 있었고, 고려에서도 역시 존재하였다. 《三國史記》의 통일신라기 기사에는 租·調의 감면 사실이 보이고 있으며, 앞에서 인용한 바 있는 고려 太祖 즉위년의 조서의 내용을 보아도 田租와 더불어 호조가 통일신라기에 존재하고 있었던 점을 알 수 있다. 신라촌락문서에 보이는 뽕나무와 삼밭에 대한 정확한 파악도 호조의 징수와 직결되는 것은 물론이다.

통일신라기 호조의 징수가 어떻게 변화되어갔는가 하는 점은 구체적인 자료로서 살펴보기는 어려운 형편이다. 그런데 이 시기 호조의 징수량을 전 시기에 비해서는 축소되었을 것으로 보인다. 《삼국사기》 新羅本紀 文武王조에 의하면 재위 5년(665) 겨울에 絹·布의 길이를 약 절반 정도로 줄인 사실이 있다. 이는 전공의 포상 등으로 많은 견·포가 소용되는 현실에서 비롯되었을 것이기도 하며, 한편 동맹관계에 있던 唐나라 견포의 필단 크기도 영향이 있었던 것 같다. 그러나 필단의 길이를 짧게 한 것은 한편으로 주민들의 경제적 부담을 줄여주는 시책이었다.[20] 문무왕 9년 2월에 있었던 빚의 탕감과 이자 면제조치까지를 생각해보면 통일신라기 일반민 특히 대다수 빈호들에 대한 각종 수취가 축소되어간 것임을 알 수 있다. 장기간 지속된 전시경제가

20) 李宇泰, 〈韓國古代의 尺度〉(《泰東古典硏究》 창간호, 1984), 13쪽.

하층 일반민들의 경제상태를 극히 악화시켜왔던 만큼 일반민의 각종 부담을 경감시키는 조치가 있었던 것이다. 《삼국사기》에 의하면 문무왕은 그의 재위 21년(681) 임종시의 조서에서도 긴요하지 않은 각종 과세는 모두 헤아려 폐지하라고 했는데, 이를 통해서도 전시경제의 가장 극심한 피해자들인 일반민에 대한 조세경감책이 추진되었던 것을 알 수 있다.

이상에서 일반민이 부담하는 호조의 수취량이 통일신라기에는 삼국시대말에 비해 크게 줄었던 것을 알 수 있다. 그런데 호조의 징수에는 9등호제가 기능하였을 것으로 보인다. 신라촌락문서에 보이는 통일신라 9등호제의 편성기준에 대하여는 학계에서 아직 합의에 이르지 못하고 있지만, 계산상으로나 통일신라가 경과하고 있는 사회경제적 단계로 볼 때 각 孔烟의 소유토지량의 크기에 따라 등급이 매겨졌다고 여겨진다.[21] 따라서 이 같이 9등호제가 편성되고 있는 현실에서 戶가 부담하는 공물인 調는 9등호제에 따른 차액부과가 실현되었을 가능성이 있다. 그런데 호등부과 대상체가 되고 있는 공연은 재산상태, 친인척관계, 집의 근접도 등에 따라 1~3戶의 자연호로 편제되었다고 여겨지는 만큼,[22] 호조는 자연호보다는 공연을 대상으로 하여 9등호제에 따른 수취가 있었다고 볼 수 있다.

그런데 9등호제의 상등호는 지배층의 범주에 포함되었을 것인 만큼, 엄격한 신분사회에서 상등호에 매겨지는 수취량이 하등호들에 비해 월등하게 많은 양이 되기는 정치·사회적인 면에서 어려웠을 것이다. 따라서 호등별 차액은 크지 않았을 것으로 보인다. 이 같은 사실은 더욱 적극적으로 생각하면 각 孔烟에 대하여 호등에 관계없이 같은 액수의 貢物을 부과했을 가능성도 있다. 이 경우도 공연의 편성에서 이미 기본적인 빈부의 정도가 참작된 것인 만큼 재산의 크기에 따른 수취는 어느 정도 실현되었다고 볼 수 있다. 고구려말에는 각 집에 대하여 재산의 차등을 고려하지 않고 일정하게 포 5필을 내도록 하였는데, 이에 비하여 통일신라기의 호조징발은 크게 변화·정비된

---

21) 李仁哲, 〈新羅 統一期의 村落支配와 計烟〉(《韓國史硏究》 54, 1986), 4~10쪽.
———, 〈新羅 九等戶制의 再論〉(《歷史學報》 133, 1992), 127~148쪽.

22) 李泰鎭, 〈新羅 統一期의 村落支配와 孔烟〉(《韓國史硏究》 25, 1979), 31~38쪽.
金基興, 〈新羅村落文書에 대한 新考察〉(《韓國史硏究》 64, 1989), 13~20쪽.

것이었다고 할 수 있겠다.

麻布나 絹의 징수 이외에 이것들을 짤 수 있는 원료가 되는 실인 麻와 絲가 거두어졌을 가능성도 크다. 신라촌락문서에는 뽕나무의 숫자나 마전의 넓이가 파악되고 있는데 원사에 대한 수취가 있었을 것을 추정케 해준다. 또한 촌락문서에 의하면 추자나 백자의 주수가 정확히 파악되고 있는데, 이러한 나무를 위시하여 각종 과일나무를 소유한 집들에 대해서도 나무의 크기나 결실여부에 따른 수취가 있었던 것을 알 수 있다.

(3) 부 역

통일신라기의 일반민들은 국가에 대하여 무상으로 노동력을 제공하였다. 성을 쌓고, 제방을 쌓으며, 그리고 각종 특산물을 채취하고, 조세로 수집된 현물들을 일정한 지역에 운반하는 일도 수행하였다. 또한 각 지역에 산재해 있던 국가나 관청의 토지 나아가 文武官僚田 등을 경작해 주어야 했다. 賦役은 국가에 의하여 징발되기도 하지만 각 지방관청에서 필요에 따라 수시로 징발하기도 하였다. 현존하는 자료들로 볼 때 후자 즉 雜役의 실상은 잘 알 수 없다. 여기서는 국가적인 징발을 중심으로 통일신라기 부역의 실태를 알아보도록 하겠다.

통일신라기 부역징발의 주대상은 일반민 중에서 丁男이었다. 정남은 15세 이상 약 60세 이내의 연령층에 있었던 남자였다. 국가적인 부역에 징발되는 정남은 삼국시대 이래 15세 이상의 남자였는데[23] 이 같은 사실이 통일신라기에도 지속되었던 것이다. 성인여자 즉 丁女의 징발 가능성을 생각해볼 수도 있겠는데 국가적인 부역에서는 배제되고 있었다고 보인다. 일년중 부역에 징발되는 기간은 1개월 내외였을 것으로 추정해볼 수 있는데[24] 명시적인 자료는 없다.

국가적인 부역에 동원되는 남정들의 징발체계는 2계통이었다. 이는 원성왕 14년(798) 菁堤라는 저수지를 고쳐 수축하고 공사의 개요를 적어 놓은 〈貞元修治記〉를 통하여 알 수 있다.

23) 金基興, 앞의 책, 86쪽.
24) 金基興, 위의 책, 198쪽.

비문에 의하면 이 일에는 法功夫 14,140명과 청제에 인접한 절화군과 압량군에서 징발되어온「助役」약간명이 노동력으로 동원되었다. 그런데 주노동력인 법공부는 통일신라기 일반민을 대상으로 하여 편성된 法幢이란 부대의 일원으로 여겨지고 있다. 그런데 이들은 고려시대의 一品軍과 같은 노동부대원이었다.[25] 인원수 14,140명도 35명으로 편제되었다면 404개, 70명으로 편제되었다면 202개의 단위부대였을 인원수이다. 신라촌락문서에 보이는 薩下知村에 있는 余子와 法私도 법공부와 같이 법당의 군사로서 주로 노역을 진 군사였다고 여겨진다. 이 같은 군대체계를 통하여 동원된 인원이 통일신라기 국가적 공사의 주노동력이었다. 통일신라기에는 삼국시대말과는 달리 전쟁이 없었음으로 구성된 법당군이 주로 노동부대원으로 기능하고 있었던 것이다.

한편「조역」이라는 부역에 징발된 또 다른 계통의 인원이 있다. 이들은 법공부에 비하여 현저하게 적은 인원이었다고 추정되고 있다. 그런데 이들은 그 명칭에서부터 노동부대원으로서 주노동력으로 사역되고 있던 법공부와는 공헌도도 다르고 또한 계통이 다른 것을 보여준다. 이들은 법공부가 군역징발에 의해 주노동력으로 사역되고 있었던 데 비해 아마 법당군의 비번에 해당한 연간에 부역에 동원되고 있었던 것으로 보인다.

신라촌락문서에 기록된 4개의 촌 중에서 살하지촌의 14개의 孔烟에만 여자와 법사의 군역사항이 명기되고 있다. 이에 따라 군역관계가 기록되지 않고 있는 다른 3개의 촌의 공연들은 법당군이 아닌 다른 군역을 지고 있었다고 보기도 한다.[26] 그러나 통일신라기 군역동원이 전주민에 대하여 상시적으로 부대편제를 이루고 있었다고 보기는 어렵다. 그리고 한개 촌락만 군역사항이 기록되고 있는 것은 촌락문서가 3년마다 작성되는 형편으로 볼 때 오히려 법당군의 징발이 3년 단위로 교체되고 있었다고 여겨지는 면이 크다. 삼국시대말 신라에서는 남정들이 국경을 지키는 군역에 3년간 복무하였던 사실을 참고할 때 더욱 이 같은 생각이 든다.

---

25) 李基白,〈永川 菁堤碑 貞元修治記의 考察〉(《考古美術》102, 1969 ;《新羅政治社會史研究》, 一潮閣, 1974, 295쪽).

26) 旗田巍,〈新羅の村落〉(《歷史學研究》226・227, 1958・1959 ;《朝鮮中世社會の研究》, 法政大學出版局, 1972, 434쪽).

이 같은 사실들에서 「조역」에 징발된 인원은 법당군에 동원되지 않고 있던 남정들로 이루어졌을 것으로 추정해볼 수 있다. 군대에 동원될 수 있는 연령에 있는 인원이라도 3년간의 복무를 마치거나 아직 순번에 해당되지 않았을 때 즉 군대에 동원되지 않고 있었던 연간에는 율령이 정한 바에 따라 일반장정으로서 부역에 동원되었을 것으로 보인다.

부역의 징발기준은 어떠했을까. 이에 대한 구체적 자료는 역시 없다. 그런데 부역은 군역과 더불어 *身役*으로서의 공통점을 가지고 있다. 따라서 통일신라기 군역의 징발기준을 통해서 부역에 관련된 점을 알아보도록 하자.

군역 그 중에서도 일반민의 법당군 징발의 사실이 신라촌락문서에 보인다. 문서에 보이는 살하지촌의 공연에 군역징발사항이 다음과 같이 나타나 있다.

> 合孔烟十五　計烟四餘分二　此中仲下烟一余子　下上烟二余子　下仲烟五竝余子
> 下下烟六以余子五法私一

이 내용은 이 촌의 공연 15개 중에서 收坐內烟 1개를 제외한 기존의 14개 공연에 余子와 法私라는 법당군이 징발되고 있음을 보여준다. 또한 군역의 징발이 孔烟을 대상으로 하여 실시되고 있음도 보여준다.

호등별 각 공연이 지고 있는 군역의 부담량에 대하여는 단정해 말하기 어려운 실정이다. 일단 호등에 관계없이 각 공연별로 동일한 부담 즉 1명의 장정이 징발되었을 가능성이 있다. 그리고 호등에 따라 차등을 둔 인원, 현실적으로 그것이 어렵다면, 징발의 우선 순위에 호등제를 적용하거나 복무일수에 차등을 두었을 가능성을 생각해볼 수 있다. 이 경우 《고려사》 형법지 호혼조에 의하면 고려초에는 장정의 숫자에 따라 9등호제가 편제되어 이에 따라 부역이 차등적으로 부과되고 있었음이 참고된다.

그런데 군역이나 부역의 징발이 갖는 몇 가지 특성과 통일신라가 갖고 있는 신분사회로서의 성격을 고려하지 않을 수 없다. 군역이나 부역은 田租의 수취와는 달리 경제적으로 부담하는 것이 아니라 대개는 호주나 가족원 중의 남정이 직접 몸으로 부담해야 한다는 속성이 있다. 따라서 부잣집인 경우라도 만약 남정이 없다면 군역이나 부역을 부담키 어려웠을 것이다. 《삼국사기》 열전에 보이는 통일신라기 효녀 知恩의 집이 바로 그런 예가 될 것이다. 그리고 재산이 많다고 하여 장정수가 그에 비례하여 반드시 많을 수만은 없었을 것이다. 또한 1~3戶의 자연호로 공연이 편성되어 있었다고 보면 孔烟 내에 있는 남정의 인원의 차이는 그리 크지 않았을 가능성도 있다. 9등호제가 人丁수의 다소에 따라 편제되었다는 견해를 따른다고 해도 세세한 9등급의 차등징발이 현실적으로 그리고 장기적으로 존속할 수 있었을까 의문이다.

국가의 건국초, 예를 들면 고려초나 조선초에 도성수축 등의 이유로 노동력의 수요가 크게 늘어 부역징발이 철저히 되는 시기를 제외하고 볼 때 지나치게 세분된 등급에 따른 노동력징발은 지속적인 제도로 남기 어려웠을 것으로 보인다. 《고려사》를 보아도 구체적인 군역이나 부역징발이 대체로 3등급으로 이루어지고 있는 사실도[27] 이 같은 연유에서 유래된 것이다.

그리고 신분제사회였던 만큼 상등호가 하등호에 비해 대개 신분적으로 우위에 있었을 것이라는 점도 문제가 아닐 수 없다. 田租의 수취에 있어서 결부제의 시행은 사적소유를 충분히 보장했던 만큼 상위신분층을 설득하는 데 어느 정도 타당성이 있었을 것이다. 그런데 부역이나 군역징발은 人身으로 부담하는 것인 만큼 과연 상대적으로 상위신분층이었을 상등호에서 하위신분층 즉 下下烟보다 크게 많은 양을 징발한다는 것은 현실적으로 어려운 일이었다고 보인다. 計烟수에 따라서 군역이나 부역을 징발했을 것이라는 견해가 널리 받아들여져 왔다.[28] 그런데 이에 따르면 上上烟은 하하연에 비하여 9배의 인적부담을 지어야 한다는 계산이 나온다. 신분사회의 특성상 상등호가 하등호보다 이 같이 월등하게 많은 身役을 지는 일이란 용납되기 어려운 일일 것이다. 큰 전쟁이나 대역사가 없었던 통일신라기에 9등급으로 나누어 그같이 철저한 노동력징발을 할 필요가 있었을까 하는 점도 있다.

여기서 孔烟의 구성에 다시 주목해 보자. 통일신라는 빈한한 민들을 보호하여 국가의 인적·물적기반으로 삼고자 하였다. 그리하여 빈약한 호들은 2~3개를 묶어 하나의 과호로 삼았던 것이다. 이리하여 자립할 수 있는 호들은 한 자연호로서 공연을 이루고 빈약한 호들은 2~3개로 하나의 공연을 편

27) 金基興, 앞의 책, 192쪽 참조.
28) 旗田巍, 앞의 책, 430쪽. 이후 다수의 연구자들이 지지하였다.

성하였다고 여겨진다. 따라서 공연은 최소한의 존립이 가능한 국가의 과호였던 것이다. 이렇게 편재된 공연들의 토지소유량을 위시한 재산의 상태는 여전히 차이가 적지 않았을 것이다. 인정의 수도 공연에 따라 약간의 차이는 있었을 것이다. 그런데 이러한 공연들에게 군역이나 부역을 부담시킬 때 균일한 액수를 징발했다면 어떠했을까. 이런 경우 재산의 차등이나 인정수의 차이가 비례적으로 적용되지 않는 점이 있게 된다.

그러나 공연의 구성이 이미 1~3호의 자연호로 되었다는 견해를 받아들인다면 문제는 달라진다. 공연에 대하여 호등별 차이를 두지 않고 징발했다고 하여도 이미 공연의 구성에서 기초적인 노동력·경제력의 차등이 고려되고 있었다고 볼 수 있기 때문이다. 신분사회로서의 성격과 고려시대 후반의 군역이나 부역의 징발사례들을 볼 때 3등호제가 실현되는 셈인 공연에 대한 균일한 군역·부역의 징발은 역사적인 현실성을 갖고 있었다고 여겨진다.

이 같은 점들에서 살하지촌의 공연들은 모두 1명씩의 남정을 법당군으로 징발당하고 있었다고 보인다. 부역도 성격상 군역과 유사한 것인 만큼 공연별로 균일한 노동력을 징발당했다고 볼 수도 있다. 물론 지방의 잡역에서는 일의 성격에 따라 모든 남정이 징발되거나 장정수가 참작되어 징발되는 일들이 있었을 것이며 때로는 여성의 징발도 있었을 것이다.

〈金基興〉

Ⅲ. 경제와 사회

1. 수공업과 상업의 발달
2. 귀족의 경제기반
3. 농민의 생활
4. 천민의 생활
5. 의식주 생활

Ⅲ. 경제와 사회

1. 수공업과 상업의 발달

1) 수공업의 발달

(1) 궁중수공업과 관영수공업

가. 궁중수공업

궁중수공업은 중고기에 왕실의 소유권을 확보하는 데서부터 비롯하였다. 곧 內省 산하의 관제를 정비하는 것과 흐름을 같이하여 6부의 생산조직을 국왕 직속으로 귀속시켜 나가는 과정에서 신문왕 원년(681) 本彼宮을 수반으로 하는 궁중수공업의 체계를 정비하였다.[1] 그 후 경덕왕 18년(759) 관호개혁을 전후하여 기술적 발전을 더함으로써 생산공정별로 매우 분업화되고 협업화된 체계를 갖추었고, 애장왕 2년(801) 御龍省의 정비 및 승격에 수반한 관제개혁으로 《三國史記》 職官志 中에 보이는 조직으로 완비하였다.

궁중수공업의 생산물품은 진골신분과 이에 준하는 투항왕족 및 당나라 장수·사신에게 내린 물품과 대외교역품 등에서 살필 수 있다. 이들은 대개 金·銀·銅 등의 광물류와 果下馬·美髢·海豹皮 등의 특산물, 牛黃·人蔘 등의 약재, 그리고 그 밖의 고급 직물류와 금은세공품, 침·금은침통 등의 의료기재 등이었다.

광물류는 鐵鍮典에서, 금은세공품은 南下所宮에서 각각 관장하였다. 직물류는 국왕의 사여물과 교역품 가운데 가장 많은 비중을 차지하는데, 이들 직물류 관련 궁중수공업 관사로는 繅絲(고치를 켜는 일)를 맡는 疏典, 실을 정련

1) 朴南守, 〈新羅 宮中手工業의 成立과 發展〉(《東國史學》 26, 1992), 127~139쪽.
———, 〈궁중수공업의 성립과 정비〉(《新羅手工業史》, 신서원, 1996),

한 후 표백을 맡는 漂典, 염색을 맡는 染宮과 紅典 및 옷감을 짠 후에 印染을 맡는 攢染典, 직접 각각의 종류별 옷감을 생산하는 錦典(織錦房)·朝霞房·綺典(別錦房) 등이 있었다.

이 가운데 조하방은 다른 관사와 달리 경덕왕의 관호개혁 때에 이르러 비로소 그 이름이 보이고 있다. 이는 기왕에 금전에서 생산되었던 朝霞紬·魚霞紬 등에 대한 중국의 선호도가 높아지자 경덕왕 18년(759) 무렵 별도의 관사로서 새로이 설치되었기 때문이다. 이에 따라 금전은 8세기 중엽에 조하방과 직금방으로 분리되고, 기전은 그 중요성에서 두 직물류에 밀려 별금방이란 이름으로 바뀌게 되었다. 이와 같이 직조관계 관사가 조공물품과 관련하여 정비되었다는 것은, 궁중수공업을 운영하는 목적 가운데 하나가 중국과의 조공에 필요한 물품을 충당하는 데 있었음을 보여준다. 細布의 경우도 7세기 무렵에 이미 20승·30승·40승 등 올이 섬세한 물품을 생산할 수 있었는데, 베류(布類)에서 쌓은 이러한 직조기법은 기술적 발전을 더하여 마직·모직물의 직조에도 응용되었다. 9세기 무렵에 나타난 30升紵衫段이나 40升白氎布 등이 그 실례라 할 수 있는데, 이들은 각각 麻典(織紡局)과 毛典(聚毳房)에서 생산되었다.

한편 옷감에 무늬를 찍는 印染과 실을 염색하는 染絲의 과정은 염료의 생산을 전제로 하며 직물의 가치와 직접 관련된 것으로서, 蘇木을 길러 염료를 채취하는 蘇芳典, 직접 인염과 염사를 맡은 攢染典·染宮·紅典 등의 관사가 있었다. 또한 曝典에는 屬縣이 딸려 있었는데 중국 남북조시대의 暴室에 비교할 수 있어,[2] 염색과 관련된 관사였을 것으로 짐작된다. 이들 염색을 맡은 관사는 서로 유기적인 협조관계를 맺고 있었을 뿐만 아니라, 원료생산 및 공급과 염색의 모든 공정이 궁중수공업 관사의 체계 안에서 일괄적으로 처리되었다. 이는 직물생산관사나 철유전 등이 수취체제 안에서

---

2) 唐長孺, 〈魏晋至唐官府作場及官府工程的工匠〉(《魏晋南北朝史論叢》 續編, 帛書出版社, 1985), 47쪽. 이와 관련하여 전문수공업 집락으로서의 '…成'을 상정하기도 하지만(井上秀雄, 〈新羅王畿の構成〉, 《新羅史の基礎研究》, 1974, 411~415쪽 ; 三池賢一, 〈新羅內廷官制考〉 下, 《朝鮮學報》 62, 1972, 39~40쪽), 대체로 내성 산하 관사로서 일정지역을 귀속시켜 운영하는 체계가 있었다는 정도로 이해해야 할 듯하다.

원료를 공급받아 제품을 만드는 것과는 성격을 달리하는 것이다. 이 같은 차이의 원인은 기술적인 문제도 있겠지만 골품제사회 안에서 色服 그 자체가 하나의 신분을 나타내는 것으로서 이에 대한 특별한 관리가 필요했기 때문이었다.[3)]

그런데 직물 생산관사가 분업화되어 있었던 것과 마찬가지로 가죽제품 생산관사도 가죽을 다루는 皮典(鞄人房), 가죽을 무두질 하는 打典, 그리고 직접 가죽제품을 생산하는 관사로서 말 고들개를 제작하는 鞦典, 북(鼓)류를 생산하는 皮打典, 가죽신발과 가죽장화의 제조를 각각 담당하는 鞜典과 靴典 등으로 생산공정이 분업화되어 있었다. 그 밖의 筍虡·飮器·射侯 등을 제작하는 磨典, 왕의 자리를 만드는 席典, 지팡이(机杖)·밥상·책상·탁상 등을 만드는 机概典, 조공에 필요한 광주리(筐筥)는 대나무와 관련한 기물·건축재료·대화살(竹箭) 등을 제작하는 楊典 등이 있었다. 그러므로 궁중수공업은 매우 분업화되어 있었으며 개별화된 각 관사들은 긴밀한 협업에 의해 운영되었음을 알 수 있다.

궁중수공업 관사에 속한 직원은《三國史記》職官志 中에서 확인할 수 있는데, 干－史의 계열과 翁－助·母·女子 등의 유형으로 나뉘어진다. 이들은 중국 관제와는 상당한 거리가 있는 신라 고유의 명칭으로서 중고기의 체제를 바탕으로 하여 필요에 따라 개편되었다.[4)] 이들 직원들은 대체로 大舍에는 미치지 못하고 舍知나 史에 준하는 하급관리들로서 신분적으로 4두품 정도에 불과하였으며, 대개 궁중에 소속된 노비들을 거느리고 해당 관사에서 정해진 물품을 만들었다. 이들은 확인된 수만도 100여 명에 달하는데, 밝혀지지 않은 12여 개 관사까지 포함하면 총직원의 수는 200여 명에 이를 것으로 추산된다.[5)] 이들이 어떤 방식으로 근무하였는지는 확인할 수 없으나 많은 수의 노비들이 그들의 휘하에서 잡역에 종사하였던 것으로 보인다.

---

3) 최원희, 〈우리나라 삼국 및 통합신라시기의 직물생산과 염색〉(《고고민속》 1, 1963), 55～61쪽.
4) 朴南守, 〈궁중수공업의 운영과 변천〉(앞의 책), 119～127쪽.
5) 홍희유, 《조선중세수공업사연구》(과학백과사전출판부, 1978 ; 서울 : 지양사, 1989), 33쪽.

나. 관영수공업

관영수공업은 국가에 필요한 물품을 생산한다는 점에서 국가재정의 운영과 밀접한 관련이 있었는데, 대체로 두 가지 형태로 성립·정비되었다. 먼저 중고기 수취제도의 정비과정에서 재지 장인들의 생산물품을 調 등의 방식으로 납공케 하는 한편 제방축조에서 볼 수 있듯이 재지 장인들을 중앙의 통제하에 관리하는 체계를 갖추면서, 신문왕 때에 工匠府監을 설치함으로써 일단의 완성을 보았다. 다음으로 군사·지방제도를 정비하는 과정에서 병기제조의 업무를 비롯하여 축성 등에 장인을 징발하는 체계를 갖추었는데, 이러한 체계는 진평왕대에 大幢 등의 군단에 大匠尺幢主와 大匠大監을 설치한 데서 비롯하며 신문왕대에 6정과 9서당제를 완비하면서 정비되었다.[6)]

신라 관영수공업을 총괄하는 대표적인 관사였던 공장부는 공인과 장인 곧 工匠을 관장하였던 관사로서, 고려시대 將作監의 전신이었다. 공장부는 진덕왕 5년(651) 倉部와 調府를 분리·설치함으로써 수취체제를 정비하는 것과 흐름을 같이하여 공장부 主書를 두면서 비롯되었다. 그 후 중국의 제도를 수용하여 관제와 역역체계를 정비하면서 신문왕 2년(682) 工匠府監을 설치하여 확충·완비되었다. 경덕왕 때에 공장부는 다시 典祀署로 그 이름을 바꾸었다고 하였으나, 이미 禮部에 속한 전사서가 있고 보면 그 바뀐 이름을 정확히 알 수 없을 듯하다.[7)]

다만 공장부가 공장을 관리하는 관사였다는 점에서 성덕왕대에 설치된 京城周作典과는 밀접한 관련이 있었던 것으로 보인다. 경성주작전은 성덕왕 31년(732)과 32년에 令과 卿을 각각 두면서 신설되었는데, 경덕왕대에 修城府로 개명되었다가 혜공왕대에 다시 경성주작전으로 환원되었다. 경성주작전의 신설은 7세기 중엽 이후 어느 시기엔가 축성의 업무가 군사조직으로부터 지방행정조직으로 이관되면서, 당시에 활발하게 이루어지던 왕경의 행정관사의 정비와 흐름을 같이하여 왕경에 있는 성의 수축을 전담하는 관사가 필요했

6) 朴南守, 〈新羅 官營手工業 官司의 運營과 變遷〉(《新羅文化》 10·11, 1994 ; 앞의 책) 참조.

7) 李基白, 〈新羅 惠恭王代의 政治的 變革〉(《新羅政治社會史研究》, 一潮閣, 1974), 242쪽 주 22).
朴南守, 위의 책, 159쪽.

기 때문이었다. 또한 이 무렵을 전후하여, 중고기에 각각 경위와 외위로 구분되어 있던 官匠들을 왕경과 주·소경·군별로 엄격히 구분·편제함으로써 종래에 공장부가 일괄적으로 파악하던 공장들을 왕경과 지방으로 구분하여 관리하게 되었다. 결국 이들 공장부와 경성주작전은 役制의 변화와 관련된 것으로서, 泰封 때에 각각 南相壇과 障繕府로 바뀌었다가, 고려시기에 이르러 공조 산하의 將作監으로 통합되었다.

집사부 산하 관사인 彩典도, 직원의 설치와 정비과정 및 그 구성이 공장부와 동일한데, 그 이름으로 미루어 보아 염색과 관련된 관사였을 것으로 추측된다. 채전은 경덕왕의 관호개혁 무렵 궁중수공업관사인 染宮·紅典 등의 염색 관련 관사를 설치할 때까지는 관복의 염색이나 건물의 채색 등에 필요한 염료와 관련된 일을 관장했을 것이다.[8)]

한편 중고기 무렵의 축성에는 예외없이 將軍·軍主가 축성의 책임자로 나타나는데, 이는 당시의 축성이 군사조직을 통하여 장인과 일반 역부들을 징발하였던 사실을 반영한다.[9)] 이러한 관점에서 신라 군단 가운데 일종 공병부대라 할 수 있는 大匠尺幢과, 중고기의 핵심부대인 6정군단의 여러 군관 가운데 보이는 大匠尺幢主·大匠大監 등의 이름을 주목할 수 있다. 이들은 진평왕대에 설치되어 축성 등에 인력을 징발하는 것과 관련한 직무도 가지고 있었다. 이는 신라의 경우 축성작업이 군사방위체계를 바탕으로 이루어진 점과 관련하여, 군사조직을 중심으로 장인을 확보하여 필요시에 성을 쌓을 수 있는 체계를 갖추었음을 의미한다.

또한 신라 중고기에는 군사조직을 통하여 舟楫에 관한 일을 관장하였는데, 문무왕 18년(678)에 船府를 설치함으로써 그 동안 병부의 大監·弟監이 기왕에 관장했던 주즙의 일에 관한 업무를 선부에 이관하였다.[10)] 그 후 경덕왕 때 선부는 利濟府로 고쳤다가 혜공왕 때에 다시 선부로 되돌렸는데, 이는 태

---

8) 朴南守, 〈統一新羅 宮中手工業의 運營과 變遷〉(《素軒南都泳博士古稀紀念 史學論叢》, 1993)
　　———, 〈관영수공업 관사의 운영과 변천〉(위의 책), 148쪽.
9) 李基白, 〈永川菁堤碑 貞元修治記의 考察〉(《考古美術》 102, 1962 ; 앞의 책, 293~295쪽).
10) 《三國史記》 권 38, 志 7, 職官 上, 船府.

봉 관제의 水壇, 고려 전기 工曹 산하의 水部에 해당한다.[11] 그런데 문무왕 18년 이전 병부에서 관장하였다는 '주즙의 일'이란 軍船의 조영 등과 같은 軍과 관련된 일이었다. 그러나 나당전쟁이 끝난 뒤 영역이 확대되고 해외활동이 활발해지면서 군선의 조영보다는 조세의 수취나 해상활동을 뒷받침하기 위하여 일반 선박의 조영 등을 위한 선박관계의 일이 중요성을 띠게 되자,[12] 선부를 독립 관사로 설치하게 된 것이었다.

한편 문무왕 때에 새로 두었던 병부의 직원 가운데 弩舍知와 弩幢은 신병기라 할 수 있는「木弩」를 제조하던 관직으로서, 기타 병기의 제조도 노의 제조와 마찬가지로 병부 산하 관사에서 관장하였을 것으로 추측된다.[13] 아마도 대장척당에 소속된 대장척당주와 대장대감을 중심으로 이러한 무기를 제조하여 유사시에 대비하였을 것이다. 그런데 이들 대장척당주와 대장대감은 6정과 9서당에 각각 배속되어 있었던 만큼, 군사조직을 통하여 제조된 무기는 중앙의 무기고(武庫)뿐만 아니라 각 停이 소재한 지역의 무기고에 보관되었을 것으로 여겨진다.

결국 병부와 6정군단 소속의 대장척당을 중심으로 편제된 일련의 축성·선박조영·병기제조와 관련된 조직은 營造兵器의 책임을 맡은 당나라 軍器寺나 고려 전기의 軍器監에 상응한다고 할 수 있다.

다. 궁중·관영수공업관사의 변화

신라는 중대 초엽에 이르러 내성조직을 정비하는 과정에서 신문왕 원년(681) 본피궁을 수반으로 하는 궁중수공업의 체계를 갖추었으며, 수취제도와 군사·지방제도를 정비하면서 工匠部·彩典·兵部·船府 등을 중심으로 한 관영수공업의 체계를 갖추었다. 그런데 궁중수공업의 경우 매우 정비된 일련

---

11) 李泰鎭, 〈高麗 宰府의 成立〉(《歷史學報》 56, 1972), 5쪽의 〈표〉 高麗 宰府의 成立 참조.

12) 홍희유, 앞의 책, 23쪽.

13) 홍희유는《三國史記》職官志 軍官組織에 보이는 四設幢의 弩幢·雲梯幢·衝幢·石投幢 등을 비롯한 皆知戟幢·長槍幢·火尺 등에서 각종 무기를 생산하였던 것으로 파악하였다(홍희유, 위의 책, 24쪽). 물론 이들 부대에는 특수병기를 다루는 사람이 포함되어 있었겠지만, 그 조직이나 각종 전투의 실례를 볼 때 이들은 오히려 특수 병기를 사용하는 전투부대로 보아야 할 듯하다.

의 체계를 보이지만, 관영수공업은 분산적인 형태로 나타난다. 이는 궁중수공업이 주로 국왕이나 왕실의 수요에 충당하기 위한 생산체계였다면, 관영수공업은 국가의 재정과 관사에 필요한 물품을 생산하는 체계였기 때문이었다. 경덕왕대 이후 궁중수공업 관사는 점차 관영수공업 관사에 통섭되어 갔다.

특히 나말려초에 이르러 수공업관사는 내성산하의 일개 관사였던 物藏典이 태봉의 관제에서는 고려시대 小府寺의 전신인 物藏省으로 확대 개편되고, 신라 경덕왕대를 전후하여 생산공정에 따라 여러 개로 나뉘어져 있던 생산관사가 고려의 관제에서는 雜織署·都染署·中尙署 등으로 통합되어 가는 경향을 보인다. 이러한 변화는 신라 하대에 서역 또는 중국의 사치품이 신라에 유입되면서 궁중수공업 제품의 수요가 줄어들었고, 그 결과 궁중수공업의 폐쇄적 운영만으로는 더 이상 왕실 귀족의 사치적 욕구를 만족시킬 수 없게 된 때문이었다. 이에 폐쇄적인 궁중수공업 기술이 사회 저변에 보급·확대되고, 궁중에 필요한 최소한의 물품을 제외한 각종 물품을 貢賦 등의 형태로 수취함으로써 물장성이 생산을 맡는 관사로 확대되었던 것으로 여겨진다.[14]

이와 함께 大匠尺幢과 船府·工匠府·京城周作典·彩典 등의 관사를 중심으로 분산적으로 운영되던 관영수공업은, 각각 고려 초기의 軍器寺와 水曹, 將作監, 소부시 산하의 도염서로 바뀌었다. 이는 결국 당의 관영수공업체계 곧 무기제작을 맡는 군기시, 토목공사의 조영과 수리 및 공장들을 관리하는 장작감, 관용물품을 제작하는 소부시의 세 관사를 중심으로 운영하는 체계로 전환되었음을 의미한다. 이러한 변화는 왕실의 사적 경영의 성격이 강한 궁중수공업이 조세제와 국가의 통치체제에 바탕을 둔 관영수공업에 통합되었음을 의미하며, 또한 최소한의 물품만을 관영수공업에서 일괄적으로 제조하고 여타의 물품은 민간 또는 전업적 수공업 집락에 위임한 때문이었다.

(2) 민간수공업

가. 농민수공업

농민수공업은 「男耕女織」으로 표현되듯이 일반적으로 가내 분업의 단계에

14) 朴南守, 앞의 글(1993).

있었으나, 일부 수공업자는 생활일용품을 만들어 시장에 팔기도 하였다. 그러나 석탈해의 야장설화에서 볼 수 있듯이 2~3세기 무렵에 이미 상당한 부를 축적한 전업적인 민간수공업자가 존재하였다. 이러한 전업적 수공업자는 중고기까지도 집단별로 거주했는데, 《三國遺事》 桃花女 鼻荊郞條에 보이는 사량부의 石工들은 그러한 좋은 사례가 된다. 그러나 이들 가운데 비형랑은 국왕의 신하로, 吉達은 大臣의 신하로 되면서, 집단으로 거주하였던 장인들은 각각 새로운 신분으로 계층화되었다. 이들 가운데 사량부에 그대로 남게 된 장인들은, 《三國史記》 권 46, 强首傳에 보이는 釜谷冶家와 같이 지방에 머무르면서 전업적 수공업자로서 생활을 영위하는 존재가 되었을 것이고, 길달과 같은 이는 성덕왕 24년(725) 上院寺銅鐘을 조성한 照南宅匠 仕□大舍나 혜공왕 7년(771) 皇龍寺鐘을 조성한 里上宅 下典과 같은 장인으로 되었을 것이며, 비형랑과 같은 이는 8세기 중엽 분황사약사동상을 주조한 强古奈麻나 성덕대왕신종을 주조한 관등을 가진 장인이 되었을 것이다.15)

결국 중고기 신라가 신분질서를 재편하는 과정에서 각 지역별로 집단적으로 거주하고 있던 전업적 수공업자들은 그 직능에 따라 계층화되었다. 이들 가운데 일부는 농사와 함께 수공업기술을 발휘하는 농민수공업자로, 일부는 귀족들이 경영하는 수공업장이나 국가의 수공업장에 귀속된 장인으로 위치지워짐으로써, 각각 민간수공업과 귀족들의 사영수공업, 그리고 관영수공업에 종사하였던 것이다.

농민수공업자들의 구체적인 활동상은 잘 나타나지 않으나, 대체로 농민이 다루는 호미·낫과 같은 농구를 비롯하여 수레의 부품, 건축에 필요한 철제품, 일상생활에 필요로 하는 칼·마치·바늘 등의 철제품 등을 비롯하여 사원이나 주택의 건설, 기와의 제조 등에 종사하였을 것이다. 이들은 사회적 분업이 확대되고 상업이 발달하면서 전업적 수공업자로서 관청에서 필요로 하는 입역과 함께 工價를 받고 작업에 나아가 자기 영리를 도모하기도 하였다. 이로 말미암아 장인 사회가 분화됨으로써 일본과의 무역에 종사하는 장인이 등장하게 되었고,16) 4~6두품의 官匠에 한정되었던 博士의 칭호가 일반

15) 朴南守, 〈新羅 上代 手工業과 匠人〉(《國史館論叢》 39, 國史編纂委員會, 1992), 76~79쪽.

승장이나 장인들의 범칭으로 일컬어지게 되었으며, 아울러 장인들의 사회경제적 지위가 전대에 비하여 향상되었다.

장인들의 사회경제적 지위가 향상된 데는 慈悲·布施·福田·一如平等 등의 불교사상과 중국 고대사회에서 장인들의 노예적 노동을 사상적으로 희석시켰던 《瑜伽論》의 工巧明思想[17]이 신라사회에 유입되어 영향을 끼친 일면도 있을 것이다. 결국 장인들의 사회경제적 지위의 향상으로 말미암아 일부 장인들은 나말려초의 전환기와 맞물려 고려 건국에 참여할 수 있었다. 그러나 고려사회에 四民觀念이 뿌리를 내리면서 절대 다수의 예속적 장인들은 工匠案이나 百工案牘 등에 등록되어 신역을 바치거나, 금소·철소 등의 수공업 집락에 편제되어 身役을 바치는 단순 생산자로 전락하였고, 일부 장인만이 武散階를 받는 등으로 관직에 나아가게 되었다.[18]

나. 귀족의 수공업 경영

귀족들의 수공업 경영상은 3세기 말경 昔于老가 동해안에서 鹽奴를 부렸음직한 기록에서 처음으로 나타난다. 그런데 선덕왕 11년(642) 大買縣 豆斯支沙干이 고구려와 군사적 동맹을 체결하기 위하여 고구려로 들어가는 김춘추에게 靑布 500보를 증여했다는 것에서도 지방의 유력자가 독자적으로 수공업을 경영했을 가능성을 엿볼 수 있다. 특히 궁중수공업의 성립과정은 6부의 자치권을 인정받았던 6宮의 수공업 관사를 왕실에 귀속시키는 과정이었거니와, 이는 역으로 6부의 각 궁에는 귀족들이 나름대로 수공업장을 경영하였다는 사실을 시사한다.

신라가 삼국을 통일한 이후 신문왕 2년(682) 본피궁을 설치하면서 궁중수공업의 체계를 확립하였다고 하지만, 진골귀족들은 여전히 기왕의 생산체계

16) 《日本三代實錄》 권 17, 淸和天皇 貞觀 12년 2월 20일 및 권 18, 淸和天皇 貞觀 12년 9월 15일.

17) 공교명사상은 "보살이 베풀어야 할 만한 때가 아닐 때에는 이전부터 익힌 工巧業處에서 제작의 의도를 행하고, 적은 노력으로 많은 財寶를 만들어 모아 여러 중생에게 베풀어 주는 이익을 주라"는 사상으로서 진덕왕대에 신라에 전해졌던 것으로 보인다(朴南守, 〈승장의 활동과 그 사상적 기반〉, 앞의 책, 249~256쪽).

18) 朴南守, 〈중·하대 장인의 분화와 사회경제적 지위변동〉(위의 책) 참조.

를 유지하였다. 신라 중대말 하대 초엽의 상황을 보여주는《新唐書》新羅傳에서 "宰相家에는 祿이 끊이지 않으며 奴僮이 3천 명이다. …"라고 하였듯이, 이들 재상가에 속해 있던 노동 가운데는 이상택의 하전이나 조남택 장인과 같은 이들이 포함되어 있었을 것이고, 이들은 궁중수공업장에서 하급관리들이 수공업장을 경영하였던 것과 유사한 형태로 수공업 생산에 종사하였을 것으로 짐작된다.

그런데 일본 正倉院에 소장된 꽃문양이 있는 花氈에 덧붙인 貼布記와 자주색의 毛氈에 덧붙인 첩포기의 '行卷韓舍'나 '紫草娘宅' 등은 화전과 色毛氈을 생산하였던 귀족들의 수공업장 경영의 사례를 보여준다. 이들 화전과 색모전은 대체로 진골귀족들의 수요에 충당하기 위하여 생산된 것이 일본에 보내졌던 것으로서, 진골귀족이나 두품신분들이 경영하였던 수공업생산의 면모를 시사한다.

다. 사원의 수공업 경영

사원에서도 나름대로의 수요에 충당하기 위한 수공업 경영이 있었다. 사원에서의 수공업 경영은 여러 불사에 나타난 승장의 활동으로 미루어 보아 짐작할 수 있는데, 대체로 중대의 寺院成典과 政法典의 전신 조직을 이루는 속관들이 사원의 건축이나 기타 불사, 그리고 사원의 토지 등을 관장하던 형태에서, 중대말 하대 초엽부터 점차로 승단이나 사원의 자율적인 방식으로 바뀌었다. 이는 각 사원들이 田莊을 바탕으로 하여 경제력을 성장시키고 국가의 통제로부터 일탈해 나가는 것과 흐름을 같이한다. 이러한 변화와 함께 8세기 중엽부터 僧匠들의 활동이 활발해졌다. 청정무구를 지향하던 승려들이 장인으로서 활동하게 된 것은 중고기에 유입된 工巧明思想이나 9세기 중엽에 들어온 百丈의 淸規에서 영향받은 일면도 있었을 것이다.

통일신라시대의 승장은 석장계열과 철장계열로 구분된다. 철장계열은 다시 鑄造匠과 細工匠(鐫字匠)으로, 석장은 탑비 등을 조성하는 장인과 刻字僧으로 구분할 수 있다. 그 밖의 불사에 필요한 여러 유형의 승장들이 있었을 것으로 짐작되는데, 고려시대의 승장이 각자승·석공승·철장승·목수승·와장승 등으로 구분되는 것으로 보아[19] 신라에서도 이와 비슷하였을 것으로 여겨진다. 그런데 이들 승장 가운데「伯士」·「助博士」·「大伯士」등의 명칭으로 일컫는 이들이 있었다. 기술자로서의 博士라는 이름은 본래 官匠에게 주어진 칭호로서,[20] 대체로 4~6두품급의 신분층이었다. 이들 명칭은 중대에 이르러 國學·漏刻典 등의 관사에 중국식 박사제를 시행하면서 보편화되어 경덕왕대를 전후하여 대박사-차박사 등으로 분화되었고, 점차 일반 장인들에게도 확대 적용되었다.[21] 이러한 명칭을 승장들이 일컫게 된 데는 저들이 해당 분야에서 관장에 버금할 만한 기술을 습득하게 되었고, 승려들 상호간에 기술의 정도에 따라 명칭이 분화되었으며, 아울러 승장 상호간에 기술을 전수·습득하는 관계가 있었음을 보여주는 것이라고 할 수 있다.

이들 승장들의 존재는 사원에서의 수공업 경영의 가능성을 상정하게 하지만, 義寂이나 太賢의 저술에서 재가자의 상행위를 인정하면서도 승려들의 상거래를 금지하고 있는 것으로 보아,[22] 각 사찰은 자체의 수요에 충당하기 위하여 이들 승장을 확보하는 방식으로 수공업을 운영하였던 것이라 하겠다.

(3) 각종 수공업 기술의 발달

신라가 삼국을 통일한 이후 수공업 분야에 상당한 기술적 발전이 있었다. 이는 신라가 삼국을 통일하여 고구려·백제의 기술까지 포용하고 중국과의 교류를 통하여 선진문물을 받아들인 결과라고 할 수 있는데, 단순히 기술을 수용한다는 범위를 넘어서서 신라 특유의 기술을 발전시켜 나갔다.

이 시기 수공업 기술의 발전은 주로 궁중·관영수공업 분야의 것이었지만, 이 또한 귀족이나 민간 수공업분야에도 상당한 영향을 끼쳤다. 〈白紙墨字大方廣佛華嚴經寫經〉(755)에서 볼 수 있듯이 경위와 외위의 관등을 가진 장인들은 개인적으로 이루어진 불사에 일종 工價를 받고 작업을 하였는데, 이러

19) 林英正, 〈高麗時代의 使役·工匠僧에 대하여〉(《伽山李智冠스님華甲紀念論叢 韓國佛敎文化思想史》上, 1992), 765~772쪽.

20) 朴敬源, 〈高麗鑄金匠考-韓仲敍와 그의 作品-〉(《考古美術》 149, 1981), 13~16쪽.

21) 朴南守, 〈新羅 匠人의 分化와 社會經濟的 地位 變動〉(《芝邨金甲周敎授華甲紀念 史學論叢》, 1994), 207~211쪽.

22) 崔源植, 〈新羅 義寂의 梵網菩薩戒觀〉(《何石金昌洙敎授華甲紀念 史學論叢》, 1992), 55쪽.

──, 〈太賢의 菩薩戒 이해와 現實問題 인식〉(《伽山學報》 2, 1993), 127쪽.

한 과정에서 이들 관장들의 기술이 일반 장인들에게 전해졌을 것이기 때문이다. 또한 애장왕 5년(804) 승려 장인인 覺知師가 禪林院鐘을 주조하였던 데서 볼 수 있듯이, 기술적인 문제로 인하여 관장들이 주도하였던 주종이 9세기 초엽에는 점차 일반 승장에 의해서도 이루어지게 되었던 것이다. 이는 국가에서 운영하는 수공업과 일반 수공업 사이에 기술적인 교류가 있었고, 그 결과 사회 전반적으로 수공업기술이 제고되었음을 보여준다.

먼저 통일신라시대의 철생산은 자석 등의 광물을 생산하여 중국에 수출하기도 했으며, 이와 함께 철의 사용량도 전시대에 비하여 놀랄 만큼 증가하였다. 이는 신라가 이 시기에 이르러 중고기에 비하여 채광 및 야철기술에 상당한 발전이 있었음을 보여준다. 채광법의 발전은, 원광석이 砂鐵에서 赤鐵鑛 또는 磁鐵鑛 등의 보통 광석으로 바뀐 것에서 살필 수 있는 바,[23] 삼국시대에는 露天法이었던 것이 통일 이후 땅속의 광맥에 따라 수직으로 갱도를 파내려가 채광하는 竪坑法으로 변하였다.[24] 야철법에 있어서도 종래 삼국시대에는 原鑛과 木炭의 炭燒式이 중심을 이루었으나, 통일 이후에 규모를 확대시켜 도가니와 풀무를 이용한 방법으로 발전하였다.[25]

철가공 기술은 鑄鐵과 鍛鐵技術을 들 수 있다. 주철기술은 삼국시대에 馬具나 무기를 제작하는 데 사용되었으며, 그 후 점차 합금기술이 발달함으로써 불상이나 종을 조성하거나 솥 등의 생활용품을 생산하는 데 이용되었다. 특히 무기와 농구류의 경우 삼국시대에는 주로 炒鋼法에 의해 생산된 중·고탄소강의 철소재를 목탄 중에 가열하여 반복 鍛打하는 방법이었으나,[26] 통일신라시대의 유적으로 인정되는 馬塚 138호분과 안압지·황룡사지·월정교·월성해자에서 출토된 무기·농구류의 경우 대부분이 섭씨 1,300도 이상의 고온에서 용해한 白鑄鐵로서 주조하는 방법을 이용하였다.[27]

한편 금속의 넓게 펴지는 성질이나 열을 가하면 용해되는 성질 등을 이용

23) 尹東錫, 〈統一新羅의 鐵器〉(《三國時代 鐵器遺物의 金屬學的 硏究》, 高麗大出版部, 1989), 203쪽.
24) 尹東錫, 〈古新羅의 鐵器〉(위의 책), 134~135쪽.
25) 尹東錫, 앞의 글(1989a), 134~135쪽.
26) 尹東錫, 앞의 글(1989b), 136~145쪽.
27) 尹東錫, 앞의 글(1989a), 158~204쪽.

하여 금속제품을 가공하는 기술도 발달하였는데, 대체로 板金法과 打出法 등의 기술이 사용되었다. 또한 금속제품을 장식하는 기술 곧 彫金技術로는 魚子文과 象嵌, 線彫技術 등을 비롯하여 금가루와 금실로 무늬를 장식하는 鏤金細工技術(Filigree 기술)이 있었다. 이러한 기술은 7, 8세기 무렵 각종 사리장엄구나 器皿·粧飾金具 등에 連珠文帶와 함께 이용되었는데, 통일신라 토기나 나말려초 도자기에까지 응용되어 고려시대의 독특한 청자상감법을 창출하였다. 이와 관련하여 금속제품을 장식하는 기술로서 鍍金法을 들 수 있는데, 아말감에 의한 도금과 金箔鍍金·漆箔法 등이 있었다. 신라에서는 주로 금아말감법이 사용되었는데, 이는 수은에 금을 섞어서 동 또는 동합금한 제품에 바른 후 이를 가열하여 수은을 증발시킴으로써 금만을 남게 하여 도금하는 방법이었다.28)

다음으로 통일신라시대에 가장 많은 기록을 남기고 있는 수공업 제품으로 궁중수공업 관사에서 생산하였던 직물류를 들 수 있다. 이는 중국과의 교역물품 가운데 보이는데, 7세기부터 비단류의 품목이 다양해지고 보다 섬세한 베가 생산되었다. 그 후 8세기 무렵에는 명주류와 모직물류가 새로이 나타나는데, 이는 새로운 기술의 유입이나 또는 직물류의 기술을 모직물에 응용한 결과였다. 또한 이 시기에 五色氍毹 등 염색과 관련된 직물류의 이름이 많이 나타나고 있어서 염색기술상의 발전이 있었을 것으로 짐작된다. 9세기에 이르러서는 비단류에 문양을 내는 기술과 함께 가는 베류의 직조기술이 마직물이나 모직물의 직조에 응용되기도 하였다.

한편 통일신라의 토기는 5세기 후반에서 6세기 전반에 정형화된「신라토기」를 계승하면서 백제와 당나라의 기술이 일부 수용된 형태로 발전하였다. 7세기초에 이르러서부터 당나라 영향을 받은 그릇 모양들이 나타나는데, 이를 전후하여 스탬프로 문양을 찍은 인화무늬 토기도 보이기 시작한다. 그런데 초기 통일신라의 토기로 이해되는 경주 西岳里 石室墳 출토 굽다리접시나 목항아리는 고식 신라토기의 모습을 가지고 있지만 완전히 새로운 모습을 보이고 있다. 또한 안압지에서 출토된 일련의 토기 가운데 홈이 파인 구

28) 李蘭暎,《韓國古代金屬工藝硏究》(一志社, 1992), 173~256쪽.

연고배 등은 백제 계통이며, 그리고 신라의 고배와 수·당 계통의 굽달린 사발(盌)이 합해진 다리 달린 사발은 신라가 삼국을 통일한 이후에 신라의 전통적인 토기 형식에다 백제나 중국의 토기 형식을 가미한 것이었다. 특히 안압지 출토 굽다리접시에는 물고기알무늬(魚子文)가 보이는데, 이는 7세기 무렵 각종 금속제품의 장식문양으로 이용되었던 것이 토기에까지 응용되었음을 보여준다. 그 후 忠孝洞古墳 단계에서는 굽다리접시의 뚜껑이 완전히 사라져, 통일신라시대의 전형적인 고배의 형식 곧 다리에 아주 작은 구멍을 가진 뚜껑없는 굽다리접시(無蓋高杯)의 전형을 이룬다.29) 이와 아울러 9세기 무렵에 중국 浙江省 지구의 越州窯 햇무리굽 청자가 당시 활발한 사무역에 힘입어 도입됨으로써 고려청자의 기원을 이루기도 하였다.30)

통일신라시대에 이르러 나타난 토기 제작기술 가운데 주목되는 것은 뼈단지나 鬼面瓦 등에 유약을 사용하기 시작하였다는 점이다. 종래의 신라토기는 유약을 바르지 않고 굽는 과정에서 잿물에 의한 자연유만이 나타났던 것인데, 7세기 중엽부터 鉛釉 즉 산화연을 염기로 하는 유약과 灰釉의 두 가지 방법이 사용되기 시작하였다. 이는 이 시기 토기의 형식이 그러하듯이 백제·중국을 통하여 전래되었을 것이다. 그런데 연유는 용해도가 섭씨 700~800도에 불과하여 가마의 온도가 올라가면 모두 타버리기 때문에, 연유를 바른 토기는 저화도의 산염으로 구워야 하고, 고온 환원염의 전통 신라토기에는 사용할 수 없는 것이었다. 따라서 유약을 바른 토기는 회백색 또는 적갈색의 빛깔을 띤 軟質土器로서 실용성보다는 특수 용도에만 사용되었던 것으로 여겨진다.31)

통일신라시대의 조선기술은 문무왕 18년(678) 船府라는 독립된 관사를 설치하면서 새로운 전기를 맞이하였다. 이는 신라가 삼국을 통일한 이후에 발달한 해상력에 기인하지만, 실제로 당시의 조선기술이 어떠하였는지, 배의 형태와 구조가 어떠하였는지는 잘 알 수 없다. 다만 5, 6세기 무렵의 연안용

29) 金元龍, 《新羅土器》(열화당, 1981), 84~90쪽.

30) 鄭良謨, 〈槪說 高麗靑瓷〉(《高麗靑瓷名品特別展》, 國立中央博物館, 1989), 268·281쪽.

31) 金元龍, 앞의 책, 16~19쪽.

소형 배모양의 금령총 출토의 배모양 토기(호암박물관 소장)와 안압지에서 출토된 7, 8세기 무렵의 놀이배(경주 국립박물관 소장)만이 현존할 따름이다. 특히 안압지에서 출토된 배는 韓船의 초기 모습을 전해주는 半構造船으로서 L자형 邊材, 독특한 나무못(木釘), 加龍木 등 우리 나라 고대선의 특징을 보여주며, 11세기 중·후반 무렵의 것으로 추정되는 「莞島船」과 상통한다고 한다. 이는 신라시대에 중국선이나 일본선의 구조와 선형을 달리하는 독자적인 구조법에 의한 한선이 존재하였음을 의미한다.[32]

사실 신라선에 관한 기사는 우리측 사료상에는 거의 보이지 않는 반면에, 오히려 일본측 사료에 많이 보이고 있다. 《續日本後紀》 권 8, 仁明天皇 承和 6·7년조에는 9세기 중엽의 신라선이 '바람과 파도를 능히 감당할 수 있는' 또는 '능히 파도를 헤치고 갈 수 있다'는 우수한 배로 소개되어 있다. 이와 같은 신라선은 9세기 초엽 張保皐가 한국·중국·일본 삼국의 해상권을 장악할 때에 이미 존재하였는데, 당시에 장보고의 원양무역선은 갑판 위에 선실을 두고 돛대를 두 개 이상 장비한 平底型船이었을 것으로 추측되고 있다. 다만 그것이 중국선인지, 신라 고유의 배인지, 아니면 양자의 절충형인지는 분명하지 않다.[33]

그런데 9세기 초엽 중국을 다녀온 일본 승려 圓仁의 《入唐求法巡禮行記》에 따르면, 원인 일행이 신라인 통역자 金正南의 주선으로 개성 4년(839) 윤정월 4일에 새로 산 배를 수리한 바 있는데, 楊州로부터 楚州에 보냈던 都匠·番匠·船工·鍛工 등 36명의 장인들은 신라인일 가능성이 높다. 그러므로 장보고의 원양무역선 등의 기술적 계통은 분명하지 않지만, 신라인 장인들에 의하여 만들어져 신라인 수수·초공들을 중심으로 운항되었을 가능성이 높으며, 원인 등이 이러한 배를 이용하여 일본에 귀국한 이후 그 우수성이 인정되어 9세기 중엽경에 이르러서는 일본인들이 다투어 신라선을 선호하게 되었던 것이다.

신라에서의 제염법은 분명하지 않으나 고려 光宗 9년(958)에 세워진 〈太子

32) 金在瑾, 〈張保皐 時代의 貿易船과 그 航路〉(《張保皐의 新硏究》, 莞島文化院, 1985), 148~149쪽.

33) 金在瑾, 위의 글, 147~151쪽.

寺朗空大師白月栖雲塔碑〉의 '바닷물을 찌는 수고를 더하고'라는 문구에서 바닷물을 쪄서 농축시키는 방법(海水直煮式)으로 소금을 만들었다는 것을 알 수 있다.[34] 이러한 제염법은 많은 재목과 노동력을 필요로 하는 것으로서 대체로 재목과 노동력을 쉽게 구할 수 있는 바닷가에 鹽盆 등을 설치하였다. 「鹽盆」은 일반적으로 바닷물을 찌는 가마솥을 말하는데, 경문왕 12년(872)에 세워진 〈大安寺寂忍禪師照輪淸淨塔碑〉의 끝부분에 이에 관한 기록이 있어 지금까지는 염분을 토지 면적단위인 結로 표시했다는 점에 착안하여, 鹽田과 염분을 모두 포함하는 넓은 의미의 소금 생산시설을 일컫는 용어로 추측하여 왔다.[35] 그러나 고려·조선시대를 막론하고 염분은 소금을 찌는 가마솥을 일컫는 이름이었으며, 이를 세는 단위도 坐數나 所를 사용하였고, 염분은 솥의 크기에 따라 大釜·中釜·小釜 등으로, 그리고 솥의 재질에 따라 鐵盆·土盆 등으로 구분되었다는 점에서 10세기 중엽까지의 제염법은 여전히 바닷물을 쪄서 소금을 농축시키는 방법을 사용하였던 것이라 하겠다.[36] 다만 이 시기에 단편적이나마 민간에 소금이 유통되었음직한 기록이 있어서,[37] 소금 생산량이 이전 시기에 비하여 상당히 증가하지 않았나 추측된다.

2) 상업의 발달

신라 지역에서의 시장의 등장은 이미 삼한시대로 거슬러 올라가며, 고대국가로 발전하는 과정에서 수공업과 마찬가지로 교환관계를 국가의 운영원리에 맞게 새로이 정비하였다. 照知麻立干 때 사방에 郵驛을 설치하고 관용 도로를 수리한 것이나, 왕경의 시장을 열어 사방의 물품을 유통하게 하고 동시전을 개설한 것 등은 바로 그러한 정책의 반영이었다. 또한 문무왕 5년(665)에 絹布의 길이 단위를 '10尋/匹'에서 '길이 7보·너비 2척/필'로 고친 것은, 국가가 당시 교환의 표준이 되는 견포의 척도를 통일함으로써 새롭게 변

34) 崔仁渷 撰, 〈太子寺朗空大師白月栖雲塔碑〉(《朝鮮金石總覽》上, 朝鮮總督府, 1919), 182쪽.
35) 權寧國, 〈14세기 榷鹽制의 成立과 運用〉(《韓國史論》 13, 서울大, 1985), 15·30쪽.
36) 朴南守, 〈각종 수공업기술의 발달〉(앞의 책), 81～87쪽 참조.
37) 《三國遺事》 권 3, 塔像 4, 三所觀音 衆生寺.

화한 교환관계에 부응하고자 한 것이었다. 이는 농업으로부터 분리된 수공업 뿐만 아니라 상업까지도 국가의 주도하에 운영하고자 한 것으로 풀이된다.

(1) 국내 상업

신라 상업의 중심은 왕경의 시전이었다. 소지마립간 12년(490) 사방의 재화를 유통케 하기 위하여 市肆를 두면서 비롯한 시전은, 지증왕 10년(509) 東市典을 개설하여 관리를 배치함으로써 국가의 통제하에 들어갔다. 통일 후 왕경의 인구가 증가하고 물화의 유통이 증가하면서 효소왕 4년(695) 西市典과 南市典을 새로이 설치하였다. 이러한 시전은 왕경에만 국한되었던 것은 아니고, 신문왕 때에 9주 5소경을 설치하면서 각 소경과 지방의 주요 거점 도시에도 개설하였을 것으로 짐작되고 있다.

시전의 개설은 도시의 발전과 흐름을 같이하는 것으로서, 신라 전성기의 경주에는 초가집이 없었고 거리 모퉁이마다 담장이 연결되어 있었으며 6部 55里 360坊의 시가 규모에 173,936호가 있었다고 한다.[38] 그런데 시전의 구역이 왕경의 동쪽에서 시작하여 서·남으로 확대된 것은 인구의 증가와 함께 왕경의 확대에 따른 조치였다고 보여진다.

시전의 모습은 문무왕대에 廣德이 짚신을 만들어 파는 것으로써 생업으로 삼았다는 것이나, 《破閑集》 中·下의 김유신과 원효의 일화에 보이는 '屠沽'와 그 가운데에 婬房·酒肆 및 倡家 등이 있었다는 등에서 그 번성하였던 모습을 짐작할 수 있다. 그런데 혜공왕 4년(768) 신라를 다녀간 당나라 사신 顧愔의 《新羅國記》를 바탕으로 하여 찬술된 것으로 보이는 《新唐書》 新羅傳에 "市에는 모두 婦女가 貿販을 한다"라고 한 것은 오히려 통일기 왕경의 시전 모습과 차이가 있다. 이 《신당서》의 기사는 왕경에 있는 시전의 모습이라기보다는 場市의 모습이거나,[39] 아니면 鄕市의 모습이었을 것으로 추측하기도 한다.[40] 그러나 이로부터 100여 년 뒤의 기록이긴 하지만 〈竅興寺鐘銘〉이나

---

38) 《三國遺事》 권 1, 紀異 1, 辰韓 및 권 5, 避隱 8, 念佛師.
李基白·李基東, 《韓國史講座》 1, 古代篇(一潮閣, 1982), 332쪽.

39) 홍희유, 《조선상업사》(과학백과사전출판사, 1989) 35쪽.

40) 劉元東, 〈古代-高麗時代의 市場形成史〉(《都市問題》 2-8, 한국도시행정협회, 1967), 27쪽.

〈寶林寺普照禪師彰聖塔碑銘〉에서 엄청난 양의 철을 市買했던 사실을 확인할 수 있어 막대한 양의 철 등을 매입할 수 있는 시전의 존재를 상정할 수 있다.[41] 더욱이 《三國史記》 弓裔傳에 보이는 '鐵圓市廛'이나 《三國遺事》 王曆 後高麗條의 '油市' 등의 존재에서 지방의 시전과 한 가지 물품만을 판매하는 전문 시전이 있었음을 확인할 수 있어, 오늘날 우리가 상상하는 것보다 신라의 시전이 훨씬 발달하였고, 국내상업이 융성하였던 사실을 알 수 있다.

이들 시전에는 관리가 파견되었는데, 동·서·남시전에는 각각 '監(2명)－大舍(主事, 2명)－書生(司直, 2명)－史(4명)'을 배치하여, 총 30명의 관리들이 왕경의 시전 업무를 담당하고 있었다. 이는 신라 여타 관부나 당나라 兩京諸市署의 '令(1명)－丞(2명)－錄事(1명)－府(3명)－史(7명)－典事(3명)－掌固(1명)'의 직원구성과 비교했을 때에 결코 적은 인원은 아니었다. 이들 시전의 관리들이 어떠한 일을 관장했는 지는 분명하지 않으나, 당나라의 경우 財貨의 交易과 度量器物의 眞僞輕重을 판별하는 역할을 하였던 것[42]으로 보아 신라의 경우도 그러했을 것으로 믿어진다. 곧 《三國史節要》 신라 儒禮王 15년조에는 印觀과 署調의 교역에 따른 미담을 掌市官이 국왕에게 아뢴 이야기가 전하는데, 비록 전적으로 이 기사를 신빙할 수 없을지라도 신라 시전의 관리들이 시전의 교역에 관한 업무를 관장했음을 짐작케 한다. 또한 문무왕 5년(665) 도량형의 개정 사실과 5升許器·5斗器 등 법제화된 量器의 존재를 볼 수 있는데, 그러한 도량형의 제정과 정형화된 양기 등은 결국 시전의 교역에 필요한 것으로서 시전의 관리들이 관장하였을 것이기 때문이다. 이처럼 신라가 시전을 설치한 것은 〈聖德大王神鐘銘〉의 '들에서는 근본인 농사에 힘쓰고, 시전에는 넘쳐나는 물건이 없었다'는 데에서 볼 수 있듯이, 시전을 통하여 재화의 수급을 조정하고자 한 때문이었다.

한편 신라는 통일 이후 9주 5소경을 설치하고 北海通·鹽池通·東海通·南海通·北傜通을 설치하여 모두 왕경의 5역 곧 乾門驛·坤門驛·坎門驛·艮門驛·兌門驛을 통하여 왕경에 이르도록 하였다.[43] 물론 이러한 교통망의

---

41) 〈新羅竅興寺鐘〉(黃壽永 編, 《韓國金石遺文》, 一志社, 1976), 288쪽.
金穎 撰, 〈寶林寺普照禪師彰聖塔碑〉(《朝鮮金石總覽》 上), 63쪽.

42) 《新唐書》 권 48, 志 38, 百官 3, 兩京諸市署.

정비는 군사·행정적인 목적도 있었겠지만 세금의 징수 및 각 지방의 물산을 왕경에 집산시키기 위한 의도도 있었을 것이다. 이러한 물산의 집산은 주로 상인들이 육로나 해로를 통하여 그 역할을 담당하였을 것이다. 사실 《三國遺事》 塔像, 敏藏寺條의 '長春이 海賈를 따라 장사에 나갔다'는 구절에서, 경덕왕 4년(745) 무렵에 이미 海商이 존재했음을 확인할 수 있다. 이들 해상은 처음에 세금이나 공물 등의 조운[44]에 종사하던 이들이 각 지역의 특산물을 轉運하는 과정에서 발생한 것으로 짐작되는데, 이들은 왕경의 출입항이었던 울산의 개운포를 통하여 왕경의 시전에 물품을 공급하거나 각 지방에 왕경의 물품을 轉賣하였을 것이다.

결국 왕경이나 지방의 거점 도시에 설치된 시전에서는 일반 민간인의 일용품 외에도 철이나 기름, 흥덕왕 교서에 보이는 것과 같은 서역 물품 및 심지어는 노비들까지도 매매되었다. 그리고 이러한 물품은 민간 수공업자와 부녀자들에 의한 행상, 그리고 육운·해운 등을 통하여 매매되었다. 이들 시전에서는 布와 米穀을 주요한 교환수단으로 이용하였다. 특히 무열왕 때에 도성안 시장의 물가가 포 1필에 租 30섬 또는 50섬이라고 한 것이나[45] 문무왕 5년(665)에 絹布의 길이 단위를 '10尋/匹'에서 '길이 7보·너비 2척/필'로 고친 것은 당시에 미곡과 견포가 교환의 기준이었음을 반영하는 것으로서, 이는 신라가 삼국을 통일한 뒤에 일어난 사회경제적 변화에 부응한 것이었다.

신라의 삼국통일로 농업생산력을 비롯한 사회 제반 생산력이 향상되고 국내 상업이 활발해지자, 국가로서는 이를 위하여 화폐를 제조하였을 가능성도 있다. 사실 신문왕 5년(685)에 건립된 사찰인 望德寺의 승려 善律이 「錢」을 시주하여 6백 반야를 조성하고자 하였다는 데서,[46] 그 실상은 잘 알 수 없지만 국가가 교역을 장려하는 과정에서 鑄錢을 했을 가능성을 상정할 수도 있

43) 井上秀雄, 앞의 글, 399~405쪽.

44) 漕運은 《三國史記》 권 7, 新羅本紀 7, 문무왕 11년(671) 7월조의 "人力疲極 牛馬死盡 田作失時 年穀不熟 所貯倉粮 漕運竝盡"이란 문무왕의 薛仁貴에 대한 답서에서 확인된다. 특히 《日本書紀》 권 21, 嵯峨天皇 弘仁 2년(811) 8월 계유조 기사에서 漕運에는 해당 지방민이 동원되었음을 알 수 있다.

45) 《三國遺事》 권 1, 紀異 2, 太宗春秋公.

46) 《三國遺事》 권 5, 感通 7, 善律還生.

다. 이에 대하여《海東繹史》錢貨條에는 신라가 금은으로 대·소 두 종류의 무문전을 만들어 유통하였던 듯이 서술하고 있으나 그 근거 등이 분명하지 않아 확언하기 힘든 실정이며, 신라 말엽 왕경 주변에서 麤布를 물품화폐로서 이용한[47] 흔적들이 보일 뿐이다. 아무튼 주전의 시행여부와 관련없이 일반인들은 대체로 포와 쌀을 교환수단으로 이용하였다.[48] 당시의 물가는 분명하지 않지만, 무열왕 때의 市價와 관련하여 布 1匹을 기준으로 대표적인 물품 곧 租·金·鐵(鍮) 등의 물가를 추산하면 다음 〈표〉와 같다.[49]

〈표〉 물가 추산표

(기준가 : 布 1匹)

구 분	租	金	鍮(鐵)
최저가(/포 1필)	30石	약 13分	약 10廷
최고가(/포 1필)	50石	약 21.7分	약 16.7廷
단 가	1石/石	2.3石/分	3石/廷

(2) 대외교역

신라의 대외교역은 처음에는 당나라 및 일본과 사신을 파견하면서 貢物과 廻賜品을 주고받는 형식으로 이루어진 公貿易이 중심이었다. 이러한 교역은 주로 사신들의 내왕로를 통하여 이루어졌는데, 당나라와는 경주－당은포－산동반도 등주로 이어지는 북부연안항로와 중부횡단항로, 그리고 경주－회진－중국의 강회지방으로 연결되는 南部斜斷航路를 거쳐 장안에 이르러 행해졌다.[50]

당나라와의 공무역은 공물과 회사품의 교환을 통한 교역을 비롯하여 당나라의 官市 개설을 통한 교역, 互市를 통한 교역으로 구분된다. 공물과 회사

47) 《高麗史》 권 33, 志 33, 食貨 2, 貨幣.
48) 《增補文獻備考》 권 163.
49) 물론 이러한 물가의 산출에 있어서 물가의 변동이나 시대적 차이 등은 자료가 없으므로 전혀 고려할 수 없지만, 그 산출법은 朴南守, 〈金大城의 佛國寺 造營과 그 經濟的 基盤〉(《新羅文化祭學術發表會論文集》 18－佛國寺의 綜合的 考察－, 1997), 69~70쪽 참조. 계산상의 착오를 수록한 내용은 朴南守, 〈新羅 中·下代 匠人의 生活〉(《강좌 한국고대사》 6, 가락국사적개발연구원, 2002), 139~140쪽 참조.
50) 權悳永, 〈遣唐使의 往復行路〉(《古代韓中外交史》, 一潮閣, 1997), 188~208쪽.

품의 교환은, 먼저 邊州에서 遣唐使가 가지고 간 공물의 종류와 수량을 검열하여 鴻臚寺에 보고하면, 홍로시에서는 그 가격을 산정하고 회사품의 물량을 정하여 귀국시 견당사에게 주는 방식으로 이루어졌다. 이 때에 사신들 개인에게도 관등의 고하에 따라 차등을 두어 선물을 내려주었다. 官市는 사신의 편의를 위해 각종 行鋪로 하여금 사신의 객관 안에 상품을 진열하여 교역케 하는 방식이었고, 互市는 특산물을 당나라 조정에서 高價로 구입해주던 방식이었다. 이 밖에도 비공식적으로 사신들은 본국 왕실 혹은 개인적으로 필요한 물품을 구입하기도 하였다.51) 역으로 당나라 사신이 신라에 와서 국왕으로부터 물품을 하사받는다든지, 신라 상품을 다량 구매하여 당나라에 돌아가 막대한 이윤을 남긴 경우도 있었다.52)

그런데 신라와 당나라 사이에 이루어진 공무역은, 신라가 특산물과 직물류 및 금속 가공품을 비롯하여 물품화폐의 성격을 지닌 금·은·동·포 등을 공물로 가져간 데 대해, 당나라는 외교적인 의례품과 아울러 직물류, 금속가공제품 및 문화 관련 물품을 사여하는 형식이었다. 이와 같이 두 나라 사이에서 이루어진 공무역은 몇 가지 특징을 지닌다.

첫째, 공물로 가져간 특산물의 경우 牛黃·人蔘·美髢 등은 어느 시기를 막론하고 나타나는 것으로서 당나라에서 매우 선호하였던 물품이었다는 점이다. 둘째, 신라에서 가져간 직물류나 금속가공품의 경우에는 시대가 갈수록 점차 다양해지고 있다는 점이다. 이는 신라 궁중수공업 생산의 발전에 바탕한 것으로서, 9세기에 들어서면 동남아 수입물품을 가공하여 중국에 보냄과 아울러, 불경과 불상까지도 당나라에 보낼 정도의 수준에까지 이르렀다. 셋째, 신라가 가져간 물품 가운데 金·黃金·麩金·銀·布 등이 시대를 막론하고 나타난다는 점이다. 이는 당나라 남부 지방에 유통된 庸調銀이나, 兩稅法이 성립된 이후에 일어난 동전의 품귀현상, 그리고 이러한 화폐와 함께 통용되었던 현물화폐로서의 금과 포 등이 지니는 가치에 따른 것으로서,53) 신라조정 또는 왕실에서 필요로 하는 물품을 매입하기 위하여 일종 물품화폐

51) 權悳永, 〈遣唐使의 活動〉(위의 책), 274~278쪽.

52) 權悳永, 위의 글, 281~282 참조.

53) 栗原益男·布目潮渢, 《中國の歷史》(東京 ; 講談社, 1975), 95·294·305쪽 참조.

로서의 기능을 지니고 있었기 때문이었다고 헤아려진다. 신라가 당나라에 宿衛學生을 보낼 때면 국가에서 買書銀이나 買書金을 주어 학업을 하는 데 필요한 경비에 충당토록 하였던 데서도 이를 충분히 짐작할 수 있다. 넷째, 중국에서 내린 회사품의 경우 외교 의례적인 물품 외에 가공제품이란 것도 대체로 국왕 또는 왕실 등에서 사용될 만한 의복류와 기물에 한정되었다는 점이다. 이는 원성왕 2년(786)과 경문왕 5년(865)의 당나라 회사품이 모두 왕과 왕비, 왕태자·대재상·차재상 등에 한정되었다는 데서도 드러나지만, 결국 공무역이란 것이 당시의 최고 지배층이었던 국왕과 왕실 귀족의 수요를 충족하기 위한 것이었다는 한계를 분명하게 보여준다. 다섯째, 공무역을 통한 중국 문화의 수용은 시대를 막론하고 계속되었다는 점이다.

이와 같은 공무역은 당나라에 국한되지 않고 일본과도 이루어졌다. 일본과의 공무역은 신라의 調·土毛 등으로 표현된 물품과 일본의 黃金·明珠·綿 등의 교역으로 이루어졌다. 신라가 일본에 보냈던 조 또는 토모 등은 〈買新羅物解〉에서 확인할 수 있듯이, 향료·안료·염료·금속·기물·직물·서적·일반 생활용품 등 당나라·신라·동남아시아 제품들을 망라하는 것이었고,[54] 일본측에서 신라에 보냈던 물품은 황금·명주·면류 등으로서 당시 동북아시아권에서 물품화폐적 성격을 띠는 것이었다. 통일 이후 신라의 일본과의 사신 왕래는, 신라가 당나라와 외교적 마찰로 인하여 양국관계가 소원해 있을 때에 집중적으로 이루어졌다. 북쪽에 발해가 들어서면서 당나라와 신라, 일본과 발해가 각각 연대를 맺게 되자, 신라 성덕왕 때부터 일본과의 관계는 점차 악화되기 시작하여 경덕왕 12년(753) 신라왕이 일본의 오만무례함을 이유로 사신을 받지 않음으로써 경색국면에 들어가게 되었다.[55]

그러나 일본측의 新羅交關物에 대한 욕구로 인하여,[56] 공무역에 대신한 私貿易이 활기를 띠게 되었다. 더욱이 9세기 초엽 신라의 제반 사회적 갈등과 왕위쟁탈전 등의 정치적 여건은 이러한 상인들의 사무역을 부추기는 배

54) 윤선태, 〈752년 신라의 대일교역과 '바이시라기모쯔게(買新羅物解)'〉(《역사와 현실》 24, 1997), 47쪽 참조.

55) 金恩淑, 〈8세기의 新羅와 日本의 關係〉(《國史館論叢》 29, 1991) 참조.

56) 《續日本紀》 권 29, 稱德天皇 神護景雲 2년 9월 갑자.

경이 되었다. 憲德王 2년(810) 무렵 신라의 상인들이 빈번히 일본 구주지방에 표착한 것이나 그 이듬해에 신라의 運糧船人들이 해적들에게 약탈당하여 일본에 표착한 사실, 그리고 9세기초 일본의 구법승 圓仁이 중국 양주에서 만났던 신라 상인 王請과 王宗이 일본과의 교역을 통하여 거부가 되었다는 사실 및 신라 상인들이 중국 양주 등지에서 일반물품이나 시문·미술품 등 신라 귀족들의 취향에 맞는 물품을 사들여갔다는 점 등은 당시 활발하였던 신라 해상들의 활약상을 보여준다. 이들 해상들은 최초에는 長春과 같이 국내 물품의 해운에 종사하다가 이러한 국내외 정세의 변화에 부응하여 눈을 해외로 돌림으로써 일본에 신라와 당나라 및 동남아 물품을 제공하는 유일한 통로로 자리잡게 되었다.

한편 당나라 또한 안사의 난(755~763) 이후 지방통제가 이완됨으로써, 建中 원년(780) 10월 민간 사무역을 금지하는 당 황제의 칙명에도 불구하고 여전히 사무역이 번성하였다. 특히 8세기 중·후반 신라의 정치 사회적 여건으로 인하여 숱한 신라 유이민들이 당나라에 건너가 수도권을 비롯하여 내륙 수운의 중심지와 중국 연해안지대를 따라 집단거주지를 형성하고 있었다. 당시 신라와 발해에서 長安에 이르는 관문이라 할 수 있는 산동반도 일대는 고구려계 유민 출신인 李正己 일가가 점유하여 사실상 독립적인 정치체를 형성함으로써, 발해와 신라를 상대로 한 사무역을 통하여 막대한 이득을 취하고 있었다.[57)]

그런데 신라로서는 친발해적인 성향의 이정기가문이 장안으로 통하는 통로를 점유함으로써 불편함이 있었고, 또한 당시 신라 서남해안에는 많은 유이민들과 해운에 종사하는 해상들을 노리는 중국의 해적들이 창궐하여 어려움이 있었다. 이러한 때에 중국은 지방 번호들을 토벌하고자 하였고, 그 가운데 이정기가(李師道)를 토벌하는 선봉부대인 武寧軍의 고급 장교로 복무하였던 장보고는 元和 14년(819) 2월 토벌을 완수함으로써 공백상태가 된 산동반도 일대의 상권에 대한 모종의 야심을 가지게 되었다. 이러한 야심은 중국내 주요 경제적 전략적 요충지에 자리잡은 신라인들을 하나의 체계하에 편

57) 李基東, 〈張保皐와 그의 海上王國〉(《張保皐의 新硏究》, 1985 ; 《新羅社會史硏究》, 一潮閣, 1997, 201~211쪽).

제하고자 하는 것으로 나타나게 되었다. 이는 당시 신라가 중국과의 관계에서 처한 문제, 곧 중국 해적들의 신라인 掠賣 문제해결 등의 현안과 맞물려 흥덕왕 3년(828) 4월 장보고를 淸海鎭大使에 임명하는 것으로 귀결되었다.

신라조정으로서는 친신라계의 인물이 장안으로 통하는 관문을 점하는 것이 유리하였고 아울러 신라의 두통거리였던 중국 해적선의 소탕이라는 문제를 해결할 수 있었으며, 장보고로서는 청해진을 설치함으로써 중국 山東半島의 登州 赤山村과 일본 博多를 연결하는 중간 거점을 확보하여 명실공히 동북아 삼국의 교역망을 하나로 엮을 수 있게 되었던 것이다.[58] 사실 청해진을 설치한 이후로 신라 서남해안에는 해적의 그림자가 사라지게 되었고, 신라 당은포로부터의 중국 최초의 기항지인 산동반도 등주 적산포 등을 거점으로 하여 중국 河南道의 密州와 海州를 거쳐 淮南道의 楚州·泗州·漣水·揚州 등지에 분산되어 있는 신라의 무역상들을 하나의 교역망에 편제함으로써 당－신라－일본의 교역을 실질적으로 지배 내지 영향력하에 두는 해상왕국을 건설하였던 것이다.[59]

장보고는 당나라에 대해서는「大唐賣物使」, 일본에 대해서는「廻易使」라는 이름 아래 교역사절단을 파견하고 그의 무역선을 交關船이라 일컬었는데, 각각 중국과 일본정부의 용인하에 이루어진 것이었다. 특히 일본에서는 장보고의 회역사가 갖고 온「唐物貨物」은 인기가 매우 높아 이를 구매하기 위하여 예약 대금으로서 絁를 무역지점에 미리 납부해야 할 정도였다.

결국 장보고의 교역은 한·중·일을 연결하는 삼각무역의 형태라 할 수 있는데, 발달된 신라선을 바탕으로 하여 주로 당나라와 신라, 동남아의 물산을 중계무역하는 轉運의 형태였다. 특히 일본에 대하여는 신라와의 공무역이 중단된 상태에서 선진문물의 수용 창구로서, 신라에 있어서는 왕실 근친에 한정되었던 공무역의 한계를 넘어서서 일반 귀족들의 중국과 동남아 물산에 대한 욕구를 충족시키는 역할을 하였다. 이러한 물품 가운데 일부는 궁중수공업장에 들여가 가공함으로써 당나라에 대한 공물로 보내지기도 하였다.

〈興德王陵碑〉에 보이는 '貿易之人間'은 기실 흥덕왕 자신이 청해진을 설치

58) 李永澤, 〈張保皐海上勢力에 관한 考察〉(《韓國海洋大學論文集》 14, 1979), 24쪽.
59) 李基東, 앞의 글, 215쪽.

하여 무역을 장려하였던 측면을 보여준다면, 興德王 敎書에 보이는 사치풍조의 만연에 대한 경계는 자신이 후원하였던 장보고의 활동으로 인하여 외국물산의 만연과 신라사회를 지탱하는 기본 원리 곧 골품체제의 붕괴에 대한 염려를 보여주는 것이었다. 이와 같이 신라 집권층에서 바라보는 상반된 두 가지의 태도는, 장보고가 청해진세력을 바탕으로 하여 신무왕을 옹립하고 중앙정치계에 발을 들여 놓으면서 정치적 알력으로 작용하게 되었고, 결국 장보고가 문성왕에게 딸을 왕비로 들이려 할 때 중앙 진골귀족들이 신분의 미천함을 이유로 반대함으로써 표출되어 文聖王 3년(841) 그의 피살로 막을 내리게 되었다. 결국 장보고의 중앙정부에 대한 반란이 기존의 골품체제에 대한 도전이었다면, 중앙귀족들에 의한 장보고의 숙청은 신라사회의 지배원리 곧 골품제를 유지하고자 하는 진골귀족들의 자구책이었다.[60)]

장보고가 피살되었다고는 하나 海商들의 사무역은 그치지 아니하고 군소 해상세력들에 의해 계속되었다. 圓仁이 일본으로 되돌아갈 때 신라 상선을 이용했다는 것이나 일본측 사료에 보이는 신라 상선들에 관한 기사, 그리고 大中 7년(853) 일본 천태종 승려인 圓珍의 입당에 신라인 해상 金良暉·王超의 상선을 이용하였다는 기사, 新羅僧 大通이 景文王 6년(866) 귀국할 때에 廻易使 陳良의 선편을 이용하였다는 사실 등은, 서남해안 지방의 군소 해상들의 활동이 장보고의 몰락을 계기로 하여 오히려 활기를 띠고 있었던 상황을 보여준다. 사실 산동반도 등주 지역에는 문성왕 7년(845) 무렵에 신라인 張詠이 勾當新羅所押衙로, 光化 4년(901)에는 金淸이 押衙로 각각 있었으며, 天成 2년(927) 무렵에 신라인 張希巖과 李彦謨 등이 각각 前登州都督長史와 前登州知後官이었음을 확인할 수 있어, 장보고의 사후에도 등주 지역에 신라의 교민사회가 의연히 존재하였음을 알 수 있다.[61)]

이들 군소 해상들은 9세기말 중앙정부의 통제력이 상실되자 유력 해상세력을 중심으로 새로이 편제됨으로써, 신라말 고려초의 새로운 사회세력인 豪族으로 성장하였다. 예성강 하구를 중심으로 한 松嶽지역의 王建가문과 白州의 正朝 劉相晞, 貞州 포구를 중심으로 한 柳天弓, 羅州의 多憐君, 靈巖의 최

60) 李基白, 〈上大等考〉(《歷史學報》 19, 1962 ; 앞의 책, 125~126쪽).

61) 李基東, 〈羅末麗初 南中國 여러나라와의 交涉〉(《歷史學報》 155, 1997), 4~12쪽.

씨가문, 壓海島의 能昌, 椹城의 朴述熙와 卜智謙가문, 康州의 王逢規, 蔚山의 朴允雄 등은 나말려초에 해상세력으로서 성장한 대표적인 호족들이었다.[62] 특히 이들 세력 가운데 왕봉규와 같은 이는 독자적으로 後唐에 사신을 보내어 외교관계를 맺을 정도의 세력으로 성장하였다.[63] 더욱이 후삼국이 분립하던 당시 왕건과 견훤이 吳越 및 閩國과 교섭한 것은 공식적인 사신왕래보다는 오히려 민간수준에서 진행된 교역과 각종 문물의 수용에 그 의의를 두고 있는 바,[64] 나말려초 민간인들이 주도한 대외무역의 융성함을 볼 수 있다.

결국 후고구려 궁예의 휘하에서 예성강 하구 가까운 정주를 거점으로 서해안을 控制하면서 椹城·羅州·靈巖·珍島 등 서해안 일대의 해상세력가들을 자신의 휘하에 결집하는 데 성공한 왕건은, 서남해안의 해적을 소탕하는 한편 후삼국을 통일함으로써 장보고 때에 좌절된 해상세력의 중앙 정치무대 진출의 꿈을 달성하였다. 이에 새로 개창한 고려는 어떤 왕조보다도 해상의 이익에 관심이 많았고 실제로 고려시대의 무역은 매우 번성하였으며, 고려의 개창자인 왕건이 웅비할 수 있는 바탕을 마련했던 예성강 하구는 동북아시아의 국제 무역항으로서 발돋움할 수 있었던 것이다.

〈朴南守〉

2. 귀족의 경제기반

신라 골품제사회에서 귀족은 골품에 따라 관직에 나아갈 수 있는 특권을 부여받고 있었다. 관직에 나아가 근무한 대가로 귀족은 祿邑·祿俸·文武官僚田 등을 지급받아 경제적 풍요를 누렸다.《新唐書》新羅傳에 보면 당시 귀족의 삶이 잘 그려져 있다.

---

62) 鄭淸柱, 〈호족세력의 대두〉(《한국사》 11 －신라의 쇠퇴와 후삼국－, 국사편찬위원회, 1996), 82~90쪽.

63) 金庠基, 〈羅末 地方群雄의 對中通交〉(《黃義敦先生古稀紀念 史學論叢》, 東國大, 1960) 참조.

64) 李基東, 앞의 글(1997), 12~22쪽.

> 宰相家에는 祿이 끊이지 않으며 奴僮이 3천인이고, 甲兵과 소·말·돼지도 이와 비슷했다. 바다 가운데 산에 목축하여 필요한 때에 활로 쏘아서 잡아먹었다. 곡식을 남에게 꾸어주어 늘이고 갚지 못하면 노비로 삼았다(《新唐書》 권 220, 列傳 145, 東夷 新羅).

이 기록에서는 비록 宰相家라 하였지만, 당시의 일반 귀족관료도 국가로부터 祿을 받고 있었다. 여기서 말하는 녹에는 녹읍이나 녹봉뿐만 아니라 문무관료전도 포함된다고 본다. 아울러 당시의 귀족은 국가에 공을 세운 대가로 食邑을 받았으며, 엄청난 규모의 私有地와 牧場, 그리고 隸民과 私民을 소유하고 있었다. 그러므로 사유지와 목장, 식읍·녹읍·녹봉·문무관료전, 그리고 예민과 사민 등이 당시 귀족의 경제기반이었다고 하겠다.[1]

1) 사유지와 목장

통일신라에서 모든 토지는 王土로 간주되었다. 이러한 사실은 진평왕 30년(608)에 圓光이 乞師表를 지으라는 왕명을 받고 "貧道가 大王의 토지에 있어 대왕의 水草를 먹으면서 어찌 감히 명령을 따르지 않으리까"하고[2] 대답한 가운데 잘 나타나 있다. 그러나 〈崇福寺碑〉에 '陵(九原)을 이룩한 곳이 비록 王土라고는 하나, 실상 公田이 아니므로 능의 주위에 있는 부근 일대를 일괄하여 善價로 구하였다'고 한 표현을 통해서, 왕토사상은 관념적 형태로 존재하였고 공전이 아닌 토지는 왕이라고 하더라도 함부로 차지할 수 없어 값을 주고 구입해야 했던 사실을 알 수 있다.[3] 이는 통일신라에서 토지의 사적소유가 광범하게 인정되었음을 나타낸다.

당시 귀족은 막대한 사유지를 가지고 있었다. 智證大師가 安樂寺에 기진한 莊 12區, 田 500結이나, 그 절의 檀越인 端儀長翁主가 藏獲(奴婢)과 함께 시납한 田地,[4] 金志誠이 내놓아서 甘山寺를 세운 甘山莊田[5] 및 鳳巖寺터가

1) 이 글의 작성에 盧泰敦, 〈統一期 貴族의 經濟基盤〉(《한국사》 3, 국사편찬위원회, 1976, 134~168쪽)의 글을 참고하였다.
2) 《三國史記》 권 4, 新羅本紀 4, 진평왕 30년.
3) 李佑成, 〈新羅時代의 王土思想과 公田〉(《趙明基博士華甲紀念 佛敎史學論叢》, 1965 ; 《韓國中世社會史硏究,》, 一潮閣, 1991), 2~13쪽.

된 義陽山 中腹의 沈忠의 땅[6] 등은 모두 개인의 사유지였다.

지증대사는 그의 비문에 '王都人 金姓子'라고 기록된 것으로 보아 500결의 많은 토지를 가진 왕도의 부호로 생각되며, 단의장옹주는 경문왕의 妹로서 진골귀족이고, 김지성은 6두품이며, 심충은 지방의 유력자였다.[7] 이런 사실은 통일신라의 귀족이 막대한 사유지를 가지고 있었음을 의미한다.

사유지는 寄進·상속·매매의 대상이 된 토지였다. 귀족이 토지를 사원에 기진한 사실은 앞에서 보았으나, 가난한 백성도 토지를 기진하였다. 大城母子가 남의 隷民으로서 자기의 傭田(사유지)을 절에 시주한 예가 그에 속한다.[8] 지증대사는 그의 莊田을 희사할 때에 "내집이 가난치 않았으나 親族黨이 모두 죽었으니 나의 재산이 낯모르는 타인에게 돌아가는 것보다 차라리 제자들의 배를 채워주겠다"고 말하였는데, 이는 친족당이 살았으면 재산이 그들에게 상속될 것임을 나타낸다.[9] 사유지의 매매가 이루어진 사실은 海印寺와 開仙寺가 토지를 매득한 기록을 통하여 알 수 있다. 해인사는 헌강왕 6년(880)·8년·11년과 진성왕 5년(891)·8년 등에 걸쳐 여러 곳의 전장을 매득하였는데, 전장의 매입을 적은 田券 43폭이 조선 성종 22년(1491)까지도 전해져 왔음이 曹偉의 文集(《梅溪集》)에 전하고 있다.[10] 또 전남 담양군에 있는 〈開仙寺石燈記〉에도 진성여왕 5년(891)에 畓을 매입한 기록이 전한다.[11] 이는 귀족이 토지의 상속이나 매입을 통해 사유지를 확대시켰음을 보여주는 것이다.

귀족의 사유지 확대는 상속이나 매입 이외에 왕실로부터 賜田과 개간을 통해서도 이루어졌다. 사전은 삼국시대부터 있어 왔고, 문무왕 2년(662)에는 김유신과 김인문에게 本彼宮의 재화·노복과 함께 田莊을 주었으며, 3년에는

4) 〈鳳巖寺智證大師寂照塔碑〉(《朝鮮金石總覽》 上, 朝鮮總督府, 1919), 80쪽.
5) 〈甘山寺阿彌陀如來造像記〉(《朝鮮金石總覽》 上), 35쪽.
6) 〈鳳巖寺智證大師寂照塔碑〉(《朝鮮金石總覽》 上), 80쪽.
7) 崔柄憲, 〈新羅 下代 禪宗九山派의 成立〉(《韓國史硏究》 7, 1972), 107쪽.
8) 《三國遺事》 권 5, 孝善 9, 大城孝二世父母.
9) 〈鳳巖寺智證大師寂照塔碑〉(《朝鮮金石總覽》 上), 80쪽.
10) 今西龍, 〈加耶山海印寺の新羅時代の田券に就いて〉(《新羅史硏究》, 東京 : 近澤書店, 1933), 539~544쪽.
旗田巍, 〈新羅·高麗の田券〉(《朝鮮中世社會史の硏究》, 法政大出版局, 1972), 175~184쪽.
11) 黃壽永, 《韓國金石遺文》(一志社, 1976), 227~228쪽.

김유신에게 田 500결을 주었다.[12] 그리고 來附해 온 백제·고구려의 귀족에게도 田地를 주었다.[13] 또한 성덕왕이 그의 비 成貞王后를 출궁시킬 때에도 彩와 租·寶 등과 함께 전 200결을 賜하였다.[14] 이는 귀족이 왕실로부터 사전을 받아 소유하였음을 나타낸다.

귀족은 각지에 田莊을 두었는데, 그들의 거주지 부근 전장은 용작인이나 노비를 동원하여 직영하였고, 거주지에서 거리가 먼 전장은 知莊들을 파견하여 관리하였다.[15] 경주에 本寺를 둔 世達寺의 莊舍가 溟州 奈李郡에 있어 본사에서 지장을 파견하였던 예가 이에 속한다.[16] 또한 지증대사의 莊 12區·田 500결도 그 규모로 보아 각지의 전장에 지장들을 파견하여 관리하였을 것이다.[17] 이처럼 귀족은 지장을 파견하여서 전장을 관리하였는가 하면, 隸民을 부려서 토지를 개간하여 사유지를 확대시켰다. 당시 귀족의 예민 규모를 《新唐書》 신라전에서는 재상가의 奴僮이 3천 인이었다고 기록하고 있다. 하지만 재상이 아닌 진골귀족도 이와 비슷한 정도의 노비를 소유하였을 것이다. 노비의 노동력과 풍부한 재력을 가진 귀족은 개간을 통해 토지를 늘이기도 하고, 농민의 토지를 점탈하는 경우도 많았다.

《新唐書》 신라전에 의하면 당시 귀족은 목장을 소유하고 있었다. 長興 3년(932)에 견훤이 해로로 예성강 연안을 공격하여 猪山島의 牧馬 300필을 노획하여 갔다고 한 기록이나[18] 武州 남쪽 丘草島에 第三宰相의 목마장이 있고,[19] 여수 남쪽 鴈島에 內家의 말을 기르는 산이 있었다는 기록은[20] 海島에 귀족의 목장이 있었다는 《新唐書》 신라전의 기록을 뒷받침한다. 귀족의 목장은 문무왕 9년에 김유신과 김인문 등에게 분급한 馬阹처럼,[21] 왕실로부터 분급받은

---

12) 《三國史記》 권 6, 新羅本紀 6, 문무왕 2년·권 42, 列傳 2, 金庾信 中.
13) 《三國史記》 권 6, 新羅本紀 6, 문무왕 원년·권 7, 新羅本紀 7, 신문왕 원년.
14) 《三國史記》 권 8, 新羅本紀 8, 성덕왕 15년.
15) 金昌錫, 〈통일신라기 田莊에 관한 연구〉(《韓國史論》, 서울大, 1991), 41~88쪽.
16) 《三國遺事》 권 3, 塔像 4, 洛山二大聖.
17) 盧泰敦, 앞의 글, 152쪽.
18) 《三國史記》 권 50, 列傳 10, 甄萱.
19) 圓仁, 《入唐求法巡禮行記》 권 4, 會昌 7년 9월 6일.
20) 圓仁, 《入唐求法巡禮行記》 권 4, 會昌 7년 9월 8일.
21) 《三國史記》 권 7, 新羅本紀 7, 문무왕 9년.

경우도 있으나 귀족이 자신들의 권력과 재력을 이용하여 만든 경우도 많았다.

2) 식 읍

통일신라 귀족의 경제기반으로 식읍이 있었다. 식읍에는 일정한 지역을 분급하는 경우와 일정한 戶를 수여하는 경우가 있었다. 일정한 지역을 식읍으로 수여한 예로는 법흥왕 19년(532)에 來降한 金官國主 金仇亥에게 본국을 식읍으로 주었다는 기록과[22] 金周元에게 溟州 管下의 翼嶺縣(양양)·三陟郡·斤乙於郡(평해)·蔚珍郡 등을 식읍으로 수여하였다는 기록이 찾아진다.[23]

戶를 단위로 식읍이 수여된 예로는 문무왕 8년(668)에 백제와 고구려를 병합한 공으로 김유신에게 식읍 500戶를 준 기록이 있고,[24] 태종무열왕 3년(656)에 압독주도독으로 장산성을 구축한 공으로 김인문에게 식읍 300호를 주고, 문무왕 8년에 大琢角干 朴紐의 식읍 500호를 김인문에게 지급한 기록이 있으며, 장보고에게 식읍 2,000호를 주었다는 기록이 있다.[25] 그러므로 식읍의 분봉에는 김구해나 김주원의 경우처럼 일정한 지역 전체를 식읍으로 주는 경우와 '食邑幾千戶' 혹은 '食邑幾百戶'라 하여 식읍의 戶數를 명기하여 封戶를 단위로 주는 경우가 있었다고 하겠다. 그러나 일정한 지역을 단위로 식읍을 수여하는 경우에도 실제로는 해당 지역내의 봉호를 지급하였다고 보는 견해가 옳은 듯하다.[26] 식읍은 어느 경우에나 국가에 공로를 세운 대가로 주어졌다.[27] 식읍주는 식읍에서 租·庸·調를 본인 當代에 한하여 직접 수취하였으나, 원칙적으로 식읍을 사사로이 자손·형제에게 분할하거나 상속할 수는 없었다.[28]

---

22) 《三國史記》 권 4, 新羅本紀 4, 법흥왕 19년.
23) 《新增東國輿地勝覽》 권 44, 江陵大都護府 人物.
24) 《三國史記》 권 43, 列傳 3, 金庾信 下.
25) 《三國史記》 권 44, 列傳 4, 金仁問 및 권 10 新羅本紀 10, 신무왕 원년.
26) 李景植, 〈古代·中世의 食邑制의 構造와 展開〉(《孫寶基博士停年紀念 韓國史學論叢》, 1988), 136~139쪽.
27) 姜晋哲, 〈新羅의 祿邑에 대하여〉(《李弘稙博士回甲紀念 韓國史學論叢》, 1969 ; 《韓國中世土地所有研究》, 一潮閣, 1989, 36~37쪽).
28) 李景植, 앞의 글, 140~145쪽.

3) 녹읍과 녹봉

《三國史記》에는 신문왕 9년(689)에 "敎를 내려 內外官의 녹읍을 혁파하고, 매년 租를 내리되 차등있게 하는 것을 恒式으로 삼았다"는 기록이 있다. 또 경덕왕 16년(757) 3월조에서는 "內外群官의 月俸을 除授하고 다시 祿邑을 賜하였다"고 기록하고 있다. 여기서 매년 지급한 租는 祿俸과 같은 의미로서 녹봉이 처음에는 年俸으로 지급되다가 뒤에는 月俸으로 지급되었음을 알 수 있다. 그러므로 신라정부는 신문왕 9년 이전에는 관료에게 녹읍을 주었으나, 신문왕 9년부터 경덕왕 16년까지는 녹봉을 지급하였고, 경덕왕 16년 이후에는 다시 녹읍을 주었다고 정리할 수 있다. 이에 흔히 신문왕 9년 이전의 녹읍을 「前期祿邑」, 경덕왕 16년 이후의 녹읍을 「後期祿邑」이라고 불러왔다.[29]

식읍이 賞賜의 의미를 갖는데 반하여, 녹읍은 관료의 관직복무에 대한 대가로 지급된 보수로서 祿科의 성격을 지녔다. 녹읍은 縣이나 村 정도의 지역을 단위로 지급되었는데, 그 지급기준은 관등이었다. 상대등이나 중시와 같은 최고의 관직자는 현이나 촌을 녹읍으로 지급받았으나, 하위의 관직자는 하나의 촌락을 여러 명의 관료가 공동으로 지배하는 형식의 녹읍을 반급받았다는 견해가 있다.[30] 이에 대하여 歲租가 신문왕 9년(689) 이전에도 지급된 것으로 보면서,[31] 높은 관등을 가진 관료는 녹읍을 지급받고 낮은 관등을 가진 관료는 歲租를 지급받았다는 견해가 제시되었다.[32] 하지만 大舍 이하의 낮은 관등을 가진 국학의 학생들에게 노거현이 녹읍으로 주어진 사실로 보

29) 姜晋哲, 앞의 책, 9~34쪽.

30) 姜晋哲, 위의 책, 19~20쪽.

31) 이는 강수와 김유신의 처에게 歲租를 주었다는 기록에 근거하고 있으나, 이들에게 지급한된 세조는 특별한 공훈에 대한 賞賜로 보는 것이 타당하다고 한다(姜晋哲, 위의 책, 11쪽).

32) 盧泰敦은 귀족가문 출신 관원에게는 녹읍을 주었고, 單門寒族으로서 학식이나 행정능력 및 무예로 발탁된 관원에게 준 祿이 歲租라고 보았으며(盧泰敦, 앞의 글, 159쪽), 李喜寬은 대아찬 이상 관위를 가진 관료는 녹읍을 지급받고, 아찬 이하의 관위를 가진 관료들은 歲租를 지급받았다고 보았다(李喜寬, 〈新羅의 祿邑〉, 《韓國上古史學報》 3, 1990, 123~124쪽).

면,[33] 낮은 관등을 가진 관료도 세조를 받은 것이 아니라 녹읍을 반급받았음을 알 수 있다. 다만 낮은 관등을 소지한 관료의 녹읍은 공동지배양식을 취하였을 뿐이었다.[34]

녹읍이 공동지배양식을 취하였을 경우에 개별관료에게 분배될 녹읍의 몫은 어떻게 수취되었을까 궁금하다. 또 고급관료에게 지급될 녹읍이 촌을 단위로 하였다면, 大阿湌이 받는 촌의 크기와 伊伐湌이 받는 촌의 규모는 어떻게 차등지워졌는지도 의문이다.

여기서 식읍이 왕권의 제약을 받아 관료적 지배의 형태로 바뀌어진 것이 녹읍이었다는 견해와[35] 식읍이 封戶를 단위로 지급되었다는 견해를[36] 참고하면, 녹읍의 지급도 실제로는 호를 단위로 지급된 것이 아닐까 한다. 가령 관등이 높은 관료는 戶數가 많은 촌락을, 관등이 낮은 관료는 호수가 적은 촌락을 지급받거나, 여러 명이 하나의 촌락을 반급받아서 개개인에게 지급된 녹읍의 호수에 해당하는 몫을 수취해갔을 것으로 헤아려볼 수 있겠다.

그런데 舊族長層에 의한 私的 支配의 전통이 남아 있는 녹읍은 왕권을 중심으로 토지와 농민에 대한 국가의 직접적인 지배, 즉 율령제 지배의 관철을 서두르는 통일신라정부의 정책방향과는 상충되는 면이 많았다.[37] 또 불균등한 戶나 그것이 집적된 지역을 단위로 하는 녹읍의 지급도 신라 중대의 율령체제의 정비 혹은 관료제의 진전과는 순응할 수 없었다. 즉 녹읍의 지급이 불균등한 戶나 그런 호가 모여서 구성된 촌을 단위로 이루어진 전기녹읍은 관료에게 관등에 따라 일률적으로 지급하는 祿科로서 적합하지 않았다. 이에 신라정부는 관료제의 발전과는 모순되는 고대적 수취체계에 기초한 녹읍을 폐지하고, 문무관료에게 관료전과 녹봉을 지급하는 제도를 채택하게 되었다.

녹읍에 대신하여 관료가 관직에 복무한 대가로 주어진 녹봉은 관료제적인 보수체계를 담고 있었다. 녹봉은 국가가 백성으로부터 현물을 거두어 관료에

33) 《三國史記》 권 10, 新羅本紀 10, 소성왕 원년 3월.
34) 姜晋哲, 앞의 책, 20~21쪽.
35) 姜晋哲, 〈新羅의 祿邑에 대한 若干의 問題點〉(《佛敎와 諸科學》, 東國大學校開校80周年紀念論叢, 1987 ; 앞의 책, 68쪽).
36) 李景植, 앞의 글, 136~139쪽.
37) 姜晋哲, 앞의 책, 69쪽.

게 관등에 따라 지급한 보수체계였다. 아울러 국가가 녹읍을 혁파하고 녹봉을 지급한 사실은 종래의 녹읍에 편제되었던 백성을 국가가 직접 지배하게 되었음을 의미한다. 녹봉의 재원은 백성의 사유지에서 거둔 조세였다고 생각된다. 그러나 고려시대의 녹봉의 품목이 米·麥·粟 등이 기본이고 白銀·綾羅·布 등도 지급된 사실을 통해서 보면,[38] 신라에서도 백성으로부터 조세와 공물을 거두어 관료에게 관등에 기준을 두어 일정량씩 지급하였다고 보아도 좋겠다. 따라서 녹봉에 의해 대체된 녹읍에서 관료는 조세와 공물 그리고 역역을 수취하였다고 볼 수 있다.

하지만 경덕왕 16년(757)에 이르러 녹봉제는 폐지되고 녹읍이 부활되었다. 여기서 우리는 녹읍이 부활된 경덕왕 16년에 바로 州·郡·縣의 명칭이 漢式으로 개정되었다는 사실을 주목할 필요가 있다. 그리고 그에 앞서 聖德王 21년(722)에는 당의 균전제를 모방한 丁田制가 시행되었으며, 경덕왕 18년에는 중앙관제가 唐式으로 개정되었다. 즉 당시의 전반적인 개혁이 율령체제를 강화하는 방향으로 전개되었다는 사실이다. 이러한 사실을 참고하면 경덕왕 16년(757)에 부활된 녹읍이 전기녹읍과 같은 형태로 실시되었을지 의문스럽다. 이러한 의문은 후기녹읍이 전기녹읍과는 다른 보수체계였다고 이해할 때만 그 논리상의 모순이 해결될 수 있다. 그럴 경우 후기녹읍은 율령제적 토지지배의 일환으로 실시된 조처였다고 보아야 한다.

헌덕왕 7년(815)에 작성된 것으로 보이는 新羅帳籍을 통해서 보면, 율령제적 지배질서가 촌락사회 깊숙히 관철되고 있음이 확인된다.[39] 신라장적에 보면 국가는 율령의 규정에 따라 烟·人·畓·田 그리고 牛馬·桑·栢子木·秋子木 등을 정확히 파악하여 기재해 놓았다. 또 唐의 균전제에 해당하는 정전제를 실시하고, 그 토지를 烟受有田畓이라 표기했다. 그리고 그 연수유전

---

38) 李熙德, 〈高麗 祿俸制의 硏究〉(《李弘稙博士回甲紀念 韓國史學論叢》, 1969), 187~188쪽.
崔貞煥, 〈高麗 祿俸制의 運營實態와 그 性格〉(《慶北史學》 2, 1980), 132~140쪽.

39) 이러한 이해방식과는 달리, 녹읍이 부활된 배후 사정을 당시 촌락사회에서 깊이 뿌리를 내린 공동체적 관계의 유대가 율령제적 토지지배를 쉽게 수용할 수 있을 정도로 분화되지 않았다는 사실에서 찾은 견해도 있다(姜晋哲, 앞의 책, 75쪽).

답의 다과에 따라 9등호제를 실시하고, 그것에 기초하여 촌락을 단위로 計烟數値를 산정해 놓고 있다. 이같은 사실은 율령제적 토지지배가 당시 촌락사회 내부에 이르기까지 널리 관철되었음을 보여준다.

후기녹읍은 이러한 율령제적 토지지배를 배경으로 하여 연수유전답 위에 설정되었다. 녹읍주들이 수조권을 행사할 수 있는 토지는 녹읍으로 지급받은 지역에 있는 연수유전답이었다.[40] 국가는 연수유전답의 다과에 따라 孔烟을 9등호로 구분하고 계연수치를 산정하여 조·용·조의 부과 기준치로 삼았다. 공연의 재산상태가 불균등한 데 비하여 계연이 토지 18결을 단위로 편성된 일정한 규모의 課戶라는 점에서 계연이 후기녹읍의 지급단위로 파악되고 있다.[41] 후기녹읍이 계연을 단위로 지급되자 전기녹읍에서 나타났던 戶나 村의 규모가 차이에 따라 생기는 모순이 후기녹읍에서는 사라지게 되었다.

후기녹읍에서는 計烟 幾余分幾戶와 같은 형태로 녹읍의 지급기준이 정하여졌다. 四余分三戶의 녹읍을 지급받은 관료는 신라장적에 보이는 A촌과 같은 크기의 전답을 소유한 촌락을 지급받았으며, 計烟九戶의 녹읍을 지급받은 관료는 신라장적의 B·C·D촌을 합한 크기만큼의 촌락을 녹읍으로 지급받았다. 이처럼 계연을 단위로 녹읍을 지급하게 되자, 불균등한 戶나 그런 호가 모여서 구성된 촌을 단위로 지급된 전기녹읍에서 발생한 모순같은 것은 없어지게 되었다.

《三國史記》에는 '菁州 老居縣을 學生祿邑으로 삼았다.'고 하여,[42] 일정한 지역을 녹읍으로 지급하였음을 나타내는 기록이 있다. 하지만 학생녹읍으로 주어진 청주 노거현에도 신라장적에 보이는 공연과 계연이 편성되고, 노거현 소속의 각 촌락에도 계연수치가 산정되어 있었을 것이다. 그렇다면 이는 국학의 학생수와 노거현의 계연수치를 참작하여 노거현을 학생들에게 지급한 기록으로 해석할 수 있다.

녹읍을 계연이라는 호를 단위로 지급했을 경우에 녹읍의 지배양식은 공동

---

40) 李喜寬, 앞의 글, 127쪽.

41) 李仁哲, 〈新羅 統一期의 村落支配와 計烟〉(《韓國史硏究》 54, 1986 ; 《新羅政治制度史硏究》, 一志社, 1993, 259쪽).
김기홍, 《삼국 및 통일신라 세제의 연구》(역사비평사, 1991), 135쪽.

42) 《三國史記》 권 8, 新羅本紀 8, 소성왕 원년 3월.

지배의 방식으로 되었을 것이다. 가령 신라장적의 沙害漸村은 田畓의 합계가 164結 12負 4束이었는데, 이는 고려시대의 최고관직인 門下侍中에게 지급된 田柴科 100결(田) 50결(柴地)보다 더 많은 액수이다. 따라서 신라의 경우에도 각 행정관부의 장관이나 장군을 제외하고는 대부분이 촌 단위에도 이르지 못하는 액수의 녹읍을 받았다고 짐작된다. 이에 자연히 녹읍의 지급은 촌보다 더 적은 호를 단위로 지급할 수밖에 없었다. 따라서 하나의 촌락에 여러 명의 녹읍주가 생겨나게 되고, 녹읍의 지배방식은 공동지배로 되었다.

녹읍을 공동으로 소유한 녹읍주들은 각자에게 부여된 녹읍의 戶數 즉, 計烟數에 따라 수익을 분배하였다. 계연이 조·용·조에 모두 적용되었으므로, 녹읍주는 자연히 녹읍으로 지정된 호에서 租稅·力役·貢賦를 수취하였다.[43] 후기녹읍이 율령체제에 입각한 균현제적 지배를 전제로 해서 지급되었다는 사실은 녹읍주의 역역에 대한 지배가 전기녹읍의 그것에 비해 훨씬 미약하였음을 나타낸다. 하지만 신라 말기로 접어들면서 녹읍주들의 탈법적인 노동력 착취는 오히려 증가하였고, 그것이 사회혼란의 중요 원인으로 되었다.

4) 문무관료전

신라는 율령체제 정비의 일환으로 神文王 7년(687)부터 문무관료전제를 실시하였고, 신문왕 9년에는 녹읍제를 폐지하고 관료에게 녹봉을 지급하는 제도를 마련하여 실행하였다. 문무관료전에 대해서는 《三國史記》 신문왕 7년 5월조에

43) 이에 대하여 일찌기 收租權 이외에 노동력까지 지배하였다고 보는 견해(金哲埈, 앞의 글, 236~239쪽)와 수조권은 물론 貢賦·力役까지 포함한 일체의 수취가 수급자에게 흡수되었다고 보는 견해(姜晋哲, 앞의 책, 17~36·51~74쪽)가 있다. 이와는 달리 녹읍주에 의한 녹읍의 지배는 土地支配(租의 수취)를 제외한 戶口에 대한 지배(노동력의 징발)와 樹木에 대한 지배(貢賦의 수취) 그리고 牛馬에 대한 지배(飼育의 강제)가 주 내용이라고 보는 견해가 있는가 하면(木村誠, 〈新羅の祿邑制と村落構造〉, 《歷史學硏究》 別冊 「世界史の新局面と歷史像の再檢討」, 1976, 19쪽), 계연이 녹읍의 지급기준이었다는 견해도 제시되었다(明石一紀, 〈續·統一新羅の村制について〉, 《民衆史硏究》 13, 1975, 17쪽). 후자는 계연수치가 租·調를 제외한 役丁에 기준을 두었다고 보아 녹읍의 수급자는 역정의 使用權을 부여받았다고 주장한다. 하지만 계연은 조·용·조 전반에 적용되었다고 봄이 옳다. 아울러 녹봉을 대신하여 녹읍이 지급되었다는 점에서도 녹읍으로 지정된 호에서 녹읍주가 租稅를 수취했다는 사실은 부인될 수 없다.

왕이 "下敎하여 文武官僚에게 田을 내리되 差가 있게 하였다"는 기록이 있으나 신라말까지 문무관료전을 폐지했다는 기록은 없다. 그럼에도 경덕왕 16년(757)에 녹읍이 부활될 때에 관료전도 녹봉과 함께 폐지되었다는 주장이 있다.[44)]

그러나 경덕왕 16년에 문무관료전이 폐지되었다고 볼 경우에는, 후기녹읍이 전기녹읍과 같은 형태로 부활되었다고 하는 견해와 동일한 논리적 모순에 빠질 우려가 있다. 즉 문무관료전을 지급하는 제도를 마련한 목적이 율령제적인 토지제도를 확립하는데 있었다면, 경덕왕대에 율령제를 지향하는 개혁이 국정전반에 걸쳐 이루어지고 있는 와중에 율령제를 유지하는 根幹이라고도 할 수 있는 문무관료전제를 돌연 폐지했다는 것은 아무래도 납득하기 어렵다. 다른 모든 제도는 율령제를 더욱 강화시키는 형태로 개혁을 단행하면서 유독 문무관료전제만을 폐지하였을 것인가. 그렇지는 않았을 것이다. 경덕왕 16년에 문무관료전제가 폐지될 수 없었음은 율령제를 지향한 개혁의 방향에 비추어 너무도 명백해보인다.

더욱이 헌덕왕 7년(815)에 작성된 신라장적에 內視令畓과 村主位畓이 기록되어 있다는 사실은 문무관료전이 경덕왕 16년(757) 이후에도 계속 지급되었음을 나타낸다. 그러므로 문무관료전이 폐지되었다는 기록이 보이지 않는 사실 그 자체가 실제 문무관료전제가 폐지되지 않았음을 의미한다고 하겠다. 이에 문무관료전은 신문왕 7년(687)부터 지급되기 시작한 이래로 중간에 폐지되지 아니하고 신라말까지 존속된 것으로 해석할 수 있다.[45)]

문무관료전의 성격에 대해서는 신라장적에 보이는 내시령답과 촌주위답을 통해서 살펴볼 수 있다. 내시령답은 內視令이라는 관직을 가진 관료에게 지급된 토지로서 연수유전·답에 포함되어 있지 않다. 촌주위답은 촌주의 직역에 대한 대가로 주어진 토지로서 연수유전답에 포함되어 있다. 연수유전답은 소유권이 농민에게 있는 私田이다. 따라서 연수유전답에 포함된 촌주위답도 사전이다. 촌주위답과는 달리 연수유전답에 포함되지 않은 내시령답은 소유권이 국가에 있는 公田이다. 이는 연수유답에 포함되지 않은 官謨田畓이 고려시대의 공해전에 해당하는 공전이었다는 사실에서 뒷받침된다.

---

44) 姜晋哲, 앞의 책, 7~8쪽.
45) 盧泰敦, 앞의 글, 158쪽.

내시령답을 문무관료전이었다고 보면, 신라의 문무관료전은 공전 즉 국유지 위에 설정된 토지로 파악할 수 있다. 고려시대 공전의 수조율이 4분의 1이었던 사실에 비추어 신라 통일기에 문무관료전으로 분급된 공전의 수조율도 4분의 1이었을 것으로 생각할 수 있다.[46)]

문무관료전이 이름 그대로 문무관료에게만 지급된 토지였는지, 아니면 고려시대의 전시과처럼 官職이나 職役에 종사한 자들에 대하여 토지를 분급하는 제도였는지도 해결되어야 할 과제이다. 만일 신라의 문무관료전이 고려의 전시과에서처럼 관직이나 직역에 종사한 자들에 대하여 토지를 분급하는 제도였다고 하면, 촌주위답도 문무관료전에 포함된다고 볼 수 있다. 촌주위답이 연수유전답 위에 설정되었다는 사실은, 문무관료전이 연수유전답 즉, 사유지 위에 설정된 토지였음을 나타낸다.

앞에서 살펴본 바에 따르면 신라의 귀족관료는 많은 사유지를 가지고 있었다. 국가는 귀족의 사유지에서도 조세를 수취해야 했다. 귀족이 관직에 나아가 관료가 되면 국가는 문무관료전을 지급해야 했다. 한편으로 귀족의 사유지에서 조세를 거두고, 다른 한편으로 문무관료전을 지급하여 조세를 수취해가도록 하는 번거러운 절차를 간소화하는 방법으로는 촌주위답의 경우처럼 귀족의 사유지를 문무관료전으로 지정하여 조세를 면제하는 방법이 있을 수 있다. 귀족의 사유지도 연수유전답의 일종이다. 따라서 귀족이 그들의 사유지를 문무관료전으로 지정받았을 경우에 10분의 1세를 면제하는 방법이 있을 수 있다. 가령 내시령은 왕경인 출신으로 적어도 4두품 이상의 신분으로 임명되었을 것이므로 서원경 지역에 분급받은 내시령답 4결 이외에도 왕경지역에 자신의 토지를 가지고 있었다고 보아야 한다. 이 때 내시령은 서원경 지역의 내시령답에서 4분의 1조를 수취하고 왕경지역에 있는 자신의 토지에 대해서는 10분의 1조를 면제받았다는 것이다.

이는 문무관료전으로 공전과 사전이 모두 지급될 수 있다는 의미가 된다. 그러나 공전을 지급받았을 경우에는 사전의 5분의 2 정도에 해당하는 면적의 토지를 분급받았다. 여기서 토지를 지급하였다는 말은 收租權(해당 관료의

46) 李仁哲, 《新羅村落社會史研究》(一志社, 1996), 217쪽.

사유지를 분급할 경우에는 免租權)을 분급하였다는 의미이다. 따라서 문무관료전은 해당 관료가 관직에서 물러나거나 죽으면 수조권을 국가에 반납해야 하는 토지였다. 하지만 골품에 따라 관직에 진출을 보장한 신라사회에서는 귀족의 자손들이 관직에 나아감으로서 자손 대대로 수조권을 행사하거나, 사유지를 분급받았을 경우에는 면세의 특권을 누렸다.

문무관료전은 관직과 관등에 기준을 두어 지급된 토지였다.[47] 주지하듯이 신라에서는 신분등급에 따라 관등·관직에 오를 수 있는 상한선을 규정하여 놓았지만, 특정 관직에 취임할 수 있는 관등을 단일 관등으로 규정하지 않은 채, 이를 복수의 官等群으로 묶어 놓았다. 이러한 이유 때문에 신라에서는 같은 관직이라 하더라도 관등이 다르고, 관등이 다름에 따라 경제적 처우도 달랐다고 생각된다. 이에 신라에서는 관료에 대한 경제적 반대급부가 관직보다는 관등에 기준을 두어 지급되었다고 보아야 하겠다.

관등에 기준을 두어 관료에 대한 경제적 보수가 지급되었다고 하더라도 그것은 골품의 제약을 받지 않을 수 없었을 것이다. 그래서 문무관료전을 포함한 녹읍과 녹봉 등의 관료에 대한 경제적 반대급부는 고려의 始定田柴科에서 紫衫·丹衫·緋衫·綠衫의 구분에 의하여 田柴가 지급된 형태와 유사하였다고 생각된다.[48] 신라에서는 골품의 제한 규정에 묶여 승진하지 못하는 관료를 위하여 특진의 길을 열어주기 위해 重位制가 마련되었다. 重位의 관등을 받았다고 하여 상급 관직으로 승진할 수는 없었지만, 보수체계만은 별도의 승급규정에 따라 올려받았다.[49] 그러므로 신라의 토지제도는 율령제적 분급체계를 지향하면서도 골품제의 제약을 극복하지 못하고, 오히려 귀족의 경제기반을 강화해주는 방향으로 전개되었다고 풀이할 수 있다.

〈李仁哲〉

---

47) 李喜寬, 〈統一新羅時代 官僚田의 支給과 經營〉(《新羅産業經濟의 新硏究》 13, 新羅文化宣揚會, 1992), 64쪽.

48) 金哲埈, 〈新羅 貴族勢力의 基盤〉(《人文科學》 7, 1962 ; 《韓國古代社會硏究》, 知識産業社, 1975, 233쪽).
尹漢宅, 〈新羅 骨品貴族의 經濟的 基盤〉(《邊太燮博士華甲紀念史學論叢》, 1985), 178~193쪽.

49) 李仁哲, 〈新羅 律令官制의 運營〉(앞의 책, 1993), 137쪽.

3. 농민의 생활

1) 신라장적

(1) 문서의 성격과 작성연도

西原京(현재의 충북 청주)부근 4개 촌의 사정을 기록한 문서가 1933년 10월에 일본 정창원에서 華嚴經論帙의 파손 부분을 수리하던 중에 발견되었다.[1] 이 문서를 흔히 신라장적이라 불러왔다. 신라장적은 當縣沙害漸村과 當縣薩下知村이 기록된 문서와 失名村과 西原京□□子村이 기록된 문서 등 모두 2매로 되어 있다. 학계에서는 문서의 기재 순서에 따라 이들 촌을 A촌·B촌·C촌·D촌으로 불러 왔는데, 화엄경논질의 표지를 만들 때 B촌과 D촌의 문서는 끝부분이 잘려나갔고, C촌의 문서는 머리부분이 잘려나갔다. 문서의 크기는 가로 58cm 세로 29.6cm 정도이고, 楮紙로 되어 있다.

신라장적은 縣과 小京의 지배하에 있는 村을 단위로 기재되었다. 戶를 단위로 기재된 것이 아니라 촌을 단위로 기재되었다는 점에서 신라장적은 戶籍이 아닌 村籍이라 할 수 있다.[2] 문서의 기록은 當式年의 상황을 기재한 本文과 당식년 이후의 상황을 기록한 追記로 나누어진다. 장적의 기록은 당시 율령제의 시행실태를 보여주고 있다. 9등호제·계연·남녀 연령별 구분 등은 律令의 戶令과 賦役令에 근거하여 기록되었다. 연수유전답·관모전답·내시령답·마전 등의 설정이나 우마·수목 등에 대한 파악도 田令과 賦役令에 기초하여 이루어졌다.[3] 기재방식 또한 이 문서가 율령의 규정에 따라 작

---

1) 野村忠夫, 〈正倉院より發見された新羅の民政文書について〉(《史學雜誌》 62－4, 1953), 58쪽.

2) 旗田巍, 〈新羅の村落－正倉院にある新羅村落文書の硏究〉(《歷史學硏究》 226·227, 1958~59 ; 《朝鮮中世社會史の硏究》, 東京 : 法政大學出版局, 1972, 420쪽). 이 문서의 성격을 정확히 반영한 명칭은 〈新羅熊川州村帳籍〉이 될 것이다. 그러나 그렇게 되면 명칭이 너무 길어 사용하기에 불편하므로 〈新羅村帳籍〉 혹은 그냥 〈村帳籍〉이라 부르는 편이 적절하다. 문서의 명칭과 성격에 대한 정리는 李仁哲, 《新羅村落社會史硏究》(一志社, 1996), 64~69쪽 참조.

성된 공문서임을 보여준다. 구체적으로는 公式令이나 計帳式과 같은 율령의 조항에 근거하여 만들어진 공문서로 생각된다.[4] 따라서 신라장적은 그 작성 주체가 국가라는 전제하에서만 이해될 수 있다.

정창원 소장의 신라장적은 소경에 속한 촌과 현에 속한 촌의 사정이 같은 종이에 같은 필체로 기재되어 있다. 이는 소경이나 현 가운데 어느 한쪽의 지방행정기관에서 작성한 문서가 아님을 나타낸다. 그렇다고 郡에서 소경관할하에 있는 촌의 문서를 작성하였다고 보기도 어렵다. 결국 신라장적은 군·현·소경보다 격이 높은 지방행정기관인 州司에서 작성한 계장양문서의 기초자료로 작성된 公文書였다고 풀이할 수 있다.

주사에서는 前式年에 작성한 장적과 當式年에 郡·縣·小京 등 지방행정단위별로 파악하여 보고한 자료를 근거로 현재 발견된 것과 같은 장적을 만들었다. 정창원 소장의 신라장적이 작성된 당식년은 乙未年이었다.[5] 신라장적에 '乙未年烟見賜'라고 되어 있는 문구는 을미년에 촌의 사정을 조사하였음을 나타낸다. 을미년에 현의 하급관리인 公等이 촌에 나와서 촌의 사정을 조사하여 작성한 문서를 현령의 제가를 거쳐 주사에 보고하고, 주사에서는 전식년의 문서와 당식년에 보고되어온 문서를 토대로 장적을 작성하였다. 을미년에 문서가 작성되었다는 사실은 唐令에 '造籍以季年 丑辰未戌'이라는 구

3) 田鳳德, 〈新羅律令攷〉(《서울大學校論文集》 人文社會科學 4, 1956 ; 《韓國法制史研究》, 서울大出版部, 1968, 265쪽).

4) 이에 따라 이 문서를 計帳으로 보는 견해가 있는가 하면(田鳳德, 위의 책, 1968, 269쪽), 計帳樣文書의 기초자료로 사용된 촌단위의 集計帳으로 파악하면서도, 녹읍제적 촌지배를 위한 집계장 혹은 녹읍장으로 보는 견해도 제시되었다(武田幸男, 〈新羅の村落支配－正倉院所藏文書の追記をめぐって〉, 《朝鮮學報》 81, 1976, 230~239쪽 및 木村誠, 〈新羅の祿邑制と村落構造〉, 《歷史學硏究》 別冊, 1976, 57~60쪽). 이 문서를 녹읍과 관련지은 근거는 문서에 보이는 內視令 혹은 內省이 이들 촌과 깊은 이해관계에 있다고 파악한 데서 비롯되었다. 그러나 이들 촌이 내시령의 녹읍이고 A촌에 보이는 내시령답이 내시령에게 주어진 관료전이라면 내시령의 녹읍 안에 있는 토지를 다시 내시령에게 관료전으로 지급하는 형태가 되어 논리적으로 맞지 않는다. 이들 촌을 내시령 혹은 내성의 녹읍으로 파악하는 근거는 D촌의 문서에 잘보이지 않는 글자를 「內省」으로 판독한 데 있지만 문제의 글자는 '內'字가 아닐 가능성이 더 높다.

5) 문서의 작성연도에 대해서는 695·755·756·757·815·816·875·876년 등으로 보는 견해가 제시되었다. 이들 학설에 대한 연구사는 李仁哲, 앞의 책(1996)에 정리되어 있다.

절을 통해서도 짐작이 가능하다. 신라에서도 3년마다 季年(丑辰未戌)에 장적을 만들었던 것이다.

을미년은 60년을 주기로 반복된다. 이에 어느 을미년에 신라장적이 작성된 것인가 하는 점이 지적되어야 하겠다. 우선 신라장적에 보이는 연수유전답이 성덕왕 21년(722)에 처음으로 백성에게 지급한 丁田일 것이라는 학계의 일반론에 따르면, 이 문서는 성덕왕 21년 이후에 작성된 것이 된다. 경덕왕 16년(757)에 '西原小京'이 '西原京'으로 개칭되었는데 D촌이 '西原京□□□村'으로 표기되어 있는 현상 또한 이 문서가 757년 이후에 작성되었음을 나타낸다. 경덕왕 16년 이후의 을미년으로는 헌덕왕 7년(815)과 헌강왕 원년(875) 그리고 경순왕 9년(935) 등이 있다. 경순왕 9년은 신라가 멸망한 해에 해당된다. 자연히 신라장적의 작성연도는 헌덕왕 7년이 아니면 헌강왕 원년이 된다. 문서의 작성연도를 파악할 때 무엇보다 고려해야 점은 기재 내용의 정밀성이다. 신라의 지방통치체계가 상당히 혼란을 겪고 있었던 상황에서는 이처럼 정밀한 문서가 작성되기 어렵다. 문서의 정밀성으로 보아 신라장적은 헌덕왕 7년에 작성되었다고 보는 편이 옳다.

追記는 당식년 이후에 이루어졌다. 현재 정창원에 소장된 신라장적은 당식년(815)에 작성하고, 次式年(818)이 되기 전에 추기를 하여, 차식년(戊戌)의 신라장적 작성에 참고자료로 사용한 후에 20년 정도 보관하였다가 폐기한 문서로 봄이 옳다.

(2) 신라장적과 농민생활

신라장적에는 當縣沙害漸村(A촌)·當縣薩下知村(B촌)·失名村(C촌)·西原京□□子村(D촌) 등 오늘날 충북 청주 부근 4개 촌의 사정이 ①村名·②村域·③烟(戶)·④口·⑤牛馬·⑥土地·⑦樹木 등의 순으로 기재되어 있다.[6] 신라장적이 州司에서 작성한 공문서라는 점에서 이들 촌은 군현제하의 일반촌이

6) 여기서 當縣은 현의 이름 혹은 '本縣'이라는 뜻으로 쓰인 용어가 아니라 '同縣'이라는 뜻으로 쓰였다. 즉 한번 縣名을 정식으로 기록한 다음에, 그에 이은 같은 현에 속한 촌명에는 앞의 촌과 같은 현에 속한 촌이라는 뜻으로 '當縣'이라 표기하였다.

며 그 주민도 일반농민이었다고 할 수 있다.7) 따라서 신라장적은 신라 통일기 국가권력의 농민지배실태와 농민의 생활을 살펴볼 수 있는 매우 귀중한 사료로 평가된다.

이 문서에는 周 …步라고 하여 촌의 둘레가 기재되어 있다. 이를 미터법으로 계산하여 촌의 둘레와 면적을 나타내면 〈표 1〉과 같다.

〈표 1〉 촌의 둘레와 면적

	둘	레	추정실제길이	반 지 름	면 적
A	(沙害漸村)	5,725步	10.305㎞	1.640㎞	8.445㎢
B	(薩下知村) 合 古地 掘加利何木杖谷地	12,839步 8,770步 4,060步	23.094㎞ 15.786㎞ 7.308㎞	3.677㎞ 2.514㎞ 1.164㎞	24.099㎢ 18.845㎢ 4.254㎢
C	(西原京□□子村)	4,800步	8.640㎞	1.376㎞	5.945㎢

위와 같은 면적의 촌역에는 가옥이나 경작지는 물론 주변의 산천까지 포함되었다.8) 촌역과 촌역 사이에는 어느 촌에도 속하지 않은 지역도 있었다. B촌의 문서에 보이는 掘加利何木杖谷地가 바로 그런 곳이다. 굴가리하목장곡지는 당식년에 薩下知村古地의 촌역으로 새로 편입된 지역이다. 그럼에도 B촌의 문서에는 孔烟이나 인구의 급격한 증가가 기록되지 않았다. 이는 굴가리하목장곡지에 본래 사람이 살고 있지 않았다는 의미가 된다.

烟에는 공연·計烟·等級烟·三年間中收坐內烟·廻去烟 등이 있다. 장적에는 合孔烟의 數가 A촌 11, B촌 15, C촌은 알 수 없고, D촌 10 등으로 기재되어 있다. 이 합공연의 수는 등급연과 등외연(三年間中收坐內烟)의 수를 합한 수치와 일치한다. 이는 등급연과 등외연이 모두 공연이었다는 의미가 된다. 등급연은 仲下烟·下上烟·下仲烟·下下烟 등으로 기재된 연을 말한다. 그 기재 방식으로 보아 仲仲烟·仲上烟·上下烟·上仲烟·上上烟 등의 등급연

7) 李喜寬, 〈新羅村落帳籍에 보이는 村의 性格〉(《李基白先生古稀紀念 韓國史學論叢》, 一潮閣, 1994), 382~406쪽.

8) 旗田巍, 앞의 책, 424쪽.
李宇泰, 〈新羅「村落文書」의 村域에 대한 一考察〉(《金哲埈博士華甲紀念 史學論叢》, 1983), 141쪽.

도 있었다. 이러한 사실은 신라장적이 작성될 당시에 9등호제가 실시되었음을 나타낸다. 신라의 9등호제에 대해서는 人丁의 多寡에 따라 구분되었다는 견해가 있어 왔다.[9] 그러나 인정의 다과에 따라 구분되었다고 볼 경우에는 문서 자체에 개별적으로 전입해온 사람은 등급연에 편제되었으나 烟을 단위로 전입해 온 사람들은 등급연에 편제되지 않고 등외연으로 남겨 놓은 사정을 설명할 수 없다. 이에 신라 9등호제에서 戶等은 재산(토지)의 다과에 따라 구분되었다고 하는 주장이 설득력을 갖는다.[10] 장적에 기재된 4개 촌의 농민 또한 중하연 이하의 下等烟이 대부분이었다는 점에서 신라 통일기의 전체 烟戶들 가운데서도 가난한 농민이었다고 풀이할 수 있다.

三年間中收坐內烟은 '3년 사이에 거두어 앉힌 연'이라는 뜻의 이두로 3년 사이에 새로 이사온 연을 나타낸다.[11] 회거연은 '돌아 가버린 연'이라는 뜻의 이두로 이사해 간 연을 가르킨다. 삼년간중수좌내연 즉, 등외연은 장적에 기재된 연의 구성으로 보아 자연호였다. 하지만 등급연은 編戶였던 경우가 많았다. 따라서 공연은 대부분 편호였다.[12]

計烟은 '계산한 연'이라는 뜻인데, 각 등급연에 1/6, 2/6, 3/6, 4/6, 5/6, 1 등의 기본수를 설정하여, 이를 등급연의 수와 곱하여 합계를 낸 뒤에, 이를 다시 분자를 분모로 나누어서 나온 몫과 나머지를 표기한 수치로 표기하였다.[13] 촌별 계연수치의 산정내용은 〈표 2〉와 같다.

---

9) 旗田巍, 위의 책, 430쪽.
明石一紀, 〈統一新羅の村制について〉(《日本歷史》 322, 1975), 29쪽.

10) 李仁哲, 〈新羅 統一期의 村落支配와 計烟〉(《韓國史硏究》 54, 1986 ; 《新羅政治制度史硏究》, 一志社, 1993, 231~259쪽).
허종호, 《조선토지제도발달사》 1(과학백과사전종합출판사, 1991), 206~210쪽.
이외에도 토지에 우마와 노비를 합친 재산의 다과에 따른 구분으로 파악하는 견해(김기흥, 《삼국 및 통일신라 세제의 연구》, 역사비평사, 1991, 119쪽), 토지와 인정의 다과에 의해 구분되었다고 보는 견해(李仁在, 《新羅統一期 土地制度硏究》, 延世大 博士學位論文, 1995, 142~145쪽) 등이 있다. 자세한 연구사 정리는 李仁哲, 앞의 책(1996) 참조.

11) 南豊鉉, 〈正倉院 所藏 新羅帳籍의 吏讀 硏究〉(《中齋張忠植博士華甲紀念論叢》, 1992), 33쪽.

12) 李泰鎭, 〈新羅 統一期의 村落支配와 孔烟-正倉院 所藏의 村落文書 재검토〉(《韓國史硏究》 25, 1979 ; 《韓國社會史硏究》, 知識産業社, 1986, 29~42쪽).

13) 李泰鎭, 위의 책, 45쪽.

〈표 2〉 계 연 산 정

	田結數	基本數	A村	B村	C村	D村
仲 上	(24-6) 18	1				
仲 仲	(21-6) 15	5/6				
仲 下	(18-6) 12	4/6	×4=16/6	×1=4/6		
下 上	(15-6) 9	3/6	×2=6/6	×2=6/6	(×3=9/6)	
下 仲	(12-6) 6	2/6	×0=0	×5=10/6	×1=2/6	×1=2/6
下 下	(9-6) 3	1/6	×5=5/6	×6=6/6	×6=6/6	×9=9/6
合 計			27/6	26/6	17/6	11/6
몫 … 나머지			4…3	4…2	2…5	1…5
文書의 表記			四余分三	四余分二	(二余分五)	一余分五

신라의 9등호제는 연수유전답의 다과에 의해 구분되었고, 호등에 일정한 기본수를 설정하여 계연수치를 산정하였다.[14] 신라정부는 이 계연수치를 촌별로 조·용·조와 군역을 부과하는 기준수치로 삼았다.[15] 촌장적에 '余子' '法私' 등의 기록은 이들 촌락의 농민이 법당에 편성되어 군역의 의무를 지고 있었던 사실을 보여주고 있다.[16]

촌민은 크게 양인과 노비, 남자와 여자로 나누어 기재되어 있다. 양인남자는 丁·助子·追子·小子·除公·老公으로 연령등급을 구분하여 기재하였고, 양인여자는 丁女·助女子·追女子·小女子·除母·老母로 나누어 그 숫자를 기록하였다.[17] 노비는 연령별 명칭을 기록하지는 않았지만, 양인의 연령층에 맞추어 기재하였다. 노비가 경주에서 멀리 떨어진 서원경(청주) 부근의 마을에 상당히 많이 기재되어 있음은 당시에 노비가 전국적으로 분포되어 있었음을 나타낸다.

---

14) 〈표 2〉에서 전결수는 등급연의 토지결수 하한에서 6결을 감산한 값이다.

15) 計烟數置에 대해서는 村別 力役의 부과기준이 된 수치였다는 견해도 있다(旗田巍, 앞의 책, 1972, 430쪽).

16) 李仁哲, 〈新羅 法幢軍團과 그 性格〉(《韓國史硏究》 61·62합집, 1988 ; 앞의 책, 313~314쪽).

17) 연령구분에 대해서는 여러 견해가 제시되었다. 이를 정리한 글로 浜中昇, 〈統一新羅の年齡區分と稅制〉(《朝鮮古代の經濟と社會》, 1986, 38~65쪽)와 李仁哲, 앞의 책(1996), 282쪽이 있다.

〈표 3〉 당식년의 촌별 인구

	A	B	C	D	計
合 孔 烟	11	15	?	10	47
合 人	147(9)	125(7)	72(0)	118(9)	462(25)
丁	29(1)	32(4)	19	19(2)	99(7)
助 子	7(1)	6	2	9(2)	24(3)
追 子	13	2	8	8	31
小 子	16	5	11	13	45
除 公	1	0	0	0	1
老 公	0	2	0	2	4
丁 女	42(5)	47(3)	16	38(4)	143(12)
助 女 子	11(1)	4	4	6	25(1)
追 女 子	9	14	4	12(1)	39(1)
小 女 子	16(1)	10	7	11	44(1)
除 母	2	1	0	0	3
老 母	1	2	1	0	4

촌의 인구에서 나타나는 최대의 특징은 여자의 숫자가 남자의 숫자에 비해 무려 44명이나 많다는 사실이다. 〈표 3〉에서 보는 것처럼 소자와 소녀자의 숫자가 비슷하여 이들 촌에 여자가 많았던 까닭이 남녀간의 출생비율이 달랐기 때문은 아니었다. 제공과 노공의 연령층의 인구가 극히 적은 숫자에 불과하여 당시의 농민이 제공의 연령에 이르기 전에 대부분 사망하였음을 보여준다. 이는 당시 농민이 丁의 연령층에서 사망하는 경우가 많았다는 의미가 된다. 따라서 정보다 정녀의 숫자가 많은 까닭도 정의 연령층에서 남자의 평균수명이 여자보다 짧았기 때문이다. 아울러 兵役에 징발되어 촌을 떠나있는 丁이 많거나 그것의 징발을 기피한 남자의 숫자가 많았던 것도 이들 촌에 여자가 많았던 사유가 될 것이다.[18)]

촌장적에는 호구의 이동이 자세하게 기재되어 있는데, 이는 국가가 재산의 다과에 따라 9등호제를 실시하고, 계연수치를 산정하여 조·용·조와 군역을 부과함에 따라 호구를 자세히 파악해둘 필요가 있었기 때문에 나타난 현상

18) 旗田巍, 앞의 책, 437쪽.

이었다. 농민은 다른 촌락으로 전출하려고 할 경우에 관아의 허락을 받아야 했으며 합법적인 전출이 불가능할 경우에 신고를 하지 않고 마을에서 무단 이탈하였는데, 국가는 이 같은 농민의 이동사항을 자세히 파악하고 있었다.

3년 동안의 전입자수와 전출자수를 보면, 전입자는 총 20명으로, 남녀의 숫자가 같다. 전출자는 총 31+α명으로 남자가 15+α명, 여자가 16+α명이다. 전체적으로 전출자의 숫자가 전입자보다 11명 이상 많지만, A·B·C촌의 경우에는 전출자와 전입자의 숫자가 비슷하여, 문서에 기재된 농민의 이동이 평상시의 상황임을 보여주고 있다.[19] 단지 D촌에 전출자가 다른 촌에 비해 월등히 많아서 4개 촌 전체의 전출이 전입보다 많게 나타날 뿐이다. 追記時의 전출자는 17명 정도이고, 사망자는 약 4명이었다. 추기시에는 호구의 감소만을 파악하여 기재하였기 때문에 호구의 증가는 기록되어 있지 않다. 추기시에 전출의 폭이 크게 나타나는 현상도 D촌에서 공연이 하나 감소하였는데 그 호구가 11명이나 되었기 때문이다.[20] 4개 마을 전출입 인구가 많지 않은데 D촌에서 발생한 특별한 사정을 일반화하여 설명하게 되면 통계적 오류를 범하게 된다. 그러므로 D촌을 제외한 A·B·C촌의 경우를 놓고 보면, 신라장적이 작성된 헌덕왕 7년(815)경에 농민이 촌락을 이탈하여 유리하는 경우는 많지 않았다고 풀이할 수 있다.

신라장적에는 많은 수의 牛馬가 기재되어 있다. 소가 많이 기재되어 있음은 당시 경작활동에 소가 절대적으로 많이 필요하였기 때문이었고, 馬가 많이 기재되어 있는 까닭은 이들 촌에 軍馬의 사육의무가 부과되었기 때문이다.[21] 문서에는 농민이 사적으로 소유한 우마도 상당수 있었음이 드러난다.

19) D촌의 전출자가 많았던 이유에 대해서는《三國史記》권 10, 新羅本紀 10, 헌덕왕 7년(815)조에 "西邊州郡에 큰 기근이 있어 도적이 봉기하니 군대를 내어 토평하였다"는 기록과 관련있다고 보는 견해가 있다(武田幸男, 앞의 글, 1976, 249쪽). 하지만 서원경 관할하에 있는 1개 촌의 인구감소가 당시의 서변 주군에서 일어났던 농민반란과 연결될 수 있을지 의문이다.

20) "孔亡廻一 合人十一 以丁二 助子一 小子二 丁女二 助女子一 追女子二 小女子一"로 기록된 공연의 구성으로 보아 두 개의 자연호가 합쳐져서 하나의 공연을 이루고 있었음을 알 수 있다. 아마도 형제의 부부와 그들의 자식이 하나의 공연을 구성하고 있다가 함께 移去한 경우로 헤아려진다. 두 개의 자연호가 하나의 공연을 이루고 있다가 이거한 경우이다(李泰鎭, 앞의 책, 34쪽).

21) 旗田巍, 앞의 책, 449쪽. 한편 이들 촌 자체를 왕실직속지였다고 보아, 왕실이

이들 사유 우마의 증가분 가운데 일부는 雜調로 국가에 바쳐졌던 것이 아닐까 한다. 토지는 烟受有畓·烟受有田·官謨畓·官謨田·內視令畓·村主位畓·麻田 등으로 地目을 나누어 그 田結數가 기재되어 있다.

〈표 4〉 지목별 토지결수

지 목	A 촌	B 촌	C 촌	D 촌
烟受有畓	94결 2부4속	59결98부2속	68결67부	25결99부
烟受有田	62결10부5속	119결 5부8속	58결 7부1속	76결19부
官謨畓	4결	3결66부7속	3결	3결20부
官謨田				1결
內視令畓	4결			
村主位畓	19결70부			
麻田	1결 9부	1결 6부	1결 2부	1결 8부

연수유전답은 연이 국가로부터 받아서 소유한 전답이라는 의미로서,[22] 丁田制의 시행에 따라 나타난 표현이다. 그러나 정전제는 실제로 토지를 분급한 제도가 아니어서, 연수유전답은 백성이 본래부터 소유해온 토지에 대하여 국가가 공연을 단위로 지급하는 절차를 거쳐 백성에게 한시적이고 제한적인 소유권을 인정해준 토지 지목이었다.[23]

관모전답은 고려시대의 公廨田과 유사한 토지였다.[24] 내시령답은 내시령에게 지급한 관료전으로, 임기를 마치거나 다른 지역으로 전근을 가면 국가

직속지인 촌락에 왕실소유의 말의 사육 의무를 부과하고, 촌락들이 보유하고 있는 답의 경작을 위해 축력으로 소를 제공하였기 때문에 문서에 많은 수의 우마가 표기되었다고 하는 견해도 있다(李泰鎭, 〈新羅 村落文書의 牛馬〉, 《碧史李佑成敎授定年紀念論叢 民族史의 展開와 그 文化》 上, 1990, 126~150쪽).

22) 이에 대해서는 신라 통일기에 均田制가 실시되었다는 입장에서 연구가 이루어지기도 하였으나(崔吉城, 〈新羅における自然村落的均田制〉, 《歷史學硏究》 237, 1960, 40~47쪽 및 兼若逸之, 〈新羅『均田成冊』의 硏究〉, 《韓國史硏究》 23, 1979, 65~114쪽), 균전제가 실시되지 않았다는 설명이 보다 설득력이 있어 보인다(旗田巍, 앞의 책, 450쪽 및 浜中昇, 〈統一新羅における均田制の存否〉, 《朝鮮學報》 105, 1982 ; 앞의 책, 88~120쪽).

23) 李仁哲, 앞의 책, 225~240쪽.

24) 李喜寬, 〈統一新羅時代의 官謨田·畓〉(《韓國史硏究》 66, 1989), 29~46쪽.

에 반납해야 하는 토지였다.[25] 촌주위답은 촌주의 직역에 대한 대가로 지급된 토지였다. 그러나 실제로는 촌주위답이 연수유전·답에 포함되어 있기 때문에 촌주위답은 촌주의 연수유전·답에 부과되는 租를 면제받은 토지였다.[26] 마전은 마포를 공납으로 수취하기 위하여 국가가 설정한 토지였다.

신라장적에는 뽕나무·잣나무·호도나무 등의 숫자가 자세히 기재되어 있다. 이들 수목 가운데 桑은 正調로, 栢·秋는 雜調로 각기 그 수확물의 일부가 수취되었던 것으로 생각된다.[27]

요컨대 신라장적에 기재된 촌민은 그들 자신의 전답에 대해 無限永代的 소유권을 가진 바탕 위에 공연을 단위로 限時的이고 制限的인 土地所有權을 인정받아 경작하고 국가에 조·용·조와 군역의 의무를 지고 살아가는 농민이었다. 전답의 면적은 후대에 비하여 상당히 넓어서 휴한법에 의해 토지를 경작하였다. 국가는 공연의 토지소유에 근거하여 9등호제를 실시하고, 촌별로 계연수치를 산정하여 조·용·조와 군역을 부과하였다. 이에 따라 당시의 농민은 토지에 긴박되어 이동이 자유롭지 못한 채, 국가로부터 각종 조세와 부역의 의무를 강요당하면서 생활하고 있었다.

2) 촌락과 농민의 지위

신라 통일기에 촌을 직접 지배하는 지방행정조직으로는 領州, 州의 領縣, 영현이 없는 郡, 郡治로서의 郡, 郡의 領縣, 小京 그리고 鄕과 部曲이 있었다. 촌은 이들 지방행정조직을 통하여 중앙정부와 연결되고 있었다.

신라장적에 기록된 村周를 통해서 보면, 중앙에서 가장자리까지 거리가 1.376㎞에서 3.677㎞정도였다. 촌의 지름은 2.752㎞에서 7.354㎞가 된다. 원의 중심부에 촌이 자리잡았다면, 촌과 촌간의 거리는 4㎞ 정도가 된다. 그러나

---

25) 李喜寬, 〈統一新羅時代 官僚田의 支給과 經營〉(《新羅文化祭學術發表會論文集》 13, 慶州文化宣揚會, 1992), 55~89쪽.

26) 李喜寬, 〈統一新羅時代의 村主位田·畓과 村主勢力의 成長〉(《國史館論叢》 39, 國史編纂委員會, 1992), 85~91쪽.

27) 石上英一, 〈古代における日本の稅制と新羅の稅制〉(《朝鮮史硏究會論文集》 11, 1974), 73~109쪽.

촌과 촌 사이에는 어느 촌에도 속하지 않은 지역이 있어서 경우에 따라서는 6㎞정도의 간격을 두고 촌이 자리잡고 있었다. 지름이 3㎞에서 5㎞(반지름은 1.5㎞에서 2.5㎞정도)되는 촌역 안에는 가옥과 경작지 그리고 임야 등이 있었다. 이처럼 촌락간의 거리가 멀고 촌역이 넓었기 때문에 당시의 농민은 다른 촌락의 농민과는 소원한 관계였고, 촌락내에서 대부분 인간관계를 다지며 생활하였던 것으로 짐작된다.

촌의 戶數는 孔烟을 자연호로 보면, 신라장적에 보이는 촌은 각기 A촌이 11호, B촌이 15호, C촌이 11호, D촌이 10호였다. 그러나 공연이 자연호가 몇 개 합쳐져서 편성된 편호였다고 보면, A촌은 29호, B촌은 25호, C촌은 14호, D촌은 24호 정도의 촌락이었다고 할 수 있다.[28] 이들 촌의 戶數를 평균 30호로 보고, 1호가 차지하는 주거지가 200평 정도였다고 하더라도, 취락이 촌역에서 차지하는 면적은 1결 정도밖에 안된다.[29] 따라서 촌역의 대부분은 논·밭·목초지·습지·하천·임야 등으로 이루어져 있었다.

마을 전체를 둘어싼 토담이나 환호는 없었다. 대신에 촌 주변의 야산에 土城 혹은 石城이 있는 것으로 보아 평상시에는 촌에서 농사를 짓고 살다가 외적의 침입이 있으면, 산으로 올라가 城을 방어수단으로 하여 적에 대항하였다. 성을 단위로 한 방어전에는 法幢이 편성된 최소의 단위가 縣이었던 점을 참고하건데,[30] 1개 현에 속한 촌들이 공동으로 적에 대항하였을 것이라 생각할 수 있다.

신라장적에 기재된 개별 촌은 자연촌이면서 동시에 행정촌이었다. 국가가 개별 자연촌을 행정상으로 파악하여 문서로 작성하였고, 조·용·조와 군역의 수취를 위한 9등호제와 계연수치를 자연촌별로 완결지어 계산해 놓았다는 사실은 국가가 자연촌 자체를 하나의 행정촌으로 파악하였다는 의미가 된다.[31] 장적에서 A촌의 촌주는 국가가 행정촌으로 파악한 A촌만의 촌주였

---

28) 李泰鎭, 앞의 책, 36~37쪽.

29) 姜晋哲의 견해에 따르면, 1결은 6,806평이다(姜晋哲, 〈田結制의 問題〉, 《高麗土地制度史硏究》, 高麗大出版部, 1980, 371쪽).

30) 李仁哲, 앞의 책, 304~313쪽.

31) 장적에 기록된 촌을 自然村으로 보고, 몇 개의 자연촌으로 이루어진 행정촌에는 村司가 있고, 內視令·村主·軍師 및 屬官 등이 촌사를 구성하고 촌락행정

다. 이에 촌주위답이 없는 촌에는 촌주가 본래 임명되지 않고, 촌주가 임명된 촌을 통하여 현의 통제를 받았다.

신라장적을 통해서 보면 3~4개 촌 가운데 한개의 촌에만 촌주가 있었다. 따라서 촌주가 관할하는 일정한 행정구획은 없었다고 하더라도 촌주가 3~4개 촌을 관할하였다고 해석할 수 있을 것으로 생각된다. 〈竅興寺鐘名〉에 보면, 현에 上村主·第二村主·第三村主라는 3명의 촌주가 있었다. 신라장적에 3~4개 촌 가운데 한명의 촌주가 있는 점을 감안하여, 1명의 촌주가 3~4개 촌을 관할하였다고 보면, 1개 현에는 9~12개의 촌이 있었다는 말이 된다. 당시 현의 넓이를 고려하더라도 1개 현에 12개 촌 이상의 촌이 있었다고는 생각되지 않는다.

신라장적에 보이는 촌의 넓이는 오늘날 面의 3분의 1 정도이다. 따라서 촌주가 관할하는 범위는 행정촌 3~4개 정도로서 오늘날의 면 정도 넓이였다. 촌주는 縣에서 公等이 파견되어 나와 烟을 조사하여 장적을 작성할 때 공등을 도와주었다. 또 현으로부터 하달된 국가의 명령을 村民에게 전달하기도 하고, 현을 통하여 촌의 변동사항을 국가에 보고하기도 하였다. 또 촌주는 조세수취를 도와주기도 하고 역역동원에 촌락민의 대표가 되기도 하였다.

신라장적은 율령제적 농민지배의 실태를 보여주고 있다. 장적 역시 율령의 규정에 따라 작성되었다. 이에 장적에 기재된 농민 또한 율령제국가의 公民이었다. 장적에서는 이들 농민을 良人과 奴婢로 나누어 기재하였다. 《三國史記》 색복지에서는 4두품 아래의 양인을 平人으로 기록하고 있다. 신라장적에 보이는 대부분의 농민은 관직으로 진출이 제한을 받았다는 점에서 平人으로 볼 수 있다. 평인이 아닌 신분으로는 노비와 촌주가 있었다. 촌주는 4두품 내지는 5두품의 신분적 대우를 받는 존재였다. 같은 촌이라고 하더라도

을 말아본 것으로 이해되어 왔다(李鍾旭, 〈新羅帳籍을 통하여 본 統一新羅時代의 村落支配體制〉, 《歷史學報》 86, 1980, 11~54쪽). 그러나 〈신라장적〉에는 當縣□□□村이라 하여 자연촌락 자체가 이미 행정촌으로 파악되고 있다. 이에 종래의 행정촌 개념이 적절하지 않다는 지적이 제기되었다(浜中昇, 〈統一新羅의 家族과 村落〉, 앞의 책, 20쪽). 중국사에서도 行政村이란 국가가 조세징수·치안유지 등의 정치적 목적을 달성하기 위하여 作爲的으로 구성한 촌이라는 의미로 쓰고 있음을 참고할 필요가 있다(松本善海, 《中國村落制度の史的硏究》, 岩波書店, 1977, 193~195쪽).

州郡縣 혹은 小京의 직속촌에는 진골·6두품·5두품·4두품에 해당하는 사람도 있었다. 4두품 이상에 해당하는 사람들은 중앙에서 파견된 지방관과 軍官 그리고 그들의 가족이었다. 그러나 대부분의 촌은 地方官司가 설치되지 않은 촌이었다. 따라서 신라 통일기의 촌락민은 대부분 신분적으로 평인이고 직업상으로는 농민이었다.

신라 골품제사회에서는 4두품 이상의 신분만 관직에 나아갈 수 있었다. 하지만 平人은 관직에 나아갈 수 없었다. 율령에 명시된 골품제의 규정에 따라 농민은 피지배신분층으로 고정되었고, 그 신분은 세습되었다. 하지만 평인농민은 양인의 주요 구성 성분으로서 토지를 소유할 수 있었다. 노비를 비롯한 賤人이 토지나 재물을 소유할 수 없는 신분이었던 점을 감안하면, 평인농민이 가진 소유권은 분명히 하나의 신분적 특권이었다.

신라정부는 평인농민에게 토지를 포함한 재산의 소유권을 인정해주는 대신에 그들로부터 조·용·조와 군역의 의무를 부과함으로써 국가의 재정적·군사적 기초를 마련하였다. 국가가 필요로 하는 재정적·군사적 자원을 공급해주는 계층이 농민이었으므로, 국가는 이들 농민의 동태를 상세히 파악해 둘 필요가 있었다. 신라장적은 국가가 이들 농민의 출생·사망·전출·전입 등을 일일이 파악하여 기재해 놓았을 뿐 아니라 농민에게 신고의 의무까지 부과하였음을 보여주고 있다.

신라장적에는 농민 가운데 촌에서 도망친 숫자가 기록되어 있다. 촌민들이 도망을 칠 수밖에 없었던 사정은 국가가 평인의 거주이전을 극도로 제한한 데 따른 현상이다. 국가가 평인의 거주이전의 자유를 극도로 제한한 이유는 농민을 토지에 긴박시켜 놓고, 그들로부터 조·용·조와 군역의 의무를 부과하는 것을 골간으로 하여 국가체제를 만들었기 때문이었다. 따라서 신라장적에 보이는 연수유전답과 수취체계의 구명이 당시의 농민의 지위를 이해하는 첩경이 된다.

「연수유전답」이란 '烟이 받아서 가진 전답'이라는 의미이다. 이때 연에게 전답을 지급한 주체는 국가로 해석된다. 국가가 토지를 지급하였다고 볼 경우에 떠오르는 사항은 성덕왕 21년(722)에 '처음으로 백성에게 丁田을 지급하였다'고 한 기록이다. 이 기록은 隋唐의 均田制를 연상하게 하지만, 신라에서

는 균전제가 실시되지 않았다.[32)]

신라에서는 국가의 모든 토지가 王土로 인식되기는 하였으나, 개별 토지의 소유권은 개인에게 있었다. 신라의 토지제도가 토지사유제였다는 사실은 〈崇福寺碑文〉이나 〈海印寺田庄文書〉 그리고 〈開仙寺石燈記〉에 보이는 田券 등에 잘 나타나 있다.[33)] 이처럼 토지국유제가 실시되지 않았음에도 백성의 私田을 연수유전답이라 하여 국가가 백성에게 토지를 지급한 것처럼 신라장적에 기록해 놓았다는 사실은 백성이 조상대대로 경작해오던 토지에 대하여 국가가 나누어주는 형식을 취하면서 어떤 法制的 認定節次를 취하였음을 나타낸다.[34)] 따라서 어떤 법제적 인정절차를 거쳤는가 하는 문제가 丁田制 곧 연수유전답의 실체 구명에 핵심을 이루고 있다.

'烟受有'라 하여 '受有'의 대상이 烟으로 되어 있음은 정전제에서 土地支給對象이 戶였음을 보여준다. 신라의 정전제는 丁을 대상으로 한 토지지급이 아니라 丁戶를 대상으로 토지의 지급이 이루어진 토지제도였던 것이다. 즉, 孔烟이 국가로부터 받아 가진 토지가 연수유전답이었다. 공연은 자연호가 아니라 몇 개의 자연호가 합쳐져서 만들어진 編戶였다.[35)] 국가는 편호로 이루진 공연을 단위로 한시적이고 제한적인 토지소유권을 인정해주었다.

신라정부는 공연의 소유토지에 근거를 두어 9등호제를 실시하고 호등에 따라 조·용·조와 군역의 수취체계를 마련하였다.[36)] 이에 따라 농민은 공연을 단위로 국가로부터 한시적이고 제한적인 토지소유권을 인정받는 대신에 조·용·조와 군역을 부담해야 했다. 공연에 부과되는 조세는 지주가 부담하였지만, 역역과 공부 그리고 군역은 佃戶도 부담해야 했다.

이러한 정전제를 신라정부가 실시한 데에는 일정한 목적이 있었다. 우선 자연호를 합쳐서 공연을 편성하여 한시적이고 제한적이기는 하지만 토지소

---

32) 浜中昇, 〈統一新羅における均田制の存否〉(《朝鮮學報》 105, 1982 ; 앞의 책, 88~120쪽).
33) 旗田巍, 〈新羅・高麗の田券〉(앞의 책), 175~207쪽.
34) 姜晋哲, 〈韓國土地制度史〉 上(《韓國文化史大系》 2, 高麗大, 1965, 1202~1220쪽 ; 앞의 책, 1~17쪽).
35) 李泰鎭, 앞의 책, 25~42쪽.
36) 李仁哲, 앞의 책, 231~259쪽.

유권을 법적으로 인정해줌으로써 넓은 면적의 토지를 기반으로 농민생활이 전보다 안정되고 재생산기반이 확충되도록 하였다. 아울러 편호로서의 공연은 농민이 개별 자연호로 있었을 단계보다 토지를 처분하고 촌에서 이탈하는 것을 어렵게 만들었다. 그러므로 정전제 실시의 목적은 토지의 지급에 있었던 것이 아니라, 농민을 될 수 있는 대로 농토에 묶어 놓고, 국가가 원하는 조·용·조를 수취하고 軍役을 부과하여 국가의 지배체제를 유지하는 데에 있었다.

정전제의 실시로 농민이 본래부터 가지고 있던 토지소유에 실제적인 변동이 일어난 것은 없었다. 그러므로 정전제의 실시로 모든 농민이 국가로부터 토지를 반급받아 자영농민이 되지도 않았고, 신라장적에 나타나는 농민이 모두 자영농도 아니었다. 농민 가운데는 자영농도 있고, 소작인도 있으며, 남의 집에 가서 용작을 하는 사람도 있고 노비도 있었다. 당시의 촌에는 9등호제로 구분된 토지소유의 불평등 이상으로, 자연호의 토지소유가 불평등하였다. A촌의 촌주와 같은 이는 19결 70부의 토지를 소유하였는가 하면, 촌에서 무단으로 도망치는 호구들은 無田農民이었다. 그러므로 촌민은 같은 백성 혹은 평인이라고는 하지만, 토지소유나 소득에 있어서 커다란 차이가 있었다. 즉 같은 평인층 가운데서도 사회계층의 분화가 활발하게 진행되고 있었다. 따라서 신라 통일기의 촌은 血緣集團의 성격을 다분히 가지면서도[37] 계층분화가 상당히 진전된 地緣集團이었다고 생각된다.[38]

그러면 당시의 농업생산 실태는 어떠하였고, 농민의 소득수준은 어느 정도였을까. 《三國史記》나 《三國遺事》 등의 기록을 통해서 보면, 신라시대의 농작물로는 벼·보리·콩·조·기장·채소류·잣·호도·살구·복숭아·배·밤·대마·잠사·저마·호마(참깨와 검은 깨)·들깨·인삼 등이 있었던 사실이 확인된다. 이 가운데 농민의 실생활에 크게 영향을 미치는 주요 작물은 벼·보리·콩이었다. 당시의 농업생산은 가뭄·홍수·바람·서리·우박 등 기후조건에 영향을 많이 받았을 뿐 아니라 해충의 피해로도 그 생산성이 떨어졌다. 당시 농업생산을 감소시킨 중요한 요인은 대부분 가뭄과 해충의 피

37) 旗田巍, 앞의 책, 420쪽.
38) 崔吉城, 앞의 글, 39~40쪽.

해였다. 《삼국사기》의 기록을 통해서 보면, 가뭄의 피해가 가장 컸던 모양이다. 신라정부는 가뭄의 피해를 줄이기 위하여, 전주의 碧骨堤나[39] 영천의 菁堤의 증축에서 보는 바와 같이,[40] 저수지를 비롯한 수리시설을 만들기도 하였다. 하지만 그러한 수리시설이 전체적인 농경면적에 비해 너무 적어서 거의 모든 수전경작이 天水에 의존하였다.

토지는 지력이 낮아 휴한법에 의하여 농경이 이루어졌다. 종자의 파종은 이앙법이 보급되지 않아 직파법으로 행해졌다. 농기구로는 보습·쟁기·따비·괭이·쇠스랑·낫·살포·자귀·도끼·호미 등이 사용되었다.[41] 철제 농기구의 광범위한 이용은 신라 통일기의 농업생산성을 그 이전에 비하여 크게 증대시켰다. 그럼에도 당시의 농업생산성은 여전히 낮았다. 농민은 흉년이 들지 않는 해에 한해 식량조달이 겨우 가능하였고, 만일 흉년이라도 들면 당장 식량부족현상을 경험하지 않을 수 없었다. 가뭄이 들거나 벼멸구의 피해가 있는 해에는 그 해 10월이나 이듬해 봄에 백성이 굶주리게 되어 정부에서 진휼을 하고, 그렇지 않을 경우에는 도적이 일어났다고 하는 기록이 《삼국사기》에서 산견되어 그러한 사실을 뒷받침한다. 흉년이 든 해의 겨울이나 봄에 백성이 굶주렸다는 기록으로 보아 당시의 식량생산 사정은 한전과 수전의 생산량이 각기 6개월분의 식량 정도밖에 조달할 수 없었다고 판단된다.

당시 대부분 농민은 보리밥이나 잡곡밥을 먹고 살았다.[42] 고추가 전래되지 않았던 당시에 음식물을 조리하는 데 있어 간장·된장·소금·마늘 등이 가장 중요한 조미료였다. 그러나 이러한 식생활도 흉년이 들지 않고, 귀족세력으로부터 식량을 수탈당하지 않는 한도내에서 가능하다. 흉년이 들게 되면, 굶주리다 못하여 소나무 껍질을 벗겨 먹거나,[43] 자식을 팔아서 생활하는 자가 있었다.[44] 그런가 하면 효녀 지은처럼 스스로 몸을 팔아 노비가 되는

39) 《三國史記》 권 10, 新羅本紀 10, 원성왕 6년.
40) 李基白, 〈永川 菁堤碑貞元修治記의 考察〉(《新羅政治社會史硏究》, 一潮閣, 1974), 280~294쪽.
41) 김광언, 〈신라의 농기구〉(《민족과 문화》 1, 한국문화인류학회, 1988), 43~84쪽.
42) 韓致奫, 《海東繹史》 권 26, 穀類.
43) 《三國史記》 권 3, 新羅本紀 3, 눌지왕 16년.
44) 《三國史記》 권 4, 新羅本紀 4, 진평왕 50년 및 권 10, 新羅本紀 10, 헌덕왕 13년.

경우도 있었고,[45] 남의 집에 가서 傭作을 하거나,[46] 食客이 되어 먹고 사는 경우도 있었다.[47]

정전제는 외관상으로는 공연의 토지소유에 근거하여 조·용·조와 군역의 수취체계를 수립한 탓에 자영농을 대상으로 한 토지소유권의 인정과 부세체계의 수립을 기본구도로 하고 있었다. 신라정부는 정전제의 실시로 궁극적으로는 모든 농민을 자영농화하려는 생각을 하였던 것 같다. 그러나 신라정부가 구상한 정전제는 본래의 목적을 달성하지 못하였다. 촌사회에서 계층의 분화가 촉진되면서, 가난한 농민 가운데는 그들의 전답을 파는 경우가 많았다. 이에 경제적으로 우월한 위치에 있던 중앙의 귀족이나 지방의 호족들은 토지를 집적하여 대토지를 소유하게 되었다. 智證大師가 헌강왕 5년(879)에 자기의 私財인 莊 12區, 田 500結을 사찰에 희사했다거나,[48] 大安寺의 田畓이 494결 39부이고 柴地가 143결, 鹽盆이 43결이었다던가 하는 사실이[49] 바로 당시의 대토지소유 현상을 보여주고 있다. 이러한 대토지소유 현상은 상대적으로 소규모 자영농의 몰락을 촉진하였을 것이다.

신라의 정전제에서는 대토지소유를 용인한 채 공연이라고 하는 편호를 구성하고, 토지소유에 따라 구분된 9등호제에 기준을 두어 조·용·조와 군역을 부과하였기 때문에 토지소유자가 부담해야 할 일체의 조세가 점차 소작인 등의 토지경작자에게 전가되었다. 지주와 전호를 묶어서 편성한 공연은 가난한 농민에게 가중한 부담만을 안겨줄 뿐이었다. 이제 가난한 소농민이 할 수 있는 일이란 소작을 하지 않고 小農끼리 하나의 공연을 구성하여 조·용·조와 군역의 부담을 줄이는 방법을 택하는 것이었다. 신라장적에 하하연이 많은 이유도 바로 이 같은 이유 때문으로 파악된다. 그보다 형편이 나쁜 농민은 아예 노비가 되거나 유리걸식하는 방법을 택하였다.

농민이 토지에서 이탈하는 현상은 정전제가 붕괴되어짐를 의미한다. 정전

45) 《三國史記》 권 48, 列傳 8, 孝女知恩.

46) 《三國遺事》 권 5, 孝善 9, 眞定師孝善雙美·大成孝二世父母 神文代·孫順埋兒 興德王代.

47) 盧泰敦, 〈羅代의 門客〉(《韓國史硏究》 21·22합집, 1978), 25쪽.

48) 〈鳳巖寺智證大師寂照塔碑〉(《朝鮮金石總覽》 上), 93쪽.

49) 〈大安寺寂忍禪師照輪淸淨塔碑〉(《朝鮮金石總覽》 上), 120쪽.

제는 농민을 공연으로 편제하여 한시적이고 제한적인 소유권을 인정하고, 그것을 바탕으로 조·용·조와 군역을 부가하는 것이었는데, 농민이 토지에서 이탈하여 유리걸식하는 현상은 공연의 편제 자체가 불가능해짐을 의미하기 때문이다. 토지에서 이탈해간 농민의 몫까지 촌에 남아 있는 농민이 조·용·조와 군역을 부담해야 했다. 토지소유에 바탕을 둔 조세는 촌에 남아 있는 농민이 그래도 부담할 수 있었다. 그러나 많은 농민이 촌락에서 이탈한 상황에서 力役·貢賦·軍役의 의무는 그 이행이 전혀 불가능했다. 그럼에도 국가는 여전히 개별 촌의 계연수치를 근거로 조·용·조와 군역을 부과하였다.

토지에서 이탈하지 않고 촌에 남아 있는 농민에게도 정전제가 붕괴되면서 나타난 수취체제의 구조적 모순을 개선하기 위해 항쟁하지 않으면 않될 상황이 다가오고 있었다. 진성여왕 3년(889)에 정부가 貢賦를 독촉하니 도적이 벌떼와 같이 있어났다고 하는 이른바 농민항쟁은 바로 그러한 상황의 도래였다. 하지만 이러한 신라말 수취체계의 구조적 모순은 신라정부에 의해 해소되지 못하고 고려정부에 의하여 개선되었고, 농민의 지위도 향상되었다.

〈李仁哲〉

4. 천민의 생활

1) 향·부곡

종래에 신라 통일기의 천민으로 鄕·部曲의 주민과 奴婢가 있었던 것으로 이해되어 왔다.[1] 그러나 최근에는 향·부곡민을 양인으로 보는 견해가 유력해지고 있다.[2] 먼저 부곡천민설은 중국과 일본의 부곡이 천민이었다는 사실

1) 白南雲, 《朝鮮社會經濟史》(改造社, 1933 ; 윤한택 역, 이성과 현실, 1989).
旗田巍, 〈高麗時代の賤民制度「部曲」について〉(《和田博士還曆記念 東洋史論叢》, 1951 ; 《朝鮮中世社會史の研究》, 法政大學出版局, 1972).
림건상, 《조선의 부곡제에 관한 연구》(과학출판사, 1963 ; 백산자료원, 1997).

을 전제로 한국의 부곡집단을 이해하려고 하였다. 아울러 이 천민설은 사적 유물론을 전제로 고대 노예제의 한국적 지표로 부곡집단을 설정하였다. 부곡 천민설은 본래 동일한 부족단체가 역사적 발전 단계에서 우세한 부족과 종속적 부족으로 분열됨과 함께 전투행위 및 생산능력의 진전에 따라 하나의 부족이 다른 부족을 지배하는 관계가 발생하여 특수 부족집단으로서 부곡이 나타난다고 하였다. 이 특수부락민은 본래 집단적 노예였는데, 역사시대 이래로 사회진전과 함께 농업노예가 되었다고 한다.[3] 또 다른 천민설은 소국간의 투쟁으로 광범한 예속민집단이 발생하여 부곡이 되었다고 보고, 이 부곡이 6세기경 국가권력이 지방으로 침투 확대되면서 군현제의 일환인 천민적 특수촌락으로 법제화되었다고 하였다.[4]

부곡양인설에 따르면, 향과 부곡은 동일한 성격의 집단으로서, 신라시대의 향은 州·小京·郡·縣과 동질의 행정구획으로 군현에 비해 소규모적인 행정구획이었다.[5] 향에는 지방관으로 鄕令이 파견되었으며 재지세력으로서 鄕村主가 존재하고 있었다. 또 鄕內의 행정을 수행하는 기구로 鄕司가 구성되어 있었다. 향의 주민도 중앙의 관등이나 관직을 소지하고 있었던 것으로 보아 천민이나 부자유민이 아니었던 것으로 간주되고 있다.[6]

앞으로 연구가 진행되면서 향과 부곡의 주민이 양인이라는 사실이 명백해진다면, 신라 통일기의 천민을 설명하는 자리에서 향·부곡은 제외되어야 할 것이기 때문에 여기서도 상세한 언급은 생략하기로 한다.

---

2) 李佑成, 〈高麗末期 羅州牧 居平部曲에 대하여〉(《震檀學報》 29·30합집, 1966).
金龍德, 〈部曲의 規模 및 部曲人의 身分에 대하여〉(《歷史學報》 88, 1980 ; 《韓國制度史硏究》, 一潮閣, 1983).
木村誠, 〈新羅時代の鄕〉(《歷史評論》 403, 1983).
朴宗基, 〈新羅時代 鄕·部曲의 性格에 關한 試論〉(《韓國學論叢》 10, 國民大, 1988).
3) 백남운, 앞의 책, 294~297쪽.
4) 림건상, 앞의 책, 160~166쪽.
5) 金龍德, 앞의 글, 9~12쪽.
6) 木村誠, 앞의 글, 93~108쪽.
朴宗基, 앞의 글, 50~63쪽.
李仁哲, 《新羅村落社會史硏究》(一志社, 1996), 97~106쪽.

2) 노 비

신라장적에는 4개 촌의 전체 인구 462인 가운데 노비가 25명이 기록되어 있다. 25명이라는 노비의 숫자는 437명의 양인 숫자에 비하면 5.4%에 불과하다. 하지만 이는 唐代에 총인구 5천 만에 대한 노비 2백 만이 차지하는 비율인 4%보다[7] 1.4%나 높은 비율이다. 이처럼 왕경에서 멀리 떨어진 西原京 부근의 촌에도 노비가 존재했다는 사실은 당시에 노비가 전국적으로 고루 분포되어 있었음을 보여준다.[8]

신라장적에는 양인을 남녀·연령별로 나누어 큰 글자로 기록해 놓고, 노비의 수는 양인의 성별과 연령에 맞추어 작은 글자로 기록해 놓았다. 이는 신라장적을 작성한 국가권력이 노비를 양인과 차별대우하였고, 장적의 작성 근거가 된 신라의 율령에서도 차별적으로 규정되어 있었다는 의미가 된다.

노비는 그 귀속대상에 따라 公奴婢와 私奴婢로 나누어진다. 공노비는 왕실이나 관아에 소속된 노비를 말하며, 사노비는 개인이나 사원이 소유한 노비를 말한다. 사노비를 다시 率居奴婢와 外居奴婢로 나누기도 하고, 納貢奴婢와 使喚奴婢로 구분하기도 한다.

노비는 발생유형에 따라 포로노비·형벌노비·부채노비·매매노비 그리고 출생에 의한 세습노비로 구분된다.[9] 삼국통일을 계기로 포로노비의 공급이 중단된 반면에 부채노비가 노비발생의 중심적 요인으로 등장하였다.[10]

전쟁포로노비는 진흥왕 23년(562)에 사다함에게 포로로 잡은 200명을 상으로 주었다는 기록을 통하여 그 존재를 유추해볼 수 있다. 형벌노비는 문무왕 13년(673)에 아찬 大吐가 모반하여 唐에 붙으려다가 탄로되어 그 자신은 사형을 당하고 그 자식은 賤에 편입되었다는 기록을 통하여 그 존재가 확인된다. 부채노비의 경우는 《新唐書》 新羅傳에 곡식을 꾸고 갚지 못하면 노비로

---

7) 尾形勇, 〈良賤制の展開とその性格〉(《岩波講座 世界歷史》 5, 1970), 332쪽.
8) 旗田巍, 〈新羅の村落〉(《歷史學硏究》 226·227, 1958~1959 ; 앞의 책, 445쪽).
9) 盧泰敦, 〈統一期 貴族의 經濟基盤〉(《한국사》 3, 국사편찬위원회, 1976), 135쪽.
10) 高慶錫, 〈三國 및 統一新羅期의 奴婢에 대한 고찰〉(《韓國史論》 28, 서울大, 1992, 39~56쪽).

삼는다고 한 기록에서 그 예를 찾을 수 있다. 매매노비는 눌지왕 4년(420)과 진평왕 50년(628)에 백성이 굶주리다 못해 자식을 파는 자들이 있다고 하는 기록으로 보아 역시 그 존재를 확인할 수 있다.《三國史記》孝女 知恩傳에도 보면 지은은 자기 몸을 스스로 婢로 팔아 홀어머니를 봉양하였다고 한다. 국왕이 관노비를 하사하여 사노비로 된 경우는 문무왕 2년(662)에 김유신과 김인문에게 하사한 노비를 들 수 있겠다.[11] 출생에 의해 노비로 된 경우는 A촌의 문서에 보이는 三年間中小女子 가운데 포함된 비 1명을 들 수 있다. 신라장적은 율령에 근거하여 만들어졌다. 따라서 이 장적에 출생노비가 기재되었다는 사실은 노비의 신분세습이 율령에 규정되어 있었음을 나타낸다.

노비는 牛馬나 기타 재물과 같이 매매·증여·교환·재산분할의 대상이었다. 효녀 지은이 32세에 婢子가 되어 쌀 10여 석을 받았다는 기록으로 보면,[12] 노비의 가격이 쌀 10여 석 정도였음을 알 수 있다. 물론 같은 丁婢라 하더라도 얼굴이 예쁘거나 일을 잘하는 경우는 이보다 더 비싼 가격에, 그렇지 않은 경우는 이보다 싼 가격에 매매되었을 것이다. 또 丁奴나 追子 이하의 연령에 해당하는 노비도 이보다 싼 가격에 매매되었을 터이다.

노비와 양인 사이에 일어난 범죄에 대해서는 노비의 범죄를 가중 처벌하는 규정을 둔 것으로 생각된다. 신라에서 주인이 자신의 私奴에게 상해를 입힌 경우는《삼국사기》丕寧子傳에 전해진다. 이를 보면 진덕왕 원년(647)에 김유신의 독려를 받고 비녕자가 新羅軍의 사기진작을 위해 적진으로 돌격해 들어가 싸우다가 전사하였다. 비령자의 아들 擧眞도 적진을 향해 돌격해 들어가려 하자, 그의 私奴인 合節이 말고삐를 잡고 놓아주지 않았다. 이에 거진이 합절의 팔을 끊고 적진중으로 달려가 싸우다 죽었다고 한다. 여기서 아무리 전쟁중이라 하더라도 주인이 사노의 팔을 베었다는 사실은 평소에도 주인에게는 자신의 사노에게 상해를 입혀도 범죄가 되지 않았음을 보여준다.

訥催傳에서 사람들이 눌최에게 '종이 재주가 있으면 害가 되니 멀리 하라' 고 한 말을 통해서 보면, 평소에는 國法이 엄격히 적용되므로 노비가 주인의 말을 잘듣고 구타를 당하면서도 복종하지만 전쟁터에서와 같이 生死가 혼란

---

11)《三國史記》권 6, 新羅本紀 6, 문무왕 2년.

12)《三國史記》권 48, 列傳 8, 孝女知恩.

스러운 지경에서는 노비가 주인을 해치는 경우가 있었음을 알 수 있다. 이에 신라에서도 주인이 노비를 가해한 경우는 범죄가 구성되지 아니하나 노비가 주인을 가해한 경우는 엄격히 처벌하였던 것으로 헤아려진다. 이에 합절은 자신의 팔을 끊은 주인을 가리켜 私天이라 하면서, '사천이 무너졌는데 죽지 않고 무엇하리요'라는 말을 남기고 적진으로 들어가 싸우다 전사하였다.[13]

신라장적에 보이는 노비는 인간이기는 하지만 인간으로서 권리나 의무를 갖지 못한 존재였다. 이들 노비는 대부분 私奴婢였다. 노비는 조·용·조의 부담을 지지 않았다. 또 노비는 토지나 가옥을 원칙적으로 소유할 수 없었다. 이는 신라장적에서 丁奴를 제외시키면, 호등별 토지결수와 丁數를 어느 정도 일정한 비율로 일치시킬 수 있다는 사실에 근거한다.[14] 따라서 노비를 포함시켜서 신라의 9등호제가 설정된 것으로 볼 경우에는 土地와 人丁數의 비례관계를 찾을 수 없게 된다. 이처럼 호등별 인정수에 노비를 포함시키게 되면, 토지와 인정수의 비례관계를 파악할 수 없다는 사실은 노비가 給田의 대상도 토지소유의 주체도 아니었음을 나타낸다.

양인이 재산의 소유권이나 토지 경작권을 가진 권리 주체임과 동시에 조·용·조나 軍役의 의무를 지고 있었던 것에 비하여, 노비는 권리의 주체도 아니고 의무의 주체나 객체도 아니었다. 《삼국사기》의 기록에 奴들이 주인과 함께 전쟁에 나아간 기록이 보이지만, 이들 노에게 군역의 의무가 부과되었던 것은 아니었다. 노비는 군역의 의무를 이행하기 위해서 출전한 것이 아니라 주인의 사유물로서 출전하였다. 그래서 公民으로서 권리와 의무가 없었던 노비는 賣買·質入·分割 등의 처분 대상이 되었다. 노비에게 의무가 주어졌다면, 율령국가의 신분구조인 良賤制를 받아들이고 인간사회의 기본질서를 존중하면서 말없이 주인이 시키는 대로 일을 할 의무만이 주어졌다.[15]

신라장적에 보이는 노비는 사노비로서 사역되었다. 노비의 대부분은 丁年層이고, 노년층이 전혀 없으며 아이의 숫자도 아주 적다. 이에 대해서 노비

13) 《三國史記》 권 47, 列傳 7, 丕寧子.
14) 李仁哲, 〈新羅統一期의 村落支配와 計烟〉(《韓國史研究》 54, 1986 ; 《新羅政治制度史研究》, 一志社, 1993, 244~246쪽).
15) 李仁哲, 앞의 책(1993),173~174쪽.

는 부부와 자식이 함께 거주하는 가족생활을 하지 못하였으며 노비가 절멸하는 경향을 보이고 있다는 견해가 있다.[16] 반면에 비록 어려움이 있었다고 하더라도 노비도 어느 정도의 가족생활은 하였으며, 노비는 증가추세에 있고, 평민 사이에도 상당한 계층분화가 이루어지고 있었다는 주장도 있다.[17]

《삼국사기》 孝女 知恩傳에서는 효녀 지은이 부자집의 婢子가 되어 그 집에서 종일토록 일을 하고 날이 저물어야 밥을 지어가지고 집으로 와서 홀어머니를 봉양하였다고 전한다.[18] 이를 통해서 노비도 어느 정도의 가족생활은 하였던 것을 알 수 있다. 그러나 그것이 정상적인 가족생활은 아니었음은 명백하다. 따라서 노비는 부부와 자식이 함께 동거하면서 가족생활을 영위하는 경우는 아주 드물었다고 생각된다.

노비가 부부와 자식이 동거하는 형태의 정상적인 가족생활을 하지 못하였음에도 불구하고 신라장적에는 어린 노비가 기록되어 있다. 이처럼 출생에 의한 노비가 존재하는 한, 노비의 정상적인 가족생활의 어려움에도 불구하고 노비의 공급은 계속 이루어지고 있었다고 판단된다.

출생에 의한 노비공급원 이외에 노비공급을 가능하게 한 현상으로 촌락사회의 계층분화를 들 수 있다. 촌락사회 내부에서 계층분화가 일어나고 소득격차가 심해지면서, 일부 富農에게는 노비를 더 많이 구입할 수 있는 경제적인 여유를 마련해주었지만, 극빈층의 농민에게는 노비로 전락할 수밖에 없는 상황을 만들어냈다. 이에 효녀 지은처럼 스스로 자신의 몸을 팔아서 노비가 되거나, 자식을 노비로 팔아먹는 경우가 있었다. 촌락사회 내부의 계층분화가 또다른 노비공급원이 되었던 것이다.[19] 이렇게 공급된 노비는 귀족의 경제기반이 되었다.[20] 하지만 노비는 신라 하대의 왕위쟁탈전에서 귀족의 사병으로 활동하여 커다란 사회불안 요소가 되기도 하였다.

〈李仁哲〉

16) 旗田巍, 앞의 책, 445쪽.
17) 金鍾璿, 〈正倉院 所藏 新羅帳籍에 나타난 奴婢〉(《歷史學報》 123, 1989), 60~82쪽.
18) 지은은 일종의 使喚奴婢였다고 생각된다.
19) 李仁哲, 앞의 책(1996), 190~191쪽.
20) 盧泰敦, 앞의 글, 134~142쪽.

5. 의식주 생활

1) 의생활

통일신라시대의 의생활은 1986년에 경주 龍江洞 고분에서 출토된 土俑들과 興德王대 服飾禁制[1]의 기록 그리고 중국의 자료 등을 통해 살펴볼 수 있다. 통일신라시대의 복식은 文武王 4년(664) 여인의 옷을 중국의 것과 같이 고친[2] 이후로 예복은 唐制를 많이 따랐고, 평상복도 차츰 당의 것을 따르게 되었다. 그 당시 삼국시대의 고유복을 착용하였다는 구체적인 자료는 없으나 물론 옛 복식을 계속 입었던 계층도 많았으리라 생각된다.

신라는 삼국을 통일한 후 태평성세를 누리며 문화가 성숙하였지만 도덕이 해이해지고 복식제도 역시 상하존비의 구별이 없이 사치에 흐르고 예의에 벗어나는 등 문란해지자 흥덕왕 9년(834)에 골품제도의 신분계급을 유지하고 사치를 금하기 위하여 복식에 대한 禁令을 내리게 되었다. 이 복식금제에는 약 22종의 복식에 대한 금제와 착용규정이 다섯 階級을 남녀로 구분하여 상세하게 만들어져 있다. 즉 여기에는 冠帽(幞頭와 冠)·袍(表衣)·바지(袴)·저고리(短衣와 內衣)·치마(裳 : 表裳과 內裳)·半臂·褙襠·목도리(褾)·허리띠(腰帶)·허리끈(褸)·옷끈(襻)·버선(襪)·버선목(襪袎)·신발(靴·履)·신발띠(靴帶)는 물론 빗(梳)·비녀(釵)에 이르기까지 신분에 따라서 어떠한 재료로 만든 것들을 착용할 수 있었는지 자세히 기록하고 있다.

이 시대의 기본적인 복식은 삼국시대 복식과 같았으며 새롭게 볼 수 있는 것은 반비·배당·표·요·반 등으로 삼국시대의 기본적인 의복 위에 옷을 덧입었던 것으로 보여, 삼국시대의 착장 모습과는 약간의 변화가 있었다.

경주 용강동 고분에서 출토된 토용은 모두 머리를 높게 틀어 올린 당나라 여인들의 차림새와 같은데 3종류로 구별된다. 소매 좁은 저고리 위에 치마를

---

1) 《三國史記》 권 33, 志 2, 色服.

2) 위와 같음.

입은 모습, 저고리 위에 치마를 입고 표(褾 : 쇼올 형식의 목도리)를 두른 모습, 소매 넓은 저고리 위에 치마를 입고 표를 두른 모습이 그것이다.[3] 이것은 중국문화의 영향이라 할 수 있으며, 여자의 예복인 활옷(華衣)·圓衫·唐衣 역시 이 무렵에 수입되어 오늘에 이르고 있다고 한다.

(1) 머리장식

가. 남 자

머리장식은 頭飾과 冠帽로 나눌 수 있다. 남자의 머리 형태는 小人은 묶은 머리이고 大人은 상투머리형이었다.

남자의 대표적 관모로는 幞頭와 弁이 있으나 禁制에는 복두에 대한 것만 나와 있다. 그러나 그 당시에 복두 외에도 다른 여러 종류의 관모를 사용하였을 것이다. 복두에 대해서는 그 만든 직물에 관한 금제가 있는데, 진골대등은 어떤 직물로 만든 복두든지 마음대로 사용할 수 있었고, 6두품은 繐羅[4]·絁·絹[5]·布로 만든 것을 사용할 수 있었으며, 5두품은 羅[6]와 시·견·포로 만든 것을 사용할 수 있었으며, 4두품은 紗[7]·시·견·포로 만든 것을 사용할 수 있었으며, 평인은 견[8]·포로 만든 것만을 사용하도록 하였다.

복두의 모양은 唐制를 습용했을 당시에는 《宋史》輿服志에 나오는 紗·羅 등의 직물로 만들어 下垂帶를 한 것과 같았으리라 추정된다. 그러나 《高麗圖經》에 貴人의 복두는 兩帶이고 庶民은 四帶여서 서민은 양대복두를 보면 피한다고[9] 하였으므로, 고려시대 귀인은 이 兩脚이 옆으로 下垂한 복두를 착용하였다는 것을 표현한 것이 아닌가 생각된다. 따라서 통일신라시대에 사용되

3) 김미자, 〈치마 저고리의 차림새에 관한 연구〉(《서울여자대학논문집》 17, 1988), 96~97쪽.
4) 매우 얇게 짠 고급 무늬비단.
참고로 색복지에 나오는 신라 직물을 귀중도에 따라서 그 대강을 열거하면 布-綿紬-絹-絁-紗-綾(中小文綾·小文綾)-羅(昇天羅·越羅·繐羅·野草羅·布紡羅·繡羅)-錦(繡錦)-罽로 정리할 수 있을 것 같다.
5) 굵은 실로 성기게 짠 비단.
6) 매우 얇은 비단.
7) 엷은 透織으로서 지극히 곱고 가벼운 비단.
8) 매우 얇고 성기게 무늬없이 짠 비단.
9) 《高麗圖經》 권 19, 農商.

었던 복두는 처음에는 뒤로 대를 내렸을 뿐, 옆으로 뻗치는 각이 없었던 것이다. 이것이 발전하여 고려시대 · 조선시대에까지 전승되었을 것이다.

나. 여 자

신라시대 여자의 두식이 「美髮繚頭」였던 것이 《新唐書》[10]에 보이지만, 그 모양이 어떤 것이었는지는 자세히 알 수 없다. 《고려도경》에는 미혼 여자의 두식은 「束髮」이라 했고, 부인의 髻는 귀한 신분이든 천한 신분이든간에 모두 머리를 오른쪽 어깨에 내려뜨리고 남은 머리는 아래로 내리되 붉은 색 비단으로 묶고 작은 비녀(小簪)로 꽂는다[11]고 하였다. 이것은 한말까지 있던 소위 「사양머리」[12]와 같은 것으로 보인다.

여자의 冠에 대해서 복식금제에는 왕비에서 6두품까지만 규제가 있는 것으로 보아 6두품 이상만이 관을 사용할 수 있었으며 5두품 이하는 관을 사용할 수 없었던 것으로 보여진다. 여자의 관도 남자의 관모와 마찬가지로 재료에 대한 규제만 규정되어 있는데, 진골여는 瑟瑟[13]을 박은 관의 사용을 금하며, 6두품여의 관에는 세라와 紗 · 絹을 사용하도록 하였다.

한편 머리빗(梳)은 진골여 · 6두품여에게는 슬슬을 박아 장식한 것의 사용을 금하였으며, 5두품여는 玳瑁[14] 이하로 만든 것을 사용할 수 있었으며, 4두품여는 흰 상아 · 뿔 · 나무 등으로 만든 것을 쓸 수 있었고, 평인여는 흰 상아와 뿔 이하로 만든 것을 사용하도록 하였다. 머리빗은 唐에서는 兩鬢 후두부 등에 꽂고, 그 재료는 나무 외에 犀 · 옥 · 수정 · 상아 등이 있었고 한다.[15] 이로 보아 통일신라에서도 이를 후두부에 꽂았다고 볼 수 있다.

---

10) 《新唐書》 권 220, 列傳 145, 東夷 新羅.
아름다운 머리를 땋아서 머리에 두르고 구슬과 채색으로 장식하였다고 함.
11) 《高麗圖經》 권 20, 女子 · 賤使.
12) 김용숙, 《한국여속사》(민음사, 1989), 228쪽 참고.
사양머리는 一名 絲陽髻라고 한다. 머리를 뒤에서 두 가닥으로 나누어 땋아 가지고 이것을 밑에서 각각 2개로 말아 올라가서 뒤통수 밑에 나란히 세워서 묶으면 마치 2개의 갸름한 쪽을 찐 것 같다.
13) 타시켄트에서 생산되는 碧石으로 에메랄드(Emerald)로 추정된다.
14) 보르네오 · 필리핀 · 쟈바 등 열대지방의 바다거북으로서 그 등껍데기는 각종 장식용품의 재료로 쓰였다.
15) 原田淑人, 《唐代の服飾》(東京 : 東洋文庫, 1970), 85쪽.

비녀(釵)는 진골여는 그림을 새겨 넣거나 구슬 단 것을 금하며, 6두품여는 순금에 은으로 새겨 넣거나 구슬 단 것의 사용을 금하며, 5두품여는 白銀 이하로 만든 것을 쓸 수 있게 하였으며, 4두품여는 그림을 새겨 넣거나 구슬을 단 것과 순금으로 만든 것을 금하며, 평인여는 황동 이하로 만든 것을 사용하게 하였다. 무령왕릉 출토품 가운데도 이 차가 몇 개 있는 것으로 보아 이미 전대부터 그대로 계속 써 온 것으로 보인다.

차는 玉編에 '婦人岐笄'라 하여 두 가닥으로 된 비녀를 말한다. 이것은 당제인 듯하며, 당에서는 '金銀釵十二行'이란 시구에서와 같이 많은 차를 한꺼번에 꽂았던 것을 알 수 있다. 또 그 재료도 금·은·주·옥·산호·호박·수정·유리 등이 있었고, 그 수식에도 鳳·鸞·원앙·燕雀·앵무·蟬·蝶·魚 등이 있었다 한다.[16]

(2) 의 복

가. 포

겉옷을 의미하는 表衣는 중국제인 袍를 가리키는 것 같다. 오늘날의 두루마기로 변천해온 포는 고려시대의 白紵袍에서 보여주듯이 중국의 관복을 모방한 團領과는 다르다. 4색 공복제도를 채용하여 진덕왕 3년에 '처음으로 中國의 衣冠을 입기 시작하였다'[17]고 하였으므로 당시 관복의 포는 唐制를 따라 제도화하였을 것이다. 그러나 어느 시대에나 관복과 편복이 구별되어 입어왔듯이 당시 포의 경우도 관복은 권위를 세우기 위해서 중국의 것으로 입었겠지만, 便服으로 입었던 것은 기록에 보이는 표의와 우리 고유의 포가 같이 입혀졌다고 생각된다.

복식금제의 표의에 대한 규제조항을 보면 남자의 경우 진골대등은 罽·繡錦羅[18]로 만든 것의 착용을 금하며, 6두품은 綿紬·紬·布로 만든 것을 입고, 5두품은 다만 포로 만든 것을 입고, 4두품은 면주로 만든 것을 입고, 평

16) 原田淑人, 위의 책, 86쪽.
17) 《三國史記》 권 5, 新羅本紀 5, 진덕왕 3년.
18) 신라의 옷감 중에서 가장 귀중하게 여겨지던 직물이다. 양털로 또는 명주실을 섞어서 짠 모직물인 罽와 각종의 彩絲로 섞어 짠 가장 정교하고 화려한 비단인 錦이나 얇은 무늬가 있고 질좋은 얇은 비단인 羅에 수놓은 직물을 말한다.

인은 다만 포로 만든 것만을 입을 수 있게 하였다. 여자의 경우를 보면 진골여는 罽·繡錦羅로 만든 것의 착용을 금하며, 6두품여는 中小文綾[19]·絁·絹으로 만든 것을 착용할 수 있었으며, 5두품여는 無文獨織[20]으로 만든 것을 입을 수 있었으며, 평인여는 면주·포로 만든 것만을 입을 수 있었다.

이로 보아 겉옷을 가리키는 표의는 진골에서 평민에 이르기까지 모두 착용하였으며 다만 어떤 재질로 만든 것을 착용하는가에 차이가 있었다. 또 여기에는 骨品階級과 平人이 그 형태에 차이가 있어 전자는 중국 袍制의 영향을 받아 소매가 넓은 형(闊袖)이었고, 후자는 우리 고유의 포제 그대로 소매가 좁은 형이었다고 생각된다.

나. 바 지

바지(袴)를 신라에서는 柯半이라고 하였다. 복식금제에서는 남자의 바지뿐만 아니라 여자의 바지에 대한 규제도 있는 것으로 보아, 삼국시대와 마찬가지로 통일신라시대에도 여자가 바지를 입는 풍습은 여전하였다고 보여진다. 즉 평상시에는 여자도 남자와 같이 바지를 입고, 치마는 儀禮用으로 그 위에 덧입었다고 여겨진다.

그리고 바지는 삼국시대에 이미 통이 넓은 바지(大口袴)로 변해가는 양상이 보이므로 통 넓은 바지를 입었던 것으로 보이지만, 平人層의 바지는 역시 통이 좁은 바지(窮袴)가 계속해서 입혀지고 있었다고 생각된다.

복식금제에서 보면 진골대등은 계·수금라로 만든 것의 착용을 금하며, 6두품은 絁·絹·綿紬·布로 만든 것을 입을 수 있었으며, 5두품은 면주·포로 만든 것을 입을 수 있었고, 4두품과 평인은 포로 만든 것만을 입을 수 있었다. 진골여는 계·수라로 만든 것을 금하며, 6두품여는 계·수금라·시·라로 만든 것과 金箔한 것을 금하며, 5두품여는 계·수금라·세라와 野草羅[21]와 금박한 것을 금하며, 4두품여는 소문릉·시·견 이하로 만든 것을 입

19) 능은 천의 짜인 결이 얼음결이나 거울면처럼 곱고 빛나며, 풀·꽃 등의 무늬를 넣어 짠 비단이다. 中小文綾은 약간 작은 무늬를 넣어 짠 능을 말한다.

20) 한 가지 실로 무늬없게 짠 비단.

21) 들풀의 무늬를 넣은 羅.

을 수 있었으며, 평인여는 시 이하로 만든 것을 입을 수 있었다.

다. 저고리(단의와 내의)

통일신라시대의 저고리에 대한 기록에 襦가 없는 것을 보면, 短衣가 저고리였다고 생각된다. 단의는 복식금제에 보면 內衣보다 옷감이 고급이므로 겉옷의 일종으로서 表衣 즉 포보다 짧아 단의라고 불렀으나 현재의 저고리와 같은 형태는 아닌 것 같다.[22] 단의는 옆터진 저고리로 조선시대의 唐衣로 이어진 것으로 생각된다.

따라서 통일신라시대의 저고리는 단의라고 보여지며, 이를 尉解라고도 하였다. 복식금제의 단의 항목에는 6두품여는 罽·錦羅·布紡羅[23]·野草羅와 금은박 올리는 것을 금하고, 5두품여는 계·금라·포방라·야초라와 금은박 올리는 것과 纐纈[24]로 염색한 것으로 만든 것의 착용을 금하고, 4두품여는 견으로 만든 것을 입을 수 있게 하였다. 그런데 6두품·5두품·4두품의 여자에 대한 금제가 보일 뿐 남자에 대한 것은 볼 수 없으므로 이 단의는 남자의 옷은 아닌 것 같다.

내의는 표의 속에 입는 옷 혹은 半臂이나 褙襠 속에 입는 옷으로 남녀 진골부터 평인까지 모두 금제항목이 있다. 속저고리 형태로 삼국시대 저고리와 모양은 같으나 異色襈 대신 길과 같은 옷감이 둘려져 있으며, 소매는 매우 길어져 무용총 벽화에 등장하는 무용수의 저고리 소매와 같아진 것이 있다. 금제에 나타난 재질로 보아 속에 입는 옷에까지 비단류를 사용하고 있음을 알 수 있다. 6두품과 5두품은 소문릉·시·견·포로 만든 것을 입을 수 있었으며, 4두품은 시·견·면주·포로 만든 것을 입을 수 있고, 평인은 견·포로 만든 것만을 입을 수 있었다. 진골여는 계·수

22) 金東旭, 〈新羅統一期의 服飾〉(《韓國의 服飾》, 韓國文化財保護協會, 1982), 73쪽.
柳喜卿, 《韓國服飾史研究》(梨花女大出版部, 1986), 19쪽.
한편 內衣가 저고리라는 설도 있다(洪姝瓊·洪茂瓊, 《韓國衣服 婚姻制度의 研究》, 乙酉文化社, 1948, 29쪽 및 李京子, 《韓國服飾史論》, 一志社, 1982, 31쪽).

23) 여러 빛깔의 실을 교대로 층이 지게 짜서 만든 화려한 색동 비단인 것 같다.

24) 문양을 새긴 두 조각의 판 사이에 직물을 삽입하여 염색하는 방법으로 주로 삼국시대부터 고려시대까지 유행하였던 고급 염색방법이다.

라로 만든 것을 입는 것은 금하였으며, 6두품여는 계·수금과 야초라로 만든 것의 착용을 금하며, 5두품여는 소문능을 사용하여 만든 것을 입을 수 있었고, 4두품여는 소문능 이하로 만든 것을 입을 수 있었으며, 평인여는 시·견·면주·포로 만든 것을 입을 수 있었다.

라. 치마, 허리끈과 옷끈

우리 나라에서는 여자도 남자와 같이 저고리와 바지를 입었는데, 삼국시대에는 치마(裳 : 表裳과 內裳)가 있어 여자는 바지 위에 치마를 덧입기도 했다. 여기에 더하여 내상을 껴입었다는 사실은 이 복식금제에 처음으로 나온다.

통일신라시대의 치마는 고구려 고분벽화에서 보이는 것처럼 일반적으로 길이가 길고 폭이 넓어 땅에 끌릴 정도였으며, 또 허리에 주름이 있었고, 치마단에는 일종의 裝飾緣 즉 襈을 붙인 삼국시대의 치마 그대로였다고 본다.

표상은 겉에 입는 치마로 치마말기가 있으며 옆으로 여며 입었을 것이다. 내상은 치마 2개를 입었을 때 속에 입었기 때문에 내상이라 했던 것으로 보인다. 이 같이 내상이 생겨났다는 것은 단의에 있어서 내의가 생긴 것과 마찬가지로 우리의 복식이 복잡해지고 있는 것을 말해주고 있다.

신라의 삼국통일을 전후하여 중국복식이 들어오면서 남자에 있어서도 貴族·官吏·讀書階級에서는 치마를 입게 되었다. 그러나 그것은 중국복식에서 온 것으로 上衣下裳式의 상의와 하상이 연결된 것으로서의 상이었으며 이를 대표하는 것이 深衣였다. 이렇게 남자의 치마는 일반화된 것이 아니었으므로 복식금제에 있어 표상은 말할 것도 없지만 내상도 남자의 것은 없었다고 보여진다.

褾는 《大漢和辭典》에 허리띠 혹은 허리끈으로 나와 있는데 이는 치마허리(치마말기)라고 볼 수 있다.[25] 襻은 《集韻》에 衣系曰襻이라고 하여 일종의 옷고름으로 보인다.[26] 통일신라 남자 옷에도 衣紐(옷고름)가 있었는데 《삼국사기》에 '庾信이 春秋公과 공을 차다가 춘추의 紐를 밟아 떨어뜨렸다'[27]란 기

25) 洪姝瓊·洪茂瓊, 앞의 책, 33쪽.
김미자, 앞의 책, 98쪽.
26) 金東旭, 앞의 책, 76쪽
27) 《三國史記》 권 6, 新羅本紀 6, 문무왕

사에서 이를 알 수 있다.

복식금제에 보면 6두품여의 내상은 계·수금라·야초라로 만든 것으로 입는 것을 금하고 표상에는 계·수금라·세라·야초라로 만든 것과 금은박 올린 것과 협힐한 것으로 만든 것의 착용을 금하였다. 5두품여의 표상은 6두품여와 같고, 내상은 계·수금라·야초라와 금은박 올린 것과 협힐한 것으로 만들어 입는 것을 금하였다. 그러나 허리끈과 옷끈은 6두품·5두품 모두 계·수금라만을 금했으므로 허리끈과 옷끈은 치마감보다 고급 옷감을 사용할 수 있었다. 4두품여의 표상은 시견 이하로 만든 것을 입을 수 있으며 허리끈은 치마와 같은 것을 사용하고 옷끈은 越羅[28]를 사용하도록 했다. 4두품여에게는 내상에 대한 규제가 없는 것으로 보아 4두품 이하의 여자들은 내상을 입을 수 없었던 것 같다.

중국여인들의 치마는 치마폭과 치마말기의 옷감이 같은 것도 있었으나 다른 것도 많았다. 통일신라의 치마도 마찬가지로 복식금제에 6두품여와 5두품여의 표상과 내상의 옷감과 치마끈과 옷끈의 옷감이 달랐다. 지금은 치마허리와 옷고름 등 옷끈은 치마와 다른 감을 사용하여 만들 경우 대체로 치마 옷감보다는 좋지 않은 옷감을 사용하는데 통일신라시대에는 지금과 달리 서로 다른 감을 사용할 경우 치마보다 치마허리와 치마끈을 더 좋은 옷감으로 만들었다. 남자 복식에는 반에 대한 제한이 없는 것으로 보아 옷과 옷끈에 다른 감을 쓰는 것은 여자의 것뿐이었다고 생각된다.

마. 반 비

半臂(褙)는 내의 위에 입는 상의이고 엉덩이 정도 내려오는 길이의 소매가 짧은 옷으로 남녀 모두 입었다.

반비에 대하여 李睟光은 "당의 고조가 소매를 짧게 한 옷을 만들어 반비라 하였는데 이것이 오늘날의 背子이다"[29]라고 하였다. 이 반비는 唐에서 비롯한 것으로 통일신라 이전에는 우리 나라에 없었던 것이다.

---

28) 부들자리 무늬가 있는 얇은 비단.

29) 李睟光,《芝峰類說》권 19, 服用部.

반비는 男服의 경우 《文獻備考》에 "오늘날 戰服은 옛날의 반비인데 일명 綽子 또는 褡胡라 한다."라고 하였으며, 조선시대에는 文官답호라 불리었고 전복이 되기도 하였다. 女服에 있어서는 宋文欽의 《閒靜堂集》에 "소위 長背子는 長袖이고 兩裾가 서로 덮이고 兩腋을 꿰매지 않은 것으로 요즈음 남자들의 긴 저고리와 비슷한 것이다. 조금 짧으면 短背子가 되니 즉 지금의 唐衣이다. 반비라 하는 것은 지금의 掛子와 비슷하다. 단 쾌자의 양거가 수직한 것과는 다르다. 그 반비의 짧은 것은 지금의 背子다."[30]라고 하여 반비가 조선시대의 쾌자나 배자와 비슷한 것이었음을 말해주고 있다.

이 반비는 복식금제에서 보면 평인 남녀에게는 그 규제가 없으므로 이것은 골품계급에서만 허용된 것이었다. 진골대등은 계·수금라로 만든 것을 입지 못하게 금하였으며, 5두품은 소문능·시견으로 만든 것을 입을 수 있었으며, 4두품은 시견 이하로 만든 것을 입을 수 있었다. 진골여는 계·수금라로 만들어 놓은 것은 입지 못하게 금하였으며, 6두품여는 계·수세라로 만든 것을 착용할 수 없었으며, 5두품여는 계·수금·야초라·세라로 만든 것을 입을 수 없었으며, 4두품여는 소문능·시견 이하로 만든 것을 입을 수 있었다.

바. 배 당

褙襠도 배자의 일종으로 볼 수 있으며 반비와는 달리 소매가 없는 옷으로 치마 위에 입는 겉옷이라고 생각한다.

복식금제에는 단의와 같은 옷감으로 내의보다 고급 옷감이 쓰였다. 이것은 6두품여·5두품여·4두품여에게만 그 규제가 있어서 여인 전용의 것으로 보여진다. 진골여에게는 재질에 제한이 없으나 6두품여는 계·금라·포방라·야초라와 금은박 올린 것으로 만들어 놓은 것을 입지 못하게 금하였고, 5두품여는 계·금라·포방라·야초라와 금은박 올리는 것과 협힐로 염색한 옷감으로 만든 것의 착용을 금하였고, 4두품여는 능으로 만든 것을 입을 수 있게 하였다. 평인여에 대한 규제가 없는 것으로 보아 반비와 마찬가지로 평인여에게는 배당의 착용이 허용되지 않았다고 여겨진다.

---

30) 宋文欽, 《閒靜堂集》 권 7, 雜著.

사. 표

褾는 唐制에서 나온 領布로 목 뒤에서 가슴 앞으로 길게 드리우는 일종의 「목수건」으로서 통일신라에서의 표도 그것과 같은 것이었고, 고대 일본 여인들의 「比禮(히레)」 또는 「淤須比(오스비)」와 비슷한 것이다. 또한 이것은 고려시대의 蒙首, 조선시대의 蓋頭와는 다른 계통의 여인들이 사용한 「쓰개」의 일종이었다.

복식금제에서 보면 표는 진골여에서 4두품여까지만 사용할 수 있게 되어 있다. 진골여는 계와 수놓은 것과 金銀絲와 孔雀尾와 翡翠毛로 만든 것의 사용을 금하였고, 6두품여는 계·수금라와 금은박 올린 것으로 만든 것의 사용을 금하였다. 5두품여는 능으로 만든 것, 4두품여는 견으로 만든 것을 사용할 수 있었다.

아. 요 대

腰帶는 허리띠로 치마말기 위로 매어 앞으로 늘어뜨려 놓는 것인데 옷이 흘러내리는 것을 막는 것과 장식 역할을 하였다. 여자의 것은 단지 帶로 표현하였으며, 《訓蒙字會》에는 대를 골홈이라고 했다.

복식금제에 보면 진골대등에게는 硏文白玉[31]으로 만든 것의 착용을 금하였으며, 6두품은 烏犀·鍮·鐵·銅으로 만든 것을 사용할 수 있었으며, 5두품은 철로 만든 것을 사용할 수 있었으며, 4두품·평인은 철과 구리로 만든 것을 사용하도록 하였다. 진골여에게는 금제가 없고, 6두품여·5두품여는 金銀絲·孔雀尾·翡翠毛로 만든 술을 단 것의 사용을 금하고, 4두품여는 수놓은 것과 짱은 것과 야초라·乘天羅[32]·월라로 만든 것의 사용을 금하고 면주로 만든 것만을 사용하게 하고, 평인여는 능·견으로 만든 것을 사용할 수 있게 하였다.

남자의 요대는 금제에 검은 무소뿔·놋쇠·철·구리 등으로 만든 것이 있는 것으로 보아 이것은 과대였을 것이고, 여기에 腰佩마저 연상케 하는 것이 있었다. 여자의 대는 野草羅·乘天羅·越羅로 만든 것이 보이므로 이것은 천

31) 갈아서 무늬를 낸 백옥.
32) 乘天女의 문양이 있는 얇은 비단.

으로 만든 띠(布帛帶)로 생각되며 고급품으로는 金銀絲·孔雀尾·翡翠毛로 만든 술이 달린 것도 있었던 것으로 보인다.

진골대등에게 옥을 만든 것의 착용을 금하였다는 것은 같은 진골 출신이되 왕에게는 옥의 사용이 허용되었다는 것을 뜻하는 것으로, 이는 당의 君王白玉帶를 연상케 한다. 또한 진골여에게 아무런 금제가 없다는 것은 백옥대를 하여도 좋다는 것으로 왕비의 요대에 있어 그 의복이나 여러 修飾에서와 마찬가지로 그것이 화려했던가를 짐작케 한다.

자. 버선·버선목

통일신라시대 버선, 즉 襪의 형태가 어떠한 것이었는지는 자세히 알 수 없으나, 여기에 襪袎 즉 버선목이 있어 오늘날의 버선과는 다르게 말과 말요를 따로 만들어 붙인 것 같다. 그 옷감도 말과 말요가 달랐던 것은 복식금제에서 그 절목을 달리하고 있는 것으로 보아 알 수 있다. 한편 오늘날의 버선과는 달리 의복과 같은 비단류로 버선까지도 만들어 신고 있어 그 화려함을 보여주고 있다.

진골대등은 능 이하를 마음대로 쓰며, 6두품은 시·면주·포로 만든 것을 신을 수 있었으며, 5두품은 다만 면주로 만든 것을 사용할 수 있었다. 한편 진골여는 계·수라로 만든 것을 신을 수 없도록 금하였으며, 6두품여·5두품여는 계·수금라·세라·야초라로 만든 것을 신을 수 없었고, 4두품여는 소문능과 시·견·주·포로 만든 것을 신을 수 있었으며, 평인여는 시·면주 이하로 만든 버선만을 신을 수 있었다.

버선목은 6두품 이하 여자에게만 금제가 나타나는데 6두품여는 계·수금라로 만든 것의 사용을 금하였으며, 5두품여는 계·금라·세라로 만든 것의 착용을 금하였으며, 4두품여는 다만 소문능 이하로 만든 것을 신도록 하였으며, 평인여는 무늬없는 직물만 사용하여 만든 것을 신을 수 있게 하였다.

차. 화·화대·이

우리 나라 고대사회의 신에는 靴와 履가 있어 복식금제에도 화와 이를 구별하여 놓았다. 화는 목이 있는 신발로 남자만이 신었고, 이는 목이 없는 신발로 남녀 모두 신었던 것으로 보인다. 화에는 신발끈 즉 靴帶가 달려 있다.

진골대등은 자색 가죽신(紫皮靴)을 신는 것을 금하였으며, 6두품 이하 평인까지는 검은 사슴의 주름무늬 자색 가죽으로 만든 것을 신지 못하도록 금하고 있었다. 화대에 대해서 진골대등에게는 隱文白玉[33]의 장식을 금하였으며, 6두품은 검은 무소뿔과 놋이나 철과 구리를 사용하여 장식할 수 있었으며, 5두품은 놋쇠와 철과 구리로 장식할 수 있었고, 4두품과 평인은 철과 구리로 장식하여 사용할 수 있게 하였다.

이 화는 신라의 삼국통일 이후 수당의 六合靴(六縫靴式)를 모방한 것이었다. 신라인은 복식의 華美를 특히 숭상하였으므로 귀금속 기타 玉·角類 등으로 그 화대까지를 이렇게 크게 장식한 것을 볼 수 있다.

이는 신라에서 洗라고 하였다. 복식금제에서 보면 진골대등은 가죽이나 실이나 麻 어느 것으로 만든 것이든지 마음대로 신을 수 있었으며, 6두품·5두품은 가죽과 삼으로 만든 것을 신을 수 있었고, 4두품은 가죽 이하로 만든 것을 사용할 수 있었으며, 평인은 삼 이하의 재료로 만든 신만을 신을 수 있었다. 한편 진골여의 이에는 계·수라의 사용을 금하였으며, 6두품여의 것에는 계·수금라·세라의 사용을 금하였으며, 5두품여·4두품여의 것은 가죽 이하의 재료로 만들도록 규제하였다.

이는 일반적으로 가죽으로 만들어 조선시대의 갓신이나 마른신과 거의 비슷한 것이었다고 생각된다. 그러나 통일신라시대 진골여와 6두품여 같은 귀족의 여인들은 모직이나 비단을 겉에 붙여 장식한 것을 사용하기도 하였던 것으로 보인다. 麻로 만든 것은 미투리·짚신 등과 같은 종류에 속하는 것으로 생각된다.

2) 식생활

통일신라는 삼국이 각기 발전시켜온 특징있는 생활문화들을 계승하였다. 식생활문화도 한데 융합되어 식생활의 큰 진전이 이루어졌고, 이를 통해 우리나라 식생활의 기본체제가 정착되었다.

---

33) 은은한 무늬가 있는 백옥인 듯하다.

신라에서는 초기에 보리가 주로 생산되었지만 점차 벼농사가 확대되었다. 가야의 병합으로 김해일대의 평야를 장악한 신라는 이어 한강유역을 점유하고 백제를 복속시켜 서해안 평야의 벼농사 적지를 확보하였다. 삼국시대에 이어 永川 菁堤가 중수되고[34] 수리시설이 더욱 확대되었다.[35] 그리고 보습·따비·가래·괭이·쇠스랑 등 대부분의 농기구가 이미 정비되었고[36] 牛耕을 비롯한 농업기술도 크게 발전하였다. 국가정책적으로도 무기를 녹여 농기구를 만들고 백성들을 안정시키는 등의 배려가 있었다.[37]

이러한 조건들을 바탕으로 통일신라에서는 쌀을 비롯한 곡물의 생산이 안정되었다고 보여진다. 신라가 백제를 병합하였던 태종무열왕대에는 곡식이 풍부하여 시장에서 포 1필이 30석 혹은 50석에 거래되었고, 백성들이 盛代라 말하였다고 전해진다.[38] 그리고 통일을 이룩하였던 문무왕대에는 커다란 창고에 쌀을 비축하였다고 한다.[39] 이러한 기록을 통해 알 수 있듯 쌀의 생산이 확대되었으나 자연지리적 조건이 벼농사에 적합하지 않았던 지역에서는 보리·조·콩 등 잡곡의 생산이 계속되었다.

곡물 이외에 채소와 과일·육류·수산물 등이 먹거리로 이용되었다. 채소류로는 상치·가지·아욱·순무 등이 삼국시대부터 이용되었다고 보여진다. 그리고 이 시대의 기록에서 미나리(芹)와 오이(黃瓜)를 볼 수 있다. 崔致遠의 글에서 미나리가 등장하고,[40] 통일신라 말기의 사람이었던 崔凝의 이야기에 오이가 보인다.[41] 그리고 과일류로는 밤·잣·복숭아·오얏 등이 있었고[42] 최치원은 앵두를 과일 중의 진주라 하였다.[43] 불교가 전래된 이후 살생을 금지하였지만[44] 상류층에서는 육류와 수산물을 즐겼다고 보여지며 섬에서 목

---

34) 李基白, 〈永川 菁堤碑 貞元修治記의 考察〉(《新羅政治社會史硏究》, 一潮閣, 1974), 284~287쪽.
35) 《三國史記》 권 11, 新羅本紀 11, 원성왕 6년·헌안왕 3년 4월.
36) 金光彥, 〈신라시대의 농기구〉(《신라사회의 신연구》, 서경문화사, 1987), 289쪽.
37) 《三國史記》 권 7, 新羅本紀 7, 문무왕 21년.
38) 《三國遺事》 권 1, 紀異 2, 太宗春秋公.
39) 《三國遺事》 권 2, 紀異 2, 文虎王法敏.
40) 《東文選》 권 47, 狀 人蔘三斤天麻一斤.
41) 《高麗史》 권 92, 列傳 5 崔凝.
42) 李盛雨, 《동아시아속의 고대 한국식생활사연구》(향문사, 1992), 326~327쪽.
43) 《東文選》 권 47, 狀 崔致遠의 謝櫻桃狀.

축을 하여 식용하였다는 기록도 있다.[45)]

통일신라 사람들은 이렇게 풍부한 곡물과 다양한 먹거리를 바탕으로 식생활을 영위하였다. 곡물은 주식으로 하고 그외의 먹거리는 부식으로 조리·가공되었으며 이를 통해 주·부식의 분리가 정착되었다고 여겨진다.

통일신라시대 식생활 용구의 모습은 안압지에서 출토된 유물들을 통해서 많이 알 수 있다. 이 유물들은 다른 부장용 유물과 달리 실생활에서 사용되었던 것들이어서 그 가치가 매우 크다. 우선 토기는 완형 및 복원 가능한 것이 1,600여 점, 복원 불가능한 것이 약 1,000여 점 등 방대한 양이 출토되었다.[46)] 그리고 기형의 대부분이 盌·皿·甁·壺 등 사용하기 편리한 것들이었다. 이러한 토기는 그 용도에 따라 음식의 조리·저장·가공은 물론 식기로도 이용되었을 것이다. 중국사서에서는 신라에서 식기로 버드나무그릇·동제그릇·질그릇을 사용하였다고[47)] 하며,《삼국사기》를 보면 금은그릇·도금그릇·유기·돌그릇·칠기 등도 이용되었음을 알 수 있다.[48)] 그리고 안압지에서는 숟가락과 젓가락도 발견되었는데, 숟가락은 이전 시기부터 출토되고 있어 숟가락을 이용하는 식생활문화가 지속되었음을 알 수 있다.[49)]

도정에는 방아가 이용되었다. 百結先生의 이야기에 방아가 등장하고[50)] 고구려 벽화에서 보이는 디딜방아도[51)] 계속해서 이용되었던 것으로 보인다. 그리고 신라에서는 겨울에 부뚜막을 만들었다고 하며[52)] 안압지에서 오늘날의 풍로와 같은 화덕이 출토되었는데 여름철에는 이를 이용해서 음식을 조리했던 것으로 여겨진다. 곡물의 조리에는 주로 솥이 이용되었다. 眞定師가 출가하기 전 가난했던 그의 살림 중에 다리부러진 솥 하나가 유일한 것이었다고

---

44)《三國史記》권 4, 新羅本紀 4, 법흥왕 16년·권 8, 新羅本紀 8, 성덕왕 10년·권 27, 百濟本紀 5, 법왕 즉위년.

45)《新唐書》권 220, 列傳 145, 東夷 新羅.

46)《안압지발굴조사보고서》(문화재관리국, 1978), 182~245쪽.

47)《舊唐書》권 199上, 列傳 149上, 東夷 新羅.
《新唐書》권 220 列傳 145, 東夷 新羅.

48)《三國史記》권 33, 志 2, 器用.

49)《안압지발굴조사보고서》, 391~395쪽.

50)《三國史記》권 48, 列傳 8, 百結先生.

51) 崔茂藏·임연철,《고구려벽화고분》(신서원, 1990) 119~124쪽.

52)《新唐書》권 220, 列傳 145, 東夷 新羅.

하는데 그의 어머니가 이 솥마저 시주하자 질그릇으로 솥을 대신해서 음식을 익혀 봉양하겠다고 하였다.[53] 이러한 기록에서 이 시대에 솥이 보편적으로 이용되어졌음을 알 수 있다.

곡물의 조리·가공기술이 발전하여 식생활에서 밥이 주식이 되었다. 쌀을 끓여 익혀 밥을 짓는 방법은 곡물조리의 발전을 보여주는 것으로, 곡물을 가루내어 끓이는 죽에서 찌는 밥을 거쳐 짓는 밥으로 발달하였다.[54] 이는 쌀생산의 확대와 조리기술의 발달, 솥의 활용을 통해 이루어졌다. 그리고 곡물을 이용한 음식도 다양해졌다. 眞表律師가 不思議房에 갈 때 쌀을 쪄서 말려 양식을 삼았는데[55] 이는 미싯가루와 같은 것으로 보인다. 최치원의 글에는 단술(甘醴)이 보이며,[56] 金庾信이 전장에 가면서 집에 들리지도 못하고 마시고 갔던 漿水도 있었다.[57] 떡은 이전 시기부터 중요한 곡물음식이었다. 백결선생의 대악은 떡치는 소리를 흉내낸 것이었고,[58] 竹曼郞과 得烏의 이야기에는 舌餠이 등장한다.[59]

한편 이 시대에는 풍부하고 다양한 음식문화가 발달하였다. 車得公이 安吉에게 차려낸 50여 가지의 음식은[60] 그 풍부함을 보여주며, 신문왕이 왕비가 될 집안에 보내는 예물에서 장·메주(豉)·脯·醢 등 다양한 음식을 볼 수 있다.[61] 음식들 중에서 주목되는 것은 국(羹)이다. 최치원의 글을 보면 밥과 함께 국이 나오고 있다.[62] 이 시대 말기에 등장한 국은 이후 우리 나라 식생활에서 대표적인 부식이 되었다.[63] 따라서 이 시대에는 밥을 주식으로 하고 장·포·해 등의 상비 기본찬물로 구성되는 일상식의 기본양식이 갖추어지고[64] 여기에 국이 더하여졌음을 알 수 있다.

---

53) 《三國遺事》 권 5, 孝善 9, 眞定師孝善雙美.
54) 李盛雨, 앞의 책, 380~383쪽.
55) 《三國遺事》 권 4, 義解 5, 關東楓岳鉢淵藪石記.
56) 《東文選》 권 4, 五言古詩 寓興.
57) 《三國史記》 권 41, 列傳 1, 金庾信 上.
58) 《三國史記》 권 48, 列傳 8, 百結先生.
59) 《三國遺事》 권 2, 紀異 2, 孝昭王代 竹旨郞.
60) 《三國遺事》 권 2, 紀異 2, 文虎王法敏.
61) 《三國史記》 권 8, 新羅本紀 8 신문왕 3년.
62) 《東文選》 권 57, 書 答浙西周司空書.
63) 姜仁嬉, 앞의 책, 165쪽.

기본 상비음식 중에서 가장 중요했던 것은 장이었다. 調信의 꿈이야기 가운데 걸식하면서 추위가 더해져 결방과 장얻기도 힘들다는 이야기가 있다.[65] 그리고 眞定師가 출가하면서 어머니에게 하는 말에도 장과 양식이 함께 나온다.[66] 장의 원료인 콩은 우리 나라에서 일찍부터 재배되었고 널리 이용된 곡물 중의 하나였다. 장은 발효식품으로서 그 자체로 부식이 되었지만 음식의 조리와 가공에도 널리 이용되었다.

음식의 조리에는 각종 조미료가 이용되었다. 장은 기본적인 조미료였으며 신문왕의 예물에 들어 있는 꿀·기름도 조미료로 이용되었다. 이들 조미료를 써서 다양한 맛을 내는 음식들이 만들어졌을 것이다. 그리고 소금은 음식의 조리뿐 아니라 가공에서도 중요한 역할을 하였다. 특히 해와 같은 절임류의 음식에는 필수적인 요소가 되었다. 이외에도 천초·생강·귤피 등도 조미료로 이용되었다.[67]

어패류와 육류는 포 또는 해로 가공되었다. 신문왕의 예물에 보이는 포는 말린 것이며 해는 절인 것으로 비축성 상비음식이었다. 절인 음식에는 채소류의 절임도 있었던 것으로 보이는데 장아찌나 김치류였을 것이다. 우리 나라 식생활에서 중요한 위치를 차지하는 김치는 이 시기부터 이용되어졌다고 여겨지며 이 때의 김치는 무우·가지 등의 채소류에 천초·생강 등을 향신료로 첨가하였다고 생각된다.[68] 말리거나 절여서 가공·저장하는 방식 이외에도 발효시켜 가공·저장하는 방법이 이용되었다. 발효에 의한 가공법은 술을 빚거나 장을 만드는 데에 이용되었을 뿐 아니라 여러 음식의 가공에 이용되었다. 또한 음식물의 저장에는 얼음도 이용되었다.[69] 얼음은 결빙기에 채취하여 빙고에 저장하였다가 사용하였으리라고 생각된다.

---

64) 尹瑞石, 〈신라의 음식〉(《신라사회의 신연구》), 198쪽.
65) 《三國遺事》 권 3, 塔像 4, 洛山二大聖觀音正趣調信.
66) 《三國遺事》 권 5, 孝善 9, 眞定師孝善雙美.
67) 姜仁嬉, 앞의 책, 162쪽.
68) 尹瑞石, 앞의 글, 164~165쪽.
69) 《三國史記》 권 4, 新羅本紀 4, 지증왕 4년.
《新唐書》 권 220, 列傳 145, 東夷 新羅.

통일신라시대는 식생활문화의 발전이 있었지만 사회구조에 따른 식생활의 계층화 모습도 나타났다. 신라사회는 골품제 사회였다. 따라서 정치적 출세 이외에도 생활의 모든 영역에서 신분의 규제를 받았으며 식생활의 영역도 마찬가지였다. 《삼국사기》 잡지의 기용조는 신분에 따른 기물의 한계를 정해 놓고 있으며 4두품 이하 백성들은 금은그릇, 도금한 그릇은 물론 유기와 칠기의 사용도 제한하고 있다.[70] 이를 통해서 살펴보면 식생활 용구 외에도 주식으로 이용된 곡물, 부식으로 이용된 식품 등에서도 차별이 있었을 것으로 여겨진다.

眞鑑禪師의 비에는 그가 거친 음식과 채소 한 가지만을 먹고 살았다고 한다.[71] 이는 물론 그의 고행과 덕을 설명하려는 것이었지만 이를 통해 당시 사람들의 식생활에서의 실상을 엿볼 수 있다. 조세와 역역에 시달렸던 백성들의 생활은 매우 어려웠을 것이다. 통일신라의 전성기라 할 수 있는 중대에도 토지에서 이탈하는 유민들이 많이 있었고, 많은 구휼기사는 이를 반증하고 있다.[72] 이와는 대조적으로 《신당서》의 재상가의 기사를 보면[73] 귀족들은 백성들의 생산물을 독점하였고 이를 바탕으로 풍요한 생활을 하였다. 그 모습은 숯으로만 밥을 지었다고 하는 헌강왕대의 기록을 통해서도 짐작할 수 있다.[74]

한편 이 시대에는 특별음식도 발달하였다. 정월 초하루, 정월 보름, 팔월 보름 등의 節日이 삼국시대부터 생겨나고 여기에 따르는 節食도 발달하였다. 물론 지금의 것과 차이는 있었겠지만 계절에 따른 절식의 발달은 음식을 다양화시켰다. 그리고 술을 비롯한 제사음식도 발달하였다. 가락국의 제사에서 술·떡·밥·차·과실 등의 제물이 올려졌는데[75] 여기에서 그 모습을 볼 수 있다. 또한 불교의 전래와 함께 차가 발달하였다. 이 시대에는 음다풍속에

70) 《三國史記》 권 33, 志 2, 器用.
71) 〈雙谿寺眞鑑禪師大空塔碑〉(《朝鮮金石總覽》 上, 朝鮮總督府, 1919).
72) 《三國遺事》 권 2, 紀異 2, 聖德王.
《三國史記》 권 10, 新羅本紀 10, 원성왕 2년.
73) 《新唐書》 권 220, 列傳 145, 東夷 新羅.
74) 《三國史記》 권 11, 新羅本紀 11, 헌강왕 6년.
75) 《三國遺事》 권 2, 紀異 2, 駕洛國記.

관한 이야기가 자주 등장한다. 忠談師는 경덕왕에게 차를 달여드렸고[76] 경덕왕은 月明師에게 좋은 차를 내렸다.[77] 차는 홍덕왕대에 당에 사신으로 다녀온 金大廉이 차의 종자를 얻어와 널리 퍼지게 되었다고 한다.[78] 그리고 차에 곁들이는 과정류도 차와 함께 발달하였던 것으로 보인다.[79]

통일신라시대에는 지방간의 식생활에서의 교류도 확대되었을 것이다. 삼국을 통일한 신라는 삼국의 문화를 수용하였고, 식생활문화도 신라의 수도인 경주와 지방간에 교류가 지속되었을 것으로 보인다. 각 지방에서는 그 자연적 조건에 따라 독특한 식생활문화를 발전시켰고 이를 바탕으로 상호교류를 통해 식생활을 보다 다양하고 풍부하게 하였다. 지방간의 식생활 교류에는 시장이 큰 역할을 하였을 것이다. 통일 이전에 경주에 東市를 열었던 신라는 효소왕대에 西市와 南市를 설치하였다.[80] 이를 보면 시장을 통한 상업활동이 왕성했다고 보여지며, 여기에는 식생활과 관련된 교류도 포함되었음이 분명하다. 그리고 지방도시였던 소경들은 지방문화의 중심이 되었고, 각 지방의 특징있는 음식들은 이곳을 중심으로 발달하였을 것이다.

그리고 식생활문화의 국제적인 교류도 있었을 것이다. 신라는 당의 선진문물을 받아들이려는 노력이 지대하였으며 적극적인 무역활동을 벌였다. 유학자·승려들 가운데에는 당에서 수학하고 활동하였던 인물들이 많아졌다. 그리고 당에 건너간 신라인들의 거주지인 신라방이 생겨나기도 하였다. 이 과정에서 식생활문화의 교류가 생겨, 당의 식생활문화가 우리 나라에 전해졌으며 우리의 것이 당에 영향을 주었을 것으로 여겨진다. 한편 일본과의 문화적 접촉도 있었다. 삼국은 일본에 커다란 문화적 영향을 주었고 이는 통일신라시대에도 계속되었다. 여기에는 식생활의 요소도 포함되었을 것이며 교역을 통해서 더욱 활발한 교류가 이루어졌다고 보여진다. 이러한 식생활의 국제적 교류는 음식문화의 다양화에 크게 기여하였을 것이다.

---

76) 《三國遺事》 권 2, 紀異 2, 景德王忠談師表訓大德.
77) 《三國遺事》 권 5, 感通 7, 月明師兜率歌.
78) 《三國史記》 권 10, 新羅本紀 10, 홍덕왕 3년.
79) 姜仁嬉, 앞의 책, 163~165쪽.
80) 《三國史記》 권 8, 新羅本紀 8, 효소왕 4년.

이상에서 통일신라시대의 식생활에 대해 살펴보았다. 여기에서 살펴본 자료들은 귀족들의 식생활에 대한 것이 대부분이어서 전체적인 식생활문화를 이해하기에는 제한적인 것이었다. 그러나 통일신라시대에 식생활문화가 전 시기보다 더욱 발달하였음은 여러 가지에서 확인할 수 있었다. 우선 주식을 비롯한 먹거리의 생산이 확대되었고, 식생활 용구와 조리·가공기술의 발전으로 다양한 음식들이 만들어져 일상식의 구조가 갖추어졌다고 보여진다. 다양한 음식들의 예를 기록을 통해 확인할 수 있으며, 특별음식·절식 등도 더욱 다양화되었을 것이다. 또한 불교와 같은 새로운 문화요소와 국제교류를 통한 다른 나라의 식생활문화도 영향을 주었다고 보여진다. 아울러 삼국이 발달시킨 특색있는 식생활문화는 지방에 따라 독특한 음식들을 발전시켰을 것이며, 통일신라서대에는 지방간의 교류가 확대되면서 식생활문화를 보다 풍부하고 다양하게 되었다고 여겨진다.

3) 주생활

통일신라시대에는 고구려·백제의 문화를 흡수하면서 더욱 발전하여 문화·예술·정치·경제에 걸쳐 많은 변화가 있었다. 그러나 주생활의 영역에서 보면 이전 시기의 주생활문화가 기본적으로 유지되면서 시간이 흐를수록 점진적으로 발전하여갔다.

이 당시의 주생활문화는《三國史記》와《三國遺事》를 통해 살펴볼 수 있다. 헌강왕 6년(880)에는 "왕이 신하들과 함께 月上樓에 올라 사방을 바라보니 서울(慶州)의 민가(民屋)들이 즐비하게 늘어섰고 노래와 풍악소리가 그치지 않았다. 왕이 侍中 敏恭을 돌아보며 말하기를 '내가 들으니 지금 민간에서는 집의 지붕을 기와로 잇고 짚으로 잇지 않으며 밥을 숯으로 짓고 나무로 짓지 않는다 하니 과연 그러한가' 하니 민공이 대답하기를 '臣도 일찌기 그런 말을 들었습니다'라고 하였다"[81]는 기록이 있다. 왕이 오른 월상루라는 건물을 궁궐 중의 한 누각이나 궁궐 근처의 누각으로 미루어 짐작하면 왕이 본 주변의 민

81)《三國史記》권 11, 新羅本紀 11, 헌강왕 6년 9월.

가는 궁궐의 옆에 붙어 있는 주택 즉, 상류주택을 말하는 것으로 해석할 수 있는데, 이들은 사회·경제적으로 지배계층이었으며, 숯으로 밥을 짓고 여름에도 얼음을 사용할 수 있었던 계층일 것으로 생각된다. 그러므로 이 계층에서 제외되는 계층에서는 대부분이 짚(草)을 이용하여 초가를 짓고 장작으로 밥을 지었다고 생각할 수 있겠다.

이 숯으로 밥을 짓는다는 기사를 뒷받침하는 풍로가 안압지에서 출토되었다. 《新唐書》에는 "… 冬則作竈堂中 夏以食氷上 …"이라 하여 겨울에는 당중에 부뚜막을 만든다는 기록[82]이 있다. 이 기록에서 부뚜막을 겨울철에만 만든다고 가정한다면, 겨울철에는 부뚜막을 이용하여 취사와 난방을 겸했으리라 생각된다. 그리고 여름철에는 이 부뚜막을 부수어 버리는 것이 아니라 안압지 출토의 풍로와 같은 것을 이용하여 취사를 했을 것이다.

이 풍로와 같은 형태의 것은 얼마 전까지 제주도에서 볼 수 있었는데, 「봉덕화로」라 하여 난방의 기능을 겸하지 않는 옥외의 화로가 있었다. 또한 시골에서 산치 벌일 때 임시로 솥을 걸 수 있게 만든 간이식 부엌인 「한데부엌」도 같은 원리의 것이다. 이러한 풍로가 이용되었다는 사실은 상당히 발전된 주거형식을 영위하였음을 알 수 있게 해준다. 이는 신라시대의 집모양토기에서 볼 수 있는 고상주거형식이나 당시의 건물에 전돌로 바닥을 깐 것에서 추측해 볼 수 있다.

헌강왕대는 통일신라 하대이므로 이 시대의 기록은 신라의 문화가 가장 발전했던 시기의 수도, 경주의 모습을 설명하고 있다고 볼 수 있다. 이러한 사실은 《삼국유사》 에서도 "제49대 헌강왕 시대에는 서울(경주)로부터 동해 어구에 이르기까지 집들이 총총히 들어섰지만 초가집 한 채를 볼 수 없었고 길거리에서는 음악소리가 그치지 않았으며 사철의 비바람마저 순조로웠다"[83]라고 기록하고 있어 신라 전성기의 모습을 보여주고 있다.

또한 경주의 모습을 설명하면서 "신라의 전성시대의 서울 안 戶數가 17만 8천 9백 36호에 1천 3백 60 동리(坊)요 주위가 55리였다. 서울 안에 35개의 金入宅(부자집 큰 저택을 말한다)이 있었으니 南宅·北宅·亐比所宅·本彼宅·

82) 《新唐書》 권 220, 列傳 145, 東夷 新羅.
83) 《三國遺事》 권 2, 紀異 2, 處容郞望海寺.

梁宅·池上宅(本彼部에 있다)·財買井宅(金庾信의 祖上宅)·北維宅·南維宅(反香寺 아래동리)·隊宅·賓支宅(반향사 북쪽)·長沙宅·上櫻宅·下櫻宅,·水望宅·泉宅·揚上宅(梁 남쪽)·漢岐宅(法流寺 남쪽)·鼻穴宅(법류사 남쪽)·板積宅(芬皇寺 윗동리)·別敎宅(개천 북쪽)·衙南宅·金楊宗宅(梁官寺 남쪽)·曲水宅(개천 북쪽)·柳也宅·寺下宅·沙梁宅·井上宅·里南宅(亐所宅)·思內曲宅·池宅·寺上宅(大宿宅)·林上宅(青龍이라는 절 동쪽에 못이 있다)·橋南宅·巷叱宅(本彼部에 있다), 樓上宅·里上宅·榆南宅·井下宅이다."[84]라고 하였다. 이 금입택으로 불려지는 상류저택들이 서울에 들어섰다는 것은 왕권에 비례되는 막대한 권세를 누리고 있었던 유력 진골층이 있었음을 알 수 있게 해준다.[85]

그리고 四節遊宅을 말하면서 "봄에는 東野宅이요 여름에는 谷良宅이요 가을은 仇知宅이요 겨울은 加伊宅이다. 제49대 헌강왕 때에는 성중에 초가집이란 하나도 없었으며 추녀가 맞붙고 담장이 연닿고 노래와 풍류소리가 길에 가득 차서 밤낮 그치지 않았다"[86]라고 기록하였는데, 이 사절유택은 귀족들이 계절에 맞추어 놀러다니던 별장을 이야기한 것으로 당시의 귀족들의 생활상을 알 수 있다.

한편 이 시대 가옥의 구체적인 모습은 신분에 따른 제한을 차등적으로 규정하고 있는《삼국사기》잡지의 屋舍조에서 볼 수 있는데, 그 내용을 보면 다음과 같다.[87]

ㅇ 진골의 방은 폭과 넓이가 24척을 넘지 못하며 唐瓦(중국 기와)를 덮지 않고, 飛詹(날아갈 듯이 높이 들린 처마)을 하지 않으며, 조각한 懸魚(고기 모양을 만들어 매다는 것)를 달지 않으며, 金銀·鍮·石과 五色으로 장식하지 않으며, 담장에는 보(梁)나 기둥을 設하지 않고 石灰를 바르지 않는다. 발(簾)의 가장자리(緣)는 錦罽繡·野草羅의 사용을 금하며, 屛風에 수놓는 것을 금하고, 床은 玳瑁나 沈香으로 장식하지 않는다.

---

84)《三國遺事》권 1, 紀異 2, 辰韓.
85) 洪亨沃,《韓國住居史》(民音社, 1992), 79쪽.
86)《三國遺事》권 1, 紀異 2, 又四節遊宅.
87)《三國史記》권 33, 志 2, 屋舍.

○ 6頭品의 방은 폭과 넓이가 21척을 넘지 못하며, 당와를 덮지 않고, 비첨과 重栿(겹들보)·拱牙(기둥 위에 架設方木)와 현어를 설하지 않으며, 금은·유·석·白鑞과 오색무늬로 장식하지 않는다. 中階와 二重階를 만들지 않고, 階石을 갈지 않으며, 담장은 8尺을 넘지 못하고, 또 그 보와 기둥을 설하지 않으며, 석회를 바르지 않는다. 簾緣은 罽繡綾의 사용을 금하고, 병풍은 수놓은 것을 금하며, 상은 대모나 紫檀·沈香·黃楊木으로 장식하지 못하고, 또 비단자리를 금한다. 重門과 四方門을 설하지 않고, 馬廐는 5匹을 둘 만하게 만든다.

○ 5두품의 방은 폭과 넓이가 18尺을 넘지 못하며, 山楡木을 쓰지 않고, 당와를 덮지 않는다. 獸頭(지붕 위에 얹어 놓는 獸形物)를 만들어 놓지 않으며, 비첨·중보·花斗牙(기둥 위의 架設方木)·현어를 하지 않고, 금은·유·석·銅·납과 오색무늬로 장식하지 않는다. 계석을 갈지 않고, 담장은 높이 7척을 넘지 못하며 보를 가설하지 않고, 석회를 바르지 않는다. 염연은 錦罽綾絹絁를 금하고, 큰문과 사방문을 내지 않으며, 마구는 3필을 둘 만하게 한다.

○ 4두품에서 백성에 이르기까지는 방의 폭과 넓이가 15척을 넘지 못하며, 산유목을 쓰지 않고, 藻井(水草를 그린 천장)을 하지 않으며, 당와를 덮지 않고, 수두·비첨·공아·현어를 만들지 못하며, 금은·유·석·동·납으로 장식하지 않는다. 섬돌은 山石을 쓰지 않고, 담장은 6척을 넘지 못하며, 또 (담의) 보를 가설하지 않고, 석회로 바르지 않는다. 큰문과 사방문을 만들지 않고, 마구는 2필을 둘 만하게 한다.

○ 外位의 眞村主는 5(두)품과 같고, 次村主는 4(두)품과 같다.

이와 같이 진골을 비롯하여 그 이하의 계층의 규제는 바로 위의 계층에서 금하는 것은 자연스럽게 하부 계층에서는 언급이 되지 않더라도 금하게 되는 내용으로 볼 수 있다.

이러한 내용을 표로 만들면 다음과 같다.

〈표〉 통일신라의 家舍規制[88]

<table>
<tr><th>내 용 \ 신 분</th><th>진 골</th><th>6 두 품</th><th>5 두 품</th><th>4두품~백성</th></tr>
<tr><td>방의 폭과 넓이</td><td>24척 이내</td><td>21척 이내</td><td>18척 이내</td><td>15척 이내</td></tr>
<tr><td>기와</td><td colspan="4">당와 금지</td></tr>
<tr><td>지붕 구조</td><td>비첨 금지</td><td colspan="2">공포 금지</td><td>조정 금지</td></tr>
<tr><td>지붕 장식</td><td colspan="2">현어 금지</td><td colspan="2">수두 금지</td></tr>
<tr><td>건축 재료</td><td>금은·유·석 금지</td><td>백랍 금지</td><td colspan="2">동·납 금지</td></tr>
<tr><td>채색</td><td colspan="4">단청 금지</td></tr>
<tr><td>기단 및 계단</td><td colspan="4">중계 및 이중계 금지</td></tr>
<tr><td>계단의 석재</td><td colspan="3">다듬은 돌 금지</td><td>산석 금지</td></tr>
<tr><td>담장 구조 및 높이</td><td>양동·석회칠 금지</td><td>높이 8척 이내</td><td>높이 7척 이내</td><td>높이 6척 이내</td></tr>
<tr><td>문</td><td colspan="2">중문·사방문 금지</td><td colspan="2">대문·사방문 금지</td></tr>
<tr><td>발과 병풍 장식</td><td colspan="4">비단 자수의 금지</td></tr>
<tr><td>침상 재료</td><td>대모·침향 금지</td><td colspan="3">자단·황양목 금지</td></tr>
<tr><td>마구간의 규모</td><td></td><td>5필 이내</td><td>3필 이내</td><td>2필 이내</td></tr>
</table>

이 내용을 다시 한번 풀어보면 방의 크기는 진골의 24尺에서부터 4두품이하 백성들의 15척까지를 규정해 놓았는데, 4두품 이하 백성들의 집은 규모에서는 상당히 큰 규모이다. 그러나 이 가사규제가 해당하는 계급의 최고 상한치를 규정하고 있는 것을 감안하면 대부분은 그 이하의 공간 면적을 갖추고 있었다고 생각할 수 있으므로, 15척에 가까운 규모의 공간 크기를 가질 수 있었던 4두품은 5두품에 가까운 노동력이나 경제력을 소유할 수 있었던 일부의 계층이 아닐까 생각한다.

기와 및 지붕 장식에 대해서는 진골·6두품·5두품·4두품 이하 평민들의 살림집에는 唐瓦와 현어를 쓰지 못하게 규정하고 있지만 5두품과 4두품 이하 평민들의 살림집에는 獸頭조각을 규제하고 있어 진골과 6두품의 신분층에서는 치미 대신에 용두나 잡상 같이 짐승머리를 조각하여 사용했다는 것을 알 수 있다.

88) 姜榮煥, 《한국 주거문화의 역사》(기문당, 1993), 55쪽에서 전재.

공포의 규제에 대해서는 진골신분에서는 언급이 없고, 6두품 이하의 신분에서는 공아·화두아의 사용을 규제하고 있어, 진골 출신인 태종무열왕 이후 진골신분에서도 일부 살림집에 공포를 사용한 것이 아닌가 생각된다. 이 공포는 포 또는 두공이라고도 하는데 기둥의 상부에서 소로와 첨차라는 부재를 여러 층 쌓아 올려 기둥과 보를 연결시키는 역할을 한다. 공포없이 기둥과 도리를 연결시킬 경우 처마가 낮아지고, 길게 뽑을 수 없으므로 이 공포의 부재를 사용하며, 기둥과 도리를 더욱 견고하게 연결시킬 수 있고 건물의 외관을 아름답게 꾸밀 수 있는 장점이 있다. 옥사조의 용어 중 비첨이란 용어가 보이는데 이것은 처마를 더 길게 뽑기 위하여 사용되는 浮椽을 의미한다. 서까래만 있는 처마를 홑처마, 서까래 위로 부연이 붙은 처마를 겹처마라 하는데, 이는 겹처마를 규제하는 내용이다.

또한 지붕의 구조에서는 6두품과 5두품의 계층에서는 重栿 즉, 두 개의 보를 설치할 수 없다는 내용을 볼 수 있는데 이는 五梁구조를 뜻하는 것이다. 3량가구법에서는 단면으로 살펴보면 두 개의 기둥 사이에 보를 걸치고 기둥의 둘레를 따라 도리를 두른다. 보 위로 대공을 올리고 그 위에 중도리를 올려 놓은 다음 그 중도리를 가운데 두고 양쪽으로 서까래를 올리는 것이 가장 기본적인 가구법이며 이 방법은 지붕의 형태를 맞배지붕(배지붕)밖에 만들 수 없다. 5량가구법은 두 개의 기둥 사이를 긴 보(대들보)를 건너지르고 그 위로 대공을 두 개 올리고 이 대공을 중도리와 결구시키고 중도리 사이를 짧은 보(종보)로 건너지르고 그 위로 한 개의 대공을 올리고 그 대공 위에 중도리를 올리고 중도리를 가운데 두고 양쪽으로 짧은 서까래(短椽)를 중도리까지 걸고 그 중도리 위에서 다시 긴 서까래(長椽)를 걸어서 지붕을 구성한다. 이 5량가구법은 가장 간단한 3량구조에서 발전한 형태로 합각지붕을 만들 수 있는 가장 기본적인 구조이며 기둥 간격을 넓게 잡을 수 있고, 짧은 서까래와 긴 서까래를 이용하여 지붕의 물매를 다르게 하여 지붕의 곡선을 유려하게 만들 수 있는 장점이 있다. 또한 두 종류의 서까래를 사용하기 때문에 짧은 부재를 이용하는 데도 매우 유리한 구조법이다.

건축재료에는 진골도 金·銀·鍮 등과 같은 귀금속재를 사용하지 못하게 금하고 있고, 건물의 채색에도 五色의 칠을 금하고 있다. 이 오색은 黃·青

·白·黑·朱의 색깔을 말하는 것으로, 이는 음양오행사상의 다섯가지 색깔을 뜻하며 이것은 곧 丹靑을 의미한다.

床의 재료에는 진골의 계층에서는 대모·침향을 금하며 6두품 이하의 계층에서는 黃楊木의 사용을 금하고 있다. 이때 이 상을 건물 전체의 바닥으로 보는 학자도 있고 침대로 보는 학자도 있다.[89] 그러나 고구려의 고분벽화에서 볼 수 있듯이 이 상은 바닥의 전체를 뜻하는 것이 아니라 바닥의 일부분에 榻과 같은 용도로 사용된 일종의 침상으로 보는 것이 타당할 것이다.

발과 병풍의 장식에는 진골 이하의 계층에 모두 비단자수를 금하고 있다. 이 발과 병풍의 사용은 실내의 공간을 구획하는 데 필요한 생활용구임을 감안할 때, 이 당시 실내의 공간구획은 단일공간이었음을 알 수 있다.

이상에서 살펴본 주생활은 일부의 귀족계급에서나 볼 수 있는 주생활의 단면이며 농업이나 노동에 종사하던 일반백성들의 주생활은 대부분은 전시기의 생활형태를 영위하였을 것으로 추측된다. 즉 아직도 일부의 계층에서는 움집과 비슷하게 땅을 파고 집을 만든 수혈주거와 비슷한 주거의 형태를 가지고 있었을 것이나 그외에는 원시적인 초가집의 형태를 가진 주거형태가 대부분을 차지하고 있었을 것이다. 지붕의 재료는 볏짚이나 새로 지붕을 이엇을 것으로 추측되며 벽체나 칸막이는 흙으로 만들었을 것이다. 온돌의 여부가 주목되는데 한겨울의 추위를 막기 위해서는 시원적인 온돌의 구조나마 존재하였으리라고 생각한다. 비단이나 모직으로 만든 의복과 이불을 사용할 수 없었던 이 계층에서는 온돌구조가 필수적이었으리라고 추측된다.

〈李鍾哲·崔銀水〉

89) 姜榮煥, 위의 책, 60쪽.

Ⅳ. 대외관계

1. 당과의 관계
2. 일본과의 관계
3. 해상활동

Ⅳ. 대외관계

1. 당과의 관계

1) 친당외교의 추진

신라가 唐과 처음으로 외교관계를 맺은 때는 眞平王 43년(621)이었다. 당시 3국은 隋의 등장(581) 이후 외교전쟁을 치열하게 추진하였으며, 당도 수 이래로 빈번한 고구려원정에 실패한 과거의 복수심에서 3국, 특히 고구려에 대한 견제의 정략으로 진평왕 46년에 책봉을 하였다. 따라서 통일 이전까지의 朝貢을 중심으로 한 3국과 당과의 외교관계는 고구려가 25회, 백제는 22회, 그리고 신라는 34회에 이르렀다.[1] 그러므로 통일 이전에도 이미 신라의 대당외교관계는 백제·고구려의 그것을 능가하고 있었다.

이러한 3국의 외교전쟁은 遣唐使의 파견에도 나타나 있다. 즉 고구려의 경우 桓雄(영류왕자)·任武와 福男(보장왕자)의 예나, 백제의 福信(무왕의 조카), 그리고 신라의 경우는 金春秋와 그 아들(法敏·仁問·文王) 및 고구려 왕족(淵淨土)을 사신으로 보낸 사실에서 엿볼 수 있었다.[2] 더구나 신라는 진흥왕대에 이르러 黨項城의 확보에 이어 백제에 의해서 개척·독점된 西海直航路(赤山航路)를 탈취함으로써 당과의 관계를 원활하게 추진할 수 있게 하였다.[3] 그러나 신라의 대당외교는 일반적인 朝貢使나 謝恩·請兵使보다 宿衛外交에서 통일전쟁의 단서를 찾을 수 있었음이 특이하다.[4]

---

1) 申瀅植 〈三國의 對唐關係〉(《韓國古代史의 新研究》, 一潮閣, 1984), 315쪽.
2) 申瀅植, 위의 책, 316~317쪽.
3) 孫兌鉉·李永澤, 〈遣使航運時代에 관한 硏究〉(《韓國海洋大學論文集》 16, 1981).
申瀅植, 〈統一新羅의 繁榮과 西海〉(《統一新羅史硏究》, 삼지원, 1990), 265쪽.
4) 申瀅植, 〈新羅의 宿衛外交〉(앞의 책, 1984), 352~390쪽.

신라의 적극적인 대당관계는 백제·고구려정벌에서 군사동맹으로까지 확대되었다. 그러나 문무왕 8년(688) 이후 당의 영토야욕과 신라의 고토회복, 백제·고구려유민의 흡수책이 충돌하면서 양국관계는 정면으로 대립관계로 발전되었다. 그리하여 문무왕 8년 이후 성덕왕 2년(703)까지는 사실상 국교단절 상태가 되었으며, 신라로서는 단순한 당의 영토야욕 분쇄의 성격을 벗어난 통일전쟁이며 민족생존을 위한 거족적 전쟁관계로 확대되었다.

당의 對百濟戰에서 신라와 연합한 것은 대고구려작전의 일부였고,[5] 신라로서는 무열계의 명예회복의 군사적 모험이었다.[6] 나아가서 당의 고구려정벌은 대국의 체통을 되찾으려는 전략이었으며, 수·당시대의 天下觀에 입각한 동아시아 세계질서 확립을 위한 전략이었다.[7] 따라서 竹旨의 신라군이 石城에서 승리한 계기로 문무왕 11년(671)부터 양국은 정면 충돌을 시작하였으며,[8] 薛仁貴의 항의각서와 문무왕의 답서가 교환되는 등 극도의 긴장상태로 진전되었다.[9] 이러한 각서교환 직후 唐運送船 70여 척을 격침시켰으며,[10] 그 후 계속된 충돌은 문무왕 12년 7월의 高侃·李謹行의 연합군 격파, 15년의 劉仁軌·이근행·薛仁貴의 연합군 격파, 그리고 買肖城·七重城 戰役의 승리 등 대소 18전에 6천여 명의 희생자를 안기고 신라측의 완승을 가져왔다. 더구나 설인귀의 당 해군도 伎伐浦敗戰(문무왕 16년)으로 재기불능케 됨으로써, 신라군은 매초성(육)·기벌포(해)의 승리를 계기로 당군을 한반도에서 축출할 수 있게 되었다.[11]

한편 이러한 당측의 일방적 패배는 신라인의 거족적인 저항에 기인된 것

5) 申瀅植, 〈三國統一前後 新羅의 對外關係〉(《新羅文化》 2, 1985), 7쪽.
6) 李鍾學, 〈新羅三國統一의 軍事史的 考察〉(《軍史》 8, 1984), 183쪽.
7) 高明士, 《從天下秩序看 古代的 中韓關係》(1983, 臺灣), 106~111쪽.
8) 문무왕 11년초에 당군이 熊津에 침입하여 幢主 夫果가 전사였으며, 당군 예하의 말갈병이 舌口城을 침범하였으나 격퇴되었다. 이때 당군이 침입한다는 소식에 접하여 眞功(大阿飡)이 甕浦를 수비하고 있었다. 6월에 竹旨에 이끌린 신라병은 加林城(충남 林川 부근)에서 당군을 격파하여 5,300명을 살해하고 백제장군(2명)과 당의 관리(果毅) 6명을 나포하는 전과를 올렸다(《三國史記》 권 7, 新羅本紀 7, 문무왕 11년).
9) 李昊榮, 〈新羅三國統一에 관한 再考察〉(《史學志》 15, 1981), 32~35쪽.
10) 《三國史記》 권 7, 新羅本紀 7, 문무왕 11년 10월.
11) 李鍾學, 앞의 글, 196~197쪽.

이지만, 한편 당시의 突厥·吐蕃·吐谷渾 등의 빈번한 침입에 따른 邊患의 절박성에 기인한 것도 사실이다.[12] 그러나 당시 중국측 기록(《資治通鑑》·《新·舊唐書》 등)은 패전사실을 삭제하고 日食·大赦기록으로 바꿔 놓았으며,[13] 당측 대표적 군지휘자인 고간은 열전조차 없다.[14] 더구나 나당전쟁에 참여한 군통솔자들의 從軍記錄이 없으며, 流配事實만 나타나 있어 중국측이 패전기록을 삭제한 의도를 엿볼 수 있다.[15] 더구나 張文瓘(侍中)의 東部(신라) 遠征反對上疏에서 볼 때,[16] 나당전쟁의 실상을 살필 수 있을 것이다. 결국 당은 邊患除去의 일환인 동방정책(고구려 정벌과 신라고토 장악)에서 완전히 실패하였고, 오히려 신라와의 원만한 관계정립으로 서쪽 변경의 시련을 극복하고자 하였다. 따라서 나당전쟁의 종결은 당측에서도 필요했던 것이다.

이러한 나당전쟁 속에서도 문무왕은 4차에 걸친 명목상의 謝罪使를 파견함으로써 양국 친선의 터전을 마련하였다. 장기간의 대립이 있은 후 神文王이 즉위하고(681), 당에서는 中宗이 등장하여(684) 양국관계에 새로운 분위기가 일기 시작하였다. 이때 중종은 신라측이 太宗廟號를 사용하는 데 대한 부당성을 추궁할 사신을 보냈으나, 신문왕은 정중한 답서를 보내 태종묘호 사용의 불가피성을 피력한 바 있다.[17] 그러나 이러한 관계는 24년 만의 접촉이었고, 신라측에서도 孝昭王 8년(699)에 당에 사신을 보내 양국관계의 정상화를 꾀하기 시작하였다. 이어 聖德王(702~737)과 玄宗(712~755)의 등장에 따라 새로운 관계는 급속하게 추진되었다. 성덕왕은 10여 회 사신을 파견했으며, 드디어 12년(開元 원년, 713)에 신라사신은 현종으로부터 공식사절로 대접을 받게 됨으로써 양국관계는 새로운 단계를 맞게 되었다. 이때 唐帝로부터 新羅王으로서의 공식직함(上柱國樂浪郡公新羅王)을 받아 국교단절 45년 만에 국교가 정상화되었다. 이러한 양국의 친선관계 회복은 동아시아의 국제질서에 새로운 변수로 작용하여, 발해와 일본과의 또다른 외교문제가 야기되었다.[18]

---

12) 申瀅植, 〈三國統一의 歷史的 性格〉(앞의 책, 1990), 15~16쪽.
13) 申瀅植, 〈新羅史의 時代區分〉(《韓國史硏究》 18, 1977), 22~23쪽.
14) 존·씨·제미슨, 〈新羅同盟의 互解〉(《歷史學報》 44, 1969), 5쪽.
15) 존·씨·제미슨, 위의 글, 6~10쪽.
16) 《資治通鑑》 권 202, 唐紀 18, 儀鳳 3년.
17) 《三國史記》 권 8, 新羅本紀 8, 신문왕 12년.

2) 나당 친선외교의 확립

성덕왕 때 이룩된 나당관계는 단순한 조공관계가 아니라, 다양한 사절의 왕래와 문물의 교류가 활발해져 양국간에는 친선관계가 확립되었다. 신라는 빈번한 使行을 통해 漢文化 내지는 서역문화까지 수용하여 민족문화를 개발시켰으며, 중앙으로부터 '君子之國' 또는 '仁義之鄕'의 칭을 받게 되면서[19] 민족적 자존과 긍지를 잃지 않았던 것이다. 무엇보다도 성덕왕(702~737) 재위기간에는 45회의 대당교섭을 하고 있어, 長壽王(413~491)의 재위 79년간에 北魏와 46회의 조공관계를 갖고 있었던 사실과 비교된다.

그런데 조공은 고대 중국의 정치적 이상인 王道思想의 대외형식으로서, 중국과 그 주변국가간의 臣屬關係가[20] 아니라 삼국의 정치적 발전과 왕권신장 과정에서 나타난 외교형태로 이해할 필요가 있다. 따라서 정치적 안정과 번영은 외교사절(조공사)의 파견 회수와 관계가 있기 때문에 왕권이 강하고 국력이 튼튼할 때 조공사 파견이 많아진다. 그러한 예를 장수왕과 북위, 성덕왕과 당과의 관계에서 볼 수 있다.[21]

이와 같이 성덕왕대에는 당과의 친선이 이룩되면서 朝貢使를 비롯하여 賀正使·宿衛 등 각종의 사절을 파견하였으며, 당에서도 이에 상응하는 持節使가 왕래하였다. 그에 따라 문물교류도 활발하여 정치·문화·경제적 관계가

---

18) 浜田耕策, 〈唐朝における渤海と新羅の争長事件〉(《古代東アジア史論集》下, 吉川弘文館, 1978).
鈴木靖民, 〈奈良時代における對外意識〉(《古代對外關係史の硏究》, 吉川弘文館, 1985).
卞麟錫, 〈唐代外國使爭長의 硏究〉(《亞細亞硏究》28, 1985).
韓圭哲, 《渤海의 對外關係史》(신서원, 1994).
宋基豪, 〈발해에 대한 신라의 양면적 인식과 그 배경〉(《韓國史論》19, 서울大, 1988).
———, 〈동아시아 국제관계속의 발해와 신라〉(《韓國史 市民講座》5, 一潮閣, 1989).

19) 《三國史記》권 8, 新羅本紀 8, 성덕왕 30년.

20) 金庠基, 〈古代의 貿易形態와 羅末의 海上發展에 대하여〉(《東方文化交流史論攷》, 乙酉文化社, 1948), 4쪽.

21) 申瀅植, 《新羅史》(梨花女大 出版部, 1985), 20쪽.

원활하게 되었다. 우선 통일신라는 260여 년간 120여 회 조공사를 파견하여 2년에 한번 정도로 조공사를 보낸 셈이 된다. 이들은 대개 文物을 바친 일정한 활동을 하였으며 일부는 당의 관직을 받게 되었다.[22] 특히 공식적인 사절은 入朝使 1인만이 아니었다.

㉮ 문무왕 8년 봄에 元器와 淵淨土를 당에 보냈다(《三國史記》 권 6, 新羅本紀 6).
㉯ 문무왕 9년 5월에 角干 欽純과 波珍飡 良圖를 당에 보냈다(《三國史記》 권 6, 新羅本紀 6).
㉰ 문무왕 12년 9월에 級飡 原川과 奈麻 邊山을 당에 파견했다(《三國史記》 권 7, 新羅本紀 7).
㉱ 開元 22년 2월 癸巳日에 입당했던 副使 金榮이 당에서 죽었는 바, 老祿少卿의 벼슬을 追贈하였다(《冊府元龜》 권 975, 外臣部 20, 褒異 2).
㉲ 莊宗 同光 원년 11월에 왕은 倉部侍郞 金樂 錄事參軍 金幼卿을 파견하여 後唐에 조공하고 방물을 바쳤다(《後五代史》 권 5, 唐本紀 5).

이 기록들에서 볼 때 입당시 2명의 사절이 같이 행동했다는 사실을 알 수 있다. 이것은 조공사의 제도적 모색이라고 생각되며, ㉱의 기록에서 副使라는 관직이 나타나고 있음을 보게 된다. 따라서 8세기 초엽에는 정・부사의 구분이 뚜렷하였으며, 景哀王 4년에는 判官까지 수행하고 있어 외교사절로서의 위상을 갖추게 되었다.[23]

이러한 외교사절이 제도적으로 정비됨에 따라서 進貢과 回賜의 물품이 다양해져갔다는 사실에도 주목해 볼 수 있다. 다시 말하자면 통일 전에는 주로 果下馬・白金・明光鎧・金甲・彫斧 등이 수출품(進貢)이었으며 비단・의복・병풍・서적 등이 수입품(回賜)이었는데,[24] 통일 후에는 그 내용이 풍부해졌다. 즉 다음 〈표 1〉에서 볼 수 있듯이 8세기 이전의 수출품은 금・은・동・인삼・두발・해표피・과하마 등이었으나, 9세기 이후에는 佛經・佛像 등과

---

22) 신라의 入唐使로 당의 관직을 받은 경우는 흔하지 않았으나, 진덕왕 2년(648)에 金春秋가 特進을 받은 이후 金法敏(大府卿, 진덕왕 4년)・金楓厚(員外郞, 성덕왕 15년)・金訢質(郞將, 성덕왕 25년)・金相(衛尉卿, 성덕왕 35년)・金標石(衛尉員外 少卿, 혜공왕 8년)・金岳(朝儀大夫試衛尉卿, 경명왕 8년) 등이 있었다.
23) 《三國史記》 권 12, 新羅本紀 12, 경애왕 4년 2월.
24) 申瀅植, 〈三國의 對外關係〉(앞의 책, 1984), 317~318쪽.

금·은제품이 보내졌던 것으로 보아서 신라 수공업의 발전상을 엿볼 수 있다.[25] 한편 수입물품도 의복류·비단과 불경·도덕경 등이 주류를 이루어 활발한 문물교류상을 알 수 있다. 무엇보다도 홍덕왕 38년(828)의 茶種子의 傳來는 바둑의 교류와 함께[26] 신라 귀족사회의 생활에 새로운 변화를 가져왔다. 그러나 빈번한 조공사의 파견에 따른 경제적 출혈은 경문왕 9년(869) 謝恩使가 진공한 32품목에서도 역력히 드러난다.[27]

〈표 1〉 대당 수출·수입 물품의 비교

비교 \ 품목	내	용
수출품목	문무왕 12년	금·은·동·우황·포목·침
	성덕왕 22년	과하마·우황·인삼·美髮·朝霞紬·魚牙紬·海豹皮·금·은
	헌덕왕 2년	금·은·불상·불경
	경문왕 9년	말·금·은·우황·인삼·魚牙錦·朝霞錦·五色綦帶
수입품목	문무왕 14년	역법
	성덕왕 16년	文宣王 초상
	〃 32년	앵무새·금은기물·5색비단
	효성왕 2년	노자도덕경
	홍덕왕 2년	불경
	〃 3년	차(茶)
	문성왕 13년	불경

조공사의 자격이나 신분에서 볼 때 외교사절의 정치적 지위를 짐작할 수 있다. 대당외교의 중요성에 비추어 진덕왕때 金春秋와 그 세 아들(法敏·仁問·文王)이 활약한 이래, 遣唐使의 신분은 당대를 대표하는 인물이었다. 문무왕 9년 欽純(김유신 동생) 이래 통일신라의 견당사를 정리하면 〈표 2〉와 같다.

25) 申瀅植, 위의 책, 336~337쪽.
26) 《三國史記》 권 9, 新羅本紀 9, 효성왕 2년.
27) 《三國史記》 권 11, 新羅本紀 11, 경문왕 9년.

〈표 2〉 통일신라의 朝貢使

인 명	관등(직)	파견시기	사행의 목적	귀국 후 활동 등
金欽純	각 간	문무왕 9년(669)	謝罪	김유신 동생, 장군
良 圖	파진찬	〃	〃	
祇珍山	급 찬	〃	磁石 헌납	
金福漢	대나마	〃		
原 川	급 찬	문무왕 12년(672)	謝罪	
金思讓	아 찬	성덕왕 3년(704)		불경 전래
金貞宗		〃 12년(713)	冊封	
金欽質		〃 25년(726)		왕제
金 相	대아찬	〃 35년(736)		중도 사망
金隱居	이 찬	혜공왕 3년(767)		시중, 모반(피살)
金彦昇	대아찬	원성왕 6년(790)		병부령-사신-즉위(헌덕왕)
金俊邕	대아찬	〃 5년(789)		시중-병부령-즉위(소성왕)
金陸珍	대아찬	애장왕 10년(809)	謝恩	
金昌南	이 찬	헌덕왕 원년(809)	告哀	
金張廉		〃 9년(817)		왕자
金能儒		홍덕왕 6년(831)		왕자, 귀국도중 익사
元 弘	아 찬	문성왕 13년(851)		불경 전래
金富良	아 찬	경문왕 2년(862)		익사
金 胤	소 판	〃 9년(869)	謝恩	왕자
金處誨	(兵部侍郎)	진성왕 7년(893)		익사
金 樂	(倉部侍郎)	경명왕 7년(923)		(후당에 파견)
金幼卿	(錄事參軍)	〃		〃
金 岳	(창부시랑)	경명왕 8년(924)		〃
張 芬	(병부시랑)	경애왕 4년(927)		〃
朴術洪	(兵部郎中)	〃		〃
金 朏	(執事侍郎)	경순왕 6년(932)		〃
李 儒	(司賓卿)	〃		〃

* 賀正使와 宿衛는 제외

〈표 2〉에서 볼 때, 견당사의 관등은 거의가 阿飡 이상의 고관으로, 왕자·왕제 등 왕의 친족(김씨)이 선발되었다. 귀국 후 활동을 살펴보더라도 侍

中·兵部令을 거쳐 왕으로 등장한 金彦昇(헌덕왕)과 金俊邕(소성왕)의 예로 보아 그들의 지위를 헤아릴 수 있다. 다만 9세기 후반 이후는 관등이 아니라 차관급의 官職위주로 선발하여 전문적인 인물로 바뀌고 있음을 알 수 있었다.

통일신라의 대당외교사신에는 일반 조공사외에 賀正使란 신년축하사절이 있다. 성덕왕 13년(714)에 朴裕가 하정사로 파견된 후[28] 혜공왕 10년(774)까지 60년간에 20여 차의 기록이 있는데 〈표 3〉과 같다.

〈표 3〉 통일신라의 대당 賀正使

인 명	관 등	파 견 연 대	당의 관직
朴 裕	급 찬	성덕왕 13년(714) 2월	朝散大夫員外奉
金 楓 厚		〃 14년(715) 3월	員外郞
金 仁 壹	대나마	〃 21년(722) 10월	
金 武 勳		〃 23년(724) 2월	
金 忠 臣		〃 25년(726) 4월	
金 志 良		〃 30년(731) 정월	大僕少卿員外置
金 竭 丹	(大臣)	〃 33년(734) 4월	尉衛少卿
金 義 忠		〃 34년(735) 정월	
金 抱 質	사 찬	〃 36년(737) 2월	
金 元 玄		효성왕 2년(738) 3월	
金 標 石	이 찬	혜공왕 8년(772) 정월	衛尉員外少卿
失 名		〃 10년(774) 정월	員外衛尉卿

* 申瀅植, 《韓國古代史의 新硏究》, 339쪽에서 전재.

〈표 3〉에 의하면 신년하례사인 하정사는 성덕왕때 집중적으로 나타난 사절로 새해초(정월~4월)에 파견되었다. 이들은 당에서 官職을 받았으며, 1년에

28) 이러한 《三國史記》(권 8)의 기록과 같은 내용이 《冊府元龜》(권 971, 外臣部 16, 朝貢 4)에도 보인다. 다만 《삼국사기》에는 朴裕로 나와 있으나, 《책부원구》에는 朴祐로 되어 있다.

1회에 한했음을 알 수 있다. 이들 역시 進貢과 回賜를 통해 문물교류의 역할을 하였음은 조공사와 같다.[29]

통일신라의 대당외교에 큰 몫을 차지한 사절에는 宿衛가 있었다. 이에 대한 연구는 '王子로서 唐廷에서 시위케 하는 人質'로 본 이래,[30] 당의 입장에서 접근한 '外人宿衛'와[31] '신라의 외교적 교량인으로서의 宿衛外交'라는 해석으로 본격화되었다.[32] 결국 숙위가 質子로서 출발한 사실은 인정되지만,[33] 다양한 외교직능을 다한 존재로서 신라통일전쟁이나 외교에 결정적인 역할을 수행한 사절이라는 것이 확인된다. 다만 그것이 고정된 성격의 것이 아니라 통일전쟁기, 무열전제왕권기, 하대의 귀족 갈등기에 있어서 각기 그 필요에 따라 직능과 역할이 달랐다. 다시 말하면 숙위는 7세기 중엽 3국간의 경쟁적인 대당외교의 주도권 장악을 위해 김춘추가 조공·인질·국학입학 등과 같은 당시 외교를 결합시킨 김춘추 外交의 결실로 나타났으며, 김춘추의 두 아들(文王·仁問)이 숙위로서 통일전쟁과 외교에 큰 역할을 다했던 것이다.

그러나 통일 후 양국간의 빈번한 교류와 중대 전제왕권의 확립에 따라 숙위는 문물교류자 내지는 宿衛學生 안내자 역할을 다하였다. 이어 하대사회에서는 단순한 質子로서의 지위로 하락하였으나 외교사절의 직능은 다했다. 결국 숙위는 나당간에 존재한 외교사절로서 조공사·무장·인질·문물교류 등 다양한 임무를 갖춘 최초의 외국주재사절이었다고 하겠다.[34] 통일신라의 숙위를 정리하면 〈표 4〉와 같다.

---

29) 申瀅植, 앞의 책(1984), 339~340쪽.
30) 末松保和, 《新羅史の諸問題》(東洋文庫, 1954), 433쪽.
小田省吾, 《朝鮮史大系》 上世史(1927), 120쪽.
李丙燾, 《譯註三國史記》(박문서관, 1941), 21쪽.
金庠基, 앞의 책, 9쪽.
31) 卞麟錫, 〈唐宿衛制度에서 본 羅唐關係〉(《史叢》 11, 1966), 50~66쪽,
32) 申瀅植, 〈新羅의 對唐交涉上에 나타난 宿衛에 대한 一考察〉(《歷史教育》 9, 1966, 99~163 ; 앞의 책, 1984), 352~390쪽.
33) Lien-Shen Yang, Hostages in Chinese History(*Studiesin Chinese Institu-tional History,* Harvard Univ. Press, 1960), pp. 43~57.
梁起錫, 〈三國時代 人質의 性格에 대하여〉(《史學志》 15, 1981), 39~66쪽.
34) 申瀅植, 앞의 책(1984), 359~387쪽.

〈표 4〉 통일신라의 宿衛

내용 시기	성명	파 견 시 기	임기	관 등	당의 관직	귀국 후 활동
통일전	金文王	진덕왕 2년(648)	5년	파진찬	좌무위장군	군주·시중
	金仁問	진덕왕 5년(651)	22년	〃	좌영군위장군	백제 정벌
	金三光	문무왕 6년(666)	3년	대아찬	좌무위익부중랑장	고구려 정벌
중 대	金德福	문무왕 14년(674)	1년	대나마		역법 전래
	金守忠	성덕왕 13년(714)	3년	아 찬		유교경전 전래
	金嗣宗	〃 27년(728)	1년	(왕제)	과의	
	金志滿	〃 29년(730)	〃	(왕질)	태복경	
	金思蘭	〃 32년(733)	〃	(왕족)	태복경	발해 토벌
	金忠臣	〃 32년(733)	〃	(왕제)	좌평군위원외장군	말갈 토벌
	金志廉	〃 33년(734)	〃	(왕질)	홍로서경	
하 대	金獻忠	애장왕 7년(806)	1년	(왕자)	비서감	
	金士臣	헌덕왕 1년(809)	〃	(왕족)		
	金 昕	〃 17년(825)	〃	(왕족)	태상경	
	金義琮	흥덕왕 11년(836)	〃	(왕자)		國相·시중
	金忠臣	희강왕 2년(837)	〃	(왕족)		
	金 因	경문왕 10년(870)	〃	사 찬		

* 申瀅植,《統一新羅史硏究》, 299쪽에서 전재.

〈표 4〉에서 살펴볼 때 숙위는 신라의 대당외교를 통합한 사절로 통일 전에는 백제·고구려정벌의 선봉장이었으며, 귀국 후 軍主·侍中으로서 정치일선에서 활약하였다. 그러나 중대에서는 문물교류자로서 당의 선진문화를 신라에 전달해 주었으며, 하대에는 정치적 추방(외유)에 따른 인질과 같은 존재로 전락하게 되었다. 다만 이러한 외교적 사절이 김씨왕족에게만 허용된 왕권비호의 수단이었음은 물론이다.

그외 통일신라의 대당외교에는 告哀使·謝恩使·進賀使·請兵使·謝罪使란 이름의 사절이 있었다.[35] 그러나 이들도 결국은 견당사란 범주에 포함될 수 있으며, 여기에 숙위학생이 나말에 주로 활동을 하게 된다.[36] 다만 金

35) 申瀅植, 위의 책, 339~345쪽.

36) 申瀅植,〈宿衛學生考〉(《歷史教育》11·12, 1969 ; 위의 책).

巖·金雲卿 이후 숙위학생들은 주로 外職에 제수되었으며, 文翰職에 진출하고 있어 왕권강화의 측근정치 지향에 기여하였다.[37] 무엇보다도 崔致遠의

> 征伐은 있으되 戰爭이 없어야 하는 것은 실로 王道에 부합하는 것이다. 무기(干戈)를 녹여 농기를 만들어 오랫동안 부귀토록 할지어다(《東文選》 권 3, 賀殺黃巢表).

라는 平和·恤民·勸農思想은 나말여초의 혼란을 극복하는 정신적 지표가 되었으며, 王建으로 향하는 시대정신을 제시할 수 있었다.[38] 더구나 최치원을 비롯한 유교적 지식인들이 갖고 있던 사상은

> ㉮ 3畏는 3歸와 비교되며, 5常은 5戒와 같은 것이다. 王道를 능히 실천하는 것은 佛心에 부합하는 것이다(〈聖住寺朗慧和尙白月葆光塔碑〉, 《朝鮮金石總覽》上, 朝鮮總督府, 1919).
> ㉯ 如來와 周孔은 비록 각기 시작하였으나, 근본으로는 한 곳에 귀일한다. 양자를 겸하지 못한 자는 사물의 이치를 이해할 수 없다(〈雙谿寺眞鑑禪師大空塔碑〉, 《朝鮮金石總覽》上).
> ㉰ 仁心이 곧 佛心이며, 부처의 뜻은 仁과 통한다(〈鳳巖寺智證大師寂照塔碑〉, 《朝鮮金石總覽》上).

와 같이 儒佛의 접합이며 風水思想과도 부합되어 訓要十條나 여초의 시대정신에 바탕이 되었다.[39] 이러한 최치원의 3교관은 유교를 기저로 하면서 불교와 도교의 사상을 수용·섭취하여 3교간의 합치점을 찾아 사회의 화합과 화해를 추구하는 국가재통일의 정신이었다.[40] 더구나 賓貢及第子들이 문한기관이나 中事省 또는 近侍職에서 활동함으로써[41] 유교정치가 이루어졌으며, 또

———, 〈羅末麗初 渡唐留學生 再論〉(《邊太燮博士回甲紀念論叢》, 1985 ; 앞의 책, 1990).
李基東, 〈新羅下代賓貢及第者의 出現과 羅唐文人의 交驩〉(《全海宗博士華甲紀念論叢》, 1979 ; 《新羅骨品制社會와 花郞徒》, 一潮閣, 1984).
金世潤, 〈新羅下代의 渡唐留學生에 대하여〉(《韓國史硏究》 37, 1982).

37) 李基東, 위의 책, 264쪽.
38) 申瀅植, 앞의 책(1984), 452쪽.
39) 申瀅植, 위의 책, 454쪽.
40) 李在云, 〈孤雲 崔致遠의 三敎融合論〉(《先史와 文化》 9, 1997), 51쪽.

한 이들이 국사편찬에 참여함으로써 여초의 역사편찬을 가능케 하였다.[42]

이와 같이 신라와 당과의 관계는 단순히 정치·외교의 관련만이 아니라, 학술·사상 전반에 걸쳐 영향을 줌으로써 신라사회 변화에 큰 영향을 미치게 되었다. 대표적인 遣唐使(조공사·하정사·숙위)의 활동을 정리하면 〈표 5〉와 같다.

〈표 5〉 신라 遣唐使의 활동

인명 \ 내용	형 태	최후 관등	당에서의 활동	귀국 후 활동
金 春 秋	조공사	이 찬	청병사	무열왕으로 등장
金 文 王	숙 위	〃	청병사	시중
金 法 敏	조공사	파진찬	태평송 헌진	병부령·문무왕으로 등장
金 仁 問	숙 위	대각간	청병사	군주, 백제 정벌
金 三 光	〃	이 찬	청병사	집정, 고구려 정벌
金 忠 臣	〃	〃		시중·상대등
金 義 忠	하정사	〃		시중
金 隱 居	조공사	〃		시중, 모반(피살)
金 俊 邕	〃	파진찬		시중·병부·소성왕으로 등장
金 彦 昇	〃	이 찬		병부령·사신·헌덕왕으로 등장
金 昇	숙 위	〃		국상
金 義 琮	〃	〃	사은사	시중

* 申瀅植, 《統一新羅史硏究》, 300쪽에서 전재.

〈표 5〉에 의하면 신라의 入唐使 중에 왕으로 등장한 인물은 金春秋(무열왕)·金法敏(문무왕)·金俊邕(소성왕)·金彦昇(헌덕왕) 등 4명이나 된다. 그리고 宰相(시중·상대등·병부령·사신)으로 활동한 인물은 金文王 이후 金義琮까지 9명이나 되어, 그들의 지위를 짐작할 수 있다. 따라서 입당사로의 발탁은 최

41) 李基東, 앞의 책, 263쪽.

42) 申瀅植, 〈新羅人의 歷史認識과 그 編纂〉(《白山學報》 34, 1987 ; 앞의 책, 1992, 227~228쪽).

고 정치실력자로의 진출을 가능하게 했던 것이다.

이러한 신라 견당사의 지위와 자격을 고려할 때, 당의 사절(持節使)도 大文豪·碩學 또는 정치적 위상이 높은 인물이 선발되었다. 당나라의 사신 중에서 관직이 알려진 인물은 아래 〈표 6〉과 같다.

〈표 6〉 당의 持節使

인명 \ 항목	관 직	파 견 연 대	임 무
劉仁軌	遼東行軍副大摠管	문무왕 8년(668)	황제칙서 전달
邢 璹	左贊善大夫·鴻臚少卿	효성왕 2년(738)	책봉(효성왕)
盧元敏		성덕왕 11년(712)	왕명 개정요구
魏 曜	贊善大夫	경덕왕 2년(743)	책봉(경덕왕)
歸崇敬	倉部郎中	혜공왕 4년(768)	〃 (혜공왕)
蓋 塤	戶部郎中	선덕왕 6년(785)	〃 (선덕왕)
韋 丹	司封郎中	원성왕 14년(798)	〃 (소성왕)
元季方	兵部郎中	애장왕 6년(805)	〃 (애장왕)
崔 廷	職方員外郎	헌덕왕 1년(809)	〃 (헌덕왕)
源 寂	太子左諭德	흥덕왕 2년(827)	〃 (흥덕왕)
胡歸厚	太子右諭德	경문왕 5년(865)	〃 (경문왕)

〈표 6〉에 의하면 당의 사신은 주로 책봉사인데 대체로 정4품의 御史中丞으로서[43] 당대의 석학이며[44] 귀숭경·위단·원계방·원적 등 대표적인 巨儒였다.[45] 이러한 사실은 신라를 君子之國 文化之鄕임을 인정하여 遣新羅使의 선발에 신중을 기하였다고 생각된다.

이상에서 통일신라와 당과의 외교관계를 살펴보았다. 조공으로 대표되는 신라의 대당외교는 南北朝 이래 성립되면서 당대에 이르러 전형적인 발전을

43) 歸崇敬은 倉部郎中兼御史中丞이었으며, 그외 韋丹·元季方·崔廷·源寂·胡歸厚 등도 정4품(下)의 御史中丞을 겸하고 있었다. 이 관직은 刑法·典章·糾正之事를 맡는 御史臺의 고위직이다(《新唐書》 권 48, 百官 3).

44) 李基東, 앞의 책, 292~293쪽.

45) 歸崇敬은《新唐書》 권 164, 韋丹은 권 197(循吏), 元季方은 권 201(文藝 上)에 立傳되어 있다.

이루어 고려·조선시대에 영향을 주게 되었다. 다만 中華思想의 대외형태인 조공이 중국에 정치적으로 예속되는 관계를 의미하는 것이 아니라, '문물의 교류와 외교적 자립'을 유지하였으며, 중국적 세계질서에 참여함으로써 東亞世界의 형성에 기여할 수 있었다.[46] 특히 나당간의 빈번한 관계 속에서 盛唐文物의 수용과 西域文化의 접촉이 가능해져 신라문화의 질적 성장을 가져왔으며, 대당 수출품에 신라제품이 차지하는 비중이 증대되어 신라의 산업과 기술의 향상을 엿볼 수 있었다. 특히 견당사의 활동을 통해 당대 정치실력자들의 역할을 살펴볼 수 있었으며, 그외 승려·상인들의 활동도 잊어서는 안될 것이다.[47]

〈申瀅植〉

2. 일본과의 관계

신라가 백제를 멸망시키자, 왜국은 백제의 부흥운동에 군사원조를 하여 신라·당의 연합군과 전쟁을 하여 백강구의 전투에서 패배하였다. 그러나 문무왕 8년(668)에는 신라와 왜국간의 국교가 성립되어 이후 양국은 8세기 후반까지 사신을 교환하고 있으며, 9세기에는 신라상인과 해적들이 활약하여 양국간에 사적인 교류가 이루어졌다.

통일신라시대의 신라와 왜국의 관계에 대해 우리 나라 학계에서 본격적인 연구를 시작한 것은 1990년대에 들어서서이다.[1] 우리 나라에서 연구가 지체

46) 高明士,《唐代東亞教育圈的形成－東亞世界形成史的一側面－》(1983, 中華叢書) 참조.

47) 權悳永,〈三國時代新羅求法僧의 活動과 役割〉(《淸溪史學》 4, 1987) 참조.

1) 통일신라와 일본과의 관계를 다룬 우리 학계의 연구는 대강 다음과 같다.
申瀅植,〈統一新羅의 對日關係〉(《統一新羅史의 硏究》, 三知院, 1990).
金恩淑,〈8세기의 新羅와 日本의 關係〉(《國史館論叢》 29, 國史編纂委員會, 1991).
———,〈9世紀の新羅と日本の關係〉(《東アジア地域における新しい歷史表象をめざして－歷史硏究と歷史敎育との對話－》, 上越敎育大, 1997).
洪淳昶,〈統一新羅의 對日本關係硏究〉(《國史館論叢》 31, 1992).

된 원인은 통일신라시대의 양국관계에 대해 서술하고 있는 일본측 史書에 대한 불신 때문이었다. 그러나 우리측 사료만을 가지고 통일신라와 일본과의 관계를 복원한다는 것도 문제가 많다. 예를 들어 《三國史記》는 이 시기에 일본에서만 사신을 파견한 것으로 서술하고 있어 이들만을 근거로 하여 양국관계를 복원한다면 일본국이 신라에 일방적으로 사신을 파견한 관계라는 잘못된 결론에 이를 수 있다.

통일신라와 일본과의 관계에 대해 서술하고 있는 일본측 사료로는 《日本書紀》·《續日本紀》·《日本後紀》·《續日本後紀》·《文德天皇實錄》·《日本三代實錄》 등 관찬사서가 있다. 이 사료들 중에서 《일본서기》와 《속일본기》의 신라와 일본과의 관계기사에서는 일본중심적인 서술이 많이 보이므로, 이를 이용할 때에는 많은 주의를 필요로 한다. 그러나 《日本後紀》 이후의 사서들은 비교적 실록적인 성격이 강하고, 대외관계 서술에 있어서 비교적 객관적으로 서술하고 있으므로, 이를 이용하여 양국관계를 복원할 수 있다.

1) 7세기 후반~8세기 일본과의 국가간 교섭

668년(文武王 8년) 신라가 일본에 사신을 파견하여 외교관계를 재개한 이후

崔在錫, 〈統一新羅와 日本과의 關係〉(《정신문화연구》 43, 1991).
———, 〈統一新羅의 日本政治 指導〉(《韓國學報》 71, 1993).
李炳魯, 〈九世紀初期の"環シナ海貿易圈"の考察－張保皐と對日交易を中心として〉(《神戶大學史學年報》 8, 1993).
———, 〈九世紀초기의 "環지나海무역권"의 고찰-장보고와 對日교역을 중심으로〉(《日本學誌》 15, 啓明大, 1995).
———, 〈寬平期(890년대)일본의 대외관계에 관한 일고찰〉(《日本學誌》 16, 1996).
———, 〈고대일본열도의 '신라상인'에 대한 고찰〉(《日本學》 15, 동국대, 1996).
———, 〈일본 지배층의 對新羅觀정책 변화의 고찰－주로 9세기를 중심으로－〉(《大丘史學》 51, 1996).
———, 〈8세기 일본의 외교와 교역－나일관계를 중심으로〉(《日本歷史硏究》 4, 1996).
———, 〈일본열도의 "동아시아 세계"에 관한 일고찰－주로 9세기의 큐슈지방을 중심으로〉(《日本學誌》 17, 1997).
윤선태, 〈752년 신라의 대일교역과 買新羅物解－正倉院 소장 貼布記의 해석을 중심으로〉(《역사와 현실》 24, 1997).
南漢鎬, 〈9世紀 後半 新羅商人의 動向〉(《靑藍史學》 1, 한국교원대, 1997).

양국은 활발히 교류하여, 신라에서 공식적인 사신을 파견한 마지막 해인 779년(惠恭王 15년)까지 신라는 일본에 45회 사신을 파견하였고 일본은 신라에 25회 사신을 파견하였다. 원래 양국은 백제부흥전쟁의 전쟁상대국이었으나, 고구려가 멸망한 이후 당의 압박에 공동 대응하기 위하여 긴밀한 관계를 가지게 되었다.[2] 7세기 후반부터 8세기초까지 신라는 일본에 율령국가 건설에 필요한 지식과 여러 가지 문물을 전해 주었고, 일본은 이 시기에 율령국가체제를 갖추게 되었다.[3]

그러나 신라와 당의 관계가 점차 호전되고, 701년 大寶(타이호우)律令의 완성을 계기로 일본의 율령국가체제가 정비되면서 양국은 외교형식문제로 갈등을 빚게 되었다. 당을 본따서 천황제 율령국가를 건설하고자 하였던 일본조정은 대외관계에서도 신라를 하위에 놓는 외교형식을 고집하였고, 신라조정 역시 일본사신에 대한 외교의식에서 일본을 하위에 놓는 외교형식을 고집하였을 가능성이 크다.[4] 특히 727년(聖德王 26년) 일본과 발해의 외교관계가 시작되고 733년 신라와 당의 공동작전 수행으로 나당관계가 안정되면서, 734년 이후 외교형식문제로 인한 양국의 갈등은 표면화되어, 737년에 일본조정에서는 신라공격이 논의되기도 하였다.[5]

일본측은 신라사신을 입경시켜 '蕃國'사신으로 대접하고자 하였으나, 신라는 이에 반발하였다. 그럼에도 불구하고 양국관계는 계속되었다. 신라는 738년(孝成王 2년) 이후 일본이 요구하는 외교형식을 무시함으로써 入京하여 賓禮를 받는 대신 大宰府에서 교역하고 돌아가는 편을 택하였다. 통상이 사행의 중요목적이 되면서 신라는 100명 이상의 대규모 사신단을 파견하였고,[6] 752년(景德王 11년)에는 700여 명의 사신단을 파견하였다. 그러나 일본측의 신라사신에 대한 요구도 집요하여 신라가 이에 반발하자 759년~763년에는 신

---

2) 김은숙, 〈백제부흥운동이후 天智朝의 국제관계〉(《日本學》 15, 1996), 167~171쪽.
3) 鈴木靖民, 〈日本律令制の成立・展開と對外關係〉(《古代對外關係史の硏究》, 吉川弘文館, 1985), 13~21쪽.
4) 金恩淑, 앞의 글(1991), 108쪽.
5) 金恩淑, 위의 글, 117~119쪽.
6) 內藤雋輔, 〈新羅人の海上活動について〉(《朝鮮史硏究》, 東洋史硏究會, 1961), 338쪽.
末松保和, 〈日韓關係〉(《日本上代史管見》, 私家版, 1963), 106쪽.

라공격계획까지 수립되었다. 764년 이후 신라는 일본이 요구하는 외교형식을 무시하는 대신,[7] 당과 일본을 매개하는 역할을 추가함으로써 대재부에서 교역하는 편을 택하였다.[8] 즉 764년에는 유학승 戒融(카이유우)의 귀국 후 소식을 알아 봐 달라는 당 칙사의 요청을 구실로 사신을 파견하였고, 769년(혜공왕 5년)과 774년에는 일본의 견당대사 藤原河淸(후지와라노카세이, 본명은 藤原淸河 ; 후지와라노키요카와)의 서신의 전달을 위해 사신을 파견하였다. 또한 764년 이후 신라와 일본간의 외교는 執事省과 대재부간의 실무교섭을 중심으로 이루어졌다.

대당외교 교통로 확보에 있어서 신라의 협조가 필요하였던 일본의 조정은 779년 대재부 관리를 신라조정에 파견하여 당에서 귀국도중 탐라에 표착한 遣唐判官과 당의 사신을 일본에 보내줄 것을 의뢰하였다. 신라는 일본조정의 요청을 받아들이고 사신을 파견하였으나, 신라・발해에 대해 일본 우위의 외교형식을 확립하려 하였던 光仁(코우닌)조정이 다시 신라왕의 '表'를 요구하였으므로, 이후 신라는 더 이상 사신을 파견하지 않았다.[9] 신라가 사신을 파견하는 공식적인 교섭을 끝낸 이유로 정치・군사적인 면에서 발해와 당의 관계개선으로 인한 동아시아의 긴장완화로 신라가 일본과의 외교관계를 굳이 필요로 하지 않게 되었다는 점을 지적할 수 있다.[10] 또한 경제적인 측면에서는 8세기 중엽부터 활약하는 신라의 민간상인의 활약으로 공적 교역의 필요성이 감소되었다는 점을 생각할 수 있다.[11]

《三國遺事》에는 신라와 일본과의 공적인 관계가 단절된 786년(원성왕 2년) 일본왕 文慶이 신라를 침범하려다가 적병을 물리치는 萬波息笛이 있다는 말

---

7) '調'라는 용어 대신 769년의 김은거는 '土毛'라는 용어를 사용하였고, 774년의 金三玄은 '國信'이라는 용어를 사용하였다.

8) 金恩淑, 위의 글(1991), 128~130쪽.

9) 石井正敏, 〈光仁・桓武朝の日本と渤海〉(《日本古代の傳承と東アジア》, 吉川弘文館, 1995), 433~435쪽.

10) 李成市, 《東アジアの王權と交易》(青木書店, 1997), 176쪽.

11) 石井正敏, 〈八・九世紀の日羅關係〉(《日本前近代の國家と對外關係》, 吉川弘文館, 1987), 288~293쪽.

———, 〈九世紀の日本・唐・新羅三國間貿易について〉(《歷史と地理》 394, 史學地理學同攷會, 1988), 2쪽.

을 듣고 金을 보내 만파식적을 청하였다는 내용의 설화가 있다.[12] 일본측 기록에는 이와 관련된 기록이 보이지 않으며, 당시 일본과 신라의 관계가 특별히 긴장되었음을 말해주는 기사도 보이지 않지만, 당시 되풀이되는 가뭄으로 백성이 굶주리고 정치가 불안정하였으므로, 일본이 침범할지도 모른다는 위기의식이 신라인 사이에 있었을 가능성은 있다. 790년 一吉湌 伯魚를 발해에 보낸 것은 이러한 상황에서 발해와의 관계를 모색하여 신라가 고립되는 일을 미리 방지하고자 한 것이었다.[13]

일본도 신라와의 공적인 교류가 중단되자 790년대 이후에는 발해와의 교류를 증대하였다. 즉 발해는 795년에 일본의 재당유학승 永忠(에이츄우)의 글을 전하면서 당과 일본의 중개역할을 담당함으로써 일본조정이 신라에 기대하였던 역할을 이어받게 되었다. 당시 일본과 활발한 교역을 원하였던 발해의 康王은 國書에서 桓武(칸무)천황의 德을 강조하면서 사신파견의 기한을 단축시켜 줄 것을 요구하였고 이에 대해 일본조정은 799년 聘期의 제한을 두지 않겠다는 약속을 하였다.[14] 일본조정은 804년에는 발해사신들이 자주 도착하는 能登(노토)國에 客院을 건설하여, 발해사신은 반드시 筑紫를 경유하도록 한 773년의 금지를 풀었다.

2) 9세기 전반 일본의 사신파견

그러나 일본과 신라에서 외교관계를 재개하려는 움직임 또한 8세기말~9세기초에도 있었다. 즉 일본의 桓武조정에서는 799년 大伴宿禰峰麻呂(오오토모노미네마로)가 견신라사로 임명되었으나, 무슨 이유에서인지 사신파견은 중지되었다.[15] 한편 신라도 802년(애장왕 3년) 왕의 당숙 均貞을 일본에 보내 외교관계를 재개하고자 하였으나, 균정의 거부로 실패하였다.[16] 양국간의 교섭은 803년 일본이 견당사를 파견하면서 표착할 경우에 대비하여 신라측에

12) 《三國遺事》 권 2, 紀異 2, 元聖大王.
13) 《三國史記》 권 10, 新羅本紀 10, 원성왕 6년 3월.
14) 石井正敏, 앞의 글(1995), 442~443쪽.
15) 《日本後紀》 권 8, 延曆 18년 4월 경인 및 5월 임신.
16) 《三國史記》 권 10, 新羅本紀 10, 애장왕 3년 12월.

협조를 요청하는 사신을 파견하여 재개되었으나,[17] 이 견당사선은 태풍으로 난파하였다. 일본조정은 804년 3월에 다시 견당사선을 파견하면서 신라에 황금 300兩을 보내고 견당사선이 표착할 경우 협조해 줄 것을 요청하였다.[18] 견당사선 4척 중에서 2척(제3선·제4선)이 행방불명되자, 804년 9월 일본은 신라측에 그 행방을 알아보아 주기를 부탁하였다.[19]

805년에 견당사선이 신라 남해안을 항해하는 北路를 통해 일본으로 돌아간 후, 일본조정은 806년·808년 신라에 사신을 파견하였으나,[20] 양국관계는 더 이상 진전되지 않았다. 한편 발해국서의 형식이 문제가 되어 일본과 발해의 사이도 점차 멀어져가, 811년의 견발해사 파견을 끝으로 일본은 더 이상 발해에 사신을 파견하지 않았고, 821년 발해사신 접대비의 과중함을 이유로 일본조정은 12년으로 통교기한을 정하였다. 상인과 다름없는 발해사신들을 사신으로 대접하지 말자는 주장도 나왔으나,[21] 922년까지 발해에서만 일본에 사신을 파견하는 관계가 유지되었다.

일본은 836년에도 견당사의 배가 신라에 표착할 경우에 대비하여 紀三津(키노미츠)을 신라에 파견하였으나, 국서의 내용과 달리 신라와의 통호를 요구하는 기삼진의 언행에 의심을 품게된 신라측은 이를 거절하였다.[22] 기삼진이 가지고 온 太政官(다이죠우칸)의 牒文은 견당사가 표착할 경우에 당으로 갈 수 있도록 조치를 취해 달라는 내용이었으나, 기삼진은 자신이 신라와의 「通好」를 위하여 왔으며, 또한 자신이 당에 파견된 사신인 것처럼 말한 듯하다. 이에 대해 신라조정에서는 태정관 첩문의 내용과 기삼진의 말이 다르다면서 그 모순을 질책하는 執事省牒을 보냈다. 당시 신라는 선덕왕대로 당에 빈번히 사신을 파견하였고, 828년 이후 張保皐가 청해진대사로서 당과

17) 《三國史記》 권 10, 新羅本紀 10, 애장왕 4년 7월조에서는 803년 일본국과 우호관계를 맺었다고 하는데, 《日本後紀》에서는 803년 일본이 견당사를 파견하면서, 大宰府로 하여금 신라에 그 사실을 알렸으나, 신라측의 답신이 없었다고 한다(《日本後紀》 권 12,, 延曆 23년 9월 기축).
18) 《三國史記》 권 10, 新羅本紀 10, 애장왕 5년 5월.
19) 《日本後紀》 권 12, 延曆 23년 9월 기축.
20) 《三國史記》 권 10, 新羅本紀 10, 애장왕 7년 3월·9년 2월.
21) 《類聚國史》 권 194, 殊俗, 渤海 天長 3년 3월 무진.
22) 《續日本後紀》 권 5, 承和 3년 윤5월 신사.

일본을 무대로 활발히 해상활동을 전개하고 있었다. 일본조정에도 기삼진과 같이 신라와의 교역이 확대되기를 원하는 세력이 있었던 듯하다.

836년의 기삼진의 사행 실패로 인해 일본의 견당사파견은 더욱 어렵게 되었다. 836년에 출발한 견당사선은 난파하거나 회선하여 다음해에 다시 출발하였으나 壹岐島·値賀島에 표착하였고, 그 후 부사 小野朝臣篁(오노노아손타카무라)을 비롯한 5명이 승선을 거부하는 사태가 일어났다. 838년 다시 출발한 견당사는 839년 귀국할 때에는 楚州에서 신라선 9척을 고용하여 귀국하였다. 630년에 시작된 일본의 견당사는 이후 더 이상 파견되지 않았다.[23]

일본은 839년 이후에는 신라·당과 국교를 가지지 않았다. 단지 일본을 왕래하는 발해사신을 통해 발해와만 외교관계를 가지게 된다. 대외적으로 사신파견이 끝나는 이 시기를 경계로 하여 일본 지배층은 일본을 神國으로 생각하는 중세적인 王土王民사상과 神國사상을 키워나가게 되었다.[24]

3) 신라상인에 의한 무역의 전개

779년 이후 신라가 사신파견에 의한 공적인 무역을 포기한 것은 신라상인의 활동을 통해 얼마든지 필요한 물자를 조달할 수 있었기 때문이었다. 일본조정도 8세기 후반부터 신라상인들이 일본에 많이 왕래하자 굳이 신라·당과의 공적인 무역을 필요로 하지 않게 되었다. 768년 稱德(쇼우토쿠)天皇은 좌우대신 등 고위관료와 황족에게 신라 交關物을 사도록 총액 85,000屯의 大宰綿을 지급하고 있는데,[25] 이는 신라상인들을 상대로 하는 교역체제를 일본조정이 인정하였다는 것을 말해주는 것이며,[26] 이즈음에는 대재부 부근에 신라인과 무역을 하는 상인층이나 商圈이 형성되고 있었을 것으로 추측된다. 일본조정은 774년에는 신라인이 표착하였을 경우에 배를 수리해 받을 수 있도록 하는 표류민에 관한 규정을 만들어서 신라상인들의 왕래를 장려하였

23) 佐伯有淸, 《最後の遣唐使》(講談社, 1978).
24) 村井章介, 〈王土王民思想と九世紀の轉換〉(《思想》 847, 1995), 36~37쪽.
25) 《續日本紀》 권 29, 神護慶雲 2년 10월 갑자.
26) 東野治之, 〈鳥毛立女屛風下貼文書の硏究〉(《正倉院文書と木簡の硏究》, 塙書房, 1977), 305쪽.

다.[27] 신라인들이 일본에 많이 왕래하자 815년에는 對馬島에 신라어 통역까지 설치하였다.

9세기에 신라인 상인층은 당과 일본을 중계하는 무역을 담당할 정도로 성장하였는데, 그 상인층은 在唐신라인이 주체가 되었을 것으로 추정되고 있다.[28] 신라인들은 산동반도의 登州, 양자강구와 長安, 洛陽을 연결하는 대운하에 연해있는 楚州·泗州와 같은 상업경제의 요지에 거류지 新羅坊을 형성하였는데, 이 신라방에서는 일종의 자치가 이루어졌다. 재당 신라인들은 상인조직을 이루어 일본의 견당사나 입당승들이 일본에 귀국할 때에 동행하여 무역을 하면서, 당·신라·일본 삼국간 무역에 의해 蓄財를 하였다.

840년에는 삼국간 무역을 장악하면서 반자립적인 해상세력으로 성장한 장보고가 부하 李忠을 일본에 파견하여 일본과 조공 형식의 공적인 교역을 시도하기도 하였으나,[29] 일본조정은 신라왕이 파견한 사신 이외에는 공식사절로 대접할 수 없다고 하면서 이를 거절하였다. 그러나 李忠이 가지고 간 물건은 민간교역을 허락하였고 그에게 식량을 주도록 하였다.[30] 이러한 조치는 일본조정의 일관된 입장으로, 무역은 확보하지만 타국의 분쟁에는 개입하지 않으려는 방위적인 성격의 것이었다.[31] 일본조정은 9세기 중엽 이후 외국사절이 아닌 商客에게도 客館을 사용하도록 하여, 조정이 대금을 지불할 때까지 공적인 시설에서 상객이 체재하도록 하였다.[32]

일본에서 신라와의 교역에 종사한 것은 平安京(헤이얀쿄우)의 귀족들이 중심이었지만 재지유력농민과 지방관도 있었다. 筑前守로 재임하던 840년에 장보고와 거래가 있었던 文室宮田麻呂(훈야노미야타마로)는 임기 후에도 현지에

---

27) 《類聚三代格》 권 18, 夷俘幷外蕃人事, 太政官符(應大宰府放還流來新羅人事).

28) 石井正敏, 〈10世紀の國際變動と日宋貿易〉(《アジアからみた古代日本》, 角川書店, 1992), 347~348쪽.
李炳魯, 앞의 글(1996b), 256~260쪽.

29) 浦生京子, 〈新羅末期の張保皐の擡頭と反亂〉(《朝鮮史研究會論文集》 16, 1979), 60쪽.

30) 《續日本後紀》 권 9, 承和 7년 12월 계묘삭 기사·권 10, 承和 8년 2월 임인삭 무진.

31) 石上英一, 〈古代國家と對外關係〉(《講座日本歷史》 2, 東京大學出版會, 1984), 260~261쪽.

32) 田島公, 〈大宰府鴻臚館の終焉〉(《日本史研究》 389, 日本史研究會, 1995), 24쪽.

남아 무역에 종사하였는데, 그는 신라상인의 물품을 국내에서 매각하였을 뿐 아니라, 絁를 미리 건네주고 필요한 물품을 요청하고 있다. 閭田麻呂는 기내에 광대한 영지와 平安京과 瀨戶(세토)內海의 교통 요지인 難波(나니와)에 저택을 소유하고 있었는데, 이러한 경제력의 바탕에는 그가 무역을 통해 축적한 부도 크게 작용하였다.33)

한편 신라상인들이 일본을 왕래하자 일본인들의 경계심도 고양되어 신라인과 충돌하기도 하였다. 812년에 신라 해적선의 대마도 출몰사건이 보고되자, 일본조정은 신라 인근지역들에 신라에 대한 경계와 방위를 강화하라는 명령을 내렸다.34) 835년에는 대재부의 건의로 壹岐(이키)國의 전략상 요소 14개소에 대한 경비를 강화하였고, 843년에는 대마도의 경비를 강화하고 849년에는 弩兵을 배치하였다.35)

842년 이후 교역을 위해 일본을 왕래하는 신라인들에 대해서도 경계하는 움직임이 일어났다. 즉 842년 8월 대재부 大貳 藤原朝臣衛(후지와라노아손마모루)가 신라상인들이 사실은 일본을 정탐하기 위해 일본을 왕래하는 것이라면서 신라인들의 일본 입국을 금지하도록 조정에 요청하였다.36) 이것은 신라상인의 활발한 왕래가 일부 대재부 관리들로 하여금 신라에 대한 적대감을 가지게 한 것을 말해준다.37) 이러한 보고에 대해 일본조정은 종래의 '歸化'사상을 내세워, 신라인의 왕래를 막을 수 없음을 표명하고 있다.38)

9세기에 신라상인들이 활약하면서 일본에 표착하는 신라인들도 많아지는데, 일본조정은 표착한 신라인들의 의사를 존중하여, 귀국하기를 원하는 사람들에게는 양식을 주어 귀국시켰다. 834년 대재부 해안에 도착한 신라인들을 일본인들이 공격하여 상처입히자, 仁明(닌묘우)조정은 대재부 관리를 책망

33) 戶田芳實, 《日本領主制成立史の硏究》(岩波書店, 1967), 136쪽.
34) 《日本後紀》 권 22, 弘仁 3년 정월 경신삭 갑자.
35) 《續日本後紀》 권 4, 承和 2년 3월 병오삭 기미 · 권 13 承和 10년 8월 정사삭 무인 · 권 19, 嘉祥 2년 2월 경술.
36) 《續日本後紀》 권 12, 承和 9년 8월 임술삭 병자.
37) 佐伯有淸, 〈九世紀の日本と新羅〉(《古代の政治と社會》, 吉川弘文館, 1970), 299쪽.
38) 《類聚三代格》 권 18, 夷俘幷外蕃人事, 承和 9년 8월 15일 태정관부(應放還入境新羅人事).
《續日本後紀》 권 12, 承和 9년 8월 임술삭 병자.

하고 신라인들을 치료하고 양식을 주어 돌려보냈다.[39] 표착한 신라인 중에서 귀국을 원하는 사람들에게 양식을 주어 신라에 돌려보내는 일본정부의 정책은 9세기 후반에도 계속되었다. 즉 856년에는 표착한 신라인 30명을 식량을 주어 돌려 보내고,[40] 863년과 864년에는 博多津에 표착한 승려 3명과 丹後國에 표착한 신라상인 57명, 石見國 美乃郡에 표착한 신라인 24명에게 양식을 주어 돌려보냈다.[41] 869년에도 對馬島에 표류한 신라인 7명에게 식량을 주어 돌려보냈다.

이것은 일본인이 당을 왕래하거나 신라에 표착한 경우에 신라의 협조를 배려한 정책이었다. 신라선의 우수성과 신라의 남쪽을 통과해야 하는 항로 때문에, 당에서 귀국하는 일본사신이나 승려들은 신라선을 임대하여 항해에 익숙한 신라인을 고용하여 귀국하는 일이 많았다.[42] 845년 일본인이 신라에 표착하였을 때, 신라정부도 표류한 일본인을 돌려보내고 있다.[43]

4) 9세기 후반 일본의 신라에 대한 경계강화

일본조정의 신라에 대한 경계심은 860년대 후반에 강화된다. 즉 866년 신라에서 兵弩제조기술을 배워 對馬島 점령계획을 세운 肥前國 基肆郡 사람들이 있다는 보고가 있었고, 安藝守였던 越智宿禰貞原(오치노수쿠네사다하라)가 신라사람과 반역을 꾀하였다는 밀고가 있었다.[44] 뒤 사건은 무고임이 드러났으나, 위의 두 사건은 신라에 대한 위기의식이 일본에 팽배하였음을 말해주는 것이다. 그해 11월 淸和(세이와)조정은 신라 인근지역의 지방관들에게, 국가를 鎭護해 달라는 기도를 하도록 명령을 내렸고, 867년에는 四天王像을 만

39) 《續日本後紀》 권 3, 承和 원년 2월 임오삭 계미.
40) 《日本文德天皇實錄》 권 8, 齊衡 3년 3월 임자.
41) 《日本三代實錄》 권 7, 貞觀 5년 4월 21일 계축 · 11월 17일 병오 ; 권 8, 貞觀 6년 2월 17일 갑술.
42) 《續日本後紀》 권 8, 承和 6년 8월 경술삭 기사 · 권 13, 承和 10년 12월 계해 · 권 18, 承和 15년 3월 경신삭 을유.
43) 《續日本後紀》 권 15, 承和 12년 12월 갑술삭 무인.
44) 《日本三代實錄》 권 13, 貞觀 8년 7월 15일 정사 · 권 16, 貞觀 11년 10월 26일 경술.

들어 나누어주고 기도하도록 하였다.

869년 博多津에서 豊前(부젠노)國의 絹綿이 신라 해적선에 의해 약탈당한 사건이 발생하면서 일본정부의 위기의식은 더욱 고조되었다.[45] 신라가 쳐들어 올 것이라는 점괘를 이유로 蝦夷(에조) 포로들을 구주에 배치해 줄 것을 대재부가 요구하자, 일본조정은 九州지방의 방어를 강화하는 한편, 伊勢神宮(이세진구우)과 石淸水神社(이와시미즈진자)를 비롯한 전국의 神社에 신라를 막아달라는 기도를 하도록 명령하였다.[46] 870년에는 신라에 갔다가 도망쳐온 대마도인이 신라가 대마도 점령을 위한 전쟁준비를 하고 있다고 보고하자, 일본조정은 신라 인근지역들에 경계를 강화하도록 하고, 八幡大菩薩(하치만다이보사츠)을 비롯하여 香椎廟·宗像大神·甘南備神에게 기도를 올렸다.[47]

그러나 당시 신라가 일본공격계획을 가지고 있었다고 볼 수는 없다. 양국관계의 악화를 말해주는 사료가 보이지 않을 뿐만 아니라, 《삼국사기》에 의하면 신라가 일본을 칠 형편이 아니었기 때문이다. 866년(景文王 6년)과 867년에 이찬 允興, 이찬 金銳의 반란이 잇따라 일어났고, 867년부터 경주의 전염병 유행, 홍수로 인한 흉년 등으로 국내정세는 혼란하였다. 이러한 신라의 상황은 도적의 발생을 가져왔는데, 위의 신라가 쳐들어 올 것이라는 소문은 신라해적들이 일본을 침략할지도 모른다는 위구심을 표현한 것이다.

신라해적의 絹綿탈취사건 이후 일본을 왕래하며 교역에 종사하던 신라인들과 대재부 관내에 거주하던 신라계 사람들에 대해 박해가 가해졌다. 대재부는 관내에서 교역을 하던 신라인 潤淸·宣堅 등 30명을 견면탈취사건의 혐의자로 투옥하였다. 일본조정은 윤청 등을 귀국시키도록 명령하였으나, 대재부는 일본땅에 오래 머문 윤청 등이 신라에 돌아가면 일본의 약점이 알려지게 될 것이라고 반대하였다. 대재부는 또한 대재부 관내에 거주하는 신라인들도 신라가 침략해 온다면 내응할 가능성이 크다고 보고하였다. 이에 일

45) 《日本三代實錄》 권 16, 貞觀 11년 6월 15일 신축.

46) 《日本三代實錄》 권 16, 貞觀 11년 12월 5일 무자·14일 정유·17일 경자·28일 신해·29일 임자.

47) 《日本三代實錄》 권 17, 貞觀 12년 2월 12일 갑오·15일 정유. 이 기사는 신라와 대마도간의 민중의 교류를 말해주는 사료로 해석되기도 한다(山內晉次, 〈九世紀東アジアにおける民衆の移動と交流〉, 《歷史評論》 555, 1996, 58~59쪽).

본조정은 윤청 등 20인의 신라인을 陸奧國·武藏國·上總國 등에 이송하여, 생업에 종사하도록 조처하였다.[48]

870년에는 일본의 대신라 창구역할을 하던 대재부 관리 중에도 신라와 내통하려 하였다는 혐의를 받게 되는 사람이 나타났다. 즉 筑後權史生 佐伯宿禰眞繼(사에키노수쿠네마츠구)는 신라국의 牒을 보내면서 대재부의 少貳 藤原朝臣元利萬侶(후지와라노아손겐리마로)가 신라국왕과 통하여 일본을 해치려고 도모하였다고 보고하였다. 일본정부는 檢非違使(케비이시)를 파견하여 眞繼를 조사하고, 元利萬侶를 비롯한 5명을 조사하였다.[49] 신라국의 첩을 증거로 제시한 점에서 대재부 관리인 등원조신원리만려가 신라 집사성과의 사이에 무엇인가 교섭을 벌였을 수도 있으나, 또한 이 첩이 위조되었을 가능성도 무시할 수 없다.[50]

일본정부는 876년에는 신라·당과의 교통의 요지인 肥前國에 새로 値嘉嶋郡을 설치하여 방어에 힘쓰고 있으며, 878년에 신라 해적선이 일본으로 올 것이라는 竈日宮의 신탁이 내리자, 伊勢大神宮·竈日宮·八幡宮 등에 기도를 하여 막아 보려고 하고 있다.[51] 그러나 890년대에는 신라말의 해상세력이 일본 九州지역을 습격하는 해적사건이 일어나게 되고, 이것이 일본인의 배외의식을 더욱 자극하게 되었다.[52]

이렇게 신라의 침략에 대한 위기의식이 강화되던 860년·870년·880년대에 일본은 신라에 사신을 파견하고 있다. 즉 경문왕대인 864년에는 일본사신이 신라에 도착하였고, 879년에는 일본사신이 경주 궁궐의 朝元殿에서 헌강왕을 배알하였다.[53] 또한 883년에도 일본국왕은 사신을 파견하여 황금 300兩과 明珠 10개를 보내고 있다.[54] 이때 일본은 淸和천황, 陽成(요우제이)천황이

48) 《日本三代實錄》 권 17, 貞觀 12년 2월 20일 임인·9월 15일 갑자.

49) 《日本三代實錄》 권 18, 貞觀 12년 12월 13일 신유·17일 을축.

50) 李炳魯, 앞의 글(1996c), 339쪽.

51) 《日本三代實錄》 권 28, 貞觀 18년(876) 3월 9일 정해 및 ; 권 34, 元慶 2년(878) 12월 11일 임신·20일 신사·24일 을유.

52) 《扶桑略記》 권 22, 寬平 6년 9월 5일조에 의하면, 894년 9월에 당인이 낀 新羅賊이 대마도를 쳤으나 일본이 이를 막아냈다고 한다.

53) 《三國史記》 권 11, 新羅本紀 11, 헌강왕 4년 8월.

54) 《三國史記》 권 11, 新羅本紀 11. 헌강왕 8년 4월.

재위하던 시기지만 이들 사신파견에 대해 일본측의 기록에는 보이지 않는다. 따라서 대재부 관리나 재지 유력자가 일본천황의 사신을 칭하였을 수도 있으나,[55] 표류민 송환이나, 신라해적의 단속을 요청하기 위해 일본조정이 사신을 파견하였을 가능성도 부인할 수는 없다.

869년의 견면탈취사건 이후에도 표착한 신라인에 대한 일본정부의 조처가 특별히 달라진 것은 아니었다. 873년에 對馬島에 표착한 신라인 32인들에 대해서도 혹시 일본의 정세를 엿보기 위한 것이 아닌가 의심은 하였지만 억류하지는 못하고 잘 조사한 후에 빨리 돌려보내도록 하였다.[56] 874년에 대마도에 표착한 金四·金五 등 신라인 12인과 885년에 肥後國 天草郡에 표착한 신라관관 徐善行에 대해서도 같은 조치를 취하였다.[57] 이는 신라인을 억류함으로써 신라정부와 정치적인 마찰이 일어나는 사태를 피하고자 하였던 것으로 추측되어, 774년의 신라인 표류자 송환에 관한 규정이 계속 유효하였음을 말해준다.

이상 통일신라시대 신라와 일본과의 관계를 살펴 보았는데, 양국관계의 변화과정을 간단히 정리해보면 다음과 같다. 7세기 후반 당의 위협에 대처하기 위하여 공적인 교류를 시작한 이후, 신라가 일본의 율령국가 성립에 필요한 여러 가지 문물을 전해주는 관계가 7세기말까지 계속되었다. 그러나 8세기 전반 일본의 율령제정부가 신라와에 일본중심적인 외교형식을 요구하고 신라가 이에 반발하면서 양국관계는 악화되었다. 그 결과 일본에서는 신라침공계획이 수립되기도 하였으나 실현되지는 못하였다. 그 후 동아시아의 긴장이 완화되면서 신라는 779년의 신라사신을 마지막으로 더 이상 사신을 파견하지 않게 되었고, 일본은 견당사의 파견을 전후하여 견당사가 표착할 때에 협조를 요청하는 사신을 파견하였다.

양국의 사신파견의 목적도 8세기초까지는 정치적·군사적 목적이 강하였으나, 8세기 중엽 이후에는 경제적 측면도 추가되면서, 신라는 외교형식

55) 遠藤元男, 〈貞觀期の日羅關係について〉(《駿台史學》 19, 1966), 192쪽.

56) 《日本三代實錄》 권 24, 貞觀 15년 12월 22일 계축.

57) 《日本三代實錄》 권 26, 貞觀 16년 8월 8일 갑자·권 47, 仁和 원년 6월 20일 계유.

에 얽매이는 사신파견을 중단하고 그 대신 신라상인을 통한 교역을 선호하게 되었다. 일본도 일본 우위의 외교형식을 부정하는 신라와의 공식적인 관계 유지가 어려웠으므로, 사신접대와 의례에 많은 비용을 부담해야 하는 공무역 대신 신라상인의 왕래를 통한 민간무역을 선호하게 되었다고 할 수 있다.

9세기에는 신라상인의 활약으로 양국 간의 민간교역이 활발해지지만, 한편 이와 함께 신라해적도 발생하게 되어 9세기 후반에는 일본인들의 신라인에 대한 경계심이 커지고 적대의식도 확산되게 되었다.

〈金恩淑〉

3. 해상활동

1) 항로의 개척과 항해술의 발전

삼국 정립시대의 신라는 고구려와 백제에 비하여 중국대륙과의 통교를 자유롭게 하지 못하였다. 그래서 중국과의 교빈은 육로나 해로를 막론하고 두 나라의 도움으로 이루어지기도 하고, 때로는 이들 나라의 위협을 받기도 했다.

신라가 奈勿王 22년(377) 前秦(351~394)에 入貢한 것이나 26년 衛頭를 보내어 조공한 일들은 모두 고구려의 도움으로 이루어진 것이 분명하다.[1] 중국 南朝(420~589)와의 교빈도 다를 바 없다. 法興王 8년(521) 백제 사신을 따라 梁(502~556)에 입공한 일은 그러한 예에 속한다[2]. 신라는 지리적으로 한반도의 동남부에 위치하여 당시로서는 중국과의 교류에 있어서 이들 양국의 주선을 받아야 했다.

1) 《資治通鑑》 권 104, 晋紀 26.
《三國史記》 권 3, 新羅本紀 3, 내물왕 26년.
2) 《梁書》 권 54, 列傳 48, 諸夷 新羅.
《三國史記》 권 4, 新羅本紀 4, 법흥왕 8년.

(1) 북방해로(노철산항로)

신라가 독자적으로 중국과 직접 교류하여 국제 무역활동에 등장하게 된 것은 眞興王 25년(564) 北齊(550~557)와의 교역에서 비롯된다. 이 때 이미 신라는 대중국교역의 중요한 港浦인 남양만의 唐恩浦(경기도 남양)를 점유하고(552) 있었으므로 바닷길을 통한 교역이 손쉬워졌다. 이 뒤로 신라의 중국에 대한 이른바 朝貢貿易은 본격적으로 행해졌다.

당나라 賈耽(730~805)이 저술한 《道里記》[3]에 보면, 중국에서 신라로 가는 해로를 상세하게 기술하고 있다. 우리가 흔히 이야기하는 북방해로인 것이다. 이에 의하면 登州(山東省 蓬萊)를 출발하여 동북으로 大謝島(長山島)·鼉欽島(砣磯島)·末島(大·小欽島)·烏湖島(南隍城島)를 거쳐 300리를 나아간다. 그리고 북으로 烏湖海(黃詳川 海面, 老鐵山水道)를 지나 馬石山(老鐵山)의 都里鎭(旅順口)까지 200리를 가서 동쪽으로 靑泥浦(大連 부근)·桃花浦(金縣 淸水河口)·杏花浦(莊河縣 花園口)·石人汪(石城島)·橐駝灣(小洋河口)을 지나 烏骨江(鴨綠江口)까지 800리 길을 간다. 다시 남쪽 해안, 즉 한반도 서해안을 따라 烏牧島(平北 宣川郡)·浿江口(大同江口)·椒島를 지나 長口鎭(黃海 豊川郡)에 이른다. 다시 鵠島(白翎島)·秦王石橋와 麻田島·古寺島(江華島)·得物島(德積島)를 거쳐 唐恩浦(京畿 南陽灣)에 이른다. 이곳은 《도리기》의 종점으로 신라시대에 대중국대륙 교통의 요지 가운데의 하나였다. 당은포에서 육로로 700리 길을 가서 신라의 서울 경주에 도달한다.

이 해로는 곧 중국의 산동반도 등주를 출발하여 동북쪽으로 발해만의 노철산하구를 거쳐 大連灣의 동쪽을 지나 압록강 하구에 이른다. 여기에서 한반도의 서해안을 따라 남하하여 대동강 하구와 초도를 지나 甕津灣과 강화도·덕적도를 거쳐 남양만에 이른다. 이 뱃길은 진흥왕 13년(552) 신라가 한강유역을 점유한 뒤로 때로는 고구려·백제의 방해로 막히고 위협을 받기도 하였으나 멸망할 때까지 중단 없이 이용되었다.

신라와 당 사이의 이 항로는 근해 연안 혹은 섬을 따라 항해하기 때문에 비교적 안전하였다. 비록 항해거리가 멀고 시간이 걸린다고는 하지만 비교적

3) 《新唐書》 권 43 下, 志 33 下, 地理 7 下.

안전하기 때문에 이른바 「遣使獻貢」이란 정치적·경제적·군사적·문화적 의례적인 교빈관계가 이 항로를 통하여 오래토록 지속되었다.

(2) 황해횡단항로

黃海橫斷航路는 산동반도에서 바로 황해를 가로질러서 禮成江·당은포에 이르는 해로로 비교적 일찍부터 개척되었다. 金正浩는 그의 저서《大東地志》에서 「歷代航路」를 설명하면서 당 顯慶 5년(武烈王 7년, 660)에 唐將 蘇定方(592~667)이 백제를 침공할 때 등주에서 바다를 건너 덕적도로 진군한 내용을 기술하고 있다.《舊唐書》소정방열전에 나오는 내용이지만《三國史記》와는 출발지(成山角)와 도착지점(웅진강구)이 다를 뿐이다.[4] 이에 앞서 隋(581~618)와 당초에 있었던 고구려·백제의 침공도 한두 차례는 등주를 중심으로 산동반도 일원의 항포에서 직접 황해를 횡단하여 이루어졌던 것 같다.

聖住寺 朗慧和尙의 탑비에 보면 長慶初(憲德王 13~16년, 821~824)에 왕자 金昕이 당으로 사행할 때 낭은포에서 황해를 횡단하여 산동의 之罘山(芝罘)에 도착하고 있다.[5] 이와 같이 등주 인근의 성산각이나 지부도 이때의 황해횡단항로의 중요한 항구였음을 알 수 있다.

해류와 풍향을 이용한 항해기술이 발달하면서 황해횡단항로는 많이 이용되었다.[6] 9세기 중엽의 日本僧 圓仁의 여행기인《入唐求法巡禮行記》를 보면 산동반도 登州府 관내의 연안 일원의 많은 항만들이 신라와의 통교에 이용되었던 사실을 알 수 있다.

839년 일본 朝貢使 일행이 신라선 9척을 고용하여 귀국길에 오른 곳도 赤山浦(산동성 榮成市 石島鎭)이며, 847년 원인 자신이 귀국할 때도 이곳 적산포에서 출발하여 황해를 횡단하고 있다.[7] 이 직항로가 얼마나 쉽게 신라에 도

---

4) 《舊唐書》 권 83, 列傳 33, 蘇定方.
《三國史記》 권 28, 百濟本紀 6, 의자왕 20년.

5) 〈朗慧和尙白月葆光塔碑〉(《朝鮮金石總覽》 上권).

6) 新羅僧 義湘이 總章 2년(文武王 9년, 669) 상선을 타고 등주에 도달했다는 소식을 전하고 있다(《宋高僧傳》 권 4, 唐新羅國 義湘傳).

7) 圓仁, 《入唐求法巡禮行記》 권 2, 開成 4년(839) 7월 21일 및 권 4, 大中 원년(847) 9월 2일.

달할 수 있었던가를 원인의 귀국일자를 더듬어 보면 쉽게 짐작할 수 있다. 그는 9월 2일 정오경에 적산포를 출발하여 3일 아침에는 벌써 멀리 신라의 산들을 보았고, 4일 해뜰무렵 熊州(公州) 앞바다를 지나 그날밤 高移島(皐衣島)에 정박하였다. 다음날 아침 출발하여 6일에 黃茅島(丘草島·葛草島)의 泥浦에서 정박하고, 거기서 雁島를 거쳐 곧 對馬島에 이르고 있다. 적산포를 출발한지 5일 만에 대마도에 도착한 셈이다. 산동성 牟平縣의 乳山浦도 황해횡단로의 출항지로 자주 이용되었다.[8] 그러나 당에서 신라로 항해하는 출발지는 노철산항로이건 황해횡단항로이건 간에 등주가 그 중심임에는 틀림이 없다. 《元和郡縣志》에 보면 신라·백제·渤海로 내왕하는 항포의 중심지는 등주라 명기하고 있다.[9] 그러기에 登州府에는 新羅館·渤海館이 설치되었고 후일에 가서 신라는「知後官」까지 파견하였던 것으로 보면,[10] 등주는 분명 우리 나라와의 내왕에 있어 중요한 항포였음이 틀림없다.

(3) 남방해로

신라가 통일 이전에 당은포를 이용하여 중국에 이르는 것은 매우 힘든 일이었다. 비단 백제나 고구려의 방해[11]라는 정치적인 이유만이 아니라, 王都인 경주가 한반도 동남쪽에 위치하여 당과의 교통이 매우 불편하였다. 가탐이 《도리기》에서 언급한 것처럼 당에서 남양만에 이르러 다시 경주까지 가려면「陸行七百里」라는 노정에다 험준한 추풍령도 넘어야 하는 고통이 따랐다. 적지 않은「國信物」을 지닌 사신은 말할 것도 없거니와 교역을 주업으로 하는 상인들도 험한 육로를 통한 수송에는 상당한 부담을 느꼈을 것이다.

이와 같은 羅唐 양국간의 교통불편을 해결하는 방편으로 행로와 수송능력 면에서 월등히 나은 선편이 자연스럽게 이용될 수밖에 없었다. 경주에서 가까운 감포·영일만이나 울산만에서 출발하여 남해안을 지나 흑산도 부근에서 뱃길을 서북쪽으로 돌려 산동반도로 항해하거나[12] 서남쪽으로 바다를 건

---

8) 圓仁, 《入唐求法巡禮行記》 권 4, 大中 원년(847) 윤3월 10일.
9) 《元和郡縣志》 권 11, 登州.
10) 《冊府元龜》 권 976, 外臣部, 褒異 3, 明宗 天成 2년(927 ; 경애왕 4년) 3월.
11) 《三國史記》 권 4, 新羅本紀 권 4., 眞平王 47년 11월 및 권 5, 新羅本紀 5, 善德王 11년.

너 長江口나 남중국으로 직항하는 해로가 이용되었다. 이 강남에 이르는 항로의 중국측 중심 해항은 明州 定海縣, 台州 黃岩縣, 揚州, 泉州, 廣州 등이며 우리 나라측에서는 武州(光州)·羅州·全州·康州(晋州)가 이용되었다. 徐兢의《宣和奉使高麗圖經》과《宋史》高麗傳에 나오는 노정이 곧 이 해로에 해당된다. 명주 정해현을 출발하여 梅岑(昌國縣)에서 白水洋(浙江沿岸 海中)·黃水洋(長江口의 濁水바다)·黑水洋(黑潮해역)을 지나 夾界山(小黑山島)·排島(珍島 동쪽바다 섬)·黑山(黑山島)에 도착하여 서해안을 따라 북상하여 나주·群山·인천·강화도를 지나 禮成江에서 開京에 이르는 항로를 말한다. 서긍 일행은 5월 28일에 매잠을 출발하여 3일 뒤인 6월 2일에「華夷」의 경계라던 협계산에 도착하였고, 3일 오후에는 흑산도에 이르고 있었다. 이와 같이 계절풍을 이용하면 명주에서 불과 5일 만에 흑산도에 도달한다.《續資治通鑑長編》에도 고려사행로를 설명하고 있는데, 여기서는 명주를 출발하여 4일 만에 흑산도에 이르고 있다.[13] 建炎 2년(고려 仁宗 6년, 1128) 楊應誠 등의 사행길은 5일째 되던 날 명주 정해에 도착하고 있다.《송사》고려전에도 명주 정해를 출발하여 순풍을 만나면 5일 만에 흑산도에 이르며, 7일째에는 예성강에 이른다고 했다. 이 항로가 대체로 통일신라 이후 고려초에 이르는 기간동안 많이 이용되었던 이유도 알 만한다.

《南齊書》권 58, 東夷傳에 보면 加羅國王 荷知(鉗知)가 建元 원년(479)에 남제(479~501)로 사신을 보낸 기록이 있다. 金海지방의 나라가 백제(484)에 앞서서 단독으로 남제와 통교하였다는 사실로 보아 황해를 직접 횡단하였을 것으로 추측된다. 신라승 覺德이 梁(502~556)으로 건너갔을 때나 또 그가 진흥왕 10년(549)에 양의 사신과 함께 佛舍利를 가지고 왔을 때도 이 남방항로를 이용했음이 분명하다.[14] 진흥왕 26년에 남조 陳(557~589)의 사신 劉思와 함께 經論 1,700여 권을 가지고 온「入學僧」明觀도 필경 이 항로를 따라왔을 것이다.[15]

---

12)《唐國使補》下, 元義方使新羅.
13)《續資治通鑑長編》권 339, 元豊 6년 9월 경술.
14)《海東高僧傳》권 2, 覺德.
15)《三國史記》권 4, 新羅本紀 4, 진흥왕 26년.

신라가 중국 제왕조에 대한 이른바 조공무역을 활발하게 전개한 것이 남조의 진부터였다는 점을 감안한다면, 이 시기의 신라는 남방항로를 보다 많이 활용하였을 것이다. 진과의 교역은 진흥왕대만 해도 전후 4차나 되었으며 眞智王(576~578)·진평왕(579~631)대에 오면 더 많은 사람들이 왕래하였다. 진평왕 7년(585)의 고승 智明의 入陳이나 9년의 大世와 仇柒의 이야기[16]도 남방해로로 남중국의 吳·越에 이르렀던 당시 신라사람들의 정황을 반증한 예에 지나지 않는다. 이 밖에도 圓光法師가 선편으로 金陵(南京)에 직항한 기록은[17] 신라가 통일 이전에 이미 남방항로를 통하여 남조와 왕래하고 있었다는 사실을 입증해 주고 있다.

통일 이후에도 이 뱃길이 활발히 이용되었던 것은 물론이다. 그것은 조선술과 항해술의 발달에서 온 결과이기도 하지만 安史의 난(755~763) 이후 江南지역의 경제성장과 揚州를 비롯한 남중국의 廣州·福州·杭州·明州·泉州 등 제항구가 국제항으로 크게 번창한 까닭이기도 하다. 중세기의 이슬람·아라비아 상인들이 동남아시아의 여러 나라를 거쳐 남중국과 양주까지 무역시장을 개척하고 서방의 문물을 다량으로 가지고 온 데에서도 그 원인을 찾아볼 수 있다. 이러한 여파는 당과 정치·경제·문화면에서 밀접한 관계를 가지고 있던 신라에 미쳤고, 많은 사람들의 관심이 이 지역에 쏠릴 수밖에 없었다. 憲德王 8년(816) 흉년이 들자 신라인 170명이 당의 浙東(남중국 절강 동쪽)에 건너가 먹을 것을 구하였던 사실[18]은 이의 반증이기도 하지만, 한편으로는 이 남방항로는 이미 많은 사람들에 의해 이용되고 있었음을 보여주는 증거가 되기도 한다.

《唐會要》에는 望海鎭(명주 정해현)이 일찍부터 신라 원항선박의 중요한 발착항구였다는 사실을 알려주고 있다.[19] 뿐만 아니라 《輿地紀勝》에는 명주 창국현의 梅岑山은 고려·신라·발해·일본 등의 선박이 바람을 기다리던 곳이라 하고 있다.[20] 그리고 《續日本後紀》에 보면 신라상인들이 康州(廣州)에

16) 《三國史記》 권 4, 新羅本紀 4, 진평왕 7년·9년.
17) 《續高僧傳》 권 13, 釋圓光.
18) 《三國史記》 권 10, 新羅本紀 10, 헌덕왕 8년.
19) 《唐會要》 권 78, 諸使 雜錄 上 元和 14년(819).
20) 《輿地紀勝》 권 11, 兩浙東路 慶元府 明州 景物 下.

표류한 일본인 50여 명을 일본으로 데리고 왔다는 기록이 있다.[21] 신라인들이 남방항로를 따라 중국에 진출하였던 좋은 예라 하겠다.

신라말에 오면 이 남방항로는 더 많이 이용된다. 그것은 북중국에 契丹족이 등장한 데에도 한 원인이 있었겠지만 이 항로를 이용하는 선원들은 이미 계절풍과 해조의 흐름을 잘 이용할 줄 알았기 때문이다. 많은 신라승의 入唐과 귀국의 기록을 보면 서북풍이 부는 10월~2월에 중국으로 출발하여 서남풍이 부는 3월~8월에 귀국하고 있다. 여주 高達寺 元宗大師도 眞聖王 6년(892) 늦겨울에 상선으로 남중국의 舒州 桐城縣(安徽省 桐城縣)에 도착하였고 景明王 5년(921) 7월에 강주(진주) 德安浦를 거쳐 귀국했다.[22] 항해기간도 놀라울 정도로 단축되었다. 앞서 본 《고려도경》이나 《송사》 고려전의 기록처럼 5~6일이면 목적지에 도달할 수 있게 된다. 眞澈大師(利儼, 866~932)의 탑비에는 그가 진성왕 10년(896) 入浙使 崔藝熙와 함께 '不銷數日'에 鄞江(寧波)에 도착하였고 孝恭王 15년(911)년에 나주 會津으로 환국하였다는 소식을 전하고 있다.[23] 계절풍을 잘 이용한 항해였음을 입증하고 있다. 聞慶 鳳巖寺의 靜眞大師도 효공왕 4년(900)에 상선을 타고 江淮부근에 도착하였고 景明王 8년(924) 7월에 전주 喜安縣 포구로 귀환하였다.[24] 光陽 天龍寺 洞眞大師는 眞聖王 6년(892) 늦겨울에 출항하여 경명왕 5년 여름철(7월)에 전주 臨海郡에 귀착하였다.[25]

五龍寺의 法鏡大師는 효공왕 12년 7월에, 砥平 菩提寺의 大鏡大師는 같은 왕 13년 7월에 武州(광주)의 會津과 昇平에 귀한하고 있다. 많은 승려들이 약속이나 한듯이 늦겨울에 중국으로 가서 여름철(7월)에 무주·전주·강주나 나주 방면으로 돌아오고 있다. 물론 계절풍과 관계있는 결과이다. 後百濟王 甄萱과 吳越 등 제국과의 빈번한 왕래는 이 항로의 계속적인 이용을 웅변으로 증명하고 있는 예라 하겠다.[26]

---

21) 《續日本後紀》 권 15, 承和 12년(845) 12월 5일.
22) 《朝鮮金石總覽》 上
23) 《朝鮮金石總覽》 上.
《海東金石苑》 권 3.
24) 《朝鮮金石總覽》 上.
《海東金石苑》 권 4.
25) 위와 같음.
26) 金庠基, 〈羅末地方群雄의 對中交通 -特히 王逢規를 중심으로-〉(《東方史論叢》,

(4) 선박과 항해술

항해술은 조선술의 발전과 깊은 관계를 가진다. 신라시대의 조선기술을 알 수 있는 기록은 거의 없다. 《三國史記》 등에는 해사에 관한 기록이 더러 있기는 하지만 그 당시의 船形이나 구조 등에 관한 기록은 없다. 다만 후대의 《高麗史》·《高麗史節要》·《冊府元龜》·《高麗圖經》 등에 선박의 규모·형체에 관한 기록이 있어 그 시대의 중국·일본 등의 사료와 함께 검토하여 신라시대의 배모양을 짐작할 수 있을 따름이다.

신라는 일찍부터 일본과의 해상교류가 이루어졌던 사실로 미루어 보면 선박제조기술도 제법 발달했던 것으로 짐작된다. 《三國史記》 智證王 6년(505)조에 이미 선박의 이로움에 대한 이야기가 나오고 있다.[27] 그 뒤 진흥왕·진지왕 때에 중국과의 교역이 점차 활발해지면서 항해업무도 강화되었다. 그것은 진평왕 5년(583) 정월에 비로소 船府署를 두어 大監(장관)과 弟監(차관) 각 한 사람을 두고 항해업무의 개혁을 기도한 것으로도 알 수 있다[28] 그러나 신라가 해양 제반사를 강화한 것은 통일 이후의 일이다. 文武王 18년(678), 이제까지 兵府에 예속되어 있던 선부서를 독립시켜 별도로 船府를 설치하고 船府令 한 사람을 두어 선박업무를 관장하게 하였다.[29] 뒤이어 神文王 8년(686) 2월에 船府卿 한 사람을 더 두게 하였다. 이러한 일단의 조치는 분명 신라의 해상활동 및 대외무역과도 관련이 있었던 것이라 믿어진다.

신라시대의 배 모양이 어떠했는지는 아직까지 알 길이 없다. 청동기시대의 암각화로 알려져 있는 盤龜臺(경남 울주군) 암벽화에는 당시 바다사람들의 생활모습을 음각해 놓고 있다. 그 암벽화에는 '외양선' 모양의 배 그림이 보인다.[30] 반구대는 太和江 상류에 위치하여 배로 동해에 나아갈 수 있는 곳이다. 삼국시대의 신라·가야에서 각대가 달린 배 모양의 토기가 수점 출토되었다. 경주 金鈴塚, 경북 달성군 현풍 등지에서 출토된 배 모양의 토기가 곧

서울大 出版部, 1984), 434쪽.

27) 《三國史記》 권 4, 新羅本紀 4, 지증왕 6년.

28) 《三國史記》 권 4, 新羅本紀 4, 진평왕 5년 정월.

29) 《三國史記》 권 7, 新羅本紀 7, 문무왕 18년 정월.

30) 김원룡, 〈울주 반구대 암각화에 대하여〉(《한국고고학보》 9, 1980) 7쪽.

그것이다. 이것들은 거의 5~6세기의 것이며 출토지역도 신라·가야에 한정된 것이다. 1976년 경주 雁鴨池에서 발굴된 통나무배(刳船)로서도 신라 선체의 구조를 알기에는 미흡하다.[31] 1984년 봄에 莞島 漁頭里 해저에서 발견된 古船體는 신라 선박의 모양을 추정하는 데 어느 정도의 가능성을 던져준다.[32] 인양된 선체는 11세기 고려초의 것으로 추정하고 있으며 近海沿岸 왕래에 적합한 전통적 「韓船구조방식」인 平底구조 너벅선이다.[33]

일반적으로 중국을 비롯하여 동양 古代船의 모양은 方頭·方艄·平底였다는데 의견을 같이한다. 1960년 3월 唐代의 揚州 揚子縣(지금 邗江縣 施家橋)에서 대형 平底木船(길이 24m, 너비 4.3m, 깊이 1.4m)과 배 바닥이 둥굴고 좁은 圓底木船(길이 13.65m, 너비 0.75m, 깊이 0.56m)이 발굴되었다.[34] 큰 배는 장부를 맞추고 못을 박는 기술을 사용하여 만들어졌고 이미 침몰방지의 성능이 강한 방수선실 기술이 시공되어 있었다. 1973년 6월 당대의 양주 海陵縣 如皐鎭 掘港(江蘇省 如皐鎭 馬港) 부근에서 인양된 당초의 목선(길이 17.32m, 너비 2.58m, 깊이 1.6m)도 방두·방소·평저형으로 전자와 동일한 기술로 조선되었다.[35] 여고진 마항은 당대 양주 대운하에서 바다로 나아가는 또는 바다에서 登陸하는 지점이다. 신라사절이나 일본 조공사 선박이 기착하는 곳이기도 하다.[36] 이 목선은 9개의 칸막이(水密隔壁)와 하나의 돛, 그리고 철못으로 건조된 매우 견고한 목선이다. 상당히 발달된 근해안 교역선임을 알 수 있다.

그런데 당대에 이미 평저선보다 遠洋航海에 더 편리한 底圓面高船(배 밑이 둥글고 甲板이 높은)도 건조되었다는 데 주의해야 할 것이다. 중국 고대의 木帆船은 대체로 4개의 선형이 있다. 즉 沙船·福船·廣船·烏船을 가리킨다. 사선은 주로 강소 이북에서 많이 이용되었고 복선은 福建, 광선은 廣東, 오선은 절강 등 양자강 이남 지방에서 이용된 선형이다. 중국의 전형적 선형인

---

31) 《雁鴨池發掘調査報告書》(文化財管理局, 1978), 258쪽.
32) 《莞島海底遺物》(文化財管理局, 1985), 109쪽.
33) 金在瑾, 〈張保皐時代의 무역선과 그 航路〉(《張保皐의 新硏究》, 莞島文化院, 1985), 147쪽.
34) 〈揚州施橋發見了古代木船〉(《文物》, 강소성문물공작대, 1961－6), 52쪽.
35) 〈如皐發現的唐代木船〉(《文物》, 南京博物院, 1974－5), 84쪽.
36) 圓仁, 《入唐求法巡禮行記》 권 1, 開成 3년(838).

사선은 평저형 선박으로 주로 대운하를 통한 조운 등에 많이 쓰였다. 복선·광선은 龍骨(bar keel)을 가진 圓(尖)底船型(round bottom)으로 물이 깊고 섬과 암초들이 많은 남쪽에서 많이 이용되었다. 사선의 역사는 매우 오래되었지만 복선·광선이 언제부터 건조되었는지는 확실치 않다. 그러나 시가교 고선의 예나 謝占壬이《日知錄》을 평주하는 글에서 "복건과 광동의 航洋船은 船底가 둥글다"라고 한 것[37] 등으로 미루어 보아 당대에는 이미 원(첨)저선이 출현한 것이 분명하다. 그러나 사선은 중국 고대의 전형적인 선형으로 비단 강소 이북의 해양에서 뿐만 아니라 복건·광동 등 남양해역에서도 이용되었다. 중소형의 화물선·어선 등으로도 많이 쓰였고 또 주변국가에도 널리 전파되었다.[38] 신라선이나 莞島船도 그러한 맥락에서 생각할 수 있다. 그러나 淸海鎭이 설치된 시기(828)에는 신라에도 원양항해에 적합한 원저선이 이용되었으리라는 짐작이 간다. 신라선단이 나·당·일 삼국을 종횡무진 왕래했던 사실이 이를 뒷받침하고 있다.

당대의 선박이 그 구조방식이나 크기·帆裝 및 舵 등에 있어서도 같은 시대의 西洋船들보다 훨씬 앞섰던 것으로 보아[39] 백제·신라선의 조선기술도 높은 수준이었을 것이라 생각된다. 고대 일본이 조선기술을 신라나 백제로부터 터득했던 것으로 미루어 보면 수긍이 간다. 바로 고대 일본의「猪名船」은 신라 기술자들에 의해 건조되었고 孝德朝 安藝國에서 만든 대형선도「百濟船」이라 부르고 있다.[40] 9세기에 이르러서도 九州 大宰府(다자이후)에서「新羅船」을 건조하고 그의 우수성을 격찬하고 있다.[41] 이는 곧 기본적으로 일본이 이때까지 백제·신라의 조선기술을 습득하지 못했다는 명백한 증거이다. 이런 까닭으로 일본은「신라선」의 形制法式을 실물로 전승하게 하였다.[42]

일본정부가 당에 사신·학문승 등을 파견할 때 이용한 선박 가운데에는 많은 신라선이 포함되어 있었고 선원들까지도 신라사람들이 대다수를 차지

---

37) J. Needham, *Science and Civilization in China, Vol. 4,* 1971, p.429.
38) 金在瑾, 〈中世의 船舶에 대하여〉(《文化財》 14, 文化財管理局, 1981), 120쪽.
39) 金在瑾, 위의 글, 130쪽.
40)《日本書紀》권 10, 應神 31년(300) 및 권 25, 孝德 원년(645).
41)《續日本後紀》권 8, 仁明朝 承和 6년(839), 丙申.
42)《類聚三代格》, 承和 7년(840), 9월 23일.

하고 있었다.[43] 한 예로 문성왕 원년(仁明朝 승화 6년, 839) 일본의 조공사 일행은 楚州(淮安) 新羅坊에서 신라선박 9척과 바다길에 익숙한 신라선원 60여 명을 고용하여 귀국하였다.[44] 학문승 仁好·順昌 등 26명이 귀국할 때 탑승한 선박도 신라인 張公靖의 배였다.[45] 天台宗의 請益僧 원인도 그의 제자 性海·惟正 등과 함께 신라상선으로 九州의 鎭西府로 돌아왔다.[46]

통일신라시대의 항해술은 상당한 수준에 도달하였다고 여겨진다. 원양항해에 있어서도 일본이나 중국 남조와의 오랜 교역경험을 통하여 조류(물시)·바람·해류 등에 관한 지식이 풍부하였다. 특히 간만의 차가 심한 우리 나라 남해안·서해안의 해운에 있어서는 조류도나 해류도가 없었던 시절, 범선들은 밀물과 썰물의 현상을 잘 알아야 험한 해역을 자유롭게 드나들 수 있다. 오랜 경험없이는 불가능한 일이다. 그런데 8세기 중엽에는 당나라 절강인 竇叔蒙이《海濤志》(당 大歷 5년, 惠恭王 6년, 770)를 저술하고, 盧肇의《海潮賦》(당 大中 4년, 문성왕 12년, 850)과 邱光庭의《海潮論》(당 光化 3년, 효공왕 4년, 900) 등이 뒤를 이어 출간되었다. 비록 중국의 연해안에서 일어나는 밀물·썰물에 관한 연구서이기는 하지만, 당시 중국과의 교역이 빈번하던 우리 나라 선원들에게는 많은 길잡이가 되었을 것이다. 특히 우리 나라 배의 키(舵)는 동양 고유의 船尾懸垂舵(slung-type axial vertical rudder)형식으로 되어 있어 서양 배의 側舵(side rudder)양식에 비하여 배의 진로를 결정하는 데 있어 월등한 효능을 가지고 있다. 뿐만 아니라 상하의 조정이 자유로워 우리 나라 연안항해에는 많은 이점을 가지고 있다.[47]

계절풍과 풍력을 이용한 항해도 통일신라시대에는 크게 발전한다. 옛날 선원들은 연해안을 항해할 때는 주로 조류를 타고, 원양을 항해할 때는 계절에 따라 바람을 이용하였다. 서해에서는 겨울철(12월~2월) 바람은 북서 및 북풍이 주류를 이루며 봄철(3월~5월)이 되면 점차 남풍으로 바뀐다. 여름철(6월~8월)은 봄철과 비슷하며 서남풍이 분다. 가을철(9월~11월)은 남풍이 다시

---

43)《日本書紀》권 26, 齊明 4년 7월·권 30, 持統 4년 10월.
44) 圓仁,《入唐求法巡禮行記》권 1, 開成 4년(839) 3월 17일.
45)《續日本後紀》권 13, 승화 10년(843) 12월 癸亥.
46)《續日本後紀》권 18, 승화 15년(848) 3월 乙亥.
47) 金在瑾, 앞의 책, 127쪽.

북서풍으로 바뀌는 계절이다. 그러므로 신라에서 당으로 출발하는 시기는 가을철이 가장 적당하며, 당에서 신라로 돌아오는 시기는 늦은 봄에서 여름철이 가장 적당하다. 법흥왕 이후 중국 남조와의 교역이나 많은 학문승들의 당나들이도 이와 같은 계절풍을 잘 이용하고 있었다. 그러나 9세기 이후가 되면 항해술의 발달로 역풍을 이용한 항해도 많아졌다. 開成 4년(839) 일본 조공사 일행을 실은 신라선 9척은 산동반도 적산포에서 신라로 직항하였고, 그것도 7월에 출발한 것을 보면 이들의 항해술이 상당한 수준에 있었음이 입증된다.[48] 그 당시에는 이미 순풍은 말할 것도 없거니와 横風·역풍이 불 때에도 능히 항해할 수 있는 기술이 있었고 單돛뿐만 아니라 多돛도 있었음이 분명하다.

帆裝은 서양선을 기준으로 하면 横帆과 縱帆으로 크게 나눌 수 있다. 횡범은 四角帆으로서 그 기원은 아주 오래다. 이는 바람을 잘 받는 장점이 있는 대신, 帆布의 한 면만 쓰고 양면을 번갈아 쓸 수 없는 까닭으로 바람을 거슬러 올라가는 逆走性能이 좋지 않다. 이에 반하여 종범은 그 한 邊이 帆柱에 매여져 있기 때문에 돛의 양면이 모두 바람을 받을 수 있고, 따라서 역주성능이 아주 좋다. 범선이 거의 자취를 감춘 오늘날에도 요트에 종범만이 쓰여지는 이유도 바로 그것이 역풍을 뚫고 항진하는 성능이 우수하기 때문이다. 동양식 돛은 종범의 범주에 속하는 것이지만 그 구조와 작용이 아주 독특하다. 돛의 양면으로도 바람을 받을 수 있어 역주성능이 우수하고 조작이 용이하다.[49] 장보고의 선단이 아무 때나 바다를 가로지를 수 있었던 것도 이러한 기술을 터득하고 있었기 때문이다.

중국의 학자들은 실용적인 航海圖도 唐代에는 이미 나왔다고 본다.《中國航海史》에는 가탐의 〈海內華夷圖〉를 근거로 〈唐代北方遠洋航線圖〉를 재현하고 있다.[50] 높은 산과 항포를 그려놓은 항해도가 실제로 이용되었으리라는 짐작은 간다. 원인의《입당구법순례행기》를 보면 신라선원들이 실제로 海州의 東海山, 密州의 大珠山, 赤山浦의 赤山을 항해에 둘도 없는 표적으로 삼

48) 圓仁,《入唐求法巡禮行記》권 1, 開成 4년(839) 7월 23일.
49) 金在瑾, 앞의 책, 127쪽.
50) 中國航海學會 편,《中國航海史》(人民交通出版社, 1988), 135쪽.

왔음을 알 수 있다. 그리고 일본「承和朝貢使船」를 안내한 신라인 譯官 金正南도 山은 물론이거니와 淺綠빛 바다를 보고 정확히 배의 위치를 알았다.51)

8세기 이래 동서를 막론하고 牽星術이 항해에 널리 이용된다. 중국에서는 기원전 2세기에 이미 견성술을 이용하여 항해를 한 흔적이 많다.52)《漢書》藝文志에는《海中星占驗》·《海中二十八宿國分》등 항해에 관한 전문서적만도 130여 권이나 수록되어 있다. 唐代에 오면 天文으로 항해를 유도하는 방법이 더욱 발달하였고, 그 증거들이《隋書》經籍志나《新唐書》예문지에 많이 발견된다. 신라에도 고승 道證이 당으로부터 천문도를 가지고 온 일이나53)《삼국사기》職官志에 天文博士·司天博士 등 천문을 관장한 전문인이 나타나며,54) 천문학자나 첨성대가 있었던 것으로 보아 천문에 관한 연구가 상당한 수준에 이르렀다고 여겨진다. 항해와 관계된 천문서가 있었는지는 알 길이 없다.

신라선원들은 앞서 지적한 바와 같이 일찍부터 계절풍에 관한 지식을 습득하였고 장보고 시대(828~841)에 오면 견성술에 의한 항해에도 숙달된 듯하다.《입당구법순례행기》에는 항해중 정확한 방향, 예컨대 巽(東南)·坤(西北)·艮(東北) 등을 찾아 항진한 흔적이 군데군데 보인다. 일본에서는 平安朝(794~1185) 이래「遣唐朝貢船」은 약속이나 한듯이 음력 7월에 九州 博多를 출발하고 있다. 태풍의 계절이고 보면 해난이 자주 일어날 수밖에 없다. 2번이나 풍랑을 만나 도해를 시도한지 2년 뒤에야 겨우 성공한「承和朝貢船」이 그 대표적인 예이다.

2) 해외무역

奈勿王 시대(356~401)는 신라정치사에서 뿐만 아니라 무역사에 있어서도 한 획을 그을 수 있는 시대이다. 신라가 비록 고구려의 도움을 받기는 하였

51) 圓仁,《入唐求法巡禮行記》권 1, 承和 5년(開成 3년, 838), 6월 28일.
52) J. Needham, *Science and civilization in China*, Vol. 4, Part 3, Navigation, 1971.
53)《三國史記》권 8, 新羅本紀 8, 孝昭王 원년 8월.
54)《三國史記》권 39, 雜志 8.

지만 두 차례(내물왕 22년·26년, 377·381)나 前秦에 사신을 보내어 이른바 조공의 형식을 통한 官貿易의 길을 열었던 까닭이다. 그러나 전진의 멸망(394)과 중국대륙의 혼란, 그리고 고구려와의 관계 악화로 더 이상 북중국 諸國과의 교역은 계속되지 못하였다. 그러다가 법흥왕 8년(梁 普通 2년, 521) 이번에는 백제사신을 따라 남조의 梁(502~556)에 入貢하였다. 이 일은 그 후의 중국대륙과의 무역확대에 있어서 획기적 계기가 되었다.

지리적으로 한반도의 동남부에 위치하고 있었던 신라는 중국대륙과 끊임없이 접촉할 수 있었던 고구려나 백제에 비하여 발전과정도 완만하였다. 이제 신라는 남조의 중심국이던 梁과 직접 교류함으로써 동아시아 세계의 문화·경제의 큰 흐름속에 동참할 수 있게 되었다. 그 당시 양으로부터 의복과 향을 받은 신라조정이 그 이름과 그것의 쓰임을 알지 못하여 향을 가지고 국내를 돌아다녔던 일[55]을 미루어 생각하면 후진국 신라에 던져진 문화충격이 어떠하였던가를 알 만하다. 신라가 중국대륙과의 무역을 본격적으로 행하게 된 것은 陳(557~589)과의 교역에서이다. 진흥왕 28년(567)부터 시작된 이 교역[56]은 진흥왕대만 해도 전후 4차례에 이르며, 진지왕 3년(578)에도 方物을 바쳐 교역하고 있다.[57]

그런데 진평왕대(579~631)에는 조공형식의 공무역만이 아니라 상인들에 의한 상거래도 행해지고 있었던 흔적이 곳곳에 나타난다. 고승 智明과 圓光法師의 入陳은 비록 불법을 구하러 간 승려에 관한 기사이지만 선박의 왕래가 빈번하였다는 반증이며 특히 남해안에서 배를 타고 남중국으로 들어간 大世와 仇柒의 이야기는 그 당시 민간인들의 중국 내왕이 손쉽게 이루어지고 있었다는 증거이다.

이 당시 중국과 교역된 무역품이 어떠한 것이었는지는 알 길이 없다. 중국에서 보내온 回賜品目도 현존사료에서 거의 찾아볼 수 없다. 그것은 진 멸망 이후 더욱 빈번하게 교빈하였던(7회) 隋(581~617)와의 교역에서도 마찬가지이다. 그리고 이른바 조공무역이 전성기를 이루었던 당대(618~907)에도 國

---

55) 《三國史記》 권 4, 新羅本紀 4, 법흥왕 15년.
56) 《三國史記》 권 4, 新羅本紀 4, 진흥왕 28년 3월.
57) 《三國史記》 권 4, 新羅本紀 4, 진지왕 3년 7월.

使의 왕래는 매우 빈번하였지만 貢物·회사품의 품목을 전해주는 자료는 그렇게 많지 않다. 당이 건국되고 신라가 삼국을 통일할 때까지 반세기간, 양국의 교빈은 기록상 34回나 되지만[58] 교역품목을 명기한 자료는 찾기 어렵다. 다만 이 시기 왕이 승하하거나 왕족이 사망하였을 때 부의로 보낸 물품이나 답례품이 이때의 주요한 교역품을 알 수 있는 실마리가 될 뿐이다. 진평왕이 승하하였을 때(632) 당 太宗은 비단 200필을 보내어 부의하였고[59] 伊湌 文王(文武王 3弟)이 죽었을 때(665) 당 高宗은 紫衣·腰帶를 비롯하여 彩綾羅 100필, 生綃 200필을 부의하였다. 신라는 답례로 金帛을 더욱 두터이 보냈다.[60] 당초부터 이 기간 동안 신라는 금·비단 등 원료적인 토산품을 진공하였고, 당은 羅·綾·綵·錦 등 고급직물과 의복·금은세공품을 보내왔다.

신라의 삼국통일은 산업의 급속한 발달과 무역량의 비약적인 성장으로 신라의 경제생활에는 커다란 변화가 일어났다. 통일전에는 그 수출품이 원료적 토산품인데 반하여 통일 이후에는 朝霞紬·魚牙紬·鏤鷹鈴 등의 고급직물과 금은세공품 등의 수출이 늘어나고 있다.[61] 聖德王 22년(당 玄宗 11년, 723) 당에 進貢된 물품은 '果下馬一匹·牛黃·人蔘·美髢·朝霞紬·魚牙紬·鏤鷹鈴·海豹皮·金銀' 등 주로 고급기술품이 포함되어 있다.[62] 당은 그 답례품으로 '金袍·金帶·綵絹·素絹 共二千匹'을 보내왔다.[63]

신라 수출품의 이와 같은 질적 변화는 성덕왕·경덕왕대를 중심으로 공예품 생산과 관계된 직관의 변혁에서도 알 수 있다.《삼국사기》에 보면 '陵色典 大舍一人 史一人', '朝霞房 母二十三人', '染宮 母十一人' 등 20여에 이르는 직관이 명기되어 있다.[64] 고급물품의 생산을 위한 관영공장의 설립과 무관하지 않다. 이와 같이 세분화되고 분업화된 신라의 관영공장이 수출품만을 생산하기 위하여 설립된 것은 아니다. 신라 전성기의 '京中十七萬八千九百三十

58) 申瀅植,《韓國古代史의 新研究》(一潮閣, 1984), 315쪽.
59)《三國史記》권 4, 新羅本紀 4, 진평왕 54년 정월.
60)《三國史記》권 6, 新羅本紀 6, 문무왕 5년 2월.
61) 申瀅植, 앞의 책, 336쪽.
62)《三國史記》권 8, 新羅本紀 8, 성덕왕 22년.
63)《三國史記》권 8, 新羅本紀 8, 성덕왕 23년 2월.
64)《三國史記》권 39, 雜志 8 職官 中.

六戶'와 '三十五金入宅'으로 상징되는 부유귀족층[65]의 물품수요 증대에 따른 공장설립도 있었을 것이다. 그러나 관영공장의 건설이 당과의 조공형식의 무역을 위한 것이었는지 혹은 부유귀족층의 물품수요의 충당을 위한 것이었는지 간에 관공장의 고급기술은 널리 보급되고, 그것은 다시 민영의 가내공장 설립으로 발전되어 간 것만은 분명하다.

성덕왕 29년(730) 2월부터 전후 4회에 걸쳐 교역된 무역품이나 景德王 7년(748) 3월과 惠恭王 9년(773) 4월에 送貢된 교역품들은 모두 그 질과 양에 있어서도 현저한 변화가 있었다.[66] 특히 景文王 5년(865)에 당 懿宗(860~873)이 보내온 물품과 경문왕 9년 신라가 당에 수출한 물품들은 그 당시 관무역의 내용과 크게 발달한 신라 금속공예산업의 수준을 짐작하게 한다.[67] 《삼국사기》를 비롯하여 《冊府元龜》·《당회요》 등에 보이는 자료를 바탕으로 나당 양국 간에 교역된 물품을 간추려보면 대략 다음과 같다.

(1) 수출품

신라가 당으로 수출한 물품은 금속공예품·금·은·동·銅製品·織物工藝品·직물·藥材·香油·美髢·馬·狗·鷹·海獸皮·毛皮·皮革·牛黃·人蔘 등을 들 수 있겠다. 매우 다양한 품목들이다. 이 가운데 금·은·금속공예품 등 귀중품은 대부분이 관영공장에서 제작된 최고급품에는 틀림없겠지만, 앞서 논급한 바와 같이 관영공장의 고급기술은 이미 민간공장에 널리 보급되고 있었다. 哀莊王은 "錦繡로 佛事를 하거나 금은용기로 하는 일"을 금하고 있다.[68] 신라인들의 생활양상 변화와 물품수요의 증대를 말해주는 한 예이다. 이미 금은이나 그것으로 장식한 귀중품도 사찰이나 지방호족간에 널리 사용되고 있었으며, 장보고 때에 오면 민간무역품으로도 교역되었다. 日僧 원인의 《입당구법순례행기》에 보면 그가 당에 머무는 동안 도움을 받은 사

---

65) 《三國遺事》 권 1, 紀異 2, 辰韓.
66) 《三國史記》 권 8 新羅本紀 8, 성덕왕 29년.
《唐會要》 권 95, 신라
《三國史記》 권 9, 新羅本紀 9, 혜공왕 9년.
67) 《三國史記》 권 11, 新羅本紀 11, 경문왕 9년.
68) 《三國史記》 권 11, 新羅本紀 11, 애장왕 7년 3월.

람들에게 사은품으로 고급「新羅刀子」를 주고 있다.[69] 이는 그「신라도자」가 민간교역품으로 선용되고 있었다는 좋은 증거이다. 하기야「신라도자」는 이미 7세기에 일본에 수출되어 인기품으로 등장하고 있다.[70]

(2) 수입품

신라가 당으로부터 수입한 물품은 곧 공헌품에 대한 회사품을 말하는 것이지만, 이에 대한 자료는 공헌품의 그것보다 더욱 희소하다. 여러 자료를 바탕으로 그것을 간추려보면, 여러 가지 工藝品·絹織物·茶·書畵·瓷器·漆器 및「南海舶來品」등을 꼽을 수 있다. 공예품 가운데는 金銀細器物·金帶銀帶·羅繡袍·緋襴袍 등의 물품명이 산견된다. 성덕왕이 정교한 이 제품들을 격찬한 것으로 보면 빼어난 당나라 기술이 신라에 미친 영향을 짐작할 수 있다.[71] 견직물은 종류의 다양함은 말할 것도 없거니와 그 양의 많음에 놀라지 않을 수 없다. 錦袍·綵綾·帛·紫羅繡袍·瑞紋錦·五色羅綵·羅錦綾綵 등이 수십 필단에서 2,500필까지 이르니 결코 적은 양은 아니다. 헌공·회사가 관무역의 성격을 띠고 있음을 말해주는 증거이다.

「남해박래품」중에서 우선 당을 통하여 수입된 물품만을 보면, 성덕왕 32년(733) 12월의 회사품 가운데 鸚鵡 한 쌍이 있다.[72] 이 밖에《삼국사기》권 33, 雜志 2의 色服 車騎 器用 屋舍조에 보이는 玳瑁·紫檀·沈香·孔雀尾·瑟瑟·毬氀·翡翠毛 등의「남해박래품」은 신라무역에 큰 변화를 가져다 준 私무역과 연관지어 뒤에서 상론하겠다.

(3) 일본과의 교역

문헌사료를 통해서 보는 한에 있어서는 일본과의 교역은 鐵과 곡물로 시작된 것 같다.《三國志》에는 경상도 지방에서 산출되는 '弁辰의 鐵'이 일본으로 수출된 기록이 실려 있다.[73] 경주·蔚山·安東·盈德·草溪·山陰 등지에

69) 圓仁,《入唐求法巡禮行記》권 4, 會昌 5년(845) 7월 5일.
70)《日本書紀》권 29, 天武 8년 10월(680).
71)《三國史記》권 8, 新羅本紀 8, 성덕왕 32년.
72) 위와 같음.
73)《三國志》권 30, 魏書 30, 東夷 弁辰.

서 생산된 철이 金海와 울산을 통하여 일본으로 반출된 것이다. 이러한 사실은 일본의 《古事記》에 보이는 「韓鍛」과 《속일본기》에 나오는 「韓鐵師」·「韓鍛冶」 등의 기록에 의해 입증된다.[74] 《삼국사기》에 "倭人이 크게 굶주려 찾아와 먹을 것을 구하는 무리가 천여 인 있었다"는 기록이 있다.[75] 역사적 사실로 믿기에는 무리가 있다고 해도 곡식의 수출이 있었다는 사실을 시사해주는 기록이라 생각된다.

신라는 통일 이후 일본과의 교역을 매우 활발히 전개해 간 것 같다. 《일본서기》 天武·持統記에 보면 신라로부터 수입된 물품명이 기록되어 있다. 天武朝는 금·은·철·刀·鼎·錦·絹·布·皮·馬·狗·騾·駱駝[76]와 細馬一匹·騾一頭·犬二狗·鏤金器·金·銀·霞錦·綾羅·虎豹皮·藥物類·屛風·金器·鞍皮·絹布[77]를 수입하였고 다음의 持統朝에는 이 밖에 많은 佛像과 '種種彩絹', 그리고 '種種珍異物'[78]을 수입하고 있다. 여기에서 신라의 수출품 중 값비싼 금속·직물공예품은 차치하더라도 신라가 西方·南方에서 수입한 '駱駝'나 '종종진이물'을 다시 재수출하고 있다는 사실에 주목해야 한다. 종래 일본에서는 西方文物의 거래가 다 중국을 경유하여 수입된 것으로만 생각해 왔지만 신라를 통한 전래도 많았다는 사실을 알아야 할 것이다.

서방문물이 신라를 통하여 일본으로 전래되었다는 사실은 일본 奈良의 正倉院에 수장되어 있는 신라물품 교역에 관한 26여 종의 文件과 關市令(養老年間)의 蕃客·官司·禁物 각 조에 명백히 드러나 있다. 정창원의 〈買新羅物解〉에는 唐 南海(동남아시아·인도·아랍·페르시아) 등의 물산이 허다하게 포함되어 있다.[79] 《속일본기》 권 18, 孝謙朝 天平勝寶 4년(경덕왕 11년, 752) 윤 3월조에 신라왕자 金泰廉 이하 700여 명의 대사절단이 來訪하여 6월부터 平城京

74) 《古事記》 中.
《續日本紀》 권 9, 元正記 養老 6년(722) 3월 10일·권 29, 稱德記, 神護景雲 2년(768) 2월 28일.
75) 《三國史記》 권 2, 新羅本紀 2, 伐休尼師今 10년 6월.
76) 《日本書紀》 권 29, 天武 8년 10월(680).
77) 《日本書紀》 권 29, 朱鳥 원년(686) 4월.
78) 《日本書紀》 권 30, 持統 2년(688) 2월·3년 4월.
79) 東野治之, 〈鳥毛立女屛風下貼文書の硏究〉(《正倉院文書と木簡の硏究》, 塙書房, 1977), 331~341쪽.

에서 대대적인 교역활동을 한 소식을 전한다. 이 〈매신라물해〉는 이때 신라로부터 가지고 온 박래품을 官人귀족들이 구매하기에 앞서 그들이 필요로 하는 물건의 품목·가격·수량 등을 기록하여 大藏省·內藏寮에 제출한 구입허가 신청서이다.

교역품은 주로 금속품·기물·향료·약물·염료 등이 주를 이룬다. 향료에는 薰陸香·青木香·丁香·藿香·零陸香·甘松香·龍腦香 등 남중국·동남아시아·인도·아라비아산이 매우 많다. 약재에도 呵棃勒·畢拔 등 동남아시아·페르시아산이 보인다. 이 밖에 日常器物로는 新羅墨·종이·악기·毛氈·松子·密汁·口脂·經卷·佛具·鏡·鋺·盤箸(佐波理加盤) 등 다양한 물품이 엿보인다. 그런데 주목할 만한 일은 김태렴 일행 가운데는 일본에서의 교역을 목적으로 온 사람들이 많았다는 사실이다. '신라물' 가운데는 '念物'이라고 표기된 상품들이 있어 당시 일본의 귀족들이 꼭 사야 할 신라상품을 항상 마음에 두고 있었다는 사실을 잘 나타내고 있다. 더욱이 '염물'의 가격은 비싸서 거울·丁香의 경우는 '면 200톤'이나 되기도 하였다.

앞서 언급한 것처럼 신라 수출품 중에는 중국·서역·동남아시아·인도·페르시아 등지에서 생산된 물품들이 많이 발견된다. 이 사실은 당시 신라가 중개무역이건 직접무역이건 간에 활발한 무역활동을 전개하고 있었다는 증거이다. 당시의 일본무역은 엄하게 국가가 관리하는 공무역이 주류를 이루었다. 《속일본기》에는 入關된 신라물품을 구매하고자 하는 左·右大臣을 비롯하여 大官·왕녀들에게 구매대금조로 大宰府의 綿 7만여 톤을 하사한 기사를 찾아볼 수 있는데, 이는 당시 일본 대외무역의 한 면을 설명해 주는 한 예라 하겠다.[80]

신라·일본간의 국교는 宣德王 원년(780)에 두절되었다. 그러다가 애장왕 4년(803) 다시 교빈이 시작되고[81] 이듬해 일본은 '黃金 三百兩'을 貢送하였다.[82] 이는 憲康王 8년(882) '황금 삼백량'과 '明珠 十個'를 보내온 기록과 더불어 일본의 수출품목을 전하는 귀중한 자료이다. 그러나 양국의 공적 교빈

---

80) 《續日本紀》 권 29, 神護景雲 2년(768) 10월.
81) 《三國史記》 권 10, 新羅本紀 10, 애장왕 4년.
82) 《三國史記》 권 10, 新羅本紀 10, 애장왕 5년.

이 단절된 뒤에도 신라상인들의 내왕은 빈번하였다. 일본은 당과의 교통이나 교역상의 정보를 이 신라 국제무역상인들에게 의존할 수밖에 없었다. 《日本後紀》 嵯峨紀(810~823, 憲德王時)에는 신라상인들이 자주 長門과 筑前(지쿠젠)에 來航하였고 船舶 20여 척이 對馬島를 드나들어 海賊船으로 오인받기도 하였으며, 일본도 대마도에 「新羅譯語」를 두었던 사실 등이 자세히 기록되어 있다. 이는 곧 신라상인들의 활동이 활발하였다는 방증이다.[83] 그러나 신라 상인들의 대일본 사무역이 본격화된 시기는 장보고의 청해진 설치(828) 이후가 아닌가 짐작된다.

《續日本後紀》에 보면 大宰府가 중앙정부에 올린 글 가운데 "蕃外의 신라국 신하인 장보고가 사신을 보내어 방물을 올렸다"라고 한 내용이 있다.[84] 장보고는 당시 국가간의 무역만이 허용된 관행을 무시하고 신라정부와는 관계없이 독자적으로 자기의 사신을 보내어 통교하고 있었다. 물론 대재부는 "人臣은 국가 간의 교역을 할 수 없다"는 원칙에서 장보고선단을 그들의 거점인 홍려관 인근으로 돌아가게 하였다. 그러나 일본정부는 대재부에다 장보고의 「廻易使」들이 가지고 온 「唐國貨物」을 민간인에게 적당한 가격으로 매매하도록 지시하고 있다. 여기에 덧붙여 선단이 가지고 온 물품이 값비싼 것이어서 구매자 가운데는 왕왕 가산을 탕진하는 경우가 있었던 듯 이를 경계하는 조치도 취하도록 하고 있다.

장보고의 교역은 귀족은 물론 筑前(지쿠젠)의 國守와도 직접 상거래를 할 만큼 광범위하게 대규모로 이루어졌다. 承和 9년(842) 정월 장보고가 암살당했다는 소식을 듣고 전 축전의 국수 文室宮田麻呂가 지난해 장보고의 회역사 李忠·楊圓 등이 가지고 온 교역품을 압수한 사건이 일어났다. 文室은 "장보고가 살아 있을 때 '당국화물'을 구매하기 위하여 비단(絁)을 대금조로 선불했는데 갑자기 장보고가 죽었다고 하니 약속한 화물을 받을 수 없게 되었으므로 회역사들이 가지고 온 상품을 차압한 것"이라고 했다. 그러나 일본정부는 장보고선단에 퍽 동정적이어서 문실이 회역사의 상품을 탈취한 행위

83) 金庠基, 〈古代의 貿易形態와 羅末의 海上發展에 就하야〉(《震檀學報》 1, 1934), 100쪽.

84) 《續日本後紀》 권 9, 承和 7년(840) 12월 27일.

를 막지 못한 대재부 관리들을 질책한 뒤 화물을 되돌려 주게 하였다.[85]

이와 같이 장보고의 대일본 교역은 대재부의 관리들은 물론 중앙정부에서도 관심이 지대하였다. 그러기에 장보고 사후에도 공식적인 교역은 거부되면서도 민간교역은 여전히 허용되고 있었다. 《속일본후기》에 보면 大宰大貳藤原衛의 상주문 4조가 실려 있다.[86] 그 가운데의 하나가 신라 민간인의 입국과 상인들의 활동에 관한 내용이다. 민간인들의 입경은 국정염탐이라는 구실로 엄하게 금하고 있는 반면, 상인들의 거래행위는 허용하여 가지고 온 물산을 민간에서 교역하게 한 뒤 곧 돌아가게 하고 있다. 일본정부의 이와 같은 궁색한 조치는 당시「당국화물」에 대한 일본사람들의 욕구를 쉽사리 막을 수 없었기 때문이다.

(4) 이슬람과의 교역

신라의 무역에서 특기해야 할 일은 아라비아·페르시아 등 이른바 이스람교권 상인들과의 교역이다. 이들과의 관계는 唐帝國이란「거대한 호수」를 통하여 간접적으로 始終한 것만은 아니다. 한국이나 중국측 문헌에서 신라와 이슬람 여러 나라와의 직접무역에 관한 기사는 찾아볼 수 없다. 그러나 몇몇 문헌에는[87] 아랍·무슬림상인들의 신라 내왕이나 신라 見聞에 관한 기술과 함께 신라로부터 수입한 상품에 관한 기사도 실려 있다.[88]

아랍 지리학자인 이븐 쿠르다지바(Ibn Khurdādhibah, 820~912)는 자신의 저서《諸道路 및 諸王國志》에서 신라의 위치와 황금의 산출, 그리고 무슬림들의 신라 내왕에 관하여 서술한 뒤에 신라가 수출하는 상품명을 다음과 같이 언급하고 있다. "중국의 동해에 있는 이 나라에서 가져오는 물품은 비단(綢緞)·劍·키민카우(kiminkhāu)·麝香·蘆薈·馬鞍·豹皮·陶器·帆布·肉桂·쿠란잔(Khulanjān)" 등이다. 이 밖에 고라이브·樟腦·高良薑 등이 있다.[89]

---

85) 《續日本後紀》 권 11, 承和 9년(842) 정월 10일.

86) 《續日本後紀》 권 12, 承和 9년(842) 8월 15일.

87) Sulaimān, 《中國과 印度消息》 (Paris, 1948),
Al-Masoūdi, 《黃金草原과 寶石鑛》 (Baghdad, 1938).

88) 무함마드 깐수, 〈新羅와 西城間의 文物交流〉(《新羅·西城交流史》, 檀國大 出版部, 1992), 236쪽.

키민카우와 쿠란잔이 어떠한 물품인지는 모르지만 고라이브는 人蔘이라고 주장하는 학자들이 많다. 검과 표피나 인삼·생강 등이 중국이나 일본으로 다량 수출되었던 사실로 미루어 보면 이 모두가 이슬람으로 수출되었다고 해도 무방할 것이다. 특히 수출상품의 하나인 노회는 그 원산지가 아라비아·아프리카 등 지역이며 이 漢字 이름도 그리스어의 Aloe에서 Alue(아라비아어), Alwa(페르시아어)로 음이 바뀌어진 것을 중국에서는 蘆薈·奴會·納會 등으로 음사한 것이다. 또 신라 수출품으로 되어 있는 장뇌도 아열대지방의 산물로서 신라에서 생산되는 상품은 아니었다. 이러한 점으로 미루어 보면 당시 상품의 역수출이 이루어지고 있었으며 그 다양성도 엿볼 수 있다.

《삼국사기》 권 33, 志 2, 色服 車騎 器用 屋舍조에 보면 외래상품명이 많이 기재되어 있다. 색복조에는 孔雀尾·翡翠毛·瑟瑟·玳瑁 등이 보인다. 공작미는 인도·동남아 일대와 중국의 남부에도 분포·서식하는 공작의 꼬리 부분이지만 翡翠毛는 翡翠鳥의 털(Kingfisher's Feathers)을 말한다.[90] 주산지는 캄보디아이고 털의 색깔은 翠色으로 진귀하며 극히 사치한 상품은 毛緞 같이 꼬아서 짠(撚織) 것이었다. 중국 宋代에도 이 「翠毛박이 비단」의 착용을 금하고 있는 것으로 미루어 보면 이때에도 최고의 사치품이었던 것으로 생각된다.

瑟瑟에 대하여 《삼국사기》에는 다만 眞骨女人의 빗(梳)이나 冠, 또는 六頭品女의 빗에 "瑟瑟鈿(박이)를 禁한다"는 기사가 있을 뿐 다른 설명이 없다. 진골녀의 빗과 관에 瑟瑟박이를 금지하였다고 하면 그리 흔한 물품은 아니었던 것이 분명하다. 이에 관하여 비교적 많은 중국측 자료를 정리해 보면 주산지는 타슈켄트며 碧石의 보석으로 추측된다.[91] 중세 동서교역의 총아인

89) Ibn Khurdādhibah, 《諸道路 및 諸王國志》(Leiden, Brill, 1968). 그런데 헨리 율(H. Yule)과 앙리 콜디어(H. Cordier)의 연구(H. Yule & H. Cordier, *Cathay and the Way Thither*, Vol. Ⅰ, London, 1915)를 참고한 李龍範의 글에서는 그 품목의 수와 내용에서 전자와는 다소 차이를 보이고 있다(李龍範, 〈處容說話의 一考〉, 《震檀學報》 32, 1969, 30쪽). 그는 "수출품은 고라이브(Ghoraib)·水溶性樹膠·蘆薈·樟腦·帆布·馬鞍·磁器·綢緞·肉桂·高良薑 등"이라고 하였다. 여기에는 劍과 豹皮가 빠진 대신에 고라이브·樟腦·高良薑이 첨가되어 있다.

90) 趙汝适, 《諸蕃志》 下, 翠毛·周去非, 《嶺外代答》 권 9, 翡翠조 등 중국문헌에 이 새의 서생지·생태·기묘한 포획방법·용도 등을 기술하고 있다.

回鶻상인들이 중앙아시아에서 중국으로 가지고 온 중요 상품에 이 슬슬이 빠지지 않았던 것을 보면, 이 보석에 대한 唐人들의 호기심을 족히 엿볼 수 있다. 신라에서 이에 대한 금령이 내려진 흥덕왕 9년(834)경에는 신라귀족도 漢民族에 못지 않은 소유욕을 지니고 있었던 것이 분명하다.[92]

玳瑁(瑇瑁)의 생산지는 보르네오·필리핀 군도·쟈바 등지이며 그 해안에서 포획되는 龜甲의 일종이다. 그것은 黃色을 띤 검은 반점이 있는 반투명체로 장식용에 많이 사용되어 왔다. 車騎조에서도 진골의 수레 재료에 이것을 쓰지 못하도록 금하고 있고, 屋舍조에서도 진골과 6두품의 床에 대모 장식을 하지 못하게 하고 있다. 이런 점으로 미루어 보아 대모는 빗에서부터 車材·床의 장식에 이르기까지 광범위하게 이용된 사치성 물품이었음을 알 수 있다.

이 밖에 車騎조에 紫檀·沈香이란 물품명이 기록되어 있다. 자단은 불교에서는「旃檀」이라고 하며 학명은 Pterocarpus Satarinus이다. 쟈바와 스마트라 서북에서 산출되는 향기나는 목재이다. 침향은 그 학명이 Aguilaria Agallocha로서 역시 향기있는 목재로 주로 占城國(Campa)·스마트라에서 생산된다. 이들 香木은 "眞骨이 사용하는 수레의 材木으로 쓰여서는 안된다." 뿐만 아니라 진골에서 4두품 남녀에 이르기까지 모두 자단이나 침향을 鞍橋에 쓰지 못하도록 하였다. 屋舍조에서도 진골은 침향을, 6두품은 자단과 침향을 床에 장식하지 못하도록 하였다.

器用조에 "6두품·5두품은 물론 4두품에서 백성에 이르기까지 毬㲣·𣰥𣯍의 사용을 금"하고 있다. 구유는 중국에서는 氍毹로도 표기하는데 털깔개를 말한다. 답등은 毾㲪 또는 毾毲으로 쓰여지는 것이 보통이다. 모두 羊毛를 주성분으로 하여 雜毛를 섞어서 짠 문양이 있는 페르시아 직물이라는 점에

---

91) 《舊唐書》 권 104, 列傳 54, 高仙芝 : 《新唐書》 권 135, 列傳 60, 高仙芝·권 221 上, 列傳 146 上 西域 上 于闐 및 《資治通鑑》 권 216, 唐紀 32, 玄宗 天寶 9載. 슬슬이 어떠한 종류의 보석인지는 뚜렷하지 않다. 로퍼(Laufer)는 보석으로서의 슬슬은 이란어 Se-Se를 음사한 것이며, 에메랄드(Emerald)일 것이라 추측하였다(B. Laufer, *Sino-Iranica*, Chicago, 1919, p.516).

92) 李龍範, 〈〈三國史記〉에 보이는 이슬람 商人의 貿易品〉(《李弘稙博士回甲記念韓國史學論叢》, 新丘文化社, 1969), 103쪽.

는 다를 바 없다. 그러나 답등은 구유에 비해 더 섬세하며 북부 인도에서도 산출되나 로만·오리엔트(Roman-Orient)의 것이 가장 색채가 선명하다고 한다. 이 답등·구유는 페르시아의 坐具用 모직물이며 그것도 榻(페르시아어 Takht·Takhta가 원어)이라는 페르시아 坐具에 까는 깔개이다.[93]

위에 논급한《삼국사기》雜志에 보이는 외래품 외에도 특수향료의 수입도 적지 않았을 것이다. 그 예로 1966년 경주 佛國寺 釋迦塔에서 발견된 향은 乳香으로 밝혀진 바 있다.[94] 유향(Frankincense, 아랍어 Lubān 혹은 Kundur, 범어 Kunduru)은 아라비아반도의 남단에 위치한 하드라모우드(Hadramout)나 질리(Gilead) 연안에서 생산되는 薰陸香·馬尾香·天澤香·摩勒香·多伽羅香 등의 이름으로도 불리는 향료이다.《諸蕃志》하, 유향조에 의하면 아라비아 상인들에 의하여 스마트라의 파렘방(Palembang)에 集貨되었다가 중국으로 수출되었다. 이들의 수출품에는 물론 安息香(Styrax Benzion) 등 다른 고가의 향료도 포함되어 있다.

각종 유리기구도 고급 사치품으로 수입되었다. 아라비아(大食) 유리의 특수성을《제번지》하, 유리조에는 "습기에 깨지지 않고 추위와 더위에 잘 견디며 물속에서도 못쓰게 되지 않는 것"이라 설명하고 있다. 신라귀족들도 이러한 유리기물을 애용하였던 흔적을 현존하는 유물을 통하여 입증할 수 있다. 金冠塚·瑞鳳塚·天馬塚·皇南洞 98호 北南墳 등 5~6세기 고분에서 총 18여 점의 유리기구가 발견되었다. 그 재료나 제조기법, 장식형태와 색깔 등으로 미루어 보아 대체로 후기 로만글래스(비잔틴 유리)계에 속한다고 한다.[95] 뿐만 아니라 통일신라 유리군에 속하는 대표적인 유리공예품에도 페르시아(사산조)계의 제품들이 발견되고 있다. 漆谷郡 松林寺五層塼塔에서 발견된 병 2점을 비롯하여 경주 皇龍寺塔址·芬皇寺石塔·皇福寺三層塔·佛國寺 釋迦塔·益山 五層石塔 등에서 총 8점의 유리병이 발견되었다.[96] 이와 같이 로마의 유리기구가 고신라고분군에서 출토되고 페르시아계 유리병 등이 통일신라의 寺塔에서 발견되

93) 李龍範, 위의 글, 98쪽.
94) 閔泳珪, 〈예루살렘 入城記〉(《연세춘추》 456·457, 1967).
95) 무함마드 깐수, 앞의 책, 245쪽.
96) 무함마드 깐수, 위의 책, 247쪽.

었다는 사실은 東西文物交流史上 신라문화의 변모과정이 어떠했는가를 생각하게 한다.

신라의 통일을 전후하여 당의 서울 長安에는 거의 만에 가까운 西城人이 거주하고 있었다.[97] 天寶(742~755) 이후에는 급증하여 780년경에는 장안에만도 50,000여 명에 이른다.[98] 한편 해양교통이 발달함에 따라 아라비아·페르시아 상인들은 인도양을 넘어 자바·스마트라·캄보디아 등「南海」일대에까지 상업시장을 넓혀갔다. 그러면서 8세기초에는 남중국 무역의 중심지인 廣州로 진출하고 다시 福州·泉州·洪州(南昌)·杭州·明州(寧波)로 북상하여 운하를 따라 蘇州·揚州에까지 그들의 시장을 확대해 나갔다.

《唐太和上東征傳》에 보면 당시 광주에는 "香藥·珍寶를 산적한 婆羅門·波斯(페르시아)·崑崙 등의 배가 수없이 많았고 師子國·大石國 사람들이 왕래 거주하는 자가 매우 많았다"라고 기술하고 있다. 아랍의 역사가 아브 자이드(Abu Zaid, 9~10세기)와 알 마스디(Al-Masudi, 10세기)는 당말 黃巢의 난(875~884)에 관한 상세한 기록을 남기고 있다. 전자는 황소 농민군이 복주를 거쳐 광주로 진출하여 이를 함락하고 "이슬람교도·유태교도·기독교도·배화교도 등 이곳에 살면서 상업에 종사하는 사람들, 실로 12만 명이나 죽였다"고 하였으며, 후자는 주민들을 포함하여 20만 명을 학살했다고 적고 있다. 인원수에 과장된 면이 없는 것은 아니지만 광주에 거주하던 대식인·파사인들의 수를 짐작은 할 수 있을 것 같다. 이와 같이 아랍·페르시아의 거주민만도 십수만을 헤아리게 되니 당 정부는 일찍부터 이들의 거주지를 특수지역으로 지정하여「蕃坊」을 설치하였다. 뿐만 아니라 현종 개원 2년(714)에는「市舶使(司)」를 두고 이들과의 무역업무도 관리하게 하였다.[99]

양주에도 많은 아랍·페르시아 상인들이 거주하고 있었다.《신당서》田神功傳에는 그가 양주에서 "大食(아랍)·波斯·賈胡"를 수천이나 학살했던 사실이 수록되어 있으며,[100]《全唐文》太和 8년(834)의 칙문도 많은「南海蕃舶」

97)《唐會要》권 73, 安北都護府.
98) 沈福偉,《中西文化交流史》(上海人民出版社, 1985), 156쪽.
99) 金文經, 〈張保皐 해상왕국의 사람들〉(《張保皐-해양경영사연구-》, 1993), 109쪽.
100)《新唐書》권 144, 列傳 69, 田神功.

과 「蕃客」이 嶺南의 福建과 揚州에서 내왕·칩거하고 있었던 사실을 알려주고 있다.[101] 원인의 《입당구법순례행기》에는 양주의 孝感寺 瑞像閣 수리에 소요되는 경비 중 일부를 파사국과 占婆國의 상인들에게 분담시킨 사실을 전하고 있었다.[102] 이 시기 신라 무역상인들도 이 두 지역에서 교역활동을 활발히 전개하고 있었던 사실을 전한 자료들이 허다하게 발견된다. 《속일본후기》에 보면, 신라상인들이 康州(廣州)에 표류하던 일본인 50여 명을 데리고 왔다는 소식을 전하고 있고[103] 日本僧 원인은 그의 일기에서 양주에 체류하는 동안 신라인 국제무역상 王請·王宗을 만났던 사실을 기록하고 있다. 朱景玄의 《唐朝名畵錄》에도 貞元末(804) 신라상인이 江淮에서 수십 점의 그림을 비싼 가격으로 구입해 간 이야기를 전하고 있다.

신라는 통일 이후 당과의 관계가 더욱 밀접해지면서 사신을 비롯하여 승려·유학생·상인 등 많은 사람들이 중국을 왕래하였다. 이미 경주는 長安에서 크게 유행하던 西域風의 정취를 닮아가고 있었다. 「三十五金入宅」으로 표현되던 특수 부유층들은 사치성 소비재를 세공해 주는 이슬람상인들의 왕래를 마다할 이유가 없었다. 무역거점 「번방」을 구축하고 무역권을 확대해 가던 이들이, 세계무역사의 새로운 단계에 가담하고 있었던 신라인 무역업자와 在唐「新羅坊」 사람들과도 자연스런 상거래를 하지 않았을 리가 없다. 신라 귀족들이 애용하던 많은 이국상품은 재당 신라상인들의 모국을 상대로 한 무역활동에서 가지고 올 수 있었을 것이고, 한편 상업활동이 왕성하던 이슬람상인이 직접 반입하였다고 해도 별 무리는 없을 것이다.

3) 당에서의 활동

唐代 중국땅에는 많은 신라 사람들이 거주하고 있었다. 특히 山東半島 연해안과 淮水와 大運河 변, 그리고 長江 하류 및 남중국 연해안에 마을을 이루어 살고 있었다.[104] 이들은 오랜 시간 동안 우여곡절을 겪으면서 정착한

101) 《全唐文》 권 79, 疾愈德音 太和 8년(834).
102) 圓仁, 《入唐求法巡禮行記》 권 1, 開成 4년(839), 정월 7일.
103) 《續日本後紀》 권 15, 承和 12년(845) 12월 5일.

사람들이다. 그들 중에는 옛날 고구려와 백제에서 전쟁포로가 되어 강제로 끌려온 사람도 있었고, 굶주림을 피해 온 사람, 해적들에 나포되어 팔려온 사람도 있었다. 그리고 우리 나라 해외발전기에 진출해 온 貿易商人·留學生·求法僧·軍人·船員·農民 등도 포함되어 있었다. 이와 같이 시간과 나라와 경우를 달리하면서 건너 온 이들 정착민들은 긴 역사의 흐름속에서 서로 융합하여 「신라인」으로 각자의 생업에 전념해 갔다.

(1) 유학생과 문인의 교유

신라가 唐에 처음으로 子弟를 보내어 國子監에 입학시킨 것은 宣德王 9년(640) 5월의 일이다.[105] 이 뒤 소위 「宿衛學生」의 이름으로 많은 학생이 왕래수학하였던 것이다.[106] 그리하여 僖康王 2년(당 開城 2년, 837)에는 그 당시 당의 國學에서 수학하던 유학생은 모두 216명이나 되었다.[107]

사실 신라인의 유학열은 9세기초 당이 외국인을 위하여 실시한 賓貢科 제도가 한층 자극시켰다고 생각된다. 長慶 元年(憲德王 13년, 821) 金雲卿이 처음으로 빈공과에 登第한 이래 唐末까지는 58명이, 五代(梁·唐)에는 32명이 급제하였다고 전하니 대략 90명이나 되는 셈이다(발해 10명 포함).[108] 그렇다면 등과하지 못한 유학생의 수는 이들의 십수 배나 되었을 지도 모르는 일이다. 文宗 開成년간(836~840)에만 해도 귀국한 학생들의 수는 300여 명이나 되었다.[109] 이러한 사실은 또한 文聖王 2년(840)에 당이 수업연한이 끝나 마땅히 귀국하여야 할 유학생 105명을 放還케 하고 있는 것에서도 뒷받침된다.[110]

---

104) 金文經, 〈在唐新羅人의 集落과 그 구조-《入唐求法巡禮行記》를 중심으로-〉(《李弘稙博士華甲紀念 韓國史學論叢》, 新丘文化社, 1969), 106~116쪽.

105) 《三國史記》 권 5 新羅本紀 5, 선덕왕 9년·《新唐書》 권 44, 志 34, 選擧 上·《新唐書》 권 198 列傳 123, 儒學 上 및 《唐會要》 권 35, 學校.

106) 申瀅植, 앞의 책, 354~359쪽.
金世潤, 〈新羅下代 渡唐留學生에 대하여〉(《韓國史研究》 37, 1982), 150~152쪽.

107) 《唐會要》 권 36, 附學讀書.

108) 《東文選》 권 84, 送奉使李中父還朝序.
安鼎福, 《東史綱目》 권 5上, 眞聖女王 3년.

109) 嚴耕望, 〈新羅留學生與僧徒〉(《歷史語言研究所集刊》 外編 제4종, 中央研究院, 1961), 653쪽.

110) 《三國史記》 권 11, 新羅本紀 11, 문성왕 2년·《舊唐書》 권 199 上, 列傳 149 上,

신라가 당으로 유학생을 처음 파견한 이래 멸망할 때까지 근 300년간 그 수를 줄잡아 2,000여 명이나 될 것이라고 추정하기도 한다.111)

安鼎福(1712~1791)은 《三國史記》와 《東文選》에서 빈공과 及第者 20명을 찾아내고 그 명단을 밝히고 있다.112) 그러나 근자에 와서 학자들의 연구로 52명의 人名을 찾아내었다.113) 그런데 이 많은 유학생들 가운데 얼마나 되는 사람들이 唐文士의 누구와 교유하였는지는 상세히 알 수 없다. 다만 이들 빈공과 출신의 몇몇의 행적을 통하여 이들은 훌륭한 외교사절로서의 책무를 다했을 뿐만 아니라 唐人士들과의 교유로 신라문물의 발전에 크게 기여하였다는 사실을 알 수 있다. 특히 불교와 도교 및 神仙術·老莊思想과도 깊은 관계를 맺고 그 영향을 받았다. 더욱이 禪宗의 깊은 이해는 3교융합은 물론 새로운 사회의 방향제시와도 깊은 관계가 있었다.114) 그러므로 빈공과 급제자 가운데 벼슬을 제수받았던 인사 가운데 행적이 뚜렷한 최치원을 예들어 그의 교유관계를 살피고 그의 문화적 축적이 어떠했던가를 고찰하여 당시 유학생·빈공급제자들의 在唐生活의 한 면을 살펴보기로 하겠다.

《新唐書》藝文志에는 최치원의 재당문학활동의 소산인 《四六》 1권과 《桂苑筆耕》 20권이 기재되어 있다.115) 당문사가 아니면서 그 이름이 예문지에 등재되어 있다는 사실은 실로 놀라운 일이다. 최치원은 憲安王 원년(857) 왕도 慶州 沙梁部의 한 6頭品 가문에서 출생하여 12세 때 당에 유학하였다. 景文王 14년(874) 그의 나이 18세가 되던 해에 빈공과에 급제하여 江南道 宣州 溧水縣尉에 제수되어 관인생활을 시작하였다.116) 최치원은 黃巢의 亂(875~884)이 일어난 뒤 縣尉직을 사임하고 淮南에 있던 중 乾符 7년(880) 黃巢討伐軍의 최고 지휘관(諸道行營兵馬都統)이 된 淮南節度使 高駢(821~887)의 從事官

東夷 新羅·《新唐書》 권 220, 列傳 145, 東夷 新羅·《唐會要》 권 95, 新羅.

111) 嚴耕望, 앞의 글, 653쪽.

112) 安鼎福, 《東史綱目》 권 5 上, 진성여왕 3년.

113) 金世潤, 앞의 글, 160쪽.

114) 申瀅植, 앞의 책, 448쪽.

115) 《新唐書》 권 60, 志 50, 藝文 4.

116) 李基東, 〈新羅下代 賓貢及第者의 出現과 羅唐文人의 交驩〉(《全海宗博士華甲紀念 史學論叢》, 一潮閣, 1979), 640쪽. 嚴耕望은 離家時年 12, 登科時年 19, 歸本國時年 30으로 보고 있다(앞의 글, 649쪽).

이 되었다. 헌강왕 11년(885)초 귀국할 때까지 4년 넘게 고병의 막하에서 文筆을 맡고 있었다.

최치원은 그의 재당 18년간의 후반을 강남에서 지냈다. 당 문사와의 본격적인 교유도 종사관 재임기간에 이루어졌다. 고병 역시 이름있는 詩人이었다.[117] 그 뒤 고병은 神仙長生術에 빠져 끝내 폐가하고 말았다. 최치원도 이의 영향을 받았는지 그의 글 가운데는 神仙·道術의 풍이 엿보인다. 뿐만 아니라 이 시기는 江南佛教가 크게 번창하고 儒釋交遊도 빈번하던 때라 그도 佛法을 깊이 이해하고 高僧大德·佛寺에 관한 많은 글(金石文 등)을 남기고 있다. 그의 종사관 동료 가운데는 문사 顧雲·裵鉶이 있다. 고운은 최치원과는 같은 해 급제한 池州(安徽省 貴池縣) 출신이었다. 그는 고병 막하의 종사관의 수장격인 都統判官직에 있으면서 최치원을 고병에 추천한 인물로 추측된다.[118] 《신당서》 예문지에는 그의 저작 서목이 기재되어 있어 왕성했던 그의 활동을 짐작케 한다.[119] 특히 최치원과는 친교가 깊었던 듯 그의 문집에는 고운에게 화답한 七言律詩 2首가 남아 있다. 훗날 최치원이 귀국할 때 그가 지어 이별을 아쉬워했던 送別詩는《삼국사기》 권 46, 崔致遠傳에 요약 전재되어 있다.

최치원의 교유는 종사관 동료들에만 국한된 것은 아니었다. 그의《계원필경》 권 7·8·9·10에는 鄭畋(禮尙)·鄭凝績 父子를 비롯하여 蕭遘(戶尙) 裵哲(禮尙) 鄭從讜(吏尙) 李蔚(吏尙) 등 명사들과도 교분의 흔적을 남기고 있다. 특히 鄭畋(825~883)의 문학은 뛰어나고 깊으며 더욱이 시부에 능하였다고 하니[120] 그는 당대의 일류문사들과도 교분이 있었음이 분명하다.《삼국사기》에서 그의 傳을 보면 余杭詩人 羅隱과도 가까이 지낸 듯하다. 宰相 정전·이울과도 친분이 두터웠던 나은의 시문은 천하에 널리 알려져 특히 詠史에 빼어났다고 했다.

---

117)《全唐詩》 9함 7책. 최치원도 자주 그에게 시를 지어 바치기도 했다(崔致遠,《桂苑筆耕集》 권 17).

118) 今西龍, 〈新羅崔致遠傳〉(《新羅史研究》, 近澤書店, 1933), 375쪽.

119) 顧氏編遺十卷, 苕川總載十卷, 纂新文苑十卷, 啓事一卷 賦二卷, 集遺具錄十卷(《新唐書》 권 60, 志 50, 藝文 4).

120)《舊唐書》 권 178, 列傳 128, 鄭畋.

최치원은 고운과 同鄕인 張喬와의 교분도 돈독하였다. 《동문선》 권 12에는 장교의 시에 화답하는 칠언율시가 수록되어 있다. 《신당서》 예문지 4에 〈張喬詩集〉 2권이 등재되어 있어 어진 선비의 한 사람으로 알려진 저명한 시인이다. 그는 進士에 급제하였으나 황소의 난을 만나 향리 가까운 九華山(安徽貴池 東南)에 은거하였다. 당시 구화산은 신라승 金地藏(喬覺, 696~794)[121] 이후 불교성지로 이름나 있어서 많은 신라인·신라승들이 순례, 留錫한 곳이기도 하다. 그러기에 장교는 金夷魚·朴球·朴充 등 신라인 문사뿐만 아니라 雅覺·頭陀僧을 비롯하여 이름 모를 禪僧에게 送詩로 석별의 정을 나누기도 하였다.[122] 이와 같이 장교는 당문사의 누구보다도 신라인 유학생·유학승들과 광범위하게 친교를 맺고 있었다. 이 점에 특히 주의해 볼 만하다.

300년에 가까운 장기간에 걸친 唐文化의 수용과 축적으로 신라사회의 지적 분위기는 唐風으로 물들어 갔고, 신라 말기의 혼란을 극복하면서 고려사회의 성립과 그 국가운영에 주도적인 역할을 한 지식인 가운데 중국유학생, 특히 빈공과 출신자가 다수를 차지하고 있는 것은 다시금 주목되는 일이다.

(2) 구법승의 순례

佛法을 찾아 중국으로 건너간 승려들의 수도 유학생 수에 못지 않게 많다. 진흥왕 10년(549) 신라승 覺德이 중국 남조의 梁으로 求法길에 나섰고,[123] 明觀도 같은 왕 26년 陳에서 구법한 뒤 經論 1,700여 권을 가지고 귀국하였다.[124] 그 뒤 신라가 멸망할 때까지 隋·당에 건너가 구법활동을 하거나 그곳에 머물면서 弘法에 전념한 승려의 수는 족히 기천에 달했을 것이다. 《三國遺事》에는 원광법사가 西學에서 귀국한 뒤 승려들의 발길이 연이어져 끊이지 않았다고 기술하고 있다. 이러한 내용을 통하여 우리는 그 당시 入唐求法僧들의 모습을 엿볼 수 있을 것 같다.[125] 최치원도 "儒者이건 佛者이건 할

---

121) 《宋高僧傳》 권 20, 唐池州九華山化城寺 地藏傳
122) 《全唐詩》 10함 1책.
123) 《海東高僧傳》 권 2.
　　《三國史記》 권 4, 新羅本紀 4.
124) 위와 같음.
125) 《三國遺事》 권 4, 義解 5, 圓光西學.

것 없이 많은 사람들이 앞을 다투어 入唐하였다"는 소식을 전하고 있다.[126]

당 義淨(635~713)의 《大唐西域求法高僧傳》에는 중국에서 인도로 간 구법 승려들이 58명이나 기록되어 있다. 그 가운데 신라승 9명(失名僧 2명 포함)과 고구려 승려 한 사람도 보인다.[127] 이들은 대개 삼국통일 이전에 天竺으로 향발하였던 승려들이다. 그 뒤 慧超(700?~780?)도 아마 開元 11년(성덕왕 22년, 723) 무렵 중국 廣州에서 배를 타고 천축으로 간 것이 분명하다. 먼저 입당 구법하다가 다시 천축으로 習法하러 간 신라승들의 수가 이렇게 많았다는 것에 놀라지 않을 수 없다.

당에 머물며 구법하던 僧徒들을 종파별로 분류하여 130여 명이 찾아졌다.[128] 그러나 史籍에 보이는 승려 전부를 빠짐없이 망라하였다 해도 사적에 이름이 남지 않은 허다한 구법승들이 있었다는 사실에 주목해야 할 것이다. 원인의 《입당구법순례행기》에 보면 赤山村(山東省 榮成市 石島鎭)에 건립한 新羅僧院인 法華院에는 常住僧尼가 27명이 유석하고 있었다.[129] 그러나 인근의 天門院이나 劉村의 僧院에는 얼마나 많은 신라승이 상주하였는지는 알 길이 없다. 또 그는 武宗(841~846)의 불교탄압이 한창일때 左神策軍 軍容院에 소환된 長安 東半部의 外國僧 21명 가운데 10명이 신라승이었음을 밝혀주고 있다[130]. 이 밖에 외국승으로 祠部의 牒이 없어 還俗된 자 가운데 신라승이 매우 많았다는 사실[131]은 在唐 신라승들의 한 면을 잘 설명해 주고 있다.

원인은 五台山 순례길에 오르면서 登州府 南街에 신라관이 있었다는 소식과 青州府 龍興寺와 長山縣 醴泉寺의 신라원에서 유숙했던 사실을 전하고 있다.[132] 당시 里程을 충실히 기록했던 원인도 청주 장산현에서 서북쪽 오대

126) 崔致遠撰, 〈眞鑑國師碑銘并序〉(《海東金石苑》 권 1).
127) 《三國遺事》 권 4, 義解 5, 歸竺諸師조에는 실명승 2명을 포함 도합 10명이 된다.
128) 高柄翊은 〈支那入學僧表〉(李能和, 《朝鮮佛敎史》, 朝鮮史講座分類史, 조선사학회, 1926, 53쪽)를 교정 보완하여 〈新羅僧求法入唐表〉(高柄翊, 《東亞交涉史의 硏究》, 서울大 出版部, 1970, 65~68쪽)를 작성하여 약 90여 명의 이름을 수록하고 있다. 嚴耕望은 당에 머물며 구법하던 僧徒들을 종파별로 분류하여 130여 명을 찾아 내고 있다(嚴耕望, 앞의 글, 678쪽).
129) 圓仁, 《入唐求法巡禮行記》 권 2, 開城 5년(840) 정월.
130) 圓仁, 《入唐求法巡禮行記》 권 3, 會昌 3년(843) 정월 27일.
131) 圓仁, 《入唐求法巡禮行記》 권 4, 會昌 5년(845) 4월 15일.
132) 圓仁, 《入唐求法巡禮行記》 권 2, 開城 5년(840), 3월 2일 · 21일, 4월 5일 · 6일.

산으로 길을 바꾸었기 때문에 서남쪽 황하유역을 따라 장안에 이르는 간선 도로변에 있었을 신라관·신라원에 관한 기록을 더 이상 남기고 있지 않다. 다만 후일 그의 후학 圓珍(814~891, 5세 좌주)이 장안에 머물 때 左街 龍興寺의 신라원에서 기거한 적이 있어 그 당시의 사정을 짐작할 따름이다.[133]

지금의 晒字鎭 곤유산(烟台市 곤유산 林場 제2분장) 아래에는 신라승원이라 전해오는 無染院 절터가 있다. 우리 나라 禪門九山의 하나인 聖住山派의 조사 無染禪師(800~888)가 세우고 기거하였던 곳이라 믿어진다. 《모평현지》에는 光化 4년(天復 원년, 901) 3월에 세운 「唐無染院碑」의 銘文이 수록되어 있다. 주로 무염원 重修 때 대시주들의 이름과 여기에 관계된 신도들의 성명이 나열되어 있다. 그들 가운데 「鷄林人 金淸押衙」의 이름이 보인다. 그는 이 절의 중창을 주관했던 단월 중의 한 사람이었다. 이 승원에는 신라인들이 많이 살고 있어 「句當新羅所」까지 설치해야만 했던 文登의 땅에 그것도 적산촌으로 이어지는 길목에 위치하고 있었다는 점과 「계림인 김청압아」가 대시주였다는 사실 등으로 미루어 무염선사와 관계있었던 사찰임이 분명하다.[134]

宋 道原의 《景德傳燈錄》에는 과거 7佛에서 法眼文益(885~958)에 이르는 禪僧 1,701명의 傳燈法系를 상술하고, 外國僧 43명도 함께 등재하고 있다. 그 가운데 42명이 신라승이라는 사실에 놀라움을 금할 수 없다. 특히 《경덕전등록》에 기재된 초기 승려들의 師承은 사실과 다른 점이 많지만 신라승의 경우는 대부분 唐末·五代의 일이라 믿을 만하다. 이 중 35~36명이 강남 각지에서 習禪하였다. 그러므로 신라 禪門九山의 開山祖는 단 두분 즉, 京兆 章敬寺 懷惲法系의 玄昱(鳳林山, 경남 창원)과 蒲州 麻谷寺 寶徹法系의 無染(聖住山, 충남 보령)을 제외하고는 모두 長江유역에서 구법한 스님들에 그 뿌리를 두고 있다. 여기에다 曦陽山(경북 문경 鳳巖寺) 一山만이 四祖 道信의 法系이고 그 나머지는 曹溪法系이다. 그리고 또 조계법계 八山 가운데 須彌(황해도 해주 廣照寺) 一山을 제외한 나머지는 모두 江西馬祖의 법계를 잇고 있다.

《嘉定赤城志》 권 2, 黃岩縣條에 보면 "신라방은 현 동쪽 1리에 있고 옛 志에 五代 때 신라사람들이 이곳에 살았으므로 이름하였다"고 있다. 지금의 黃

133) 圓珍, 《行歷抄》.
134) 金文經, 앞의 글(1993), 107쪽.

岩市 城內의 柏樹巷 일대라고 추정한다.[135] 또 권 14, 寺院(黃岩縣)條에는 田 84畝, 地 6畝, 山 18畝를 소유한 제법 큰 사찰인 悟空院이 있었다는 소식을 전한다. 이 寺院이 신라승원이라는 기록은 어디에서도 찾을 수는 없다. 그런데 《天台全誌》 권 6, 寺院條에 보면 天台宗 本山 國淸寺 앞에 신라승 悟空이 세운 「新羅院」이 있었다고 전하고 있다. 필경 이 오공이 국청사에서 구법한 뒤 황암의 신라방에 이르는 길목에 오공원을 세워 상주한 바로 그 스님이라 믿어본다. 마치 山東의 赤山村에 新羅僧院인 法華院이 건립된 이치와 같다고 하겠다.

《赤城志》 권 28, 禪院에 의하면 오공원은 황암현 東鎭山(東南 300里 海中)에 있는 禪院이다. 後晋 天福 6년(941)에 건립되어 宋 英宗 治平 3년(1066)에 賜額된 사찰이다. 이 동진산은 唐 武后 永昌 원년(689) 이후 해상교통로의 중요한 길목으로 부각되었던 것 같다. 台州에서 明州를 거쳐 신라·고려로 행하는 航線上의 요충지였던 것이다. 《적성지》 권 20에는 '縣東 240리'에 위치한다고 있어 앞의 내용과 다소 차이는 있지만 '산 위에서 바라보면 바다 가운데 큰 돌이 돌출해 있는데 배를 타고 고려로 가는 자는 반드시 이 돌을 길잡이로 삼았다'고 있다. 오공원과 신라방 그리고 신라·고려에 이르는 항선을 고려한다면 동진산 오공원과 국청사 신라원을 세운 스님은 같은 오공임이 틀림없는 것 같다.

이 밖에 《天台全誌》 권 7, 釋條에는 唐 景福 원년(892) 天台山 平田寺에 留錫한 신라승 道育에 관한 흥미있는 기사도 남기고 있다. 중국에 유학하여 天台敎義를 學習한 新羅高僧 7명 가운데 後晋 天福년간(936~941, 아마 漢周년간)에 국청사에 와서 높은 학덕을 닦아 천태 16대의 祖師가 된 고려승 寶雲尊者가 있다는 사실이다.[136] 異國僧으로 중국의 천태법통을 계승하였으니 그의 학문의 심오함을 족히 짐작할 수 있겠다.

신라 下代의 불교를 생각해 보면 무엇보다도 강남에 유학하여 習禪하였던

135) 林士民, 〈唐·吳越時期浙東與朝鮮半島的通商貿易和文化交流之硏究〉(《고·중세시대의 한중문화교류사》, 문화체육부, 1993), 57쪽.

136) 《佛敎統紀》 권 8, 寶雲尊者義通·《天台全誌》 권 7, 釋.
嚴耕望은 중국에 유학하여 天台敎義를 學習한 新羅高僧들을 佛祖統紀에서 찾아내어 그들 7명의 師承관계를 밝히고 있다(嚴耕望, 앞의 글, 659~660쪽).

많은 스님들의 역할에 생각이 미친다. 선문9산의 근원지이며《祖堂集》편찬과도 깊이 연관되어 있는 곳이 바로 이 강남지역이다. 뿐만 아니라 935년 신라가 망한 뒤에도 계속 이곳에 남아 구법하여 五代 江南佛敎의 발전과 신생 고려국가의 불교문화 번창에 이바지한 승려들의 역할과도 연관지어 생각해 볼 만하다.

이와 같이 신라승들은 광대한 중국대륙의 어느 곳에서나, 심지어는 황량한 서역에서까지도 寺院의「職僧」으로 師僧으로 혹은 譯經場의 학문승으로 또는 山間村落의「化俗法師」로 홍법활동에 전념하였다. 唐僧 海雲의《兩部大法相承師資付法記》에 "신라승 수만이 몸을 잊고 勝法을 구하러 入唐하였다"고 한 내용에서 저간의 소식을 알 만하다.

(3) 재당신라인과 무역상

신라는 7세기 중엽 통일제국을 수립하고 강력한 중앙집권체제를 형성하였지만 8세기말경에 오면 진골귀족들의 도전을 받아 무너지고, 9세기에 접어들면서 호족들의 지방분권적 할거상태가 시작된다. 그런데 매우 흥미로운 일은 이와 같이 중앙통제력이 약화되고 지방토호들이 할거하게 되자 오히려 인민대중들은 그들이 가지고 있던 저력을 유감없이 발휘하였다는 점이다. 놀랍게도 그들은 그 저력을 해상진출과 교역활동에 쏟아넣었다. 그리하여 동아시아 교역권을 형성하고 羅·唐·日 3국간을 종횡무진 항해하면서 그 주인 노릇을 톡톡히 수행했던 것이다. 실로 우리 나라 역사상 인민들의 해상진출과 교역활동이 이 때처럼 활기찼던 시기는 달리 찾아볼 수 없다.

8세기경 신라인들은 동아시아 3국간의 교역뿐만 아니라 세계무역사의 새로운 단계, 즉 동서해상무역의 초기단계에 가담한다. 이 시기는 앞에서 논술한 바와 같이 아라비아·페르시아 상인들이 南海航路, 또는「香藥의 길」이라고도 하는 바닷길을 통하여 광주와 양주까지 내항하고 있었다. 신라인 무역업자와의 교역은 자연히 이루어질 수밖에 없었다. 그런데 신라인들은 아라비아·페르시아 상인들이 地中海나 中東의 해안에서 수행하였던 그러한 구실을 동쪽의 세계에서, 그것도 전자에 비해서 훨씬 위험한 해상에서 수행해 갔던 것이다. 그런데 이들의 해상활동을 가능하게 한 것은 중국의 동·남쪽 연안과 대운하 변에 산재하고 있던 신라인 촌락이 있었기 때문이다. 이로써 山東半島의 연해안에서 대운하의 연변, 그리고 淮水·揚子江 河口, 揚州·楚州(淮安)·明州(寧波)·泉州·福州·廣州에 이르는 지역은 물론, 唐·일본·신라를 잇는 삼각무역에도 참여하여 세계무역의 일익을 담당해 갈 수 있었다.

일본의 구법승 원인은 838년 7월부터 847년 초겨울까지 9년 반 동안이나 당의 동해안 일대와 광대한 제국의 내륙 등지를 여행하면서 상세한 기록을 남겼다.《入唐求法巡禮行記》라고 알려진 이 책은 당을 여행하였던 일본승의 일기지만 전권을 통하여 등장하는 인물의 반 이상은 당나라 사람이나 일본사람이 아닌 신라사람들이다. 그래서 우리는 다행히도 이 승려의 일기를 통하여 당시 당에 거주하던 신라인 마을의 분포나 조직, 그리고 그들의 생업과 믿음이 무엇이었던가를 생생히 밝힐 수 있다.

신라사람들의 마을은 산동반도 남해안 일대에서 海州(連雲港市), 그리고 대운하 변과 揚子江口·강남 연해안을 따라 집중되어 있었다. 이 지역에 산재해 있던 마을들을 연결해 보면 당시 신라와 당의 경제중심지를 이어주는 자연의 수로가 형성된다. 그리고 산동반도 연해안의 중심지는 적산촌이 분명하며, 대운하 변의 심장부는 楚州임을 쉽게 알 수 있다. 물론 揚州·明州·황암에도 신라인들이 다수 거주하고 있었음은 두말할 나위도 없다. 양주부에 王請과 王宗 등을 중심으로 한 신라인 국제무역상들이 다수 거주하고 있었던 것은 이미 논급하였지만《江都縣志》권 16에는 北宋 元豊 7년(1084) 이곳에 高麗館이 설치되었던 사실이 기록되어 있다. 그런데 근자 고려관 유적지 인근에서 신라자기와 고려청자의 파편이 수거된 바 있다.[137] 이로써 미루어 보면 이곳에는 신라 이래 우리 나라 사람들이 다수 거주하였다는 사실을 알게 된다.

신라인 취락은 대운하 변을 따라 집중되어 있었고 그 심장부는 분명히 초주와 漣水鄕이었다. 개성 4년(839) 2월 일본 조공사 일행은 귀국하기 위하여 이곳에서 신라선박 9척과 해로에 익숙한 신라선원 60여 명을 고용하였다.[138] 당정부는 다수의 신라 무역상인과 선원들 그리고 造船기술자와 선주들이 거

137) 金文經, 앞의 글(1993), 99쪽.

138) 圓仁,《入唐求法巡禮行記》권 1, 開成 4년(839) 3월 17일.

주하던 이 지역에 「신라방」을 설치하고 교민을 관장하는 「句當新羅所」를 두었다. 그리고 摠管을 행정 책임자로 하고 그 밑에 「專知官」과 「譯語」 등을 두어 보좌하게 하였다. 초주는 회수 하류에 위치하여 대운하와 회수를 이어주는 경제적·전략적 요지였다. 淮·泗·汴·蔡·潁·渦河 등 수많은 하천이 직접, 간접으로 交會하여 이곳을 거쳐 흐르기 때문에 운송과 교역의 중심지이기도 하였다. 남으로는 양주를 거쳐 蘇州·杭州·明州 등 무역항으로 통하고 서쪽으로는 와하·변하를 거슬러 올라가서 中原으로 진출할 수도 있다.

양주·초주·연수향 지역을 중심으로 거주하던 신라인들은 거의 신라 해외발전기와 청해진 전성기(828~841)에 해양으로 진출하여 정착하였던 무역업자 또는 직업선원의 후예거나 당사자였다. 항해술에 능숙했던 이들은 신라·당·일본의 3국 무역에 주도적 역할을 할 수 있었으며 양주·광주 등을 중심으로 한 西方世界와의 교역도 활발히 전개해 갔다.

신라인들은 결코 대운하 변에만 거주하고 있었던 것은 아니다. 海州(연운항시) 동해현 宿城村에도 촌장 王良의 지도 하에 소금생산을 업으로 하는 다수의 신라인들이 마을을 이루고 있었다.[139] 密州 연안의 大珠山 驕馬浦에는 木炭운송업자와 造船업자·선박수리업자들이 거주하고 있었다. 원인 일행이 적산촌에서 명주로 가던 도중 대주산 교마포에 도착하여 신라인 陳忠의 목탄수송선을 타고 초주까지 여행하였던 사실[140]과 일본 조공사 선박이 풍파로 파괴되자 배의 수리를 교마포에서 하였던 사실[141] 등은 이를 증명한다.

신라인 촌락의 흔적은 교마포 북쪽, 靑島의 동북쪽인 지금의 嶗山灣 부근의 승가장에서도 찾아볼 수 있다. 노산은 높은 바위산이기 때문에 해주의 동해산, 밀주의 대주산, 등주의 적산과 함께 당시의 항해에 있어 둘도 없는 좋은 표적물이었으며 기항지이기도 했다. 원인 일행은 일본무역에서 돌아온 신라인 金子白·欽良暉·金珍 등을 찾아 이곳에 정박하였다. 그 뒤 다시 그곳에 居留하는 신라인 崔氏의 선편으로 초주총관 劉愼言에게 서신을 발송하고 신라인 王可昌의 선편으로 乳山浦를 출발하였다.[142] 이런 사실로 미루어 보

139) 圓仁, 《入唐求法巡禮行記》 권 1, 開成 4년(839) 4월 5일.
140) 圓仁, 《入唐求法巡禮行記》 권 4, 大中 원년(847) 윤3월 17일.
141) 圓仁, 《入唐求法巡禮行記》 권 1, 開成 4년 4월 1일.

면 이곳에는 국제무역업자만이 아니라 광주·명주·양주·초주·산동반도를 왕래하는 연해안 상인들의 선박도 붐비고 있었음이 분명하다.

신라인들이 가장 많이 정착하고 있었던 곳은 산동반도 남쪽 연안 일대였다. 牟平縣의 邵村浦·陶村, 海陽縣 동북의 유산포 등이 그 대표적인 마을이었다. 특히 유산포는 太子通事舍人 金簡中이 당 정부의 「告哀兼弔祭冊立等副使」가 되어 신라로 출발했던 곳이기도 하며, 일본 조공사 선단이 이곳에 정박했을 때 말과 노새를 탄 30여 신라인들과 많은 「娘子」를 목격한 곳이기도 하다. 이런 사실들로 미루어 보면 이 마을의 성격을 짐작할 수 있다. 이 유산포 주변은 넓은 평야를 끼고 있어 신라인들은 해운업·상업은 물론이거니와 농업에도 종사하고 있었음이 분명하다. 말과 노새를 타고 왔다는 사실과 일본 조공사 일행이 필요로 한 식량을 인근 소촌에서 구매할 수 있었던 사실이 이를 뒷받침해 준다.

양주·초주·연수향이 양자강과 회수 하류 연안 및 대운하 변을 중심으로 한 신라인 사회의 중심지였다고 한다면 文登縣 淸寧鄕 赤山村은 산동반도 일대를 중심으로 한 그들의 심장부이다. 뿐만 아니라 당 대륙이나 연해안으로 이르는 교통과 신라·당·일본 3국을 잇는 교역의 중심지이기도 하였다. 이곳에는 820년대초에 장보고가 건립한 新羅僧院 赤山法華院이 있어 당시 중국에 살던 신라인들의 마음의 고향이기도 하였다. 법화원은 연간 500석의 곡식을 수확하는 장전을 소유하고, 장보고 휘하의 張詠·林大使·王訓 등 3인에 의해 경영되었다. 상주승 24명, 尼 2명, 노파 3명 등 29명이 거주하였다. 일부 기록만 보아도 법화원에는 법당과 장경각을 비롯하여 승방·니방, 수 개의 객사, 식당·창고 등이 있었던 큰 사찰임을 알 수 있다. 이 지역의 신라인 사회의 규모는 당시 거행된 겨울철《법화경》강회에 모였던 스님과 신도들의 수로 추측이 가능하다.

開成 4년(839) 11월 16일에 시작하여 이듬해 정월 15일에 끝맺은 강회에는 매일 40명 안팎의 '男女道俗'·'老少尊卑'와 유연시주들이 강청하였다. 강경의식은 신라풍속에 따라 신라말로 거행되었고 이 講筵의 마지막 2일 간에는

142) 圓仁,《入唐求法巡禮行記》권 4, 大中 원년(847) 6월 26·27일.

신도 250명과 200명이 각각 참례하였다.[143] 이 사실이 곧 적산법화원을 중심으로 하여 산재해 있던 신라인 사회의 규모를 말해 준다.

적산촌은 신라와 당을 이어주는 가장 안전하고도 중요한 항로의 종착지이며 中原으로 나아가는 시발점이기도 했다. 靑州兵馬使 吳子陳이 神武王의 '즉위를 경축하는 사신'이 되어 관헌 30여 명과 함께 신라로 출발했던 곳도 바로 이곳이며 장보고의 「大唐賣物使」 선박 또는 「교관선」이 신라와 일본을 오고 간 곳도 바로 이곳이었다.

明州는 앞서 언급한 바와 같이 일찍부터 신라를 비롯하여 「南蕃」 및 西方諸國 원항선박의 발착항구였다.[144] 《資治通鑑》에도 당말의 명주가 강남 연안의 군사·교통·무역의 중요한 항구였음을 알려주고 있다.[145] 뿐만 아니라 명주는 오대·송대에는 南海諸國은 물론 동북 여러 나라와의 해상무역의 중심항으로 번창하여 「市舶司」가 설치되어 있었다. 당시 외국상인들은 명주의 東渡門 안팎을 중심으로 활동하였다. 특히 신라상인들은 鎭明岭 일대에서, 波斯人들은 동도문 안에서 많이 거주하여 波斯거리를 형성하기도 했다.[146]

大中 원년(847) 6월초 일본승 원인은 귀국을 서둘러 신라 무역상인 金子白·欽良暉·金珍 등을 찾아 楚州를 방문하였다. 그곳 신라방 총관 劉愼言으로부터 金 등의 서신을 전해 받았다. 그 내용인 즉, 이들은 이미 5월 21일에 蘇州의 松江口를 출발하여 일본으로 가니 嶗山으로 오라는 것이다. 그리고 자기들의 배를 타고 갈 日人 春太郎과 神一郎은 계약을 파기하고 명주의 신라인 張友信의 배를 타고 일본으로 갔다는 내용과 춘태랑의 廣州 왕래를 기록하고 있다.[147] 金 등은 명주·소주를 중심으로 일본을 수삼차 왕래한 국제무역상인뿐만 아니라 산동반도 연해안에서 운하변을 따라 남북으로 오르내리면서 연안무역에도 종사한 新羅巨商들이다.

《赤城志》 권 19, 山水門(臨海縣)條에 보면, '縣西三十里'에 '新羅山'이 있었다

143) 圓仁, 《入唐求法巡禮行記》 권 2, 開成 5년(840) 정월 15일.
144) 《唐會要》 권 78, 諸使雜錄 上, 元和 14년.
《輿地紀勝》 권 11, 兩浙東路慶元府 明州景物 下.
145) 《資治通鑑》 권 250, 咸通 元年·권 252, 乾符 3·4년.
146) 林士民, 앞의 글, 57쪽.
147) 圓仁, 《入唐求法巡禮行記》 권 4, 大中 元年(847) 6월 9일.

는 사실과 '縣東南三十里'에 '新羅嶼'가 있어 옛날 신라상인들이 배를 정박시켰던 곳이라 하고 있다. 외국무역에 종사하던 선원들은 멀리서 이 신라산을 표적으로 삼아 신라서로 배를 착안시켰으리라 믿어진다. 신라산의 위치는 지금의 임해시의 성밖 뒤의 산으로 보고 三十里는 三里의 誤記라 하고 있다. 당시 신라상인들의 취락지는 임해현 城內의 通遠坊이며 이 산과 가까운 거리에 위치한다. 지금 이 산에 있는 많은 옛 무덤은 객사한 신라상인들의 것이라 추정하고 있다.[148]

당나라의 저명한 시인 杜牧(803~852)은 장보고·정년의 전기를 지어 그의 문집에 싣고 이들에 대한 놀라운 관심을 표하고 있다.[149] 특히 두목은 장보고를 安史大亂(755~763)의 진압에 가장 공이 컸던 당나라 장군 郭子儀(697~781)에 버금가는 인물로 평가하며 칭송하고 있다. 이 사실은 곧 장보고가 당에서 차지한 위상을 잘 설명해 주는 것이라 하겠다. 장보고의 용맹성과 의협심, 그리고 그가 가진 한없이 넓은 도량은 같은 시대에 살았던 저명한 시인 두목으로 하여금 전기를 쓰게 한 동기가 되었을 것이며, 한편 장보고는 저명한 시인 작가의 전기대상이 될 만한 경이로운 인물로 당에 알려져 있었을 것이다. 두목이 쓴 이 전기는 거의 그대로 중국의 正史인 《신당서》 권 220에 인용되었고, 다시 우리 나라의 《삼국사기》 張保皐·鄭年傳에 전재되었다. 더욱이 《신당서》의 편자는 "晋에 祇奚가 있고 당에 汾陽(곽자의)과 보고가 있는데 어찌하여 東夷에 인재가 없다고 할 수 있겠는가"라고 덧붙이고 있다. 물론 《삼국사기》의 편찬자도 장보고의 위용을 높이 평가하고, 인멸될 뻔했던 그의 존재를 건져낼 수 있었던 것을 매우 다행한 일이라고 고백하고 있다.

원인도 入唐하였을 때 筑前太守 小野末嗣로부터 장보고에게 보내는 소개장을 가지고 왔다. 원인은 일본 조공사와 함께 입당하여 중국대륙을 구법순례할 「請益僧」이다. 이러한 신분의 원인이 장보고에게 전교될 태수의 서찰을 가지고 왔다는 것은 그 당시 장보고의 국제적 위상이 어떠하였는지를 잘 설명해 주고 있다.

우리 나라 역사상 장보고처럼 중국과 일본 양국에 널리 알려진 인물은 찾

148) 林士民, 앞의 글, 58쪽.
149) 杜牧, 《樊川文集》 권 6.

아보기가 힘들 것이다. 장보고가 당의 「軍中小將」이란 군직을 버리고 신라로 돌아와 士卒 1만을 거느리고 莞島에다 「淸海鎭」을 설치한 해는 홍덕왕 3년(828)의 일이다. 이 시기는 노비매매가 극성을 부리던 때이다. 해적들이 신라의 서남해안에 출몰하여 양민을 나포하여 당나라에 노비로 팔았다. 이 사건은 양국간의 외교문제로 등장하였다. 장보고가 청해에 진을 설치했던 동기도 이 해적들의 양민 나포를 막으려는 깊은 뜻이 있었기 때문이다. 太和년간(827~835)에 오면 신라 서남해안에 출몰하던 노예무역선은 그 자취를 감춘다. 이 사실은 곧 장보고가 황해에 횡행하던 크고 작은 해상세력집단을 철저히 통제하고 그의 세력권하에 두었다는 증거이기도 하다.

「淸海鎭大使」라는 직함이 그러하듯이 그의 군단은 사병집단적 성격을 짙게 띠고 있었다.[150] 그래서 청해진 일원은 물론 재당 신라인 사회도 하나의 체계 속에 조직화하고 자기의 통솔하에 두면서 사적인 조직으로 활용했다. 뿐만 아니라 그는 청해진과 적산촌 그리고 북구주를 근거로 하여 신라·당·일본의 3국무역은 물론 서방세계와의 중계무역도 독점하여 명실공히 동아무역의 패권을 장악하였다.

〈金文經〉

150) 李基東, 〈張保皐와 그의 海上王國〉(《張保皐의 新硏究》, 莞島文化院, 1985), 100쪽.

V. 문 화

1. 유학과 역사편찬
2. 불교철학의 확립
3. 과학과 기술의 발달
4. 언어와 문학
5. 예 술

V. 문 화

1. 유학과 역사편찬

1) 유학의 발달

(1) 성 격

문화는 한 나라의 사회적 성격을 반영한 것으로 그 민족이 경험한 生活樣式을 의미한다. 따라서 통일신라의 문화는 신라 이래의 토착문화와 백제·고구려 문화, 그리고 盛唐文化와의 융합의 총체라 할 것이다. 문화의 담당자인 귀족의 성격, 통일전쟁에 따른 백성들의 지위향상과 통일 후 專制政治의 발달에 수반되는 사회변천과의 관계를 고려할 때, 몇 단계의 변화를 살펴볼 수 있다. 즉 통일신라문화의 성격은 제1단계로 7세기 후반에서 말엽에 이르는 시기, 제2단계로 8세기 초엽 이후 9세기 초엽까지 통일신라 전성기, 그리고 9세기 초엽 이후 멸망기까지로 3분할 수가 있다.

제1기는 武烈王王權의 성립기로부터 통일전쟁을 매듭짓는 文武王(661~681)·神文王代(681~692)에 이르는 시기로 주로 통일전쟁을 준비·완료하는 때이다. 이 시기는 삼국문화가 각기 그 전통을 유지하면서 갈등을 빚고 있던 과도기였다. 다행히 신라가 唐과의 전쟁에서 승리함으로써 한국 고대문명의 전반적인 붕괴를 막을 수 있었으며,[1] 백제·고구려유민을 신라의 관료조직이나 군사조직(9서당)에 편입시킴으로써 귀화인이나 이민족에 대한 관용과 동맹을 통해 민족융합의 길을 마련할 수 있었다.[2] 특히 백제·고구려유민에 대한 정치적 배려를 통해 이들을 反唐戰線에 이용하여[3] 민족통합의 기틀을

---

1) 金哲埈, 〈統一新羅支配體制의 再整備〉(《한국사》 3, 국사편찬위원회, 1976), 23쪽.
2) 末松保和, 《新羅史の諸問題》(東洋文庫, 1954), 357쪽.

마련하였고, 安勝·淵淨土 등 귀화인의 무대나 외교사절로의 활용,[4] 그리고 熊川州 출신 고승인 憬興을 國老로 맞아들여 민심을 수렴하는[5] 등 민족통합의 당위성을 보여준 것도 같은 맥락으로 생각된다.

> 백제 정벌 직후, 武烈王은 백제인도 그 재능을 고려하여 佐平 忠常과 常永, 達率 自簡에게는 一吉湌을 주어 摠管의 직에 임명하였고, 恩率 武守에게는 大奈麻의 위를 주어 大監의 직을 주었다(《三國史記》 권 5, 新羅本紀 5, 태종무열왕 7년 11월).

위에서 볼 수 있듯이 백제인에게 통일신라에서의 새로운 활로를 열어줌으로써 外位의 폐지가 불가피하였으며,[6] 하급관리나 일반백성들에게는 參戰을 통한 국정참여 또는 신분향상의 길을 넓혀줄 수 있었다.[7]

제2기는 신문왕 이후 聖德王(702~737)·景德王(742~765) 등 무열계 中代 전제왕권이 확립된 후, 下代 초엽에 이르는 시기이다. 이때는 나당간의 친선이 도모되어 활발한 교섭에 따라 당문화가 수용되었으며, 무열왕권의 전제정치가 본 궤도에 올라선 통일신라의 안정기에 해당한다. 특히 문무왕·신문왕대의 律令政治의 모색은 전국민을 하나의 관료제도라는 틀 속으로 규제할 수 있었고, 유교의 왕도정치사상과 불교의 圓融·調和思想이 결합되어 萬波息笛이나 安民歌의 태평관으로 국민을 하나의 공감대 속으로 묶을 수 있었다.[8] 다시 말하면 이 시기에 무열왕권은 강력한 전제왕권으로 국토와 정치를 통합시켰으며, 유교와 불교의 융합으로 새로운 민족문화를 창출하여 신라문화의 후진성 극복과 재구성을 가능케 하였다.[9]

제3기는 元聖王系의 하대로서, 신라사회의 구조적 모순이 노출되면서 지방세력의 반발 내지는 백제·고구려 잔민의 이른바 國系意識이 나타나 정치적

---

3) 존 C. 재미슨, 〈羅唐同盟의 瓦解〉(《歷史學報》 44, 1969), 2쪽.
4) 申瀅植, 〈三國의 對外關係〉(《韓國古代史의 新研究》, 一潮閣, 1984), 317쪽.
5) 許興植, 〈新羅佛敎의 組織과 行政制度〉(《新羅文化祭學術發表會論文集》 8, 1987), 150쪽.
6) 權悳永, 〈新羅外位制의 成立과 機能〉(《韓國史研究》 50·51, 1985), 105~106쪽.
7) 申瀅植, 〈三國統一의 歷史的 性格〉(《統一新羅史研究》, 삼지원, 1990), 44쪽.
8) 金相鉉, 〈萬波息笛說話의 形成과 意義〉(《韓國史研究》 34, 1981), 27~63쪽.
9) 金哲埈, 앞의 책, 180쪽.

대립이 심화되기 시작하였다.[10] 더구나 眞骨勢力에 반발한 6두품 계열의 등장과 이들의 禪宗과의 결합[11] 내지는 渡唐留學을 통한 새로운 활로모색은 나말의 사상・학문변화를 촉진시키게 되었다.[12] 그러나 이들 유교적 지식층은 나말에 이르러 漢文化에 몰입되었을 망정 王道的인 유교정치이념을 표방하여 國史編纂 내지는[13] 王權强化의 정치윤리를 제시하여 고려왕조 개창과 발전에 기여한 바 있었다.[14]

이러한 3단계로 변천한 통일신라 문화는 現實主義的인 특징을 지닌 신라(통일 전) 문화를 모체로 하여[15] 백제・고구려의 그것을 결합하고 당 문화까지 포용하면서 성장하였다. 그 중에서도 불교가 주류였으며, 여러 문화의 복합과정에서 한국 고대문화로서 자기완성을 본 것이다.[16] 나아가서 통일신라 문화의 또 하나의 특징은 원래 불교에 의해서 성장되기 시작한 유학이 국가체제 발달과정에 따라 그 필요성이 확대되어 그 결과 漢文學이나 儒學이 발달하였다.[17]. 따라서 國學이나 讀書出身科와 같은 교육제도가 성장하고 유교사상에 대한 이해의 폭이 넓어졌으며, 왕권의 전제화를 뒷받침할 수 있었다. 다만 신라불교 자체가 유교사상을 다분히 내포하고 있었으며, 기초적인 유교의 덕목은 불교를 통해서 수용되었기 때문에[18] 양자는 밀접하게 관련을 갖지 않을 수 없었다. 그러므로 통일신라 이후 전제왕권하에서도 불교와 유교는 왕권의 초월성과 정당성을 위해 공존하였으며, 조화를 유지하였다.[19]

그러나 통일신라의 유학은 점차 불교의 영향을 벗어나 經典에 입각한 유

---

10) 崔根泳, 《統一新羅時代의 地方勢力硏究》(신서원, 1990), 63쪽.
11) 崔柄憲, 〈新羅下代禪宗九山派의 成立〉(《韓國史硏究》 7, 1972) 참조.
12) 申瀅植 〈宿衛學生考〉(《歷史敎育》 11・12, 1969 ; 앞의 책, 1984).
李基東, 〈新羅下代賓貢及第者의 出現과 羅唐文人의 交驩〉(《全海宗博士華甲紀念論叢》, 1979 ; 《新羅骨品制社會와 花郎徒》, 一潮閣, 1984).
13) 申瀅植, 〈新羅人의 歷史認識과 그 編纂〉(《白山學報》 34, 1988) 참조.
14) 申瀅植, 〈宿衛學生의 修學과 活動〉(앞의 책, 1990).
李基東, 〈羅末麗初 近侍機構와 文翰機構의 擴張〉(앞의 책) 참조.
15) 李丙燾, 〈新羅文化의 特徵〉(《韓國史의 理解》, 三省出版社, 1984), 188~195쪽.
16) 金哲埈, 앞의 책, 180~181쪽.
17) 金哲埈, 앞의 책, 184~185쪽.
18) 中村元, 〈佛典漢譯に影響を及ぼした儒教思想〉(《中村元選集》 9) 참조.
19) 申瀅植, 〈新羅中代專制王權의 特質〉(앞의 책, 1990), 161쪽.

교 본연의 성격을 나타내면서 '君子之風과 仁義之鄕'을 강조하면서 당나라의 수준과 맞설 수 있게 되었다. 적어도 天下의 중심을 자처하는 당나라와의 관계는 적어도 문화(유학) 수준에 있어서 대등할 때에만 정상적인 교류가 가능해진다.

> 그대(성덕왕)의 二明(부부)은 慶福하고 三韓(신라)은 善隣이니 때로는 仁義之鄕의 칭이 있고, 대대로 勳賢之業을 나타냈다. 그 문장과 예악은 君子之風을 드러냈고, 納款과 輸忠은 勤王의 節을 다하였다(《三國史記》 권 8, 新羅本紀 8, 성덕왕 30년 2월).

이와 같이 당에서 신라의 유학에 대한 인식을 깊게 하였으며, 孝成王 2년(738)에 弔祭使로 온 邢璹가 신라를 '君子의 나라로 자못 書記를 앎이 중국과 유사하다'라 한 사실에서도 엿보인다.[20]

이와 같은 통일신라의 유학에 대한 깊은 이해는 역대 당의 冊封文이나 교서에 나타나 있으며, 宿衛學生의 수효나 활동에서도 명백하게 알 수 있다.[21] 당의 賓貢科에 합격한 숙위학생들이 그곳에서 文名을 남겼으며, 元弘(문성왕 12년(850) 입당사)과 朴仁範(헌강왕 2년(876) 등제한 숙위학생)의 憑定·憑宿과의 관계를 비롯하여 崔致遠(경문왕 14년(874) 등제한 숙위학생)과 高駢·顧雲·裵瓚·羅隱·張喬, 그리고 崔承祐(진성여왕 7년(893) 등제한 숙위학생)와 曹松과의 관계는 당시 신라유학의 수준을 반영해 줄 수 있었다.[22] 따라서 당의 持節使도 대부분 당대의 碩學이나 巨儒로 선발되고 있었다.[23]

또 경덕왕 15년(756)에 唐 玄宗이 준 다음의 五言詩에서도 신라유학의 번창함을 확인할 수 있다.

> 衣冠은 禮를 알고 忠信은 儒學을 높일 줄 안다. 참되다 하늘은 그대를 내려다 보며, 어질다 德은 외롭지 않으리라(《三國史記》 권 9, 新羅本紀 9, 경덕왕 15년).

---

20) 《三國史記》 권 9, 新羅本紀 9, 효소왕 2년 2월.
21) 李基東, 앞의 글(1979), 290~291쪽.
22) 李基東, 위의 글, 291~295쪽.
申瀅植, 〈統一新羅의 繁榮과 西海〉(앞의 책, 1990), 303쪽.
23) 李基東, 앞의 글(1979), 293~302쪽.

그러나 이러한 왕도정치의 전개과정에서도 불교식의 散骨(화장)은 遺詔란 이름으로 강조되고 있었음도 물론이다.[24]

신라시대의 유교는 교육기관의 성립과 더불어 발전되었으며, 그 속에서 요구하는 德目이 국가관을 요구하는 국민적 공감대 역할을 함으로써 왕도정치 구현에 기여하였음이 특징이다.[25] 따라서 한국의 유교사는 크게 7세기 후반~8세기말까지의 제1기(國學 설치~讀書出身科 설치)와 8세기말 이후의 제2기(하대~후삼국), 그리고 고려초의 제3기(최승로~과거제 실시)로 나누고 있다.[26] 그런데 이러한 시대구분을 초월하여, 中代에 있어서 주로 6두품 계열이 진골귀족의 불교적 경향을 반대하여 유교를 정치이념으로 삼고 활약하였지만, 왕권강화라는 기본입장을 취하였다. 따라서 국학이나 독서출신과도 그러한 맥락 속에서 설치된 것이며, 왕권까지도 하나의 道德律 속에 규제하려는 역할을 함으로써 중대에서는 전제왕권을, 하대에서는 反豪族的 기틀을 마련할 수 있었다.[27] 이러한 유교의 이상은 골품제의 붕괴과정에서도 중앙집권적 정치체제를 지향하였기 때문에 여초의 國史編纂이나[28] 科擧制 創設 및 왕권강화에 이론적 근거를 제시할 수 있었다.[29]

더구나 이러한 유교정치이념이 왕권강화를 촉진한 이론으로 정착했지만, 하나의 道德至上主義라는 규범을 제시하여 왕 자신이 그 제한을 받아야 하는 모순을 갖게 되었다.[30] 그러므로 이와 같은 유교정치이념은 고려시대 이후 한국정치사에 있어서 뚜렷한 가치관으로 자리잡게 되었다. 다만 지나치게 과거위주의 풍조와 好文의 조류를 초래하여 文物에 빠지게 된 결과를 낳고 말았다. 또한 유·불의 竝存的 경향이 신라 중대 이후 일반적 대세였으므로 고려 중기까지 우리 나라 사상계의 성격은 양자의 관계를 고려하지 않을 수 없다.

---

24) 《三國史記》 권 9, 新羅本紀 9, 선덕왕 6년(末尾 下詔).
25) 李基白, 〈儒敎受容의 初期形態〉(《新羅思想史硏究》, 一潮閣, 1986), 195~297쪽.
26) 李基白, 위의 책, 222쪽.
27) 李基白, 위의 책, 223~234쪽.
28) 申瀅植, 〈新羅人의 歷史認識과 그 編纂〉(앞의 책, 1990), 225~228쪽.
29) 申瀅植, 앞의 책(1984), 459쪽.
30) 李基白, 앞의 책, 228쪽.

(2) 유학의 발달

우리 나라의 유학에 대한 기원은 張志淵의 箕子說 이후[31] 樂浪時代[32] 또는 3국시대설 등이 제시되었다.[33] 대체로 小獸林王 2년(372)의 太學設置를 그 실질적인 기원으로 볼 수 있으나,[34] 《留記》의 경우나 빈번한 중국과의 관계를 고려할 때 유학의 전래는 그 시기를 크게 소급할 수도 있을 것이다. 다만 이 시기가 王京을 중심으로 소개·응용되었을 것이며, 현존하는 金石文을 통해 볼 때[35] 국민적인 활용은 시기가 떨어질 것이지만 당시는 吏讀를 비롯하여 借字의 응용이 있어 구체적 시기는 단정할 수가 없다.[36]

다만 유학이 교육제도의 발달과 함께 발전되었기 때문에 太學이나 太學博士(李文眞)의 존재로 보아 4세기 이후 고구려의 유학은 상당한 수준에 이르렀을 것이다. 다만 신라의 경우 고구려보다는 늦었지만 이미 4세기 중엽 국가 성장의 내적 필요성에서 또는 국민통합의 집결체로서 花郎의 조직은 일정한 규범을 요구하였을 것임을 짐작할 수 있다. 그리고 律令의 공포(520)나 〈蔚州川前里書石〉(525)의 내용에서 이미 유교적인 이해가 진전되고 있었다.[37] 따라서 〈壬申誓記石〉의 '忠道執持 過失無誓'의 정신이나[38] 〈眞興王巡狩碑(磨雲

---

31) 張志淵, 《朝鮮儒敎淵源》(東書館), 1쪽.

32) 李丙燾, 《資料韓國儒學史草稿》(서울大, 1959), 5쪽.

33) 玄相允, 《朝鮮儒學史》(민중서관, 1949), 13쪽.

34) 李基白, 앞의 책, 195쪽.

35) 가령 〈毌丘儉紀功碑〉는 正始 7년(246)에 세워진 것이나 그것이 중국인(魏)의 작품이라 해도 고구려 서울(集安) 부근에서 발견되었으므로 漢字사용의 의미가 있다. 또한 〈冬壽墓誌〉는 고국원왕 27년(357)에 세워졌으며, 〈好太王碑〉(414)와 〈牟頭婁墓誌〉(5세기 중엽)를 볼 때 4세기 중엽 이전에는 유학에 대해 깊은 이해가 있었으리라 여겨진다. 한편 신라의 경우 漢字의 사용이나 유학의 이해는 고구려보다 늦었을 것임은 확실하다. 다만 〈冷水里碑〉(1989년 발견)의 경우로 보아 5세기초 눌지왕 때 한자의 보급이 일반화되었음을 알게 한다(金昌鎬, 〈迎日冷水里碑의 建立年代〉, 《古代史硏究》 3, 1990, 104쪽 참조).

36) 《조선전사》 3(과학백과사전종합출판사, 1991), 300~310쪽.

37) 李基東, 〈新羅花郎徒의 社會學的 考察〉(앞의 책), 330~332쪽.

38) 〈壬申誓記石〉의 壬申年에 대해서 종래 文武王 12년이나 聖德王 31년으로 비정하였으나, 李丙燾는 진흥왕 12·13년(551·552) 또는 眞平王 33·34년(611·612)으로 추정하였다(李丙燾, 〈壬申誓記石에 대하여〉, 《韓國古代史硏究》, 博英社, 1976, 691~692쪽).

嶺碑)〉의 '如有忠信精誠'의 표현도 주목된다. 진흥왕 6년(545)의 國史編纂은 이러한 배경 속에서 이루어질 수 있었다.

신라의 유교정치이념은 眞平王의 왕권강화 과정에서 고조되었으며,[39] 당과의 외교경쟁에서 더욱 촉진되었다.[40] 따라서 왕권강화에 수반되는 유교정치이념은 3국간에도 당의 國子監 入學競爭에 나타났으며,[41] 진덕왕 2년(648)의 "국학에 나아가 釋奠과 講論을 참관하기를 청했다"는 기사와 宿衛外交[42] 및 太平頌에 의해 유교사상이 더욱 고조되어 갔음을 알 수 있다. 특히 진덕왕 2년 金春秋의 귀국시에 가져온 溫湯碑·晋祠碑·晋書(新撰)의 내용이나 神文王 2년(682)에 설치된 국학의 하급(실무)직인 大舍가 이미 진덕왕 5년에 설치되고 있어, 진덕왕 2년의 김춘추의 입당은 국학설치를 위한 준비작업이라 하겠다.[43] 따라서 국학은 진덕왕 5년에 설치준비에 착수한[44] 것이 아니라 이때 실질적으로 설치된 것으로 볼 수 있다. 신라에서 官府를 설치하는 경우 책임자가 먼저 임명되는 것이 아니라 하급관리를 먼저 임명한 후 관부를 설치하고 책임자를 임명하는 경우가 많기 때문이다.[45]

결국 신라는 진덕왕 2년 이후 武烈系 王權의 성장과정에 따른 왕권강화의 필요성에서 유교정치이념의 구체적 표현으로 김춘추의 귀국 직후인 진덕왕 5년에 국학을 설치한 이래 신문왕 2년까지 교육제도를 완비한 것이다. 결국

---

39) 李晶淑, 〈新羅眞平王代의 政治的性格〉(《韓國史硏究》 52, 1986), 11~13쪽.

40) 삼국의 對唐外交는 삼국의 정치적 필요에 따라 경쟁적으로 추진되었다. 고구려는 麗隋戰爭 후 당의 강경책을 완화시키기 위함이었고, 백제 武王과 신라의 眞平王은 각각 왕권강화정책의 일환으로 추진하였다. 따라서 삼국은 당의 건국 직후 조공사를 파견하였으나, 당은 같은 해인 624년(영류왕 7년·무왕 25년·진평왕 46년)에 책봉을 받게 된다. 더구나 삼국은 당에의 조공사 파견에 있어서도 경쟁적이어서 對唐外交가 지닌 정치적 의미를 볼 수 있다(申瀅植, 앞의 책, 1984, 314~315쪽).

41) 《三國史記》 권 5, 新羅本紀 5, 선덕왕 9년조 참조.

42) 申瀅植, 〈新羅의 宿衛外交〉(앞의 책, 1984), 354~355쪽.

43) 李丙燾, 《韓國史》 古代篇(震檀學會, 1959), 666~667쪽.

44) 李基白·李基東, 《韓國史講座》 1 古代篇(一潮閣, 1982), 386쪽.

45) 가령 執事部의 경우 그 설치는 진덕왕 5년(651)이나 그 하급관리인 典大等(侍郞)은 진흥왕 26년(565)에, 大舍는 진평왕 11년(589)에 각각 먼저 임명되었다. 船府의 설치는 문무왕 18년(678)이나 차관급인 卿은 문무왕 3년(663)에 임명되었다. 司正府도 무열왕 6년(659)에 설치하였으나, 경은 진흥왕 5년(644)에 임명된 바 있다.

신문왕 2년(682)의 '立國學'은 제도적 완비를 의미한다고 하겠다. 그 후 문무왕 20년(680)의 下敎를 비롯하여 21년의 遺詔,[46] 신문왕 원년 8월의 하교와 6년 2월의 '奏請禮記幷文章', 그리고 7년의 5廟制의 확립 등은 국학설치나 유교정치의 구현과 궤를 같이 한다고 보겠다.[47] 그외 성덕왕 18년(719) 宿衛 金守忠의 '文宣王·10哲·72弟子像'을 받들고 돌아온 일, 27년의 子弟들이 國學에 들어가기를 청한 일 그리고 30년의 勅詔와 33년의 上表[48] 등은 통일신라 유학의 발전상을 나타내 주는 근거가 될 것이다.

㉮ 帝(현종)는 邢璹에게 이르기를 신라는 君子之國으로 자못 書記를 알아 중국과 비슷하다. 경은 훌륭한 유학자이므로 사절로 보내는 것이니 마땅히 經義를 연술하여 대국(당)의 유교의 번성함을 알게 하라(《三國史記》 권 9, 新羅本紀 9, 효성왕 2년).

㉯ 사신이 다녀가면 중국의 風敎를 전하고 사람이 오면 古典을 배워 간다. 衣冠에는 예를 알고 忠信은 儒를 높인다(《三國史記》 권 9, 新羅本紀 9, 경덕왕 15년).

위의 글(㉮·㉯)에서 신라 유학의 번성함을 찾을 수 있다. 즉 ㉮는 효성왕 2년(738)에 신라사신으로 온 邢璹(유학자)를 통해 신라 유학의 수준을 가늠한 내용이며, ㉯는 경덕왕 15년(756)에 玄宗(당)이 신라사신에게 직접 써준 五言詩의 일부이다. 이로써 신라는 그 유학의 발달과 번영을 내외에 과시할 수 있게 되었다.

특히 중대의 역대 왕들은 善政을 강조하는 敎書나 詔書를 통해 왕도정치의 표본을 세웠으며,[49] 국학의 충실과 경전의 강론, 그리고 唐 國學의 입학과 수학 등으로 유교교육제도를 강화하였다. 특히 성덕왕과 경덕왕대의 廟學制의 확립은 교육 장소를 신성시 함으로써, 講學과 視學의 의례를 통한 전제왕권의 권위를 강조하게 되었다.[50] 따라서 국왕 자신까지 규제하는 유교적인

46) 《三國史記》 권 7, 新羅本紀 7, 문무왕 20년·21년.
47) 《三國史記》 권 8, 新羅本紀 8, 신문왕 원년·6년·7년.
48) 《三國史記》 권 8, 新羅本紀 8, 성덕왕 16년·27년·30년·33년.
49) 神文王은 재위 12년간(692~681)에 4번의 下敎를 내렸으며, 聖德王은 재위 36년간(702~737)에 12회의 大赦令을 내려 왕권의 위엄을 나타내고 있다(申瀅植, 앞의 책, 1990, 154쪽).

규범과 도덕률의 고양은[51] 진골귀족의 횡포에 대항하기 위한 왕권의 전제화와 귀족억압의 논리적 타당성을 찾을 수 있다. 여기서 통일신라의 왕은 유교정치의 지도이념인 智와 德으로서 經世方法인 禮·樂·政·刑을 베푸는 정치형태를 취하게 된다. 이것은 유교의 본성인 '道德의 實踐'에 있음을 나타낸 것이며,[52] 그 도덕의 내적 기준인 仁과 외적 기준인 禮를[53] 결합시켜 하나의 보편적 원리를 이루어 국민교화의 명분을 찾을 수 있었다. 다시 말하면 유교적인 이상세계로서 平天下를 이룩하여

> 大道가 행해졌을 때는 天下가 공평해지고, 참으로 어질고 능력있는 자를 뽑아 信義를 강론하고 친목을 도모하게 됨으로 자기 부모만 부모로 섬기지 않고 자기 자식만 사랑하지 않는다. 따라서 노인은 편히 쉴 수 있고, 젊은이는 일할 수 있으며, 어린이는 잘 자랄 수 있다. … 자기만을 위해서 일하지 않는다. 그러므로 음모는 없어지고 도둑은 생겨나지 않는다. 그리하여 문을 닫지 않으니 이를 大同이라 부른다(《禮記》, 禮運).

와 같은 大同世界의 실현을 중대 전제왕권을 통해 이룩하려 한 것이다. 그러므로 반역죄를 응징할 수 있고, 국학에서 《論語》·《孝經》을 필수과목으로 부과할 수 있는 명분이 생기며,[54] 入唐使가 《예기》와 吉凶要禮의 책을 요구하게 되는 것이다.[55] 즉 신문왕 2년의 독학설치나 7년의 5廟制確立의 명분을 찾을 수 있으며, 반역자의 처단을 王道政治具現의 차원으로 정당화할 수 있었다. 여기서 우리는 신문왕 즉위 후 金軍官 處刑의 교서에 "임금을 섬기는 규범은 충성을 다하는 것을 근본으로 하고 벼슬살이를 하는 도리는 두 마음을 가지지 않는 것이 제일"이라는 표현을 기억할 필요가 있다. 蘇定方이 백제정벌 직후에 唐帝에게 올린 다음의 표현에서도 신라사회에 뿌리내린 유교사상을 엿볼 수 있다.

---

50) 高明士, 〈新羅時代 廟學制的 成立與展開〉(《大東文化硏究》 23, 1989), 263~265쪽.
51) 李基白, 〈新羅骨品體制下의 儒教的 政治理念〉(앞의 책), 228~229쪽.
52) 李完栽, 〈儒學의 精神〉(《柳承國博士華甲紀念論叢》, 1983), 13쪽.
53) 李漢龜, 〈儒教倫理의 本質的 構造〉(앞의 책), 29쪽.
54) 李基白, 앞의 책, 226쪽.
55) 《三國史記》 권 8, 新羅本紀 8, 신문왕 6년.

신라의 국왕은 어질고 백성을 사랑하며 그 신하는 충성으로 나라를 섬기며, 아래 사람이 윗사람을 섬기기를 자기 부형과 같이한다(《三國史記》 권 42, 列傳 2, 金庾信 中).

통일신라 유학의 발달은 국가교육제도인 국학이 공식적으로 설치되고 관리양성제도인 독서출신과의 설치로 그 절정을 이룬다. 국학은 그 책임자(卿)가 중앙행정부(14부)의 차관급에 속하지만, 5단계의 조직으로 구성되어 兵部나 內省, 그리고 成典과 같은 형태를 취하여 우대받고 있었다. 〈표 1〉에서 본다면 국학은 직능상 禮部의 통제를 받았으리라 여겨지지만, 책임자가 1인으로서 타기관과 달라 거의 독자적 운영이 가능했다고 본다. 그리고 박사와 조교가 실제 교수이며, 大舍와 史는 실무담당자로 여겨진다.

〈표 1〉 國學의 구성과 그 변천

시기	신문왕 2년	경덕왕	혜공왕	인원수
명칭	國 學	太學監	國 學	
구성원	卿	司業	卿	1명
	博士	博士	博士	약간명
	助敎	助敎	助敎	〃
	大舍	主簿	大舍	2명
	史	史	史	4명

국학은 무열왕권의 등장과 확립과정에서 수반되는 왕권강화와 유교정치이념의 구현이라는 현실적 목적과 통일전쟁 후 문치주의의 지향이라는 시대적 요구에서 나타난 것이다. 동시에 정치적인 소외계층인 6두품 계열을 흡수함으로써 전제왕권 지지기반을 넓힐 수 있다는 정책에서 마련되었을 것이다. 따라서 이들은 제한적이지만 관리로 등장할 수 있는 기회를 잡을 수 있었으므로[56] 국학의 설치(완비)는 전제왕권과 6두품 계층의 정치적 타협이라고 생각된다.

모든 학생의 等位는 大舍 이하로 無位에 이르기까지 하며, 나이는 15세에서 30세까지 입학(수학)할 수 있다. 9년을 기한으로 하되, 만일 능력이 부족하여 향상치 못하는 자는 퇴학시키고, 재질은 성취할 만하되 미숙한 자는 9년을 넘어도 재학케 한다. 졸업자의 관위는 大奈麻·奈麻를 준다(《三國史記》 권 38, 志 7, 職官 上).

56) 李基白, 앞의 책, 230쪽.

이 기록은 《三國史記》에 기록된 국학 학생의 수학연한, 방법 그리고 특전 내용이다. 즉 국학 입학연령은 15~30세로 법정 수업연한은 9년이다. 그러나 그간에 능력부족자는 퇴학시키지만, 능력인정자는 수업연한을 연장해 주었다. 졸업자에게는 奈麻(11위)와 大奈麻(10위)의 관등을 주었기 때문에, 이들 신분을 6두품으로 비정하고 있다.[57] 따라서 진골세력에 대항할 수 있는 능력이 없었던 6두품 세력은 학문적 교양과 국왕의 정치적 조언을 통해 그 세력을 확충할 수 있었기 때문에, 유교정치를 강조하게 된 것이다.[58]

> 교수 방법은 周易·尙書·毛詩·禮記·春秋左氏傳·文選으로 나누어 학업을 닦게 하였다. 박사나 조교 1인이 혹은 예기·주역·논어·효경을 가르치고, 혹은 춘추좌씨전·문선·논어·효경을 그리고 상서·논어·효경·문선으로서 교수한다(《三國史記》 권 38, 志 7, 職官 上).

〈표 2〉 國學의 교과과정

교과과정	교 과 내 용
제1과정	예기·주역·논어·효경
제2과정	춘추좌씨전·모시·논어·효경
제3과정	상서·논어·효경·문선
제4과정	綴經·三開·九章·六章(산학과정)

이 내용은 국학의 교과과정을 설명한 것으로 〈표 2〉와 같이 기본은 3분과로 나눌 수 있었으며, 국학의 공통 필수과목은 《논어》와 《효경》이었다. 이것은 개인의 인격수양이나 사회의 윤리·도덕을 강조하려는 것으로 인간의 德目을 중시하려는 뜻이라 생각된다. 그러나 이러한 교육과정은 국학의 학생들을 위한 것이지만, 이를 통해 유교적인 덕목으로 국민을 교화하고, 왕권유지를 위한 정치이상을 실현하려는 목적은 분명하다. 다만 특수과정(算學課程)으로서 雜學(천문·역·산술·의학)이 있어 학문의 영역을 넓힐 수 있었다.

다음으로 유학의 발달을 가져온 제도적 장치는 독서출신과(삼품과)이다. 이는 원성왕 4년(788)에 처음 실시된 것이지만 국학의 졸업시험제도의 성격을

57) 國學의 학생이 대나마까지 오를 수 있는 5두품에게는 '큰 매력을 주지 못했을 망정(李基白, 앞의 책, 229쪽), 5두품까지 가능했다는 것은 사실이다(申千湜, 《高麗教育制度史硏究》, 螢雪出版社, 1983, 8쪽). 따라서 4두품은 제외되었을 것이며, 6두품이 국학의 학생으로 가장 적합하다고 생각된다.

58) 李基白, 앞의 책, 231쪽.

떤 시험으로 불가피하였을 것이다.[59] 이에 대한《三國史記》의 내용은 다음과 같다.

> 여러 학생의 독서에는 3品出身이 있다. 춘추좌씨전이나 예기 및 문선을 읽어 그 뜻이 잘 통하고 논어와 효경에 밝은 자를 上品으로 한다. 曲藝·논어·효경을 읽은 자를 中品으로 하고, 곡예·효경을 읽은 자를 下品으로 한다. 다만 5經·3史와 諸子百家의 書를 겸통하는 자가 있으면 초탁해서 등용한다(《三國史記》 권 38, 志 7, 職官 上).

〈표 3〉 讀書出身科의 내용

선발과정	시 험 과 목
상 품	춘추좌씨전·예기·문선·논어·효경
중 품	곡예·논어·효경
하 품	곡예·효경
특 품	5경·3사·제자백가

즉 국학에서 배운 과목을 중심으로 3품으로 선발하되, 특히 우수한 자는 特採의 은전을 주고 있었다. 〈표 3〉에서 보듯이, 《효경》은 3품 공통 시험과목이었음에 비추어 통일신라 유학은 道德至上主義的인 정치이념으로 대표된다고 하겠다.[60] 결국 독서출신과는 국학에서 수학한 내용을 확인하는 試驗 절차였으며, 그 중에서 일부가 守令으로 임명된 것이다. 무엇보다도 文籍출신이 아니므로 수령직을 맡길 수 없다는 사실은[61] 국학출신이 관직에 진출하였다는 근거와 함께 큰 의미를 지닌다. 결국 엄격한 骨品社會 안에서도 실력(유학)에 따라 인물이 발탁될 수 있었다는 사실과 守令職(외직)이 牧民官으로서 인식되었다는 점이 주목된다. 다시 말하면 국학출신 유학자를 지방관으로 파견함으로써 지방의 학문수준을 높여 줄 뿐 아니라, 도덕정치라는 시대조류를 확대시킬 수 있었으리라 여겨진다. 동시에 특채의 은전이 있어 우수한 인재의 등용통로를 마련하여 賢士登用과 같은 爲民政策의 틀을 이룩하였다고 생각된다.[62] 따라서 독서출신과는 일종의 官吏登用試驗이라고만 할 수 없으며, 국학의 졸업시험으로 보인다. 단지 그 성적이 우수하면 관리(주로 外職)에 발탁된 것뿐이며, 중앙 관부

59) 李基白, 앞의 책, 230쪽.
60) 李基白·李基東, 앞의 책, 388쪽.
61) 《三國史記》 권 10, 新羅本紀 10, 원성왕 5년.
62) 柳初夏, 〈孟子의 爲民意識과 그 性格〉(《民族文化硏究》 14, 1979), 135~139쪽.

의 하급직에도 임명되었을 것이다. 이러한 사실은 국학의 입학자들이 주로 6두품이었음을 의미한다. 그러나 《三國史記》 권 10, 원성왕 4년조에서 弓術로 사람을 뽑던 제도가 없어졌다고 한 경우로 보아 관리선발 시험제도의 의미가 분명히 있었다.[63]

국학의 설치가 무열왕통의 정치적 출범을 의미한 것처럼, 독서출신과의 실시는 元聖系 王室의 출발과 같은 맥락에서 추진되었다. 원성왕(김경신)은 惠恭王 16년(780)에 일어난 金志貞亂을 진압하는 과정에서 혜공왕을 시해하였으며, 金良相을 宣德王으로 등장시켰다. 이어 김경신은 金周元과의 왕위쟁탈전에서 승리하여 원성왕으로 등장함으로써 원성계 왕실을 열게 된다.[64] 원성왕의 등장은 단순한 왕위의 교체가 아니라, 무열계 왕통의 단절을 의미한다. 선덕왕은 下代의 첫 왕이지만, 東海火葬이나 王統(聖德王의 外孫)으로 보나 무열계 왕통으로 간주할 수밖에 없다.[65] 따라서 실질적인 하대의 첫 왕인 원성왕은 무열계 왕통의 정치적 잔재를 극복하고 새로운 왕가의 확립을 위한 조치가 필요하였다. 그것이 五廟制의 변천과 독서출신과의 설치이다. 왕은 신문왕 때 이룩된 5묘제와 혜공왕·선덕왕 때 개편된 그것을 다시 고쳐, 聖德大王과 開城大王(宣德王의 부친)을 바꾸어 자신의 조부(魏平 : 興平大王)와 부친(孝讓 : 明德大王)을 奉祀한 것이다.[66]

이와 같이 원성왕은 자신의 家系 위주로 5묘제를 바꿔 왕통의 정통성을 확인하였다. 이를 자신의 등장과정에서 '君臣의 合意'라는 정치적 승리로 구현했으며, 강릉으로 축출된 김주원의 아들인 宗基와 자신의 친손자인 俊邕(昭聖王)·彦昇(憲德王)을 侍中·兵部令 등에 임명하여 왕가의 질서를 확립하였다. 이러한 사회변모에 따라 원성왕은 유명무실해진 국학을 재건하고 그 기능을 확충시키기 위해 독서출신과를 실시하게 된 것이다. 따라서 관리를 선발하는 방법을 근본적으로 바꾼 것은 변화된 사회상을 나타내는 것이며,

---

63) 張道斌, 《大韓歷史》, 364쪽. 따라서 汕耘 張道斌은 신라의 문약이 고유의 선거제도인 弓箭을 폐지하고 한문으로 詩選하는 데부터 시작되었다고 주장한다.
64) 申瀅植, 〈武烈系의 成立과 活動〉(앞의 책, 1984), 12쪽.
65) 申瀅植, 〈新羅史의 時代區分〉(《韓國史硏究》 18, 1977), 27쪽.
66) 邊太燮, 〈廟制의 變遷을 통하여 본 新羅社會의 變遷過程〉(《歷史敎育》 8, 1964), 55쪽.

子玉을 집사부의 반대에도 불구하고 渡唐留學生이라는 文籍출신임을 내세워 楊根縣小守로 임명한 것이다.67) 이로써 유교정치의 본을 제시한 것이다.

이러한 유학의 발달은 왕권의 전제화에 크게 기여한 것은 사실이지만, 오히려 도덕정치의 풍조가 확대됨으로써 정치비판의 계기를 가져왔다. 그 대표적인 예가 薛聰의 〈花王誡〉로서, 도덕적 규범의 강조로 나타났다. 왕권전제화의 이념적 바탕이 된 유교가 한편으로는 그에 대한 견제와 제한을 가져온 모순을 보게 된다. 즉 유학의 발전에 따른 漢文學의 이해는 도리어 骨品制에 대한 비판으로 전개되었으며, 6두품 세력의 정치적 진출을 가능케 할 수 있었다. 그러나 6두품 계열은 이러한 유교적 소양을 바탕으로 왕권과 결탁할 수 있었다 해도68) 고대사회 극복에는 한계가 있었다.

그러나 유학의 발달은 단순히 왕권강화의 수단이나, 국민의 지식수준을 높여주었을 뿐 아니라,

> 가난하고 천한 것은 부끄러운 것이 아니라, 道를 배우고 이를 행하지 않는 것이 진실로 부끄러운 것이다. 일찍이 듣기를, 옛 사람의 말에 糟糠之妻를 버려서는 안되며 어려웠을 때의 交友는 잊을 수 없다고 하였다(《三國史記》권 46, 列傳 6, 强首).

와 같이 당시 사회상을 비판함으로써 사회개혁에 기여하였다는 사실이다. 즉 강수는 釜谷의 대장간 딸과 혼인한 후 다시 아내를 맞을 수 없다고 반대함으로써 당시의 一夫多妻制나 골품제에 입각한 신분제도를 비판한 것이다.69) 그러므로 유학의 보급은 윤리적 덕목에 따른 사회개발과 개혁에도 일정한 역할을 다할 수 있었다.

(3) 도당유학생의 활동

우리 나라 유학발달에 획기적 계기가 된 것은 당의 국자감에 유학한 후 그곳에서 賓貢科에 합격한 宿衛學生들의 활동이다. 삼국은 640년(영류왕 23년,

---

67) 《三國史記》권 10, 新羅本紀 10, 원성왕 5년.
68) 李基白, 앞의 책, 231쪽.
69) 李基白, 앞의 책, 217쪽.

무왕 14년, 선덕왕 9년) 같은 해에 당의 국자감에 학생을 파견한 일이 있었다.[70] 그러나 고구려는 계속된 對唐衝突, 백제는 정치적 혼란으로 유학생파견이 어려웠으며, 신라도 통일전쟁에 따른 대당관계의 단절로 유학생 문제는 논의될 수가 없었다. 그러므로 성덕왕 2년(703) 나당간의 국교가 재개되면서 양국간의 친선이 이룩됨에 따라 당유학이 활발해 졌다.[71] 또한 당의 빈공과 설치와 무열왕권의 전제화과정에 소외된 불만귀족층·몰락귀족 또는 6두품의 활로모색으로도 도당유학이 권장되었다.[72]

《三國史記》의 내용에서는 신라가 "子弟를 당의 국학에 입학·수업케 함으로써 예의의 나라가 되었다"는[73] 사실 외에는 구체적 언급이 없다. 이에 대해서 《東史綱目》의 기록에서는 자세히 언급하고 있다.

> 신라는 당에 朝貢한 이래 항상 왕자를 宿衛로 파견하였고, 또 학생들을 太學에 입학시켜 학업을 닦게 하였는 바, 그 기간은 10년이었다. 그외 학생들로서 그곳에 입학한 자들이 100여 명에 이르렀다. 이때 책 살 돈은 본국(신라)에서 지급하였으며 그외 책값이나 숙식비는 唐의 鴻臚寺에서 공급하였으므로 유학생의 수가 끊이지 않았다(《東史綱目》 권 5上, 진성여왕 기유 3년).

즉 유학생은 10년간 수업하는데 그 비용은 양국의 공동부담이므로 국비유학이라는 사실은 알 수 있다. 입당수학시에 개인비용을 사용했음을 들어 金雲卿·金可紀·최치원 등을 사비유학생으로 설명하는 주장도 있으나,[74] 당시 학비조달을 개인적으로 할 수 없다는 점과 당의 국자감 입학과 동시에 국가적인 보조와 빈공과 합격 후의 외직과 같은 공식적인 대우로 미루어 보아 사비유학생은 존재할 수가 없다고 여겨진다.[75] 또한 金巖과 최치원 등 현재 확인된 명단으로 보아 그들은 거의가 6두품 계열로 생각되어 정치적 추방이나 타협의 의미도 배제할 수가 없다.

---

70) 《新唐書》 권 44, 志 34, 選擧 上 및 《唐會要》 권 35, 學校.
71) 申瀅植, 〈羅末麗初의 宿衛學生〉(앞의 책, 1984), 436~437쪽.
72) 申瀅植, 위의 책, 440쪽.
73) 《三國史記》 권 12, 新羅本紀 12, 경순왕 9년(末尾 史論).
74) 金世潤, 〈新羅下代의 渡唐留學生에 대하여〉(《韓國史硏究》 37, 1982), 156~159쪽.
75) 申瀅植, 앞의 책(1990), 236쪽.

㉮ 신라 당국은 宿衛學生과 首領을 뽑아 入朝하면서 동시에 國子監에 부속하여 공부할 수 있게 요청하였다. 이에 인명수와 성명을 갖추어 아뢰었는데, 학생은 崔愼之 등 8명, 대수령은 祈綽 등 8명, 소수령은 蘇恩 등 2명이었다(《東文選》 권 47, 遣宿衛學生首領等入朝狀).

㉯ 景文王 9년 왕자인 蘇判 金胤 등을 謝恩使로 입당시켰다. … 또 학생인 李同 등 3인에게 胤을 따라서 국학에서 공부하게 하여 학자금 300냥을 주었으며, 그 후 이동은 빈공과에 합격하였다(《三國史記》 권 11, 新羅本紀 11, 경문왕 9년).

㉰ 開成 원년 6월 신라의 宿衛王子 金義琮 등이 학생을 대동하고 와서 공부하기를 청하니 舊例에 따라 2인을 머물게 하고 의복과 식량도 관례에 따라 지급하였다(《唐會要》 권 36, 附學讀書).

㉱ 渤海國은 賀正使로 왕자인 大俊明에 16명을 따라 입조케 하였다. 이에 唐帝는 靑州觀察使에게 6인만 上都에 오게 하고 나머지 10인은 되돌려 보냈다(《唐會要》 권 36, 附學讀書).

윗 글에서 볼 수 있듯이, 신라는 조공사·하정사·사은사·숙위 등 사절편에 3~16명의 학생을 파견하면, 당에서는 간단한 시험을 거쳐서 국학에 입학·수학케 하였다. 학생들은 10년간의 수학기간 동안에 빈공과에 합격을 하게 되면 文人으로서 또는 관리로서의 지위를 얻게 된다. 합격한 인물에 대하여 憲德王 13년(821)에 합격한 金雲卿[76] 이후로 58인의 명단 중 그 일부가 《동사강목》(권 5上, 진성여왕 3년)에 수록되어 있어, 그 윤곽이 드러나게 되었다.[77] 開成 원년(희강왕 원년, 836)에 파견된 발해 유학생 16명 중 6명만 수학케 한 것은 현지에서 유학생 수를 제한하였음을 알 수 있다.

이와 같이 국가의 공식적인 요청에 따라 입학한 후, 정부의 보조로 수업을 한 국비유학생이기 때문에 그들의 귀국방법도

㉮ 敬宗 寶曆 원년에 신라 국왕 金彦昇(헌덕왕)이 먼저 가 있던 太學生 崔利貞·金叔貞·朴季業 등 4인의 귀국을 요청하였다. 동시에 새로 金允夫·金立之·朴亮之 등 12명을 국자감에 배치하여 학업을 닦에 하였다(《冊府元龜》

---

76) 《玉海》 권 116, 選擧 3, 咸平賓貢 및 《東文選》 권 84, 送奉使李中父還朝序.

77) 金世潤은 嚴耕望·李基東의 연구와 여러 문헌에서 52명의 명단을 확인하였으며(金世潤, 앞의 글, 160쪽), 李基東은 구체적인 활동자를 중심으로 38명의 명단을 확인하였다(李基東, 앞의 책, 290~291쪽).

권 999, 外臣部 43, 請求).

㈏ 신라 당국은 먼저 보냈던 宿衛學生으로 공부가 끝난 4인은 지금 年限이 만료되었음을 알려주는 동시에 귀환을 청하며 삼가 金茂先·楊潁·崔渙·崔匡裕 등 명단을 제출하는 바이다. … 지금 이들은 이미 10년의 기한을 채웠다. … 文德 원년에 만기로 귀국한 金紹裕 등의 예에 따라 김무선 등과 아울러 首領들을 賀正使 金潁의 배편에 수행하여 귀국시켜 주시기 바랍니다(《東文選》 권 84, 送奉使李中父還朝序).

와 같이 入朝使(조공사·하정사) 또는 숙위의 귀국편에 데려오게 되었다. 그러나 기한이 초과한 유학생들의 상당수가 귀국을 거부하고 있어서 문성왕 2년(840)에는 105인이 넘어 당의 추방을 당하기에 이르렀다.[78] 이들의 귀국거부사건은 빈공과의 급제 문제와 6두품으로서의 귀국 후 활동제한에 따른 불만 때문이라 생각된다. 결국 국비유학생들의 귀국거부사건은 신라정부로서도 문제이지만, 유학생 자신도 빈공과에 합격하였다 해도 당의 대우가 신통치 않았으므로

이른바 빈공과란 매년 別試를 榜尾에 이름을 붙이는 것으로 모든 사람과 병열할 수는 없다. 더구나 벼슬을 제수받음에 있어서도 卑官이나 冗官이 많아 혹은 그대로 귀국하기도 하였다(《東文選》 권 84, 送奉使李中父還朝序).

에서와 같이, 당의 관직이 비관·용관에 불과했으므로, 그곳에서의 체류도 문제가 아닐 수 없었다. 다만 일부 숙위학생은 唐帝의 從難功臣이나 長史 또는 勅使로 이용하는 등이 최고의 대우였기 때문에,[79] 결국 그곳의 문인들과의 交友를 통해 자신의 실력을 과시하고 文名을 유지할 수밖에 없었다. 즉 朴仁範과 憑氏一派와의 관계를 비롯하여 최치원이 高駢·顧雲·羅隱·張喬 등과의 詩友之交를 맺어[80] 文章이 中華國을 감동시키는 단계가 가능하였다.[81]

---

78) 《三國史記》 권 11, 新羅本紀 11, 문성왕 2년.

79) 宿衛學生 중에서 梁悅은 德宗(당)의 從難功臣이었고(《三國史記》 권 10, 新羅本紀 10, 애장왕 원년), 金雲卿은 淄州長史로서 文聖王의 冊封使(勅使)로 귀국하였다(《三國史記》 권 11, 新羅本紀 11, 문성왕 3년). 그외 裵光은 監察御史(《三國史記》 권 11), 金裝은 海州縣勅使(《東文選》 권 47) 등을 역임하였다(申瀅植, 앞의 책, 1990, 247~248쪽.)

80) 李基東, 앞의 책, 298~301쪽.

81) 《三國史記》 권 46, 列傳 6, 崔致遠.

그러나 이들 숙위학생들은 귀국하더라도 신분적인 한계에 부딪혀 본국에서의 활동도 부진할 수밖에 없었다. 물론 신라정부안에서의 적절한 관직이 없었으므로 불가피했을지라도, 당대의 文人·巨儒를 外職(少守·太守)에 임명하였다는 사실은 적절한 대우가 아니었다. 현존 문헌에 남아 있는 경우를 살펴보면 〈표 5〉와 같다.

〈표 5〉 宿衛學生의 外職 역임표

인 명	외 직	전 거
金 巖	良·康·漢州太守, 浿江頭上	《三國史記》 권 43(金庾信下)
金雲卿	長沙縣副守	長興寶林寺普照禪師彰聖塔碑
子 玉	楊根縣小守	《三國史記》 권 10(원성왕 5년)
梁 悅	豆肹縣小守	《三國史記》 권 10(애장왕 원년)
金立之	秋城郡太守	昌林寺無垢淨塔願記
金 埈	楊城郡太守·西京小尹	《三國史記》 권 46, 《東文選》 권 19
崔致遠	富城郡太守	《三國史記》 권 46(崔致遠)

〈표 5〉에서 알 수 있듯이 숙위학생들이 주로 받은 관직이 외직이었음은 진골 만능상태를 고려한다면[82] 불가피했을 것이며, 진골 계층의 횡포를 피해 지방에서 자신의 王道思想을 펴볼 수 있었을 것이다. 무엇보다도 변방의 농민층에게 유학을 보급시키고 지식을 넓혀줌으로써 농촌사회를 개발시켜 경직되고 폐쇄된 골품사회를 해체시키는데 큰 계기를 이루었을 것이다. 한편 일부이지만 나말에 이르러 文翰職에의 참여는 유교정치 구현에 새로운 활력소가 되었으리라 본다.

〈표 6〉에 의하면, 金立之·崔致遠 등 대표적인 숙위학생들이 문학직에 참여하고 있다. 이와 같은 도당유학생들의 한림직 진출은 나말의 中事省과 같은 近侍職의 참여와 함께 왕권의 강화를 위한 측근정치의 지향에 큰 계기를 이룬 것이다.[83] 따라서 중앙에서의 유교정치이념의 추구, 지방에서의 지식보급은 나말 혼란기에 있어서 학문과 유학을 보존시킴으로써 지방문화의 수준

82) 李基東, 앞의 책, 178~179쪽.
83) 李基東, 앞의 책, 263쪽.

을 한단계 높혔을 뿐 아니라, 나말여초에 문화연속성을 유지하는 것을 가능케 하였다고 하겠다. 이러한 문화연계는 고려초의 국사편찬과 과거제 실시를 가능케 함으로써 왕권강화에 큰 방향을 제시했던 것이다.

〈표 6〉 숙위학생의 文翰職 진출

인 명	외 직	전 거
金立之	翰林郎	昌林寺無垢淨塔願記
崔 賀	翰林郎	太安寺寂忍禪師塔碑
崔致遠	侍讀兼翰林學士	《桂苑筆耕》
朴居勿	侍讀右軍大監	皇龍寺九層木塔刹柱本記
朴仁範	翰林學士瑞書學士	《東文選》 권 117, 興寧寺澄曉大師寶印塔碑
朴 邕	侍讀翰林	《桂苑遺香》
崔愼之	瑞書院學士	《三國史記》 권 46
金仁圭	守翰林郎	《桂苑筆耕》
金 薳	崇文館直學士	沙林寺弘覺禪師碑

*申瀅植, 《統一新羅史硏究》, 246쪽에서 전재.

대부분의 유학생들은 귀국 후 정부의 차별대우나 불우한 처지에 불만을 품고 "재주를 펴지 못해 침울한" 상태로[84] "불우함을 스스로 상심하며 다시 벼슬할 뜻이 없이 山林과 강가·해변에서 소요하며" 지낼 수밖에 없었다.[85]

> 金可紀는 신라인이다. 賓貢進士가 되었으며, 특히 道敎에 깊은 뜻을 지녀 번거로운 사치를 싫어하였다. … 특히 박학다식하고 문장이 깨끗하며 그 자태가 너그러워 擧動言談이 중국의 풍을 하고 있었다. 홀연히 終南山의 午谷에서 허술한 집을 짓고 우거하면서도 조용한 생을 보냈다. … 그 후 3년에 귀국의사가 있어 배편으로 갔다가 다시 와서 道服을 입고 종남산에서 음덕을 쌓고 일생을 보냈다(《太平廣記》 권 35, 金可紀).

위와 같이 김가기가 귀국 후 다시 중국으로 건너가 그 곳에서 일생을 마친 사실로 보아, 유학생들의 정치적·정신적 갈등을 엿볼 수 있으며, 최치원

84) 《東史綱目》 권 5, 효공왕 2년 11월.
85) 《三國史記》 권 46, 列傳 6, 崔致遠.

의 四山碑銘이나 崔愼之 등의 禪師碑銘 찬술에서 그 대강을 짐작케 한다.86)

그러나 이들 渡唐留學生인 숙위학생들은 盛唐文化를 흡수·전래하여 신라의 문화를 개발하였으며, 특히 유학을 중심으로 한 漢文化를 이땅에 꽃피우게 한 장본인들이었다. 이들은 중앙에서는 문한직이나 근시직을 통해 王道政治의 본질을 뿌리내리게 하여 고려초 王權强化를 위해 그 학문적 바탕을 제시하였다.

또한 그 구체적인 사례로 科擧制 실시와 國史編纂의 필요성을 제시하여 고려왕조 성장에 기초를 마련하였다. 한편 그들은 지방의 외관에 부임하면서 농촌에 새로운 지식을 보급하고 농민에게 유학을 전수시켜 향촌의 문화를 향상시켜 고대 질서 극복에 디딤돌이 되게 하였다. 따라서 西京의 학원이나 淸州의 학교 설치와 豪族 대두의 학문적 배경이 될 수 있었다.87)

숙위학생들의 역할에 대해 金富軾은

> 항상 자제를 중국에 보내어 숙위케 하고 국학에 입학하여 강습케 하였다. 이로써 聖賢의 風化를 이어받아 鴻荒의 습속을 고쳐 禮義之邦이 되었다(《三國史記》 권 12, 新羅本紀 12, 경순왕 9년 末尾 史論).

고 하였다. 즉 유교의 덕목과 國民敎化의 장을 마련한 것이다. 특히 장기간의 滯唐生活과 修學過程에서 경험한 漢文化와 유교사상을 신라에 전달함으로써 신라문화를 한 차원 높였으며, 金巖의 陰陽家法이나 김가기의 神仙之術과 같은 새로운 학문세계에까지 그 범위를 넓혀주었다. 더구나 6두품 계열의 숙위학생들이 갖고 있었던 비판적인 견해와는 달리 崔光胤(崔愼之의 아들)은

> 일찍이 賓貢進士가 되었다. 유학의 길로 晋에 가는 길에 契丹에 포로가 되었으나 그 재능을 인정받아 관리로 발탁되었다. 사신편에 거란의 침략성을 알려 왕에게 전달되었기 때문에, 왕은 30만을 뽑아 光軍을 만들게 되었다(《高麗

86) 崔致遠은 眞鑑禪師碑文(河東, 雙谿寺), 朗慧和尙碑文(保寧 聖住寺), 智證大師碑文(聞慶, 鳳巖寺) 등을, 崔愼之는 大鏡大師碑文(楊平, 菩提寺), 朗圓大師碑文(江陵, 地藏禪院), 法鏡大師碑文(忠州, 淨土寺), 澄曉大師碑文(寧越, 光寧寺) 등을 찬술하였다. 그리고 崔賀는 寂忍禪師碑文(谷城, 大安寺)을 작성하였다.

87) 金光洙, 〈羅末麗初의 地方學校問題〉(《韓國史硏究》 7, 1972) 참조.

史》 권 92, 列傳 5, 崔彦撝).

와 같이 외침이 위험성을 전달하여 光軍司 설치의 주역이 되었다. 무엇보다도 최치원의 禮와 道, 敬天과 尊王思想에 입각한 유교정치이념은

> 征伐은 있으되 戰爭은 없어야 한다는 것은 실로 王道에 부합되는 것이다. … 무기(干戈)를 녹여 농구를 만들어 오랫동안 부귀토록 할 지어다(《東文選》 권 3, 賀殺黃巢表).

라는 사실에 잘 나타나 있다. 이런 有征無戰의 평화주의사상은 王建의 정치사상으로 연결되었으며, 愛民·勸農思想은 왕건의 取民有度나 成宗의 籍田·祈穀制로 이어진 것이다. 다만 이들 도당유학생들이 가진 유교사상은 불교·도교·풍수사상과 복합된 것으로 〈訓要十條〉의 정신적 기반이 되었다.[88] 이러한 사상적 결합은 '五常과 5戒는 같은 것이며, 王道를 실천하는 것은 佛心에 부합된다'는 최치원의 〈朗慧和尙碑銘〉에 뚜렷이 나타난다.[89]

결과적으로 통일신라의 도당유학생인 숙위학생들은 우리 나라 유학발달에 결정적인 역할을 하였으며, 왕도정치이념을 강조함으로써 왕권강화 내지는 정치발전에도 크게 기여하였다. 특히 나말여초의 전환기에 문화공백을 메웠으며 농촌의 문화수준을 높혀 전반적으로 사회발전에 이바지하였다. 나아가서 유교에다 불교와 도교 등 다른 사상을 결합시켜 한국사상사에 있어서 새로운 변화를 주도하였다. 이러한 사실은 나말의 대표적인 文豪인 3崔 중에서 崔承祐는 후백제에, 최신지(彦撝)는 고려왕조에 협조함으로써 스스로 반신라적 움직임을 보였지만 나말에 이르러 文藝는 찬란히 빛나고 이들 3崔 및 朴仁範 등 대가가 나와서 高麗文藝의 기초를 이루었음은 간과할 수 없다.[90] 그러나 이들 숙위학생들의 현실비판의 자세는 王巨仁의 글에서 나타나듯이[91] 고대사회에 있어서 유교가 지닌 이중성을 엿볼 수 있게 한다.

---

88) 申瀅植, 앞의 책(1984), 456쪽.
89) 申瀅植, 위의 책, 452쪽.
李在云, 〈孤雲 崔致遠의 三敎融合論〉(《先史와 古代》 9, 1997), 47~51쪽.
90) 今西龍, 《新羅史硏究》(近澤書店, 1933), 369쪽.
91) 《三國史記》 권 11, 新羅本紀 11, 진성여왕 2년.

2) 역사의 편찬

역사의 편찬은 고대국가의 왕권강화과정에서 수반되는 정치행위이다. 따라서 삼국시대의 국사편찬은 중앙집권적 귀족국가의 문화적 기념탑인 동시에 대표적인 국사편찬사업인 것이다.[92] 그러므로 고구려는 영양왕 11년(600)에, 백제는 近肖古王 때(346~375), 신라는 眞興王 6년(545)에 각각 국사가 편찬되었다. 물론 고구려는 이미 국초에 《留記》가 편찬되었으므로, 국사편찬은 삼국의 국가발전과정과 비례해서 이룩되었다고 볼 수 있다. 그러므로 專制王權의 확립이나, 유교정치이념의 구현은 물론 왕족의 혈연의식 또는 왕통의 정통성에 비추어,[93] 통일신라에 있어서 官撰史書의 편찬 가능성은 일찍부터 제기되었다.[94]

통일신라의 무열왕통은 통일전쟁과정에서 민족의식이 크게 고양되었으며, 전제왕권의 확립은 유교정치이념을 구현하는 과정을 수반하였으므로, 국사편찬이 필요했음은 사실이다. 무엇보다도 통일열기 속에서 확장된 민족적 자존과 당문화의 수용에 따른 문화적 긍지 속에서 역사편찬이 가능했던 것이다. 이미 진흥왕 때의 편찬 경험과 진덕왕 2년(658) 김춘추의 당에서의 國學參觀과 講論, 그리고 太宗의 溫湯·晋祠碑 및 신찬 《晋書》의 전달은 국사편찬의 중요성을 인식시켜 준 계기가 될 수 있었다.[95]

특히 진덕왕 5년(651)의 정치개혁은 단순히 新正賀禮나 집사부의 설치(稟主의 폐지)라는 외형적 의미가 아니라, 김춘추·김유신 일파의 정치적 승리이며,[96] 무열왕권 성립의 제일보인 것이다. 이 개혁 속에서 大舍(國學) 2인의 임명은 국학에 대한 준비만이[97] 아니라, 국사편찬의 준비라는 의미도 함께

---

92) 李基白 외, 〈우리역사를 어떻게 볼 것인가〉(《韓國史大討論會》 1, 1976), 11~21쪽.
93) 李基東, 〈古代國家의 歷史認識〉(《韓國史論》 6, 國史編纂委員會, 1979), 9쪽.
94) 李基東, 위의 글, 13쪽.
趙仁成, 〈崔致遠의 歷史敍述〉(《歷史學報》 94·95, 1982), 21쪽.
95) 申瀅植, 〈新羅人의 歷史認識과 그 編纂〉(《白山學報》 34, 1988; 앞의 책, 1990, 221쪽).
96) 李基白, 〈新羅執事部의 成立〉(《新羅政治社會史研究》, 一潮閣, 1974), 153쪽.
97) 李丙燾, 앞의 책(1959b), 666~667쪽.

있었으리라 여겨진다. 따라서 신문왕 2년(682)의 공식적 국학설치는 교육기관의 설립이라는 의미 외에도 국사편찬을 위한 자료수집이나 준비작업의 일환으로도 생각할 수 있다.[98)]

신문왕대의 제도설치에 있어서 국학 이외에 집사부의 舍知, 工匠府의 主書(大舍),[99)] 內省의 詳文師, 御龍省의 崇文臺 등은 무열왕통의 廟制와 祭典이나 자료수집 및 국사편찬을 위한 직무를 다했으리라 본다.[100)] 그것은 빈번한 당과의 교섭과정에서 당의 史官制의 영향을 고려할 수 있기 때문이다. 즉 당의 사관기능은 3省·秘書省·御史臺·國子監·東宮 등 관리의 兼職官이 갖고 있어,[101)] 신라의 경우 공식적인 사관제도가 없었다고 하여도 국사편찬이 가능했으리라 보인다.

이 시기에 역사편찬의 가능성을 뒷받침하는 것은 성덕왕대에 金大問의 《花郎世紀》나 《鷄林雜傳》과 같은 사서의 私撰이 있었다는 사실이다. 전통사학의 편찬에 있어서 관찬이 사찬을 우선하는 것이 원칙이며, 기존의 관찬국사 토대위에 사찬국사가 편찬되는 것이 일반적이기 때문이다.[102)] 화랑의 이야기인 《화랑세기》나,[103)] 불교수용의 이야기인 《계림잡전》은 공식적인 국사(왕의 사적)가 편찬된 이후에야 가능할 수 있는 것이다. 다만 김대문의 저

98) 申瀅植, 앞의 책(1990), 221쪽.

99) 工匠部는 14개의 중앙관부 중에서 그 서열이 최하위이며(책임자가 卿) 개칭된 명칭이 典祀署인 점을 들어 5廟制의 제사를 관장한 기관일 가능성이 있다(申瀅植, 《新羅史》, 이화여대 출판부, 1985, 130쪽). 동시에 神宮 5廟의 祭堂이나 부속건물의 修築을 맡는 기관일는지도 모른다.

100) 申瀅植, 앞의 책(1990), 221쪽.

101) 張榮芳, 《唐代的史館與史官》(臺北, 1985), 147~148쪽.

102) 申瀅植, 앞의 책(1990), 222쪽.

103) 1989년에 金海에서 필사본 《花郎世紀》가 발견되어, 그 진위나 사료적 가치에 대해서 의견이 분분하다. 다만 그 내용으로 보아 당시 김대문의 저술이라기 보다는 후대의 저술일 가능성이 크다. 이에 대한 연구성과는 아래와 같다.
權悳永, 〈筆寫本 《花郎世紀》의 사료적 검토〉(《歷史學報》 123, 1989).
鄭在鑂, 〈새로 발견된 《花郎世紀》에서 본 花郎史〉(《金正基博士華甲紀念論叢》, 1990).
李鍾學, 〈筆寫本 《花郎世記》의 사료적 평가〉(《慶熙史學》 16·17, 1991).
盧泰敦, 〈필사본 《花郎世紀》 의 사료적 가치〉(《歷史學報》 147, 1995).
李鍾旭, 〈《花郎世紀》 의 신빙성과 그 저술에 대한 고찰〉(《韓國史硏究》 97, 1997).

서를 통해 본 그의 역사인식이 '신라사 중심과 객관적인 역사인식에 입각하여 反儒教的 또는 反專制主義的인 경향'으로 이해되고 있으나,[104] 그가 주로 활동한 시기가 성덕왕 때이며, 漢山州都督으로 활동한 사실을 고려해 볼 필요가 있다. 즉 성덕왕때는 전제왕권이 절정기에 이른 때이며, 빈번한 親唐外交로 유교정치사상이 크게 발달한 시기임은 물론, 반전제주의적인 인물을 북방경영의 책임자로 임명할 수는 없었을 것이다. 따라서 그는 오히려 전제주의를 옹호하는 입장에서 중대왕권을 뒷받침하는 사관을 가지고 있었다고 생각된다.[105] 이러한 추측은 국사편찬이 왕권강화의 기념비적 성격이라는 점과 당의 사관제도에 대한 폭넓은 이해과정에서 가능하리라 여긴다. 따라서 숙위학생들의 유교정치이념에 대한 욕구는 자연히 국사편찬에 대한 중요성을 제시한다는 것은 당연하다.

이러한 상황을 미루어 보아 신문왕 때는 적어도 武烈·文武王史를 중심으로 한 국사편찬이 가능하였으며, 그 중심기관이 국학을 비롯한 몇 개의 중앙관부였다고 생각된다. 당시 국사편찬에 직접 참여한 인물이 김대문일 가능성이 크며, 그리고 거기에 빠진 내용을 재정리한 것이 《계림잡전》일 수 있다고 추측된다.[106]

그리고 나말에 이르면 中事省·宣教省 등 근시기구가 발달하고 瑞書院·崇文臺·翰林院 등 문한기구가 확장되는데, 이는 측근정치의 지향이나 왕권강화의 길을 촉진해 주기 때문에[107] 역사편찬의 구체적 가능성은 배제시킬 수 없다. 당의 史官이 門下侍郞 등 3省의 관직이 압도적으로 많으며, 다음이 秘書省·國子監 및 東宮官임을 고려할 때,[108] 宿衛學生의 관직에서 최치원(侍讀兼翰林學士守兵部侍郞知瑞書監)·崔彦撝(執事侍郞瑞書院學士)·金薳(守兵部郞中兼 崇文館直學士)이나 姚克一의 中書省 中舍人[109] 등은 사관이라 해도 무방

---

104) 李基白, 〈金大問과 그의 史學〉(《歷史學報》 77, 1978), 8~14쪽.

105) 趙仁成, 〈三國 및 統一新羅의 歷史敍述〉(《韓國史學史의 硏究》, 乙酉文化社, 1985), 24~26쪽.

106) 申瀅植, 앞의 책(1990), 222쪽.

107) 李基東, 앞의 책, 247~267쪽.

108) 張榮芳, 앞의 책, 148~149쪽.

109) 申瀅植, 앞의 책(1990), 224쪽.

할 것 같다. 특히 나말여초의 전환기에 국사편찬에 관계했음직한 인물을 金石文이나 문헌에서 찾아보면 〈표 4〉와 같다.

〈표 4〉 나말여초의 國史編纂 관계 인물

인 명	관 직	출 전
金立之	翰林郎·秋城郡太守	昌林寺無垢淨塔願記
崔 賀	韓林郎·謝恩謙宿衛判官	大安寺寂忍禪師 照輪淸淨塔碑
崔致遠	前守兵部侍郎充瑞書院學士	鳳巖寺 智證大師寂照塔碑·三國史記
崔愼之	檢校尙書左僕射御史大夫瑞書院學士	菩提寺 大鏡大師玄機塔碑·三國史記
朴仁範	翰林學士 瑞書學士	興寧寺 澄曉大師寶印塔碑·東文選
朴居勿	侍讀右軍大監	皇龍寺九層木塔刹柱本記
朴 邕	侍讀翰林	桂苑遺香
金仁圭	守翰林郎	桂苑筆耕
金 薳	崇文館直學士 儒林郎	沙林寺 弘覺禪師碑 寶林寺普照禪師碑
金口炷	前國子監卿 沙干	開仙寺 石證記
李奐相	左僕射兼 御史大夫	廣照寺 眞澈大師寶月乘空塔碑
具足達	前與文監卿	淨土寺 法鏡大師慈燈塔碑
金 遠	前翰林學生	龍頭寺幢竿記
孫仁謙	大舍學院郎中	〃
李夢遊	翰林學士 前守兵部卿	鳳巖寺 靜眞大師 圓悟塔碑
張端說	文林郎 翰林院書博士	〃
金廷彦	太丞翰林學士 內奉令 前禮部使 參知政事 監修國史	高達寺 元宗大師 惠眞塔碑

〈표 4〉에 의하면 나말여초의 금석문에는 翰林學士·瑞書學士·御史大夫·國子監卿·監修國史 등이 눈에 띈다. 이러한 문한기관과 어사대부나 감수국사 등 사관의 존재는 국자감경의 출현과 함께 나말의 국사편찬을 뒷받침해 줄 수 있다.

그러므로 고려 光宗 26년(975)의 감수국사(金廷彦)의 존재는 나말여초 국사편찬이 있었음을 설명해 줄 수 있다. 또 여초에 翰林院令으로 활약한 최언위를 비롯하여 김원·이몽유·김정언 등이 한림학사였으므로, 한림원 3품 이하의 관리가 修撰官이 되었다는《고려사》의 기록에서도 국사편찬이 증명된다.[110] 이는 최치원의《帝王年代曆》이나 그가 읽은《鄕史》와 관련이 크다고

110) 〈慶州崇福寺碑銘〉(《朝鮮金石總覽》上), 124쪽.

하겠다.[111] 다시 말하면 《제왕연대력》은 왕권강화를 위한 저술일 수밖에 없으며,[112] 최치원을 전후한 시기에 이루어진 역사편찬은 傳統史學 정착의 계기가 되었고, 고려왕조로 연결되어 여초의 왕권강화나 實錄編纂에 밑거름이 되었을 것이다.[113] 무엇보다도 나말의 宿衛學生들의 유교정치이념에 대한 주장은 왕권강화수단으로서 科擧制의 실시 외에도[114] 국사편찬의 길을 마련함으로 고려초의 문화적 공백을 메꾸었다는 사실은 중요한 의미를 갖는다.[115]

〈申瀅植〉

2. 불교철학의 확립

武烈王이 즉위하여 中代가 시작되면서 7세기 중반의 신라왕실은 지방제도 정비와 중앙제도개편으로 왕권을 강화하여 중앙집권적인 관료체제를 유지해 갔다. 이들 체제를 운영하는 이념으로 유교가 영향력을 확대해 가고 유학자들이 대거 등장하여 문화수입과 외교문서 작성 등 이전에 승려들이 맡아왔던 정치자문의 역할을 대신하였다. 이와 함께 王名도 불교식 왕명시대에서 漢式 謚號시대로 바뀌었다. 이러한 정치적 변화와 유학에 대한 이해가 진전되어가는 사상계의 동향에 상응하여 삼국의 불교를 종합하여 다양하고 폭넓은 불교사상을 담아낼 새로운 佛敎思想 體系의 확립과 基層民들에게까지 널리 불교를 이해시켜 나가는 것이 중요한 과제로 대두되었다.

삼국기에 마련한 唯識 중심의 교학 기반 위에 삼국통일을 전후하여 고구려나 백제에서 발달한 三論學이나 天台學의 中觀派 불교학이 신라에 전해짐으로써 불교교리에 대한 연구가 심화되고, 이는 곧 중관파와 瑜伽派의 교리적 대립을 인식하고 극복해야 한다는 과제를 낳게 되었다. 이와 더불어 국가

111) 李基白 외, 앞의 글, 12쪽.
112) 申瀅植, 앞의 책(1990), 227쪽.
113) 申瀅植, 앞의 책(1990), 228쪽.
114) 申瀅植, 앞의 책(1984), 455~458쪽.
115) 申瀅植, 앞의 책(1990), 229쪽.

의 발전과 왕권의 강화작업이 어느 정도 달성되고 불교사상에 대한 이해기반이 조성됨에 따라 국가불교의 한계와 모순을 반성하고 국가의 세속적 목적과 불교의 출세간적 가치관 사이의 사상적인 갈등을 해소하는 것이 또한 과제가 되었다.[1] 이는 이 시기에 크게 신장되던 기층민의 사회적 지위에 따라 그들의 신앙적 욕구를 만족시켜야 한다는 점도 고려되었다. 이런 과제를 해결하기 위한 노력으로 불교교리에 대한 연구와 대중화운동이 전개되었다. 그런데 이러한 문제가 제기되던 시대에 등장한 무열왕계의 중대 왕실은 고구려를 통합한 후 사회구조의 대대적인 재편성을 시도하였고, 그러한 과정에서 중고기 왕실과 이해관계를 함께 하던 기존의 불교계에 대한 일련의 제도적인 조치를 마련하였다. 이에 따라 중고기의 가장 핵심적인 사원이던 皇龍寺에 대한 개편이 이루어져 이제 僧政기구로서의 기능을 成典寺院이 담당하게 되었다. 성전사원은 중앙과 지방의 제도개편으로 집권체제 정비작업이 완성되어가던 신문왕 4년(684)에 四天王寺·奉聖寺·感恩寺·靈廟寺·永興寺에 설치되어 사원의 유지와 경제관리를 담당하여 불교계의 통제기능을 수행하던 官寺제도였다.[2]

이러한 교학의 진전과 사원의 기반확대 및 승정기구의 형성은 이 시기를 즈음하여 宗派가 형성되었음을 말해준다. 종파란 특정 사상이 주도 승려의 제창 아래 교학과 의식 그리고 실천신앙면에서 전 사회계층이 공유할 수 있는 독자적인 체계를 갖추고 이를 구현할 수 있는 사원의 경제적 기반을 배경으로 조직적이고 체계적으로 활동하는 것을 말한다.[3] 따라서 종파 성립의 가장 중요한 과제는 독자적인 교학체계의 구축에 있지만, 이와 동시에 사회적으로 모든 계층에게 불교가 이해되고 지역적으로 중앙 중심에서 지방사회에도 전파되는 불교의 大衆化가 이루어져야 한다. 통일기의 신라에서 사회의 정치적·경제적 진전에 따라 신라 독자적인 교학체계가 형성되고, 고양된 기

1) 崔柄憲, 〈新羅 佛教思想의 展開〉(《歷史都市 慶州》, 열화당, 1984), 379~381쪽.
2) 蔡尙植, 〈新羅統一期의 成典寺院의 구조와 기능〉(《釜山史學》 8, 1984), 108쪽. 李泳鎬, 〈新羅中代 王室寺院의 官寺的 機能〉(《韓國史硏究》 43, 1983), 89·108~109쪽.
3) 蔡尙植, 〈한국 중세불교의 이해방향〉(《考古歷史學志》 9, 동아대 박물관, 1993), 320~322쪽.

층민의 의식과 경제력을 바탕으로 이를 적극 수용한 승려들의 주도에 의해 신앙의 대중화가 이루어지며 국가적인 승정체계가 확립된 것들은 이 시기 사회발전에 따른 불교 진전의 내용으로서 종파가 성립되었음을 보여준다. 그리고 이러한 종파의 실상을 華嚴宗과 法相宗·神印宗 등에서 볼 수 있다.

1) 교학의 발달

통일기에 들어 가장 활발한 교학활동을 보인 것은 唯識과 華嚴이었다. 이와 더불어 전 불교사상을 체계화시킨 元曉의 교학과 승가규범에 대한 정리인 戒律學에 대한 연구도 활발하였다.

(1) 유식사상

가. 원측의 유식학

圓測(613~696)[4]은 신라의 왕손으로 3세의 어린 나이에 출가하였다. 법휘는 文雅인데 자인 원측으로 불렸다. 입당한 시기는 알 수 없으나 15세 때에 처음 法常·僧辯(섭론)에게 청강하였다 하니 이때쯤 중국에 간 것으로 보인다. 당 태종이 득도를 허락하고 장안의 元法寺에 머물게 할 만큼 신라왕실의 지원을 받아 중국에서도 상당한 후원이 있었던 듯하다.

원측은 중국에서 수학하면서 다양한 불교학을 익혀 비담·성실·구사·婆娑 등에 두루 통달하였고, 梵語 등 6개 국어에 능통하였다. 善德女王 14년(645)에 玄奘이 새로운 經論을 가지고 인도에서 귀국하여《瑜伽論》(630년 역)·《成唯識論》(659년 역) 등을 번역 소개하자 원측은 빠르게 이 사상을 이해하였다. 武烈王 5년(658)에 西明寺가 낙성되자 원측은 大德으로 초빙되어 이곳에서 지내며《成唯識論疏》를 비롯한 많은 논서를 지어 현장의 新譯佛敎를 널리 펴는데 이바지하였다. 한때 終南山 雲際寺에 물러나와 지내고 이후 더욱 한적한 곳에서 8년 동안 한거하기도 하였으나 다시 서명사에 돌아와《성유식론》을 강의하였다. 그리고 인도에서 地婆訶羅가《密嚴經》·《顯識論》을

4) 宋 復, 〈大周西明寺故大德圓測法師佛舍利塔銘〉(《日本續藏經》 권 150), 91쪽.
崔致遠, 〈故飜經證義大德圓測和尙諱日文〉(《智異山華嚴寺事蹟》, 29~30장).

가져와 번역하는데(685~688) 대덕 5인 중의 證義로 참가하였다.

신라에서는 神文王이 여러 차례 원측의 귀국을 요청하였으나 則天武后는 이를 허락하지 않아 신라에 돌아오지 못하고 말았다. 마지막으로 洛陽에서 실차난타가 새로이 들여온 《화엄경》(新譯) 번역(695~699)에 참여한 원측은 이를 모두 마치기 전에 佛授記寺에서 84세로 입적하였다.

그의 생애를 살펴볼 때 원측은 먼저 眞諦의 舊唯識을 깊이 이해하는 교학 기반을 다졌으나 현장이 호법계통의 新唯識을 갖고 귀국하자 곧 이를 수용하여 크게 선양하였음을 알 수 있다. 이는 원측이 진제계 구유식의 문제점을 누구보다 명확히 파악하고 있었기 때문에 가능한 것이었다.[5)]

원측의 유식사상의 특징은 위와 같은 그의 생애에서 드러난 사상 경향에서 비롯된다. 유식에서는 인식의 출발점인 마음에 대해 치밀하게 분석하여 8가지로 분류한 識說과 존재의 형태를 고찰한 三性說이 중심사상을 이룬다. 원측은 이 중에서 먼저 진제의 식설에 대해 비판하였다.

식설은 구유식 중에서도 地論과 섭론계통에서 서로 다르게 이해하였다. 지론에서는 마음을 法性心(眞如心)과 相應心(意識)의 둘로 나누고 이 진여심이 純淨無垢의 眞識인 阿賴耶識이라는 심식설을 전개하였다. 慧遠(523~592)은 이를 바탕으로 기본 감각기관인 眼·耳·鼻·舌·身의 감각 작용인 前5識(識)과, 이를 총괄하는 의식 작용인 제6意識(意), 의식의 심층에 있는 自我인 제7阿陀那識(心), 이 근저에서 모든 행위를 발생하게 하는 근원적인 존재인 제8阿賴耶識(眞如)이라는 8식설의 체계를 세웠다. 지론종 내에서도 勒那摩提—慧光—法上—慧遠으로 이어지는 南道派에서는 아뢰야를 순정무구의 眞識으로 파악한 데 비해, 菩提流支—道寵—僧休로 이어지는 北道派에서는 아뢰야를 染汚生滅의 妄識으로 파악하였다.

그런데 진제(499~569)가 정립한 攝論에서는 6식까지는 지론과 같이 이해하나 제7아타나식은 번뇌장일 뿐이며 제8阿梨耶識(지론의 阿賴耶識과 표기가 다름)은 진여와 果報와 染汚의 세 가지 성질이 있는 眞妄和合識이라고 파악하였다. 그리고 다시 그 위에 眞如淨識으로 제9阿摩羅識을 설정하였다.

---

5) 高翊晋, 《韓國古代佛教思想史》(東國大 出版部, 1989), 140~152쪽.

이와 같은 진제의 식설에 대해 원측은 아타나의 명칭이 《解深密經》에는 제8식의 다른 이름으로 나오기 때문에 잘못된 것이며, 역시 《해심밀경》에 의하면 식을 전환하여 지혜를 얻는다고 하였으므로 제7식이 오직 번뇌장이라는 것도 잘못된 것이라고 논박하였다. 그리고 제9아마라식이 反照自體라고 하나 경전의 전거가 없으므로 인정할 수 없고, 이 9식無垢識은 아뢰야식의 청정분일 따름이라고 비판하였다. 이는 신유식의 8식설에 따라 진제의 구유식 식설을 비판한 것이었다.

원측은 일체 제법을 파악하기 위해 시설한 三性三無性說에서도 진제설을 비판하였다. 진제는 三性을 다른 것에 의해 생기는 依他起性을 중심으로 이해하여 의타기성 위에서 마음에 의해 잘못 상정된 遍計所執性에 집착하지 않으면 그것이 곧 있는 그대로의 실재를 근원적으로 완성하는 圓成實性이라 하였다. 이 삼성을 차례로 전부 부정한 것이 三無性이다. 원측은 삼성 중에서 진제가 집착하는 작용으로서의 의타기성과 집착하는 대상으로서의 변계소집성을 모두 부정한 데 대해 의타기성을 부정하는 것은 모든 존재의 근거를 박탈하는 것이 되어 올바른 진리마저 부정하게 되므로 이는 잘못이라고 비판하였다.

원측은 이 밖에 여러 이론을 전개하면서 진제의 학설을 많이 인용하였다. 그러나 신구유식의 견해가 차이가 나는 근본적인 문제에 대해서는 구유식설을 예리하게 비판하였다. 이는 원측의 지향점이 현장에 의해 새로이 소개되어 당시 당의 불교계를 풍미해가던 신유식에 있었음을 보여주는 것이다.

그러나 원측은 현장에서 규기로 이어지는 당의 법상종 유식사상과는 달리 中觀과 唯識의 대립에 대한 의식에서는 유식 일변도의 이해가 아닌 포용적인 관점을 보였다. 원측이 소개하는 바에 따르면 彌勒은 眞俗을 설하여 아울러 존재케 하고 龍樹는 空有를 설하여 둘다 버렸는데 여기에서 유식과 중관이 비롯된다고 한다. 중관의 淸辨(500~570)이 체계적으로 유식을 논박하고 나서자 유식은 安慧—진제로 이어지는 無相唯識에서는 중관과 상통하는 일면을 보였으나, 護法—현장으로 이어지는 有相唯識에서는 의타기성과 원성실성의 有를 강력히 주장하여 공유 대립의 형세를 드러냈다.

청변은 歷法遣相觀空門을 세워 일체법은 모두 공이라 하고, 호법은 在識遮

境辨空觀門을 세워 일체법은 유무에 통한다고 한다. 청변은 世俗諦에 의하면 空・不空이 있지만 勝義諦에 의하면 공 아닌 법은 없으므로 공에 집착하면 惡取空이 된다 하고, 호법은 변계소집성은 無요, 의타기성과 원성실성은 有인데 일체제법을 덮어놓고 없다고 하니 악취공이라 한다.

이러한 중관과 유식은 상대방을 포용하지 못하고 자신의 논리만을 강조한다. 이에 원측은 空觀을 통해 이 둘을 화해하고자 하여 다음과 같은 견해를 내세웠다. "청변은 공을 취하고 유를 부정하여 유에 대한 집착을 제거하고, 호법은 유를 세워 공을 부정하여 공에 대한 집착을 제거하였다. 그러므로 공은 유가 곧 공이라는 이치에 어긋나지 않고 유는 공이 곧 색이라는 교설에 어긋나지 않는다. 공이면서 유라는 사실을 이해하면 두 가지 진리를 이루며, 공도 아니고 유도 아니라는 사실을 알면 中道를 터득한 것이다."[6] 이처럼 원측은 청변과 호법을 모두 동등하게 인정하고 있다. 불법의 큰 뜻은 바로 이와 같은 것임을 강조하며, 그러기에 "내가 낫다는 논에 집착하는 것이야말로 불법에 심히 어긋난다"고 학파간의 대립적 입장을 경계하는 것이 원측의 관점이었다.

원측은 아뢰야식의 변화를 중심으로 현상 세계의 변화를 설명하는 데 역점을 두는 당의 법상교학에 비해, 신유식의 식설과 함께 구유식과 같이 현상 세계의 이론적 설명과 깨달음으로의 실천적 전환을 포괄하는 삼성설을 중심으로 유식사상을 체계화하였다. 그리고 구체적인 내용에서는 진제의 구유식을 비판하고 현장의 신유식을 지지하는 독특하면서도 일관된 체계가 원측 유식사상의 특징이었다.

이처럼 원측의 사상에는 유식과 중관 그리고 구유식과 신유식의 두 학파의 대립적인 입장을 폭넓게 포용 이해하여 극복하려는 화해의 뜻이 잘 나타나 있다. 이는 원측이 모든 교설을 목적에 이르게 하는 도구인 方便으로 보고 이론 자체의 논리적 체계성보다는 그 쓰임에 주목했던 인식과도 상통하는 것이다. 규기처럼 유식만을 선양하지 않았기 때문에 원측의 유식사상은 중국 법상종에서는 제대로 계승되지 못하였다. 그러나 원측이 보였던 포용적

---

6) 圓測, 《般若心經贊》(《韓國佛敎全書》 1, 3쪽上).
——, 《解深密經疏》(《韓國佛敎全書》 1, 123쪽中).

인 태도는 당시 불교사상계의 가장 중요한 중관과 유식의 지양이라는 과제를 풀 수 있는 중요한 인식이었다. 이러한 독자의 포용적인 사상체계에 원측이 차지하는 사상사적인 의의가 있다.

나. 서명학파

원측의 포용적인 사상 경향을 잇는 제자들은 현장—규기로 이어지는 당의 법상종과는 다른 별도의 학파를 이루었고, 이를 원측이 활동하던 사원을 따라 西明學派라 부르는데 勝莊·道證·道倫(遁倫) 등이 이 범주에 든다.

원측의 사리탑명에는 慈善과 승장의 이름이 나오는데 자선은 행적을 확인할 수 없다. 승장은 義淨의 번역장에 證義로 참가하고 보리유지 번역장에 執筆과 증의로 참가한 범어전문가로서 유식과 인명에 대한 여러 저술이 있다. 승장은 원측의 입적 후에 사리를 나눠다 종남산 豊德寺에 새 사리탑을 세워 원측에 대한 숭모 풍조를 확대한 인물이었다.

도증은 원측의 문하로《成唯識論要集》을 비롯하여 유식과 인명에 대해 7종의 저술을 남긴 유식사상가였다. 그는 효소왕 원년(692)에 신라에 귀국하여 왕에게 천문도를 바쳤다. 이렇게 하여 원측의 유식학이 도증을 통해 신라에 본격적으로 전수되었을 것이다. 대체로 원측의 설을 계승 옹호하였던 도증의 사상은 太賢에게 계승되어 신라 법상종 성립의 사상적 배경을 이루었다.

중국에서 주로 활동한 도륜은 당대 유식사상을 집대성한《瑜伽論記》(705) 20권의 방대한 저술을 남긴 인물인데 이를 포함하여 모두 18종 57권에 이르는 많은 저작을 남겼다.《유가론기》에는 당시 당과 신라의 유식학승들의 학설이 망라되어 있는데, 여기에 보이는 도륜의 견해는 규기의 법상종 정통설과는 차이가 있다.

서명학파와는 경향이 다른 신라출신 유식학승으로 神昉이 있다. 신방은 현장 문하 四哲의 한 사람으로 평가되었으며 弘福寺 譯場에 참가하여《大菩薩藏經》의 번역작업에서 綴文의 역할을 맡아 번역된 漢語를 문장으로 만들었고,《本事經》을 번역하는데 筆受의 일을 맡았으며《地藏十輪經》이 번역되자 그 서문을 쓰고《大般若經》의 번역에도 참가한 번역의 대가였다. 신방은《十輪經》에 대한 저술을 많이 남겼고《成唯識論要集》등 신유식 사상에 대한 저술도 지었다. 또한 고행과 걸식을 일삼으며 하루 여섯 차례 지장예참에 열중하였던 수행인의 면모도 함께 가졌던 인물이었다.[7]

다. 법상종 승려들의 유식학

삼국시대의 교학은 대소승·율학·정토신앙·두타행·화엄·법화·習誦·삼론·천태·밀교 등이 다양하게 전개되었으나 그 주류는 唯識이었다. 통일 이전에도 고구려를 비롯하여 삼국에 구유식이 소개되어 이에 대한 이해가 축적되었음을 圓光과 慈藏 등의《攝大乘論》을 중심으로 한 교학에서 살필 수 있으며, 통일 후에는 법상종 승려들의 많은 저술에서 유식학의 융성을 확인할 수 있다.[8]

元曉는《判比量論》등 유식학의 저술도 상당수 남겼다. 그의 저술에는《瑜伽論》이나《섭대승론》을 비롯한 유식경론이 많이 인용되고 있어, 새로운 사상인 유식학을 크게 활용하여 그의 사상체계를 수립하였음을 알 수 있다. 원효의 저술 중에는 유식과 인명에 관한 것이 13종에 이른다. 그는 후에 고려 법상종에서 태현과 함께 해동조사로 추앙되었으며, 불교논리학인 因明을 인식논리학으로 전환시키고 신인명을 확립한 陳那보살의 화신으로 일컬어졌다.

順憬은 불교논리학인 인명에 밝았던 신라승이었다. 순경이 신라에서 현장의 眞唯識量을 전해 듣고 決定相違不定量을 세워 건봉연간(666~667)에 사신편에 보냈더니 현장은 이미 입적하고 없어 규기가 이를 보고 식견이 높다고 감탄하였다고 한다. 순경은 입당하여 현장에게 신유식을 수학한 문인으로 현장에게 유식의 논증방법인 量說을 배우고 신라에 돌아와 이를 전하였다.[9] 순경은 인명에 대한 주석서인《因明入正理論抄》를 비롯한 여러 저술을 남겼다. 그는 대소승을 두루 배우고 청정한 마음을 강조하는 두타행을 실천하였으며 신라에 돌아온 뒤에는 祇園寺에 주석하였다. 그는 또한《화엄경》의 初

7) 金南允,《新羅 法相宗 硏究》(서울大 博士學位論文, 1995), 23~26·34~36쪽.

8) 吳亨根,〈新羅唯識思想의 特性과 그 歷史的 展開〉(《韓國哲學硏究》上, 東明社, 1977), 254~265쪽.
金南允,〈新羅 中代 法相宗의 成立과 信仰〉(《韓國史論》11, 서울大, 1984), 105~107쪽.

9) 金相鉉,〈新羅 法相宗의 成立과 順憬〉(《伽山學報》2, 伽山佛敎文化硏究院, 1993), 80~82쪽.

發心 便成佛 구절을 불신하고 비방하다가 지옥에 떨어졌다는 일화를 남겼는데, 이를 통해 당시 화엄에 비해 열세였던 유식의 형세를 가늠할 수 있다.[10)]

憬興은 문무왕의 고명으로 신문왕대에 國老로 봉해져서 三郞寺에서 활동한 백제 출신의 인물이다. 경흥은 유식을 비롯하여 여러 부문에 걸쳐 40여 종의 주석서를 남겨 원효·태현과 함께 신라 3대 저술가로 꼽힌 인물이다. 이 저술 중에서 유식에 관한 것이 17종으로 그의 교학연구의 중심을 이루는데, 유식 관계 저술이 전하지 않아 자세한 사상은 알 수 없다. 이 밖에 다양한 분야에 걸쳐 많은 저술을 남겼는데 정토신앙 관계 저술과《金光明經》및《사분율》에 관한 저술이 특히 많다.

義寂은《성유식론》등 유식 관계 4종의 저술을 비롯하여 정토·반야·법화·열반·계율 등 25종의 주석서를 저술하여 유식승의 왕성한 저술활동을 계승하고 유식의 대가로 꼽히기도 한 인물이었다. 의적은 의상과 만나 교리를 토론하는 등 화엄종과 교유를 갖기도 하였다.

太賢은 瑜伽祖라 불린 데서 알 수 있듯이 법상종조로 추앙된 유식의 대가였다. 그는 남산의 茸長寺에 머물면서 미륵과 미타상을 함께 모시는 신앙을 전개하였다.[11)]

태현은 일체의 論과 宗을 편력하였다고 기록될 만큼 불교학의 전 분야를 두루 수학하였다. 원효·경흥과 더불어 신라 3대 저술가의 한 사람인 태현은 모두 50여 부의 저술을 남겼다. 화엄의 원융한 이치를 탐구하고 법화·열반·반야 등의 대승경전과 여래장·중관서를 주석하였고 유가계의 戒學에도 큰 관심을 가졌다. 정토 관계 저술도 9종이나 된다. 유식 관계 저술은 20종이나 되는데 이는 그의 중심사상이 유식사상이었음을 말해 준다. 이들은 초기 유식으로부터 중국 법상종의 정통이 된 호법의 유식과 불교논리학인 인명에 이르기까지 현장의 신역으로 이루어진 논서에 대한 광범위한 주석서들이다. 태현은 많은 저술에 古迹記라는 이름을 붙였는데, 이는 경론을 주석하는 데 여러 선학들이 주석한 바에 의거하여 그 요점을 취하여 계승한 것임을 나타내는 것이다.

---

10) 金南允, 앞의 책, 26~29쪽.

11)《三國遺事》권 4, 義解 5, 賢瑜伽海華嚴.

태현은 원측의 유식학을 계승한 道證의 제자로서 유식은 원측·도증을 따르고 화엄은 법장·원효를 계승하여 유식과 중관에 대해 각기 그 진리성을 인정하는 공정한 입장에서 학설을 비판하고 계승하여 종합하였다.[12] 태현의 유식사상의 중심은《成唯識論學記》에 나타나 있다. 顯宗出體門·題名分別門·解釋文義門의 세 부분으로 구성된 이 저술에서 태현은 당대 학계의 논쟁점을 포괄하여 자세하게 보여주었다. 이 중 空有쟁론에 대해 태현은 공과 유는 언어상으로는 다투지만 그 근본 취지는 동일한 것으로서, 논쟁의 의도는 중생으로 하여금 깨달음을 얻게 하기 위한 것이라는 화쟁의 입장을 보였다. 태현은 유식학설에 대해서도 법상종 정통의 규기의 학설을 토대로 그와 다른 경향을 보였던 원측의 학설을 포용하여 종합 회통하였는데 여기에 태현의 사상적 특색이 있다. 그러나 그의 중심 입장은 유식 중도를 근본 종지라고 본 호법의《성유식론》에 근거한 신유식사상이었다.[13]

중대 초기 이래의 유식학승들의 활동을 바탕으로 이와 같은 태현의 사상과 신앙이 중심이 되어 경덕왕대에 법상종이 형성되었다. 태현은 유식중도설의 입장에서 각 교설의 의미를 밝혀 性相의 대립을 지양하고 신라 불교학의 성과를 종합한 사상적 바탕으로 독실한 미륵신앙을 실천하여 교학연구를 계승하는 유식학승들을 이끄는 법상종의 조사가 되었다.

유식 경론 주석서

圓測	해심밀경소(○)·구사론석송초·성유식론소·성유식론별장·유가론소·이십유식론소·광백론소·백법론소·관소연연론소·육십이견장·광백론소·대인명론소·인명정리문론소
神昉	십륜경초·십륜경소·십륜경음의·대승대집지장십륜경서(○)·순정리론술문기서·성유식론요집·현유식론집기·종성차별집
元曉	해심밀경소(◇)·유가론소·유가초·유가론중실·섭대승론세친석론약

12) 蔡印幻, 〈大賢의 戒學〉(《新羅佛敎戒律思想硏究》, 東京 ; 國書刊行會, 1977), 391쪽.
———, 〈新羅大賢法師硏究〉(《佛敎學報》 20·21·22, 東國大, 1983~1985).
李 萬, 《新羅 太賢의 唯識思想 硏究－成唯識論學記를 中心으로－》(동쪽나라, 1989).

13) 金南允, 앞의 책, 48~80쪽.

기 · 섭대승론소 · 양섭론소 · 중변분별론소(◇) · 변중변론소 · 잡집론소 · 성유식론종요 · 인명론소 · 판비량론(◇) · 인명입정리론기

憬興 해심밀경소 · 구사론초 · 유가론소 · 유가론초 · 유가석론기 · 성유식기 · 성유식론폄량 · 유식추요기 · 현유식기 · 현양론소 · 현양론술찬 · 인명론의초 · 법원의림기 · 금광명경약의 · 금광명경술찬 · 금광명최승왕경약찬(○) · 최승왕경소

智仁 불지론소 · 현양론소 · 잡집론소

靈因 해심밀경소 · 구사론초

行達 유가론요간 · 유식추요기

順璟 성유식론요간 · 인명입정리론초

道證 성유식론요집 · 성유식론강요 · 섭대승론세친석론소 · 변중변론소 · 인명입정리론소 · 대인명론초 · 대인명론소

勝莊 금광명최승왕경소(◇) · 성유식론결 · 잡집론소 · 불성론의 · 대인명론술기

玄一 유가론소 · 유가론사기 · 중변론요간

悟眞 인명론비궐략 · 법원의림집현초 · 성유식론의원초

義寂 성유식론미상결 · 백법론총술 · 백법론주 · 대승의림장

道倫 금광명경약기 · 성유식론요결 · 유가론기(○)

太賢 유가론고적기 · 유가론찬요 · 중변론고적기 · 현양론고적기 · 잡집론고적기 · 섭대승론세친석론고적기 · 유식이십송고적기 · 변중변론고적기 · 성업론고적기 · 오온론고적기 · 백법론고적기 · 성유식론학기(○) · 성유식론결택 · 광백론고적기 · 불지론고적기 · 섭대승론무성석론고적기 · 관소연연론고적기 · 인명정리문론고적기 · 인명입정리론고적기 · 인명입정리론기 · 인명입정리론학기 · 금광명경술기 · 금광명경요간 · 법원의림석명장 · 광석본모송 · 대승일미장 · 보살장아비달마고적합집

(《韓國佛敎撰述文獻總錄》, 東國大 出版部, 1976, 9~93쪽을 토대로 함. ○는 현존, ◇는 부분 현존).

법상종의 또 하나의 계통으로 眞表(718~? ; 734~?)계가 꼽힌다. 完山州 출신의 진표는 입당하여 善導에 배워온 崇濟(順濟)에게 金山寺로 출가한 뒤 亡身懺 수행으로 지장보살과 미륵보살로부터 계법을 받았다는 인물이다.[14] 진표는 점찰법을 강조하였는데 점찰법은 점찰로서 자신의 果報를 점치고 그

14) 《三國遺事》 권 4, 義解 5, 眞表傳簡 關東楓岳鉢淵藪石記.
《宋高僧傳》 권 14, 唐百濟國金山寺眞表傳(《大正新修大藏經》 권 50, 793~794쪽).
蔡印幻, 〈新羅眞表律師硏究〉(《佛敎學報》 23 · 24 · 25, 1986~1988).

결과에 따라 참회수행을 하는 것이었다. 이와 함께 진표는 지옥 중생까지 구제하겠다는 悲願의 보살인 지장신앙과 미륵상생을 추구하는 참회수행을 아울러 실천하며 이끌었다. 이와 같이 점찰법과 지장신앙을 바탕으로 진표가 선도한 법상종의 흐름은 永深·融宗 등에 의해 여러 지역에 확산되었고, 신라 하대의 心地와 고려에 연결된 釋忠 등 진표의 문도들에 의해 지속적으로 계승되었다. 이렇게 속리산·명주·개골산 등지의 고신라 변방지역에 실천신앙 중심의 교화를 전개한 법상종은 기층민에게까지 그 영향력이 확대되었던 것이다.

법상종은 유식사상연구를 중심으로 계율연구를 비롯한 광범위한 교학연구를 수행하여 신라 교학연구를 주도하면서 화엄종과 대비되는 하나의 흐름을 형성하였다. 위에서 살펴본 것처럼 법상종에는 두 가지 계통이 있었다. 하나는 태현의 법상종으로 경덕왕대에 서울을 중심으로 유식학연구의 학파적인 교단이 미륵과 미타신앙을 체계화하여 전개되었다. 그리고 또하나는 진표의 법상종으로 이보다 약간 늦게 지방을 근거지로 계율과 참회를 내세운 실천적인 교단이 일반민을 대상으로 미륵과 지장신앙을 조직화하며 전개되었다.[15]

(2) 원효 교학

元曉는 신라 교학의 연구기반 위에서 《起信論》의 학설을 기반으로 당대의 사상적 과제이던 중관과 유식을 회통할 수 있는 이론체계를 정립하고 이를 바탕으로 분파의식의 극복 이론을 전개하였다. 이는 당대의 사상적 과제를 해결하는 방대한 사상체계를 이루어낸 것으로써 통일기의 신라불교를 근원적인 입장에서 종합 정리하는 불교 이해의 기준을 확립한 것이었다.

---

15) 金南允, 앞의 글, 130~135쪽.
文明大는 道證과 甘山寺 金志誠의 활동에서 보듯이 720년경에 법상종이 성립되었다고 하며 원측·태현계와 원광·진표계의 양계로 나누어 보았다(文明大, 〈新羅 法相宗의 成立과 그 美術〉, 《歷史學報》 62·63, 1974, 156~160쪽). 金相鉉은 순경에 의해 법상종이 성립되었다고 보았다(金相鉉, 〈新羅 法相宗의 成立과 順璟〉, 《伽山學報》 2, 1992, 94~100쪽).

가. 생애와 활동

원효(617~686)는 삼국이 한강 유역을 중심으로 한반도의 쟁패권을 다투고 있던 眞平王 39년(617)에 6두품 薛氏 가문에서 태어났다.[16] 그의 승명이 원효이고 출가하고 나서 그의 집을 절로 만들어 初開寺라 하였다는 것들은 그가 불교를 처음 열었다는 의미를 담고 있는 것으로서, 원효의 불교에 대한 신라인들의 높은 평가를 알 수 있게 한다.

원효는 10대 중반에 佛門에 출가하였는데 진평왕 53년경의 일이다. 이 시기는 明朗이 중국 유학에서 돌아와 밀교를 유포하고 慈藏이 중국에 유학하러 떠나던 때였다. 자장은 선덕왕 12년(643)에 귀국하여 皇龍寺를 중심으로 《攝大乘論》과 《菩薩戒本》 등을 강설하고 大國統이 되어 戒律의 엄격한 시행을 통해 교단을 정비 통제하며 불교계를 이끌었다. 이렇게 결집된 교단력을 토대로 자장은 皇龍寺九層塔을 창건하고 新羅佛國土說을 집대성하여 불교 토착화의 기반을 닦았다.

원효는 스승을 정해 놓고 배우거나 한곳에 머무름이 없이 여러 스승을 찾아다니며 다양한 교학을 섭렵하였다. 이미 진흥왕 26년(565)에 明觀이 1,700여 권의 경론을 들여왔으니 이후 긴밀하게 유지된 대당관계를 고려할 때 신라에는 唐의 새로운 불교자료가 시차없이 유입되고 이에 대한 연구도 따라서 깊이있게 진행되었을 것이다. 원효가 한곳에 집착하지 않고 다양한 교학을 섭취한 것은 이와 같은 신라 교학의 분위기에서 가능한 것이었다.

이 시기에 원효는 磻高寺에 있으면서 良州 靈鷲山의 朗智를 만났는데 낭지는 원효에게 《初章觀文》과 《安身事心論》을 짓도록 하였고 이에 따라 원효는 저술을 이루었다. 初章이란 三論學의 교학을 말하는 것이므로 낭지로부터 원효는 삼론에 대한 지견을 배웠을 것으로 생각된다. 또한 원효는 여러 경전을 연구하면서 매번 迎日 恒沙寺의 惠空에게 질의하였다. 이채로운 행적으로 세속에 직접 파고들어 대중교화를 실천한 혜공이 삼론학의 중요한 논서인

---

16) 《三國遺事》 권 4, 義解 5, 元曉不羈.
《宋高僧傳》 권 4, 〈唐新羅國黃龍寺元曉傳〉(《大正新修大藏經》 권 50, 730쪽上).
南東信, 〈元曉의 敎判論과 그 佛敎史的 位置〉(《韓國史論》 20, 서울大, 1988), 6~19쪽.
鄭炳三, 〈元曉와 義相의 불교사상〉(《淑明女大論文集》 34, 1993), 248~254쪽.

僧肇의 《肇論》을 보고 자신이 옛날에 지은 것이라 하였다는 것은 혜공이 삼론학에 이해가 깊었음을 알게 한다. 따라서 원효는 낭지와 함께 혜공으로부터도 삼론학의 진수를 배울 기회를 가졌을 것이다.[17)]

蛇福은 모친의 장례를 지내면서 高仙寺에 있던 원효보다 고차원의 인식수준으로 蓮花藏世界를 열어 보였던 화엄에 뛰어난 인물이었다. 大安은 원효가 《金剛三昧經》을 해석할 때 미처 정리되지 않은 경의 순차를 맞추어내고 원효만이 해석할 수 있다고 추천했던 인물인데, 특이한 옷차림으로 항상 저자 거리에서 교화하던 인물이었다.[18)]

이와 같이 원효가 교류를 가졌던 인물들은 모두 교단불교와는 달리 시정에서 일반민과 어울리거나 산속에서 은둔생활을 하던 이들로, 장차 전개되는 원효의 교화활동은 이들의 경향과 밀접한 연관성을 보인다.

이즈음에 현장이 새로 번역 소개한 新唯識은 신라 교학에서도 지대한 관심사가 되었다. 그래서 원효는 후배인 의상과 함께 眞德王 4년(650)에 이 신유식을 배우고자 중국유학을 시도하였으나 당시의 첨예한 삼국관계로 인해 실패하였다. 대신에 의상과 함께 普德에게서 《열반경》 강의를 들음으로써 보다 진전된 고구려 불교의 성과를 수용할 수 있었다.

10년이 지난 文武王 원년(661)에 원효는 또 다시 의상과 함께 중국 유학길에 올랐다. 이번에는 해로를 택해 중국으로 건너가려 하였으나 도중에 머무르게된 고분 속에서 '三界唯心 萬法唯識'의 깨달음을 얻었다는 설화를 남긴 채, 끝내 중국에 건너간 의상과 달리 유학을 포기하고 돌아왔다.[19)]

원효가 유학을 포기한 것은 그간 특정한 스승에 구애되지 않고 자유롭게 구도생활을 하면서 당시 한자로 번역 소개된 거의 모든 전적을 폭넓게 이해하여 이미 굳건한 교학기반을 갖추고 있었던 것이 크게 작용하였을 것이다.

---

17) 《三國遺事》 권 5, 避隱 8, 朗智乘雲 普賢樹 및 권 4, 義解 5, 二惠同塵.

18) 《三國遺事》 권 4, 義解 5, 蛇福不言,
《宋高僧傳》 권 4, 唐新羅國黃龍寺元曉傳(《大正新修大藏經》 권 50, 730쪽中).

19) 《宋高僧傳》 권 4, 唐新羅國義湘傳(위의 책, 729쪽上).
원효의 전기가 아닌 의상의 전기에 실려 있는 이 설화는 원효의 기신론 사상에 대한 위대성이 평가된 뒤에 만들어진 설화라고 생각된다. 이때 원효가 얻었다는 '心生故種種法生 心滅故龕墳不二'의 悟道頌이 기신론의 구절에서 나온 것이 이의 방증이 될 것이다.

그가 당시의 교학을 거의 망라하는 모두 80여 부의 경전에 주석을 베풀었던 것이 이러한 사정을 말해준다.

이 시기에 원효는 국가와 긴밀한 관계를 가졌다. 문무왕 2년(662)에 백제를 패망시킨 후 고구려를 공략하던 김유신의 신라군이 당군과의 연합작전 과정에서 받은 秘票의 의미를 이해하지 못하자 원효가 이를 해독해 주었다. 이는 김유신이 원효의 출신지인 押梁州군주를 지내던 시절에 가졌던 연계에서 비롯된 것이었다. 원효가 仁王百高座會에 本州인 압량주의 추천을 받았으나 교단의 반대로 참가가 좌절된 것도 이 무렵의 일이었다.[20]

대신 원효는 왕실의 지원을 받아 《金剛三昧經論》을 저술하였다. 뇌종양에 걸린 왕비를 구하기 위해서 《금강삼매경》을 얻어와 大安이 경전을 순서에 맞게 편차하였고, 원효가 《금강삼매경론》을 만들어 강의한 것이다. 이때 원효는 본래 5권의 疏를 지었으나 누가 그것을 훔쳐가 다시 3권의 소를 만들어 강설하였다고 하는데, 이는 원효의 왕실 활동이 그를 제약하고자 하는 세력의 반대 속에서 어렵게 이루어지고 있었음을 말해준다.

원효는 이 무렵 무열왕의 瑤石宮 寡公主와 연결되어 薛聰을 낳았다. 그리고 이 破戒로 원효는 교단을 벗어나서 세속의 복장을 한 채 小性居士라 칭하며 無碍行을 일삼아 노래를 지어 세간에 유포시키는 등 대중교화에 나섰다.

원효가 교단에서 나와 교화에 진력하면서도 그에 못지 않게 노력한 것은 많은 저술작업을 통한 사상체계의 확립이었다. 원효가 남긴 200여 권의 저술은 89부에 이르는 다양한 것으로서 반야와 유식을 비롯해서 법화·화엄·열반·계율·정토 등 거의 모든 분야를 망라하고 있다. 이 중에서도 원효가 가장 애써 이룬 저작은 《大乘起信論疏》와 《金剛三昧經論》이다. 이 두 저술을 통해서 원효는 당대 불교계의 절대적 과제였던 中觀과 唯識의 교리적 대립과 세속적 진리(俗諦)와 출세간적 진리(眞諦)의 차별적 가치관을 극복하는 문제를 《기신론》과 《금강삼매경》의 논리로 종합하였다.[21]

원효는 당대의 중점 과제였던 空有의 집착과 편견의 적극적인 극복을 위

20) 南東信, 앞의 글, 14쪽.
21) 高翊晋, 〈元曉思想의 史的意義〉(《東國思想》 14, 東國大, 1981), 56~63쪽.

해 각각의 異說이 존재할 수 있는 진리의 일면성을 인정하고 이설간의 적극적인 會通을 위하여 《기신론소》의 一心二門 이론과 《금강삼매경론》의 一味觀行의 실천원리로 정립하였다.[22] 그리고 문무왕 11년(671)에 저술한 《判比量論》은 논리학의 차원에서 중관과 유식의 논리가 같음을 논증하는 것으로서 공유의 화쟁을 이룰 수 있는 또 다른 준거였다. 이러한 이론체계를 바탕으로 여러 경론의 차이점을 화해시키는 《十門和諍論》을 저술하여 구체적인 분파의식의 극복 이론을 전개할 수 있었다.

사회기층에까지 불교를 전파한 원효의 정토신앙은 치밀한 교리적 바탕 위에서 전개된 것이었다. 원효는 미타경전에 대한 여러 주석을 통해서 여래장사상을 기반으로 모든 중생이 佛性을 가지고 있으므로 모두 成佛할 수 있다는 가능성을 확인하고, 그러나 중생들은 자신의 마음의 본질적인 평등성을 믿지 못하기 때문에 그 의심과 집착을 아미타불의 본원력에 의지해서 제거해야 함을 강조하였다. 正因인 發心과 助因인 칭명 念佛을 강조한 원효의 정토관은 一心에 의거한 것이면서도 근기가 낮은 중생을 위해 서방극락에 왕생하여 성불할 것을 강조한 대중 지향의 것이었음을 말해준다.[23]

원효는 소승계를 梵網戒에 포섭 융회한 《梵網經菩薩戒本私記》와, 범망계와 유가계를 종합 융화시킨 《菩薩戒本持犯要記》를 지어 형식주의적인 소승계율을 지양하고 정신주의적인 보살계를 강조하였다. 원효가 제시한 大乘菩薩戒사상은 出家와 在家를 조화하는 梵網戒였다. 원효는 戒의 판단기준을 결과가 아닌 동기에 둠으로써 명리와 탐욕과 교만에 빠진 신라 불교계를 비판하고, 중생 구제를 위해서는 계를 범해도 죄가 아니라 복이 된다는 적극적인 해석을 시도하여 수행자 개개인의 내면적 각성을 촉구하였다.[24] 새로운 사상 정립과 교화에 큰 의의를 남긴 원효는 만년을 지내던 穴寺에서 70세의 나이로 신문왕 6년(686)에 입적하였다.

---

22) 高翊晋, 〈元曉의 起信論疏·別記를 통해 본 眞俗圓融無碍觀과 그 成立理論〉(《佛教學報》 10, 1973).
——, 〈元曉思想의 實踐原理〉(《崇山朴吉眞博士華甲紀念 韓國佛教思想史》, 1975).

23) 金英美, 《新羅 佛教思想史 硏究》(民族社, 1994), 94~109쪽.

24) 崔源植, 《新羅 菩薩戒思想史 硏究》(東國大 博士學位論文, 1992), 42~55쪽.

원효의 저술은 모두 90종에 가까운 200여 권의 방대한 분량이었음을 의천의《新編諸宗敎藏總錄》등을 통해 알 수 있으나 현재는 23종만이 전해진다. 주요한 저술은 다음과 같다.

원효의 저술 목록

華嚴經	종요1·소8(◇)·입법계품초2·강목1·普法記·一道章1·大乘觀行1
涅槃經	종요1(○)·소5
法華經	종요1(○)·방편품요간1·요략1
楞伽經	종요1·소8·요간
維摩經	종요1·소3
金光明經	소8
般若經	금강경소3·심경소1·대경종요1(○)
金剛三昧經	론3(○)
勝鬘經	소3
不增不減經	소1
般舟三昧經	소1
解深密經	소3(◇)
無量壽經	종요1(○)·소1·요간·사기1·소아미타경소1(○)·遊心安樂道1(○)
彌勒經	상생경종요1(○)·상생경소3
方廣經	소1
梵網經	종요1·소2·약소1·지범요기1(○)·보살계본사기2(◇)
瓔珞本業經	소3(◇)
四分律	갈마소4
起信論	종요1·소2(○)·별기2(○)·대기1·요간1·사기1·소기회본6(○)·二障義1(○)
成唯識論	종요1
因明論	소1·判比量論1(◇)·因明入正理論記1
瑜伽論	초5·중실4
攝大乘論	소4·초4
雜集論	소5
中邊分別論	소4(◇)
掌珍論	종요1·요간1
中觀論	종요1
廣百論	종요1·지귀1
三論	종요1

寶性論	종요1・요간1
기타	十門和諍論2(◇)・二諦章1・調伏我心論1・安身事心論1・求道譬喩論1・初章觀文1 大乘六情懺悔1(○)・發心修行章1(○)・彌陀證性偈1(○)

(高翊晋, 《韓國古代佛敎思想史》, 東國大 出版部, 1989, 186~188쪽을 토대로 함. 숫자는 권수. ○는 현존, ◇는 부분 현존)

나. 기신론 철학

원효가 제반 불교사상을 새롭게 체계화시킨 많은 저술에 인용된 전거를 살펴보면 유식계통의 경론들이 중요한 기반을 이루고 있음을 알 수 있다. 그런데 이는 다른 경론과의 대조에서 나타나는 차이를 화해하는 데 주력한 데서 오는 현상이었다.25) 그리고 당대 불교계의 지대한 과제였던 空과 有의 대립을 극복하기 위해 마련한 원효의 중심 사상체계는 《大乘起信論疏》와 《金剛三昧經論》을 통해 잘 드러난다.26)

원효는 도처에서 중관과 유식의 편견에 빠진 교리를 비판하였다. 《起信論別記》에서 원효는 "중관은 모든 집착을 깨뜨리고 깨뜨린 것 또한 깨뜨려서 깨뜨리는 것과 깨뜨려지는 것을 다시 인정하지 않으므로 이는 보내기만 하고 두루하지 못하는 논"이고, 이에 비해 "유식은 깊고 얕은 것을 두루 세워 법문을 판별하여 스스로 세운 법을 모두 버리지 않으므로 이는 주기만 하고 빼앗지 못하는 논"이라고 비판하였다.27)

다른 저술에서도 이와 같은 비판은 자주 나타난다. 유식은 언설을 떠나야 하는 데도 언설에 집착하여 자성을 차별하고 삼세제불의 뜻을 알았다고 하며, 중관은 제법의 依他道理를 부정하고 三性과 三諦를 敎門의 假名시설에 불과하다고 떠들고 이것을 진실이라고 생각한다고 비판한 것이 그것이다. 그러므로 학도들은 이런 편견에 집착하지 말고 마음을 닦고 행동을 깨끗이 하며 바른 知解를 체득해야 하므로 유와 무를 다 버리고 소연히 의거함이 없음을 관해야 함을 강조하였다.28)

---

25) 李箕永, 〈統一新羅의 佛敎思想〉(《韓國哲學史》 上), 209쪽.

26) 元曉, 《大乘起信論疏記會本》 권 6(《韓國佛敎全書》 1, 733~789쪽).
——, 《金剛三昧經論》 권 3(위의 책, 604~677쪽).

27) 元曉, 《起信論疏記》 권 1(위의 책, 733쪽中)

이런 편벽된 중관이나 유식과는 상대적으로 《起信論》을 극찬하였다. 이는 "지혜롭고도 어질며 깊고도 넓어, 세우지 않음이 없으면서 스스로 버리고, 깨뜨리지 않음이 없으면서 다시 인정한다. 다시 인정한다는 것은 저 가는 것이 다하여 두루 세움을 나타내며, 스스로 버린다는 것은 이 주는 것이 다하여 빼앗음을 밝힌 것이다. 이것을 일러 모든 논의 근본이오, 뭇 쟁론을 평정하는 주인이라고 해야 한다"는 것이다.[29]

부정(破·往)과 긍정(立·與)을 특징으로 하는 중관과 유식이 서로 대립관계에 있다 해도 중생의 마음을 대상으로 삼아 괴로움으로부터 벗어나게 한다는 데 목적을 두고 있는 점에서는 일치한다. 원효는 《기신론》이 이 중생의 마음이라는 공통점에서 출발하여 一心·二門·三大의 사상으로 역동적으로 전개된다고 보았다.[30]

대승에서는 일체 제법에 別體가 없고 오직 一心을 가지고 自體로 삼는다. 대승의 대상이 이처럼 중생의 마음이라면 중관은 그러한 마음에서 주로 그 眞如의 측변을 밝히고 유식은 주로 그 生滅因緣의 측면을 밝힌 것이다. 心性은 불생불멸하는 것인데 妄念에 의해 차별이 생기는 것으로 망념을 떠나면 평등한 것이며 이것이 진여라는 것이 중관의 생각이다. 또 중생은 心(아뢰야식)에 의해 意(마나식)와 意識(전6식)이 전변하는 것이므로 三界는 허위요 唯心所作이니, 마음이 생하면 가지가지의 법이 생하는 것이오 마음이 멸하면 제법이 멸한다는 것이 유식의 생각이다.

중관과 유식이 각각 衆生心의 진여와 생멸인연의 측면을 밝히고 있다면 중생의 마음은 그 두 부분을 소유하고 있는 것이 된다. 그래서 한마음의 법에 의해 두 종류의 문이 있으니 하나는 心眞如門이요 하나는 心生滅門이다. 이 두 문은 각각 일체법을 모두 포섭하니 이 두 문은 서로 떨어질 수 없기 때문이다.[31]

二門이 서로 어긋나 통하지 않는다면 진여문은 理만을 포용하고 事는 포

---

28) 元曉, 《菩薩戒本持犯要記》(위의 책, 582쪽中下).
29) 元曉, 《起信論疏記》 권 1(위의 책, 733쪽中).
30) 高翊晋, 앞의 책, 194~200쪽.
31) 元曉, 《起信論疏記》 권 1(《韓國佛教全書》 1, 740쪽下~741쪽上).

용할 수 없으며, 생멸문은 事만을 포용하고 理는 포용할 수 없을 것이다. 그러나 이문이 상호 융통하여 한계가 구분되지 않기 때문에 모두 각각 일체의 理事 諸法을 두루 포용할 수 있다. 그래서 이문이 서로 떨어지지 않는다고 하는 것이다.[32)]

그러나 그 둘은 서로 만나되 각자의 기능을 잃어버리는 것은 아니다. 眞如門은 相을 없애 理를 드러내 體에 중점을 두며 眞如不變의 입장에서 空을 주로 설하고 染淨通相에 의해 총섭하나, 生滅門은 理를 잡아 事를 이루어 相用에 중점을 두며 本覺隨染의 입장에서 不空을 주로 설하고 染淨別相에 의해 총섭하는 차이가 있다. 이 이문은 하나가 아니면서 서로 다르지도 않다. 따라서 이문은 일심을 중심으로 융통무애한 화합을 이루면서도 그들 특유의 교리적 특징을 잃지 않는 것이다.

중관의 철저한 空觀은 破에 철저한 나머지 두루할 길이 없고 유식의 철저한 有觀은 立에 철저한 나머지 빼앗을 길이 없다. 이들이 서로 떨어진 상태에서는 이 결함을 해결할 길이 없으나, 이들이 한마음으로 화합한다면 이들의 결함은 서로 상대방을 보완해주는 이론이 될 수 있다.

이런 관점에서 원효는 一心二門의 이론으로 중관과 유식의 특징을 종합하면서 《기신론》 중심으로 체계화해가는 탁월한 논리를 보여주었다. 이문의 조직 단계를 넘어서 이문이 하나로 화합하여 대승의 이념을 발휘하기 위해서는 다시 三大의 조직이 필요하다. 《기신론》의 삼대의 세계는 진여·생멸 이문이 화합한 미묘한 大乘의 體가 眞俗·有無·染淨 등의 일체 차별을 타파하여 원융무애하게 약동하며 무한한 공덕을 발생하고 있는 부처의 경계이다. 원효는 이를 大乘의 宗體라고 보았다.[33)]

《起信論》의 해석에서 조직된 원효의 여래장사상은 《金剛三昧經論》에서 그 실천 이론을 전개한다. 원효는 《금강삼매경》의 주제를 一味觀行 곧 一觀으로 요약하였다. 여기서 觀은 境智에 통하고 行은 因果에 걸치는 것이다. 果는 五法이 원만한 것을 이르고 因은 六行이 구비된 것을 이른다. 智는 本覺과 始覺의 兩覺을 말하고 境은 眞俗이 雙泯한 것을 말한다.[34)] 이는 곧 眞俗 別

32) 元曉, 《起信論疏記》 권 1(위의 책, 741쪽下).
33) 元曉, 《起信論疏記》 권 1(위의 책, 733쪽上).

體의 집착을 다스린다는 것이 되고, 원효는 여기에 이 경전의 핵심이 있다고 파악한 것이다.

원효가 해석한 이 경의 내용은 우선 無相觀의 所觀法이 一心如來藏體이고 다음의 本覺利品은 생멸문을, 入實際品은 진여문을 나타낸 것이었다. 그리고 망상공과 진성공을 말하는 진성공품은 體大와 相大에, 眞俗이 둘이 아닌 一實의 법이 여래장인데 여기에 본래 갖추어진 무량한 공덕에서 불가사의한 用大가 발생함을 보인 如來藏品은 用大에 상응하여《기신론》의 구조와 일치한다. 그러므로《금강삼매경론》은 一味觀行이라는 실천적인 관행을 빈틈없이 조직하고, 그 실천적인 관행이 의거하는 이론적인 원리를《기신론소》에서 一心二門三大說과 일치시킨 구조인 것이다. 일체의 법은 오로지 一心이며 일체의 중생은 하나의 本覺이다. 여래가 교화하는 일체의 중생은 유전이 아닌 바 없으므로 그들을 깨달음으로 인도하는 방법도 一味이며 一乘인 것이다.[35] 한 마음을 중심으로 융통무애한 화합을 이룰 수 있다는《기신론》의 일심이문삼대설을 중관과 유식을 회통할 수 있는 이론 체계로 정립한 원효는《금강삼매경론》에서 一味觀行의 실천원리로써 사상 체계를 종합해 나간 것이다.[36]

내용이 전해지지 않는《華嚴經疏》의 序文에서 밝힌 원효의 화엄관은 普法사상이다. 원효는《화엄경소》의 서문에서 "무장애법계법문이란 非大非小하고 非促非奢하며 不動不靜하고 不一不多하다. 크지 않으므로 아주 조그만 極微가 되어도 남음이 없고 작지 않으므로 무한히 큰 大虛가 되어도 남음이 있다. 촉급하지 않으므로 능히 三世劫을 머금고 유장하지 않으므로 몸을 들어 一刹那에 들어간다. 움직이지도 않고 정지해 있지도 않으므로 一法이 一切法이요 일체법이 일법이다. 이러한 무장무애의 법이 법계법문의 묘술이니 모든 보살이 들어갈 바요 삼세제불이 나올 바이다."[37]라고 하였다.

普法이란 일체법이 相入相是하는 것을 이른다. 일체법이 一微塵과 一切世界의 大小관계, 三世劫과 一刹那의 促奢관계, 그리고 動靜과 一多 관계의 모

34) 元曉,《金剛三昧經論》上(위의 책, 604쪽下).
35) 南東信,《元曉의 大衆敎化와 思想體系》(서울大 博士學位論文, 1995), 152~153쪽.
36) 高翊晋, 앞의 책, 219~231쪽.
37) 元曉, 〈晋譯華嚴經疏序〉(《韓國佛敎全書》1, 495쪽上).

든 범주에서 아무런 걸림이 없이 相入하고 相是하는 광탕한 《화엄경》의 세계를 일컫는 것이다.[38]

원효는 一과 一切가 상즉상입하는 것을 보법이라 하고 이를 바탕으로 一心에 근거하여 一切行을 성립시켰다. 一心의 근원으로 돌아가는 원효의 무애행은 화엄일승사상을 실천적으로 전개한 것이었다. 원효의 일심사상은 《기신론소》에 의해 철학적 토대가 구축되어 《금강삼매경론》에 의해 실천성을 부여받았으며 최종적으로 《화엄경소》에 의해 완성되었다.[39]

다. 교 판

원효가 독자적인 관점에서 당대의 경론을 종합하여 정리한 교판은 四敎判이었다. 사교를 먼저 三乘과 一乘으로 나누고, 삼승은 다시 法空의 유무를 기준으로 別敎와 通敎로 나누며 일승은 普法을 기준으로 分敎와 滿敎로 나누었다. 구체적으로 三乘別敎에는 소승을 배당하며, 三乘通敎에는 《반야경》과 《해심밀경》을 배당하여 대승 교학의 양대 조류인 중관과 유식이 나란히 위치하도록 하였다. 一乘分敎에는 화엄을 원용하여 대승보살계를 설하는 《범망경》과 《영락경》을 배당하고, 정점인 一乘滿敎에는 《화엄경》을 배당하였다. 중관과 유식의 병렬 배당은 공유의 화쟁을 위한 원효의 의도를 구현하는 것이며, 그 위에 大乘戒를 배치한 것은 실천적인 특성을 분명히 하고자 함이었다. 사교판은 공유를 화쟁하는 교리와 실천적인 계율을 거쳐 원융무애한 화엄사상을 증득하는 데로 나아가는 원효 교학의 체계를 잘 드러내고 있다.[40]

(3) 화엄교학

가. 의상의 생애와 활동

義相(625~702)은 삼국의 쟁패권 다툼이 치열하던 眞平王 47년(625)에 신라의 귀족가문에서 태어났다.[41] 그는 20세 미만의 청소년기에 출가하여 초기에

---

38) 表員, 《華嚴經文義要決問答》 권 2(《韓國佛敎全書》 2, 366쪽上).
39) 南東信, 앞의 책, 186·193쪽.
40) 南東信, 앞의 글, 27~28쪽.
41) 《三國遺事》 권 4, 義解 5, 義湘傳敎.
《宋高僧傳》 권 4, 唐新羅國義湘傳.

는 그보다 8세 위인 元曉와 상당한 친분을 유지하며 교학의 탐구에 정진하였다. 이 시기에 의상은 圓光과 慈藏으로 이어지며 기반을 쌓아온 攝論學 등 신라 唯識學을 중점적으로 연마하였다.

의상은 원효와 함께 현장의 新唯識을 배워오고자 眞德王 4년(650) 육로로 중국을 향해 떠났으나, 뜻을 이루지 못하고 요동에서 돌아왔다. 이 과정에서 의상은 원효와 함께 普德을 찾아 열반과 방등 등의 대승교학을 배울 기회를 가졌다. 의상은 다시 문무왕 원년(661)에 중국 유학길에 나서서, 중도에 포기한 원효와 달리 해로를 통해 중국에 건너가는 데 성공하였다. 의상은 이듬해에 그가 신라에서 익혔던 교학과도 연관성이 있는 새로운 화엄교학을 정립해 가던 終南山의 智儼을 찾아갔다.

그 동안 중국에서는 화엄교학의 축적 위에 觀行의 실천을 중심으로 화엄종의 문호를 연 杜順(557~640)을 이어 지엄(602~668)이 중국불교 교학을 집대성하고《화엄경》의 교설을 바탕으로 一乘圓敎 華嚴의 중심사상을 法界緣起說로 정립시켜가고 있었다.[42]

의상은 10년에 가까운 중국 수학시절을 보내며 중국 화엄종을 완성하는 法藏과 동문 수학하였다. 이 시기에 그는 화엄교학 외에도 南山律宗의 완성자인 道宣과 깊은 교유를 가져 청정한 수도인의 자세를 체득하였다. 그리고 지엄 문하에서 연마한 화엄교학의 정수를 문무왕 8년(668)에《一乘法界圖》로 체계화하여 지엄에게 인가받았다.

의상은《일승법계도》를 지은 근본 의의를 華嚴一乘의 緣起法을 밝히는 데 두었다.《일승법계도》의 화엄사상은 지엄의 사유구조를 계승하면서도 자신의 독창적 관점에서 상징적인 圖印에 화엄사상의 핵심적인 내용을 담아 一乘法界의 緣起 구조를 中道的 바탕에서 치밀한 구성으로 특색있게 전개시킨 것이었다.[43] 지엄보다 진전된 의상의 화엄사상은 새로운 불교철학 형성에 노력하던

鄭炳三,〈義相 傳記의 諸問題〉(《韓國學研究》1, 淑明女大, 1991).
金杜珍,〈義湘의 生涯와 政治的 立場〉(《韓國學論叢》14, 國民大, 1992 ;《義湘 -그의 생애와 화엄사상》, 민음사, 1995, 49~82쪽).
全海住,《義湘華嚴思想史研究》(民族社, 1993), 87~98쪽.

42) 鄭炳三,〈中國 華嚴宗의 形成과 義相〉(《伽山李智冠스님華甲紀念 韓國佛敎文化思想史》上, 1992), 418~425쪽.

신라 불교계에 한단계 진전된 사상체계를 제시하는 사상적 성과였다.

의상은 중국에서 수학한 후 문무왕 11년(671)에 귀국하였다. 이때 신라는 백제·고구려를 차례로 패망시킨 뒤 그 遺民을 적극적으로 포용하여 唐과의 민족적 결전을 치루고 있었다. 의상은 당군의 침공이라는 중대한 정보를 가지고 귀국하지만 그에 대한 대비는 明朗이 주도한 秘密法에 의해 이루어졌다.

의상은 자신이 체득해 온 화엄사상을 펴나갈 전법도량을 물색하면서 동해변 洛山의 굴에 관음 眞身이 산다는 말을 듣고 두 차례의 7일 정진 끝에 관음 진신을 친견하고, 洛山寺 金堂을 짓고 塑像 관음과 두 보주를 안치하였다는 설화를 남겼다.[44]

이 시기에 그는 출가 본사이기도 한 皇福寺를 중심으로 제자들을 이끌며 화엄교학을 강하였다. 문무왕 14년에 表訓과 眞定 등 십여 제자들이 의상을 따라 法界圖印을 배우는데, 여기에서 강의내용의 의문점을 물으면 그를 하나하나 일깨워 주어 조직화된 교학체계를 전수시키는 면학 분위기를 볼 수 있다.[45] 화엄을 강의하면서 문도를 양성하고 나아가 일반인들에게 그 사상체계를 이해시키는 것은 대단히 어려운 과제였다. 그가 황복사에 있을 때 徒衆들과 탑돌이를 하는데 그들이 계단으로 오르지 않고 허공으로 석자나 떠올라 돌았는데, 이에 의상이 세상 사람들이 이것을 보면 반드시 이상하게 생각할 것이니 세상에 가르칠 수 없으리라고 말했다는 설화적 사실은 바로 화엄교학을 신라사회에 펴나가는 어려움을 상징하는 것이었다.

의상은 당군을 축출하고 삼국통일을 완수한 문무왕 16년에 국가의 지원을 얻어 太白山에 浮石寺를 창건하였다. 다양한 승려들에게 각기 역할을 분담시켜 국가운영에 참여시키던 문무왕은 화엄사상을 새로 들여온 의상에게 부석사를 중심으로 敎團체제를 이루어 가도록 지원하였던 것이다.

부석사의 창건은 5백 명의 權宗異部僧이 이를 반대하여 의상을 외호하던 善妙龍이 浮石의 神變을 부린 다음에야 순조롭게 이루어졌음을 기록은 전한다. 이는 국가의 지원을 받아서야 가능했던 부석사 창건의 어려움을 寺名과

43) 鄭炳三, 〈義相의 華嚴緣起思想〉(《伽山學報》 2, 1993), 69쪽.
44) 鄭炳三, 〈統一新羅 觀音信仰〉(《韓國史論》 8, 서울大, 1982), 38~39쪽.
45) 《法界圖記叢髓錄》 上-1(《韓國佛敎全書》 6, 775쪽中~776쪽上).

연결지은 부석설화에 담아 극화시킨 것이었다.

의상은 이후 부석사를 중심으로 태백산과 소백산의 천연동굴이나 초려에서 제자들과 화엄사상을 연마해 나갔다. 그들에게는 우선적으로 法界圖 사상을 익히게 하여 이의 체득에 대한 상징으로 法界圖印을 수여하는 문풍을 세우기도 하였다.

의상은 중국에 가기 전부터 긴밀한 관계를 가지고 있던 선배 道友인 원효와 귀국 후에도 계속 교유를 이어갔다. 원효는 지엄의 교설을 전달하는 중에 생긴 교학상의 의문점을 해결하기도 하였고, 의상은 화엄을 강의하면서 원효사상을 수용하기도 하였다. 이러한 상호교류를 통하여 두 사람은 각자의 사상체계를 정비해 갈 수 있었을 것이다.

의상은 사상을 이론으로서만 이해하지 않고 그 이론의 실천을 중시하며 열심히 수련하였다. 그가 평소 실천하였다는 洗穢法은 몸을 씻고 나서 수건을 쓰지 않고 그대로 마르도록 서서 기다릴 정도의 청정행이었다. 그리고 三衣一鉢 이외에는 다른 아무런 持物도 갖지 않는 청정 持戒行을 앞장서 실천하였다. 그래서 국왕이 그를 흠모하여 田莊과 奴僕을 주자, 佛法은 평등하여 위 아래 사람이 함께 나누어 쓰고 귀하고 천한 사람이 함께 지켜 나가는 것으로 《열반경》에서도 八不淨財를 이야기했는데 어찌 莊田을 가지며 노복을 부리겠는가, 다만 법계로 집을 삼고 발우로 농사지어 법신의 혜명이 이 몸을 의지해 사는 것이라고 이를 거절하였다. 여기서 의상으로 대표되는 당시 승려의 국가·사회관을 살필 수 있다.

많은 축성사업을 전개한 문무왕은 재위 21년(681)에 京城을 새롭게 수축하고자 하였다. 이에 의상은 글을 보내어 왕의 政敎가 밝으면 草丘로 경계를 정해 놓는다 하더라도 백성들이 감히 넘으려 하지 않아서 재앙을 면하여 복이 되지만, 정교가 밝지 못하면 여러 사람을 수고스럽게 하여 長城을 쌓더라도 재앙이 그치지 않으리라고 강력히 축성 중지를 건의하여 중지시켰다. 의상은 기층민의 경제적 안정이 국가의 기본적인 힘이 되며 그들의 정신적 안정이 사회안정의 토대가 된다고 생각하였기에 통일 이후 국가체제를 재편해 가면서 강화된 왕권을 과시하려던 작업의 일환으로 시행하려는 과도한 토목사업 등을 반대하는 적극적 의지를 보인 것이었다.

교단에서 엄정한 수행자세를 강조한 것은 통일기 불교계의 내부정비 및 새로운 기풍 진작과 관련하여 이루어진 교단정비와 짝하는 것이고, 의상이 강조한 수행자세도 이런 추세와 밀접한 상관성을 갖는 것이었다. 통일기 초기의 새로운 사회경제체제 시행에 따라 교단에서도 계율을 철저히 준수함으로써 국가체제에 보조를 맞추어야 하였을 것이고 의상이 선도하였던 수행자의 자세는 이러한 당시 사회상황에 부합되는 윤리였다. 통일 이후의 사회안정을 민생의 안정이라는 기본구도 속에서 파악한 의상의 사회의식은 개인적인 실천과 대민시책에서 정확하고 절실한 것이었다.46)

의상은 청정한 수행인의 자세를 개인 차원에 머물러두지 않고 새로운 의식을 열망하고 있던 당시 신라사회 전반에도 광범위하게 전개시킴으로써 능동적인 시대의식을 제시해 보이고자 하였다. 그래서 사상의 연찬보다 그의 화엄사상 체계와 상호보완적 관계를 이루는 信仰을 그 실천행동으로 선택하고, 당시 신라사회 전반에서 무르익어가던 觀音과 彌陀信仰 체계를 華嚴經說을 바탕으로 정립하여 그의 활동의 중심적인 지향처로 삼아 광범위하게 전개하였다.

의상은 현실구제적인 관음신앙을 보다 확실한 기반 위에 정착시키고자 華嚴經說에 토대를 둔 眞身常住 관음신앙을 열어 보였다. 신라 대중을 구제하고자 실제로 신라땅 낙산에 머물고 있는 관음을 확인시켜주는 진신상주 신앙은 관음신앙의 수행자들에게 보다 구체적으로 자신의 구제를 확신할 수 있게 하였을 것이다. 이는 중고시대 이래 지속적으로 이어온 佛國土說을 계승하는 것이었다.

의상은 관음신앙과 함께 미타신앙을 화엄교단의 중심 신앙으로 전개하였다. 의상이 개창한 華嚴宗刹 부석사는 《觀無量壽經》의 경설에 기반을 두어 구품을 거쳐 무량수전의 극락세계에 이르도록 하고, 本堂 無量壽殿에는 종찰의 주불로 아미타불만을 봉안한 구조로 이루어져 있다. 세속적 현실의 이면을 직시함으로써 자신을 정화하고 나아가 적극적으로 사회의 정화에 매진하여 얻는 즐거움이 바로 極樂淨土이며, 이것이 자신의 마음의 땅으로 열

46) 鄭炳三, 〈義相 華嚴사상의 사회적 의의〉(《민족불교》 3, 청년사, 1992), 198~199쪽.

리는 것을 수행자의 도량에서 실재화시켜 나타낸 것이 부석사 가람이었다. 의상이 華嚴宗團을 중심으로 미타신앙을 천명한 것은 교단체제와는 거리를 둔 교화승들의 성과 못지 않은 큰 영향력을 신라사회에 끼쳤다.

이처럼 의상이 전개한 관음신앙과 미타신앙은 통일기 신라사회가 지향하던 새로운 사회 안정에 부응하는 것이었다. 의상이 주도하는 화엄종단 내에는 眞定이나 智通 등과 같이 기층민 출신의 제자가 중심적 역할을 하는 平等의식이 강하게 유지되고 있었다. 그러나 이는 교단 내에 한정된 의식이었다. 당시 신라사회에 넓게 기반을 확보해 가던 관음신앙과 미타신앙은 骨品制 身分社會의 제한적인 사회 분위기 속에서도 현실적인 요구 수용과 사후 안락의 기원이라는 일반성 때문에 교단 밖에서도 계층에 구분없이 전개될 수 있었다. 이 때문에 의상이 실천과 전파에 주력한 관음과 미타신앙은 화합적 의식으로서의 의미도 지니는 것이었다.[47]

반면에 이와 같이 실천을 중시함으로써 교학사상의 새로운 전개를 위한 노력을 보이지 않은 의상의 태도는 法藏의 주요 저술들이 저자 자신에 의해 의상에게 보내지는 7세기말까지 그의 법손에 의한 화엄교학의 활발한 연구 진전에 장애가 되었고, 그와 대조적으로 활발한 사상 연찬을 거듭해온 유식이 신라불교 교학의 연구 분위기를 주도해가는 결과를 가져오게 했던 근본적인 원인이 되었다.

독자적인 교학과 돈독한 수행 그리고 신앙으로 교단을 이끌던 의상은 중대의 안정기가 시작되어가는 효소왕 11년(702)에 入寂하였다.

나. 의상의 화엄사상

의상의 화엄사상은 화엄학의 핵심을 간추려 모아 상징적인 圖印으로 형상화시켜 그에 대한 자신의 해설을 붙인《一乘法界圖》에 잘 드러나 있다.[48] 이 체계적인 저술을 통해 의상은 새로운 불교철학 형성에 노력하던 당시 신라 불교계에 元曉가 이룩한 사상체계와 더불어 통일 이전보다 한 단계 진전된 사상 체계를 제시하는 성과를 이룰 수 있었다.

---

47) 鄭炳三,《義湘 華嚴思想 硏究》(서울大 博士學位論文, 1991), 193~194쪽.
48) 義相,《一乘法界圖》(《韓國佛敎全書》2, 8쪽中).

《일승법계도》는 화엄종의 宗旨인 一乘法界緣起를 밝히고자 한 것이다. 의상은 법계연기의 핵심 개념에 통하면서 또 한편으로 실제적 수행의 면모를 지니는 210자의 法界圖詩를 엮었다. 나아가 그는 법계도시를 더욱 상징적으로 형상화시킨 法界圖印을 만들어 모든 세계의 법을 다 포용해 들이고자 했다. 즉 의상은 화엄철학의 정수인 法界緣起를 이 하나의《法界圖》로 집약시켜 이해할 수 있다고 생각한 것이다.[49]

법계도시는 첫 구절을 "원융하여 두 모습이 없는 法性은(法性圓融無二相) 이름도 없고 모양도 없어 깨달아 알 수 있는 경지에 다름 아니다(無名無相絶一切 證智所知非餘境)"라고 시작한다. 그리고 이어서 "심오하고 미묘한 眞性은 독자적으로 존재하는 것이 아니라 인연을 따라 이루어진다(眞性甚深極微妙 不守自性隨緣成)"라고 하였다. 이 구절의 의미를 의상은 緣起의 本體라고 풀이하였다.

다음에 "하나 안에 일체가 있고 일체 안에 하나가 있으며(一中一切多中一) 하나가 곧 일체요 일체가 곧 하나인(一卽一切多卽一)" 이치 곧 一多가 相入相卽한다고 한 것은 緣起陀羅尼 理法의 작용을 엮은 것이다. 또 "한 티끌 속에 十方世界를 모두 머금고 있고(一微塵中含十方) 일체의 모든 티끌이 또한 그렇다(一切塵中亦如是)"는 이치는 현상면에서, "한없는 긴 시간이 한 생각이요(無量遠劫卽一念) 한 생각이 곧 무량한 시간이며(一念卽是無量劫) 九世 十世의 과거 현재 미래가 相卽한다(九世十世互相卽 仍不雜亂隔別成)"는 것은 세상의 시간에 따라, 그리고 "처음 發心할 때 곧바로 깨달음을 얻어(初發心時便正覺) 생사와 열반이 항상 함께 한다(生死涅槃常共和)"는 것은 계위에 따라, 각각 연기의 이치를 밝힌 것이다.

그래서 전체적으로는 "理와 事를 따로 나누어 볼 수 없어(理事冥然無分別) 스스로 깨달은 十佛과 화엄의 行願의 주체인 普賢보살의 경지인(十佛普賢大人境)" 것이다. 이러한 연기의 이치는 조금의 걸림도 없는 진실의 세계인 무장애세계를 그 무대로 한다.

법계도시의 마지막 귀절은 "마침내 실제의 중도 자리에 앉으니 옛부터 부

49) 李箕永, 〈華嚴一乘法界圖의 根本精神〉(《新羅伽倻文化》 4, 嶺南大, 1972 ;《新羅佛教硏究》, 韓國佛教硏究院, 1982, 465~506쪽).

동하여 부처라 하네(窮坐實際中道床 舊來不動名爲佛)"이다. 첫 귀절의 '無二相'은 마지막 귀절의 '中道'와, '諸法不動'은 '舊來不動'과 정확한 대응을 보임으로써, 처음과 끝이 긴밀하게 상응하는 치밀한 구성을 잘 나타낸다.

法　界　圖　詩

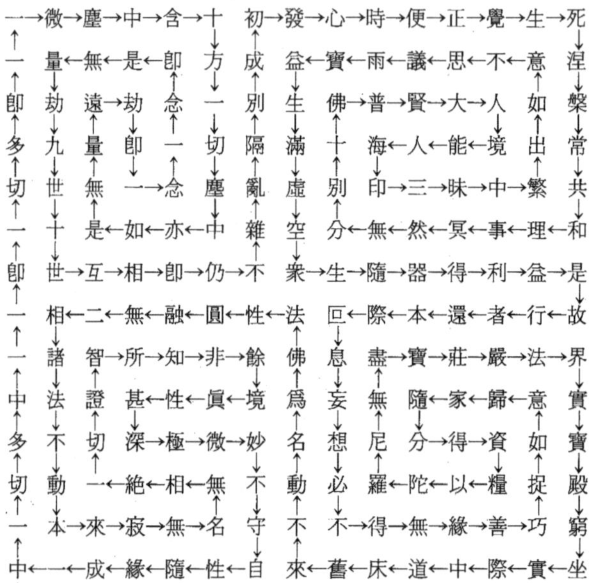

一中多 多中一 그리고 一卽多 多卽一의 相入相卽의 연기다라니법은 화엄 법계연기설의 핵심으로서, 의상은 數十錢 등의 비유를 들어 상세하게 풀이하였다. 微塵과 十方世界의 걸림없는 융통을 말하는 '事'는 법계연기의 공간적 전개이다. 一念과 無量劫의 융통 그리고 중첩되는 과거·현재·미래의 九世와 총체적인 十世로 엮은 '世'는 법계연기의 시간적 전개이다. 初發心한 보살과 正覺을 이룬 부처 그리고 生死와 涅槃의 융통을 六相說로 풀이한 '位'는 수행의 因果를 보인 것이다.[50] 그리고 이들을 전체적으로 보면, 理와 事가 무분별하여 모든 自性에 고착됨이 없이 연에 따라 이루어지는 연기의 도리가 된다.

---

50) 義相, 《一乘法界圖》(《韓國佛敎全書》 2, 3쪽中).

의상의 스승 지엄은 법계연기의 相入相卽의 이치를 十門玄이라는 열가지 항목으로 설명하였다. 그런데 의상은 이 내용을 집약시켜 一多의 相入相卽, 微塵과 十方, 一念과 無量劫, 初發心과 正覺 및 生死와 涅槃으로 구성된 陀羅尼 理用·事·世時·位의 4가지 범주로 정리하여《법계도》를 구성하였다. 이러한 구성은 원효가 普法의 특징으로 세운 大小·促奢·動靜·一多의 四門 체계와 유사한 구성이기도 하였다.[51] 이는 지엄 교학보다 요점이 집약되면서 일승의 의의를 충분히 드러내는 성과가 신라 교학에서 전개되었음을 보여주는 것이다.

이 중에서도 가장 중요한 것은 일과 다의 상입상즉을 밝힌 구절 즉 "一中一切多中一 一卽一切多卽一"이다. 의상 자신의 표현도 이 범주를 "다라니 즉 연기법의 이법의 작용"이라고 하고 있다. 이 中과 卽의 이론을 가지고 다양한 현상세계와 동일한 이치의 세계를 연결하려는 시도는, 하나에서 열까지의 개체들인 동전에 비유하는 數十錢喩로 구체적으로 설명될 만큼 法界緣起의 핵심을 이루는 연기다라니법의 대의이다. 그리고 나머지 범주는 이의 시간 공간적 전개이다.

의상은 지엄이 화엄경 구절에 근거하여 토대를 세운 一과 多의 相入相卽의 논리를 집중적으로 탐구하여 법계연기의 핵심으로 집약시켰다. 이 一多의 相入相卽을 핵심으로 하는 의상의 연기설은 당시 불교교학의 진전 과정에서 볼 때 상당한 의의를 갖는 것이었다. 이는 의상이《법계도》에서 상입상즉의 대의를 설명하기 위해 數十錢喩를 적극 채용하여 구체화시킨 것이 화엄사상의 중요한 교학체계가 되었기 때문이다. 이와 함께 의상은 六相說의 의리가 연기의 무분별한 이치를 나타내기 위한 것이며, 그로 인해 一卽一切의 논리에 이른다고 함으로써 이를 법계연기의 중심 교설로 정착시켰다. 그는 六相이 不卽不離하고 不一不異하여 항상 中道임을 이끌어 一乘과 三乘이 궁극적으로 主伴相成하여 利益衆生하며 오직 中道에 있음을 강조하였다.[52] 육상은 삼승 방편으로서 차별의 제법상을 일으키나 원교일승에서는 그 차별이 없어져 하나로 되므로 이 육상원융사상은 의상 교학의 융섭적인 성격을

51) 元曉, 〈晉譯華嚴經疏序〉(《韓國佛敎全書》 1, 995쪽上).
52) 義相, 《一乘法界圖》(《韓國佛敎全書》 2, 1쪽下).

잘 나타낸다고 할 수 있다.[53)]

의상은 여기에다 利他行과 아울러 修行方便과 得益의 修行門을 추가하여 강한 실천적 성격을 드러내 보였다. 이는 법계도시를 圖印으로 형상화시켜 실제적 수행에 쓰이도록 한 것과 마찬가지로 의상이 지녔던 화엄 법계연기설의 이해 태도를 잘 드러내준다.

의상은 一切緣生法의 本義 곧 연기의 핵심을 中道義로 파악하였다. 緣으로 이루어진 일체의 제법은 연을 따라 이루어졌으므로 어느 하나도 일정한 自性이 없다. 自性이 없으므로 자재롭지 못하고 生하되 不生하고 不住하니 이것이 中道이다. 因緣所生法의 도리인 空=中道義는 無分別을 의미한다.[54)] 緣成의 一切 제법은 어느 것도 일정한 自性이 없어서 不卽不離하고 不一不異한 것인데, 그 도리가 양 극단을 융섭하는 無分別의 이치인 중도인 것이다.[55)] 의상의 화엄사상은 후학들에 의해 橫盡法界觀으로 특정지워져 법장의 堅盡法界觀과 비교되었다. 연기된 제법상의 차별을 인정하고 그 하나하나의 의미를 부각시키는 법장의 수진법계관에 대해 의상은 근본적인 하나를 중시하고 그 하나의 이해로써 전체를 파악하려는 횡진법계관을 가졌는데 이는 곧 性起論적인 융섭사상이었다는 것이다.[56)] 의상은 연기된 제법의 生과 不生, 無說과 言說을 융합하여 空觀을 융회적인 것으로 발전시킴으로써 中觀을 성립시킨 것이었다.[57)]

의상이 제시한 화엄 연기사상은 원효의 방대한 불교사상의 체계 형성에 상당한 영향을 미치는 것이었고, 이후 전개되는 신라교학의 왕성한 연구 분위기의 문호를 여는 뚜렷한 성과였다.

한편으로 의상의 화엄사상은 唯識說과 中道空觀說을 나란히 등장시키는데 그침으로써 그와 꾸준히 교유하던 元曉와는 달리 당대 불교사상의 제일 선

---

53) 김두진, 앞의 책, 142~151쪽.

54) 義相, 《法界圖》(《韓國佛敎全書》 2, 6쪽中).

55) 鄭炳三, 앞의 글(1993b), 52~57쪽.

56) 金杜珍, 〈義湘의 橫盡法界觀〉(《擇窩許善道先生停年紀念 韓國史學論叢》, 1992 ; 앞의 책, 191~202쪽).

57) 金杜珍, 〈義湘의 中道實際思想〉(《歷史學報》 139, 1993 ; 앞의 책, 164~170쪽). 이러한 융합사상은 성기론적 입장 때문이라고 분석하였다.

결 과제였던 중관과 유식의 대립을 극복하고자한 사유구조를 체계적으로 밝히지 못한 한계를 보이기도 하였다. 그러나 의상이 가장 관심있게 추진한 것은 그들 대립되는 과제에 대한 외면이 아니라 그들을 포용하는 학설을 상징화시켜 華嚴一乘의 원융한 논리를 천명하고는, 보다 중점적으로 실천적인 敎化에 매진하는 것이었다.

이는 의상이 상입상즉의 화엄 연기사상을 中道의 뜻으로 파악한 것과 관련이 있다. 중도의 본래 입장은 모든 것을 독립자존적인 고정적 존재로 한정짓지 않고 상대적으로 성립해 있다고 보는 것이고, 따라서 세간의 常과 無常 그리고 有邊과 無邊의 절대부정적인 不可得을 말하는 것이다. 이러한 중도는 부정을 위한 부정이 아니라 참된 知見을 지향한다. 그러므로 여기에는 실천성이 짙게 내포되어 있다. 교화 중심의 의상의 교단 활동은 이러한 배경에서만이 그 의미를 바르게 평가할 수 있다.[58]

다. 화엄종과 의상 화엄의 계승

의상은 후대에 海東華嚴初祖라고 불려졌다. 그것은 의상의 문하에 十聖으로 꼽히는 뛰어난 제자들이 있고 의상은 그들과 전국에 十刹을 건립하고 화엄종 교단을 넓혀 나갔다고 생각했기 때문이다. 그러나 십성으로 불리는 인물들이 모두 의상의 직계제자들은 아니며, 십찰도 모두 의상 당대나 직계제자대에 이루어진 것은 아니었다.

의상은《법계도》를 중심으로 여러 제자들에게 화엄사상을 정밀하게 강의하여 화엄교학의 왕성한 분위기를 이끌었다.《법계도기총수록》에 등장하는 것처럼 부석사와 태백산·소백산 등지에서 주로 이루어진 강의를 통하여 신라화엄교학의 주류를 이루었던 의상의 십대제자들은 悟眞·智通·表訓·眞定·眞藏·道融·良圓·相源·能人·義寂들이다.[59]

---

58) 鄭炳三, 앞의 책, 148쪽.

59) 십대제자는《三國遺事》에서 꼽은 이들이다. 최치원이 지은《法藏和尙傳》에는 眞定·相圓·亮元·表訓을 '四英'이라고 꼽았고,《宋高僧傳》에는 智通·表訓·梵體·道身을 '登堂覩奧者'라고 꼽았다. 십대제자에 꼽히던 인물 자체와 인물의 표기에 차이가 있음을 알 수 있다. 의상 직계제자들의 화엄학을 집성한《法界圖記叢髓錄》에도 다른 표기들이 나오는데, 직계제자들의 기록에 의미를 부여하여 동일 인물의 경우 叢髓錄의 표기를 따르기로 한다.

表訓은 의상과 나란히 홍륜사 금당에 모셔졌던 十聖 중의 한 사람으로 의상으로부터 교학을 직접 배우고 그의 지도에 따라 새로운 해석을 전개하기도 하였다. 또한 표훈은 의상이 입적한 이후 皇福寺에 주석하면서 김대성의 불국사와 석불사 조영에 영향을 주기도 하고, 후사를 얻지 못한 경덕왕의 요청으로 天宮에 왕래하여 혜공왕을 탄생하게 하였다는 설화도 남겼다.[60]

眞定은 집이 가난하여 장가도 들지 못하고 군대에서 일하는 여가에 품을 팔아 홀어머니를 봉양하던 기층민 출신의 인물로 의상이 태백산에서 교화를 널리 편다는 소문을 듣고 제자가 된 자로서 의상 문하의 교학을 주도하던 인물 중의 하나인 뛰어난 제자였다.

智通(655~?)은 伊亮公의 家奴로 어려서 朗智에게 출가하였다가 의상의 문하로 옮겨서 주요한 강의에 두루 참석하여 교학을 깨친 사람이었다. 그는 교학과 더불어 華嚴觀을 닦던 수행인으로서 의상으로부터 역량이 완성되었음을 인정받아 法界圖印을 수여받고 스승의 강의를 기록한 《錐洞記》(혹은 《錐穴問答》·《要義問答》 등으로도 불림) 2권을 지은 대표적 고제였다.

常元은 의상 문하의 강의에서 많은 질문을 하였다고 기록되고 있어서 그 당시 동문들 중에서는 나이가 어렸을 것으로 짐작되는 인물이다. 悟眞은 80화엄의 品數에 대해 당에 질문을 하였다는 기록이 보이며, 下柯山 鶻岩寺에 살면서 밤마다 팔을 뻗쳐 부석사 석등에 불을 켰다는 설화를 남겼다. 良圓은 《법계도》에 주석을 남긴 인물이다. 道身은 의상의 강의를 기록한 《道身章》(《一乘問答》) 2권을 남긴 제자인데, 이 책은 의상의 스승 지엄과 의상의 문답, 원효의 학설, 의상과 제자들의 문답과 제자들의 학설들이 실려 있어 당시의 화엄교학을 이해하는데 귀중한 자료가 된다.

의상의 제자로 《삼국유사》에 소개된 義寂은 법상종 승려로서 의상의 문하가 되었다고 하나 30여 부 80여 권이나 되는 그의 저술이 주로 법상 관계

의상의 문하제자와 의상 이후 화엄교학의 흐름은 金相鉉, 〈新羅 華嚴學僧의 系譜와 그 活動〉(《新羅文化》 1, 東國大, 1984 ; 《新羅華嚴思想史硏究》, 民族社, 1991) 참조.

60) 이 때문에 표훈이 의상의 직제자가 아니라 본래 유가계의 승려로서 의상의 제자인 眞定에게 사사하여 화엄으로 전향한 방계 법손으로 보는 견해도 있다(金福順, 《新羅華嚴宗硏究》, 民族社, 1991, 49~56쪽).

저작이어서 의상의 다른 제자와는 판이한 교학을 가졌음을 알 수 있다. 나머지 眞藏·道融·能人은 전혀 행적이 알려지지 않은 인물들이다.

〈표 1〉 의상 화엄의 계승

- 義相
  - 表訓 (皇福寺 佛國寺 五觀釋 三本定)
    - 絹綸 (皇福寺)
  - 眞定 (太白山 三門釋)
  - 智通 (錐洞記)
  - 常元 (浮石寺)
    - 神琳 (佛國寺 世達寺)
      - 法融 (法融記 十句章)
        - 梵體 (浮石寺 十句章釋)
        - 融昢 (十句章記)
        - 融質 (十句章記)
      - 崇業 (浮石寺 觀釋)
      - 融秀
      - 質應 (智悟藪 世達寺)
      - 順應
  - 道身 (道身章)
  - 悟眞 (鶻巖寺)
  - 良圓 (良圓和尙記)
  - 眞藏
  - 道融
  - 能人
  - ⋮ 義寂 (30여 부)

신라 화엄은 의상의 직계제자들과는 교학의 내용을 달리하는 다른 흐름도 있었다.[61] 690년대에 당에서 귀국하면서 법장이 의상에게 보내는 서신과《探

61) 의상 이후 신라 화엄학의 계보에 대해서는 여러 가지 견해가 있다. 高翊晋은 의상계와 황룡사원효계로 나누고 원효계의 특징을 원효와 법장의 수용에 따른 화엄과 기신론 사상의 융합으로 보아 表員·明晶·見登을 비롯하여 緣起·法海·鐘山 審詳·大衍 등을 들었다(高翊晋, 앞의 책, 362~366쪽). 金相鉉은 의상계와 비의상계로 나누고 비의상계를 다시 원효를 계승하는 蛇福·玄隆·見登과, 오대산·천관산·지리산의 화엄승인 寶川·通靈·연기·正行·定玄·觀惠·靈觀, 그리고 기타의 勝詮·可歸·심상·표원·법해·元表·梵如·智海·梵修·住宗의 세 흐름을 들었다(金相鉉, 앞의 책, 74~84쪽). 金福順은 의상계와 황룡사계로 나누고, 의상계는 다시 의상계 본찰인 부석사계와 황복사·범어사 등의 表訓系 및 해인사계의 셋으로 나누며, 황룡사계로는 연기·지해·梵如·五臺山 세력 등을 들었다(金福順, 앞의 책, 99~125쪽).

玄記》 등의 저술을 가져온 勝詮은 법장의 제자였다. 승전은 葛項寺에서 돌로 사람 형상을 만들어 놓고 설법을 하였다고 하는데, 그의 제자인 可歸는《心源章》과《華嚴經義綱》을 지었다. 審詳(?~742) 역시 법장의 문하에서 수학하고 일본에 건너가 일본 화엄종의 초조가 되었다.

황룡사의 表員은 원효와 법장의 화엄학을 기신론 사상과 함께 수용하는 반면 의상의 견해는 한두 차례 인용한《華嚴經文義要決問答》4권을 지었다. 황룡사에서는 경덕왕 13년(754)에 왕의 초청으로 태현과 법력을 겨뤄 이긴 法海도 활동하였다. 또한 원성왕대에 智海는 황룡사에서 화엄을 강의하였다. 明皛는《海印三昧論》을 저술하여 의상의 법계도시와 형태가 유사한 다라니송을 새겨 넣기도 하였다. 표원이 원효와 법장의 화엄사상과 기신론 사상을 융합한 데 비해, 명효는 의상의 법계도 사상을 원효의 기신론 사상과 융합하여 계승하였다. 見登은《華嚴一乘成佛妙義》와《起信論同異略集》을 지었는데 이는 표원처럼 원효와 법장의 사상을 융합하여 수용하는 대신 의상의 견해는 전혀 인용하지 않았다.[62]

의상을 계승하였으면서도 해인사에서 활동한 일군의 화엄승들은 신라 하대 화엄종단에서 독자적인 활동 경향을 보였다. 순응을 이어 利貞이 완성한 해인사는 9세기 후반에 賢俊·決言 등의 대덕이 머무르고 있었다. 현준은 최치원의 사형으로 憲康王 10년(884)에는 의상의 스승인 지엄을 추모하는 報恩結社를 조직하였고 2년 뒤에는 헌강왕의 명복을 비는 화엄경결사를 조직하기도 하였다. 결언은 景文王 원년(861)에 왕의 초청으로 鵠寺에서 元聖王의 명복을 비는 강의를 하였으며《敎分記》를 4차례나 강의하였다. 최치원도 만년에 해인사에 머물며 법장의 덕을 기리는 일을 주도하였다.

후삼국 시기에 해인사에는 두 계통의 화엄학풍이 공존하고 있었다. 하나는 希朗으로 王建의 복전이 되었고, 다른 하나는 觀惠로 甄萱의 복전이 되었다. 당시 사람들이 희랑의 법문을 北岳으로, 관혜의 법문을 南岳으로 불렀는데, 이는 희랑이 의상계 화엄학의 정통을 주도하던 태백산 浮石寺 학풍을 계승하여 北岳이라 불렀고, 관혜는 지리산 華嚴寺 학풍을 계승하여 南岳

62) 高翊晋, 앞의 책, 343~363쪽.

으로 불렸음을 말해준다. 각기 독자적인 활동을 보이던 이들 두 학풍은 고려 초에 均如에 의해 북악을 중심으로 남악이 통합되어 화엄종단의 통합이 이루어진다.[63)]

여기서 알 수 있듯이 화엄사는 緣起를 중심으로 독특한 교학을 계승시켜 갔다. 경덕왕 13년(754)에 현존하는 華嚴寫經을 주도했던 연기는《開宗決疑》·《華嚴經要決》·《眞流還源樂圖》와《기신론》에 관한 두 가지의 저술이 있었는데 문하에 수많은 제자를 두었다.《기신론》을 중시한 데서 알 수 있는 것처럼 의상의 화엄사상보다 원효의 교학을 계승한 면모를 보여준다. 화엄사에서는 이 밖에도 正行·定玄·靈觀 등이 활동하였고, 후삼국기에는 觀惠가 화엄사 학풍을 계승하여 독자의 교학을 폈다.

이 밖에 景德王 말년(759경)에 寶林寺를 창건하고 天冠보살 신앙을 지녔던 화엄행자 元表나 원성왕 3년(787)에 少年書省의 승관을 지냈으며《華嚴經要決》6권을 지은 梵如, 昭聖王 원년(799)에 징관의 화엄소를 강의한 梵修, 헌강왕 6년(880)에 無量壽寺에 주석하던 住宗 등의 화엄 승려도 있다.[64)]

신라 화엄의 융성을 말해주는 것으로 의상의 십대제자와 병칭되는 傳敎十刹이 있다. 浮石寺·華嚴寺·海印寺·梵魚寺·玉泉寺·毘摩羅寺·美理寺·普光寺·普願寺·岬寺·華山寺·國神寺·靑潭寺 등이 그것으로 모두 10개가

---

63) 赫連挺이 지은 〈均如傳〉에 남북악에 대한 기본 자료가 실려 있다. 이에 대한 해석은 남북악의 성격과 맞물려 화엄학의 일반적인 경향인지 후삼국기만의 문제인지에 대해 여러 가지 견해가 발표되었다. 崔柄憲은 남악은 화엄과 기신을 토대로 하는 화엄사의 연기계로, 북악은 법계도기를 중심으로 하는 부석사의 의상계로 보았다(崔柄憲, 〈高麗時代 華嚴學의 變遷〉,《韓國史硏究》30, 1980, 65~66쪽). 金杜珍은 의상계 내의 분화로 보아 남악은 연기론적 해석 경향으로, 북악은 성기론적 경향의 융화적 성격으로 구분하였다(金杜珍,《均如華嚴思想硏究》, 一潮閣, 1983, 54~56쪽). 許興植은 정치세력의 분열에 따른 분화로 보았다(許興植,《高麗佛敎史硏究》, 一潮閣, 1986, 185~186쪽). 高翊晋은 남악은 화엄사의 원효계 학풍을 말하는 것으로 원효와 법장의 동서융합적 학풍이 특징이며, 북악은 부석사의 의상계 학풍으로 보았다(高翊晋, 앞의 책, 365~366쪽). 金福順은 후삼국 분열시 외부 세력의 해인사 침투에 따른 파벌 다툼으로 출신에 따라 남악은 화엄사, 북악은 부석사로 부른 것으로 보았다(金福順, 앞의 책, 126~131쪽). 金相鉉은 후삼국기에 희랑과 관혜의 대립에서 시작되어 그 문도에 이르러 심화된 것으로 넓게는 의상계, 좁게는 해인사 내의 분파로 보았다(金相鉉, 앞의 책, 257~261쪽).

64) 金相鉉, 위의 책, 62~84쪽.

넘게 알려져 있다.[65] 신라말의 최치원도 十山을 꼽고는 있지만, 부석사를 제외한 십찰은 신라 하대에 이르기까지 오랜 동안에 걸쳐 건립된 것으로 보인다. 8세기 중엽에 緣起의 주도하에 대찰로 성장하는 화엄사나 9세기 초반에 왕실의 지원으로 대찰로 등장하는 해인사 등에서 보듯이 의상을 계승하는 화엄종단에 의해 차례로 건립되어 나간 것이 십찰인 것이다. 이는 浮石嫡孫이라 불리던 신림이나 의상의 법맥을 잇는 표훈이 주석하던 불국사가 십찰에서 거론되지 않는 것과 대조를 이룬다.

(4) 계율학

계율이란 수행자 개인이 선행을 하겠다는 자율적 의지인 戒와 교단통제를 위한 승가규범으로 타율적 강제적인 律을 합쳐 말한 것이다. 戒·定·慧 삼학의 하나로 초기불교 이래 크게 중시해온 계율은 승려와 불교도들의 일상생활과 밀착되어 변화해왔다. 신라에서는 삼국기에 《四分律》에 대한 저술이 집중적으로 이루어지고 慈藏을 비롯한 律師들이 불교수용 이후 교단 체제형성에 가장 절실히 요구되었던 계율을 중심으로 신라 불교교단을 이끌었다. 신라가 중대에 들어서면 계율에 대한 관심이 원효를 계기로 사분률 위주에서 梵網戒 중심으로 바뀌고 계율연구도 율사들이 아니라 유식학승들이 주도하였다.

원효는 《범망경》에 대한 본격적인 검토를 통해 菩薩戒를 신라사회에 수용 정착시켰다. 《梵網經菩薩戒本私記》에서 원효는 특정 경론에 의거하지 않고 《범망경》을 주석하여 이미 유행하던 소승계와 새로이 수용된 범망계와의 관계를 해명하였다. 그리고 《菩薩戒本持犯要記》에서는 범망계를 중심으로 玄奘에 의해 새롭게 주목받은 瑜伽戒와의 조화를 도모하였는데, 여기서 원효는 중죄의 규정을 완화하고 犯戒의 동기를 중시하여 정신성을 강조하면서 이타행과 중생제도를 강조하였다. 이는 자신의 무애행과 중생제도 활동과 연관을 가지는 새로운 포괄적 계율관이었다.

---

65) 《三國遺事》 권 4, 義解 5, 義湘傳敎조에서 부석·비마라·해인·옥천·범어·화엄의 6사가, 그리고 崔致遠의 〈法藏和尙傳〉에 화엄·부석·해인·범어·옥천 이외에 새로운 7사를 합친 12사를 들고 있다.

원측의 제자로 중국에서 활동했던 勝莊은 《梵網經述記》를 지어 유가계를 기준으로 범망계를 포섭하려는 의도를 보여 원효와는 전혀 다른 계율 이해 태도를 보였다. 승장은 사회적인 문제에 관해 드러난 견해가 없는 것과 더불어 다른 승려들과 구별되는 인식을 보여준다.

義寂의 《菩薩戒本疏》와 太賢의 《梵網經古迹記》 역시 승장과 같이 유가계의 입장에서 유가계를 바탕으로 범망계를 주석하였으나, 유가계에 범망계를 포섭하려는 의도가 없었던 것이나 오성각별설을 비판하고 모든 중생이 성불할 수 있다고 본 것은 승장과 다른 점이다.[66] 의적은 재가신자들에게 관심을 갖고 이들의 위상을 높게 평가하였는데, 이는 통일 이후 증가한 서민 신자들의 성장을 반영한 것이었다. 동시에 의적은 노비와 주인은 지위가 서로 섞일 수 없다고 신분의 구별을 엄격히 하기도 하여 신라 신분제사회의 한계를 반영하고 있다. 태현은 현실 문제에 대해 소극적인 대신 왕권 수용에 대한 인식이나 孝恩 등을 강조하였다.

계율의 구체적인 해석에서 원효를 비롯한 계율 논사들은 중생에게 무궁한 이익을 가져오게 하는 慈悲殺生은 오히려 복을 짓는 일이라는 殺生觀을 보였으며, 자신을 높이고 남을 헐뜯지 말라는 自讚毁他계의 경우에도 행동 기준을 마음가짐의 중요성에 두어 평가하였다.[67] 이 밖에 玄一이나 端目의 범망계에 대한 주석이 있으며, 보살계 이외에 원효나 도륜·경흥·혜경 등이 《四分律羯磨記》를 비롯한 사분율 관계 저술을 남겼다.

이처럼 신라에서 크게 중시된 보살계사상은 왕권을 안정시키고 통치를 정당화하는데 기여하는 한편으로 지배자의 전횡을 삼가하게 하고 善政을 유도하는 일면도 가질 수 있었고, 평등사상을 통하여 서민들에게 정신적 위안을 줄 수 있었을 것이다. 한편 보살계를 설하는 《범망경》은 중국의 효사상까지 수용하여 성립한 경으로써 孝順을 강조하고 망자에 대한 追福을 역설하고 있으므로 이의 유행은 유교와 불교간의 갈등을 완화해주는 역할도 하였을 것이다.[68]

---

66) 崔源植, 앞의 책, 91·141쪽.

67) 安啓賢, 〈新羅佛敎〉(《한국사》 3, 국사편찬위원회, 1976 ; 《韓國佛敎史硏究》, 同和出版公社, 1982, 95~96쪽).

2) 불교신앙의 일반화

(1) 미타신앙

신라 중대의 가장 보편적인 신앙은 彌陀信仰이었다. 미타신앙은 아미타불의 중생 구제 본원력에 의해 사람들이 아미타불을 지성으로 염송하면 사후 극락세계에 왕생하게 된다는 내세신앙이다. 신라의 미타신앙은 국가를 위한 전쟁에 동원되었지만, 절을 짓거나 탑을 세우는 것과 같은 공덕을 쌓을 수 없었던 중고기의 일반민들에게 강한 호소력을 지니게 되었다.69) 이러한 사회 분위기가 기층민들과 직접 어울리며 포교하던 일련의 교화승들의 활동에 따라 통일기에 점차 기반을 다져나가도록 하였다.70)

惠宿은 화랑 好世郞의 낭도였는데 호세랑이 은퇴하자 그도 은거하였다. 그런데 혜숙은 국선 瞿旵公이 사냥하여 고기를 잡아먹기 좋아하는 것을 비판하였다. 이는 기층민의 요구에 부응하여, 지배층과 결합된 기존 교단에 비판적인 기층사회의 의식을 반영한 것이었다. 혜숙은 사람들의 재를 지내주기도 하고 惠宿寺에서 지내며 공간을 뛰어 넘는 여러 가지 이적을 보였다.

惠空은 天眞公의 집에서 고용살이를 하던 사람의 아들로 어렸을 때부터 신기한 행적을 보여서 천진공이 자신을 인도해 달라고 청할 정도였다. 늘 술에 취하여 삼태기를 지고 거리를 돌아다니면서 춤을 추었으므로 負簣화상이라고 불렀다. 그가 머무르던 夫蓋寺 우물에 들어가서 몇달 씩이나 있다 나오는데 옷이 조금도 물에 젖지 않았다. 만년에 恒沙寺(吾魚寺)에서 지냈는데 원효가 글을 쓰다가 의심이 나면 혜공에게 가서 묻곤 하였다. 이 밖에도 생사를 넘나드는 여러 가지 이적을 보이는가 하면 미리 비법을 알려주어 영묘사 화재시에 금당 등을 구하기도 하였다. 당대 불교의 지도적인 인물인 明朗이 금강사를 지어 낙성연을 베푸는 데도 특별히 요청하자 겨우 참석하기도 하

68) 崔源植, 앞의 책, 153~160쪽.
69) 金英美, 〈신라통일기 불교계의 동향과 추이〉(《역사와 현실》 14, 1994), 19쪽.
70) 金煐泰, 〈新羅佛敎 大衆化의 歷史와 그 思想 硏究〉(《佛敎學報》 6, 1968 ; 《新羅佛敎硏究》, 民族文化社, 1987, 116~122쪽).

였다.[71)]

大安은 저자에서 생활하면서 궁중에 초청하거나 호화로운 생활을 외면하며 기층민과 어울려 지냈으나《금강삼매경》과 같은 새로운 경전이 도입될 때 오직 그만이 흐트러진 내용의 편차를 알 만큼 사상적인 깊이를 갖추고 있었다. 이러한 교화승들의 다양한 활동은 기층민에게 점차 가까이 다가서는 불교가 기반을 닦아갔던 것을 알게 한다.

이러한 경향을 계승하여 치밀한 교학 이론을 바탕으로 정토신앙을 대중신앙으로 확립한 것은 원효였다. 원효는 범부도 왕생할 수 있다는 교학을 마련하고 나서 스스로 파계한 뒤 속인의 옷을 입고 배우들이 춤추고 노는 괴기한 박을 도구로 만들어 무애가를 세상에 유포시키고 천촌만락에서 노래하고 춤추며 사람들과 어울려 지냈다. 이에 따라 나뭇군 장삿군들도 불타의 이름을 알고 南無의 칭호를 부르게 되었으니 이는 모두 그의 공이었다.[72)]

원효 이후 신라 정토 교학은 많은 주석서가 저술되어 왕성한 형세를 보였다. 미타신앙을 이루는 경전은《無量壽經》·《觀無量壽經》·《阿彌陀經》의 미타삼부경인데 이에 대해 신라 승려들의 다음과 같은 주석서가 이루어졌다.

미타경전 주석서

慈藏	아미타경소
圓測	무량수경소 · 아미타경소
元曉	무량수경종요(○) · 무량수경요간 · 무량수경사기 · 무량수경소 · 아미타경소(○) · 유심안락도(○) · 미타증성게(○)
義相	아미타경의기
法位	무량수경의소(○)
憬興	무량수경연의술문찬(○) · 아미타경약기 · 관무량수경소 · 무량수경소

71) 李基白, 〈新羅 淨土信仰의 起源〉(《學術院論文集》 인문사회과학편 19, 1980 ;《新羅思想史硏究》, 一潮閣, 1986, 132~138쪽).

72)《三國遺事》 권 4, 義解 5, 二惠同塵.
《宋高僧傳》 권 4, 唐新羅國黃龍寺元曉傳.
《三國遺事》 권 4 義解 5, 元曉不羈.

靈因 무량수경소
道證 서방극락요찬
玄一 무량수경기(◇)·관무량수경기·아미타경소·수원왕생경기
義寂 무량수경술의기(○)·관무량수경강요·관무량수경소·무량수경소
道倫 아미타경소
太賢 무량수경고적기·관무량수경고적기·아미타경고적기·칭찬정토경고적기·정토총요간

(《韓國佛敎撰述文獻總錄》, 동국대 출판부, 1976, 7~96쪽을 토대로 함. ○는 현존, ◇는 부분 현존)

현재 남아 있는 저술로 볼 때 원효에서 시작하여 법위·현일·의적으로 이어지는 정토교학은 慧遠의 학설을 계승 발전시킨 추세를 보이고 있다. 이는 현장의 견해를 계승하여 이를 비판한 경흥·원측 등의 유식계 정토교학과 대비되며 신라 정토교학의 주류를 이루었다.

원효는 모든 사람의 성불 가능성을 확대하는 불성론을 전개하였다. 그러나 중생이 미혹하여 자신의 성불 가능성을 믿지 않으므로 불보살의 도움을 빌어야 한다고 하였다. 정토에 왕생하는 正因으로서의 發菩提心이 중요하지만 助因으로서 공덕과 염불을 들어 아미타불에 대한 믿음과 아미타불의 본원력에 의해 왕생하여 성불할 수 있음을 제시한 것이다.[73]

위의 표의 저술에 보이는 신라 정토교학의 주된 관심은《무량수경》의 分科, 48원의 願名, 왕생방법으로서의 十念의 내용, 왕생 인연의 제한, 미타와 미륵정토의 우열 문제 등이었다.[74]

먼저《무량수경》의 分科에 대해 의적은 혜원의 견해를 그대로 따르고 있는데 비해 경흥은 序正宗分 구분에서에 차이를 보이고, 법위와 현일은 十科로 구분하여 서로 다른 관점을 보였다.

아미타불이 부처가 되기 전인 法藏比丘 때 세운 중생 극락왕생의 本願인 48원에 대해서는 이를 묶어 분류하는 데 차이가 있으며 특히 18·19·20원을 중요시하는 것이 특징이다. 그리고 각 원에 願名을 붙이는 것도 신라에서

---

73) 金英美, 앞의 책, 94~103·282~293쪽.

74) 安啓賢, 〈新羅淨土敎學의 諸問題〉(《崇山朴吉眞博士華甲紀念 韓國佛敎思想史》, 1975;《新羅淨土思想史硏究》, 玄音社, 1987, 332~366쪽).

시도한 특징이다.

十念이란 《무량수경》의 제18원과 上輩門에서 乃至十念을 설하고, 《관무량수경》의 하품하생자의 왕생에 具足十念을 설한 데에 근거를 두고 있는데 그 구체적인 내용은 경전에서 말하고 있지 않다. 이에 따라 그 십념의 내용을 살펴보는 것이 교학상의 큰 비중을 차지하는 논쟁점이었다.

원효는 《무량수경》의 십념을 隱密(미륵소문경)과 顯了의 둘로 나누었다. 현료의 십념은 누구나 실천하기 쉬운 것으로서 소리내어 나무아미타불을 지성스럽게 계속 칭불하는 것이며, 은밀의 십념은 《彌勒發問經》에서 설하는 것처럼 보살 十地의 초지인 환희지 이상의 보살이 아니면 실천하기가 매우 어려운 열 가지의 것을 말한다. 원효는 《관무량수경》의 십념은 稱念인 현료의 십념이고 《무량수경》의 십념은 현료의 십념과 함께 은밀의 십념도 갖춘 것이라고 보았다.

법위는 원효의 분류를 계승하여 《彌勒所問經》에 의한 십법과 口稱에 의한 일법의 두 가지 십념으로 나누고 《무량수경》의 것은 십법의, 《관무량수경》의 것은 일법의 십념이라고 보아 두 십념을 서로 별개의 것으로 파악하였다. 이에 대해 경흥은 《무량수경》의 십념도 《관무량수경》의 십념처럼 구칭의 십념이라고 하여 새로운 견해를 폈다. 이에 다시 의적은 기왕의 견해를 절충시켜 一聲稱佛하는 시간을 일념으로 보고 십념은 오로지 이 일념을 10회 반복하는 것으로 해석하며, 이 칭불에 《미륵발문경》의 십념도 자연히 갖추어지게 된다는 견해를 제시하였다.

이처럼 십념론을 전개하는데 미륵경전과 관련지은 것은 신라 정토교학에서만 보이는 한 특색이다. 이는 미타상과 미륵상을 나란히 신앙하던 것과 짝하는 신라 정토신앙의 특징인 것이다. 그리고 십념을 칭명으로 이해한 것은 지식 기반이 없는 범부의 왕생 가능성을 강조한 것으로 중생의 평등성을 의식한 것이었고, 이러한 인식이 기층민들이 적극적으로 미타신앙을 수용할 수 있도록 하였던 것이다.

왕생인연 논란은 聲聞과 五逆 그리고 정법을 비방한 자의 왕생을 허용하는가 그렇지 않은가의 문제이다. 원효는 극락정토에 갈 수 있는 자격을 十住

의 처음인 初發心住의 경지에 들어선 중생이 갈 수 있는 것으로 보고 不定性二乘은 수행에 따라 정성이승으로 굳어질 수도 있으나 정성보살로 될 수도 있는 유동적인 존재여서 왕생의 가능성이 있다고 보고, 定性성문과 定性연각의 定性二乘만이 왕생할 수 없다고 보았다. 원효는 여기서 나아가 정성이승도 불의 본원력에 의해 왕생할 수 있다고 하여 왕생의 길을 터놓았다.

이에 비해 경흥은 정성이승의 열반을 부정하여 중생이 선천적으로 갖춘 자질에 따라 정성보살·정성연각·정성성문·부정종성·무종성의 오성은 성불할 수 없다는 유식가의 전통적인 五性各別說을 따르고 있음을 알 수 있다. 왕생할 수 있는 正定聚에 대해서도 원효와 경흥은 초발심주로 보았으나 현일은 이보다 더 낮추어 十信으로 보아, 중국의 혜원이 十行으로 본 것보다 훨씬 낮은 단계로 설정함으로써 왕생자의 문을 크게 열어놓았다.

가장 극심한 잘못인 五逆을 범한 자나 正法을 비방한 악인이 왕생할 수 있느냐 없느냐에 관한 문제는 경전에서도 《무량수경》은 왕생을 거부하였으나 《관무량수경》은 왕생할 수 있다고 하고 있어 논란의 대상이 되었다. 이에 대해 원효나 현일·의적은 모두 참회에 중점을 두어 참회할 줄 알면 왕생할 수 있다고 보았다.

다음에 미타정토와 미륵정토의 우열에 대해서도 논란이 있었다. 원효는 미타정토인 극락이 우월하다는 것을 14가지에 걸쳐 설명하고, 극락정토에 왕생하기가 쉽다는 것을 7가지로 설명하였다. 이에 대해 경흥은 미륵정토인 도솔천도 극락처럼 일념 내지 십념의 칭불로 왕생할 수 있으며 미륵도 미타의 48본원처럼 十善의 본원이 있다고 하여 미륵정토가 미타정토에 못지 않음을 강조하였다.[75]

이와 같은 왕성한 교학을 바탕으로 미타신앙은 평민·노비로부터 귀족에 이르기까지 신라사회 전반에 걸쳐 폭넓게 전개되었다. 《삼국유사》에 보이는 신앙사례를 들어 보면 다음과 같다.

---

75) 安啓賢, 앞의 책(1987), 364~366쪽.

〈표 2〉 《삼국유사》 소재 신라 미타신앙 사례

신앙 형태	신앙 주체	신앙자 신분	연 대
미타	廣德·嚴莊 왕생	기층민	문무왕
	布川山 五比丘 왕생	승려	경덕왕
	郁面婢 念佛 왕생	노비/ 진골	경덕왕
	避里寺 念佛師 염불	승려	성덕왕
	包山 二聖 왕생	(기층민)	미상
미타/관음	浮石寺/ 洛山 觀音	귀족(義相)	문무왕
	仁容寺 관음도량→미타도량	진골(金仁問)	문무왕/효소왕
미타/미륵	甘山寺 미타/미륵 조상	6두품(金志誠)	성덕왕
	白月山 二聖 성도	(기층민)	성덕왕~경덕왕
	月明師 祭亡妹歌	승려(國仙徒)	경덕왕
사방불	掘佛寺 四方佛	(국왕)	경덕왕

여기서 보는 것처럼 계층의 구분없이 전 사회에 고루 수용된 미타신앙은 국민의 일체감 조성에 지대한 역할을 하였다. 통일기의 신라사회는 전쟁을 치르고 난 뒤 그 과정에서 애쓰거나 희생된 사람들을 위로하고 새롭게 확보한 영토에 터잡아온 고구려·백제 양국의 기층민들도 포용해야 하는 큰 과제를 안고 있던 시기였다. 이러한 사회 분위기를 엮어갈 수 있는 신앙으로서 미타신앙은 더없이 적절한 것이었다. 이를 통해 얻어진 일체감은 지역간의 화해에도 중요하였지만 부석사에서 활동한 의상 제자들의 다양한 신분에서 보는 것처럼 계층간의 화해에도 의미있는 역할을 담당할 수 있었다.

그런데 신라 중대사회의 미타신앙은 염세적인 데서 오는 내세적 경향보다 현실긍정적인 풍조가 두드러진다. 신앙내용이 사후의 극락왕생보다 현실에 극락정토를 구현하겠다는 방향으로 전개된 것이다. 극락세계의 현실화에 대한 소망은 경덕왕대에는 미타가 신라땅에서 현신 성불하였다는 신앙내용으로 이어진다.

이러한 현실긍정적인 미타신앙에 대해 국가는 적극적인 관심을 보였다. 민생안정을 통한 왕권의 강화는 유학의 민본이념과 아미타불의 서원에 바탕한 중생구제 신앙과 잘 어울리는 것이었다. 그리고 미타신앙으로 얻어진 국민적 일체감은 사회안정에 큰 힘이 되었고 이는 강력한 왕권의 안정적인 유지에 중요한 바탕을 이루는 것이었다.[76]

미타신앙은 중대 전 기간 동안 왕생의 難易 논쟁 등을 통해 신앙의 우위를 지켜오다가 중대말인 경덕왕대 후반기에 이르면 백월산 신앙사례나 진표의 활동에서 보듯이 미륵신앙에 위축되는 양상을 드러낸다.

한편 일찍이 불교 수용단계부터 유행하던 藥師신앙은 중대에 들어 주술을 이용한 治病 신앙으로 유행하여 수많은 약사불상이 제작되었다. 이는 약사신앙이 사후 극락왕생의 미타신앙을 부정하지 않으면서 질병 기근 등의 현세의 고난에서 벗어나게 해주고 생명까지 연장해 준다는 현세이익적 성격을 가진 점에서 정토신앙을 보완해준다고 인식되었기 때문이었다.[77]

(2) 관음신앙

관음신앙은 미타신앙과 함께 중대에 가장 보편적으로 나타나는 신앙이다. 미타신앙이 내세적인데 비해 관음신앙은 현세적인 신앙이다. 《法華經》 普門品에는 중생들이 물과 불 또는 악귀나 원적 등의 일곱 가지 어려움에 처했거나 탐욕·성냄·어리석음의 三毒에 헤매일 때, 그리고 자식을 갖고자 하는 등의 온갖 현실적인 바람을 가졌을 때 일심으로 관세음보살을 부르면 관세음보살이 즉시 그 소리를 관찰하고 바라는 바를 모두 들어준다는 내용을 담고 있다. 따라서 사람들이 세상을 살아가면서 부딪히는 갖가지 어려움으로부터 벗어나기 위해 관음을 부르는 신앙은 절실한 것이었다.

그런데 신라사회에 이 관음신앙을 정착시키기 위하여 의상은 洛山寺에 관음의 眞身이 직접 머무르며 설법을 하고 있다는 眞身常住 신앙을 전개하였다. 이는 남방 해안에 있는 보타락가산에 관음이 상주설법한다는 《화엄경》의

76) 文明大, 〈景德王代의 阿彌陀造像 問題〉(《李弘稙博士回甲紀念 韓國史學論叢》, 1969), 684~686쪽.
金英美, 〈統一新羅時代 阿彌陀信仰의 歷史的 性格〉(《韓國史硏究》 50·51합집, 1985), 70~71쪽.

77) 金惠婉, 〈新羅의 藥師信仰〉(《千寬宇先生還曆紀念 韓國史學論叢》, 1985), 328~333쪽.

經說에 따라 신라 해안에 그 실재처를 마련한 것으로, 앞서 자장이 오대산을 문수도량으로 설정했던 것과 같은 신라불국토설의 연장에서 전개한 신앙이었다. 이를 통해 신앙인들은 신라땅에 항상 머무르고 있다는 관음을 보다 현실감 있게 부르고 그 감응을 기대할 수 있었을 것이다.[78]

金仁問은 무열왕의 둘째 아들로 통일전쟁기에 주로 당에 머물며 외교적 역할을 수행하던 인물이었는데, 그가 당에서 돌아오기 어렵게 되자 사람들은 무사히 신라에 돌아오게 해 달라고 仁容寺에 관음도량을 베풀어 기원하였다. 그러나 그는 돌아오지 못하고 죽고 말았다. 그래서 그가 죽은 후에는 도량을 미타도량으로 바꾸어 극락왕생을 빌었다.

憬興은 三郎寺에 있을 때 병이 들어 낫지를 않았다. 그러다가 南巷寺 十一面觀音의 應現으로 씻은 듯이 병이 나을 수 있었다. 國仙 夫禮郎은 북쪽 해안에서 납치되어 돌아올 길이 없었다. 양친이 栢栗寺 관음이 영험이 있다는 소문을 듣고 가서 기도하였더니 잃어버렸던 두 가지 보물과 낭도와 함께 살아서 돌아왔다. 나라에서는 이 소식을 듣고 백률사에 田地 萬頃을 내리고 夫禮郎을 大角干으로 삼았다. 長春은 경덕왕 때 바다에서 장사를 하며 살았는데 어느날 바다에 나간지 오랜 시간이 지나도록 소식이 없었다. 그래서 모친인 寶開가 敏藏寺 관음에게 빌어서 중국에서 살아 돌아올 수 있었다.

경덕왕대에 눈먼 希明은 분황사 千手관음에게 눈을 뜨게 해달라고 기도하여 光明을 얻었다. 洛山寺의 知莊이던 調信은 지방의 유력자인 金昕의 딸과 인연을 맺게 해 달라고 낙산사 관음에게 빌었으나 낭자는 다른 사람과 혼인을 하여 뜻이 이루어지지 않았다. 조신은 이를 원망하여 잠이 들었는데 꿈속에서 바라던 바 대로 인연을 맺어 살다가 나이 들어 헤어지는 것으로 끝맺었다. 꿈을 깨고 나서 덧없음을 깨닫고 세속의 모든 일을 버리고 집을 털어 淨土寺를 창건하여 수도하였다. 崔殷含은 나이 오래도록 후사가 없어 衆生寺 관음에게 빈 끝에 아들 崔承老를 낳았다. 그런데 아이를 얻던 그때 후백제의 견훤이 서울에 침공하여 갓난아이를 다시 관음상에 맡겨놓고 피란갔다 오니 그때까지도 잘 살아 있었다.

78) 鄭炳三, 앞의 글(1982), 32~53쪽.

이와 같은 관음의 신앙사례들은 모두 현실세계에서 겪게 되는 바람에 대한 관음의 대응을 말하고 있다.[79] 이런 현실적인 성격 때문에 신라사회에서 관음신앙은 신분에 관계 없이 고루 수용될 수 있었다.[80]

이러한 현실 구제적 관음신앙에는 變化觀音도 등장한다. 경흥이 병이 들어 낫지를 않았는데 남항사의 십일면관음이 응현하여 씻은 듯이 나을 수 있었다. 希明은 눈이 멀어 芬皇寺의 千手관음에게 빌어 눈을 뜰 수 있었다.

이와는 달리 미타와 연관된 관음신앙 사례들이 있다. 문무왕 때 서방 왕생을 기약하며 수도하던 廣德과 嚴莊에게 관음이 芬皇寺의 寺婢인 廣德의 妻로 응현하여 득도를 도와주었다. 白月山에서 수도하던 努肹夫得과 怛怛朴朴 두 사람은 産氣 임박한 낭자로 화현한 관음의 시험을 거쳐 그 도움으로 미륵과 미타로 成道할 수 있었다. 아간 貴珍의 家婢인 郁面은 주인의 수행도량에 함께 참여하여 주인보다 먼저 서방극락에 왕생할 수 있었다.

이들 신앙사례는 미타의 脇侍로서 서방극락에의 왕생을 보좌하는 관음의 역할을 보여주고 있다.《觀無量壽經》에서 서술하듯이 왕생인의 임종시에 아미타불을 따라 來迎하는 관음에의 신앙을 보는 것이다.

현실구제나 미타협시와도 다른 것이 眞身常住 신앙이다. 의상은 낙산사에 관음 진신이 산다는 말을 듣고 치열한 구도 정진 끝에 관음의 진신을 참배하였다. 그리고는 관음의 지시에 따라 낙산사를 지었다. 여기에는 불국토신앙의 정착이 중심이 되어 있지만 동시에 구도적인 관음신앙의 모습이 강하게 드러나 있다. 이와 약간 유사한 것으로서 月精寺의 信孝가 老婦로 화현한 관음의 인도로 수행에 정진하는 설화가 있다.

---

79) 金煐泰, 〈新羅의 觀音思想〉(《佛敎學報》 13, 1976 ; 앞의 책, 236~237쪽).

80) 洪承基, 〈觀音信仰과 新羅社會〉(《湖南文化硏究》 8, 全南大, 1978)에서는 시대와 신분에 따라 관음신앙을 구분하여, 통일 이후에 신봉 계층이 진골귀족으로부터 양인 이하의 신분층으로 바뀌고, 신앙 성격도 통일 이후에는 초현세적 기능이 현실적인 고뇌 해결 기능보다 약간 크게 된다고 보았다.

〈표 3〉 신라 관음신앙 사례

신앙사례	관계인물	신앙내용	연 대	기 타
仁容寺 觀音道場	金仁問	獄中 귀환 기원	문무왕(690경)	死後 彌陀道場
洛山寺 眞身觀音	義相	眞身親見	문무왕	元曉 不見(女人應現)
十九應身	廣德 嚴莊	극락왕생 보조	문무왕	廣德妻(芬皇寺婢) 응현
南巷寺 十一面觀音	憬興	治病	신문왕	尼僧 응현
栢栗寺 大悲	國仙夫禮郞	被賊 귀환	효소왕 2년(693)	승려 응현
白月山 南寺	夫得 朴朴	得道(미륵 미타)	성덕왕 8년(709)	낭자 응현
五臺社	寶川태자	眞身예배 輔國	성덕왕	오대 중 동대
敏藏寺	寶開 長春	海難 귀환	경덕왕 4년(745)	승려 응현
彌陀寺 念佛	郁面 貴珍	得道(미타)	경덕왕14년(755)	觀音之徒 寺婢 轉生
芬皇寺 千手大悲	希明	得明	경덕왕	
洛山寺 夢中	調信 金昕娘	婚姻기원 불응	9세기	응현 정토사 창건
月精寺 五類聖衆	信孝	修道處 지시	9세기	老婦 응현 참회 수도
衆生寺 大悲	崔殷諴 崔丞魯	得男 亂中보호	경애왕 3년(927)	

이상에서 본 것처럼 신라 관음신앙은 현실구제의 성격을 띠는 獨尊的 신앙이 주된 양상을 이루며 현세적인 성격을 강하게 내보인다. 한편으로는 미타정토 왕생과 연결된 내세적 성격도 보이나 이 경우도 현세적 성격이 짙게 배어난다. 시기적으로는 성덕왕대까지 상층 신분의 신앙 사례가 다수 확인되나 8세기 이후 하층신분의 신앙 사례가 더 많이 등장한다. 관음신앙은 국가의 안녕과 개인적 현세이익을 보장받고자 하는 것이면서 동시에 내세적 경향도 공존하였다. 특히 관음은 여러 내용의 女人으로 응현하는데, 이는 친근성의 표현이자 大地神인 女神과의 연계를 생각하게 하는 의미있는 문제이다.[81]

(3) 미륵신앙

미륵신앙에는 먼 훗날 이 땅이 거의 낙토가 되어 미륵불이 세상에 내려와 중생들을 설법하여 구제할 때 참가하기를 희구하는 下生신앙과 현재 도솔천

81) 金哲埈, 〈東明王篇에 보이는 神母의 性格〉(《柳洪烈博士華甲記念論叢》, 1971 ; 《韓國古代社會硏究》, 서울大 出版部, 1990, 61~62쪽).

에 머무르고 있는 미륵을 믿어 그의 정토인 도솔천에 태어나기를 바라는 上生신앙의 두 가지가 있다.

그런데 유식사상을 확립한 인도의 無着의 서원에 따라 도솔천에 머무르는 미륵이 《유가사지론》 등 유식 5부 대론을 설하였다고 하였기 때문에 인도와 중국의 유식학파나 법상종에서는 미륵신앙을 중심 신앙으로 삼아왔다. 이는 신라 법상종에서도 마찬가지여서 미륵신앙은 법상종에서 두드러진 신앙 사례를 보였다. 중고기의 미륵신앙이 미래불로서의 미륵에 대한 신앙이었던 데 비해 중대의 미륵신앙은 도솔정토에 상생하고자 하는 상생신앙이 주 내용을 이루었다.82)

상생신앙은 미륵의 相好를 만들거나 미륵의 名號를 부르는 염불 그리고 오계와 팔계 구족계 十善法을 갖추어 지키는 것을 그 내용으로 한다. 비록 번뇌는 완전히 끊지 못해 해탈에 이르지는 못하였다 해도 지극한 마음을 가지면 신통을 얻고 미륵의 형상을 염불 칭명하면 도솔천에 상생할 수 있으며, 계를 범하거나 악행을 저질렀더라도 미륵의 명호를 듣고 참회하면 청정해질 수 있다고 한다. 미타신앙에 비해 자력적인 미륵상생신앙을 갖기 위해서는 승려라든가 귀족 이상의 수행능력이 있는 경우에 가능했을 것이다. 그래서 이들은 미륵상생신앙을 믿고 그렇지 못한 기층민들은 미타신앙을 신봉하는 추세를 보였을 것이다. 그로 인해 법상종 사원에서는 미륵과 미타 두 가지 신앙을 함께 수용하여 미륵은 금당에 주존으로 봉안하고 강당에 미타를 봉안하는 양립적인 신앙구조를 보이게 된다.

法相宗에서는 무착이 도솔천에 상주하는 미륵보살의 가르침에 의해 도솔천에 상천하여 친견하고 대승교의를 받아 《유가사지론》 등을 역출하였다고 하여, 《유가사지론》을 소의로 하는 유식논사들은 도솔천에 상생하여 미륵보살을 친견하겠다는 미륵상생 신앙을 추구하게 된다.

미륵삼부경으로 불리는 《上生經》·《成佛經》·《下生經》의 경전에 대해 원측·원효·경흥·의적·태현 등이 주석을 베풀어, 중대 미륵신앙은 이들 미륵정토교학에 입각한 실천 수행이 주 내용을 이루었다. 미륵정토에 대한 견

82) 金南允, 〈新羅 彌勒信仰의 전개와 성격〉(《역사연구》 2, 역사학연구소, 1993), 21~25쪽.

해는 신문왕대에 國老로 활동한 경흥에게서 볼 수 있는데, 경흥은 원효의 미타정토 우월론에 대해 미륵정토도 그에 못지 않음을 강조하였다.[83]

구체적으로 미륵이 하생하여 龍華三會 설법으로 구제하는 대상을 원효는 소승 阿羅漢이라 하였는데 경흥은 대소승 제자로 확대 해석하였다. 또 원효가 《상생경》이 대승이고 《하생경》과 《성불경》은 소승으로 본 데 비해 경흥은 미륵삼부경이 모두 대소승에 해당한다고 보아 미륵신앙의 대상을 넓혀 놓았다. 대신에 미타신앙에 대해서는 원효가 모든 중생의 성불을 인정하여 범부를 위한 견해를 분명히 한 데 비해 경흥은 定性이승의 성불을 인정하지 않았다. 그리고 원효가 미타의 극락이 미륵의 도솔천보다 왕생하기 쉽고 더 뛰어나다고 하였는데 경흥은 미륵신앙도 그에 못지 않다고 주장하였다.[84]

신라의 미륵신앙 사례는 여러 가지 양상을 보였다. 太賢은 남산 茸長寺에 머무르며 항상 석조미륵장육상을 돌며 예배하였다. 경덕왕을 위해 안민가를 지어 왕과 신·민의 신분질서를 강조한 忠談은 남산 三花嶺의 미륵세존에게 매년 重三·重九日에 차를 공양하였다. 이들은 도솔정토의 미륵에 대한 신앙을 보여준 것이다.

金志誠은 돌아간 부모를 위하여 甘山寺에 미륵보살상(719)과 아미타불상(720)을 조성하였다. 김지성이 생전에 조성한 감산사 미륵상은 돌아간 부모 외에 국왕과 개원 이찬 및 형제·자매·처·승려 등 생존자들이 공양자의 주류를 이루고 있으나, 사후에 조성한 아미타불은 국왕과 개원 이찬 그리고 후처 이외에는 망부모·망제·망매·전처 등 사망자들이 중심을 이루어 대조를 보인다. 이는 미륵상생신앙이 미타신앙에 비해 현세적인 것으로 수용되었던 것을 말해준다.

白月山에는 努肹夫得과 怛怛朴朴 두 수도자가 있었는데 성덕왕 8년(709)에 現身 成道하여 경덕왕 16년(757)에 남사를 창건하고 23년에 미륵과 미타상을 조성하였다. 月明은 죽은 누이를 위해 향가를 지어 미타정토에 왕생할 것을

83) 安啓賢, 〈新羅僧 憬興의 彌勒淨土往生思想〉(《震檀學報》 25·26·27합집, 1964 ; 앞의 책, 1987).

84) 安啓賢, 〈元曉의 彌陀淨土往生思想〉·〈元曉의 彌勒淨土往生思想〉·〈憬興의 彌陀淨土往生思想〉·〈憬興의 彌勒淨土往生思想〉(위의 책).

기원하였는데, 경덕왕 19년에 해가 둘로 나타나자 兜率歌를 지어 도솔천의 미륵보살에게 기원하여 이변을 해결하였다.[85)]

김지성과 백월산의 두 수도자 및 월명의 신앙은 모두 미륵과 미타가 연관된 신앙 내용을 보여주며 시기적으로 경덕왕 일대에 집중된 것이 특이하다. 이로 보면 중대 법상종계 미륵상생신앙은 미타신앙과 깊이 연관되어 있었음을 알 수 있다.[86)]

백월산 남사의 관음이 부득이 현신성도하고 미륵정토로 왕생하는데 선도적 역할을 맡는 것은 미륵상생신앙과 관음신앙이 연결된 모습을 보여준다. 또한 眞表가 《占察經》에 의거하여 말법중생이 여러 장애에 부딪혀 決定信을 얻지 못하고 수학에 전념하지 못할 때 宿世의 선악과 현재의 苦樂 吉凶을 점찰하여 마음을 깨우치고 의심나는 것을 결정할 수 있게 한다고 선도하였던 占察信仰은 미륵상생신앙과 지장신앙이 연결된 것을 보여준다. 말법시대에 모든 중생을 구제하는 서원을 세운 지장보살은 無佛의 시대에 석가와 미륵을 이어주는 의미를 지니므로 쉽게 법상종에 수용될 수 있었을 것이다. 진표는 이 지장보살의 교화를 받는 방편으로 점찰계행에 의한 참회법을 내세우고 이것이 도솔천에 왕생하는 지름길이라고 여겨 점찰신앙을 선도하였다.

경덕왕대에 집중적으로 보이는 미륵상생신앙은 강력한 중대 왕권의 몰락과 함께 쇠퇴하고 말았다. 다만 진표가 주도하던 미륵상생신앙만이 점찰법을 근간으로 지방 사회에서 명맥을 계승하여 고려로 연결되었다.

(4) 지장신앙

지장보살은 석가가 입멸하고 나서 미륵이 출현하기까지의 無佛세계 곧 五濁惡世의 末法시대에 석가의 부촉을 받아 六道에 몸을 나타내어 하늘에서 지옥에 이르는 모든 중생을 구제하겠다는 서원을 세운 悲願의 보살이다. 지장신앙은 특히 지옥까지 구제한다는 점에서, 亡者 구제신앙으로 폭넓은 기반을

85) 金煐泰, 〈新羅 白月山 二聖 說話의 硏究〉(《趙明基博士華甲記念 佛教史學論叢》, 1965 ; 앞의 책, 1987, 530~531쪽).

86) 金惠婉, 〈新羅中代의 彌勒信仰〉(《溪村閔丙河敎授停年紀念 史學論叢》, 1988), 37~38쪽.

이룰 수 있었다. 지장신앙의 근본 경전은《大乘大集地藏十輪經》·《地藏菩薩本願經》·《占察善惡業報經》등이다.

신라의 지장신앙은 眞表에게서 가장 두드러지게 나타난다. 진표는 순제에게 출가하여 스승의 말에 따라 得戒를 원하여 명산을 편력한 뒤 仙溪山 不思議庵에서 삼업을 닦고 亡身懺의 수행에 의해 효성왕 4년(740)에 지장보살의 淨戒를 받았다. 다시 정진하여 미륵으로부터《점찰경》과 證果簡子 189개를 받았다(정계와 간자를 받은 것이 경덕왕 19년(760)이라고도 함). 진표는 이전부터 시행되어 오던 점찰법에 미륵지장신앙을 강조하여 새로운 점찰법을 수립하였는데 이 점찰계법의 중심을 이루는 것은 유가계의 유식사상이었다.87)

진표는 이를 바탕으로 金山寺에서 교화를 펴서 점찰법과 참회행의 실천을 바탕으로 태현과는 다른 법상종의 한 계열을 이루었다. 금산사에 이어서 속리산과 아슬라주에서 戒法을 설하고 금강산에 鉢淵寺를 세워 점찰법회를 열었는데, 이러한 진표의 활동은 경덕왕을 비롯한 많은 사람들의 후원을 얻을 수 있었다. 진표의 활동은 제자 永深의 속리산 길상사로 이어지고 다시 헌덕왕자인 心地에게 전해져 동화사에 펼쳐지더니 신라말에는 釋忠에 의하여 왕건에게 연결되었다.

진표가 선도한 지장신앙은 점찰계법에 의한 지계의 실천행을 강조하는 적극적인 신앙이었는데, 경주에서 떨어진 지방 일대의 일반 서민들에게 깊숙히 전파되어 중대 신앙의 왕성한 한 면모를 이루었다. 그래서 성덕왕대 이후에 설립된 五臺山 신앙에서는 오대 중 南臺에 地藏房을 설치하여 낮에는《地藏經》과《금강반야경》을 독송하고 밤에는 占察禮懺을 실천하여 金剛社를 운영하도록 하는 것으로 나타난다.

신라사회에서 행해진 점찰법회에 대한 기록으로는 圓光과 智惠에 관한 것이 있다. 원광은 歸戒滅懺의 법으로 우매한 사람을 깨우치기 위해 자신이 머물던 嘉栖寺에 占察寶를 설치하고 恒規로 삼았다. 安興寺의 지혜는 仙桃山神母의 시주와 권유로 매년 봄가을로 善男善女를 모아 널리 一切의 含靈을 위해 占察法會를 두는 것을 항규로 삼았다.

---

87) 金南允, 앞의 글(1984), 139쪽.

원효와 교유하였던 蛇福 母子를 위해 창건된 道場寺에서는 매년 점찰법회가 행하여졌다. 불국사를 창건한 김대성은 신문왕 때에 開士인 漸開가 興輪寺에 六輪會를 설치하려 하자 토지를 시주하였고 이 공덕으로 재상의 집안에 환생하였다. 육륜회는 점찰의 세 가지 내용 즉 十輪·三輪·六輪 중 삼세의 과보를 점치는 六輪相法을 실천하는 모임이었다.[88]

3) 승려들의 국가적 활동

신라 중대 왕실은 무열왕계 왕통의 굳건한 기반을 토대로 관료제도의 발달과 새로운 지지세력의 확보 등에 힘입어 강력한 왕권을 유지해 나갈 수 있었다. 그런데 이 시기에 신라사회를 이끌어간 지도이념인 불교와 국가와의 관계를 설정하는 데 많은 논란이 있어 왔다. 중대 왕권의 특질을 전제왕권으로 규정하고 이를 뒷받침해준 이념적 배경이 화엄사상이라는 것이 일반적인 견해이다. 구체적으로 살펴보면 一心에 의해 우주 만상을 통섭하며 우주의 다양한 현상이 결국은 하나라는 화엄사상이 전제왕권을 중심으로한 당시의 통치체제에 적합한 이념이었고 이 같은 종교적 상징성을 국가권력의 지주로 이용하여 전제왕권을 합리화하려 하였다는 것이다.[89]

이에 대해 화엄사상은 시대와 장소를 초월하는 불변의 초역사적 보편성을 강조하면서 인간의 세속적 이념의 한계를 본질적으로 비판하고 이를 불교적 본질로 승화시키고자 하는 것이므로 조화와 평등이 강조될 수 있는 이론은 될 수 있으나 전제왕권을 옹호하는 이론은 될 수 없고, 신라 중대 화엄사상의 형성과 발전은 순수한 불교교리에 대한 연구가 기반이 되어 이룩된 것이

88) 金煐泰, 〈占察法會와 眞表의 敎法思想〉(《崇山朴吉眞博士華甲紀念 韓國佛敎思想史》, 1975 ; 앞의 책, 1987, 388~391쪽).

89) 安啓賢, 앞의 책(1982), 79~80쪽.
李基白·李基東, 《韓國史講座》 古代篇(一潮閣, 1982), 375쪽.
———, 〈新羅時代의 佛敎와 國家〉(《歷史學報》 111, 1986 ; 《新羅思想史硏究》, 一潮閣, 1986, 255~262쪽).
金杜珍, 〈統一新羅의 歷史와 思想〉(《傳統과 思想》 2, 韓國精神文化硏究院 ; 《韓國思想史大系》 2, 韓國精神文化硏究院, 1991, 179쪽).
李基東, 〈新羅社會와 佛敎〉(《東國大學校開校八十周年紀念論叢 佛敎와 諸科學》, 東國大 出版部, 1987), 967~971쪽.

라고 보는 견해가 있다.[90] 또한 중대 국가불교의 주된 역할은 성전이 설치된 사원을 중심으로 수행되었기 때문에 특정 사상과 전제왕권의 이념적 연계를 인정하기 어렵다는 견해도 있다.[91]

그리고 의상 화엄사상의 특색을 원융사상으로 파악하고 원칙적인 하나 속에 일체의 제법상을 융섭하여 法性과 더불어 혼연된 일체를 이루려는 융섭사상은 중대 전제주의 성립에 유용한 것이지만 이는 왕실·진골 및 6두품과 전 계층을 묶는 總和정책에 어울리는 것이었다는 새로운 분석도 있다.[92]

신라 중대의 화엄사상은 실천신앙과 결합하여 기층민의 정신적 일체감 형성을 도와 왕권의 안정된 유지에 기여하였다. 그러나 이 같은 활동으로 인해 화엄사상이 전제왕권의 정치적 이념을 수식하는 역할을 하였다고 볼 수는 없다. 통일기 이후의 중대 신라왕실은 일부 진골귀족의 제거와 지방세력의 개편 및 유교적 정치이념을 도입한 관료조직의 확대 정비를 통해 왕권을 강화해 나갔다.[93] 이렇게 볼 때 정치이념을 수식하던 중고기 불교와는 달리 중대 불교의 역할은 유교와 아울러 정치운영에 복합적인 배경을 이루었다고 해야 할 것이다.

이러한 사회적인 배경에서 승려들이 보였던 국가적인 활동은 여러 분야에 걸쳐 나타난다. 우선 국가대업이었던 통일사업에 기여한 승려들의 활동이 적지 않았다. 그 중에서도 직접적인 활동을 통해 기여한 승려들로는 道玉이나 원효·의상·명랑을 들 수 있다.

實際寺의 도옥은 태종 2년(655)에 백제의 대군이 助川城을 침공하여 나제간에 공방이 그치지 않자 군복으로 갈아입고 창칼을 들고 적진에 뛰어들어 장열하게 전사함으로써 신라군의 사기를 드높였다. 이때 도옥은 "승려가 된 자는 첫째로는 수행에 정진하여 자성을 되찾고 다음에는 도를 활용하여 남

---

90) 金相鉉, 〈新羅中代 專制王權과 華嚴宗〉(《東方學志》 44, 延世大, 1984 ; 앞의 책, 1991, 275~280쪽).
高翊晋, 앞의 책(1989), 374~376쪽.

91) 李泳鎬, 〈新羅中代 王室寺院의 官寺的 機能〉(《韓國史硏究》 43, 1983), 108~113쪽.
蔡尙植, 앞의 글(1984), 111~115쪽.

92) 金杜珍, 앞의 책(1995), 383쪽.

93) 李基東, 앞의 글(1987), 967~968쪽.

을 이롭게 해야 하는 것인데, 나는 하나의 선행도 행한 것이 없으니 차라리 군대에 나가 殺身하여 나라에 보답함만 같지 못하다" 하고는 이름도 급히 달려가 무리가 된다는 상징적인 驟徒로 바꾸고 三千幢에 소속되어 일선에 나서 힘써 싸우다 전사하였다.[94] 살생을 금계로 하는 승려의 신분으로 직접 전장에 뛰어들 수 없어 승복과 승명을 버리고 참전하였다는 것은 승려의 본분을 외면하지 않으면서 국가 공동체의 구성원임을 강조하는 투철한 국가의식을 보여주는 좋은 예라 할 것이다.[95]

신라가 백제를 물리치고 문무왕 원년(661)에 고구려를 칠 때 당군에게 군량을 수송한 김유신이 당군과 합세할 지를 묻는데 대한 회신으로 그려준 비밀부호를 해독하지 못하자 元曉가 이를 해독하여 군사를 돌이키도록 하였다. 이는 전쟁에 직접 참여하지는 않지만 승려들이 자문 역할을 담당하던 일면을 확인해준다. 당과의 대립이 한창일 때 당에서 수학하던 義相은 귀국하면서 당군의 침공 계획 소식을 갖고 왔다. 이에 조정에서는 明朗이 나서서 대비하도록 하였다. 이들 사례들을 통해 통일전쟁기를 살아가던 출가 승려들의 국가의식을 명확하게 살펴볼 수 있다.[96]

통일을 완성하고 중앙집권적인 왕권체제를 이루어가던 중대 전반기의 왕실은 의상에게 浮石寺를 중심으로 敎團 체제를 운영하도록 지원하는 한편으로 명랑에게는 군사적인 대비를 맡기고 憬興은 국로로 봉하여 교단을 영도하도록 하며 義安은 大書省에 임명하여 교단을 통제하도록 하는 등 다양한 계통의 승려들에게 각기 역할을 분담시켜 불교계를 이끌어갔다. 이 중에서 이 시기의 국가불교 활동을 주도한 것은 密敎僧들이었다.

당의 침공에 대비하던 명랑은 당군이 국경을 넘어 바다로 몰려들자 文豆婁 비밀법으로 풍랑을 일으켜 교전도 하지 않고 당군을 침몰시켰다. 그리고 四天王寺를 세우고 도량을 개설하여 지속적으로 대비하였다.[97] 이 설화적 사

94) 《三國史記》 권 47, 列傳 7, 驟徒.

95) 金相鉉, 〈新羅의 歷史와 思想〉(《韓國思想史大系》 2, 韓國精神文化硏究院, 1991), 108~109쪽.

96) 高翊晋 外, 〈佛敎思想이 新羅의 三國統一에 미친 影響〉(《東國大學校 論文集》 12, 1973), 59~64쪽.

97) 《三國遺事》 권 2, 紀異 2, 文虎王法敏.

실에서 알 수 있는 것은 승려가 국가의 위급 상황을 앞장서 해결해 나간다는 사실이다. 명랑은 《灌頂經》의 약사 주술을 사용하였던 선덕왕대의 密本을 계승하여, 위급한 액난을 만나면 五方神을 만들어 문두루법 곧 神印法을 행한다는 《관정경》의 내용 그대로 비밀법을 사용하여 당군을 물리치고 《金光明經》의 사천왕 호국사상으로 지속적인 밀교 행법을 실천하였다.[98]

惠通은 신문왕이 병이 나서 보아주기를 청하자 와서 주문을 외웠더니 당장 나았다. 사량부 출신으로 지역적 연고로 인해 친밀한 관계를 가졌던 세력의 왕권에 대한 반발로 효소왕대에 왕권의 강화에 비판적인 鄭恭의 사건에 연루되어 몰락하던 혜통은 왕녀의 병을 치유하여 다시 신망을 회복하고 국사가 되었다.[99] 혜통이 공주의 治病이나 자신을 붙잡으러 온 군대를 물리치는데 사용한 것은 모방주술로, 이는 解怨과 創寺 呪術에 결부된 순수한 밀교의 주술의례였다. 밀본이나 명랑이 《관정경》을 중심으로 한 약사주법이나 문두루법을 주축으로 한 데 비해 혜통은 《다라니집경》을 중심으로 한 순수 주술을 행한 차이가 드러난다.[100]

고위 가문 출신의 명랑은 통일전쟁 과정에서 주술적인 군사 능력을 발휘하여 밀교의 상당한 교단적 기반을 마련할 수 있었다. 그러나 8세기말 효소왕대에 들면 혜통에서 보는 것처럼 治病 기능을 중심으로 국가와의 관계를 유지시켜 가기는 했으나 왕권 강화에 반대하는 정치세력과 연계되어 효소왕 원년(692) 醫學의 설치에 따른 전문적인 의술의 진전과 더불어 점차 밀교의 기능이 낙오됨으로써 왕권 측근에서 서민사회로 영향력이 옮아가게 된다.[101]

경덕왕 12년(753) 여름에 큰 가뭄이 들어 왕은 태현을 불러 《金光明經》을 강의하여 비를 빌도록 하였다. 이는 명랑이 실천하였던 밀교 행법이 중대 말기까지 국가적인 관심 속에 행해지고 있었음을 알게 한다. 그런데 다음해에

98) 文明大, 〈新羅 神印宗의 硏究〉(《震檀學報》 41, 1976), 203~205쪽.
99) 《三國遺事》 권 5, 神呪 6, 惠通降龍.
100) 高翊晋, 〈新羅密敎의 思想內容과 展開樣相〉(《韓國密敎思想硏究》, 東國大 出版部, 1986), 167~173쪽.
101) 金在庚, 〈新羅의 密敎受容과 그 性格〉(《大丘史學》 14, 1978), 23~24쪽.
呂聖九는 혜통이 정공과 함께 성덕왕의 즉위에 반대하여 몰락하였다가 성덕왕녀의 치병으로 인하여 회복되는 것으로 이해하였다(呂聖九, 〈惠通의 生涯와 思想〉, 《許善道先生停年記念 韓國史學論叢》, 1992).

또 가뭄이 들자 이번에는 法海가《화엄경》을 강론하여 전년의 태현보다 뛰어나게 물을 조종하였다.[102] 이와 같은 설화는 이 시기에 들어서 종파에 구별됨이 없이 밀교적인 행법이 시행되었음을 말해준다. 이는 전통신앙의 의례와 상통하는 일면을 지녔던 밀교의 성격이 신라사회 저변에 용해되어 나타난 현상으로 이해할 수 있을 것이다.

이러한 직접적인 국가활동과 달리 사회 구성원의 의식을 이끌어 새로운 통일국가의 안정에 기여했던 불교활동의 의의는 오히려 외형적인 활동보다 더 필요한 것이었다.

신라의 삼국통일이 내면적으로 완결되기 위해서 반드시 해결해야 할 과제는 고구려와 백제의 유민들을 포용하여 이들의 정신적인 상처를 치유하고 융합을 이루어야 하는 것이었다. 통일기 불교가 적극적으로 추진하여 기층사회에 폭넓게 전파하였던 미타신앙을 중심으로 한 신앙체계는 삼국민의 유대와 통합에 중심적인 역할을 하였던 것이다.[103]

이런 관점에서 의상이 청정한 持戒 태도를 철저히 견지하며 신분평등의 화엄교단을 영도하고, 국왕이 그에게 제공하는 토지와 노비를 상하가 함께 나누어 쓰고 귀하고 천한 사람이 함께 지켜 나가는 불법의 평등성을 역설하여 거절하며, 국왕이 추진하는 과도한 토목사업을 기층민의 안정을 위해 적극적으로 저지시킨 것은 사회의식으로서 중요한 의미를 지닌다. 의상은 통일 이후의 가장 커다란 과제인 사회안정이 기층민의 경제적 안정을 통한 민생의 안정과 이에 바탕한 정신적 일체감에서 가능하다고 보았다. 그래서 의상이 철저한 청정 수도행과 화합된 교단활동 그리고 진신 상주의 관음신앙과 현실에 기반을 둔 정토신앙으로 정립한 화엄사상은 새로운 사회안정에 부응하는 의식이 될 수 있었고, 여기에서 중대 왕실은 불교의 직접적인 수식이나 지원이 아니라 정신적인 일체감 조성이라는 역할을 바탕으로 안정된 왕권을 유지해 갈 수 있었다.[104]

〈鄭炳三〉

---

102) 《三國遺事》 권 4, 義解 5, 賢瑜珈 海華嚴.
103) 金相鉉, 앞의 글(1991), 111쪽.
104) 鄭炳三, 앞의 글(1992b), 209~210쪽.
南東信, 〈한국 고대불교의 국가관·사회관〉(《역사비평》 23, 역사문제연구소, 1993), 213~214쪽.

3. 과학과 기술의 발달

1) 하늘의 과학

(1) 첨성대와 천문현상의 기록

신라가 삼국을 통일하기 전에 이 땅의 천문학 수준은 이미 상당히 높은 경지를 향하고 있었다. 통일 직전인 선덕왕 2년(633)에 만들어진 것으로 보이는 瞻星臺는 그런 신라 천문학 수준을 대변하는 상징물이기도 하다. 첨성대가 실제로 매일 밤 천문을 관측하던 실용적 건조물이었느냐에 대해서는 이론도 없지 않다. 하지만 첨성대가 신라 천문학과 연관된 것만은 분명하고, 그 이름만으로 보더라도 그것이 천문관측과 관련된 것도 사실이다.[1] 첨성대가 그 주변에 건조되어 사용되었던 천문 관련 시설을 대표하는 것이라고 생각할 수 있기 때문이다. 즉 신라는 그 수도 경주에 천문관측소를 만들어 여러 기구 등을 세웠는데, 그 가운데 대표적 상징 건물은 첨성대였고, 그 중심으로 여러 가지 건물과 시설이 있었으리라고 생각하는 것이다.

삼국시대에 이미 상당히 천문학이 발달하고 있었다는 것은 당시의 관측기록으로 지금까지 《三國史記》·《三國遺事》를 통해서 전해지는 기록들만을 보아서도 짐작할 수가 있다. 이들 기록에 대해서는 이미 그 상세한 내용이 밝혀져 있다.[2] 삼국 시기를 통해 67회의 일식이 기록되어 남았는데, 그 가운데 통일신라 시기의 것은 모두 11회뿐이다. 그 밖에도 천문기록으로는 혜성, 다섯 행성의 움직임, 유성 등의 기록이 주목할 만하다. 혜성의 경우 통일 이전의 신라에는 8회 기록이 있으나, 통일 이후에는 5회 기록이 남아 있다. 통일된 이후에 특히 많아진 특징을 보이지 않는 셈이다. 하지만 행성이 달을

1) 송상용, 〈첨성대〉(《이야기 한국과학사》, 서울신문사, 1984), 72~78쪽.
2) 申瀅植, 《三國史記硏究》(一潮閣, 1981), 184~209쪽.
Park, Seong-Rae, Portentography in Korea · Portents in Korean History, *Journal of the Social Sciences & Humanities,* Seoul, 46 · 47, 1977 · 1978.

범한 기록(五緯犯月)은 통일 전의 3건에 비해 통일 후에는 14건이나 기록되어 있다. 또 유성의 경우는 통일 이전의 신라에서 모두 7건의 기록이 있으나, 통일 이후의 기록은 23회나 된다.

물론 통일 이후의 신라기록이 많아진 것은 비단 천문기록에만 한정된 것은 아니다. 전반적으로 모든 기록이 더 상세하게 된 것은 통일 이후 신라는 더 많은 기록을 남기기 시작했기 때문임을 미루어 짐작할 수 있다. 게다가 하늘이란 지금과 똑같은 의미로만 생각할 수도 없는 것이 당시의 실정이었다. 지금 우리들은 땅의 현상이라 여길 많은 자연현상을 당시 사람들은 하늘(天)의 노하고 기뻐함에서 비롯하는 일로 치부하기도 했기 때문이다. 말하자면 지진도 하늘의 뜻과 무관하지 않다고 여기던 시대였기 때문에 당시 사람들에게는 보기 따라서는 地震도 天變이었기 때문이다.

이들 천변의 기록은 반드시 자연현상의 충실한 반영이라기보다는 그 정치적 의미 때문에 더 주목받고 또 기록되어 남은 것이라고 해석되어 있다. 물론 그렇다 하여 전혀 일어나지 않은 천문현상을 허위날조하여 기록을 남긴 것이라고 여기기도 어려운 일이다.

이런 의미에서 향가로 남아 전해지고 있는 彗星歌는 흥미있는 기록이 아닐 수 없다. 《삼국유사》에 의하면 眞平王(579~631) 때 融天師가 혜성가를 지어 혜성도 사라지게 하고, 왜군을 물리쳤다는 내용이다.[3] 세 화랑이 금강산 구경을 떠나려 하는데 혜성이 나타나 28수 가운데 心 별자리의 큰 별을 침범했다. 세 화랑이 이상히 여겨 유람을 취소하거늘 융천사가 혜성가를 지어 불렀더니 혜성은 사라지고 마침 침입해 들어 왔던 왜군도 물러갔다는 설화이다. 그런데 《삼국사기》·《삼국유사》 어느 곳에도 진평왕 재위중에 혜성이 나타난 기록은 보이지 않는다. 통일 직전의 기록이기는 하지만, 통일 시기에 신라사람들이 갖고 있던 천문사상을 잘 보여주는 사건이라고 할 수 있다. 혜성이란 재앙을 불러오는 조짐이라 여겼고, 이를 물리치기 위해서 융천사라는 샤만이 동원되던 당시 상황을 보여주는 것이라 생각된다.

---

3) 《三國遺事》 권 5, 感通 7, 融天師 彗星歌.

(2) 천문도의 도입과 천문기관의 발달

이 땅에 최초로 天文圖가 전해진 것은 효소왕 원년(692) 중국에서 돌아온 道證에 의해서였다.[4] 당나라에서 돌아온 도증은 천문도를 가져다가 임금에게 바쳤다고만 되어 있어서, 그 이상의 내용을 알 수는 없다. 하지만 고구려의 角抵塚이나 舞踊塚 벽화에서 볼 수 있는 몇 개 되지 않는 별들을 그려 놓은 경우와는 달리 이 천문도는 보다 본격적인 천문도였을 것으로 판단된다. 도증이 중국에서 귀국할 때 가져왔다고 기록된 이 '천문도'는 간단한 '그림'을 말한 것은 아니라고 생각되기 때문이다. 당시 이미 중국에서는 본격적인 천문도가 제작되어 퍼지고 있었기 때문에 도증이 가져온 천문도란 바로 이런 것을 가리킨 것이라 할 수 있다.

조선초에 조선학자들에 의해 제작된 천문도 〈天象列次分野之圖〉는 돌에 새겨진 것이 지금까지 남아 있고, 그 후에도 여러 차례 수많은 그림으로 복사되어 국내에 퍼졌음이 확인되어 있다. 그런데 바로 이 천문도에는 1,467개의 별들이 그려져 있고, 이름도 기록되어 있는데, 그 설명문 가운데에는 고구려 때에 이런 천문도가 이미 있었음이 밝혀져 있다. 그것이 전란중에 대동강에 빠져 없어지고, 그 탁본을 보관했던 사람이 이를 태조에게 바쳐 그것을 기초로 연구를 계속해서 〈천상열차분야지도〉을 제작했다고 쓰여 있는 것이다. 조선초 학자 權近의 跋文에 보이는 이런 내용을 그대로 믿을 수 있다면, 고구려에도 이미 1,400여 개의 별을 표시한 천문도가 있었음을 뜻한다. 그보다는 늦은 시기의 통일신라가 당에서 얻어 온 천문도 역시 그런 수준의 것이었을 것은 확실하게 되는 셈이다.

당시 천문기록들에 보이는 28수와 행성들의 이름 등등은 당시 천문학 지식이 중국에서 확립된 그것을 상당히 소화하고 있었음을 보여준다. 그리고 이런 높은 수준의 천문학 지식을 바탕으로 신라에는 본격적인 천문 담당기관도 태어났다. 문헌에 드러난 것으로는 성덕왕 17년(718) 6월에 처음 물시계(漏刻)를 만들었고, 역시 같은 시기에 漏刻典이란 관청을 둔 것으로 되어 있다. 여기에는 博士가 6명, 史가 1명 배치되었다. 또 천문박사라는 자리가 있

4) 《三國史記》 권 8, 新羅本紀 8, 효소왕 원년 8월.

었는데, 뒤에는 그 이름을 司天博士로 고친 일도 있다고 《삼국사기》에는 적혀 있다. 또 같은 책의 다른 곳에는 경덕왕 8년(749)에 천문박사 1명과 누각박사 6명을 두었다는 기록도 보인다.[5] 그런가 하면 같은 《삼국사기》 다른 곳에는 金庾信의 후손인 金巖이 중국에 유학하여 당시의 첨단학문을 배우고 귀국하여 司天大博士가 되었다는 기록도 보인다.[6] 이것이 사천박사를 가리킨 것인지, 또는 다른 더 높은 존칭으로 만든 새 칭호인지는 알 길이 없다. 이 기록은 약간의 잘못이 들어 있는 채 후세에 전해져 오늘에 이른 것으로 보인다.

거의 같은 시기에 중국과 일본에도 천문관서가 있었는데, 이들 두 나라의 경우 각각의 천문관청에 소속된 박사의 숫자는 우리와는 근본적으로 다르다.[7] 이 〈표〉에서 볼 수 있는 것처럼 당시 천문기관의 박사 총수는 당 나라가 11명, 일본이 5명, 신라가 7명으로 대체로 이상한 구성이 없어 보인다. 하지만 일본에 있는 역박사와 음양박사가 신라에는 단 한 명도 없다는 것은 이상하고, 일본에는 단 2명뿐인 누각박사가 신라에는 6명이나 된다고 기록한 것도 잘못된 것으로 보인다. 신라의 박사 총수 7명은 그대로 맞는다고 치더라도, 적어도 역박사와 음양박사가 1명씩은 있었을 것이 분명하다. 따라서 위 〈표〉

〈표〉 신라·당·일본의 박사수

	唐	일본(757년)	신라(749년)
천문박사	2	1	1
曆 박 사	1	1	0
누각박사	6	2	6
음양박사	2	1	0
박사총수	11	5	7

5) 《三國史記》 권 8, 新羅本紀 8, 성덕왕 17년 6월·권 9, 新羅本紀 9, 경덕왕 8년 3월·권 38, 志 7, 職官 上, 漏刻典·권 39 志 8, 職官 中, 天文博士.

6) 《三國史記》 권 43, 列傳 3, 金庾信 下.

7) 당나라와 일본의 경우는 中山茂, 《日本の天文學》(岩波新書, 1972) 8~9쪽. 이 자료에 의하면 일본의 경우는 이 기관 이름이 陰陽寮, 중국 당대의 기구는 太史局과 太卜署로 되어 있고, 일본의 4개 분야 박사 수는 〈표〉와 같지만, 당대의 천문박사와 역박사의 숫자는 분명하지는 않다. 그러나 〈표〉보다는 더 많아 보이는 것을 알 수 있다. 또 당대 중국의 경우 누각박사가 6명, 복박사가 2명으로는 밝혀져 있지만, 이 분야 역시 그 수준의 전문가 수가 더 많다는 것을 알 수 있다.

에서 신라의 경우 1-0-6-0이라고 되어 있는 박사의 숫자는 1/2-1-3/4-1/2 정도로 되어 있었다고 생각된다. 또 신라의 천문기관이 漏刻典이란 이름으로 8세기초에서야 처음 문을 열었다는 《삼국사기》 기록 또한 그대로 받아들이기는 어렵다. 분명히 삼국에는 모두 천문역산과 시계를 담당하는 관리가 통일 이전부터 있었고, 그 기관이 성덕왕 17년(718)에 누각전이란 이름으로 다시 구성되었다고 할 수가 있다.

여하튼 통일신라 때에는 천문관련 기구가 정식으로 누각전이란 이름을 가지고 활동하고 있었음을 알 수가 있다. 중국의 당대에 그것이 太史局과 太卜署의 두 기관으로 나뉘어 운영된 것과 일본이 천문기관으로 陰陽寮란 이름의 것을 가지고 있었던 것과는 대조가 된다.[8] 통일신라의 천문기관으로 누각전만이 있었던가 또는 다른 기관도 있었던가는 확인할 길이 없다. 일본의 경우는 당시의 이 관청의 구성이 비교적 잘 알려져 있어서 중국과는 다른 이름으로 비슷한 일을 담당하게 만들었다는 것을 알 수 있다. 하지만 신라의 경우에는 누각전이란 이름은 너무 분명하게 물시계만을 담당하는 기관처럼 보이기 때문에, 그 밖의 중요한 천문 관련 업무를 담당한 기관이 없었을까 의아스럽게 만드는 것이 사실이다. 게다가 누각전의 업무에 관한 기록도 전혀 없기 때문에 앞으로도 이 의문은 풀리기 어려울 것으로 보인다.

첨성대는 그 모양을 불교의 성산인 수미산에서 따왔을 것으로 본다. 《일본서기》에 의하면 일본에서는 須彌山像을 推古天皇 20년(612)·齊明天皇 3년(657)·5년, 그리고 제명천황 6년 5월에도 만들었다는 여러 차례의 기록이 보인다. 그리고 이렇게 수미산의 모양을 상상해 세우던 산 모양을 기초로 天武天皇 4년(676)에는 일본에도 占星臺란 것을 만들었다고 되어 있다. 일본의 점성대가 천문·시계 등의 담당기관의 발전과 함께 세워진 것처럼 신라의 첨성대도 신라의 천문기관의 일부로 시작되어 통일 이후 첨성대를 중심으로 신라의 천문역산 및 시간측정 등의 활동이 전개되었을 것으로 보인다.[9]

---

8) 음양료에 대해서는 中山茂, 위의 책, 6~16쪽.

9) 첨성대가 그 모양을 불교의 성산인 수미산에서 따왔을 것이라는 주장은 이미 李龍範이 제기한 일이 있다(李龍範, 《韓國科學思想史硏究》, 東國大出版部, 1993, 1~69쪽). 필자는 그의 주장에 동조하면서 다만 첨성대의 역할은 종교적인 것만은 아니었다고 주장한 바 있다(朴星來, 《韓國科學史》, 한국방송사업단, 1982,

(3) 해시계와 물시계

통일신라시대에 사용된 시계 가운데에는 분명히 해시계와 물시계가 있었을 것으로 보인다. 하지만 구체적으로 어떤 시계가 언제부터 사용되기 시작했던가를 확인하기는 어렵다. 경주국립박물관에 보존되어 있는 화강석 유물은 흔히 신라의 해시계라 여겨진다.10) 원래 둥그런 원판 모양이었을 것으로 보이는 이 화강석은 지금 원판의 4분의 1 정도만 남아 있는 파편인데, 반지름이 33.4cm이고 가장 두꺼운 부분의 두께가 16.8cm라 밝혀져 있다. 子에서 卯까지의 글자가 새겨져 있는 부분이 남아 있다. 만약 이것이 해시계라면 원래 둥글게 모든 부분이 있어서 그 가운데 바늘을 세워두고 그 그림자가 떨어지는 방향이 시각을 나타내게 만든 것이라는 가상이 가능하다.

하지만 이 유물이 신라의 해시계였던가는 지금 단정하기 어렵다. 어떤 종류의 占치는 데 사용하던 기구일 수도 있기 때문이다. 1930년 경주의 성곽에서 발견된 이 돌파편에는 시간의 단위로도 사용되었던 12지의 일부 글자가 새겨져 남아 있기는 하지만, 그것이 꼭 시간을 나타내려던 것인지도 확실하지 않다. 왜냐하면 12지란 방향을 나타내고, 그 밖에도 여러 가지를 나타내기 위해 사용되어 왔기 때문이다. 또 이것이 경주 성곽에서 발견되었다 하여 신라시대의 것이었다는 결정적 증거가 될 수도 없다.

이처럼 통일신라시대의 해시계의 모습을 알려주는 증거는 절대로 부족하다. 그러나 당시 해시계가 사용되었을 것은 너무나 분명하다. 그리고 그것은 몇 가지 형태의 것이었으나, 다만 그 구체적 증거를 발견할 수 없을 뿐이라고 말하는 것이 옳겠다.

물시계 역시 구체적으로는 그 모양을 알기 어렵다. 물론 물시계야말로 더 정확한 시계로 사용되었을 것도 사실이다. 낮 시간에만, 그것도 해가 비칠 때만 사용할 수 있는 해시계와 달리 물시계는 밤과 낮을 가리지 않고 같은 기준으로 시간의 흐름을 재어 주기 때문에 어느 문명에서나 기준시계로 사

52~53쪽). 일본에서의 수미산상 건설과 점성대 건설에 대해서는 《日本書紀》 권 29, 天武 4년 정월 庚戌(5일)에 처음으로 占星臺를 세웠다는 기록이 보이고, 그에 앞서 위와 같이 여러 차례 須彌山像을 만들었다는 기록이 보인다.

10) 全相運《韓國科學技術史》(正音社, 1975), 61~63쪽.

용되었다. 신라에서는 문헌에 드러난 것으로는 성덕왕 17년(718) 6월에 처음 물시계(漏刻)를 만들었고, 역시 같은 시기에 漏刻典이란 관청을 둔 것으로 되어 있다.[11] 여기에는 博士가 6명, 史가 1명 배치되었다. 앞에서 이미 소개한 것처럼 경덕왕 8년(749)에 천문박사 1명과 누각박사 6명을 두었다는 기록은 조금 잘못된 것일지도 모른다. 하지만 누각박사가 6명은 아니었다 해도 몇 명 있었던 것은 확실하다.

그러나 이것을 이 땅에 처음 물시계가 사용된 경우였다고 판단하기는 어렵다. 물시계의 사용은 그보다는 훨씬 앞서부터였을 것으로 보이기 때문이다. 물론 아직 그 확실한 증거를 찾을 수는 없다. 하지만 일본만 해도 첫 물시계의 기록은 무열왕 7년(660)에 기록되어 있다. 그 해에 일본에서는 처음으로 황태자가 물시계를 만들어 백성에게 시간을 알게 했고, 天智 10년(671)에는 그 물시계를 위해 새로운 대를 만들어 그 위에 시계를 세웠으며, 시각을 알리기 위해서는 종과 북을 처음으로 쳤다고까지 기록되어 있다.[12] 보다 구체적 내용이라는 점에서도 무시하기 어려운 기록이다. 그런데 당시 일본의 천문학 등의 수준이란 삼국의 학자 지식인들에 의해 완전히 주도되고 있던 때였음이 밝혀져 있다. 일본에서 이런 물시계가 무열왕 7년경에 사용되었다면 한반도에서는 그보다 앞서 비슷한 물시계가 사용되었을 것이 틀림없다고 할 수 있다.

불행히도 우리 역사에는 삼국시대부터 고려 때까지 구체적으로 어떤 시간 측정 장치가 사용되었는지 기록이나 유물이 확실하게 남아 있지 않다. 조선 초 세종 때에 가서야 그런 기록이 분명하게 많아진다. 그러나 삼국시대 이후 고려시대까지 여러 가지 해시계와 물시계들이 사용되었을 것은 확실하다. 예를 들면 무열왕 2년(655) 10월 月城 안에 鼓樓를 세웠다는 기록이 보인다.[13] 고루란 분명히 북을 달고 시각을 알려주는 시설로 만든 것이므로 여기 사용

---

11) 《三國史記》 권 8, 新羅本紀 8, 성덕왕 17년 6월 · 권 9, 新羅本紀 9, 경덕왕 8년 3월 · 권 38, 志 7, 漏刻典 · 권 39 志 8, 天文博士.

12) 《日本書紀》 권 26, 齋明 6년 5월 · 권 27, 天智 10년 4월.
영어 번역판(Aston · Nihongi · Tuttle, 1972, 265쪽)에는 古制蓮漏圖라는 제목이 붙어 있는 5단계 물시계 상상도가 있다.

13) 《三國史記》 권 5, 新羅本紀 5, 태종무렬왕 2년 10월.

된 시보장치인 북을 울리기 위해서는 그 표준시간을 알려주는 시계가 근처에 있었을 것이 분명하다. 재미있는 사실은 일본에서도 天智 10년(671) 4월 물시계를 새로운 대에 세우고, 처음으로 시각을 알릴 때 종과 북을 쳤다는 기록이 보인다는 점이다.[14] 일본보다 약간 앞서 신라가 비슷한 고루 또는 종각을 세우고 물시계로 시각을 측정하여 북과 종을 쳐 시각을 알렸다는 것은 분명한 사실로 보인다.

(4) 역법과 연호

시계가 하루 동안의 시각을 재는 것과 달리 날자 가는 것을 재는 장치로는 달력이 있고, 또 더 길게는 해수가 바뀌면 그 순서를 어떻게 따지는가 하는 문제가 있다. 이렇게 긴 시간을 재거나 나타내는 방법으로는 물론 曆法과 年號의 문제가 있다.

삼국통일 이전에 어떤 역법으로 날짜 가는 것을 따지고 있었던가는 역시 분명히 밝혀져 있지 않다. 예를 들면 삼국시대의 역사를 밝혀주는 가장 중요한 역사책《삼국사기》에는 수많은 기록이 남아 있지만, 이들 연대기적 기록은 거의가 날자는 밝히지 않은 채 어느 해 봄, 또는 여름 등 계절만 밝혔거나, 또는 그 사건이 일어났던 달만이 밝혀져 있다. 날자가 밝혀진 경우란 대개 일식이 일어난 경우뿐이다. 일식은 원래 초하루에 일어나게 되어 있으니까 당연한 일이라면 당연하다. 이런 사정으로 볼 때 특히 6세기초까지의 신라는 아직 역법을 제대로 사용할 줄 몰랐던 것으로 보인다.

일식기사를 제외하면《삼국사기》에서 날자가 밝혀진 첫 기사는 逸聖王 10년(143) 6월 乙丑일에 熒惑이 鎭星을 범했다는 기록이 그것이다.[15] 또 한 가지 아주 예외적으로 날자가 밝혀진 초기기록으로는 신라 沾解王의 죽음에 관한 기록으로 정확한 날자까지 밝혀져 있다는 사실을 들 수 있다.《삼국사기》에 의하면 그는 재위 15년(261) 12월 28일 暴死했다.[16] 그 후에는 慈悲王이 재위 22년(479) 2월 3일에 죽었다고 날자를 밝혀 놓은 기록이 남아 있다.

---

14)《日本書紀》권 27, 天智 10년 4월.
15)《三國史記》권 1, 新羅本紀 1, 일성 10년 6월 을축.
16)《三國史記》권 2, 新羅本紀 2, 첨해니사금 15년 12월 28일.

그 후에도 眞智王 4년(578)과 善德王 16년(647)에도 왕의 죽은 날짜가 각기 7월 17일과 정월 8일이라 밝혀져 있지만, 이 몇 가지 경우 이외에는 모두 어느 달에 죽었다고만 기록되어 남아 있다.

당시 사람들도 이미 날자를 따져가며 살았을 것으로 보이기는 하지만, 어떤 계산법에 의해 날자를 따졌던가가 분명하지 않음을 알 수 있다. 앞으로 일식기록과 그 밖에 남아 있는 몇 가지 날짜 밝혀진 경우를 당시 중국의 역법과 대비하여 연구하면 혹시 당시 중국의 어느 역법을 기준으로 사용했던가를 짐작할 수는 있을 것으로 보인다. 정식으로 역법이 들어온 기록은 통일 직후인 문무왕 14년(674)에 보인다. 당나라에 갔던 대나마 德福이 역술을 배우고 귀국했으며, 이 때 새 역법을 썼다는 기록이 그것이다.[17]

좀 더 긴 시간을 나타내기 위해서는 어떤 방식으로든지 연호를 쓰지 않을 수 없다. 물론 가장 간단한 방식은 당시 임금의 통치가 올해 몇년 째인가를 따지는 정도로 충분했을지 모른다. 그런 방식이 좀더 세련되어 중국에서는 연호라는 것이 발달했고, 삼국도 이를 흉내내어 고구려·백제·신라가 각기 고유 연호를 사용한 흔적이 남아 있다. 특히 신라는 통일 직전 한참동안 고유 연호시대를 가지고 있다.[18] 法興王 23년(536)에 정식으로 建元하고 건원을 연호로 쓰기 시작하여 진덕여왕 때까지 開國·大昌·鴻濟·建福·建興·仁平·太和 등의 여러 연호를 썼던 것이다. 그러다가 신라사신이 중국에 가서 당태종과의 담판 끝에 고유 연호를 포기하고 중국의 正朔을 받아 쓰기 시작한 것이 眞德王 4년(650)부터의 일이라 밝혀져 있다.[19]

통일 이전에는 역법에 혼란이 있었던 것을 짐작할 수 있다. 하지만 신라의 삼국통일 이후에는 중국에서 정삭을 받아 와 그대로 실시하여 그 후 줄곳 중국역법을 그대로 준용했던 것을 짐작하게 한다. 그 정도는 孝昭王(695) 새해의 시작을 子月로 바꿨다가 5년 뒤인 효소왕 9년에는 다시 寅月로 돌아갔다는 기록이 있다. 이는 중국에서 당시 정권을 잡았던 則天武后의 역법을 따라 고쳤던 것으로 밝혀져 있다.[20]

---

17) 《三國史記》 권 7, 新羅本紀 7, 문무왕 14년 정월.
18) 朴星來, 〈高麗初의 曆과 年號〉(《韓國學報》 10, 1978), 135~155쪽.
19) 《三國史記》 권 5, 新羅本紀 5, 진덕왕 4년.

지금은 사라진 신라말의 《新羅年代曆》이란 자료에 대해서 역법인 것으로 해석하고 있기도 하지만.[21] 이는 역서가 아닌 것 같다. 《삼국사기》와 《增補文獻備考》에 모두 역사책인 것처럼 기록된 것을 보더라도 이것이 역법이 아닌 것을 알 수가 있다.[22] 이 시기 동안에는 아직 통일신라는 독자적인 역 계산 수준에 이르지는 못했을 것으로 보인다. 중국에서 얻어 온 역을 해마다 적당히 바꿔 사용하면서 중국의 것을 계속해 참고했을 것이라고 생각된다.

일본의 기록에 의하면 신라 통일 직전인 推古天皇 10년(602)에 백제의 승려 觀勒은 曆本과 천문지리서, 그리고 遁甲方術書를 가지고 일본에 건너갔다. 그리고 智通 4년(690) 11월 갑술(11일)에는 칙명을 받들어 일본은 元嘉曆과 儀鳳曆을 시행하였다. 그런데 이들은 모두 중국역법을 그대로 사용했다는 것을 의미한다. 신라나 일본이나 역법을 독자적 수준으로까지 끌어올리지는 못하고 있었음을 짐작할 수 있다.[23]

(5) 수학과 도량형

통일 이전에도 중국의 수학서가 들어와 이미 상용하고 있던 수학 수준에 걸맞는 지식을 뒷받침했을 것으로 보인다. 하지만 그 구체적 증거로는 통일

---

20) 《三國史記》 권 8, 新羅本紀 8, 효소왕 4년·9년.

21) 《新羅年代曆》이란 자료에 대해서는 중국과학사의 대가 조셉 니덤이 역법인 것으로 해석하고 있는데, 그것은 원래 이를 소개한 트롤로프의 논문 때문인 것으로 보인다. 하지만 그것은 역서가 아닌 것 같다(Joseph Needham, *Science & Civilization in China, Vol III*, 19 , p.683. M. N Trollope, Korean Books and their Authors, *Transactions of the Royal Asiatic Society, Korea Branch*, 21, 1932, pp.1~59).

22) 《新羅年代曆》에 대해 《增補文獻備考》 권 244, 藝文考 3에는 이 책을 역사서 가운데 분류해 놓고, 지은이만 崔致遠으로 밝혀 두고, 그 책 내용이나 구성에 대해서는 알 수 없다고 쓰여 있다. 그러나 《三國史記》 권 4, 新羅本紀 4, 지증왕조에는 최치원의 《帝王年代曆》이 신라 임금을 모두 무슨 왕이라 부르고, 거서간등의 칭호를 말하지 않았다고 지적하고 있다. 金富軾은 이런 태도는 이 표현이 비속하여 쓰지 않았으나, 신라역사를 쓰면서 신라 방언을 그대로 남기는 것이 좋다고 주장하며 居西干·次次雄·尼師今·麻立干 등의 임금 칭호를 그대로 사용하고 있다.

23) 《日本書紀》 권 22, 推古 10년 10월·권 30, 智通 4년 11월 갑술(11일). 원가력은 424~453년, 그리고 의봉력은 676~678년 사이 중국에서 사용된 역법으로 의봉력은 인덕력(664~665)과 같다고 밝혀져 있다.

후의 수학교육에 관한 기록에서 알 수가 있다. 神文王 2년(682)에 시작한 國學은 통일신라가 당나라를 본받아 시행한 국립대학이라 할 수 있는데, 여기에 산학박사와 조교를 두었던 것을 알 수 있다.[24] 이 국학은 景德王 때에는 大學監이란 이름으로 바꾼 일도 있었는데, 주로 경서와 역사서를 가르치는 것을 목적으로 하고 있었음을 알 수 있다.

따라서 정확히 언제부터 산학을 교수했던가는 분명하지 않다. 다만 산학박사와 조교가 가르치는 책은 여기 분명하게 기록되어 있는데, 《綴經》·《三開》·《九章》·《六章》의 네 가지 책이 그것이다. 《철경》이란 당나라에서도 과거에서 사용되었던 교과서인 중국 수학자 祖沖之(429~500)의 《綴術》을 가리킨 것이 분명하다. 당나라의 교과서였던 이 책은 아주 어려운 책이어서 4년이라는 가장 긴 수업연한을 주었던 책으로 전해지지만, 그 후 전해지지 않는 책이다. 《구장》은 후한시대 완성된 중국 수학의 고전이라 할 수 있는 《九章算術》을 가리키는 것이 분명하다. 이 책은 그 후 줄곳 산학교육의 기본교재로 사용되었던 것으로 널리 알려져 있다.

나머지 두 가지 책은 정확히 그 내용을 알 수가 없다. 《육장》이란 책은 혹시 《구장산술》을 줄인 책이거나 또는 그에 준한 다른 책으로 6장으로 구성되었기 때문에 이런 이름을 갖게 되었을 것이지만, 그 비슷한 제목의 책으로 지금 전해지는 것이 없다. 《삼개》 역시 내용을 알 수 없기는 마찬가지다. 다만 신라에서 사용했다는 4가지 수학교재는 같은 시기 일본에서 사용한 교재 가운데에도 포함되어 있으므로, 분명히 그런 이름의 책들이 삼국시대 한반도에서 사용되다가 일본에도 전해져 그들의 교재가 되었을 것을 짐작하게 해 준다.[25]

도량형은 아직 혼란을 거듭하고 있었다. 삼국시대에 이미 여러 가지 도량형 단위가 사용되고 있었고, 또 이를 사용하여 건조물의 칫수가 표시되기는 했으나, 지금까지의 연구결과로는 통일신라는 고구려척, 중국에서 온 周尺, 그리고 唐大尺 등을 함께 사용하고 있었던 것으로 파악되어 있다.[26]

---

24) 《三國史記》 권 38, 志 7, 職官 上, 國學. 성덕왕 16년(717) 봄 2월에는 醫박사와 算박사 각 1명을 두었다는 기록도 여기 있다.
25) 김용운 · 김용국, 《한국수학사》(과학과인간사, 1977), 83쪽.
26) 박성래, 〈한국도량형사〉(《한국의 도량형》, 국립민속박물관, 1997), 171쪽.

2) 땅의 과학과 기술

(1) 풍수지리와 지리학

한국역사상의 풍수지리설은 신라말의 道詵(827~898)에서 비롯한다고 널리 알려져 있다. 그는 왕건의 고려건국을 예언하고 고려왕조의 융성을 위한 풍수지리상의 예언을 미리 해준 것으로 알려졌다. 특히 고려 태조가 그의 〈訓要十條〉에서 도선의 권위를 이용하여 국토의 길흉에 대해 말한 이후 도선은 고려 전기 동안에 점점 위대한 풍수지리사상가로 높임을 받게 된다. 그 후에도 그의 秘記라 알려진 책들이 발견되어 더욱 그의 위광을 드높이게 된다.

하지만 풍수지리가 꼭 도선에서 비롯한다고는 말하기 어렵다. 통일 이전에도 이미 삼국시대 지식인들 사이에는 풍수지리적 사고가 드러나는 것을 알 수 있기 때문이다. 세 나라를 건국하면서 도읍을 골랐다는 기록은 풍수지리적인 관점이 아주 초기부터 있었다는 사실을 보여준다. 또 예를 들면 신라의 4대 임금 脫解王은 삼국시대 초기에 이미 풍수지리에 통했던 것으로 기록되어 있다. 《三國史記》에 의하면 그는 학문에 전력하여 지리에 통하게 되었는데, 양산 아래 瓠公의 집터를 보니 吉地이므로 꼬임수를 써서 그곳을 빼앗아 살았다는 것이다.[27] 그 자리가 뒤에 월성이 되고, 그 덕에 그는 뒤에 임금의 자리에 오르게 되었음을 암시하는 기사인 것으로 보인다. 여하튼 삼국시대 초기부터 풍수지리사상이 발달하고 있었음을 말해 준다. 물론 이 시기에 이미 중국에서 발달하고 있었던 풍수지리가 신라에 들어 왔던 것은 아닐지 모른다. 그래서 풍수지리설이 8세기에 중국에서 도입된다고 보고, 그 중요한 증거로 崔致遠의 崇福寺 비문을 드는 수도 있다.[28]

그러나 풍수지리가 반드시 중국의 발전된 형태로 들어 왔을 때에만 인정될 이유는 없다. 소박한 형태나마 삼국시대 초기에 있던 相地사상은 모두 원초적인 풍수지리설이라 할 수 있기 때문이다. 그런 생각들이 신라 통일 이후

27) 《三國史記》 권 1, 新羅本紀 1, 脫解尼師今.

28) 李基白, 〈한국 風水地理說의 기원〉(《韓國史 市民講座》 14, 一潮閣, 1994), 7~8쪽.

에는 중국의 영향을 받아 보다 세련되는 과정을 거친 것으로 보인다. 그 때문에 도선이라는 신라 말기의 승려가 그 대표적 인물로 기록되어 전하고, 또 그가 중국을 다녀온 것처럼 전하는 전설도 생겼을 것이다. 물론 도선이 태어나기 전에 이미 죽었던 중국 당나라의 승려이며 과학자인 一行을 찾아가 풍수지리 등을 배우고 돌아왔다는 말은 더구나 그릇된 전설이다. 그러나 이런 전설은 통일신라 말기에서야 전통적인 지리사상이 중국의 것과 적응되어 가고 있었다는 사정을 전하는 것으로 보인다. 요컨대 통일신라 때에 풍수지리학은 상당한 기반을 얻고, 그 후 우리 역사에서 중요한 위치를 차지하게 된다고 할 수 있다.

통일신라 시기에도 지도가 제작 사용되었을 것이나, 그 증거는 남아 있지 않다. 《삼국사기》 지리지는 고려 때인 仁宗 23년(1145) 편찬된 것인데, 한국 국토에 대해 상당히 자세한 정보를 남기고 있다. 통일신라기에 남아 있던 각종 地誌를 토대로 했을 것은 당연한 일이다. 그러나 이들 당시의 지지 역시 남아 있는 것은 없다. 외국에 대한 지식도 어느 정도 가지기 시작하고 있었던 것을 알 수 있지만, 역시 자세한 내용을 알기는 어렵다. 다만 慧超의 《往五天竺國傳》(727) 일부가 남아 있어서 신라의 승려가 8세기에 인도와 서남아시아 또는 중앙아시아 지역을 여행하여 그곳에 대한 지식을 얻고 있었음을 알 수 있게 해 준다.

(2) 농업기술과 생물 지식

역사와 함께 통일신라 시기에는 이미 많은 농업발달과 함께 그에 따르는 생물 지식도 상당 수준으로 올라 갔을 것을 예상할 수 있다. 삼국시대에 벼농사는 이미 발달되어 있었고, 저수지를 대규모로 만들어 관개하고 있었다는 사실도 알려져 있다. 우리 나라에서 만들어 사용하게 된 논을 나타내는 한자 畓이란 글자는 진흥왕 7년(551) 세워진 眞興王巡狩碑에 처음 나타난다. 벼 농사가 상당히 수준에 올라 있었다는 사실을 방증해 준다. 嘉禾나 瑞芝의 기록 역시 비슷한 역사적 사실을 보여주며, 이는 아울러 당시의 식물 지식 일부를 나타낸다. 또 智證王 3년(502) 3월 신라에서는 처음으로 소를 써서 밭을 갈았다고 되어 있다.[29] 가축의 종류와 이용은 그 밖에도 여러 가지가 남아 있고,

蝗蟲이나 그 밖의 여러 가지 동물에 대한 기록들도 당시의 동물 지식을 보여준다.

예를 들면 聖德王 22년(723)에는 당 나라에 사신을 보내 果下馬·牛黃·인삼 그리고 몇 가지 비단과 수달피를 진상했다.[30] 신라에서 만든 비단을 중국에 보낸 것을 보아서도 신라가 양잠을 하고 있었음을 알 수 있고, 이는 또한 누에라는 곤충에 대한 지식을 갖고 있었음을 보여준다. 또 낙타·앵무·공작도 수입된 일이 있다.[31] 雁鴨池와 臨海殿에는 수많은 기화요초가 있었을 것도 분명하다. 백제에도 정원을 만들어 기화요초를 길렀다는 기록이 있고, 백제가 일본에 정원기술을 전해 준 것이 일본기록에 보인다.[32]

8세기의 당나라 책《본초습유》에는 "신라인은 허리에 새끼줄을 매고 바닷속에 잠수하여 깊은 바다 속의 대엽조를 채취한다"고 쓰여 있다. 바다에서 물고기만을 잡은 것이 아니라 해초류도 식품으로 쓰고 있었음을 보여준다. 다만 이런 기록은 통일 이전에 이미 있었던 것으로 보인다.[33] 또 643년에는 백제의 태자가 일본에서 벌통 4개를 산에 놓아 벌을 기르다가 실패했다는 기록이 보인다.[34] 비슷한 시기이니 만큼 신라에서도 통일시대쯤에는 양봉기술도 시작되었을 것으로 보인다.

(3) 풀·나무·흙의 기술·종이·직물·유리·도자기

종이가 언제부터 이 땅에서 만들어지고, 또 사용되기 시작했는지는 분명하지 않다. 물론 통일신라 훨씬 이전에 이미 그런 단계에 가있었음은 물론이다. 종이는 중국에서 4세기에 우리 나라에 도입되었을 것이라는 의견이 나와 있기도 하다.[35] 특히 통일신라 당시의 종이에 대한 가장 중요한 문제 하나가

---

29)《三國史記》권 4, 新羅本紀 4, 지증마립간 3년.
30)《三國史記》권 8, 新羅本紀 8, 성덕왕 22년.
31) 李德鳳,〈韓國生物學史〉(《韓國文化史大系》3, 高麗大, 1968), 316쪽.
32)《三國史記》권 25, 百濟本紀 3, 辰斯王 7년·권 26, 百濟本紀 4, 동성왕 22년. 대궐 동쪽에 臨流閣 짓고 못을 파고 진귀한 새를 기름, 일본에 정원기술을 전해준 기록은《日本書紀》권 22, 推古 20년조.
33) 朴九秉,〈韓國漁業技術史〉(《韓國文化史大系》3), 92~92쪽.
韓致奫,《海東繹史》권 26, 物産志에서 인용함.
34)《日本書紀》권 24, 皇極 2년.

세계 최초의 목판인쇄물로 밝혀진 경주 불국사 석가탑 출토의 〈陀羅尼經〉 종이가 과연 어떤 것이냐 하는 문제다. 일본 전문가들에 의해 이는 신라 종이라고 잠정적 결론이 나온 것으로 알려져 있으나, 중국 과학사 학자들은 그 인쇄물이 당나라에서 제작되어 신라 승려에 의해 신라로 가져가게 되었던 것이라고 추측하고 있다. 景德王 14년(755)의 《大方廣佛華嚴經》[36]에는 닥나무 껍질을 벗겨서 맷돌에 갈아 종이를 만든다는 설명이 있어 통일신라 시기 닥나무로 종이 만들던 방법이 설명되어 있다. 특히 신라 때의 白硾紙는 품질이 뛰어났다고 전해지지만, 17세기 중국 기술서로 이름난 《天工開物》에는 "조선의 백추지가 어떤 원료로 만들었는지는 알 수 없다"고 적혀 있다.[37]

예를 들면 聖德王 22년(723)에는 당나라에 사신을 보내 몇 가지 비단 등을 진상했는데, 그 가운데에는 朝霞紬와 魚牙紬란 것이 들어 있다. 특히 景文王 9년(869) 7월 신라는 당나라에 많은 사은품을 보냈는데, 그 가운데에는 大花魚牙錦 10필, 소화 어아금 10필, 조하금 20필, 40升 白氎布 40필, 30승 紵衫段 40필 등의 옷감이 들어 있다.[38] 분명히 신라가 생산한 비단과 직물들을 가리키고 있으나, 그 상세한 내용을 알기는 어렵다. 하지만 어아금과 조하주 등이 신라가 생산하여 중국에도 자랑할 만한 수준의 비단이었음은 금방 짐작할 수가 있다.

또 복식의 여러 가지 제한을 가한 당시 제도를 보면, 통일신라 시기의 복식에는 계급에 따른 제한이 심했는데, 신분에 따라 28승 이하에서 26승·25승·20승·18승·15승·13승·12승 등등의 옷감 종류를 그 정치한 정도에 따라 제한하고 있음을 알 수 있다. 또한 옷 색깔로도 구별하여 紫-緋-靑-黃 등의 색깔에 따라 신분 차이를 나타내고 있기도 하여[39] 당시 염색기술의 수준을 보여주고 있다. 통일신라 시기의 직물에 대한 정부기관으로는 彩典(뒤의 典彩署)·朝霞房·染宮·紅典·蘇芳典·攢染典·漂典·錦典(織錦房)·麻典(織紡局)·綺典(別錦房) 등을 꼽을 수 있을 것 같다.[40] 글자만으로 그 기능을

35) 전상운, 〈고대 과학기술의 발달〉(《한국사》 3, 국사편찬위원회, 1978), 408~409쪽.
36) 호암미술관 소장
37) 宋應星, 《天工開物》(崔炷 역, 전통문화사, 1997), 294쪽.
38) 《三國史記》 권 8, 新羅本紀 8, 성덕왕 22년·권 11, 新羅本紀 11, 경문왕 9년 7월.
39) 《三國史記》 권 33, 志 2, 服色.

판단하기 쉽지 않기는 하지만, 직물을 만드는 기관이 여럿 있었다는 사실만은 짐작하기 어렵지 않다.

유리제품은 통일 이전의 옛 무덤으로 추정되는 제98호 고분(皇南大塚)을 비롯하여 瑞鳳塚·天馬塚·金冠塚 등등 경주의 고분에서 거의 다 출토된 바 있다. 이들은 명백하게 서역에서 수입해 들여 온 것으로 보이는데, 경주의 고분에서 출토된 이들 유리제품은 중국과 일본을 능가한다고 할 정도이다. 그리고 이들은 중국을 통하지 않고, 수입된 것으로 보이며, 거의 같은 시기에 들여 온 것 같다.[41] 유리는 삼국시대에 꽤 발달하여 독자적 생산이 가능하게 되어, 그 기술이 통일신라시대에는 주로 舍利병을 만드는 데 응용되었던 것으로 보인다.

도자기 또한 발달하기 시작한 것을 알 수 있다. 삼국시대에 이미 백제 등에서 파견한 전문가가 일본에서 기와를 구워내는 기술을 가르쳤다는 기록이 있지만, 통일신라에는 기와 담당관서까지 있었음을 알 수 있다. 瓦器典 또는 뒤의 陶登局이 그것이다.[42]

(4) 쇠붙이의 기술

금속기술의 발달은 지금도 많이 남아 있는 그 방면의 작품을 통해 확인할 수 있다. 수많은 범종·불상 그리고 그 밖의 여러 가지 공예품에서 이를 알 수 있는 것이다. 그 밖에 장신구·마구·무기 등의 여러 가지 금속제품이 제작 사용되었고, 일부 남아 전해진다.

통일신라 때의 대표적 금속기술 유물 가운데 지금 가장 유명한 경우로는 범종을 들 수 있다. 통일신라시대에 제작된 범종으로는 지금까지 모두 11개만이 알려져 있는데, 그 가운데 가장 오래된 것은 강원도 오대산의 上院寺鐘으로 聖德王 24년(725)에 만들었고, 그 다음이 惠恭王 7년(771)에 만든 聖德大王神鐘(일명 에밀레종)이다. 상원사종은 종 꼭대기에 새겨 놓은 명문에 의하면 놋쇠 3,300鋌을 써서 만들었다고 되어있고, 성덕대왕신종은 역시 종에 새겨

40) 《三國史記》 권 38, 志 7, 職官 上·권 39, 志 8, 職官 中.
41) 이인숙, 《한국의 고대 유리》(창문, 1993), 24쪽.
42) 《三國史記》 권 39, 志 8, 職官 中.

진 글에 의하면 12만 근의 구리로 만들었다고 되어 있다. 지금 측정한 값으로는 상원사종은 1,290kg의 무게를 가지고 있고, 성덕대왕신종은 약 20톤 가까운 무게로 추정되어 있다. 또 신라의 종 이후 한국종의 주석(Sn) 합금량은 12~18%로 밝혀져 있다.[43]

이미 오래 전부터 한국종은 이웃 일본과 중국의 범종과는 다른 모양을 가지고 있음은 주목된 바 있다. 특히 한국종에만 특이하게 꼭대기 부분에 음통·음관, 또는 甬筒이라고도 불려 온 원통이 달려 있다. 그 과학적 기능에 대해서는 아직도 확연한 설명이 인정되어 있지 않지만, 종소리를 좋게 해주는 어떤 음향학적 역할을 한 것이라 생각되고 있다. 특히 1,051글자의 긴 설명을 새겨 놓은 성덕대왕신종의 鐘銘에는 이 종을 실제로 만드는 데 관여했던 기술자 4명의 이름이 남아 있다. 그들은 鑄鐘大博士 大奈麻 朴從鎰, 次博士 奈麻 朴賓奈, 나마 朴韓味, 大舍 朴負岳 등이다. 그런데 이들 기술직보다 앞에 새겨진 더 고위직의 일반사무 담당자로 보이는 이름 9명은 모두 김씨이고, 이들 기술직 4명은 모두가 박씨라는 사실이다.

지금은 남아 있지 않지만, 이 시기의 가장 큰 종은 경덕왕 13년(754)에 제작되었던 皇龍寺鐘이었다. 그것은 무게가 거의 50만 근(497,531근)이나 되고, 높이 1장 3촌, 두께 9치였다고 기록은 전한다.[44] 이 시기에 여러 가지 큰 불상이 제작될 수 있었던 것도 같은 금속기술의 발전 때문에 가능했다. 그보다 2세기나 앞서서 불교진흥을 위해 진력한 진흥왕이 세운 황룡사에는 큰 규모의 불상이 세워졌다. 皇龍寺丈六像은 진흥왕 27년(566) 황룡사가 완공된 지 8년 후인 진흥왕 15년에 완성되었는데, 여기에는 35,007근의 구리와 도금을 위한 금 10,198푼(分)이 들어갔다고 《삼국사기》와 《삼국유사》가 아주 똑같은 자료를 기록해 전하고 있다.[45]

불교는 小獸林王 2년(372) 고구려에 처음 전해진 다음 이웃 백제와 신라에도 전해졌다. 그런데 불상을 제작하여 남아 있는 경우로는 법흥왕 26년

43) 廉永夏 《韓國의 鐘》(서울大 出版部, 1991), 39·43쪽.
44) 《三國遺事》 권 3, 塔像 4, 皇龍寺鐘.
45) 《三國史記》 권 4, 新羅本紀 4, 진흥왕 14년·27년·35년·36년.
《三國遺事》 권 3, 塔像 4, 皇龍寺丈六.

(539) 고구려에서 만든 것으로 추정되는 금동여래입상이 처음이다. 우리 나라에는 이것보다 더 일찍 만들었던 불상은 없는 것으로 보인다. 진흥왕 35년에 완성되었다는 황룡사장륙상은 당시로서는 아주 대단한 거작이었다. 35,007근의 구리와 10,198푼의 황금을 사용한 이 불상보다도 훨씬 큰 불상으로는 芬皇寺藥師銅像을 들 수 있다. 이것은 경덕왕 14년에 만든 것으로, 황룡사장륙상보다 거의 열배나 되는 크기였는데, 무게가 30만 6,700근이었다고 기록되어 있다. 또 그 제작기술자가 本彼部의 强古乃末이라고 이름이 기록되어 있다.[46)]

아직 확실히 밝혀져 있지는 않지만, 통일신라 시기에는 금속기술이 발달하여 이런 대규모의 범종과 불상을 제작할 수 있었다는 사실을 확인하게 된다. 특히 경덕왕 13년에는 50만 근 짜리 황룡사종을 만들고, 바로 다음해인 경덕왕 14년에는 30만 근 짜리 분황사약사동상을 제조했다는 것은 놀라운 일이 아닐 수 없다. 일본에서는 天智天皇 9년(670)에 물레방아를 이용한 풀무로 온도를 높여 야철한 것으로 기록되어 있다.[47)] 8세기 통일신라 시기에는 冶鐵이 큰 규모로 실시되고 있었음을 이런 대형 종과 불상의 제작에서 알 수가 있다. 이런 금속기술을 이용하는 기관으로는 鐵鍮典(뒤의 築冶房)이 있었다.[48)]

3) 사람의 과학과 기술

(1) 의약학

효소왕 원년(692)에 처음으로 醫學을 두었는데, 이 국립의과대학에서 학생들에게 의학을 가르쳤다. 그 교재로《本草》·《甲乙經》·《素問經》·《鍼經》·《脈經》·《明堂經》·《難經》 등을 사용했으며, 이들의 교육을 담당하는 교관으로는 박사 2명을 두었다.[49)] 이들은 모두 중국의 고전의학서로서 언제

46)《三國遺事》권 3, 塔像 4, 芬皇寺藥師.
47)《日本書紀》권 27, 天智 9년.
48)《三國史記》권 39, 志 8, 職官 中.
49)《三國史記》권 39, 志 8, 職官 中.

부터 삼국에 들어와 사용되었던지는 밝히기 어렵다. 다만 통일신라에서 정식 의학교육에 이들이 교재로 쓰여졌음을 확인할 수 있는 것이다. 《본초》란 책은 유명한 중국 본초학의 고전인 《神農本草經》(500?)을 말하는 것으로 보이지만, 그 후 당나라 때에 새로 나온 《新修本草》(659)를 수입해다가 사용했을 가능성도 있다.

또한 이와는 별도로 통일 시기의 신라에는 藥典을 따로 두고 있었음을 알 수 있다. 이 의료기관은 뒤에 경덕왕 때에 이름을 保命司로 고친 일도 있다. 이 기관에는 사지 2명, 사 6명, 종사지 2명 등의 관원을 두었다고 기록되어 있다. 또한 供奉의사와 공봉卜師도 있었는데, 역시 의약학 관련자임은 물론이다. 성덕왕 16년(717) 2월에는 의박사 1명을 두었다는 기록도 있다.[50]

일본의 고대 의학서 《醫心方》(984)에는 '新羅法師方' 또는 '新羅法師秘密方' 등의 인용이 남아 있다. 통일신라시대의 어떤 신라 의학서에서 인용하고 있음을 보여주는 듯하지만, 그 근거가 되는 신라의 의학서는 역시 확인되지 않는다.[51]

(2) 빙고-얼음의 저장 이용

여름에도 얼음을 저장했다가 사용하는 기술은 삼국 시대 이전부터 이미 시작되었던 것으로 보인다. 그러나 통일신라에서는 확실하게 이를 제도화하여 얼음저장을 담당한 관청까지 만들었다. 氷庫典이 그것인데, 이 기관에는 대사 1명, 사 1명을 두었음을 알 수 있다.[52]

겨울에 얼어붙은 강에서 얼음 덩어리를 켜다가 창고에 넣어 보관하여 이듬해 여름에 사용하는 방식의 얼음 사용은 기록으로 나타난 것으로는 智證王 6년(505)이 처음이다.[53] 그러나 지금 경주에 남아 있는 石氷庫가 신라의 유적 그대로는 아니다. 지금의 경주 석빙고는 조선 후기의 것으로 혹시 그 자리에 옛날 신라의 얼음 보관처가 있었을 수는 있다.

---

50) 《三國史記》 권 39, 志 8, 職官 中.
51) 金斗鍾, 《韓國醫學史》(探求堂, 1966), 74~76쪽.
洪以燮, 《朝鮮科學史》(延大 出版部, 1994), 88~90쪽.
52) 《三國史記》 권 39, 志 8, 職官 中.
53) 《三國史記》 권 4, 新羅本紀 4, 지증마립간 6년 11월.

(3) 인쇄술

불국사의 석가탑 사리함에서 1966년 발견된 두루말이 불경 〈無垢淨光大陀羅尼經〉은 흔히 〈陀羅尼經〉이라 알려져 있는데, 세계에 남아 있는 가장 오래된 목판인쇄물로 밝혀져 있다. 이 불경에는 당나라 때 則天武后가 새로 만들어 당시에만 사용했던 특이한 글자가 여럿 발견되어 그 때문에, 이 인쇄물이 성덕왕 3년(704)에서 경덕왕 10년(751) 사이에 인쇄되었을 것이라는 고증을 받게 되었다. 목판인쇄기술은 그 전부터 이미 중국에서 시작되었다고 기록은 전하고 있지만, 막상 구체적 증거물로서 인쇄물이 발견되기는 이것이 처음인 것이다. 이 인쇄물의 발견으로 이미 통일 신라 때 한국에서는 목판인쇄를 하고 있었다는 사실이 밝혀졌다고 한국학자들은 결론 짓고 있다.

하지만 이에 대해 중국 과학사 학자들은 이것이 중국에서 만들어져 당나라를 여행하던 당시 신라 승려에 의해 신라에 유입된 채 지금까지 전해진 것이라고 결론 내리고 있다.[54] 여기 사용된 측천무후시대의 특수문자를 신라 사람들이 사용했을 이치가 없기 때문에, 이것은 중국의 제작이 틀림없다는 주장이다. 하지만 앞에서도 소개한 것처럼 신라는 측천무후의 曆法 개정도 따랐다는 사실이 밝혀져 있다. 그렇다면 역법은 측천무후의 방식을 따른 신라 사람들이 측천무후의 한자개혁은 무시했을 이치가 없다. 이런 중국학자들의 억측은 그저 억측에 지나지 않는다. 앞으로 종이에 대한 연구를 포함하여 더 여러 방면의 연구로 그 진실을 밝혀야 할 과제이다.

(4) 간단한 기계와 자동 장치

萬佛山은 760년대에 신라가 당나라 代宗(763~779) 임금에게 선물한 교묘한 자동장치다. 중국 임금이 불교를 좋아한다는 말을 들은 신라 임금(경덕왕인 듯, 742~764)이 工匠을 시켜서 한 길이 넘는 모조 산모양을 만들게 했다. 그 산위에는 기암괴석은 물론 동굴도 만들었다. 또 벌·나비·제비·참새가 나는 듯한 모양이 만들어졌고, 1만의 부처를 모셨는데, 큰 것은 1치 남짓하고 작은 것은 8~9푼 정도였다. 그 머리가 좁쌀이나 팥 반 알 만할 지경이었

54) 張秀民 《中國印刷史》(上海人民出版社, 1989), 도판 1·32~34쪽.

다. 금과 옥으로 장려한 건물을 만들고, 그 앞에 1천 이상의 比丘를 세워두었다. 종이 울리면 중들이 머리를 땅에 대며 절을 하고 經 읽는 소리가 은은하다. 이것을 사신을 시켜 당에 선물하니 대종이 놀라 "이는 하늘이 만든 것이지 사람의 솜씨가 아니다"라고 탄복했다는 기록이다.[55]

이것은 그 시대에 신라 공장이 정교한 솜씨로 만든 자동장치가 들어 있는 노리개인 것으로 보인다. 구체적 설명이 없기 때문에 이 과장된 기사에서 원래의 자세한 기계장치를 짐작하기는 어렵다. 하지만 어느 정도의 자동 운동장치를 만들어 사용하고 있었음을 보여준다. 그리스 시기의 서양에나 고대 중국에서나 이런 간단하면서도 정교한 자동장치들은 여러 가지가 제작된 일이 있다. 특히 신라에서 고급 비단을 여러 가지 짤 수 있었다는 앞의 기록에서 볼 때 수준 높은 방직기가 사용되었을 것을 알 수 있다. 어느 정도 간단한 자동식 기계장치를 만들 기술 수준에 있었음을 보여 준다.

(5) 탑과 건축

통일신라 시기의 기술적 성과 가운데 비교적 많이 남아 전해지는 것은 탑과 사찰 등 건축물이다. 지금은 사라졌지만 황룡사 구층탑은 당시 가장 큰 탑으로 지어졌던 것을 알 수 있다. 1976년부터 발굴이 진행되는 과정에서 이 절은 2만 평의 부지 한가운데 상당히 높은 9층탑을 세웠었다는 사실이 밝혀졌고, 그 탑을 세웠던 주춧돌 84개와 한가운데 심초석이 발견되어 있다. 이 주춧돌은 가로 세로 각각 8개씩인데, 한 개의 크기가 1m쯤으로 되어 있다.

엄밀히 말하자면 이 9층탑은 통일 직전인 선덕여왕 12년~14년(643~645)에 세워졌다고 밝혀져 있다. 그 높이는 상륜부가 42자, 탑신 부분이 183자로서 모두 225자가 되므로 80m나 되는 아주 높은 탑이었음을 알 수 있다.[56] 그러나 당시 척도가 어떤 것이었던 지에 따라 이 높이는 사실은 80m보다는 훨씬 작은 정도로 보는 것이 옳을 지도 모른다. 그러나 어느 경우거나 당시

55) 《三國遺事》 권 3, 塔像 4, 萬佛山.

56) 鄭永鎬, 〈皇龍寺九層塔〉(《민족문화대백과사전》 25, 한국정신문화연구원, 1991), 460쪽.

로서는 높은 건조물이었던 것만은 사실이다.

이 탑을 짓는 데에는 당시 신라 기술로는 부족했던 것 같다. 신라는 이를 위해 백제에서 기술자 阿非知를 초청했고, 그가 200명의 기술 일꾼을 데리고 와서 건축했다고 기록되어 있기 때문이다.[57] 지금도 서 있는 불국사의 석가탑과 다보탑 역시 중요한 유물이지만, 기술적인 면에서는 황룡사 구층탑이 더 세우기 어려운 건조물이었을 것이다. 또 첨성대 역시 천문학적인 의미에서만이 아니라 건축물로서도 중요한 이 시기의 업적에 속할 만하다.

여기서 당시의 걸작 건조물의 하나로 역시 지금까지 남아 있는 石窟庵을 생각해 보자. 토함산 석굴암은 경덕왕 10년(751) 불국사를 지은 金大城이 불국사와 함께 건축한 인공 석굴사원이라 기록은 전한다.[58] 8세기 신라의 높은 수학 내지 기하학적인 수준을 바탕으로 건조된 업적으로 평가되고 있다. 석굴암을 비롯한 여러 탑 등의 수학적 배경은 처음에 미술사 학자들의 주목을 받았던 것이 뒤에 과학사적인 평가로 이어졌다고 할 수 있다.[59] 하지만 이런 평가에는 상당히 주관적 해석도 있어서 조심스런 면이 없지 않다.

(6) 선박 기술

배를 만들고 또 이를 운행하여 황해와 남해를 넘나드는 일은 신라 사람들의 익숙한 분야가 되어 갔던 것으로 보인다. 진평왕 5년(583) 정월 신라는 船府署라는 이름의 관청을 세워 배를 만들고 이용하는 기술 관청을 두었던 것으로 밝혀져 있다. 여기에는 大監과 弟監 각 1명씩의 관리를 두고 선박 관계를 다뤘다는 것이다. 통일 후인 문무왕 18년(678)에 신라는 이 기관을 船府라 고쳐 불렀다. 여기에는 영 1명(大阿飡에서 角干), 경 2명, 대사 2명, 사지 1명, 사 8명 등 모두 14명의 관리를 두었다.[60]

---

57) 《三國遺事》 권 3, 塔像 4, 皇龍寺九層塔.
58) 《三國遺事》 권 5, 孝善 9, 大城孝二世父母.
59) 洪以燮, 《朝鮮科學史》, 83~84쪽.
全相運, 앞의 책, 243~247쪽
김용운·김용국, 앞의 책, 61~72쪽.
南天祐, 《遺物의 再發見》(正音社, 1987), 109~184쪽.
60) 《三國史記》 권 4, 新羅本紀 4, 지증마립간 6년 11월·권 38, 志 7, 職官 上.

통일 시기에 이르러서도 신라는 아직 바다 건너 먼 나라에 대해서는 별로 교류가 많지 못했고, 당연히 지식도 보잘 것이 없었다. 慧超의 인도항해는 주로 육로를 따라 갔던 것이고, 해로를 이용했다 해도 그가 신라 배를 이용했던 것은 아니었다. 또 황룡사9층탑은 각 층마다 외국을 제압하겠다는 뜻에서 9층을 세웠다고 되어 있다. 그 각 층은 일본·중국·吳越·托羅·鷹遊·말갈·丹國·女狄·예맥 등 9개 나라를 가리킨다.[61] 대개 바다 멀리 떨어진 곳은 없는 것 같아서 당시 외국에 대한 지식을 보여준다. 그리고 해양항해가 별로 없었음을 보여준다.

하지만 9세기초의 張保皐사건은 이와는 대조적이다. 장보고는 중국에서 장교로 성공했던 신라인으로 흥덕왕 3년(828)에는 신라왕을 만나 해양을 정복할 것을 건의하여 淸海鎭을 세우고, 그 우두머리가 되어 활동했다. 莞島에 세운 청해진에서 그는 당시 황해와 남해를 주름잡으며 해적을 소탕하고, 삼국의 무역에서 주도적 역할을 담당했다. 당연히 당시로서는 가장 앞선 항해술과 선박기술을 가지고 있었다고 평가된다.[62] 그러나 구체적인 당시 선박의 모양이나 성능에 대해서는 아직 잘 연구되지 못한 상황이다.

〈朴星來〉

4. 언어와 문학

1) 이두와 언어

(1) 고대국어의 자료와 표기법

국어학에서 고대국어는 통일신라시대의 국어를 가리킨다. 이 글에서는 이 시대에 기록된 자료를 바탕으로 고대국어의 모습을 살펴보고자 한다.

---

61) 《三國遺事》 권 3, 塔像 4, 皇龍寺九層塔.

62) 김재근, 《우리배의 역사》(서울大 出版部, 1989), 147쪽.

신라가 삼국을 통일하면서 언어와 문자생활도 하나로 통일되어 갔다. 이것은 옛 삼국의 古地였던 지역에서 나오는 통일신라시대의 금석문들을 보아서도 짐작할 수 있다. 그러나 그 구체적인 사실을 알려주는 자료는 그렇게 많지 못하다.

이 시대의 문자는 한문과 借字표기가 사용되었다. 당시인들이 직접 기록한 한문의 실물은 金石文으로 남아 있다. 〈甘山寺佛像造成記〉들이나 〈聖德大王神鐘銘〉(771)·〈皇龍寺九層塔刹柱本記〉(9세기)와 崔致遠의 〈四山碑銘〉 등이 당시인들의 수준높은 漢文 구사 능력을 보여준다. 儒家의 학자로서는 强首·薛聰·최치원의 이름이 널리 알려져 있고 佛家에서는 義湘·元曉 등이 많은 佛經註解書를 남겨 한국불교의 새로운 장을 열어 놓았다. 이들은 당시의 지식인들의 한문 구사 능력이 중국인들의 그것에 못지 않을 만큼 높았었음을 말하여 주는 것이다.

차자표기 자료는 鄕札·吏讀·口訣·固有名詞表記가 있다. 향찰로는《三國遺事》의 향가 14수가 전한다. 이는 13세기 후반에 기록된 것이어서 바로 신라시대의 것으로 보기는 어려우나《三代目》이 편찬된 9세기에는 이에 가까운 표기법이 발달되어 있었을 것이다.

이두는 이미 삼국시대에도 발달되어 약간의 자료들이 전하고 있다. 통일신라시대의 이두는 21편이 발굴되어 해독되었다.[1] 이를 연대순으로 열거하면 다음과 같다.

---

1) 이 이두자료의 해독에 관해서는 다음과 같은 글들이 있다.
南豊鉉,〈第二新羅帳籍에 대하여〉(《美術資料》19, 國立博物館, 1976).
———,〈昌寧仁陽寺碑의 吏讀文 考察〉(《國文學論集》11, 檀國大, 1983).
———,〈永泰二年銘 石造毘盧遮那佛 造成記의 吏讀文 考察〉(《新羅文化》5, 東國大, 1989).
———,〈新羅禪林院鐘銘의 吏讀文 考察〉(《서재극선생회갑기념논총》, 계명대 출판부, 1991).
———,〈新羅華嚴經寫經 造成記에 대한 語學的 考察〉(《東洋學》21, 檀國大, 1991).
———,〈无盡寺鐘銘의 吏讀文 考察〉(《李承旭先生回甲紀念論叢》, 1991).
———,〈正倉院 所藏 新羅帳籍의 吏讀 硏究〉(《中齋張忠植博士華甲紀念論叢》, 1992).
———,〈新羅時代의 吏讀文 解讀〉(《季刊 書誌學報》9, 韓國書誌學會, 1993).

甘山寺彌勒菩薩像造成記(719)
甘山寺阿彌陀如來像造成記(720)
關門城石刻(7세기 말?)
上院寺鐘銘(725)
无盡寺鐘銘(745)
新羅華嚴經寫經造成記(755)
新羅帳籍(758?)
第二新羅文書(758?)
正倉院의 毛氈貼布記(8세기 중엽)
永泰二年銘石造毘盧遮那佛造像記(766)
葛項寺石塔造成記(785~798)
永川菁堤碑貞元銘(798)
禪林院鐘銘(804)
昌寧仁陽寺碑銘(810)
安養中初寺幢竿石柱記(827)
菁州蓮池寺鐘銘(833)
竅興寺鐘銘(856)
咸通銘禁口銘(865)
禪房寺塔誌石銘(879)
英陽石佛坐像光背銘(889)
松山村大寺鐘銘(904)

이 가운데 〈신라화엄경사경조성기〉·〈신라장적〉·〈영태2년명석조비로자나불조상기〉·〈청제비정원명〉·〈선림원종명〉·〈규흥사종명〉 등은 다양한 표현을 보여주고 있어 이 시대 이두문을 대표하는 것들이다. 비록 충분한 양은 아니지만 당시의 국어를 생생하게 보여 준다.

이들 이두문의 표기법은 2가지로 나누어 볼 수 있다. 하나는 삼국시대부터 내려오는 것으로 한자를 우리말의 순서로 배열한 것이다. 이를 초기적인 이두문이라고 한다. 다른 하나는 이 초기적인 이두문의 중간 중간에 우리말의 조사나 어미를 나타내는 토를 넣은 것이다. 후자가 이 시대에 새로이 나타난 것이다. 전자의 것으로 비교적 긴 내용을 담은 것은 〈창녕인양사비명〉과 〈안양중초사당간석주기〉이다. 이 중에서 〈중초사당간석주기〉의 본문과 그 해석을 보면 다음과 같이 토가 전혀 없어 한자를 우리말 순서대로 해석해 나가면 그 내용이 파악된다.

寶曆二年歲次丙午 八月朔六辛丑日 中初寺東方僧岳 一石分二得 同月二十八日 二徒作初 奄 九月一日 此處至 丁未年 二月三十日 了成之.

해석 : 보력 2년(826) 병오년 8월이 시작되어 엿새째인 신축일에 중초사의 동방에 있는 승악에서 하나의 돌을 나누어 둘을 얻었다. 같은 달 28일에 二徒가 만들기 시작하여 문득(빠르게도) 9월 1일에 (돌이) 이곳에 이르렀다. 정미년(827) 2월 30일에 마치어 이루었다(造成을 마치었다).

토가 쓰인 이두문은 〈감산사아미타여래상조성기〉가 현재로서는 가장 이른 것이다. 이 이두문도 대체로는 한자를 우리말의 순서로 배열하였는데 다음과 같이 토가 나타나고 있다. '後代追愛人者 此善助在哉/後代에 追憶하여 사랑하는 사람은 이 善業을 돕기를 바란다.'의 '-哉'가 그것이다. 이는 願望을 나타내는 종결어미 '-지'를 표기한 것이지만 〈화엄경사경조성기〉에서는 연결어미로도 쓰여 후대의 이 이두와 기능상 일치한다. 고려시대의 이두에선 이 토가 齊자로 대체되었고 이것이 조선조말까지 계승되어 널리 쓰였다.2)

초기적인 이두문과 토가 쓰인 이두문의 경계는 분명치 않다. 〈화엄경사경조성기〉와 같이 토가 비교적 많이 들어간 이두문이 있는가 하면 〈감산사불상조성기〉와 같이 한두 개의 토만이 들어간 이두문이 있고 〈중초사당간석주기〉와 같이 토가 전혀 들어가지 않은 이두문도 있다. 이들이 공존하는 것이 오히려 이 시대 이두문의 특징이라고 하겠다. 다만 그 어순은 우리말의 어순이어서 조선시대의 이두문과 같이 한문의 어순이 섞이어 쓰인 예는 극히 드물다.

口訣은 한문의 독법을 토로 표시한 것이다. 신라시대의 구결이 실물로서 전하는 것은 없다. 따라서 고려시대의 구결자료와 문헌의 기록을 가지고 이 시대 구결의 모습을 추정할 수밖에 없다. 고려시대의 구결은 釋讀口訣과 順讀口訣이 있다. 전자는 한문에 토를 달아 우리말의 순서로 풀어서 읽는 것이고 후자는 한문의 순서대로 읽으면서 句讀에 해당하는 곳에 토를 넣어 읽는 것이다. 현재 석독구결은 10세기의 것에서부터 13세기에 걸치는 것이 6종류 발굴되어 있다. 순독구결은 13세기의 것으로 추정되는 것에서부터 조선조말까지 사용되어 많은 양이 남아 있다. 순독구결은 고려 중엽에 발달한 것으로 추정되므로 신라시대에는 석독구결만이 있었을 것이다. 옛부터 薛聰은 이두의 제작자로 일컬어져 왔으나 '그가 우리말로 경서를 읽었다'는 《三國史記》와 《三國遺事》의 기록은 오히려 표준적인 경서의 독법을 석독구결로 저술한 것을 말한 것으로 이해된다.

구결은 한문이 이 땅에 수입되어 체계적인 학습이 널리 보급되면서 자연 발달되어 있었을 것이다. 그러나 초기에는 한문을 우리말의 순서로 배열해

2) 南豊鉉, 〈新羅時代 吏讀의 '哉'에 대하여〉(《金完鎭先生華甲紀念論叢 國語學의 새로운 認識과 展開》, 民音社, 1991).

가면서 읽는 방법만이 있었고 토를 기입하여 독법을 표시하는 방법은 훨씬 후대에 발달했을 것이다. 삼국시대의 이두문이 한자를 우리말의 순서로 배열하는 데 그치고 토의 모습을 보여 주지 않는 것은 아직 토의 표기법이 발달하지 않은 데에 기인하는 것으로 생각된다. 한편 통일신라시대에 들어와서 토가 들어간 이두문이 발견되는 것은 이 시대에 구결의 토표기가 존재하여 그의 영향을 받은 것으로 믿어진다. 현재 구결의 토는 설총보다 한 세대 앞서는 義湘시대에 이미 있었던 것으로 보인다. 의상의 제자들이 의상의 華嚴經 강의를 기록한 《要義問答》(일명 智通記 또는 錐洞記)과 《一乘問答》(일명 道身章)에는 우리말이 섞여 있다고 義天의 《新編諸宗敎藏總錄》은 말하고 있다. 이 책들은 현재 전하고 있지 않지만 均如의 화엄경 강의를 그 제자들이 기록한 《釋華嚴敎分記》에 석독구결이 섞여 있는 것을 보면 의상의 이 강의록에도 석독구결이 들어있었음에 틀림없다. 경서를 강의하자면 그 해석을 먼저 보이고 내용을 설명하는 것이 순서이기 때문이다. 이 석독구결의 토표기는 이두와 향찰의 표기법에 응용되어서 그 발달의 견인차 역할을 한 것으로 믿어진다.[3)]

고유명사표기는 人名·地名·官名 등 우리의 고유어를 표기한 것이다. 지금은 이 명칭들이 거의 한자어로 되어 있지만 삼국시대에는 물론 통일신라시대에도 대개는 우리의 고유어로 되어 있었다. 이 표기는 이두문에 주로 나타나지만 한문 문맥에도 그대로 쓰였다. 《삼국사기》에 나타나는 삼국의 지명이 고유어로 되어 있어 삼국시대 국어연구의 중요한 자료가 되고 있다. 이 자료는 이두문이나 향찰에서는 좀처럼 보여주지 않는 국어의 형태를 직접 보여주는 점에서 가치가 크다. 일례로 赫居世와 弗矩內는 신라 시조의 이름을 표기한 것인데 이는 '블거늬'나 '불ᄀᆞ늬'를 표기한 것이다. 이를 '光明理世(광명이 세상을 다스린다)'의 뜻이라고 하는데 직역하면 '밝은 것(존재)' 또는 '밝은 이(사람)'의 뜻이다. 여기서 동사어간 '븕-'과 동명사어미 '-은', 명사파생접미사 '-ᄋᆡ/의'를 분석해낼 수 있다.

신라시대의 漢字 字形 가운데는 省劃字가 자주 나타난다. 이러한 생획자

3) 南豊鉉, 〈釋讀口訣의 起源에 대하여〉(《국어국문학》 100, 1988) 참조.

는 口訣의 약체자가 발달하는 것과 맥락이 이어지는 것이어서 문자의 발달 과정을 설명할 수 있는 자료가 된다.

〈상원사종명〉에 唯乃와 旦越의 표기가 나온다. 唯는 維가 원자인데 維의 糸자를 흘려서 쓰던 것이 굳어져서 口자로 간략화됨으로써 나온 것이다. 乃는 那가 원자인데 그 앞부분을 생략하고 뒷부분만 딴 것이다. 旦은 檀이 정자인데 그 앞부분을 생략하고 表音符만을 딴 생획자이다.

한편 두 글자를 합해서 쓰는 예가 자주 나온다. 이는 삼국시대부터 발견되는데 통일신라시대에도 자주 확인된다. 〈화엄경사경조성기〉에는 大舍를 합자한 예가 나오고 乃末을 합자한 예는 〈청제비정원명〉과 〈선림원종명〉에 나온다. 功夫의 합자인 㚦와 伯士의 합자도 앞의 두 銘에서 발견된다. 㚦는 고려시대 이후에는 𡗝로 쓰여 우리의 고유한자로 굳어졌다. 이러한 합자의 관습에서 나온 것이 〈신라장적〉에 나오는 畓자이다. 이는 水田을 합자하던 관습에서 온 것으로 자형이 沓과 비슷하여 '답'으로 읽히지만 이는 후대의 독법이고 본래는 '논'으로 읽었을 것이다. 콩을 太로 표기하는 것은 기원적으로 大豆를 합자하여 쓰던 것이 豆자를 초서체로 흘리다가 간략화되어 점으로 바뀜으로써 생긴 것이다. 大豆의 豆를 점에 가깝게 흘려 쓴 예가 〈제2신라문서〉에 나타나 이 시대에 太의 자형이 발달했을 가능성을 보여주고 있다.[4)]

(2) 차용어

借用語는 한 언어가 다른 언어와 접촉하면서 받아들여지는 것이다. 문화적으로는 한 문화가 다른 문화로 확산해 가는 과정을 보여주는 것이기도 하다. 신라의 삼국통일은 唐과의 연합에 의한 것이었다. 삼국을 통일한 후에도 당과의 접촉을 지속하여 신라는 세계의 문화에 참여할 수 있게 되었다. 이러한 시대적인 흐름에 따라 신라인의 언어에도 새로운 변화가 일어났다. 중국 문물의 수입에 따라 한문과 한자가 받아들여지는 한편 이를 바탕으로 새로운 한자어가 대량으로 국어에 수용되었다.

한자어의 증가 양상은 우선 인명의 한자어화에서 찾아볼 수 있다. 삼국시

---

4) 南豊鉉, 〈韓國의 固有漢字〉(《국어생활》 17, 국어연구소, 1989) 참조.

대의 금석문에는 姓이 나타나지 않는다. 성 대신 그 출신지가 표시되어 있다. 〈丹陽新羅赤城碑〉(540년대)에는 大衆等(직책명)에 해당하는 사람들을 다음과 같이 열거하고 있다.

喙部 伊史夫智 伊干□
喙部 西夫叱智 大阿干□
沙喙部 武力智 □□□

즉 앞에는 출신지인 6部의 명칭 탁부·사탁부 등을 쓰고 다음에는 인명과 관등명의 순서로 기록하였다. 이는 출신지가 성과 같은 구실을 했었음을 보여주는 것이다. 통일신라시대의 기록인 화엄경사경의 참여인 명단도 역시 성이 없이 출신지만 표시되어 있다.

紙作人	仇叱珍兮縣	黃珍知 奈麻			
經筆師	武珍伊州	阿干 奈麻	異純 韓舍	今毛 大舍	義七 大舍
	南原京	文英 沙彌	卽曉 大舍		
	高沙夫里郡	陽純 奈麻	仁年 大舍	屎烏 大舍	仁節 大舍

이는 이 시대에도 삼국시대의 관습이 계승되고 있음을 보여 주는 것이다.

신라가 중국식 성을 쓴 것은 왕실에서부터 시작되었다. 《新·舊唐書》에는 왕이 金眞平이라는 기록과 왕의 성은 金氏, 귀인의 성은 朴氏이며 백성은 氏는 없고 이름만 있다는 기록이 있다. 아마도 중국과의 외교를 위해서 삼국시대에도 왕의 성을 표시했었을 것이다. 그러나 그것이 보편화된 것은 통일신라시대에 와서의 일이다.

성을 보여주는 최초의 신라시대 금석문은 〈감산사불상조성기〉로 여기에 金志誠(金志全)의 이름이 보인다. 〈성덕대왕신종명〉에는 大奈麻 金□□, 級湌 金弼奚, 大角干 金邕, 角干 金良相, 阿湌 金敬信, 奈麻 朴韓味 등 김씨와 박씨의 성씨가 보인다. 이 신종명의 인명은 모두 성을 가지고 있다. 비문의 형식이나 표현이 정통적인 한문인데다 왕실의 위엄을 보여주기 위한 듯 갖추어야 할 격식을 모두 갖추고 있다. 이러한 격식이 이 명문으로 하여금 참여인들의 성을 모두 기록하게 한 것이다. 그러나 이 이후에 이루어진 이두문으로 된 조성기들이 출신지와 이름만을 기록하였고 고려의 건국에 참여하였던 공신들의 이름에 성씨가 없었던 사실을 감안하면 신라말까지도 성을 사용한 사람은 극소수에 불과하였고 그 사용도 한정된 범위였을 것이다.

신라 통일 이후 한자어화된 인명을 흔히 볼 수 있다. 위의 불상조성기와 신종명에 나오는 인명들이 그를 직접 보여주는 예들이다. 인명의 한자어화는 불교계에서부터 시작되었다. 삼국시대의 기록인 〈黃草嶺眞興王巡狩碑〉(6세기 중엽)에 나오는 隨駕沙門의 이름은 法藏·慧忍으로 이는 한자어로 된 法名이다. 중신들의 이름인 伊史夫智·居七夫智 등이 고유어 이름임을 생각하면 이른 시기부터 불가에서는 이미 한자어식 법명을 사용하였음을 말하는 것이다. 이 이후의 자료에 나타나는 승려들의 법명은 모두 한자어여서 이것이 한국인들의 이름을 한자어화하는 데 선도적인 역할을 하였음을 말하여 준다. 신라의 상류사회에서 한자이름을 쓴 것은 왕의 시호를 처음으로 올린 것이 法興王이니 그 이후가 아닐까 한다. 眞興王의 이름은 彡麥(深麥)인데 그의 〈황초령순수비〉와 〈北漢山巡狩碑〉에는 眞興大王으로 기록되었으니 이 한자어 이름은 왕의 생존시에 이미 사용하였던 것이다. 眞平王의 이름 白淨, 太宗武烈王의 春秋, 文武王의 法敏이 모두 한자어 이름인데 삼국통일 후의 왕명도 모두 한자어 이름으로 보아 틀림없을 것이다. 왕의 이름에 비하여 신하들의 이름이 한자어화한 것은 이보다 뒤의 일이다. 金庾信·金仁問·金歆運·薛聰 등이 한자어 이름이고 위에 든 〈성덕대왕신종명〉에 나오는 이름들도 한자어 이름임을 보면 신라 통일 후에는 중신들 사이에서 한자어 이름이 널리 쓰이고 있었음을 알 수 있다.

한자어 이름을 사용했어도 후대의 관명과 같이 한자를 일정하게 정하여 쓰지는 않았던 것으로 보인다. 그리하여 인명을 기록하는 한자를 바꾸어 표기하는 예를 볼 수 있다. 위의 감산사불상에 나오는 金志誠과 金志全, 그의 아우 良誠과 良全은 동일인의 이름인데도 한 해의 차이를 두고 기록된 두 조상기의 기록이 서로 다르다. 이는 고유어 인명의 표기 글자가 때에 따라 달리 나타나는 현상과 궤를 같이하는 것이다. 이 당시에는 문자기록보다는 음성언어로서의 호칭을 더 중시한 데서 나온 것이 아닌가 한다.

지배층의 이름 가운데도 위에서 든 朴韓味의 韓味는 고유어 이름 '한맛'

일 것으로 믿어지고 〈황룡사탑찰주본기〉의 朴居勿의 居勿도 고유어 이름으로 보인다. 중국식 성을 쓰면서도 이름을 고유어로 쓴 것은 이 시대의 지배층에서도 고유어 이름이 널리 쓰였음을 말하는 것이다. 이 경향은 서민층에서 더 심하였다. 우리는 張保皐의 이름에서 그러한 사실을 볼 수 있다. 그의 이름은 弓巴·弓福으로도 쓰이는데 巴나 福은 사내아이를 나타내는 巴只(보기)에서 온 것이다. 고려시대 호적을 보면 사내아이가 태어나면 모두 아명으로 巴只라고 했다가 나이가 들면 관명으로 바꾸는데 신라시대에는 어른이 되어 관직을 가지면서도 이 아명을 그대로 쓰는 예가 흔하였음을 보여주는 것이다.

고려시대 이후는 상류층 여성들은 이름을 갖지 않는 것이 원칙이지만 신라시대에는 여성들도 이름을 갖고 있었다. 〈감산사불상조성기〉에는 觀肖里(官肖里)·古巴里(古寶里)·古老里(古路里)·阿好里·首兮買里 등의 이름이 보인다. 이들은 모두 접미사 '-里'를 가지고 있는데 이는 존칭의 표시일 것으로 보인다. 古巴里(古寶里)의 어원은 '곱다'에서 왔고 古老里(古路里)는 중세국어의 '골(美貌)'에서 온 것으로 믿어진다. 후대에 여성의 이름으로 흔히 쓰인 '아기'·'아지'란 이름도 이 시대에 이미 쓰였다. 김유신의 누이인 寶姬의 小名인 '阿海'와 文姬의 소명인 '阿之'가 이 사실을 보여준다. 그러나 보희·문희가 말해주듯 여성의 이름도 한자어화하고 있다. 이는 물론 상류층의 경우이다. 眞平王妃의 이름인 摩耶夫人은 불교적 영향이 있는 한자어 이름이다. 武烈王妃부터는 시호가 주어졌다. 文明王后가 그것인데 그의 또다른 이름인 訓帝夫人은 생시에 쓰던 한자어 이름이다. 慈儀王后(文武王妃)·神穆王后(神文王妃)·陪昭王后(聖德王妃) 등도 생전에 쓰던 한자어 이름이었고 그 시호는 따로 주어졌다. 이러한 한자어 이름은 왕실과 그를 둘러싼 일부 상층에 한정되고 대부분의 여성 이름이 고유어로 지어졌을 것임은 앞의 감산사불상의 예로 보아서도 알 수 있다.[5)]

景德王 16년(757)에 전국의 州·郡·縣名을 한자어로 바꾸었다. 종래 2자 내지는 3자로 표기하던 고유어의 지명을, 주는 한 글자의 한자 이름으로 부

5) 南豊鉉, 〈韓國人의 이름의 變遷〉(《새국어생활》 1-1, 국립국어연구원, 1991) 참조.

르고 군과 현은 두 글자의 한자 이름으로 바꾸었다. 그리하여 沙伐州는 尙州로, 歃良州는 良州로, 漢山州는 漢州로, 完山州는 全州, 武珍州는 武州와 같이 바꾸었고, 古陁耶郡은 古昌郡으로, 古尸山郡은 管城郡으로, 吉同郡은 永同郡으로, 推火郡은 密城郡으로 바꾸었고, 柒巴火縣은 眞寶縣으로, 阿火屋縣은 比屋縣으로, 武冬彌知縣은 單密縣으로, 今勿縣은 禦侮縣 등과 같이 바꾸었다.

새 지명은 종래의 지명과 어떤 有緣性을 가지고 지었지만 그 성격은 전혀 다른 것이 되었다. 즉 종래의 지명은 한자어도 약간은 있었지만 대부분은 고유어였고 지명표기자의 독법도 音讀과 訓讀이 혼용되었다. 그러나 새 지명은 음독을 하는 한자어라는 점에서 크게 차이가 있는 것이다. 일례로 종래의 지명인 推火(郡)은 '밀블'로 훈독하였지만 密城郡은 '밀성군'으로 음독만하였던 것이다.[6] 이것은 매우 큰 개혁이어서 고유어 지명에 익숙해진 백성들에게는 상당히 불편한 부담이었다. 그리하여 경덕왕 이후에도 새로 개정한 한자어 지명으로 통일되지 못하고 종래의 고유어 지명이 그대로 사용되었다. 《삼국사기》의 기록들을 보면 경덕왕 16년 이후의 기록에 屈自郡·居老縣·推火郡 등의 郡縣名과 武珍州·漢山州·揷良州·沙伐州 등 개명 이전의 州名이 그대로 쓰이고 있다. 이는 당시 행정상으로도 개명한 새 한자어 지명이 적극적으로 사용되지 못했음을 말하는 것이다. 이것이 고려초까지도 이어져 醴泉 鳴鳳寺의 〈慈寂禪師碑陰記〉(941)에는 고려초의 비석인데도 그 속현의 이름을 赤牙縣으로 쓰고 있다. 이는 '븕엄(縣)'으로 읽히는 고유어 지명인데 경덕왕 때는 이를 殷正縣으로 개명하였던 것이다.

이와 같이 경덕왕의 지명 개정 후에도 새 지명이 획일적으로 사용되지는 못하였지만 그 영향은 컸던 것으로 믿어진다. 고려시대의 지명에서 경덕왕 때 지은 새 지명을 그대로 따른 예들이 많은 것이 이를 말해 준다.

신라의 官等名과 官職名은 고유어와 한자어가 섞여 쓰였다. 삼국시대부터 17관등명은 고유어로 정해져 그것이 신라말까지 이어졌으나 관직명은 한자어와 고유어가 혼용되었다. 上大等·大角干·太大角干 등은 한자어와 고유어를 혼용한 것이다. 上·大·太는 한자어로 보이고 大等·角干은 고유어이다.

---

6) 李基文, 《國語史 槪說》(塔出版社, 1972), 60쪽 참조.

《삼국사기》 직관지의 한 예를 들어 이 시대 관직명의 변화를 생각해 보기로 하자.

執事省은 본명이 稟主(혹은 祖主)이었는데 진덕왕 때 執事部로 바꾸었고 흥덕왕 때 집사성으로 바꾸었다. 여기에 中侍가 1인인데 진덕왕 때 두었고 경덕왕 6년(747)에 侍中으로 고쳤다. 典大等은 2인인데 진흥왕 때 두었던 것을 경덕왕 6년에 侍郞으로 바꾸었다. 大舍는 2인인데 진평왕 때 둔 것을 경덕왕 18년에 郎中으로 바꾸었다. 舍知는 2인인데 신문왕 때 둔 것을 경덕왕 18년에 員外郞으로 바꾸었다가 혜공왕 12년(776)에 다시 사지라 했다. 史는 14인인데 문무왕 때 6인을 늘렸고 경덕왕이 郞으로 고쳤던 것을 혜공왕이 다시 史라고 하였다.[7]

이들 관직명도 종래에는 고유어와 한자어가 섞여 쓰였는데 경덕왕 때 한자어로 고쳤음을 알 수 있다. 경덕왕 이후에도 사지와 같은 고유어 명칭과 시중·시랑과 같은 한자어 명칭이 섞여 쓰였으나 시대가 흐를수록 한자어화되어 가는 경향이 강한 추세였다.

고유명사나 관직명에서 우리의 고유어가 한자어화하여 가는 경향은 신라인들이 중국의 문물을 적극적으로 수용하는 과정에서 나온 것으로 재래의 문화와 외래문화가 융합하여 새로운 우리의 문화가 이루어지는 모습을 보여주는 것이다.

불교문화의 수용에 따라 梵語 기원의 차용어가 들어왔다. 그러나 범어에서 직접 차용한 예는 확인되지 않는다. '부텨'가 그 직접차용어일 가능성은 있으나 확인하기가 어렵고 그 밖의 단어들도 대개는 한자어화된 것이다. 8세기의 고문서와 금석문에 나타난 범어 기원의 한자어의 예를 찾아보면 다음과 같은 것이 있다.

佛(〈buddha)· 菩薩(〈bodhisattva) · 僧(〈samgha)· 和上(〈〈upadhyaya) 沙彌(〈sramanera) ·維那(〈〈karmadana) ·檀越(〈danapati) ·菩提(〈bodhi) 舍利(〈sarira) · 齋(〈〈uposadua) · 梵唄(〈bhasa).

7) 《三國史記》 권 38, 志 4, 職官 上 참조.

이 밖의 외래어는 확인되는 것이 별로 없다. 당시 일본이나 말갈과의 접촉이 잦았으므로 그들에게서 온 단어들이 있음직하나 확인할 수가 없다. 다만 倭를 향가에서는 倭理로 표기하였는데 이는 '여리'로 해독되는 것으로서 중세국어의 '예'에 이어진다.[8] 이 '여리'가 당시의 일본어에서 차용한 것이 아닌가 하는 생각이 든다.

한자어는 한문의 구조에서 온 것과 국어의 구조에 따라 조어된 것이 있다. 行道爲(ᄒᆞ-), 勸善爲(ᄒᆞ-), 見聞隨喜爲賜(ᄒᆞᄉᆞ-) 등은 한문구조의 한자어들이다. 이에 반하여 당시의 이두문에는 우리말 어순에 따라 신조한 한자어들이 많이 나타난다. 〈신라화엄경사경조성기〉에 나타난 것을 보면 다음과 같다. 楮皮脫(닥나무 껍질을 벗기는 이), 脫皮練(벗긴 껍질을 다듬는 이), 紙作伯士(종이를 만드는 기술자), 經寫筆師(경을 베끼는 필사), 紙作人(종이를 만드는 사람). 이들은 비록 우리말의 어순으로 배열되어 있으나 그 한자를 訓으로 읽지 않고 음으로 읽은 한자어이다.

한문의 영향으로 한자어만이 차용된 것은 아니다. 고유어의 의미가 한자어의 영향으로 바뀌거나 새로운 의미가 추가되기도 한다. '洑堤傷故 所內使以 見令賜矣/보의 뚝이 상하였으므로 소내사로 하여금 보이시었음(청제비정원명)'의 '見令賜矣'는 '보이샤ᄃᆡ'로 읽히는 것으로 여기서의 '見/보-'는 단순히 시각적인 '보다'의 뜻이 아니다. 중국의 제도에 觀察使가 있어 왕 대신 각 지역을 관찰하여 행정적인 조치를 내리는데 이러한 사실을 '見/보-'라고 한 것이다. 이러한 '보다'의 뜻은 〈신라장적〉에도 나타나는데 '內視令'의 '視/보-'도 그러한 뜻에서 온 것으로 믿어진다. 또 '乙未年 烟 見賜 節 公等前 及白 他郡中 妻 追移/을미년 烟을 보실(관찰하실) 때에 公等 앞에 직접 보고하고 他郡에 妻를 따라 옮겨간 자(신라장적)'의 '及白'은 고려초의 帖文인 〈鳴鳳寺慈寂禪師碑陰記〉에도 보인다. 이는 '및ᄉᆞᆲ-'으로 읽힐 것으로 관청이나 관원의 앞에 직접 나오는 것, 즉 '出頭하는 것'을 뜻한다. 白은 이 밖에도 관이나 왕에게 '보고하다'의 뜻으로 쓰이는데 이들은 한문이나 중국식 제도의 영향이 국어의 단어에 미친 것이다.

---

8) 金完鎭, 《鄕歌解讀法硏究》(서울大 出版部, 1980), 129쪽 이하 참조.

(3) 문 법

고대국어의 문법을 보여주는 자료는 향찰과 이두가 주가 된다. 신라의 향가는 신라시대가 지난지 3세기 후인 13세기에 와서 비로소 문자화된 것이기 때문에 그 문법이 신라시대의 것을 그대로 나타내는 것이라는 보장이 없다. 이에 대한 연구가 좀더 이루어진 후에나 고대국어의 자료로 이용할 수 있으므로 여기서는 연대가 확실한 이두문을 중심으로 이 시대 언어의 모습을 살피기로 한다.9)

신라시대 국어의 語順은 현대국어와 같다.「주어+목적어+서술어」의 순서이고 수식어가 피수식어의 앞에 가는 어순이다. 이것은 한자를 우리말의 순서로 배열하는 이두문에서 확인된다.

助詞는 다음과 같은 것이 쓰였다.

격조사 :	之/ㅅ	中/긔	以/로
보조조사 :	者/(ᄋᆞ/으)ㄴ	那(乃)/(이)나	㢱/곰

'之/ㅅ'은 '經之 成內 法者/經의 이룬 法은(화엄경사경조성기)'에 쓰인 예가 하나 확인된다. 무정물체언의 속격으로 고려시대에는 叱자가 주로 쓰이고 之자가 쓰인 예는 2, 3예가 더 확인될 뿐이다.

'中/긔'는 삼국시대의 이두에서부터 쓰여 오던 처격조사이다. 〈화엄경사경조성기〉에 '楮根中/닥나무 뿌리에', '然後中/然後에', '以後中/以後에' 등과 같이 나타난다. 고려시대에는 '良中/아긔(〉아희)'가 주로 쓰이고 구결에선 '衣/ᄋᆡ, 의'와 '衣中/의긔'도 쓰였다.

'以/로'도 삼국시대부터 쓰여오던 조격조사이다. '法界一切衆生 皆成佛欲爲賜以 成賜乎/법계일체중생이 皆成佛하게 하고자 하심으로 이루시었거니와(화엄경사경조성기)', '娚姉妹 三人業以 成在之/娚姉妹 三人의 業으로 이루어 놓았다(갈항사석탑조성기)'와 같은 예가 나타나고 이 밖에도 그 용례가 많다. 조선조말까지의 이두에서도 사용빈도가 높은 조사이다.

신라시대에는 주격 '亦/이', 유정물체언의 속격 '衣/ᄋᆡ·의', 대격 '乙/ㄹ', 호

9) 南豊鉉, 〈古代國語의 吏讀〉(《古文書硏究》 9·10, 韓國古文書學會, 1996), 참조.

격 '良/아·下/하'등이 나타나지 않는다. 이들은 고려시대에 들어와서 기록에 나타나지만 그렇다고 고대국어에 없었다고 볼 수는 없다. 자료와 표기법상의 제약에 말미암아 나타나지 않은 것으로 믿어진다.

'者/(ᄋᆞ/으)ㄴ'은 주제를 나타내는 보조조사이다. '成內 願旨者 皇龍寺緣起法師 爲內賜/이룬 願旨는 황룡사의 연기법사가 만드셨으니(화엄경사경조성기)', '余 淳淨法者 上 同之/나머지의 순정법은 위와 같다(화엄경사경조성기)', '娚者 零妙寺 言寂法師在旀/오라비는 영묘사의 언적법사이었으며(갈항사석탑조성기)' 등 그 용례가 많다. 고려시대 이후의 차자표기에선 '隱/(ᄋᆞ, 으)ㄴ'이 주로 쓰였다.

'那/(이)나'는 여러 체언을 열거하고 그 중의 하나가 선택됨을 나타낼 때 쓰이는 조사이다. 那의 약체자인 乃자도 8세기의 자료에 나타난다. '若 楮皮脫那 脫皮練那 紙作伯士那…走使人那 菩薩戒 授令旀/혹 楮皮脫이나 脫皮練이나 紙作伯士나…走使人이나 보살계를 받도록 시키며(화엄경사경조성기)', '豆溫愛郎靈神那 二僧等那…一切 皆 三惡道業 滅尔/두온애랑의 영신이나 이승들이나…일체 모두 삼악도업을 멸하여서(영태2년명석조비로자나불조상기)', '種種施賜 人乃 見聞隨喜爲賜 人乃 皆 無上菩提 成內飛也/종종으로 布施하신 사람이나 견문수희하신 사람이나 모두 無上菩提를 이루는 것이다(규흥사종명)'와 같이 쓰였다.

'尔/금'은 개별성을 나타내는 특수조사로 현대어의 '-씩'과 같은 기능을 한다. '經心內中 一收 舍利尔 入內如/경심안에 一收의 사리씩 넣는다(화엄경사경조성기)', '切火 押梁 二郡 各ㅁ人尔 起使內之/切火·押梁 두 군에서 가각 ㅁ人씩 동원하여 부리었다(청제비정원명)'와 같이 쓰였다. 이 조사는 15세기에도 '-곰'으로 자주 쓰였다.

終結語尾는 다음과 같은 것이 쓰였다.

之/다　如/다　也/다　矣/다　哉/지

'之/다'는 삼국시대부터 널리 쓰여 오던 평서법종결어미이다. '一部 周 了 成內之/한 부를 두루 마치어 이루었다(화엄경사경조성기)', '竝 前內視令節 植

内之/모두 전의 内視令 때에 심었다(신라장적)' 등의 예가 있다. 이 차자는 고려초 10세기까지 쓰이고 그 이후는 '如/다'만이 쓰였다.

'如/다'는 '之/다'와 같은 기능을 하는 평서법종결어미로 8세기의 이두에서부터 나타나 조선시대말까지 사용된 이두이다. '以後中 坐中 昇 經 寫在如/이후에 자리에 올라가 경을 베낀다(화엄경사경조성기)', '觀音巖中 在內如/관음암에 두었다(영태2년명석조비로자나불조상기)'와 같이 쓰였다.

'也/다'도 '之'나 '如'와 같은 기능을 하는 평서법종결어미이다. 한문을 釋讀할 때 '也'자가 우리말의 '-다'로 해석되므로 삼국시대부터 '之'가 쓰일 자리에 대신 쓰여 왔다. '皆 無上菩提 成內飛也/모두 無上菩提를 이루는 것이다(규흥사종명)'와 같이 쓰였다. '也' 앞의 飛가 'ᄂᆞ'로 읽히는 차자이므로 也를 '-다'로 읽지 않을 수 없음을 보여 준다.

'矣'는 후대의 이두에서는 '-딕'로 읽히는데 신라의 이두에선 평서법종결어미 '-다'로 읽었음이 분명한 자리에 쓰였다. '竅興寺 鐘 成內矣/규흥사의 종이 이루어졌다(규흥사종명)'의 矣는 토인 內자의 뒤에 쓰였으므로 우리말로 읽어야 하는데 다른 조성기에서 이 자리에는 '之'·'也'가 오므로 그와 같은 '-다'로 읽어야 한다.

'哉/지'는 향가에선 '制'자로 쓰였고 고려시대 이후의 이두와 석독구결에선 齊자로 대체되었다. 願望의 뜻을 나타내는 종결어미이다. '後代 追愛人者 此善助在哉/후대에 (고인을) 추모하여 사랑하는 사람은 이 善業을 도왔으면 한다(감산사불상조성기)'가 그 용례이다. 이두의 토로서는 가장 이른 것으로 이 이후에 여러 가지의 토가 확인된다. 다음에 보는 바와 같이 연결어미로도 쓰였다.

연결어미는 다음과 같은 것이 쓰였다.

旀/며　哉/지　者/(ᄋᆞ, 으)ㄴ　尔/(아)금　但/이　欲/과　矣/딕

'旀/며'는 彌의 속자로 고대에는 그 음이 '며'였기 때문에 국어의 병렬연결어미 '-며'를 표기하는 데 사용되었다. '二 靑衣童子 灌頂針 捧旀…四 伎樂人等 竝 伎樂爲旀 又 一人 香水 行道中 散旀/두 청의동자 관정침을 받들며…네 기악인들이 함께 기악하며 또 한 사람이 향수를 행도에 뿌리며(화엄경사경

조성기)'과 같이 쓰이어 현대국어의 '-며'와 차이가 없다.

'哉/직'는 원망의 종결어미로도 쓰였으나 병렬의 연결어미로도 쓰였다. '若 大小便爲哉 若 臥宿哉 若 食喫哉 爲者/만약 대소변하거나 누워 자거나 먹고 마시거나 하면(화엄경사경조성기)'과 같이 쓰였다. 후대의 이두문에서는 이의 후대형인 齊가 종결어미와 연결어미에 모두 쓰였다.

'者'는 주제의 보조조사로도 쓰이는데 앞의 예문 '若 臥宿哉 若 食喫哉 爲者'에서 보는 바와 같이 '爲者/ᄒᆞᆫ'으로 쓰여 '하면'의 뜻을 나타낸다. 주제의 '者/ㄴ'이 조건의 뜻을 가지고 있으므로 이 형태가 가정이나 조건을 나타내는 연결어미로도 쓰인 것이다. 고려시대의 석독구결에서도 '隱/ㄱ(은)'이 이와 같은 기능을 나타내는 예가 있다.

'尒/(아)금'은 고려시대 이후의 자료에선 '良尒/아금'·'衣尒/의금'으로 쓰인다. 신라시대에도 '-아금'의 형태로 쓰였을 것인데 표기는 '尒'자로만 하였다. '하여서'·'하여 가지고'의 뜻을 나타낸다. '諸 筆師等 各 香花 捧尒 右念行道 爲 作 處 中 至者/여러 필사들이 각각 향화를 받들어서 우념행도하여 짓는 곳에 이르면(화엄경사경조성기)', '自 毘盧遮那是等 覺 去世爲尒 誓內之/스스로 비로자나인 것을 깨닫고 去世하도록 誓願한다(영태2년명석조비로자나불조상기)'와 같이 쓰였다.

'但'은 흔히 부사 '다만'으로 해석하는 것인데 문맥상 어미에 해당하는 예가 확인된다. '右 諸人等 若 大小便爲哉…若 食喫哉 爲者 香水 用尒 沐浴令只但 作作處中 進在之/위의 여러 사람들이 만약 대소변을 하거나…만약 먹고 마시거나 하면 향수를 써서 목욕시키어야만 만드는 곳에 나아간다(화엄경사경조성기)'에 쓰인 '令只但'의 但이 그것이다. 이 문맥에서는 但을 '다만'으로 해석하면 뜻이 통하지 않는다. 고려시대의 석독구결에선 '五欲ミ…自樂ミ 大名稱ミノ今し 求ソ3ソㄱヒㄱ 不矢リ 但ハ 永厶 衆生ラ 苦し 滅3ホ/오욕과…自樂과 大名稱과 하는 것들을 구하지 않고 오직 길이 중생의 괴로움을 멸하며(신역화엄경 권 14, 12~13)'과 같이 쓰이어 但자의 앞에 'リ/이'가 오는 예가 둘 나타난다. 이 'リ/이'는 한문의 但의 뜻에 해당하는 국어의 형태이다. 15세기 이후에는 이 형태가 없어졌지만 신라시대부터 고려시대까지 쓰이던 연결어미다.

'欲/과'는 15세기의 '-고져', 현대국어의 '-고자'에 해당하는 어미인데 화엄경사경에 어미로 쓰인 용례가 나타난다. '法界 一切 衆生 皆 成佛欲 爲賜以 成賜乎/법계의 일체 중생이 모두 成佛코자 하시므로 이루시었음(화엄경사경조성기)'이 그것이다. 이 欲의 훈이 고려시대의 석독구결에선 '人(果)/과'로 나타난다. '菩提心七 功德乚 顯示ソ (欲)人ソニ尸入灬 故攴/보리심의 공덕을 현시하시고자 하시므로(화엄경 권 14, 20~24)'에 쓰인 '(欲)人ソニ尸入灬/과 ᄒᆞ실ᄃᆞ로'의 '人/과'가 그것이다. 고려시대의 석독구결에선 흔히 나타나는 예이다.

'矣'는 앞에서 종결어미로 쓰인 예를 보아 왔다. 고려시대의 이두와 구결에선 이 차자가 'ᄃᆡ'로 쓰인 예가 자주 나타나지만 신라시대의 이두에선 다음의 한 예에서 그 가능성을 볼 수 있을 뿐이다. '洑堤 傷故 所內使以 見令賜 矣(청제비정원명)'의 '矣/ᄃᆡ'가 그것인데 종결어미와 거의 같아서 '-다'로 읽힐 가능성을 배제할 수 없다.

動名詞語尾는 다음과 같다.

去/거　　乎/온

'去/거'는 다음과 같이 쓰인 예가 하나 발견될 뿐이다. '願旨是者 法界有情 皆 佛道中 到內去 誓內/원지인 것은 법계유정이 모두 불도에 이르기를 다짐한다(선림원종명)'. 여기 쓰인 '到內去 誓內'의 去는 동명사어미로밖에는 볼 수 없다. 고려시대 이후의 자료에서 이 去는 확인법의 선어말어미로 쓰였다. 그러나 고려시대의 자료에서도 '不喩去 有等以/안디거 잇ᄃᆞ로(아닌 것이 있으므로)'와 같이 동명사어미로 쓰인 예들이 있어 고대국어의 용법의 흔적을 볼 수 있다.

'乎/온'은 '오'로도 읽히는데 신라시대의 것은 '온'으로 읽히는 예만 둘 확인된다. '-온'의 '-오-'는 이른바 의도법어미이고 'ㄴ'이 동명사어미이다. 앞에서 예로 든 '法界 一切 衆生 皆 成佛欲 爲賜以 成賜乎(화엄경사경조성기)'에 쓰인 '乎/온'의 'ㄴ'이 동명사어미로 문장을 종결시킨 경우에 쓰인 것이다. '紫草里 施賜乎 古鐘金/자초리께서 포시하신 옛종쇠(선림원종명)'에 쓰인 '乎'의 'ㄴ'은 명사의 수식에 쓰인 동명사어미이다. 이두에서는 동명사어미 '-ㄴ'을 따로 표기한 예를 보여주지 않는다. 다른 어미와 결합된 형태로 나타날 뿐이어서 문맥에 따라 이 형태를 재생해야 하는 경우가 있다. 동명사어미 '-尸/ㄹ'이 아직 나타나지 않는 것도 이두표기의 특수성과 자료의 제약에 말미암는 것으로 생각된다.

先語末語尾는 다음과 같은 것이 쓰였다.

飛/ᄂᆞ　　賜/ᄉᆞ

'飛/ᄂᆞ'는 현재시제를 나타내는 선어말어미로 고려시대와 조선시대까지도 이두와 구결에서 자주 쓰인 것이다. 신라시대 이두에는 '過去爲飛賜 豆溫哀郎 願 爲/돌아가신 두온애랑의 원을 위하여(영태2년명석조비로자나불조상기)'과 '願爲內等者…皆 無上菩提 成內飛也/오직 원하는 것은 모두 무상보제를 이루는 것이다(규흥사종명)'의 두 예가 나타난다. 앞 예의 '爲飛賜/ᄒᆞᄂᆞᄉᆞᆫ'에서는 '飛/ᄂᆞ'와 '賜/ᄉᆞ'의 배열순서가 15세기와는 달리 나타난다. 선어말어미의 배열순서가 시대에 따라 달라짐을 보여 주는 예이다.

'賜/ᄉᆞ'는 주체존대의 선어말어미이다. '思仁大角干 爲賜/사인대각간이 삼으시어(무진사종명)', '法界 一切 衆生 皆成佛欲 爲賜以 成賜乎(화엄경사경조성기)', '乙未年 烟見賜 節/을미년에 烟을 보실 때에(신라장적)', '過去爲飛賜 豆溫哀郎 願 爲(영태2년명석조비로자나불조상기)', '所內使以 見令賜矣(청제비정원명)' 등 그 용례가 자못 많다. 이 예들에서 賜는 어말어미와 같이 쓰인 예가 있으나 이는 표기법이 섬세하지 못한 데에 말미암은 것이다. 즉 〈무진사종명〉의 '爲賜'는 부사형이므로 어말어미 '-아·어'를 보충하여 'ᄒᆞᄉᆞ아'로 읽어야 할 것이고 〈신라장적〉의 '見賜'는 동명사어미 '-ㄴ'이나 '-ㄹ'을 보충하여 '보ᄉᆞᆫ'이나 '보ᄉᆞᆯ'로 읽어야 할 것이다. 이 밖의 예들도 문맥에 따라 어말어미의 보충이 있어야 할 것이다. '賜'의 어형은 후대의 '시'에 대응하지만 고대에도 '시'의 표기로 볼 수는 없다. 賜의 전통적인 한자음대로 'ᄉᆞ'이었던 것이다.

어미의 위치에 자주 나타나는 것으로 '內'가 있다. 이 차자가 나타내는 형태와 기능은 분명치 않다. 그 쓰임을 〈화엄경사경조성기〉에서 보면 선어말어미의 위치에 쓰인 것으로 '成內之/이루었다', '爲內旀/ᄒᆞ며', '入內如/넣는다'의 예가 있고 어말어미의 위치에 쓰인 것으로는 '成內 願旨者/이룬 원지는', '淳

淨爲內 新淨衣/순정한 신정의'와 같이 관형형어미의 위치에 쓰인 것이 있다. 연결어미의 위치에 쓰인 것으로 '頂禮爲內…供養爲內 以後中/정례하고…공양한 이후에'와 같이 쓰인 예가 있다. 〈영태2년명석조비로자나불조상기〉에서 보면 '石毘盧遮那佛 成內…觀音巖中 在內如/돌 비로자나불을 이루어…관음암에 둔다'는 부사형어미의 위치에 쓰였고 '遙聞內那 隨喜爲內那 影中 逕類那/멀리서 들은 이나 수희하는 이나 그림자 가운데를 지나가는 무리나'에서는 동명사어미의 위치에 쓰인 것이다. 이로 보면 이 內자는 고유어로 훈독되는 동사의 뒤에 온다는 특징 이외에는 그에 대응하는 어미를 추정할 수가 없다. 현재로서는 동사를 우리말로 해석하는 것을 보여주는 차자라고밖에는 달리 설명할 수가 없다.

接尾辭는 다음과 같은 것이 쓰였다.

內/(♀)+의 牙/엄 爲/ᄒᆞ 令只/시기- 令/이 兮/히 于/오·우 知/디 里/리

신라시조 赫居世는 弗矩內로도 표기된다. 같은 이름을 전자는 훈독자로 표기한 것이고 후자는 음가자로 표기한 차이일 뿐이다. 이 弗矩內는 '블그늬'를 표기한 것으로 이를 분석하면 '븕+은+의'가 되고 여기서 명사파생 접미사 '-의'가 추출됨은 앞에서도 말하였다. '弗矩內/블그늬'는 '밝은 존재'란 뜻으로 이는 '光明理世'의 사상을 나타낸다.

'牙/엄'은 赤牙縣(殷正縣)에 쓰인 것으로 赤牙는 殷과 대응된다. 殷에 '검븕다'의 뜻이 있으므로 赤牙는 '븕엄'의 표기임을 알 수 있다. 이 역시 '밝다'의 뜻으로 '赤牙/븕엄'은 형용사어간 '븕-'에 명사파생접미사 '-엄'의 결합으로 파생된 명사이고 여기서 명사파생접미사 '-엄'을 얻을 수 있다.

'爲/ᄒᆞ'는 한자어를 수용하는 과정에서 발달한 접미사이다. '淳淨爲/淳淨ᄒᆞ-', '供養爲/供養ᄒᆞ-' 등 그 용례가 자못 많다. 본래 동사에서 문법화한 것인데 이미 이 시대에 접미사화가 완성된 것으로 보인다.

'令只/시기-'도 '爲/ᄒᆞ-'와 같은 과정으로 접미사화한 것이다. '沐浴令只/목욕시기-', '庄嚴令只/장엄시기-'와 같이 쓰였다. 令자는 고려시대의 석독구결에서 사역형접미사 '-이-'를 표기하였다. 〈청제비정원명〉의 '見令賜矣/보이샤

딕'에서 이 접미사가 확인된다.

부사파생 접미사로 '兮/히'와 '于/가' 쓰였다. '追兮/좇히(정창원의 모전첩포기)', '追于/조초(위와 같음)'로 보아 같은 기능을 하는 접미사이다.

삼국시대의 金石文에는 인명에 '帝知(智)·第智·夫智·智' 등을 접미시킨 예를 볼 수 있다. 이는 伊思夫智·居柒夫智가 笞宗·荒宗 등으로 표기되는 것을 보아 신분의 고귀함을 나타내는 접미사임을 알 수 있다. 이 접미사가 통일신라의 인명에는 쓰이지 않았다. 다만 '黃珍知 奈麻(화엄경사경조성기)'와 같이 '知/디'를 접미시킨 예가 나오는데 이는 '知·智'가 존귀함을 나타내던 관습에서 붙인 것이다.

앞에서 여인들의 이름에 접미되는 '里/리'를 설명한 바 있다. 여성을 높이는 뜻에서 사용된 것으로 믿어진다.

국어에는 모음의 대립에 의하여 어감의 차이를 나타내는 단어파생법이 있다. 이 문법은 고대국어에도 있었음을 추정케 한다. 앞에서 든 '弗矩內/블그늬'의 '븕-'이 '붉-'의 뜻을 나타내는 예가 이를 말해 준다. 신라 6部의 하나인 '習比'가 삼국시대의 〈迎日冷水里碑〉에 '斯彼/ᄉᆞ비'로 나타나는 데서도 이 현상의 존재를 짐작할 수 있다.

이상에서 조사와 어미, 그리고 조어법에 대한 설명을 하였다. 국어에는 실사와 문법형태의 중간에 드는 형태들이 있다. 고대국어에도 그러한 형태들이 적지 않게 확인되는데 이를 準文法形態라 한다. 이러한 형태로는 다음과 같은 것을 들 수 있다.

等/ᄃᆞ　爲/ᄒᆞ-　是/이　在/겨　初/비릇　元/비릇　而/마리여

의존명사 '等/ᄃᆞ'는 고려시대의 이두와 구결에서 자주 쓰였었다. 고대국어에선 '自 毘盧遮那是等(인 ᄃᆞᆯ) 覺 去世爲尒/제 스스로가 비로자나인 것을 깨닫고 去世하도록(영태2년명석조비로자나불조상기)'과 '願爲內等者/오직 원하는 것은(규흥사종명)'에 쓰인 '是等/인 ᄃᆞᆯ'과 '爲內等者/ᄒᆞᆫ ᄃᆞᆫ'의 용례가 있다. 이 의존명사는 고려시대의 석독구결과 이두문에 폭넓게 사용된 것으로 보아 신라시대에도 널리 사용되었을 것으로 추정된다.

'爲/ᄒᆞ-'는 접미사로도 쓰이지만 본래 이는 조동사로 널리 쓰이던 데서 온 것이다. '皆 成佛欲 爲賜以/모두 성불코자 하심으로', '若 臥宿哉 若食喫哉 爲者/만약 누워 자거나 먹고 마시거나 하면(화엄경사경조성기)'의 '爲/ᄒᆞ-'가 조동사로 쓰인 것이다.

계사 '是/이-'의 용례들도 확인된다. '內物是在之/안의 물건이다(영태2년명석조비로자나불조상기)', '願旨是者/願旨인 것은(선림원종명)'등에 쓰인 '是在/이겨-'와 '是者/인ᄋᆞᆫ'에 쓰인 '是/이-'가 그것이다.

'在/겨-'는 후대에는 그 기능을 '有/잇-'에 넘겨주고 없어진 단어이다. 15세기에는 존대법어미 '-시-'가 접미되어 화석화한 '겨시-'가 그 흔적만을 보여주는 것이지만 고대에는 사용빈도가 매우 높은 단어이다. 이 단어는 '觀音巖中 在內如/관음암에 둔다(영태2년명석조비로자나불조상기)'와 같이 실사로도 쓰이지만 대개는 다른 동사의 어간과 결합하여 시간의 지속을 나타낸다. '願助在 衆/願을 도운 衆(무진사종명)', '作作處中 進在之/짓는 곳에 나간다(화엄경사경조성기)'의 '助在/돕견', '進在/나ᅀᅳ겨-' 등이 그것이다. '是/이'와 '在/겨'가 결합하여 '是在/이겨-'로 쓰이는 것은 앞의 예에서 보았는데 이 경우 '是'의 표기를 생략하고 '在'만을 쓰기도 한다. '娚者 零妙寺 言寂法師在旀/오라비는 영묘사의 언적법사이며(갈항사석탑조성기)'의 '在旀/겨며'는 '是在旀/이겨며'에서 '是'의 표기가 생략된 것이다. 이러한 '是/이'의 생략은 고려시대의 이두나 구결에서 흔히 볼 수 있는 현상인데 그 관습이 신라시대까지 소급됨을 보여주는 예이다.

'初'와 '元'은 '언제 시작하여(부터) 언제까지'라는 표현에서 '시작하여(부터)'의 뜻을 나타낸다. '甲午 八月一日 初 乙未載 二月十四日 一部 周了成內之/갑오년 8월 1일에 시작하여 을미년 2월 14일 일부를 두루 마치어 이루었다(화엄경사경조성기)', '二月十二日 元 四月十三日 此間中 了治內之/2월 12일에 시작하여 4월 13일 이 사이에 마치어 수리하였다(청제비정원명)'와 같이 쓰였다. 어느 기간의 시작을 나타낸다는 특수성이 준문법형태로 발달하는 계기가 되었다. 후대의 이두에서는 '元叱'·'始叱'로 표기하고 '비롯'으로 읽고 있다. 동사 '비롯-'에서 부사로 파생되었다가 '부터'의 뜻을 나타내는 준문법형태로 발달하여 조선조말까지 사용되었다.

'而'는 후대의 이두에서 '而亦/마리여'로 표기하고 역접의 뜻을 나타내는 접속사와 '而叱/말잇'으로 표기하고 '하면'의 뜻을 나타내는 접속사로 쓰인 이두이다. 고대국어에서는 '前內視令節 植內是而 死白栢子木十三/전의 內視令 때에 심었었지만 죽은 것으로 보고하옵는 잣나무는 13주임(신라장적)'과 같이 쓰인 예들이 있다. '是而'는 '-인 마리여'로 읽히는데 현대어로는 '-인 것이지만'의 뜻으로 풀이된다.

이상 신라시대의 문법에 대하여 이두문에 나타난 것을 중심으로 설명하였다. 이는 한정된 자료에 바탕을 둔 것이어서 고대국어의 전 모습을 보여 주는 것은 못되지만 현재 확인할 수 있는 것은 모두 망라된 셈이다. 앞으로 보다 많은 자료가 나와서 이를 보완하게 되기를 바란다.

〈南豊鉉〉

2) 향 가

6세기 이전 한반도 동단에 자리한 신라는 아직 고유한 문자를 가지지 못하였던 관계로 한자의 음과 훈과 뜻을 차용하여 자기 나라 말을 기록할 수 있는 수단을 고안하여 사용하였다. 이와 같은 표기법을 「鄕札」이라고 불렀는데, 이로써 신라는 자기 나라 말로 된 노래를 문자로 표기하여 후대에 남길 수 있었다. 향찰로 표기한 자국의 말로 된 노래를 「鄕歌」라고 불렀다. 향가라는 말은 외래의 노래, 특히 漢·唐의 가요와 범패류의 불교가요에 대한 신라 자국의 노래를 가리켜 이르던 정감어린 명칭이었다. 향가에 대한 신라사람의 인식은 유다른 바 있었으니, "신라사람이 향가를 숭상한 지는 오래었다. 대개 시송의 종류인가. 그리하여 왕왕 천지귀신을 감동케 하는 것이 한두 편에 그치지 않았다."[1]고 하였다. 향가는 중국의 시송에 견줄 만큼 국민적 숭앙을 받으면서 널리 제작되고 애송된 신라의 가요였다. 國仙에 딸린 郎徒僧은 범패는 못해도 향가만은 지어 부를 수 있었고, 佛齋에서도 향가가

1) 《三國遺事》 권 5, 感通 7, 月明師 兜率歌.

범패를 대신하여 쓰였다. 향가는 당초 외래가요에 대한 국어로 된 노래를 가리켜 말한 것이었으나, 그것이 흔히 향찰로 기록되었으므로 향찰표기의 신라가요를 향가라고 부르고 있다. 15세기 중엽에 이르러 조선의 世宗이 향찰표기의 불편을 지양하고자 새로이 「正音」이라는 국문자를 제작·반포하여 널리 쓰이게 되면서 향찰은 점차로 자취를 감추었고, 향가도 정음표기의 이른바 국문가요로 바뀌어 갔던 것으로 보인다.

현전하는 향가는 총 25수로서 신라향가 14수는 《三國遺事》, 고려향가 11수는 《均如傳》에 각각 수록되어 있다. 신라 眞聖女王 2년(888)에 왕명으로 향가집 《三代目》이 大矩와 魏弘에 의하여 수집되었던 사실이 전하나, 지금 그 책이 전하지 않는 관계로 그 내용이나 규모를 전혀 알 수 없다. 《삼대목》이 신라 말기의 가요집성이라는 점에서 신라 전대에 걸친 향가가 고루 망라된 꽤 방대한 가집이 아니었던가 한다. 향가와 관련하여 〈詞腦歌〉·〈詩腦歌〉·〈兜率歌〉 등의 명칭이 문헌에 보이고 있는데 이에 관한 가요의 성격은 확실히 밝혀지지 않았으나, 향가의 하부장르인 것만은 확실하다. 〈사뇌가〉 혹은 〈시뇌가〉는 당초 음악과 무용의 요소를 가진 놀이에서 가창된 노래를 일렀던 듯하며, 가사가 깨끗하고, 글귀가 아름다워 「사뇌」라 명명했다고 밝히고 있다. 〈도솔가〉에 관하여는 1세기초 신라 儒理王 5년(A.D. 28)에 제작된 사실이 기록에 보이며, 이를 「歌樂의 처음」이라 하고, 「嗟辭」를 가진 詞腦格이 있다고 하였는데, 이로 미루어 최초의 國定歌謠인 듯하며, 후대의 향가-〈사뇌가〉와 어떤 연계를 갖는 초기의 가요였던 것으로 보인다.

향가의 장르적 성격은 매우 다양하다. 집단적인 민요, 개인적인 서정가요, 변괴나 역신을 물리친 주가, 특정 인물을 예찬하거나, 사모하는 찬가와 추모가, 불교가요(공덕·수행·의식·기원·교리 등), 治國의 도리를 밝힌 獻歌 등 여러 가지다.

향가의 작자도 그 구성이 다양하다. 위로는 왕으로부터 아래로 재상·신하·관원·국선도·일반 사녀·무명의 평민·승려·수행자·부녀·불교신도 등 신라사회의 각계각층을 폭넓게 망라하고 있다. 그리하여 향가를 「국민문학」이라 일컫는 이도 있다.[2] 향가의 형식을 4구체·8구체·10구체의 세 종류로 구분하고 있으나, 원전의 구절과는 일치하지 않는다. 가사가 전하지 않는

月明師(景德王 때 승려)의 〈散花歌〉는 10구 이상의 장편이 확실하므로 향가를 위의 세 종류로 분류한 것은 정설일 수 없는 가설이다. 향가의 형식에 대하여 《균여전》은 崔行歸의 譯詩 서문에서 「三句六名」을 말하였는데, 그 확실한 내용은 알 수 없고, 다만 10구체 향가의 3단락 구성을 시사한 것으로 추측될 뿐이다. 이와 같은 3단락 구성은 후대의 한국가요, 특히 시조의 3장 구성과도 관련이 있는 것으로 이해되고 있다.

현전하는 신라향가에서 가장 이른 시기에 나온 작품(薯童謠·彗星歌·風謠)이 대략 6세기 말엽에서 7세기 전반에 걸쳐 있고, 그 나머지 작품들은 삼국통일 이후의 통일신라 작품이다. 향가는 평속한 노래이면서도, 남녀상열류의 세속적 인간 감정을 노래한 고려 속요와는 달리 숭고한 이상이나 동경, 지순한 종교적 신심이나 간절한 희원, 순후한 인간 감정을 노래하였고, 일부에 呪歌的인 작품도 있다. 기교보다는 솔직 담백한 서정, 진실하고 질박한 서사가 돋보인며, 당초 회의, 침울, 절망과 같은 정서와는 거리가 있고, 공격적이거나 격정적인 면은 거의 찾아볼 수 없다.

현전하는 신라 향가 14수 각편을 통해 신라인의 가요 발상의 실상을 살펴보기로 한다.

〈서동요〉:《삼국유사》의 武王조는 〈서동요〉의 작자에 대하여 백제 제30대 武王이 잠저시대에 신라 진평왕의 공주 善花를 취하기 위해 거짓 풍문을 퍼뜨리는 수단으로 이 노래를 제작하여 유포시켰던 것으로 기록하고 있다. 그러나 여러 가지 정황으로 미루어 이 대목에 나오는 무왕은 역사적 인물인 백제의 무왕과는 관계가 없는 설화적 인물이다. 따라서 〈서동요〉의 작자를 백제 무왕으로 말하는 것은 잘못이다. 마땅히 薯童이라 해야 할 것이다. 이 노래의 배경기사는 설화 문맥으로 이루어져 있으며, 많은 설화 모티프를 포함하고 있다. 비범한 인물의 이상 탄생 모티프가 여기서는 서동의 龍子로서의 출생으로 나타나 있다. 미천한 인물이 자기 능력(꾀, 용기 등)으로 고귀한 신분의 여성과 결혼하고, 또 출세하여 신분상승한다는 설화유형이 서동에서 재현되고 있다. 그의 〈서동요〉 제작과 유포는 그의 능력을 시사하는 사실이

2) 趙潤濟,《國文學概說》(東國文化社, 1955), 88쪽.

되며, 동시에 이 설화에서 중요한 전환적 계기가 되고 있다. 그리고 智者의 도움으로 숨겨진 보물을 얻는다는 모티프도 서동이 공주의 조언으로 황금의 실체를 알아서 득재하게 되는 데서 나타나고 있다. 신통력으로 무겁고 많은 물건을 먼 곳까지 나르고, 산을 헐어서 호수를 메우는 등 힘센 거인(怪力의 소지자)의 모티프가 여기서는 知命이라는 승려의 형상으로 불교화되어 나타나고 있다. 이 밖에도 노래의 주력 모티프를 볼 수 있다. 〈서동요〉가 비록 허위의 사실을 조작한 노래였음에도 불구하고, 무심한 아이들의 입으로 불려지는 가운데 노래의 내용이 현실화되었고, 또 피해자인 공주까지도 "동요의 영험을 믿게 되었다"고 한 데서 노래에 대한 신라사람의 의식이 여실히 나타나고 있다. 해독된 〈서동요〉의 내용은 아래와 같다.

선화공주님은 남 그으기 얼어두고/서동 방을 밤에 마를 안고 가다(《三國遺事》 권 2, 紀異 2, 武王)

위의 표면적 문맥으로 보면 작자 자신의 서정적 자아가 전혀 드러나지 않은 객관적 서술을 하고 있다. 그러나 배경설화를 통하여 내면의 문맥을 해독하게 될 때 미천한 무명소년의 무분별에 가까운 야망과 좌절 모르는 집념의 역동적 표현을 역력히 읽어낼 수 있을 것이다. 가장 냉정한 표정 뒤에 감추어진 뜨거운 열정을 감지하게 된다.[3)]

〈혜성가〉 : 신라 眞平王(579-632) 때 融天師가 지은 노래다. 제작의 전후 사정을 설명하는 기사는 다분히 설화적이어서 그 역사적 엄정성을 기대하는 것은 무리일 듯하나, 신라 때 있었던 왜군의 침입, 혜성의 출현 등 일련의 역사적 사실과 그에 대처하는 신라인의 의식을 반영하면서 동시에 이와 같은 사태가 계기가 되어 제작된 〈혜성가〉의 존재를 알려 주고 있다. 작자 융천은 화랑도와 관련있는 郎徒僧으로 密敎(純密)계의 영력있는 實修僧이었던 듯하다. 그는 〈혜성가〉를 지어 부름으로써 침입했던 왜군을 물러나게 하고, 不祥의 상징으로 인식되었던 혜성을 물리쳤다. 〈혜성가〉가 이런 신통한 영력을 발휘한 데는 그 나름의 주술적 원리가 작용하였음을 인정하게 된다. 그

3) 황패강, 〈'서동요' 연구〉(《新羅文化》 3·4합집, 東國大, 1987), 16쪽.

의 향가는 사실을 시화하는 과정에서 轉移의 수법을 씀으로써 현실타개의 주술적 효과를 거두었던 것으로 보인다. 그는 노래에서 두 가지 현실적 난제를 제기하였는데, 첫째가 왜군의 내침이요, 둘째가 혜성의 출현이다. 그는 엄연한 왜군 침입을 「건달파성을 바라고 온 비침략적인 것」으로, 흉조가 분명한 혜성의 출현을 「길 쓸 별」로 넌지시 전이하여 표현했고, 후구에서 "왜군이 바다에 떠서 돌아가고", "무슨 혜성일까보냐" 하는 단호한 부정으로 결말을 지음으로써 현실 전환의 결정적 계기를 잡았다. 향가가 흔히 천지귀신을 감동케 하였다고 한 노래에 대한 신라인의 인식에는 「노래된 것」은 그대로 현실화된다는 믿음이 보인다. 왜군의 내침을 "건달파성을 바라고 왔다"고 노래함으로써 그것은 「내침」이 아닌, 건달파성의 환상에 이끌려 온 왜군이 되어 버리고, 엄연한 혜성을 「길 쓸 별」이라 노래함으로써 그것은 혜성일 수 없게 되고, 따라서 「길 쓸 별」이 되어 버리는 것이었다. 이것이 본가의 시적 메카니즘으로 실현된 가요의 주술적 원리다. 다시 후구에서 왜군이 "바다에 떠서 가버리고 있다"고 노래함으로써 왜군의 해상 철수는 현실화되고, "그게 무슨 혯기잇고"라고 노래함으로써 더 이상 「혯기」는 있을 수 없다. 결국 현실의 혜성은 완전히 부정되고 말았고, 따라서 혜성은 자취를 감춰 버렸다. 작자가 왜군의 내침에 하필 「건달파성」을 이끌어 온 데는 그 나름의 특별한 의미가 있었던 것이 확실하다. 「건달파성」은 사람의 눈에 「있는 것」으로 보이되 실은 없는 幻化의 성이다. 왜군이 한낱 환화에 지나지 않는 건달파성을 바라고 왔다고 함으로써 그들이 한낱 허상을 좇는 愚癡의 무리에 지나지 않으며, 그들의 「내침」 자체 허상에의 미련한 집착일 뿐이라는 은연한 비아냥을 담고 있다고 하겠다.[4)]

〈風謠〉: 불교 입국의 성세이던 신라 선덕여왕(632-647) 치세에 靈廟寺 장륙삼존불 조성의 佛事와 관련하여 불려진 〈풍요〉는 경주의 사녀들이 泥土供養[5)]하러 가면서 부른 공덕가다. 이 노래는 이 불사가 끝난 뒤에도 경주지방에서 계속 구전되었던 듯 고려 때 맞절구질하는 주민들 사이에서 이 노래가 유행하였다.[6)] 한 시대의 민요라 할 〈풍요〉가 허구 많은 주제를 두고, 하필

4) 黃浿江, 〈'彗星歌' 硏究〉(《中齋張忠植博士華甲紀念論叢》, 1992), 64쪽.
5) 金東旭은 '泥土施主'로 보았다(金東旭, 《國文學槪說》, 普成文化社, 1992, 44쪽).

불공덕을 노래했다는 점에서 그 시대, 그 나라의 불교적 분위기를 가히 짐작할 수 있다. 〈풍요〉는 그 가요의 성격상 특정한 작자를 생각할 수 없는 노래이나, 영감을 받아 장륙상 소성에 종사한 良志에게 영적으로 동화된 사녀들이 聖像 조성에 이토공양을 하면서 그 영적 체험을 歌化한 것으로 단순한 노동요[7]는 아니다.[8]

〈願往生歌〉 : 미타정토 왕생을 원구하며 세속의 욕망을 단절하고 수행에 전념한 廣德이 자신의 왕생 희구를 읊은 노래다. 수십억 불토를 격해 있는 무량수불의 願力은 멀리 穢土衆生에까지도 미친다. 광덕은 서방으로부터의 서원에 응답하고 나선 行者다. 무량수불과 광덕은 달로 말미암아 서로의 메시지와 응답을 교신하며, 이로써 淨穢가 하나 되며, 迷悟一如의 새 경지가 열린다. 노래에서 "나를 버려 두고는 (무량수불 당신의) 誓願이 성취되지 않는다"고 하였는데, 「나를 왕생시켜 달라」는 소원 표출 이상의, 「당신(무량수불)의 正覺을 위해서 나의 成道는 절대적 조건이다. 따라서 나를 성도시켜 주지 아니하고 어찌하겠는가」하여 상대방에게 하는, 어느 의미의 강박적(?) 투정처럼도 되며, 동시에 자기 수행에 대한 절대적인 자신을 표현했다고도 하겠다. 자기 成道에 대한 확신이다. 그는 무량수불의 메시지에 무조건의 신뢰와 철저한 자기 헌신으로 응답하면서 동시에 무량수불의 결단을 촉구하는 물음을 발하고 있다. 문무왕(661~681) 때의 수행자 광덕은 위의 역동적 시 구조로써 '원왕생'(《三國遺事》 권 5, 感通 7, 廣德 嚴莊)을 노래하였다.[9]

〈慕竹旨郎歌〉 : 삼국통일의 공신이며, 4대 총재를 지낸 金竹旨는 孝昭王(692~702) 때 현직에서 물러나 郎徒를 거느리고 國仙道를 행하고 있었는데, 낭도 得烏가 富山城 창직으로 불려가자 찾아가 위로하고, 갖은 어려움에도 휴가를 받아서 함께 돌아온 일이 있었다. 득오는 죽지 사후 그가 자신에게 베풀어 준 은혜를 회고하면서 끝없이 경모하는 심정을 본가에 담았다.[10]

---

6) 《三國遺事》 권 4, 義解 5, 良志使錫.
7) 朴魯埻, 《新羅歌謠의 硏究》(悅話堂, 1982), 111~114쪽.
8) 黃浿江, 〈'風謠'에 대한 一考察〉(《新羅文學의 新硏究》, 新羅文化宣揚會, 1986), 85~102쪽.
9) 黃浿江, 〈'願往生歌' 硏究〉(《三國遺事의 문예적 가치해명》, 새문社, 1982), 85~104쪽.

간 봄 그리워 함에/더 못 살으사, 울어 설워하나이다/(부산성에 매였을 제) 애달음 나타내신/모습이 해 거듭하는 즈음에 덧없이 가시더이다/눈 돌이켜 되돌아볼새/맞보기 어찌 기약하리이까/낭이여, 그리는 마음에/가올 길/陋巷에 잘 밤 (또 다시) 있사오리이까(《三國遺事》 권 2, 紀異 2, 孝昭王代 竹旨郞).

〈獻花歌〉: 聖德王 때(702~737) 純貞公의 夫人 水路에게 어떤 村老가 꽃을 꺾어 바치며 드린 자작의 노래로, 사심없는 지순무구한 호의를 담은 3구절의 서정가요다.

진달래 (핀) 바위 가에 잡고 있는 어미소 놓아 두고/나를 아니 부끄러워 하시오면/꽃을 꺾어 드리오리다(《三國遺事》 권 2, 紀異 2, 水路夫人).

〈怨歌〉: 孝成王과 景德王 2대 왕조에서 요직을 맡아 국정에 참여한 信忠이 당초 효성왕(737~742) 즉위초 왕이 潛邸 때 궁뜰의 잣나무를 두고 한 언약을 이행치 아니하자 원망하는 노래를 지어 잣나무에 붙였다. 이로 말미암아 잣나무는 노랗게 말랐다. 그제야 왕이 깨닫고, 그를 등용하니 잣나무는 원상을 돌이켰다고 한다. 이 노래가 향가「원가」다. 나무와 신성왕의 상징성, 노래의 주력 등을 신봉했던 신라인의 의식을 엿보게 하는 노래다(《三國遺事》 권 5, 避隱 8, 信忠掛冠).

〈兜率歌〉: 景德王 19년(760) 4월 日怪가 나타나고, 왜군의 침입이 있었다. 이에 왕명을 받고 月明師가 散花功德을 행하며, 본가를 지어 불렀더니, 마침내 일괴가 사라지고, 왜군이 물러갔다. 그는 이 노래에서 兜率天의 미륵보살을 맞아 신라를 미륵下生의 불국토화함으로써 일체의 재앙이 범접 못한다는, 불교적 확신을 노래했다(《三國遺事》 권 5, 感通 7, 月明師 兜率歌).

〈祭亡妹歌〉: 경덕왕(742~765) 때 월명사가 죽은 누이동생을 위해 재를 올리며 이 노래를 부르자 광풍이 일어 지전을 날려 서쪽에 사라지게 했다고 한다. '천지 귀신을 감동케 한다'는 신라향가의 계열에 속하는 노래다. 가을에 떨어지는 낙엽에 의탁하여 인간 존재의 허무를 노래하였다. 그러나 이 노래는 인간 존재의 허무를 노래하는 것으로 마치지 아니하고, 허무를 지양한,

10) 黃浿江, 〈慕竹旨郞歌 硏究〉(《語文硏究》 21, 語文學會, 1991), 61~75쪽.

승화된 정신세계를 그렸다. 그럼으로써 궁극적인 인간의 운명을 희망적으로 제시하고 있다(《三國遺事》 권 5, 感通 7, 月明師 兜率歌).

〈讚耆婆郞歌〉 : 경덕왕 때 유행한 忠談師의 향가 작품으로, 왕이 '그 뜻이 심히 높다(其意甚高)'고 평했듯이 화랑 기파랑의 인격을 그지없이 고상하게 형상화하였는데, 물에 비친 달에 비유하고, 변함없는 절의를 서리 모르는 잣나무에 빗대어 노래하였다. 아름다운 서정, 생동감 넘치는 형상화는 문학적으로 높이 평가받을 만하다(《三國遺事》 권 2, 紀異 2, 景德王 忠談師 表訓大德).

〈安民歌〉 : 경덕왕 24년(765)의 어느 3월 3일 榮僧을 기다리던 왕에게 인도되어 온 충담이 왕의 요청을 받고, 治道의 도리를 노래로 지어서 바친 것이 본가이다. 왕은 이를 가납하여 그를 王師로 봉하였으나 사양하고 받지 않았다. 노래의 내용은 君·臣·民 3자의 관계를 父·母·子에 대비하여 이들이 마땅히 지켜야 할 본분이 무엇인가를 노래하였다(《三國遺事》 권 2, 紀異 1, 景德王 忠談師 表訓大德).

〈禱千手大悲歌〉 : 경덕왕 때 여인 希明은 아들이 다섯살에 실명하자 아들의 눈을 뜨게 하고자 분황사 벽화의 천수대비상 앞에서 아이로 하여금 본가를 불러 빌게 하여 눈밝음을 얻었다. 분황사의 벽화 천수대비상은 아마도 7세기 전반에 率居가 그린 '神畵'-'관음상'으로 그 영험이 널리 신봉되어 왔던 듯하다. 千手千眼의 利他의 보살에게 당신의 천개 눈에서 하나만이라도 베풀어주십사 간절히 비는 내용으로 된 본가는 과연 관음으로 하여금 자비심을 발하게 하였던 것이다(《三國遺事》 권 3, 塔像 4, 芬皇寺千手大悲 盲兒得眼).

〈遇賊歌〉 : 元聖王(785~798) 때 90세에 다달은 永才는 세속의 인연을 끊고 남악에 은거하러 가던 길에서 도둑들을 만나 위급한 지경에 이르렀으나 태연히 이들을 대하고, 또 노래를 지어 감화하니 도둑들이 흉기를 버리고, 머리를 깎고, 그를 따라 입산하여 다시는 세상을 밟지 않았다. 도둑들을 감화하여 回心케 한 노래가 본가다(《三國遺事》 권 5, 避隱 8, 永才遇賊).

〈處容歌〉 : 憲康王(875~886)이 開雲浦에서 짙은 운무를 만나 길을 잃었을 때 '동해용을 위해 勝事를 하여 풀어야 한다'는 日官의 말에 따라 근경에 불사를 세우도록 영을 내렸다. 그러자 운무는 씻은 듯이 개었고, 동해용이 일곱 아들을 거느리고 나와 임금의 덕을 찬양하여 춤과 음악을 바쳤다. 용의 아들 하나가 왕을 따라 서울에 들어와 왕정을 보좌하니, 이름을 處容이라고 하였다. 왕은 미녀로서 아내를 삼아주고, 級干의 직을 주었다. 처용의 아내를 흠모한 疫神이 사람으로 변하여 밤에 몰래 처용의 아내와 동침하고 있었다. 마침 집에 돌아온 처용이 잠자리에서 두 사람을 발견하였다. 그러나 그는 노래부르고 춤추며 물러났다. 이처럼 노여움을 보이지 않은 처용의 태도에 감동한 역신은 진심으로 사과하고, 앞으로는 처용의 화상을 보아도 그곳을 멀리 하겠노라고 맹서하였다. 이때 처용이 부른 노래가 〈처용가〉다.

> 서울 밝은 달에/밤들이 노닐다가/들어사 자리를 보니/가랄(다리)이 넷이러라/둘은 내해였고, 둘은 뉘해언고/본대 내해이다만/앗음을 어찌하리꼬(《三國遺事》 권 2, 紀異 2, 處容郎 望海寺).

이 노래의 해석을 두고 여러 가지 논의가 있다. 노골적인 성관계를 그렸다고 하여 그 卑俗性을 문제삼아 서민문학에 귀속시키는 논의도 있고, 처용의 歌舞自退를 불교적 忍辱行으로, "앗음을 어찌하리꼬"를 諦念으로, 처용을 아랍상인으로, 혹은 지방호족의 출신으로 해석하는 논의도 있다. 그러나 노래에 관하여는 아래와 같은 해석이 가능하다. 달로 상징된 천상적 이미지와 간음으로 나타난 지상적 현실 사이에 聖과 俗으로 대비될 엄청난 거리가 설정되었다. 처용과 역신 양자의 대립을 해소할 계기는 거의 보이지 않는다. 이로써 긴장이 야기되고, 긴장이 극도로 고조된 끝에 일대전환을 맞는데, 바로 처용의 가무자퇴로써 일체의 갈등이 승화될 계기를 맞게 된 것이다. 처용처는 고상과 비속의 두 가치의 중간에서 어느 편이든 될 수 있는 방황하는 인간적 존재다. 당초 천상적 존재(처용)와 맺어져 있던 처용처는 사탄적인 역신의 유혹에 빠져, 고상한 가치와 맺어졌던 자신을 아낌없이 비속하고 저열한 가치(역신)에게 내맡긴 꼴이 되었다. 그러나 타락이 결과할 파멸의 결정적 순간에서 고상한 가치로 말미암아 구원 즉 영혼의 구제를 받는다. 최후의 순간 처용의 노래(가무)가 그녀의 영혼을 구하였다. 처용의 가무는 역신으로 하여금 처용처에 대한 일체의 邪意를 포기하게 하였을 뿐만 아니라, 인간 전체

에 대하여도 그의 사력 행사의 포기를 선언하게 하였다. 이때 처용이 부른 노래가 〈처용가〉다.[11]

〈黃浿江〉

3) 한문학

(1) 한문학의 전개

가. 신라 통일 이전의 한문학

한자가 최초로 전래된 시기는 분명하지 않지만 삼국시대 이전에 중국내 정치적 상황에 따른 지식인들의 이주가 이루어지면서 한자 역시 유입되었을 것으로 보인다. 이것은 삼국시대 각국이 국사를 기록하고, 기념비를 세워 국가의 위업을 알렸으며, 주변국과 외교문서를 교환하는 일 등을 통해서 한문의 사용능력이 이미 상당한 수준에 이른 것으로 보아서도 잘 알 수 있다. 해독이 비교적 용이한 眞興王巡狩碑文 중 〈磨雲嶺碑〉나 金后稷의 〈上眞平王書〉는 이 시기의 문장이 부화하지 않고 소박하고 순후함을 보여주는 예이다.

그러나 삼국시대에 이루어진 한문이 공식적인 문서에만 통용된 것은 아니다. 우리 나라 최초의 한시로 알려진 고구려 乙支文德의 〈與隋將于仲文〉이나 신라 眞德女王의 〈太平頌〉은 국제간의 외교문서의 하나로 간주될 수 있으면서도, 그것이 시적 형식과 수사, 함축적인 시어로 이루어진 탁월한 문학작품이었다는 데 아무도 이론을 제기하지 못할 것이다. 李圭報는 전자를 구법이 奇古하고 자연스러워 후대인이 미치지 못할 바라 했고, 후자를 高古하고 웅혼하여 초당 시인의 작품과 비견되는 것으로 칭찬하고 있다.

고구려 定法師가 지은 것으로 알려진 〈詠孤石〉은 공용적인 의도가 배경에 깔린 이상의 작품과는 달리 작가 개인의 고고한 의지를 바위에 투영시킨 수

11) 黃浿江, 〈處容歌 硏究의 史的 反省과 一試考〉(《鄕歌麗謠硏究》, 二友出版社, 1985), 153쪽.

준높은 작품이다. 정법사가 육조시대에 중국에서 수도했던 승려였다는《大東詩選》의 기록을 받아들인다면 삼국시대의 한문학 자료는 많지 않으나 이미 통일기 문학을 배태시킬 충분한 토대를 마련한 것으로 볼 수 있다.

나. 8세기 승려들의 시문

7세기말 신라가 삼국을 통일하면서 한문학은 상당한 발전을 이룩한다. 여기에는 신라가 삼국통일을 위한 작업에서 당에 빈번하게 사신을 파견하고 외교문서를 보내면서 활발한 교류를 시도한 것도 일조했을 것이다.

출가하여 수도하다가 현세의 삶을 포기할 수 없었던 한 젊고 아름다운 여인의 마음을 잘 묘사한《全唐詩》소재 薛瑤(?~693)의 〈返俗謠〉는 바로 이 시기의 작품이다. 설요는 김인문과 함께 당에 갔다가 그곳에서 장군이 된 아버지 薛承冲이 죽자 15세에 중이 되었다가 6년 후 환속하면서 이 노래를 지었다고 전한다. 〈반속요〉는 통일 이전의 작품들이 보여주던 공용적 특성에서 완전히 탈피되어 개인의 정서를 노래한 작품이라는 점에서 그 의의가 크다. 설승충의 입당이 당 고종의 시대라 하므로 설요는 당에서 출생했을 가능성이 크고, 환속한 후 당나라 사람의 소실이 되었으므로 그의 작품은 당에서 저작된 작품들이 상당수를 차지하는 통일신라기 한문학 전통의 시단을 연다.

그러나 7세기말부터 8세기는 사상적으로, 문학적으로 불승들의 시대라 할 만큼 그들의 역할이 크고, 이러한 전통이 9세기 도당유학생들·빈공급제자의 작품이 만당의 유미적인 시들과 다른 정신세계를 보여주는 배경이 되었을 것으로 추측된다. 이 시기의 고승으로 元曉·圓測·義湘·慧超·金地藏 등이 언급되고 있거니와, 신라 통일 전후기에 살면서 마음의 근원이 유와 무를 분변하지 않고 세계는 진과 속을 아우른다고 하여 화합의 논리를 제공해 준 원효(617~686)의 和諍사상, "일 가운데 일체있고, 일체 가운데 일이 있으며, 일이 곧 일체요, 일체가 곧 일이다."라는 포용의 이론이 전제된 의상(625~702)의 화엄학 등은 한문학 발전에 기여했음은 물론 9세기 문사들에게 세계관의 확대를 통해 개인적인, 또는 정치 사회적인 다양한 사유 기반을 마련해 주었다.

그들은 사상적 배경뿐만 아니라 저술 가운데 때때로 삽입한 揭頌으로 스스로 문학적 성과를 이룩하기도 했다. 원효의 〈六乘六情懺悔〉는 일련 4언 4구 71련으로 구성된 불가 시의 게송문학을 연 작품으로 인정되기도 하거니와, 특히 의상의 〈華嚴一乘法界圖〉는 槃詩(굽은 시)의 효시로 우리 나라에서 시각적인 시의 전통을 세워준 의미있는 작품이다.[1] 《往五天竺國傳》을 쓴 혜초(704~787)는 그 안에 시 6수를 남겼고, 〈送童子下山〉이란 시를 남긴 金地藏(705~803)은 신라의 왕자로 중국 구화산에서 수도한 유명한 승려이다. 이들은 원효를 제외하고는 모두 입당하여 수학하고 그곳에서 생애의 대부분을 보냈거나 작품을 저술한 승려들이란 공통점을 지닌다. 이것은 앞에서 언급한 정법사의 경우에서도 이미 나타나고 있지만, 통일 신라기 한문학의 발전에는 이들 유학승의 역할이 작지 않았음을 말해준다. 혜초의 시 중에는 수행을 위한 기행중 저작된 것이면서도 고향을 그리는 마음이 나타난 것이 있고, 김지장은 속세로 떠나는 동자와 심정적 합일을 보여주는 순수함을 통해 고승의 세계가 바로 이러한 것임을 잘 표출하고 있다. 《왕오천축국전》은 전이라 제명되었지만 후대에 일반적으로 인간의 일생을 적는 형식을 전이라 부른 것과는 물론 다르다. 이 작품은 종교적 수행으로서 일종의 求法巡禮記의 성격을 가지면서도 방문국의 인종과 풍습·물산 등이 묘사되어 후대 기행문학을 여는 의미를 지닌다.

그러나 8세기말에 이르면 유학의 진흥도 본격화된다. 국학의 설치는 7세기말(682)에 이루어졌지만, 국왕이 행차하여 경서를 강의하게 한 것은 혜공왕 원년(765)이었고, 8세기말에 이르면 讀書三品科가 시행되어(788) 경서를 통한 인재선발이 이루어진다. 그러나 제시된 경서 과목 중 시·서·역의 삼경이 없고, 가장 기본적인 문헌으로 오히려 《曲禮》와 《孝經》이 지정되어 있음이 주목된다. 이것은 신라가 아직 경학의 체계적인 습득보다 개인의 몸가짐, 부모에 대한 공경 같은 실제 생활에 가장 긴요한 윤리에 더 관심을 갖고 있음을 보여준다.

원성왕 4년(788)에 있었던 도당유학생 子玉의 임관에 대한 毛肖의 반발은 그가 文籍 출신이 아니라는 데 있었다. 이에 대해서 金富軾은 사론에서 「학

1) 李鍾燦, 〈元曉의 시문학-六乘六情懺悔를 중심으로〉·〈義湘의 槃詩 一乘法界圖〉(《韓國佛家詩文學史論》, 불광출판부, 1993), 38~78쪽.

문」의 중요성을 논하면서 이것 없이는 사리의 선후·본말의 순서를 모르게 되고 구구히 정신을 하찮은 것에 빠지게 한다는 점에서 모초의 주장을 "만세의 모범"이라 극찬했다. 김부식이 詞章을 '雕蟲篆刻'으로 간주했음을 고려한다면(《東文選》 권 45, 謝魏樞密稱譽啓) 이 시기 국내에서 성장한 학자들은 도당유학생을 단지 비학문적인 문사만 중시한 것으로 경시하면서 대결의식을 보이고 있었음이 규견된다.

다. 9세기 신라 한문학

9세기에 이르면 한문학이 전업 문사라 할 수 있는 이들에 의해 장악되면서 상당한 수준에 도달한다. 여기에 경학 위주인 독서삼품과가 어느 정도 기여했는지는 분명하지 않으나, 현존하는 작품들은 대부분 당나라에 유학했던 이들의 것이다. 당시 도당유학생은 신라의 6두품 문사가 주종을 이루고 있었거니와, 崔瀣는 당 長慶 원년(821) 신라의 金雲卿이 빈공과에 합격한 이후 58명의 급제자가 있었고 양당 간에 또 32인이 있었다고 한다. 합격하지 못하고 강제 귀국당한 사람들을 포함하면 도당유학생 수는 상당수에 달했던 것으로 볼 수 있다.

이 시기의 문사로는 시의 경우 崔致遠(857~?)을 제외하고는《동문선》에 남아 있는 동일 작품 七言律詩 10수씩을 남기고 있는 朴寅範·崔匡裕·崔承祐밖에 없고, 신라의 마지막 빈공급제자로 알려진 崔彦撝(868~944)는 시가 남아 있지 않으나, 최치원·최승우와 함께 신라의「三崔」로 불리워진다. 박인범·최광유·최승우 시는《十抄詩》에 수록된 자료에 근거한 것으로 보이는데,《십초시》에는 모두 당에서 저작된 작품만이 선택되었기 때문에 시의 제제도 이국에서의 외롭고 가난한 삶, 중국 문사와의 교유, 환계에 대한 참여 욕구와 당대 현실에 대한 함축적 비판 등이 그 중심이 된다.

이들 제제들을 종합하면 결국 문화 중심지 당에 와서 고도의 학문을 연마하고 문학창작 능력을 성취했으면서도 여전히 소외되고 있는 지식인들의 고뇌가 주조를 이룬다. 특히 이 시기 문학이 개인의 서정 표출의 매체가 되면서 그들 자신의 정치적 이상을 펴기를 바라는 희망을 시를 통해 드러내고 있었던 바, 이 점은 최승우에게서 가장 분명하게 나타난다. 그가 당시 관직에 있는 인물이나 새로이 제수된 중국 관리에게 주는 시들 가운데 "조서를 초한다", "거룩한 정치를 돕는다", "헌 생체기가 좋은 약을 얻다", "성군의 근심을 늦추다", "조정의 기강을 바로잡다" 같은 구절에는 그의 정치적 이상과 함께 자신도 이러한 뜻을 펴고 싶어하는 강한 욕망이 엿보인다.

최치원의 경우는 정치적 이상보다 오히려 사회현실에 대한 그의 인식이 시에 나타난다. "화각 소리 가운데 아침 저녁 물결, 푸른 산 그림자 안에는 옛과 지금의 사람들"이란 구절로 인구에 회자되었다는 〈登潤州慈和寺上房〉에서는 육조시대 번화의 상징이었으나 이제 풀만이 우거진 금릉이 다시 봄을 맞이하는 모습을 바라보면서, 되풀이되는 역사의 흥망을 되뇌이며 대제국 당의 운명을 예견하는 투시력을 보여준다. 한편 〈江南女〉에서는 두 여인을 대비시켜 "진종일 베를 짜도 비단옷은 너에게 가지 않는다"는, 고생하면서도 보상받지 못하는 가난한 백성에 대한 그의 깊은 관심이 드러난다.

그러나 최치원이 당에서 지은 작품을 보면 그의 역사나 사회현실에 대한 인식은 그 이상 더 나아가지 못한다. 오히려 "해외 사람을 해내 사람이 어찌 알아주리요"라든가, 들판에 붙는 불을 보면서 "말과 소를 치는 것에 방해된다 꺼리지 마시오. 여우와 삵이 모두 소굴을 잃게 되니 기쁘지 않은가"라고 하면서도 바람이 산위에까지 몰아쳐 옥석을 구분하지 않고 부질없이 태워버릴 것을 걱정하는 시 구절은, 작가가 어지러운 현실을 바로잡으려는 정치적 욕구보다 자신들의 불안하고 불평등한 입지에 더 깊은 좌절과 불만을 가지고 있음을 암시한다.

자옥의 사건에서도 암시되듯이 유학생들의 귀국 후 국내에서의 입지도 평탄하지 못했던 것으로 보인다. 따라서 그들이 절도사들의 막하에 모였던 만당의 문사들처럼 신라 말기 혼란을 틈타 각지에서 일어난 호족들과 제휴하게 된 것은 자연스러운 일이다. 최승우는 甄萱에게, 최언위는 王建에게 갔고, 최치원도 왕건에게 서신을 올린 바 있었거니와, 도당 지식인들의 이러한 행적은 한반도가 후삼국시대를 거쳐 고려로 통일되는 데 어느 정도의 역할을 담당했던 것으로 평가된다. 최승우와 최언위의 작으로 알려진 견훤과 왕건사이에 교환된 서신은 화려한 변려체의 문장으로 주목을 받고 있거니와, 결국 이들 유학생들이 호족들을 대신해 문학적 역량을 과시하는 대리전의 양상을

벌이고 있었음을 보여준다.2)

그러나 국내에서 저작된 이들의 문학적 성과로는 시의 경우는 최치원이 거의 유일한 예이고, 그 밖에 도당유학이나 빈공급제 여부는 확실하지 않으나 작품이 《전당시》에 수록되어 있는 王居仁이 있다. 왕거인의 〈憤怨詩〉는 진성여왕시대의 어지러웠던 현실과 은일문사로서 겪어야 했던 울분이 생생하게 표출되어, 시가 생활 또는 당대 역사적 현실과 밀착되는 경향을 보여준 몇 안되는 작품의 하나라는 점에서 의미있다. 최치원의 시에서도 여전히 극복할 수 없는 신분의 벽을 "스스로 천한 데 태어난 것을 부끄러워하여 사람들이 내버림을 참고" 견디는 접시꽃(蜀葵花)에 비유하고 있으나, 그는 이러한 어지러운 사회현실을 명리나 시비의 문제로 보고 이를 적극적으로 비판하기보다는 오히려 초극하려는 노력을 보이고 있다. 만년에는 주로 선승과의 교유를 묘사한 시를 남기고 있는 바, 특히 최치원 외에 박인범·최언위 등이 신라 말기 선승들의 탑비를 거의 전담한 것으로 보아 이들 빈공급제자가 가졌던 귀국 후의 갈등이나 방황이 선승과의 교유를 통해 극복되고 있었던 것으로 보인다.

시와 달리 문장은 거의 공용적인 성격을 띤다. 삼국통일기까지는 奏疏·金石銘·史傳·經典注疏類 등이 주로 지어졌고, 통일 이후에는 表·狀·記·奏議·祭文·碑銘 등 다양한 갈래의 문장이 나타난다.3) 가장 많은 것이 표·장이고, 주의·기·비명도 적지 않다. 그러나 같은 공용문이라도 이것은 고려 전기에 많이 나온 册文이나 制誥보다 개인적 특성이 드러난다. 徐居正이 주의 갈래에 귀속시킨 〈花王戒〉(일명 諷王頌) 같은 것이 그 일예이거니와, 이것은 작자 薛聰이 神文王을 깨우치기 위해 구술되었고 왕명에 의해 기록으로 남겨진 작품으로 기술되어 있으나, 이 작품은 고도의 우의적인 형식을 빌려 치자의 이상형을 표현한 완정한 문학작품으로 간주될 수 있다. 설총 열전에 수록된 이 작품은 花王에게 白頭翁이란 남자와 장미라는 여성 이미지

2) 金哲埈은 두 호족 간의 서신 왕복을 "결국 자신들이 포섭한 이러한 지식인의 수준을 과시하려는 고도의 외교전"이었다고 본다(《한국사》 3, 국사편찬위원회, 1976, 612쪽).

3) 崔信浩, 〈한문학의 도입과 정착〉(《전통과 사상》 2, 한국정신문화연구원, 1986), 182쪽.

의 인물을 출현시켜 선택하게 하는데, 임금이 장미에게 기울어지려 하자, 백두옹은 임금이 총명하지도 의리를 알지도 못하고 간사하고 마음이 바르지 못한 자를 가까이하고 정직한 자를 멀리함을 비난한다.

동식물의 우의화는 조선조의 〈花史〉로 이어지지만 사물의 우의화는 이미 고려 중기에 시작된 假傳文學과도 연결된다. 그러나 여기서 간사하고 바르지 못한 인물로 장미가 설정된 것은 설총이 여성의 부정적인 사회적 기능을 비판하면서도, 동시에 역설적으로 여성이 국가의 경영을 좌우할 수 있음을 분명히 보여준다. 또한 화왕-장미의 남녀를 군신관계의 우의적 표현으로 본 것도 후대의 남성작가에 의한 여성화자 시 중 「戀主之詞」로 불리우는 작품들의 선성을 이룬 것으로 볼 수 있다.

〈화왕계〉는 비록 공문학의 범주에 귀속되기는 했지만 이 시기 이미 허구적 창작능력이 상당했음을 보여주며, 최치원의 《新羅殊異傳》의 출현이 충분히 가능했음을 말해준다. 고려시대 朴寅亮의 증보와 金陟明의 개찬을 거쳤을 것으로 여겨지는 이 책은 원본의 수록 내용을 확언하기는 어려우나 현재 남아 있는 단편적인 자료를 통해 설화 내지는 傳奇소설에 가까운 작품들이었을 것으로 추정된다.[4] 그러나 신라가 공용문으로부터 탈피하여 이룩한 이러한 성과는 고려 건국초부터 중국과의 관계를 공고히하는 데 치중된 정책으로 공문학이 강화되면서 박인량의 증보가 이루어졌을 문종 후반 이후까지 단절된다.

9세기 신라의 한문학은 당에 유학생을 보내고 빈공 진사 합격생을 내었던 발해의 한문학과 함께 남북국문학사를 형성한다. 발해인의 작품 역시 당이나 일본에 유학 또는 사신으로 간 이들에 의한 편린이 그 나라에 남아 있는 정도이지만, 발해 백성들의 문학에 대한 기호, 溫庭筠 같은 만당의 대문사와의 교유, 발해 사신의 문재에 대한 일인들의 찬양, 烏炤度처럼 당의 과거시험에서 신라인을 앞지른 적도 있었던 빈공급제자들과 이들에 대한 최치원의 비판을 통해 이 시기 발해문학이 신라문학에 못지 않은 성과를 보여주었음을 알게 한다.

---

4) 池浚模, 〈新羅 殊異傳 硏究〉(《어문학》 35, 한국어문학회, 1976), 221쪽.

(2) 한문학의 의의

위에서 언급한 대로 이 시기 문학은 삼국시대 이래로 지속된 공용적 기능의 전통 일변도에서 탈피하여 개인의 서정을 노래하거나 허구적 세계를 창작하는 기반을 쌓았다는 데에 가장 큰 의의가 있을 것이다. 또한 그들이 이룩한 문학적 성취와 수준은 한자를 모국어로 사용하는 중국에서도 높힘을 받을 만한 것이었다는 점도 간과할 수 없다. 이규보는 고려의 박인량과 함께 최치원·박인범을 문장으로 나라를 빛낸 사람이라고 극찬한 바 있다.

가장 문제시되는 것은 이들 성취의 대부분이 승려들의 작품까지 포괄하여 해외에서 이루어진 것이라는 점과, 이 시기 작가 대부분이 만당 문사들과 접촉하여 후대에 부정적으로 인식되는 그들의 문학 경향을 이식했을 것이라는 점이다. 그러나 전자의 경우 문학작품이 저작된 공간보다 작품 자체의 성격이 더 중요하고, 이러한 점에서 그들이 신라인이라는 자각 위에 작품활동을 했다는 점을 더 주목해야 할 것으로 본다. “해내인”(당인)과 해외인”(신라)의 거리를 인식한 것이나(최치원), “고국의 꽃다운 나무는 꿈 속의 봄”(최광유)이라든가, “천 가지 나그네 시름 이로 인해 일어나고”(박인범) 같은 구절은 외국에서의 과거합격이나 학문연마가 바로 이방인으로서의 자신들의 위상을 확인하는 계기가 된 것임을 말해준다.

그러나 해외 유학파들이 당대 문학의 중심이 됨으로써 그들이 접촉한 문학적 경향이나 특성을 그대로 신라에 이식해왔다면 이것은 그 가치를 재고해야 할 만큼 중요한 것이다. 실제로 통일기 특히 9세기의 신라의 한문학은 만당풍의 영향을 받아 유미적이라고 단정하고, 고려 무신란 이전의 문학 역시 신라의 문풍을 이어 받아 화미하고 형식적인 만당풍에서 벗어나지 못한 것으로 오래 전부터 비판되어왔다. 인종시대 고려를 방문했던 徐兢이 唐의 餘弊가 있다고 보고, 조선조 金宗直이 오로지 만당을 익혔다고 했으며, 현대의 문학사가들도 신라가 받은 만당풍의 영향으로 무신란 이전 고려의 문학을 유미적이고 형식주의적이라고 단정하고 있다. 현존하는 신라 한문학 작품이 대부분 만당을 직접 체험하고 그 시기 문사들과 교유했던 이들의 것이라는 점에서 이러한 시각은 일견 타당한 것처럼 보인다. 더욱 당시 신라나 발해 문사들이 접촉했던 당의 인물들은 賈島·張喬·溫庭筠·羅隱·顧雲·皮日休·張籍·杜荀鶴·溫定筠 등과 같은 유명 문사들이었다. 특히 장교는 신라 문사뿐 아니라 관리 승려 등 신라인과의 교유가 폭넓게 이루어지고 있었음을 보여준다. 문사뿐 아니라 도당유학승도 많아, 《전당시》에 수록된 중국 문사 또는 승려들이 신라승에게 준 것은 12인 14수였다.[5] 대체로 이들 시는 '送僧歸新羅' 같은 시제로 승려의 이름을 밝히지 않은 경우가 대부분이나 皮日休가 弘惠上人에게, 張喬가 僧 雅閣에게, 法照가 無著禪師에게 준 것처럼 그 이름이 명시된 시들도 있다.

그러나 신라에 돌아와서 지은 것은 말할 것도 없고 당에서의 저작도 정밀히 살펴보면 이들의 문학작품에 드러난 정신세계나 풍격이 당의 그것들과 상당한 차이를 보여준다는 점에서 통일신라의 한문학이 내면적으로 스스로의 전통문화나 불교적 사유에 보다 밀접하게 바탕을 두고 있음이 드러난다.[6] 작품에 표출된 정한 역시 그들이 국내외에서 겪었던 빈곤이나 외로움, 소외와 같은 절실한 현실문제에서 나온 것이어서 조탁과 윤색, 미려한 시구가 특성인 만당시와는 크게 다른 미감을 보여주고 있다.[7] 산문의 문체에 있어서도 최승우와 최언위의 서신과 같은 만당 변려문의 흔적을 보여주는 경우도 있으나, 고려 태조시대까지 최언위가 전담했던 고승들의 비문은 소박하고 수사적 과장이 별로 드러나지 않는 문체로 이루어져, 그 이후 문사들의 화려한 미사로 가득찬 비문과 상당한 대조를 이룬다.[8]

---

5) 金保京, 〈『全唐詩』 所載 唐人贈新羅人詩 硏究〉(梨花女大 碩士學位論文, 1992), 14쪽.

6) 호승희, 《신라 한시 연구－전개양상과 그 특성을 중심으로》(梨花女大 博士學位論文, 1993), 232쪽.

7) 이혜순, 〈賓貢諸子의 시에 관하여〉(《韓國漢文學硏究》 7, 1984), 28쪽.

8) 영향은 본래 쌍방적이기는 하나 당은 문화적으로 거대한 제국이었고, 신라 문사들이 직접 그 나라에 들어가 유명 문사들과 교유하면서 유학했으므로 그들이 당시 만당 시인들의 영향을 받았을 수밖에 없었을 것이다. 그러함에도 신라 도당 문사들의 의식이나 작품세계에서 보이는 차이는 신라의 보수성에도 그 한 이유가 있었을 것으로 간주된다. 예로 일본 승려 圓仁의 기록에 의하면 신라 승려들이 한 곳에 모인 곳에는 신라 풍속을 유지하면서 불법을 닦았다고 한다. 그는 登州 文登縣 靑寧鄕 赤山村 法華院에서 신라인들이 講經禮儀을 신라 풍속대로 하고, 단 황혼과 寅朝 두 차례 禮儀 시에만 당풍대로 했으며, 그 나머지는 신라 언어로 했던 바 그 곳에 모인 승려나 속인·老少·尊卑자가 모두 신라인

금석문에서 뿐만 아니라 통일신라의 이러한 문학적 특성은 빈공급제자들이 주도했을 고려 건국 초기의 문학에 그대로 이어졌을 것으로 보이지만, 그 후 과거제도의 성립으로 인한 장옥문학의 발생이라든지, 정치 외교적인 이유 때문에 오대의 귀화인을 많이 받아들이고 그들이 知貢擧를 자주 담당했으며, 외교문서가 빈번하게 저작되는 등의 여러 가지 원인에 의해 고려의 문학은 점차 화미한 문풍으로 전개되어 나간 것으로 파악된다.

〈李慧淳〉

5. 예 술

1) 회 화

통일신라의 미술이 국제적 감각과 독자적 창의성을 함께 구현한 지극히 수준높은 것이었음은 당시에 창출된 많은 문화재들을 통하여 분명하게 확인된다. 회화의 경우에도 예외가 아니었음이 현존하는 당시 유일의 그림인 국보 제196호 〈大方廣佛華嚴經變相圖〉와 그 바깥쪽에 그려진 〈力士像〉에 의하여 밝혀진다.[1] 이 작품에 대한 소개에 앞서 기록에 보이는 이 시대 회화의 전반적인 양상(〈그림 1·2〉)에 관하여 대충 살펴볼 필요가 있겠다.

먼저 통일신라시대에 활동했던 화가들로 率居·靖和·弘繼·金忠義 등이 주목된다. 솔거에 관해서는 다음의 기록이 많은 참고가 된다.

> 솔거는 신라 사람이다. 그 출신이 한미하므로 그 族系는 기록하지 않는다. 태어나면서부터 그림을 잘 그렸다. 일찌기 皇龍寺의 벽에 늙은 소나무를 그렸

이었다고 기록하고 있다. 이것은 開成 4년(839) 11월의 일이다(圓仁,《入唐求法巡禮行記》권 2, 謝海平 ;《唐代詩人與在華外國人之文字交》, 대만 : 문사철출판사, 1981, 134쪽에서 재인용).

1) 文明大,〈新羅華嚴經寫經과 그 變相圖의 研究－寫經變相圖의 研究－〉1(《韓國學報》14, 1979), 27~64쪽. 원색도판은 安輝濬,〈繪畵〉(《國寶》10, 藝耕産業社, 1984), 圖 16~17 참조.

〈그림 1〉 華嚴經變相圖

紫紙金銀泥經畫片, 754~755년(호암미술관)

〈그림 2〉 華嚴經寶相華文圖

紫紙金銀泥經書片, 754~755년(호암미술관)

> 는데 동체와 굵은 가지의 껍질, 잔가지와 잎의 구부러진 모습 등을 까마귀·솔개·제비·참새 등이 이따금 보고 날아들다가 부딪쳐 떨어지곤 하였다. 세월이 오래되어 색이 어두워졌으므로 절의 중이 丹靑으로 손질을 하였더니 까마귀와 참새 등이 다시는 오지 않았다. 또한 경주 芬皇寺의 觀音菩薩像과 진주 斷俗寺의 維摩像도 모두 그의 필적이다. 세상에서는 그의 그림이 神畵라고 전해진다(《三國史記》 권 48, 列傳 8, 率居).

이 기록에 의거하여 몇 가지 중요한 사실이 밝혀지거나 추정된다. 첫째로 그는 일반회화만이 아니라 불교회화를 겸장했다는 점과 벽화도 그렸음이 확인된다. 둘째로 그의 그림은 대단히 사실적이고 살아서 꿈틀대듯 氣韻生動하는 것이었음이 분명하다. 셋째로 그는 채색을 먹과 함께 적극적으로 구사하였으며 청록산수화를 그렸을 가능성이 높다고 믿어진다. 소나무를 사실적으로 그리려면 청색·녹색·갈색을 쓰지 않으면 안되는데, 이 세 가지 색깔은 청록산수화의 기본을 이루는 색채이다. 그런데 청록산수화는 중국의 수·당대에 형성되었고 특히 당대의 李思訓과 李昭道의 부자로 대표되며 北宗畵의 전형으로 간주되기도 한다. 또한 이 화풍은 일본에도 전해져 고대 大和繪(야마토에)의 토대가 되기도 하였다. 이렇게 보면 청록산수화의 전통은 우리 나라에도 통일신라시대에 전해졌을 가능성이 있음을 부인할 수 없다.

넷째로 이상의 여러 가지 상황들을 종합해보면 솔거는 삼국시대의 신라 사람이었기보다는 통일신라시대의 화가였을 가능성이 높다고 판단된다. 고졸성을 벗어나지 못했던 삼국시대의 회화 수준으로는 각종 새들이 착각하고 날아들 정도의 기운생동하는 소나무를 그릴 수 없었을 것이 명백하기 때문이다. 그러므로 솔거는 청록산수화에 뛰어났으며 일반회화와 불교회화를 겸장했던 화가, 사실적 표현과 함께 그림에 氣를 불어 넣을 능력을 지녔던 통일신라시대의 대표적인 거장이었던 인물로 판단된다. 그렇다면 황룡사의 〈老松圖〉는 황룡사 창건시에 그려졌을 가능성보다는 후대에 제작되었을 가능성이 훨씬 높다고 보여진다. 솔거가 통일신라시대인 8세기에 창건된 진주의 斷俗寺에 유마거사상을 남겼다는 것도 결국 그가 삼국시대의 신라보다는 통일기의 신라에서 활동했음을 입증하는 것이라 하겠다.[2)]

---

2) 安輝濬, 《韓國繪畵史》(一志社, 1980), 49쪽 주 12) 참조.

이렇게 볼 때 솔거를 眞興王(540~575) 때의 인물로 아무런 근거의 제시 없이 추정한 조선 중기 李睟光(1563~1628)의 《芝峰類說》의 기록이나 神文王(681~691) 때에 중국으로부터 張僧繇가 우리 나라에 들어와 솔거로 개명하였다는 〈栢栗寺重修記〉의 터무니없는 기록 등은 재고되어야 마땅하다고 생각된다.[3] 다만 〈백률사중수기〉가 솔거를 통일신라 후기의 인물로 적은 것은 흥미롭다.

한편 〈東史類攷〉에는 솔거가 농가의 아들로 어려서부터 그림에 뜻을 두어 나무를 할 때는 칡뿌리로 바위에 그림을 그렸고 농사지을 때는 호미 끝으로 모래에 그림을 그렸으며 벽촌에서 스승이 없어 스스로 자성하였다는 것과, 솔거가 밤이나 낮이나 마음으로 천신에게 빌어 神敎를 받고자 원한 끝에 단군을 만나 신의 붓을 받고 명공이 되었으며 단군 어진을 거의 천 본이나 그렸다는 것을 전하고 있다.[4] 이 기록도 후대에 꾸며진 것인 듯한 느낌이 강하게 든다. 단군의 초상화를 많이 그렸다는 점이 관심을 끈다.

통일신라시대의 화가로서 솔거 다음으로 관심을 끄는 것은 靖和와 弘繼인데 이들은 모두 景明王(917~923) 때의 승려화가로서 興輪寺의 벽에 普賢菩薩像을 그렸음이 《삼국유사》의 기록에 보이며, 이 그림들은 《삼국유사》의 저자인 一然(1206~1289)의 생존시까지 남아 있었다.[5] 이들은 불교회화 전문가들로 고신라시대인 6세기에 창건된 흥륜사의 벽에 통일신라시대인 9세기에 벽화를 그렸음이 주목된다. 솔거의 황룡사 〈노송도〉의 제작시기와 관련해서도 참고를 요하는 점이라 하겠다.

이 밖에 통일신라의 화가로 당나라에 건너가 활약한 金忠義가 관심을 끈다. 그는 당나라의 대표적 화론가였던 張彦遠의 저서인 《歷代名畵記》에 "孫仁貴와 德宗朝(779~805)의 장군인 김충의는 모두 巧絶함이 보통사람들을 능가하는데, 이들은 (오도자의) 화적을 함께 공부하여 모두 精妙하나 격은 그다지 높지 않다"라고 기록되어 있고[6] 또한 《新唐書》에는 "신라 사람 김충의는

3) 吳世昌, 《槿域書畵徵》(普文書店, 1975), 1쪽 참조.
4) 위와 같음.
5) 《三國遺事》 권 3, 塔像 4, 興輪寺壁畵普賢.
6) 張彦遠, 《歷代名畵記》 권 9, 吳道子.

工巧로써 小府監에 운좋게 발탁되었다"라고 적혀 있다.[7] 이 기록들로 보면 그는 통일신라시대에 장군 출신으로 당나라에 건너가 화가로서 활동하며 출세하였고 오도자 계통의 그림에 뛰어났던 인물임을 알 수 있다.

통일신라시대에는 당나라의 그림들, 특히 궁정취향이 짙은 작품들이 고신라에 이어 적극적으로 수입되었던 것으로 믿어진다. 북송의 郭若虛가 지은《圖畵見聞誌》권 5, 周昉조에 "貞元年間(785~804)에 신라인들이 후한 값으로 (주방의 작품) 수십 권을 사서 가지고 갔다"는 기록은 이를 잘 말해준다.[8] 주방은 당대의 궁정취향이 강한 인물화에 가장 뛰어났던 화가였다.

이상의 단편적인 기록들은 통일신라시대의 회화가 다른 분야와 마찬가지로 당나라와 밀접한 연관을 맺고 있었으며 일반회화와 불교회화 양면에서 대단히 높은 수준으로 발달하였음을 밝혀준다.

이러한 사실을 보다 뚜렷하게 밝혀주는 것이 현재 유일하게 유존되고 있는 작품인 〈대방광불화엄경변상도〉와 〈역사상〉이다(〈그림 1·2〉). 이 그림들은 백지에 먹으로 필사된 두 개의《화엄경》두루마리들과 함께 1977년에 밝혀졌다. 80권으로 된《화엄경》중에서 43권~50권을 담고 있는 두루마리의 앞부분에 붙어 있던 것으로 보인다. 이 두루마리의 끝에 적혀 있는 발문에 따르면 이 〈사경〉과 〈변상도〉는 緣起法師의 발원에 의하여 天寶 13년(754) 8월 1일에 시작되어 이듬해인 천보 14년 2월 14일에 완성되었고, 불보살상 등은 義本·丁得·光得·豆烏 등이 분담하여 제작하였음이 밝혀진다.[9] 석굴암과 불국사가 조영된 시기에 제작된 것이 주목할 만하다.

자주색의 닥종이에 먹선과 금선을 위주로 하고 은선을 곁들인 이 그림들은 8세기 중엽의 불상 양식과도 상통하여 그 시대양식을 잘 드러낸다. 2층의 건물을 배경으로 사자좌 위에 앉아 있는 보살형의 본존과 그 좌우의 보살들이 보여주는 짜임새 있는 구성, 균형잡힌 부드러운 몸매, 자연스러운 자태, 섬세한 描線, 화려하고 아름다운 분위기 등이 돋보인다. 이 〈변상도〉의 반대

---

7)《新唐書》권 169, 列傳 94, 韋貫之.
《舊唐書》권 158, 列傳 108, 韋貫之.
8) 郭若虛,《圖畵見聞誌》권 5, 周昉.
9) 安輝濬, 앞의 책, 45~57쪽 참조.

쪽에는 화염문과 보상화문에 둘러싸인 〈역사상〉이 그려져 있는데 그의 불거진 장딴지 근육은 석굴암의 역사상 조각을 연상시켜 준다. 이런한 단편적인 예와 문헌사료로만 보아도 이 시대 회화가 불상이나 공예·건축의 경우와 마찬가지로 국제적 보편성과 독자적 특성을 지니며 높은 수준으로 발전하였음을 알 수 있다.

〈安輝濬〉

2) 서 예

통일신라시대는 고신라시대의 문화를 바탕으로 고구려와 백제의 문화를 흡수하고 나아가 唐나라의 문화를 가미하여 국제적 미술양식을 이룩했던 시대이다. 서예에 있어서도 初唐時代에 유행했던 서풍이 유입되어 기존의 서예에 신선한 자극을 주었다. 특히 삼국통일기에 나당연합에 의해 양국 사이의 교섭이 빈번해짐에 따라 歐陽詢·虞世南·褚遂良 등 初唐三大家의 글씨가 유입되었다. 초당서풍은 부분적이기는 하지만 이미 삼국 말기부터 알려졌는데, 고구려에서 唐 高祖(618~626)에게 사신을 보내면서 歐陽詢(557~641)의 글씨를 특별히 구했다는《委氏書說》의 기록은 이를 잘 대변해준다.

(1) 초기의 서풍

통일초에 유입된 초당서풍은 이후 통일신라시대 전반에 걸쳐 절대적 영향을 미치면서 오랫동안 지속되었다. 우선 초기의 유입을 보여주는 예로서 당나라 군사들의 戰勝을 기록한 명문이 백제의 도읍이었던 부여에 몇몇 전하고 있다. 定林寺址五層石塔의 塔身과 국립부여박물관 소장의 圓形石槽에 새겨진 大唐平百濟碑銘(660) 및 부여 부소산에 세워졌던 唐劉仁願紀功碑(663?)가 그것이다. 이들은 모두 저수량(596~658)의 해서풍을 따랐는데, 당시 저수량이 사망한 직후였다는 점에서 그의 글씨가 유행되었음을 짐작할 수 있다(〈사진 1〉). 또한 고구려의 유민으로 당나라에 귀화했던 泉男生·泉男産·高慈의 墓誌 그리고 백제의 유민으로 당에 귀화한 扶餘隆(615~682)의 묘지에 보이는 구양순·저수량류의 해서풍 역시 통일 초기 서예의 경향을 보여주는 예들이다. 이 밖에 충남 연기군을 중심으로 百濟系 유민들이 조성한 것으로 癸酉銘千佛碑像(673)・癸酉銘全氏阿彌陀三尊石像(673)・戊寅銘四面碑像(678)・己丑銘阿彌陀如來諸菩薩石像(689) 등의 碑像이 전하는데, 이 비상에 새겨진 造像記 또한 통일초 백제지역에 초당서풍의 유입에 따라 기존의 서예에 일단의 변화가 있었음을 보여준다. 아울러 石碑의 형식에 있어서도 유인원기공비와 같이 표면을 매끈하게 갈은 직육면체의 빗돌(碑身)에 머리 부분을 이무기 모양으로 새긴 螭首를 갖추고 있어 삼국통일기를 즈음하여 唐代의 정비된 石碑形式이 전래되었음도 확인할 수 있다.

〈사진 1〉 唐劉仁願紀功碑

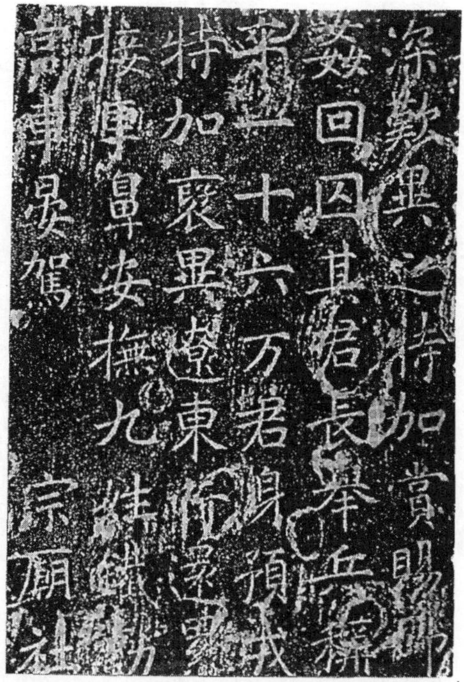

663년(국립부여박물관)

통일 초기의 대표적인 석비로서 경주시 서악리고분군 초입에 세워져 있는 太宗武烈王碑(661)가 있다. 이 비는 삼국통일의 위업을 달성한 무열왕의 陵碑로서 唐代 석비의 전형을 따랐을 뿐만 아니라 龜趺와 이수의 생동감있는 조각이나 '太宗武烈大王之碑'라고 새긴 篆額의 서풍 등에서 초당양식의 전반적인 유행을 짐작하게 한다(〈사진 2〉). 이런 점에서 일찍부터 망실되었던 비신의 글씨도 초당서풍을 따랐을 것으로 추측되는데, 이는 四天王寺址 출토의 석비(통일 직후), 文武王(재위 661~680)의 능비(〈사진 3〉), 그리고 金仁問(629~694)의 묘비 등 통일 직후에서 7세기말에 걸쳐 건립된 석비의 글씨가 대부분 구양순류의 해서를 따랐다는 점에서 충분히 짐작되기 때문이다.

〈사진 2〉 太宗武烈王陵碑

661년(경북 경주 서악동)

〈사진 3〉 文武王陵碑片

660년경(국립경주박물관)

통일 초기의 해서가 초당시대에 유행했던 서풍을 수용했던 것에 비하여 行書에서는 주로 東晉時代 王羲之의 고전적 행서풍이 널리 유행했다. 이에 따라 왕희지의 행서에 뛰어난 많은 명서가들이 배출되었고 나중에는 왕희지의 필적을 모아 새긴 集字碑도 적지 않게 건립되었다. 이와 같이 初唐三大家의 해서풍과 왕희지의 행서풍이 주로 유행했던 데에는 당시 중국 서예의 조류와 깊은 관련이 있다. 특히 唐 太宗이 왕희지 글씨를 지나치게 애호했고 그의 치세 아래에서 초당삼대가가 배출되었던 사실은 이를 잘 대변해준다.

이 밖에 통일 초기의 초서에 관해서는 삼국시대 이래 통일초까지의 초서 필적이 매우 드물기 때문에 상세한 상황은 알 수 없지만, 아마 행서에서처럼 왕희지 등의 古法을 바탕으로 했다고 여겨진다. 篆書에 있어서는 몇몇 석비의 篆額으로 전하고 있어 대체적인 양상을 짐작할 수 있는데, 秦代로부터 전래하던 엄정한 짜임과 획법의 小篆風을 기반으로 하여 唐代 특유의 전서풍도 함께 사용되었다. 隸書 필적은 남아 있지 않아 그 면모를 전혀 알 수 없으나 전서에서처럼 唐風을 수용했던 것으로 짐작된다.

(2) 서풍의 발전

통일기를 지나 唐과의 교섭이 보다 잦아짐에 따라 통일신라의 미술은 전반적으로 이전에 비해 폭넓게 전개되었다. 서예 분야에서도 초당의 楷書風을 위주로 했던 통일초에 비해 보다 다양한 글씨들이 수용되었는데, 그 중에서도 8세기 이후로는 통일신라의 서예가 높은 수준에 올라 많은 명품과 명서가를 낳았다. 그러한 면모를 보여주는 서예사료로서 몇몇 眞蹟과 함께 다수의 금석문이 전하는데, 특히 왕의 陵碑와 일반인의 墓碑 등 세속적인 금석문을 위시하여 高僧들의 塔碑와 造像記·石塔記·石經·鐘銘·舍利函銘 등 불교관계 금석문이 다수 전하고 있다.

우선 고승들의 비로서 名僧 元曉(617~686)의 행적을 기린 경주의 高仙寺誓幢和尙碑(800~808?)는 구양순의 행서풍을 따른 점이 주목된다(〈사진 4〉). 또 조상기로서 경주의 甘山寺址石造阿彌陀如來立像 및 石造菩薩立像(719)의 광배에 새겨진 예가 대표적이다. 명문은 薛聰이 짓고 京融과 金驟源이 각각 썼는데 부분적으로 초당 해서풍의 영향이 나타나기도 하지만 아직까지 고신라시대 이래의 고박한 필치가 상당히 남아 있는 예이다. 또한 경주의 栢栗寺址 六面石幢記(817?)는 소위 異次頓殉敎碑라고 불리는 것으로 저수량의 해서풍에 기반했으면서도 아직까지 삼국시대의 해서풍이 잔존해 있는 예이다. 석탑기로는 경주시 구황동 皇福寺址三層石塔에서 발견된 金銅舍利函(706)의 뚜껑에 새겨진 명문이 대표적인데, 이 명문은 성덕왕이 아버지 신문왕과 어머니 神睦王后 및 형 효소왕의 명복을 위해 석탑을 조성한다는 내력을 새긴 것으로 마치 종이에 쓴 듯한 유려한 필치가 돋보인다(〈사진 5〉). 이 밖에 鐘銘으로 강원도 오대산의 上院寺銅鐘(725)과 국립경주박물관 소장의 聖德大王神鐘(771) 등의 명문이 대표적이다. 그 중에서도 성덕대왕신종은 당시 재상이던 金弼奧가 명문을 짓고 金□畹과 洪端이 썼는데, 주조된 글씨라서 본래의 필치를 살펴보기는 어려우나 짜임이나 획법에서 초당서풍과는 다른 경향을 보이고 있어 주목되는 예이다.

〈사진 4〉 高仙寺誓幢和尙碑

800~808년경(동국대학교박물관)

〈사진 5〉 皇福寺址三層石塔 金銅舍利函銘

(국립경주박물관)

통일신라시대의 진적으로 몇 가지 예가 전한다. 이 가운데 호암미술관 소장의 白紙墨書華嚴經(754~755)은 우리 나라 사경 가운데 가장 오랜 것으로서 唐代 사경에 못지 않은 맑고 굳센 필력을 지니고 있어 신라 사경의 높은 수준을 보여주는 귀중한 자료이다(〈사진 6〉). 그리고 일본 正倉院에 소장된 新羅帳籍(775·815 등)은 西京(현 淸州)의 한 촌락과 인근 촌락의 넓이와 戶口·牛馬·土地의 증감 등을 기록한 행정문서로서 자연스러운 필사체를 보여준다(〈사진 7〉). 이 밖에 경북 양북면 感恩寺址西三層石塔에서 출토된 白紙墨書와 경주 안압지 등에서 출토된 木簡 및 土器의 墨書에서도 당시의 필사체의 면모를 엿볼 수 있다. 이와 아울러 세계 最古의 목판인쇄본으로 잘 알려진 경주 佛國寺 釋迦塔에서 발견된 無垢淨光大陀羅尼經(751?)도 당시의 사경 서풍을 이해하는 데에 귀중한 자료가 된다.

한편 통일신라시대에는 다수의 명서가들이 출현하였다. 그 중에서도 우리나라의 서예를 부흥시킨 명서가로서 추앙받고 있는 金生(711~?)을 들지 않을

〈사진 6〉 白紙墨書華嚴經

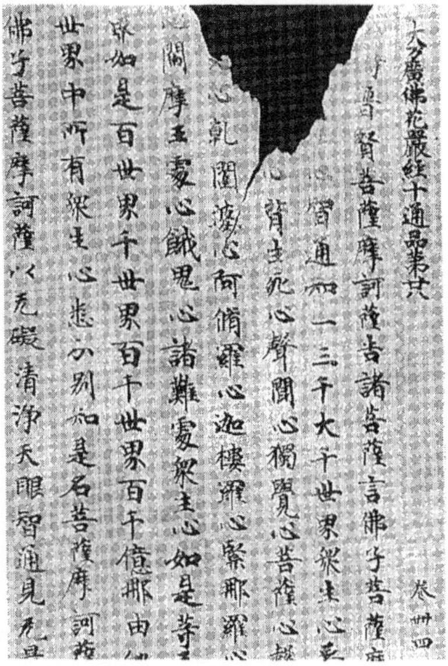

754~755년(호암미술관)

〈사진 7〉 新羅帳籍

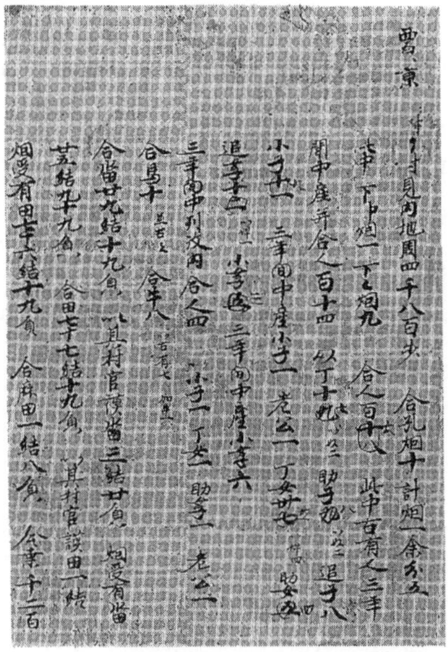

775년 또는 815년(正倉院)

수 없다. 김생에 관해서는 《三國史記》 권 48, 列傳 8, 김생전에 전하는데, 그곳에는 그가 어려서부터 글씨에 능했으며 여든살이 넘도록 쉬지 않고 글씨에만 전념하여 隸書와 行草가 모두 入神의 경지에 이르렀다고 적혀 있다. 그런데 오늘날 전하는 그의 필적은 모두 해서·행서·초서이며 예서는 전혀 전하지 않는다. 이는 《삼국사기》가 저술된 시기에는 오늘날 楷書(正書)라고 통칭하는 서체를 '隸書'라고도 불렀기 때문에 그렇게 기록될 수도 있다. 여하튼 김생은 해서와 행초에 장기를 보였다고 하겠는데, 이에 대해서는 그가 불교를 애호하여 장가들지 않고(好佛不娶) 이곳 저곳 頭陀行을 수행하면서 佛經의 필사에서 뛰어난 기량을 발휘했다거나 精細한 해서를 잘 구사했다는 등의 기록으로 충분히 짐작된다.[1)]

1) 秦弘燮 편, 《韓國美術史資料集成 1－三國時代~高麗時代－》(一志社, 1987), 487~491쪽.

김생은 당시 유행했던 歐陽詢 등의 초당서풍을 따르지 않고 東晉 王羲之를 위시한 南朝의 서풍을 바탕으로 하여 활발한 운필과 변화로운 필치로써 특유의 개성적 서풍을 이루었다. 고려의 사신 洪灌이 宋나라 수도에 들어가 그곳의 한림학사들에게 김생의 行草 글씨를 보였더니 크게 놀라며 "오늘 왕희지 필적을 보리라고는 생각하지 못했다"고 하자 홍관이 "그게 아니라 신라 김생의 글씨요"라고 했으나 끝내 믿지 않았다는 《삼국사기》의 기록은 왕희지 글씨에 대한 그의 깊은 이해를 잘 대변해준다. 이러한 명성으로 김생은 후대의 비평가들로부터 '東方의 書聖'이란 높은 찬사를 들었는데 고려의 李奎報와 같은 사람은 우리 나라의 역대 명서가를 품평하면서 그를 '神品第一'로 평가하기도 했다.[2]

오늘날 전하는 김생의 필적 가운데 대표적인 예는 경북 봉화에 전래하던 太子寺朗空大師白月栖雲塔碑(954)이다(〈사진 8〉). 이 비는 통일신라시대의 고승 낭공대사의 탑비로서 고려 광종 때 僧 端目이 김생의 행서·초서 필적으로 集字한 것이다. 마치 唐 太宗 때 僧 懷仁이 왕희지의 행서·초서 필적을 모아 大唐三藏聖敎序(集字聖敎序)를 집자했던 것과 흡사하다. 이 비는 김생의 글씨를 연구하는 데에 있어 절대적인 기준이 되는데, 한 글자 안에서 굵고 가는 획을 섞어 미묘한 변화를 주었으며 굽고 곧은 획을 섞어 陰陽向背의 묘를 잘 살려내었다. 또한 왕희지체 자형에 바탕했으면서도 상투적인 틀에 얽매이지 않은 자유로운 짜임을 구사하여 파격적이면서도 古格을 유지하는 그의 천재적 예술성이 잘 발휘되어 있다.

이 밖에 조선시대에 간행된 김생의 필적으로 田遊岩山家序와 廬山瀑布詩 등이 전한다. 이 가운데 전유암산가서는 낭공대사비와 같은 파격적인 필치로 글씨의 운치를 살리는 데에 힘쓴 그의 대담한 정서가 잘 나타나 있다. 여산폭포시 大字行書는 조선시대에 만들어진 《大東書法》이란 목판본에 실려 있는데, 장쾌한 폭포수와 같은 활달한 획법과 힘찬 운필은 고금의 독보였다는 평가를 듣기에 충분하다(〈사진 9〉). 이런 점에서 김생은 우리 나라 서예를 부흥시킨 명서가로 간주되면서 널리 추앙을 받았고, 또 후대에 큰 영향을 미쳐 많은 이들로부터 추종을 받았다.

---

2) 李奎報, 《東國李相國集》 後集 권 11, 東國諸賢書訣評論序.

〈사진 8〉 朗空大師白月栖雲塔碑

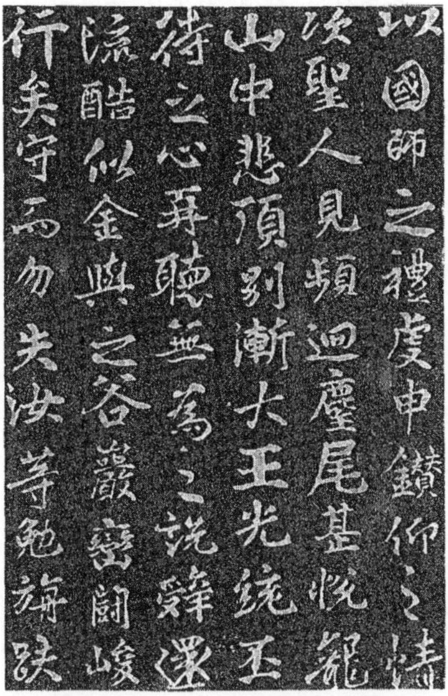

754~755년(호암미술관)

〈사진 9〉 廬山瀑布詩

(《大東書法》)

(3) 후기의 선풍 글씨

통일신라 후기에는 여러 가지 사회현상과 함께 미술문화 전반이 퇴조하는 경향을 보이기도 했지만, 한편으로 그동안 유입되었던 외래의 미술양식을 소화하여 이를 신라 고유의 미감으로 토착화했던 시기라고도 할 수 있다. 이 시기에는 특히 지방호족들의 득세와 더불어 불교계에서 禪門 중심의 불교활동이 활발해짐에 따라 각 선문을 대표하는 고승들의 업적을 기리는 풍조가 성행하였다. 그 중에서도 고승들의 舍利를 안치하는 浮屠塔을 건립하고 그들의 일대기를 적은 塔碑를 대대적으로 건립하곤 하였다. 탑비의 초기적인 형식은 부도탑 안에 간략한 내용의 塔誌를 안치하는 방식였는데, 원주의 興法寺廉居和尙塔(845?)에서 발견된 銅版製 탑지가 좋은 예일 것이다.

고승들의 탑비는 당시를 대표하는 명문장가와 명서가들이 명문을 짓고 썼기 때문에 당시의 문필수준과 유행서풍을 살펴보는 데에 절대적 기준이 된다. 수십 기에 달하는 통일신라시대 탑비 가운데 서예사적으로 의미있는 예를 몇몇 든다면 다음과 같다. 金薳과 金彦卿이 쓴 전남 장흥의 寶林寺普照禪師彰聖塔碑(884), 崔致遠이 쓴 경남 하동의 雙谿寺眞鑑禪師大空塔碑(887), 僧 淳蒙이 쓴 충북 제천의 月光寺圓朗禪師塔碑(890), 僧 慧江(842~?)이 쓴 충북 문경의 鳳巖寺智證大師寂照塔碑(924), 崔仁渷이 쓴 경남 창원의 鳳林寺眞鏡大師寶月淩空塔碑(924)와 충남 보령의 聖住寺朗慧和尙白月葆光塔碑(890) 등이 대표적이다. 이들 탑비의 서풍은 해서의 경우 대체적으로 초당서풍에 기반했으면서도 각각의 특성이 잘 나타나 있는데, 이후 고려시대 전반기의 탑비에서도 이러한 서풍이 지속되었음을 보면 당시 통일신라시대의 해서는 상당한 수준에 올랐음을 짐작할 수 있다.

이들 가운데 보림사보조선사창성탑비는 김원과 김언경이 함께 쓴 특이한 경우로 앞부분 몇행을 김원이 해서로 쓰고 나머지 대부분을 김언경이 행서로 썼는데, 특히 김원의 해서는 구양순에 견줄 수 있을 정도로 짜임이나 획법에서 매우 뛰어나다(〈사진 10〉). 또한 최치원(857~?)은 이 시기를 대표하는 명서가로서 당나라에 유학생으로 들어가 문필을 널리 떨쳤던 인물로도 유명하다. 그의 글씨는 구양순류의 刻削한 해서풍을 부드러운 운필과 유려한 획법으로 변용하여 자신만의 독특한 서풍으로 변모시킨 예로 들 수 있다(〈사진 11〉).

또한 螭首에 새겨진 그의 篆額 글씨도 자형에 구애받지 않은 신묘한 필치이다. 또한 渡唐留學生으로 최치원의 사촌동생이었던 최인연(868~944)은 신라말 고려초에 걸쳐 禪門高僧의 탑비를 여럿 썼는데, 글씨는 최치원의 유려한 필치에 미치지는 못했으나 고풍스런 맛에서는 그를 앞선다. 이 밖에도 구양순체를 잘 구사했던 姚克一(9세기 후반)은 金生·靈業과 함께 신라를 대표하는 명서가로서 경주 흥덕왕릉의 능비(836?)를 썼다고 전하는데, 현지에서 출토된 비편을 보면 구양순·저수량류에 기반한 瘦勁한 글씨여서 기록에 언급된 그의 필력을 충분히 짐작할 만하다.

〈사진 10〉 普照禪師彰聖塔碑銘

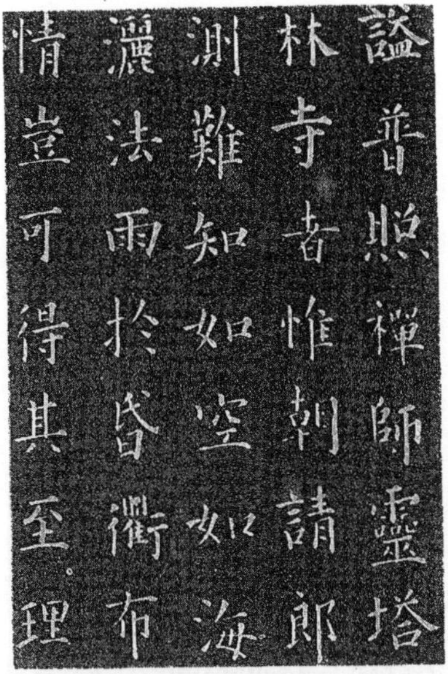

884년(전남 장흥 보림사 소재)

〈사진 11〉 眞鑑禪師大空塔碑銘

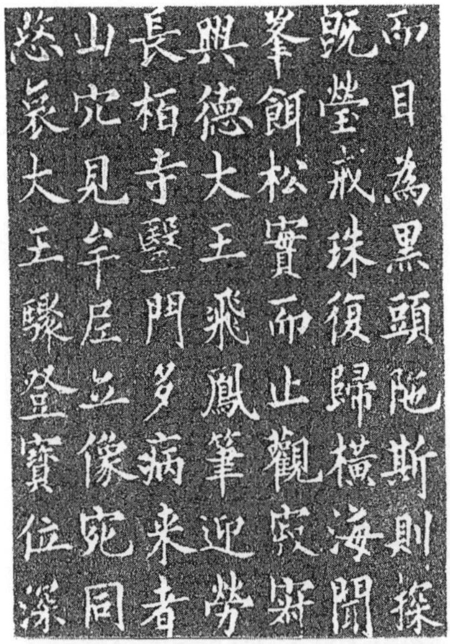

877년(경남 하동 쌍계사 소재)

석비에 새겨진 왕희지체 행서로 몇몇 명서가의 필적을 위시하여 적지 않은 集字碑가 전한다. 우선 명서가의 필적으로 경남 진주 단속사터에 전래하던 것으로 僧 靈業(900년 전후)이 쓴 斷俗寺信行禪師碑(813)를 들 수 있다. 영업은 김생에 버금가는 명서가로 평가되었는데, 이는 그가 集字聖敎序의 골격을 따랐으면서도 굳센 필치로서 일가의 경지를 보였기 때문이다(〈사진 12〉). 또한 왕희지체 集字碑로서 경주의 鍪藏寺阿彌陀如來造像碑(801), 강원도 양양의 沙林寺弘覺國師碑(886) 등이 전하는데, 이것들은 왕희지체 연구에 있어 중국에서도 보기드문 귀중한 자료로 평가된다.

이 밖에 통일신라시대의 서예사료로서 몇몇 石經이 전한다. 경주 四天王寺址와 昌林寺址에서 수습된 法華石經(9세기 중엽), 남산 七佛庵에서 출토된 金剛石經(9세기 중엽), 전라남도 구례군 화엄사의 華嚴石經(886?) 등은 통일

신라 寫經 서풍의 면모를 잘 보여준다. 이 가운데 법화석경은 저수량풍에 기반하였고 금강석경과 화엄석경은 구양순풍에 기반하였다. 특히 헌강왕대의 華嚴結社가 이루어진 뒤 정강왕이 아버지 경문왕의 명복을 빌기 위하여 대대적으로 조성했던 것으로 여겨지는 화엄석경은 여러 사람이 쓴 것으로 보이지만 필치가 고르고 새김이 정교하여 唐代 석경에 못지 않는 뛰어난 수준을 보여준다(〈사진 13〉). 이러한 사경서풍과 유사한 예로서 桐華寺 毘盧庵 三層石塔 발견의 舍利壺에 새겨져 있는 敏哀大王石塔記(863)가 대표적이다.

〈사진 12〉 斷俗寺信行禪師碑銘

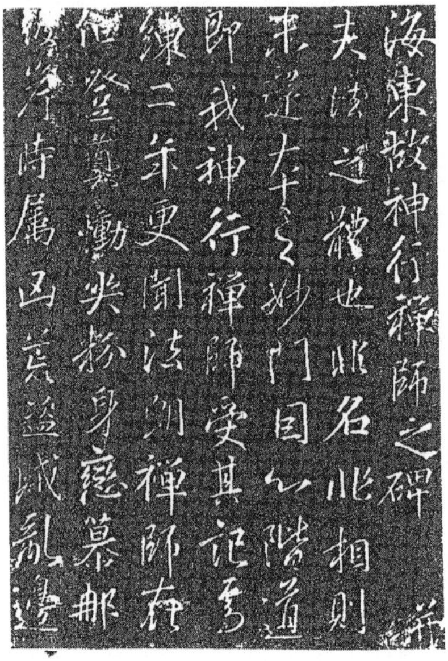

813년(국립중앙박물관)

〈사진 13〉 華嚴石經

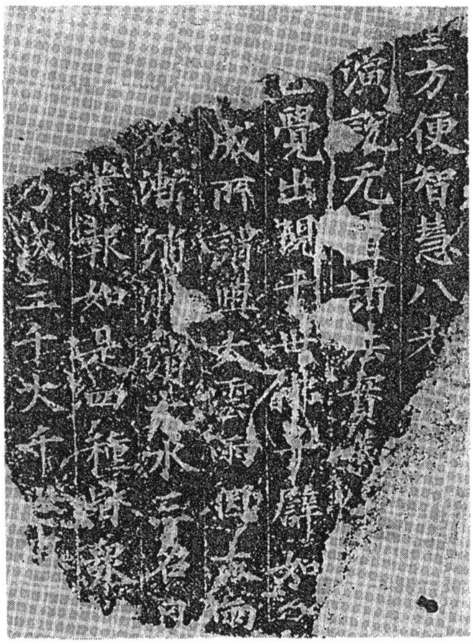

886년경(전남 구례 화엄사)

〈李 完 雨〉

3) 조 각

삼국시대부터 이어져 오는 불교문화는 통일신라시대에 이르러 그 전성기를 맞이하였다. 불교신앙은 신라가 삼국을 통일하는 데 정신적인 기틀이 되었으며 사원의 건축이나 불상들은 호국적인 성격을 띠고 국가나 귀족들의 후원으로 활발히 제작되었다. 통일신라 불상양식의 성립에는 고신라시대로부터 이어져 오는 토착적인 불교조각의 전통 위에 병합된 고구려와 백제의 요소도 같이 수용되었다고 본다. 그리고 통일을 전후하여 빈번해진 唐(618~935)과의 사신 교류나 승려들의 중국유학 또는 서역과 인도로까지 이어지는 求法僧들의 여행으로 새로운 불교경전이 전래되었고 다양한 종류의 불상과 보살상이 새로운 표현으로 소개되어 통일신라 불상형식의 성립과 양식의 전개에 큰 영향을 끼치게 된다.

불상 표현의 기본형식은 인도에서 시작되어 중국을 거쳐 한국에 전래되고 다시 일본의 불상에 이르기까지 그 규범이 같으므로 초인간적인 신체 표현의 특징이나, 손모습 또는 자세 등은 공통된 도상을 따라서 제작되지만 표현방식에서는 각 지역과 민족에 따라서 다른 양식으로 나타난다. 동북아시아의 불교문화는 7세기 후반에서 8세기 중엽까지 唐을 중심으로 발달하는 불교미술의 전성기를 맞이하여 당과 통일신라의 불상에 나타나는 특징들이 서로 공유되는 소위 국제성을 띤 불상이 많이 제작되었다. 그리고 이러한 불교미술의 국제성은 통일신라의 불상 및 일본 나라시대(645~794)의 불상과도 비교하여 보면 여러 면에서 공통성이 나타난다. 즉 불교문화의 전파와 발전에 따른 불상 표현의 보편적인 요소의 성립과 지역과 민족 및 시대에 따라 변하는 불상양식의 차이점이 형성되므로 신라 불상과 그 주변 국가 불상과의 비교연구는 한국 불상의 양식적 체계를 세워줄 뿐 아니라 각 나라의 불상들이 공유하는 보편적인 요소와 한국 불상만이 보여주는 특징을 부각시켜 준다.[1)]

---

1) 통일신라의 불교조각 관계는 다음의 책 중에서 관련부분을 많이 참고하였다.
金理那.《韓國古代佛敎彫刻史硏究》(一潮閣, 1989).
姜友邦,《圓融과 調和－韓國古代彫刻史의 原理－》(열화당, 1990).

현재 남아 있는 대부분의 통일신라시대 불교조각은 금동불과 석조불이 많으며 8세기말부터는 대형의 불상들 중에 철조불상이 나타나기 시작한다. 또한 통일신라의 조각연구에는 독립된 예배대상으로 만든 불상 이외에 불교신앙과 관련되는 석조물 즉 부처의 사리를 봉안한 탑, 고승의 사리를 넣은 墓塔인 浮屠, 또는 절의 법등을 켜는 石燈 등에도 불교조각이 표현되어 있다. 불·보살상이 표현된 경우도 있으나 대부분은 부처와 불법을 수호하는 天部의 상들인 仁王·四天王·八部衆 또는 十二支神像들이 있고 혹은 飛天들도 나타난다. 경우에 따라서는 이들 탑이나 부도의 제작연대를 알 수도 있어서 당시의 조각을 연구하는 데에 중요한 자료가 된다.

통일신라의 조각 중에는 불교와 관련이 없는 조각형태도 많이 남아 있다. 그 중에는 경주의 여러 곳에 산재해 있는 왕릉에 호석으로 둘러진 십이지신상이나 묘 입구인 神道의 양쪽에 돌로 조각하여 세운 文·武石人像 및 石獸들로 일반 조각의 중요한 부분을 차지한다. 통일신라시대의 무덤은 내부가 석실구조로 축조되어서 그 속에 넣었던 부장품은 대부분 도굴되어 없어졌으며 일부 파손된 지역에서는 몇 가지 종류의 세속 인물 및 동물형 土俑들이 출토되었다. 통일신라의 토용들은 당시에 중국에서 대량으로 생산된 唐三彩와 같은 중국의 陶俑에 비하면 그 규모를 따르지 못하고 표현의 사실적인 묘사나 채색기법에서 그 완성도가 떨어진다. 그러나 당시의 생활상이나 복식 그리고 인물표현 연구에 삼국시대의 토우들과 같이 매우 귀중한 자료를 제공한다. 통일신라시대의 일반 조각들은 불상에 비해서는 예가 적으며 종류도 한정되었고 또 시대로 보아도 대부분 8세기 이후이므로 불교미술 관계의 조각을 먼저 다루고 이후에 간단히 소개하고자 한다.

(1) 불교조각

가. 7세기 후반의 불교조각

신라는 통일을 완성한 문무왕 8년(668) 이후에도 唐과의 밀접한 관계를 유지하면서 적극적으로 불교문화를 수용하였다. 남아 있는 이 시기의 조각들을 거의 같은 시대의 중국 불상과 비교하여 보면 그 형식이나 표현양식에서 별로 큰 차이가 없이 전개되었다. 또한 통일의 과정에서 삼국의 많은 유민들이 일본에 건너가서 일본 불교미술 발전에도 큰 역할을 담당하였는데 7세기 후반의 사신교류로 보아서 당과 신라보다는 신라와 일본과의 왕래가 더 빈번하게 나타나고 있을 만큼 당시의 동북아 불교문화의 성립과 발전에 신라의 역할이 컸음을 알려준다.

신라의 삼국통일은 우선 옛 백제와 고구려 지역의 불교문화를 통합시키는 계기를 마련하여 다양한 지방 전통이 신라조각 양식의 형성과정에 흡수되는 역할을 하였다. 옛 백제의 영토인 충청남도 연기군 지역에서 출토된 몇 예의 납석제 佛碑像은 출토지역이나 양식으로 보아 백제조각의 전통을 이어주는 중요한 예이다.[2] 연기군 碑巖寺址에서 출토된 3개의 불비상 중에서 癸酉年銘이 있는 사면비상은 정면에 아미타3존불이 조각되어 있고 그 주위에 제자·인왕 등의 권속이 좌우로 배치되었다. 이 비상의 전면 가장자리에 새겨진 명문에서 본존이 아미타불이고 공양인들의 이름 중에는 乃末·大舍·小舍 등의 신라 관직과 백제의 관직 達率, 그리고 백제의 姓氏인 全氏·木氏·眞牟氏 등이 발견된다. 신라 통일 후 백제 유민에게 신라 관직 등에서 합당한 지위를 주었다는 역사기록에 의거하여 이 비상군은 백제지역에서 만들어진 상으로 계유년을 통일신라초인 문무왕

〈그림 1〉 己丑銘阿彌陀佛碑像

689년(청주국립박물관)

2) 黃壽永, 〈忠南燕岐石像調査〉(《藝術院論文集》 3, 1964 ; 《韓國의 佛像》, 文藝出版社, 1989, 227~272쪽).
秦弘燮, 〈癸酉銘 三尊千佛碑像에 대하여〉(《歷史學報》 17·18, 1962 ; 《新羅·高麗時代 美術文化》, 一志社, 1997, 302~330쪽).

13년(673)으로 추정하고 있다. 따라서 같은 절에 있던 또 다른 己丑年銘의 아미타불비상은 신문왕 9년(689)으로 추정하며(〈그림 1〉), 나머지 하나의 비상에는 銘文이 없으나 반가사유상이 본존으로 중국 隋代에서 유행한 불상에 늘어진 술 장식이 보인다. 이 연기군 출토의 불비상군 중에는 조치원 瑞光庵에서 발견된 계유명삼존천불비상과 西面 月下里 蓮花寺에 있는 戊寅年불비상 등 2예를 포함하여 조각양식이 같은 것을 알 수 있다. 부조로 표현된 상들은 표면이 많이 마멸되어 자세히 관찰하는 것이 불가능하나 양식적으로 보면 干支年의 일주기인 60년 앞서는 시기로 보아도 큰 무리가 없을 정도로 古式을 따르고 있다. 따라서 이들 불비상군은 사라진 백제의 지방양식이 통일신라 초기에 그 지방 전통을 이어서 제작되고 차차로 통일신라 불상양식의 성립에 다양성을 부여했다고 볼 수 있다.

이와 같이 삼국의 조각 전통이 통일신라로 이어지면서 변하는 또다른 예로는 경상북도 군위의 팔공산에 있는 석굴 속에 모셔진 아미타삼존석불좌상으로 이 경우에는 고신라의 석조 불상양식을 좀 더 발전시킨 예로 볼 수 있다(〈그림 2〉). 개울 옆 암벽위로 약 6m 되는 곳에 굴을 파고 다른 지역에서 가져온 화강석으로 석조불좌상 3구를 조각하여 안치하였다. 왼쪽 협시보살입상의 보관 중앙에 아미타좌불이 있고 오른쪽 협시보살상의 보관에는 정병이 있는 것으로 보아 본존이 아미타삼존상임을 알려 준다. 본존의 얼굴은 몸체에 비해서 크고 어깨가 넓으며 대좌위로 덮어 내린 군의의 주름표현은 삼국적인 조형성을 보여준다. 웃음이 사라진 부처의 엄숙한 얼굴표정이나 觸地印에 가까운 손모습 등은 통일기에 들어와서 나타나기 시작하는 새로운 불상형식이다. 양쪽 협시보살상들의 균형잡힌 몸매와 유연하게 허리를 굽힌 三屈의 자세, 그리고 늘어진 천의의 부드러운 주름표현은 경주의 三花嶺 미륵삼존상에서 보이던 신라 말기의 굳어진 조각양식에서 신체비례나 조각수법이 좀 더 발전된 양상으로 나타났다.

〈그림 2〉 軍威阿彌陀三尊佛像

7세기 후반(경상북도 군위)

7세기 후반 신라의 통일과 더불어 새로이 등장하는 불교도상으로 四天王像이 알려져 있다. 경주시 狼山 남쪽 끝에 위치한 사천왕사지는 통일 직후 唐의 침략을 부처의 힘으로 저지하기 위하여 법회를 열어 발원한 후 문무왕 19년(679)에 완성한 호국불교의 사찰로 두 개의 목조탑을 구비한 쌍탑가람이었다. 이곳 절터에서 나온 綠色 鉛釉를 입힌 사천왕상은 여러 개의 파편으로만 남아 있는데 그 중 복원해본 두 종류의 상은 각기 활과 화살 그리고 창을 들고 두 다리를 내려뜨려 악귀를 밟고 있는 형상으로 갑옷이나 다리 근육의 사실적인 표현이나 고통스러워 보이는 악귀의 얼굴표정은 이 시대 신라 조각의 뛰어난 표현수법을 보여준다.[3)]

또다른 예의 사천왕상은 경주 동북쪽 해안가에 문무대왕의 산골처로 알려진 大王岩 못미쳐 있는 感恩寺址의 동·서쌍탑에서 나온 상자형 사리함에 부착되었던 사천왕상을 들 수 있다(〈그림 3〉). 이 절은 통일을 이룩한 문무

3) 姜友邦, 〈四天王寺址出土 彩釉 四天王 浮彫像의 復元的 考察〉(《美術資料》 25, 1980 ; 《圓融과 調和》, 202~248쪽).

〈그림 3〉 感恩寺舍利器金銅四天王像

682년(국립중앙박물관)

왕의 유언에 그가 죽은 후 호국대룡이 되어 일본의 침략을 막고자 했던 염원을 받들어 신문왕이 재위 2년(682)에 완성한 사찰이다. 1960년 감은사의 서쪽 탑내에서 발견된 정교한 금동사리함과 그 네 면에 부착되어 있는 사천왕상은 이미 잘 알려져 있으며, 1996년 다시 동탑에서 새로이 나온 사리기의 금동외함에도 비슷한 형태의 사천왕상이 표현되어 있다. 보존상태가 모두 완전한 것은 아니나 한 손을 허리에 대고 다른 손에 탑이나 창을 들고 서 있는 천왕상들의 자세나 갑옷의 형상은 당시 唐의 사천왕상에서 보이는 특징을 따르고 있는데 특히 중국 龍門석굴에서 672~675년간에 조성된 奉先寺洞의 입구 양쪽에 서 있는 사천왕상과 비교가 된다. 또한 이 봉선사동의 본존의 대좌 벽면에 부조된 사천왕상들은 앞서 관찰한 사천왕사지 출토의 녹유 천왕상들과 자세나 갑옷에서 유사하다. 이들 7세기 후반의 통일신라기 사천왕상들은 당에서 새로이 성립된 사천왕상의 圖像이 전래되어 수도 경주를 중심으로 유행하였던 사천왕상의 형식과 양식을 보여주며 신라와 당의 불교도상이나 양식의 비교에서 큰 차이가 나지 않는 것을 알 수 있다.[4)]

---

4) 1960년도 감은사 조사보고서로는 金載元・尹武炳,《感恩寺址發掘調査報告書》. (國立博物館特別調査報告 2, 乙酉文化社, 1961)이 있고, 1996년의 동탑 출토 자료에 대해서는 아직 정식 보고서가 나오지 않았으나 간략한 보도자료가 있다(《보존과학연구》 18, 국립문화재연구소, 1997, 205~219쪽).

7세기 후반 통일신라 초기의 불상에서 당시 중국 불상과 도상이나 양식상으로 국제적인 공통성을 보여주는 또다른 대표적인 예가 경주 雁鴨池에서 출토된 금동판불이다. 문무왕 14년(674)에 건설하기 시작한 안압지와 그 주변에 세워진 건물터의 바닥에 깔았던 보상화문 전돌에 문무왕 20년에 제작되었다고 새겨진 명문이 발견되어 대개 이 무렵 東宮으로 알려진 건물들이 완성되었다고 본다. 그리고 이러한 7세기말의 통일신라양식을 보여주는 중요한 불상군이 안압지에서 발견된 10구의 금동판불이다. 2구의 삼존불좌상은 본존의 손이 설법의 자세인 轉法輪印이고 나머지 보살좌상 8구는 모두 두 손을 모은 합장인인데 광배 둘레에 남아 있는 못이나 밑에 달린 2개의 촉으로 보아 아마도 소형의 목조불감 같은 데에 부착하여 궁궐내에서 예배상으로 모셨던 것으로 생각된다(〈그림 4a·4b〉). 특히 설법인의 불상은 인도 굽타시대에 유행하기 시작한 형식으로 중국에는 7세기초에 많이 나타나기 시작하여 당 초기의 돈황석굴의 벽화나 용문석굴의 조각에도 보인다. 이 안압지상은 그 도상으로 보면

〈그림 4a〉 雁鴨池出土金銅三尊板佛像

680년경(국립중앙박물관)

〈그림 4b〉 雁鴨池出土金銅菩薩造像板佛

680년경(국립중앙박물관)

일본의 法隆寺(호류지) 금당 벽화의 아미타삼존의 본존불 표현과도 유사하고 또 동경국립박물관 소장을 비롯하여 몇 예의 금동제 押出佛과도 비교되어 7세기말 신라 불상이 보여주는 국제적인 양식을 뒷받침해 준다. 아울러 일본의 7세기말 내지 8세기초의 상들과도 연결지을 수 있는 귀중한 예들이다.

7세기의 불상 중에 역사기록이나 명문으로 그 제작연대나 불상의 명칭이 확인되는 중요한 예는 경주 낭산 동쪽 구황동의 皇福寺 절터로 알려진 곳에 세워진 3층석탑에서 나온 사리함에서 발견된 2구의 순금제 불상이다. 이 두 상을 넣었던 네모난 사리함의 뚜껑 안쪽에 새겨진 명문에 의하면 孝昭王 원년(692)에 선왕인 신문왕을 위해서 그 부인 神穆太后와 아들 효소왕이 탑을 세웠고, 이 두 분이 돌아가시자 聖德王 5년(706)에 왕이 불사리 및 다라니경과 아미타상을 넣었다는 기록이 있다.[5] 발견된 2상 중에 입상은 오른손이 與願印이고 왼손은 가사의 한 끝을 잡았으며 얼굴 표정이 굳었고 옷주름 표현이 딱딱한데 비해서 다른 한 구의 여래좌상은 오른손이 여원인이고 왼손은 무릎 위에 얹었는데 주름의 표현이 자연스럽고 부드러우며 주조기술면에서도 훨씬 발달된 것으로 보인다. 따라서 양식이나 당시에 유행한 불상의 수인으로 보아도 이 불좌상이 성덕왕 5년(706)에 넣은 아미타상으로 추정된다.

형식이나 표현양식에서 안압지상보다 좀더 古式인 구황동탑 출토의 여래입상은 효소왕 원년(692) 처음으로 탑을 세울 때에 넣은 것으로 추정되어 신문왕이 평소 예배하던 念持佛이었던 것이 아닌가 한다. 그리고 성덕왕 5년에 다라니경과 함께 넣었다고 생각되는 불좌상은 둥글고 통통한 얼굴에 돋으라지게 입체감이 강조된 옷주름 처리에서 당시 唐 조각의 영향을 반영하는 불상양식의 특징을 알 수 있다. 또한 투각된 광배에 나타나는 정교한 화염문과 장식적인 당초문 및 좁쌀 같이 작은 무늬를 동그랗게 찍어낸 魚子文 기법은 당시의 뛰어난 금속공예기술도 보여준다. 따라서 이 두 불상을 당시 왕실과 관련있는 경주지역의 불상 제작자가 만든 것으로 700년 전후의 통일신라 불상양식을 대표한다고 볼 수 있다.

---

5) 李弘稙, 〈경주 狼山東麓 3층석탑내 발견품〉(《韓國古文化論攷》, 韓國文化叢書 14, 1954), 37~59쪽.
金元龍, 〈韓國 美術史 硏究의 2, 3問題〉(《亞細亞硏究》 7-3, 1964), 56~67쪽.

역사기록이나 명문에 의해 소개된 위의 상들 이외에도 더 많은 상이 예배되었을 것이고 지금 남아 있는 많은 불·보살상들이 이 시기에 제작되었을 것이다. 그러나 출토지나 정확한 연대를 확인할 수 없는 경우가 많다. 삼국시대 말기로 보고 있는 불·보살상 중에도 7세기 후반에 속하는 상들이 포함되고 있을 것이며 또한 7세기 후반에 일본에서 제작된 상들과 비교하여 보면 7세기 후반 신라상들의 양식적 특징을 추정해 볼 수도 있다.

〈그림 5〉 東垣舊藏金銅如來立像

8세기 전반(국립중앙박물관)

나. 8세기 전반의 불교조각

통일신라시대 불입상의 표현은 法衣의 주름처리 형식으로 정리하여 보면 대체로 두 가지 유형으로 나눌 수 있다. 그 중의 하나는 구황동탑 출토 불입상과 같이 법의를 두 어깨에 걸쳐 입고 둥근 주름이 목둘레로부터 여러 개의 연속적인 U자형을 이루면서 늘어진 형태이다. 이러한 형태의 불상 중에서 구황동탑 출토의 입상보다 더 발전된 양상을 보여주는 것이 국립중앙박물관에 있는 전 동원소장품의 금동불입상이다(〈그림 5〉). 여러 겹으로 늘어진 주름의 처리가 자연스러워졌고 넓은 가슴, 가는 허리의 몸체 굴곡에 따라 유연하고 부드럽게 처리되었다. 조각양식으로 보면 8세기초 구황동탑 출토의 아미타불좌상과 같은 조형적 특징을 보여주고 있다.

8세기 전반의 신라 불상 중에서 중요한 명문이 있는 또다른 중요한 상으로는 경주 甘山寺 절터에서 가져온 아미타불상과 미륵보살상을 들 수 있다. 이 두 상은 성덕왕 18년(719) 은퇴한 대신 金志誠이 재산을 헌납하여 감산사를 세우고 아미타불과 미륵보살 두 상을 만들어 봉안한 것으로, 김지성은 성덕왕 19년에 사망한 후 동해바다에 산골되었다고 한다.[6] 크기가 거의 2m가 되는 이 두 상은 8세기 전반에 유행한 새로운 불상과 보살상의 형식과 양식을 보여 준다(〈그림 6a, 6b〉). 그 중에 불입상은 설법하는 수인을 하고 있으며, 통견인 법의의 옷주름 형태가 특이

〈그림 6a〉 甘山寺石造阿彌陀如來立像

719년(국립중앙박물관)

〈그림 6b〉 甘山寺石造阿彌陀菩薩立像

719년(국립중앙박물관)

6) 文明大, 〈新羅 法相宗의 成立問題와 美術〉上·下(《歷史學報》 62, 1974, 75~105쪽 ; 63, 133~162쪽).

한데 목둘레로부터 늘어진 U형의 옷주름이 잘록한 허리를 강조하고 두 다리 위에서 다시 갈라져서 두 무릎 위에 서로 대칭적인 U형의 옷주름을 형성하고 있다. 감산사 불상의 옷주름선이 가늘게 도드라진 것은 인도의 굽타시대에 마투라에서 조각된 불상의 조각기법을 연상시키나 두 다리 위에서 갈라지는 주름형식은 인도의 불상형식이 서역지역에서 변형되어 발전된 것으로 중국에서는 7세기 중엽경부터 나타나기 시작한다.[7]

감산사지에서 출토된 석조 아미타여래상과 같이 둥근 목둘레에서 내려온 옷주름이 허리를 지나 두 다리 위에서 양쪽으로 갈라지면서 각기 대칭의 U형 주름을 형성하는 불상형은 앞서 언급한 전 동원소장품의 금동불 입상형식에서 보이는 옷주름이 가슴과 다리 위로 연속적인 U형을 이루는 것과는 구별되며 통일신라시대에 유행한 불입상의 또 다른 유형을 형성한다. 이 감산사 불상형식에 속하는 예로는 경상북도 선산에서 출토된 금동불입상이나 대마도 관음신사의 금동불입상이 대표된다. 그러나 이 두 유형의 불입상에는 여러 가지 변형이 있는데 대부분 가슴 위에 나타나는 옷주름 처리로 구별되며 늘어진 가슴위에 內衣가 보이거나 그 위에 두른 허리띠와 매듭이 보인다거나 또는 오른쪽 어깨 위로 늘어진 법의의 한 끝이 안으로 접혀지거나 그대로 늘어지는 등에 따라 변화있는 표현을 보여준다. 그러나 두 대표되는 입상형식을 특징짓는 다리 위의 주름표현은 그대로 유지되여 계속 U자형으로 늘어지거나 또는 두 다리 위에서 갈라져서 대칭의 U형 주름을 형성하는 통일신라 말기에까지 불입상 형식의 대표적인 유형을 이룬다.

경주박물관의 야외전시장에는 토함산 동쪽편의 장항리 사지에서 가져온 대형 석조불입상의 얼굴과 몸체의 윗부분이 남아 있는데 이 상의 복원고찰에서 두 다리 위의 옷주름이 연속된 U형을 이루었거나 또는 두 다리 위에 각각 U형 주름이 대칭을 이루는 두 가지 가능성을 제시한 것은 바로 신라의 불입상형의 두 유형이 모두 가능하다는 것을 의미한다.[8]

---

7) 金理那, 〈新羅甘山寺如來式佛像의 衣文과 日本佛像과의 관계〉(《佛敎藝術》 110, 1976 ; 앞의 책, 206~238쪽).

8) 大西修也, 〈獐項里廢寺址의 石造如來像의 復元과 造成年代〉(《考古美術》 125, 1975), 53~83쪽.

〈그림 7〉 甘山寺金銅菩薩立像

8세기 전반(국립중앙박물관)

감산사 절터에서 같이 출토된 보살입상 역시 8세기에 유행하는 보살형을 대표한다. 복잡한 보관과 목걸이 및 허리띠 장식, 가슴에 대각선으로 입혀진 천의 표현 등은 7세기말경에 唐의 장안의 寶慶寺 전래 11면관음보살상과 같은 당 조각에 나타나는 특징을 보여주며 통통한 얼굴과 다리에 힘을 빼고 서 있는 자세나 표현 등에서 8세기초의 신라에서 유행했던 양식을 알려준다. 이러한 표현의 신라 보살상 중에는 경주 남산의 칠불암에 있는 삼존불상의 협시보살 같은 예들이 감산사 보살상에 선행한다고 볼 수 있다. 이 보살상과 일본의 8세기초 법륭사 금당벽화 중 서벽에 있는 아미타삼존상의 우측 협시인 관음보살상과 비교하면 서로 공통된 양식을 보여주어 당시 신라 불상에 반영된 국제적인 불상양식의 흐름을 알 수 있다. 이러한 보살상형식과 양식은 소형의 금동보살상에도 반영되고 있다(〈그림 7〉). 이 감산사의 불·보살상은 광배 뒤의 명문으로 인하여 8세기 전반에 통일신라시기에 신앙된 아미타불 및 미륵보살신앙을 알려줄 뿐만 아니라 성덕왕 18년(719)이라는 절대연대를 알 수 있는 통일신라 불상연구에 매우 중요한 조각이다.

8세기 전반에 속하는 또 다른 중요한 불상군은 경주 시내의 소금강산 기슭에 있는 掘佛寺 절터의 사면석불이다. 이 석불군은 커다란 돌기둥 4면에 부조로 불상이 조각되었는데 《三國遺事》에 경덕왕(742~764)이 栢栗寺로 행차할 때에 땅속에서 염불소리가 들려서 파보았더니 석불이 나와서 그곳에 굴불사라는 절을 세웠다는 기록과 부합되는 불상군이다. 실제로 불상양식을 보아도 그 제작시기를 불교미술의 전성기인 경덕왕 시기의 상으로 볼 수 있는 중요한 예이다.[9] 이 사면석불의 불상은 사방 불교정토의 주존상들을 나타내주며 서쪽에는 서방극락정토의 아미타삼존불입상, 동면에 약사불좌상은 도상적으로 확인된다. 남면에는 원래 삼존상이 있었다고 보나 부처의 오른쪽 협시는 떼어져 없어졌고 도상적으로 부처의 이름을 규명하기는 어렵다. 남면의 불입상은 감산사의 불상과 같은 계열에 놓을 수 있는 법의형식을 보여주나 몸체의 가는 허리나 융기된 다리의 굴곡이 좀더 강조되었다. 그 옆의 보살상 역시 감산사 보살상보다 좀더 복잡한 天衣와 허리에서 길게 접혀진 裙衣를 입고 있는데 8세기 중엽경에 유행한 불·보살상 형식을 잘 나타내고 있다. 최근 경주 낭산에 반쯤 묻혀 있었던 석조보살상의 하반부와 경주박물관에 오래전부터 있던 보살상의 머리를 합하여 원래의 제 모습을 찾아 갖춘 상이 복원되었는데 이 상 역시 굴불사지의 보살상들과 같은 계열에 속하는 8세기 후반의 상임을 알 수 있다.

이 굴불사지의 북쪽 벽면에는 선각과 부조의 보살상이 있는데 이 보살상의 형식은 남면의 보살상과 비슷하다. 특히 중요한 것은 벽면의 오른쪽에 선각으로 표현된 보살상으로 조사 결과 3쌍의 손을 지닌 十一面六臂관음보살입상으로 확인되었다(〈그림 8〉). 보살의 머리에는 정상의 불두를 중심으로 그 밑에 2개·5개의 순서로 보살두가 있고 정면 얼굴 좌우 귀밑으로 또 두 개의 보살두를 포함한 11면을 형성하고 손은 어깨 위·가슴·허리 밑으로 내려뜨린 6개의 손으로 표현된 변화관음의 하나다.

우리 나라의 다면 관음보살상에는 석굴암 원형실의 본존 뒷벽에 있는 십일면관음상이 유명하나 11면과 더불어 손이 여러 개인 통일신라시대의 관음상은 이 掘佛寺 절터의 예가 유일하다. 이것은 불교교리의 발달과 더불어 관음보살의 역할에 초인간적인 능력이 강조되고 밀교적인 성격이 부여되면서 여러 종류의 변화관음이 등장한 것으로 《삼국유사》에 분황사의 십일면천수관음에게 눈먼 딸을 위해 그 어머니가 공양하였다는 기록이 있는 것도 당시

9) 金理那. 〈慶州掘佛寺址의 四面石佛에 대하여〉(《震檀學報》 39, 1975 ; 앞의 책, 239~268쪽).

〈그림 8〉 掘佛寺址十一面六臂觀音像

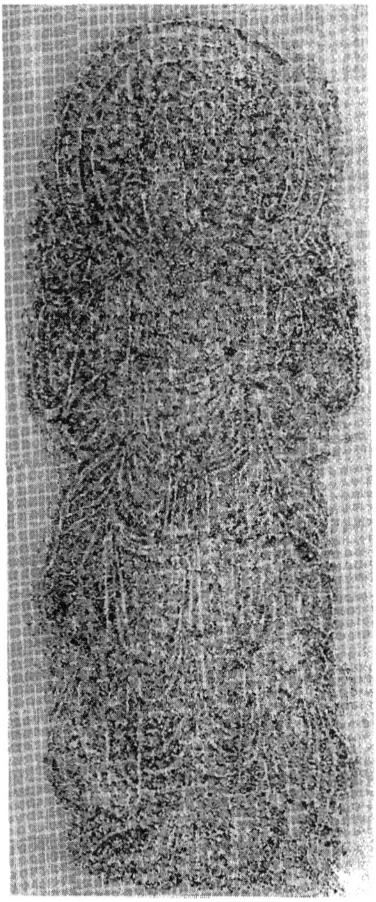

8세기 중엽(경주)

에 유행했던 관음신앙의 성격을 알려준다. 이 굴불사의 사면석불은 경덕왕대의 상으로 앞서 관찰한 감산사의 상이나 이후에 조성된 석굴암의 상들을 이어주는 8세기 전반의 중요한 석불군이다.

통일신라시대의 석조불상 연구에 빼놓을 수 없는 상들은 경주시의 남산에 암벽이나 절터에 70구가 넘게 남아 있는 불상군으로 고신라시대로부터 통일신라 말기에 이르기까지 원형조각이나 부조 또는 선각으로 표현되어 남아 있어 신라 석불조각의 寶庫라고 볼 수 있다. 이 중에 8세기 전반의 불교조각으로는 초기 촉지인 도상을 대표하는 칠불암의 삼존불과 본격적인 사방불정토의 개념을 나타낸 사방불상이 있다. 미륵골 보리사의 불좌상과 용장골의 마애불좌상은 석굴암상 이후의 촉지인 수인을 한 불상의 유행에 따른 변형으로 볼 수 있다.

다. 8세기 후반의 불교조각

통일신라시대의 불상군 중에서 가장 뛰어난 조각 표현을 한 석불군은 석굴암 조각으로 여러 불상의 권속을 판석으로 조각하여 인공적인 석굴을 경주 토함산 산꼭대기에 조성하였다(〈그림 9〉). 이 석굴은 경덕왕 때 金大城이 발원하여 경덕왕 10년(751)에 조성을 시작, 그가 죽은 惠恭王 10년(774)에도 끝나지 않아서 나라에서 완성시켰다는 기록으로 보아서 결국 김씨왕실의 후원으로 이루어진 것임을 알 수 있다.

〈그림 9〉 石窟庵本尊佛坐像

751~774년(경주 토함산)

궁륭천정으로 이루어진 원형 석실의 중앙에 모셔 있는 불좌상은 깨달은 부처의 자세인 降魔觸地印을 하였고 주변 벽에는 梵天·帝釋天·文殊·普賢 그리고 10대 제자와 십일면관음보살상이 부조로 둘러져서 중앙의 본존상을 향한 자세로 서 있다. 네모난 前室에는 팔부중과 두 인왕상이 양편에 조각되었고 원형실로 이어지는 복도에는 사천왕상이 부조되어 있다. 이 석굴암에 모셔져 있는 불교조상들은 부처가 설법할 때에 항상 참석하는 보살부·天部의 권속과 10대 제자들이 그 나름대로의 위계질서 속에 배치된 하나의 불국토를 형성하고 있다. 이 석굴암 본존상의 크기가 당의 구법승 玄奘이 인도 부다가야를 방문했을 때 보았던 大覺寺의 항마촉지인 불상의 크기와 같다던가[10] 범천·제석천이라는 불교 이전의 인도신이 같이 등장하는 점 등은 당시 신라인들이 불교문화와 도상에 대한 인식이 매우 국제적이었다는 것을 알려준다.[11]

불교의 석굴사원은 인도에서 시작하여 서역과 중국에 많이 남아 있고 불교조각도 헤아릴 수 없으나 이 석굴암과 같은 구조로 계획된 인공석굴은 알려진 예가 거의 없다. 또한 석굴 속에 모셔진 상들이 이와 같이 뛰어난 조각

10) 姜友邦, 〈석굴암 본존의 圖像小考〉(《美術資料》 41, 1988 ; 앞의 책, 280~281쪽).
11) 인도에서 한국에 이르기까지의 항마촉지인 불좌상의 유래와 도상적 특징 및 신라적인 변형에 대하여는 金理那, 〈印度佛像의 中國傳來考〉·〈中國의 降魔觸地印佛坐像〉·〈統一新羅의 降魔觸地印佛坐像〉(앞의 책, 270~382쪽) 참고.

수법으로 표현된 곳은 거의 유일한 예가 아닌가 한다. 석굴 속에 모셔진 부처의 위엄과 자비를 겸한 얼굴표정과 생명감이 가득한 부처의 신체표현 등에서 당시 신라인의 이상적인 불상형의 자태를 볼 수 있고 종교와 예술이 조화된 불교미술의 정수를 보여 준다.

〈그림 10〉 淸凉寺石造如來坐像

8세기 후반(경상남도 합천군)

이 석굴암의 본존상은 이후 통일신라의 불좌상 표현에 하나의 모본이 되었으며 통일신라 후기의 것으로 많은 항마촉지인 불상들이 석조불이나 철불로 남아 있다. 그 중 석조로 대표적인 예는 경상북도 합천의 淸凉寺나 의성의 孤雲寺에 있는 석조불좌상이나(〈그림 10〉) 경주 남산의 미륵골이나 용장골의 불상들을 들 수 있다. 철불로는 석굴암 본존과 양식적으로 가장 유사한 예가 충청남도 서산군 운산면 普願寺 절터에서 옮겨왔다는 좌상이 국립중앙박물관에 있다.[12] 통일신라 후기의 이들 항마촉지인의 불좌상은 석굴암 본존과 같은 편단우견이며 양 다리 사이의 부채꼴형 주름을 그대로 답습하고 있는 것이 흥미롭다. 그러나 넓은 가슴에 당당한 자세나 균형감 있는 신체비례는 많이 감소되고 얼굴표정에 보인 종교적 위엄이나 조각수법의 세련미가 많이 사라지게 된다.

12) 普願寺절터에서 가져온 철불좌상의 두 구가 있는데 그 중 하나는 고려초기의 상으로 보고 있다(姜友邦, 〈統一新羅鐵佛과 高麗鐵佛의 編年試論〉, 《美術資料》 41, 1988 ; 앞의 책, 282~304쪽).

8세기 후반의 신라조각 중 석굴암 불상군 이외에 명문이나 역사기록으로 연대가 확인되는 예는 거의 없다. 그러나 경주지역에서 전해지는 신라 후기의 대표적인 대형 금동불상의 예 중에 원래는 栢栗寺에서 경주국립박물관으로 옮겨진 금동약사여래입상과 불국사에 있는 금동아미타 및 비로사나불좌상을 들 수 있다. 백률사의 약사상은 두 손이 파손되었으나 균형있는 신체비례나 이상화된 얼굴표정 등이 전성기 8세기의 불상양식을 보여 준다(〈그림 11〉). 신체의 굴곡이나 옷주름의 표현에는 별로 사실적인 느낌이 강조되지는 않았으나 통일신라기에 유행하는 불입상의 표현 중에 옷주름이 연속적인 U형을 이루는 형식의 한 변형으로 볼 수 있다. 아직도 위엄서린 미소와 조화된 이목구비의 표현에서 느껴지는 이상적인 부처의 형상은 8세기 중국 당의 불상과 일본의 天平(텐표)년간의 불상에서도 볼 수 있는 국제적인 공통양식을 보여준다.

〈그림 11〉 栢栗寺金銅藥師如來立像

8세기 후반(경주국립박물관)

백률사 금동약사상과 더불어 8세기 후반 경주를 중심으로 이루어진 불상을 대표하는 불국사의 아미타불과 비로사나불좌상은 그 표현양식, 옷주름의 부드러운 처리와 알맞은 신체비례, 약간 굳어진 얼굴표정 등이 동일계열의 상임을 알려준다. 이 두 상에 대해서는 崔致遠의 찬문이 있는 점을 근거로 9세기 후반의 상으로 보는 견해도 있으나, 기록상의 몇 가지 의문점이나 남아있는 9세기의 신라상과 구별해 볼 때에 훨씬 뛰어난 주조기법을 보여주어서 역시 경주의 왕실이나 귀족 중심의 불교 후원세력이 약화되기 이전 단계인

8세기 후반의 상으로 볼 가능성도 크다. 智拳印을 한 비로사나불상이 8세기에 등장하기에는 남아 있는 예로 보아서는 너무 이르다는 견해도 있었으나 경상북도 산청 內院寺에 있는 石南寺 전래의 석조비로사나불좌상이 그 상이 놓였던 대좌에서 나온 불사리함의 명문에 의해 제작연대가 혜공왕 2년(766)으로 추정됨에 따라서 이 여래형 지권인 비로사나불상이 8세기 중엽에 등장한 가장 이른 예로 인식되고 있다[13]. 따라서 불국사의 금동비로사나불상도 8세기 후반에 제작되었을 가능성이 남아 있는 것이다. 중국에서는 8세기의 지권인 비로사나불의 예가 아직 알려진 바가 없으나 8세기 중엽경에 이미 인도에서 온 밀교승 善無畏·金剛智·不空金剛 등의 활약과 밀교경전의 번역은 이 밀교계의 도상이 8세기 후반에 어느 정도 성립되었을 것으로 해석된다.[14]

라. 9세기의 불교조각

9세기의 불상을 살펴보면 대체로 8세기에 많이 만들어졌던 불상형을 따르면서 약간의 양식적 변화가 있는 것을 볼 수 있다. 예를 들어 경주박물관 정원에는 분황사에서 출토된 여러 구의 석조불좌상들이 있는데 대부분 석굴암의 본존과 같은 항마촉지인 수인을 하였다. 법의는 두 어깨를 덮는 통견도 있고 가슴이 드러난 법의 속에 내의를 입거나 가슴 위에 둘려진 띠의 매듭이 보이고, 옷자락 단에 장식을 한 경우도 있다. 또 석굴암 본존과 같이 두 다리 사이의 부채꼴 주름이 계속 이어지기도 하고 혹은 두 다리를 연속된 U형 주름으로 덮어 늘어뜨린 경우도 있다. 이 시기의 불좌상 중에 많이 나타나는 또다른 형은 지권인을 한 비로사나불상이다. 이 불상들은 대부분 지방의 여러 禪宗사찰에 모셔져 있는데 통일신라 말기에는 불교조각의 중심지도 경주에서 벗어나서 여러 지방 호족들의 후원을 받으면서 佛事가 활발하게 이루어졌고 선종 승려들의 활약이 두드러진다. 특히 지권인을 한 여래형 비로사나불상 중에는 명문을 동반하여 연대를 알 수 있는 예가 여럿 있어서 9

---

13) 朴敬源·丁元卿, 〈永泰二年銘石造 毘盧遮那坐像－智異山內院寺石佛探查始末－〉(《考古美術》 168, 1985), 10～21쪽.

14) 김리나·이숙희, 〈統一新羅時代 智擧印 毘盧舍那佛像研究의 爭點과 問題〉(《美術史論壇》 7, 1998).

세기의 불상형식의 특징 및 양식의 기준을 제공한다.

원래 지권인의 비로사나불은 밀교의 금강계 대일여래의 도상으로 알려졌으며 일본의 밀교종파인 眞言宗에서는 보관을 쓰고 지권인을 한 보살형의 대일여래로 인식된다. 그러나 우리 나라에서는 밀교가 독립된 종파로 발전하지는 않았으며 대부분이 화엄의 영향을 받았던 신라의 유학승들이 9세기에는 禪宗 승려로 귀국하여 전라도·경상도·강원도 9山禪門의 사찰을 세우고 지방호족들의 후원을 받았다. 신라의 선종은 교학적인 측면에서 화엄사상이 큰 영향을 끼쳤다고 본다. 신라에서는 일본의 진언종 밀교의 도상에 보이는 五方佛이나 그에 부응하는 五方菩薩像이 발달하지 않았으며 보살형 대일여래상도 한 두 예만 남아 있다. 따라서 지권인의 여래형 비로사나불상은 화엄의 법신불로 인식된 것으로 해석된다.[15]

경상북도 산청 石南寺의 혜공왕 2년(766) 제작으로 생각되는 비로사나불상의 출현 이후 근 백년이 되는 9세기 중엽에 나타나는 지권인의 불좌상 중에 명문에 의해 연대가 가장 이른 상이 전라남도 장흥 보림사의 철조비로사나불상이다. 상의 왼쪽 팔뚝에 절대연대인 憲安王 2년(858)에 제작되었다는 내용이 주조되었다. 또 이 절에 있는 보조선사의 비문도 비로사나불상을 만들었음을 알려주는데 불상 자체의 표현에서 얼굴표정이 경직되었고 불의의 주름표현이 별로 정돈된 상태는 아니다. 불상의 몸체에 명문이 주조된 또 다른 중요한 철불좌상이 강원도 철원 到彼岸寺의 지권인 비로사나불로서 景文王 5년(865)에 지방의 신도 1,500여 명이 모여 신라의 북쪽 경계지역인 漢州 鐵原에 이 상을 만들어 예배하였다는 기록이 있다. 이제 불상의 제작은 왕실이나 중앙귀족뿐 아니라 지방의 불교신자들의 후원으로 만들어졌다는 것을 알려주며 양식적 변화로는 얼굴표정이 굳어지고 옷주름 표현은 계단식으로 도식화되는 것을 알 수 있다.

---

15) 文明大, 〈新羅下代 毘盧舍那 불상조각의 연구〉 1·2(《美術資料》 21·22, 1977·1978), 16~40·28~37쪽.
姜友邦, 〈韓國 毘盧舍那佛像의 성립과 전개〉(《美術資料》 44, 1989 ; 앞의 책, 427~479쪽).
文明大, 〈智拳印 毘盧遮那佛의 성립문제와 石南巖寺毘盧舍那佛像의 硏究〉(《佛敎美術》 11, 1992), 55~89쪽.

〈그림 12〉 鷲棲寺石造毘盧舍那佛坐像

867년경(경상북도 봉화군)

9세기 중엽경에 제작된 석조 비로사나불 중에는 대구 桐華寺 毗盧庵에 있는 불상으로 그 앞에 있는 석탑 속에서 나온 사리기의 명문에 의해 탑은 閔哀大王을 위해서 景文王 3년(863)에 세워졌고 상 역시 비슷한 시기로 추정된다. 또한 경상북도 봉화군 鷲棲寺의 석조비로사나불상 역시 같은 절에 있는 석탑에서 나온 사리기에 의해 경문왕 7년경의 상으로 추정한다(〈그림 12〉). 이 두 상 모두 9세기 비로사나불좌상의 특징을 보여주는데, 옷주름 형식은 신체적 굴곡을 따라서 흐르는 옷의 볼륨감이 강조되었다기보다는 도식적이고 반복적인 주름을 형성하고 있는 것을 알 수 있다. 그리고 또 다른 9세기의 불상에서 보이는 공통된 특징으로 어깨나 무릎의 폭이 좁아지면서 신체의 위압감이 감소되는 경향을 알 수 있다.

9세기의 비로사나불상 표현에서 중요한 예 중에는 앞서 언급한 동화사탑 출토의 사리기를 넣었던 사리함의 네 개의 금동판에 삼존불상들을 선각으로 표현하였는데 그 중에는 보관을 쓰고 지권인을 한 대일여래가 있어서 밀교 만다라 금강계의 비로사나불상형도 신라에 수용되었던 것을 알 수 있다. 그 외에는 약함을 들은 약사불을 확인할 수 있고 항마촉지인의 불상은 석가모니불이거나 四方佛의 하나인 아촉불일 수 있으며 두 손을 합장한 예는 그 수인으로서는 정확히 밝히기 어려우나 사방불의 서방 아미타불일 가능성이 크다.

9세기의 지권인 비로사나불상의 유형은 신라의 선종사찰에서 대부분 보존되어 있고 또 이에 따르는 사방불이나 협시보살상이 같이 남아 있지 않은 현상은 역시 이 불상이 밀교의 五方佛 개념으로 발달하였다기보다는 화엄종의 영향을 크게 받은 신라 선종사찰에서 대중적인 예배대상으로 수용 신앙되었다고 생각된다. 대부분의 지권인 비로사나불상은 좌상이나 입상으로 표현된 예도 몇 개 있다.

9세기의 금동불상 중에 대형으로 남아 있는 중요한 상은 별로 알려진 것이 없어 철불로 많이 대치되었던 것으로 해석된다. 단지 안압지의 한 건물지에서 출토된 유물 중에서는 15㎝ 길이의 큰 귀가 부서진 채로 발견된 것을 보면 궁중의 절에 모셔졌던 대형의 금동불이 있었던 것으로 보이나 제작시기에 대해서는 확인할 수가 없다. 이외에도 안압지 출토의 불상군 중에는 소형의 불입상들이 7구 정도 포함되는데 앞서 언급한 3존판불이나 보살상보다는 시대가 늦은 통일신라 후기로 생각된다. 이 상들은 대체로 감산사상과 같은 불입상 형식의 유형에 속하며 얼굴이 넙적하고 대부분 상 뒷면에는 주조시에 생긴 구멍(孔穴)이 크고 연화대좌의 판 끝의 귀꽃이 크게 올라가게 장식된 것으로 보아 시대는 9세기로 볼 수 있다. 역시 이들 중에는 상체 부분의 법의는 가슴속에 대각선으로 입은 속옷이나 허리띠가 둘러지고 다리 위에는 역시 연속된 U형이나 대칭된 U형의 두 가지 형식으로 나뉘는 것은 두 가지 형식의 불입상들이 통일신라 말기에까지 만들어지는 것을 알 수 있다. 얼굴표정에 좀더 세속적인 면이 보이고 불상양식의 신라적인 토착화가 이루어지면서 옷주름이 평평해지고 대부분 선각으로 간략히 표현되었다.

(2) 탑과 부도의 조각

통일신라시대의 석조물 중에서 불교관계 조각이 나타나는 예에는 불사리를 모시는 석탑과 스님의 열반 후 그 사리를 모시는 僧墓塔 즉 浮屠를 들 수 있다. 석탑 중에는 神文王 2년(682)에 완성된 2塔 1金堂의 대표적인 感恩寺址의 3층석탑과 같이 탑신이나 기단석에 아무런 조각이 없는 경우도 있고 佛國寺의 多寶塔과 같이 화려한 寶塔形式인 예도 있다. 그러나 8세기 후반이나 9세기의 석탑에는 기단면석이나 탑신면에 仁王·八部衆·四天王 혹은 四方佛이 부조로 조각되거나 飛天 혹은 奏樂天이 표현된 경우가 많다. 이들 탑 중에는 연대를 정확히 알 수 있는 예는 많지 않으나 그 조각의 양식으로 보아서 대략 상대적인 편년을 세울 수도 있다.

〈그림 13〉 遠願寺址三層石塔塔身四天王像

8세기(경상북도 월성군)

경주 부근에 있는 탑들 중에는 遠願寺址에 남아 있는 두 석탑의 초층 탑신에는 사천왕상이 높은 부조로 표현되었는데, 그 조각기법이 우수하고 상들의 갑옷 표현이 사실적이며 자세도 자연스러워서 전성기 신라 조각양식을 반영하고 있다(〈그림 13〉). 감은사지 탑 출토 사리함에 붙어 있는 682년경의 사천왕상에서는 아직 持物이나 자세가 아직 확립되지 않았으며 그 다음 단계의 대표격인 석굴암의 사천왕상과는 탑을 든 多聞天을 제외하고는 별로 도상적인 공통점이 없으나 갑옷의 형태, 量感있는 조각수법에서 8세기를 넘어서지는 않는다고 생각한다.

탑신의 부조조각 중에 사방불이 조각된 경우는 강원도 양양군 속초 근처에 있는 陳田寺 절터의 3층석탑 첫번 탑신에 보인다. 항마촉지인·약함지물·설법인 등의 사방불 조각이 비교적 정교하게 낮은 부조로 표현되었는데, 이 절터는 9세기초 중국에서 돌아온 선종 道義선사가 활약했던 진전사지로 추정되며 탑은 9세기 전반기의 것으로 생각된다. 이 석탑의 1층 기단 각 면에는 2구의 비천상이 있고 2층 기단석 면에는 각 2구씩의 팔부중상이 조각되었다. 팔부중상의 표현은 석굴암의 전실 양측에 4구씩 조각되었는데 반하여 이들 석탑의 기단면석에 조각된 八部神將상들은 대체로 8세기말 9세기의 신라 석탑에 많이 보이고 그 조각수법의 부드러움이나 다양한 도상에서도 공통성이 발견되는 점에서 天部像의 도상연구에 중요한 자료를 제공해준다.

팔부신장이 표현된 석탑 중에는 경주 昌林寺塔 등이 있으며 경주박물관이나 국립박물관 소장에는 해체된 탑신에 팔부중이 표현된 예들이 여럿 남아 있다. 이외에 경주 낭산 陵只塔의 기단에 있는 팔부중상이나 안동 신세동 7층석탑 기단에 있는 팔부신장들은 다른 곳에 있었던 상을 이용한 것으로 추정된다. 그러나 늦어도 9세기에는 제작되었던 예들로서 중요하다.

탑신에 조각된 경우는 아니나 화엄사의 4사자삼층석탑의 경우는 기단석의 일부로 4마리의 사자가 3층탑을 받들고 그 중앙에는 승려형의 인물이 서 있어서 인물이나 동물조각의 연구에 사실적 묘사나 조각수법 연구에 중요한 자료를 제공한다. 불교관계 석조물 중에는 법당 앞에 위치하는 석등이 있으며 法燈을 받드는 조각에 사자가 표현된 경우 중에 광주박물관에 있는 中興山城 쌍사자석등이나 法住寺 쌍사자석등이 있는데 이들 사자의 표현은 생동감이 있고 사실적이며 당시 동물조각의 중요한 재료가 된다.

고승의 墓塔으로 세워진 浮屠에는 사람 얼굴에 날개있는 새의 몸을 한 가릉빈가, 비천 또는 여러 가지 장식문양 등 극락정토의 장면에 등장하는 상들이나 문양이 많이 나타난다. 문성왕 6년(844)에 입적한 廉居和尙의 부도는 아마도 남아 있는 가장 오래된 부도이며 사천왕의 조각이 있다. 이 부도들은 대부분 연계되는 스님의 행적을 기록한 비문들이 같이 남아 있어서 쌍봉사의 칠감선사부도(868), 실상사 증각대사부도 등 연대를 확인할 수 있는 경우가 많아서 중요하다. 그리고 비석은 원래 밑에 龜趺와 비문 위에 얹는 螭首가 있는데 생동감있는 용이나 거북의 얼굴이 점차 용모습으로 변하는 과정 등을 살펴보는 것도 의미와 상징성에 대한 당시의 사고방식을 알 수 있다. 대체로 부도의 구조와 그 표면의 장식은 서로 유사성이 많고 전통을 이어주는 보수성이 강하여 표현양식의 변천이 크게 달라지지 않는 경향이 있다.

(3) 일반 조각

통일신라시대의 일반 조각을 살펴보면 역시 삼국시대의 경우와 마찬가지로 고분미술과 연관된다. 고분 속에서 발견된 인물 또는 동물형 土俑이나 왕릉 주벽에 둘러진 십이지동물의 부조조각들 그리고 능묘 입구에 세워진 석수・석인들이 남아 있다. 고신라시대의 무덤에서는 그 구조가 적석목곽분이어서 부장품의 도굴이 거의 불가능하였던 것에 비해서 통일신라시대는 석실분 구조로 만들어져서 내부에 부장되었던 유물이 도굴되어서 별로 남아 있는 것이 없다. 몇 년전에 경주 隍城洞과 龍江洞의 일부 파괴된 석실고분에서 인물 및 동물형의 陶俑이 발견되었는데 그 표현이 매우 사실적이고 인물 하나하나에 특징이 있어서 통일신라의 일반 조각연구에 좋은 자료가 된다.16)

흙으로 인물이나 동물을 빚어 구운 것을 일반적으로 도용이라고 하는데 경주 용강동의 고분에서 남녀 인물용 수 점이 출토되었을 때 그 표현이 중국의 많은 도용에 비해서 크기가 작고 표현방식이 소략하고 유약이 없는 것을 참작하여 토용으로 부르기 시작하였으나 실제로 넓은 의미에서는 도용의 분류에 속한다. 황성동 석실분의 도용은 채색도 되어 있지 않고 표현수법도 좀 거칠지만 남녀의 인물상의 모습이 꾸밈이 없고 자연스럽다. 또 소・말・수레바퀴 등도 출토되어 당시의 생활상을 알려줄 뿐 아니라 복식사 연구에도 참고가 된다(〈그림 14〉). 한편 용강동에서는 여러 종류의 남자 인물상의

〈그림 14〉 慶州 隍城洞 石室古墳出土 土俑

(국립경주박물관)

16) 국립경주박물관 편,《新羅의 土俑》(通川文化社, 1989).

도용이 발견되었는데 당나라 복식과 비슷하게 입은 상류층 인물과 무술을 하는 자세의 상들이 포함되며 크기는 대략 15~17cm 전후이다. 인물 표현 중에 수염이 달린 상은 매우 이국적인 인물로 신라에도 왔었을 서역인이 아닌가 하는 해석도 있다. 도용의 표면에는 채색을 하였으나 많이 탈락되었고 유약은 사용되지 않았다.

무덤 주변에 둘러진 십이지 신상의 동물형 부조 중에 대표적인 예는 김유신묘의 둘레에 護石으로 세워진 文人 복장의 상들과 陵墓 주변 땅속에서 나온 蠟石으로 된 갑옷의 십이지 신상의 일부(〈그림 15〉), 성덕왕릉이나 괘릉의 묘 둘레에 있는 무신의 갑옷을 입은 상들이 잘 알려져 있다.[17] 이 상들은 하루 24시간 중 두 시간씩을 대표하며 각 방향을 상징하여 정남방향의 말, 정북방향의 쥐 등 그 배치 순서가 12방향의 시간과 공간을 상징하는 신들로 무덤 수호의 의미가 있다. 남아 있는 상들은 대체로 8세기 이후의 것으로서 그 조각 솜씨가 자연스럽고 갑옷의 표현은 당시의 불교조각인 天部像을 대표하는

〈그림 15〉 金庾信墓域出土 蠟石製午像

8세기(국립경주박물관)

17) 姜友邦, 〈新羅 十二支像의 분석과 해석〉(《佛敎美術》 1, 1973 ; 《圓融과 調和》, 317~355쪽).
——, 〈統一新羅 十二像의 樣式的 考察〉(《考古美術》 154·155, 1982 ; 위의 책, 351~381쪽).

사천왕상과 형식이나 양식적으로 관련이 있다. 특히 원원사지 탑신석면의 사천왕상 표현이나 김유신묘역 출토의 납석제 십이지신상 표현의 갑옷이나 자세에서 유사성이 발견된다.

능묘로 향하는 입구인 神道 양면에는 대개 文人 및 武人의 石像과 石獸들이 세워졌는데 현재 남아 있는 예 중에는 괘릉에 있는 상들의 조각이 가장 뛰어나다. 특히 무인상의 부리부리한 눈이나 이국적인 얼굴윤곽과 복식은 興德王陵 앞에 있는 무인상과 더불어 서역인을 표현한 것이 아닐까 하는 의견도 있다. 동물들의 표현에서 사자의 변화있는 자세와 털의 자연스런 표현에서 신라 동물조각의 뛰어난 기술을 알 수 있으며, 석등을 받치는 기둥역할을 하는 사자조각과도 비교가 된다.

이상으로 통일신라시대의 조각미술은 대체로 사실적인 묘사가 특징적이며 입체감과 생동감을 주며, 비례에서는 균형감각을 잃지 않고 완숙된 조각기술을 보인다. 불교미술에서는 도상이나 양식적으로 중국과 일본의 상들과 공통되는 요소를 지니면서 9세기에는 차차로 신라적인 특징이 부각되면서 불교조각의 토착화를 이루어 간다.

〈金理那〉

4) 공 예

(1) 금속공예

가. 시대개관

삼국을 통일한 통일신라시대에 이르러서는 중국대륙의 唐이라는 거대한 단일국가가 발산하는 강한 영향력을 받아 고유한 특색을 갖추고 있던 신라라는 고대국가는 내외면에 걸쳐 중국적인 영향으로 인해 중국화되어 가는 것으로 변질되어 갔으며, 또한 서역적인 요소도 영향을 받아 다분히 국제적인 성격을 띠게 되었고, 고신라 왕들이 즐겨 썼던 金冠을 버리고 중국식 服飾을 갖추게 되고, 지배계급은 물론 승려들까지도 당을 왕래하면서 당문화를 수입하는 데 노력하였다.

특히 최초의 민족통일의 완성을 보아 하나의 정부를 이룩하여 정치적 분열을 극복하므로써 분열되었던 민족문화의 통일을 가져왔고 또한 민족의 자주성과 민족의식을 드높였다.

또한 종래의 신라 왕호인 尼師今·麻立干의 명칭에서 존엄성을 강조하는 武烈王·文武王·神文王 등의 시호로 바꾸었으며 골품제에 있어서도 성골만이 왕으로 추대 계승되던 것이 진골로도 될 수 있도록 달라졌다.

또 전국을 9州로 나누어 10개의 停이라는 새로운 軍制를 편성하였고, 王都인 경주에는 친위부대인 6정 이외에 별도로 9誓幢이라는 京軍을 신설하기도 했다. 이들은 왕권의 확대를 수호하는 데 이바지 하였으며 군복과 당기에 의해 구별되는 신라·고구려·백제·말갈 등의 혼성군으로서 통일신라의 정예부대를 상징하는 것도 되었다.

또한 정치체제의 확립으로서는 중앙관제의 완비를 보아 중앙행정기구의 개편과 동시에 지방제도의 정비를 보았다. 또 경제제도의 개편에 있어서는 祿邑과 職田, 丁田의 지급, 조세제도의 개혁, 상업의 발달, 그리고 사회생활의 변천 등을 가져왔다. 아울러 해외무역에 있어서는 나당간의 활발한 대외무역과 문화교류를 이루었으며 신라인의 對唐활동은 新羅坊·新羅館·新羅所·新羅院 등을 중국대륙에 설치하는 등 해외활동이 활발하였으며, 對日관계의 문화전파에도 지대한 영향을 미쳤다.

특히 유학의 발달과 신문왕 2년(682)에 국학을 설치하여《論語》·《孝經》·《周易》·《禮記》·《左傳》·《毛詩》·《尙書》·《文選》 등의 전공분야를 두었으며, 원성왕 때에는 讀書三品科를 설치하여 인재를 양성하였다. 따라서 漢學과 國文學의 발달을 보아 强首·薛聰·金大問·崔致遠 등 저명한 문장가와 학자를 낳게 하였다.

특히 불교로 호국신앙을 고양케 하였고 또한 불교의 역할로서는 서역과 중국문화를 전래시켜 불교관계 공예품의 비약적인 발전을 보게 하였는데 梵鐘·舍利莊嚴具·金鼓·裝身具·生活用品 등을 역사적 유물로 남기게 한 수준높은 공예품을 창출·유전케 하였다.

한편 건축과 조각에서는 조형미술의 발달을 보았고 민족예술의 미술적 특성을 낳게 하였고 종교적 특성과 민족적 예술의 특성을 결합시킨 최고의 예술작품 등을 낳게 하였던 시대였다.

이와 같은 시대배경에서 나타난 금속공예품의 대표는 불교관계의 공예품인 범종·사리장엄구·금고 그리고 생활용품 등이었다. 이와 같은 유물을 제조하는 기술도 삼국시대에 사용되었던 鍛造·鑄造·鑞付·鏤金法과 鍍金法 등의 기술이 가일층 발달하였다. 특히 금속을 다루는 데 있어 鑄造法은 어느 시대보다 치밀·정확·정교하였으며, 이와 같은 제조방법은 오늘에까지도 학술적으로 명확히 규명되지 않고 있는 실정이다.

나. 범 종

가) 범종의 기원

중국의 범종이나 일본의 범종과는 달리 독특한 범종의 형태와 양식을 가지고 음색까지도 한국 고유의 음질을 나타내는 한국 범종은 신라시대를 시발점으로 하여 조선왕조 때까지 각 시대에 따른 특징과 양식, 그리고 범종 제작시의 시대적 사상성을 가지고 제작되고 전래되어 왔다.

또한 한국의 범종은 용뉴에서부터 종신의 각 부분에 이르기까지 금속공예의 모든 분야가 총집합된 결정체라 할 수 있으며 문양의 다양성과 주악비천상·보살상·여래상 등의 율동성 있고 질감있는 표현방법 그리고 당좌 등에서 볼 수 있는 조각의 화려함과 정확한 위치선정 또 범종의 주조기술과 합금기술 등은 시대에 따라 변천해 왔다.

그러면서도 각 시대의 특성과 시대상을 멋있게 표현하면서 범종이라는 일정한 단위면적 속에 무리없이 배치하여 주조물의 조화를 균형있게 표현하였다. 이와 같은 기법과 수법은 한국 범종이 갖는 우수성과 특징이며 또한 한국 고대미술의「미」와「선」그리고「형」의 결정체라 할 수 있다. 이런 특성을 갖춘 범종은 한국 범종의 기본 형식과 양식의 대표가 되는 신라시대 범종 그 중에서도 上院寺 범종이 대표적이며 범종양식의 규범이 되는 것이다.

그러면 범종이란 무슨 뜻인가. 불교에서 종교적 분위기를 높이기 위해 소리내는 일체의 용구를 梵音具라 하고 그 중 종은 堂外의 종루에 걸어 놓고 두드려서 소리를 내는 타악기의 일종이다. 일반적으로 청정한 佛寺나 梵刹에서 사용하는 종을 범종이라 하는데, 범종은 洪鐘·蒲牢·鯨鐘·華鯨·巨鯨·釣鐘·撞鐘 등 여러 가지 다른 명칭으로 불리기도 한다. 또 크기에 따라서 半鐘·晩鐘 등으로 구분하기도 하나 대부분 총칭하여 범종이라고 부르며 유형별로 구분하지 않는다.

이와 같은 범종에 속하는 한국 범종 즉 신라 범종의 기원은 어디에서부터 연유되었는가 하는 그 기원은 일반적으로 크게 두 가지 說로 나누어지는데 그 중 일설은 중국의 殷代 이후의 古銅器 중 禮器에 속하는 악기의 일종인 鎛·鉦·鐘 중에서 종을 모방하여 조성되었다는 설이 있다.[1] 다른 일설은 고대 중국의 종이나 鐸을 혼합한 형태가 발전하여 되었다는 설이 있다.[2]

이 두 가지 설 중 공통되는 것은 모두가 殷·周代의 예기에 속하는 악기에서 발전하였다는 점이며, 여기서 지적한 악기 종류의 「종」이란 것은 甬鐘을 의미하며, 이 용종은 주대에 제작 성행하다가 주대 말기 전국시대 이후부터 다른 예기와 더불어 자취를 감춘 악기 중의 하나이다. 이런 용종의 특색과 양식을 가장 충실하게 구비한 것이 한국 범종이며 8세기에 들어와서 처음으로 나타나기 시작하였는데 그것이 현재 유일하게 유존하고 있는 상원사 범종이다.

주대의 용종과 우리의 신라 범종을 비교하여 보면 용종의 「용」 부분이 신라 범종의 용뉴 부분에 해당되며 「幹」 부분인 獸頭文이 발달하여 용두로 변화하였다. 그리고 종신에 해당되는 「鉦」 부분에 36개의 돌기를 나타낸 「枚」가 신라 범종의 36개 乳頭로 표현되었으며 용종의 「隧」에 해당하는 곳이 당좌로 나타났다고 보는 것이 첫째 주장설의 대략인 것이다.

주대의 용종 각 부분의 내용을 보면 손잡이 부분에 「용」이 있는데 이 용은 「衡」·「旋」·「幹」이라는 세 부분으로 되어 있다. 용의 밑에는 「舞」라고 칭하는 곳이 있으며 종신에 해당되는 양면에는 「篆」이라는 구획이 있고 돌기물인 「매」가 일면에 18개씩 양면 합하여 36개가 있다. 이 부분을 「유」라고 한다. 용종의 몸체 양끝 뾰족한 부분은 「銑」이라고 하며 선과 선 사이의 만곡된 부분을 「于」라고 한다. 이 위의 중앙 상단 윗부분에 「수」라고 하는 당

1) 坪井良平, 《朝鮮鐘》(日本角川書店, 1974), 19쪽.
2) 金元龍, 《韓國美術史》(汎友社, 1968), 216쪽.

좌와 유사한 곳이 있다.

이와 같은 용종의 여러 가지 특징을 갖추고 있는 것이 한국 범종 즉 신라 범종의 특색이라 하겠으며 중국 범종이나 일본의 和鐘에 비하면 가장 고식의 양식을 지니고 있으며 특수한 양식과 구조와 음색을 구비한 것이 특징이라 할 수 있다.

나) 범종의 각 부 명칭과 형태

한국의 범종 중에서 가장 대표적이며 규범적이고 기본적 형태를 완벽하게 갖추고 있는 범종은 開元 13年銘(725, 성덕왕 24년)의 강원도 오대산 상원사 동종을 비롯하여 大曆 6년명(771, 혜공왕 7년)의 국립경주박물관 소장 聖德大王神鐘인 奉德寺 범종을 들 수 있다.

우선 한국 범종의 규범이며 조형으로 삼고 있는 상원사 범종의 기본형태와 각 부분을 살펴보면 전체 형태는 포탄의 뾰족한 머리 부분을 잘라버린 것과 같이 전체적으로 위로 좁아지는 원추형이다. 한편으로 우리들의 가정에서 일반적으로 사용하는 김치독을 엎어 놓은 것 같은 형태를 갖고 있으며 범종의 몸체 하부 약 3분의 2 정도 되는 곳이 가장 넓고 그 밑은 약간 오므라들어 매우 안정감을 주는 외형을 갖고 있다.

범종의 몸체 상단에는 上帶·肩帶가 있고 하단인 종구 쪽에는 下帶 또는 口緣帶라는 문양대가 둘러져 있다. 상대에 붙어서 밑으로 방형의 문양대인 유곽 4개가 똑같은 간격으로 배치되고 그 속에 9개의 乳頭가 종횡으로 3개씩 3열로 정연하게 배치되어 있다. 그리고 범종의 배부분인 종복에는 2개의 당좌와 2群의 비천상을 교대로 대좌시켜 배치하고 있다.

또한 범종 몸체의 상부 곧 용종의 무에 해당되는 곳을 天板(일명 笠形)이라고 한다. 이 鐘頂에 네 발로 천판을 딛고 머리를 숙여 범종 전체를 물어서 들어올리는 듯한 龍形鈕를 만들고 용트림하듯 구부러진 용 몸체에 鐵索을 끼워 종두에 매어 달도록 하였다. 그리고 용뉴 옆에는 용종에서 보이는 甬이라는 부분에 甬筒 또는 音管이라는 것을 구비하고 있다. 신라 범종에서 가장 두드러진 특색이 바로 이 용통이다. 용종에서는 용의 내부가 뚫리지 않는 단순한 손잡이지만 신라의 범종은 용통의 내부를 파이프처럼 관통하여 종신의 내부와 천판을 서로 맞뚫었는데 바로 이 점이 가장 주목되는 중요한 점이다.

중국종이나 일본의 화종에는 용통이 없으며 용뉴도 한 마리 용이 아니라 一體雙頭龍을 배치하였다. 종신에는 비천상이나 보살상을 배치하지 않고 몸 전체를 상하로 여러 개의 동아줄로 결박한 듯이 종횡선대로 구획하여 문양대로 삼고 있다. 또한 구획대 내부 또는 다른 여백 부분에 돌기된 수많은 유두를 가득히 장식하고 있는 것도 있다.

범종의 형태도 중국 범종은 천판을 半球形으로 처리하고 종구는 나팔형으로 벌렸으며 구연대 부분을 六稜·八稜으로 처리하고 있는 것이 특징인데 그 실례로 강화도 전등사 경내의 송나라 철제 범종을 들 수 있다. 일본의 화종이라는 범종의 천판 역시 얕은 반구형에 몸체는 상하가 거의 평행을 이루듯 통형에 가까운 형태로 되어 있는 것이 특징이다. 또한 범종의 몸체벽도 거의 상하가 같은 두께이나 한국의 범종은 상하와 종복 부분의 두께가 각기 다르게 처리되어 있는 것이 또 하나의 특징이라 할 수 있다.

이로써 신라 범종을 종합 정리하여 보면 범종의 정상부에 용통·용두·천판이 있고, 그 아래로 상대(견대)·유곽·유두·비천·당좌·종복·하대(구연대)가 있으며, 이를 대별하여 용뉴·종신·종구 등 세 부분으로 구분된다.

이상의 것은 현존하는 신라 범종의 예를 들어 설명한 것이지만 불교를 처음 유입한 고구려나 백제 때의 범종이 어떠한 형태로 각기 특색있게 발전하였는지는 아직 전해오는 유물이 전무하여 파악할 수 없는 실정이다. 그러나 彌勒寺址 동탑지에서 발견된 금동제 風鐸은 우리에게 귀중한 자료를 제공하고 있다.[3] 이 풍탁은 신라 범종과 같이 몸체가 원통형으로 된 것이 아니라 용종과 같이 타원형으로 되어 있으면서 상대와 하대 그리고 유관 부분은 단순한 소문대로 처리하고 유곽 내에는 돌기된 소문의 5유두를 배치하고 당좌는 백제의 전형적인 8판의 연판좌로 처리한 것이 주목된다. 이렇게 볼 때 백제시대의 범종 역시 신라 범종과 거의 유사한 형태였을 것으로 추측되며 역시 한국 범종에 관한 고찰은 현존하는 신라 법종의 전형적인 양식과 형태를 조형으로 삼아 논하는 것이 가장 정확한 것이라 본다.

---

3) 1974년 5월 8일 원광대학교에서 전북 익산 미륵사지 東塔址 발굴시 출토된 금동풍탁.

다) 통일신라의 범종

현재까지 전하여져 오는 신라의 범종은 국내외를 막론하고 모두 11口에 불과하며 이 11구 중 銘文이 있어서 시대와 소장하였던 사찰이 확실한 범종이 6구이고 명문에 없는 無記銘 범종이 5구이다.

유기명 범종을 살펴보면 다음과 같다.

① 성덕왕 24년(개원 13년, 725)의 상원사 梵鐘
② 경덕왕 4년(천보 4년, 745)의 일본 國府八幡宮社(고꾸후하찌망큐지) 소장 梵鐘 ; 명치유신 당시 신불 분리 소동 때 없어짐.
③ 혜공왕 7년(대력 6년, 771)의 성덕대왕신종
④ 애장왕 5년(정원 20년, 804)의 禪林院 梵鐘(일명 月精寺 梵鐘) ; 1950년 한국전쟁 때 소실되어 현재 파편 일부가 국립중앙박물관에 보관.
⑤ 홍덕왕 8년(태화 7년, 833)의 일본 福井(후꾸이)縣 常宮神社(죠큐진자) 소장 梵鐘.
⑥ 효공왕 8년(천복 4년, 904)의 일본 大分(오이다)縣 宇佐八幡宮社(우사하찌망큐지) 소장 梵鐘

무기명 범종은 다음의 5구이다.

① 淸州 운천동 출토 청주 박물관소장 범종.
② 동국대학교 박물관 소장 실상사 파종.
③ 일본 島根(시마네)縣 光明寺(코메이지) 소장 범종.
④ 일본 山口(야마구찌)縣 下關(시모노세끼) 住吉神社(스미요시) 소장 범종.
⑤ 일본 島根縣 安來市(안라이시) 雲樹寺(운쥬지) 소장 범종.

이들 11구의 범종에서 볼 수 있는 여러 가지 특징과 공통점을 개관하여 보면 대표적인 상원사 범종에서 볼 수 있듯이 종신의 상단에는 상대 즉 견대와 4개 소의 방형 유곽 내에 돌기된 9유두를 갖추고 있고, 하단에는 하대 곧 구연대를 갖추고 있는데 성덕대왕신종, 상궁신사 소장 범종 등을 제외한 모든 범종의 상·하대의 주된 문양은 半圓圈 문양이라는 점이다. 종복에는 천의를 날리며 주악하고 승천하는 비천상을 대좌시켜 대칭으로 배치하고 있다. 또 비천상과 엇바꾸어 연화문과 당초문 및 보상화문 등을 양각한 원형

당좌 2좌를 역시 대칭으로 배치하고 있는 것이 하나의 특색이다. 여기에 나타나는 보상당초문양은 7세기경 당나라에서 처음 나타나는 문양인데 이것이 신라에서는 통일신라시대에 이르러서야 나타난다는 견해도 있다.4)

특히 鐘頂인 天板에는 전형적인 신라시대 성행하였던 연판으로 견대와 접하는 계선상에 원형으로 주회 조식되어 있다. 또한 그 중앙에는 2肢로 땅을 딛고 머리를 숙여 지면을 물어뜯듯 종을 한 입에 물어 들어올린 듯한 힘차고 박진감 넘치게 용형뉴를 만들어서 구부러진 용체로 종 전체를 매달도록 고리를 하였다. 그리고 이 용형체에 부착시켜 외부를 화려한 보상당초문 또는 연판문으로 조식한 中空圓筒形의 용통 또는 음관이 있다.

이와 같은 용통의 장식법은 중국 범종이나 일본의 화종에서는 볼 수 없는 독특한 수법이며 독창적 형식을 하고 있는 것이 특색인데 종신과 맞물리게 한 수법은 타종 때 음과는 아무 관계도 없다고 주장하는 설도 있으나5) 이는 정확한 규명이 아니라 보며, 신라의 주종 장인들이 무의미하게 행한 장식이 아니라 범종의 발음하는 소리와 관계되는 중요한 역할을 하였을 것으로 추측된다. 이상과 같은 특징을 지니고 있는 신라의 범종은 크게 두 종류로 구분할 수 있는데 그 하나는 전통적인 조형에 전형양식을 갖추고 있는 것으로 그 규범이 상원사 범종이고 다른 하나는 부분적으로 특수한 양식을 갖춘 성덕대왕신종이다. 이 두 범종 개개의 특색을 살펴보면 다음과 같다.

(가) 상원사 범종

江原道 平昌郡 珍富面 東山里 五臺山 上院寺.

높이 167㎝, 구경 91㎝.

국내에 현존하고 있는 범종 가운데 最古인 동시에 가장 아름다운 형태를 갖춘 것으로 한국 범종의 祖型이며 전형적인 규범이 되는 종이다. 종의 정상부에는 용뉴를 구비하고 종신에는 견대·구연대·유곽·유두·당좌·비천 등을 갖춘 한국 범종의 뚜렷한 특징을 완벽하게 구비하고 있다. 또 견대와 구연대의 문양대가 짜임새 있고 아름답게 장식된 가운데 상하 모두 연속적인 珠文帶로 두른 다음 유려한 당초문으로 채우고 있으며 양각한 반원권 문

---

4) 林永周,《韓國紋樣史》(美進社, 1983).

5) 坪井良平, 앞의 책, 20쪽.

양 속에 2인 내지 4인의 주악천인상을 나타내고 견대에 붙여서 당초문으로 양각 장식한 유곽 4개를 배치하고 그 속에 연꽃화좌의 유두 9개를 돌출시켜 배치하였다. 이 9개의 유두에는 화려한 꽃형태의 문양으로 장식하여 돋보이게 하였고 종신의 공간에는 대칭되는 두 곳에 구름 위에 무릎을 세우고 앉아 천의를 날리며, 하늘을 날으면서 箜篌와 竽(笙으로 추정)를 주악하는 비천상이 양각 장식되어 있다. 비천상 사이에도 역시 상대하여 원형의 당좌가 있는데 이 당좌의 중앙 사방을 중심으로 8판의 연잎을 두르고 외원 안팎에 섬세한 연주문을 두른 다음 그 속에 당초문을 장식하였다. 또한 범종의 정상에는 용뉴와 용통이 있는데 제작수법이나 양식이 성덕대왕신종과 더불어 가장 대표적이고 화려하다. 특히 용뉴를 중심하여 좌우에 명문이 음각되어 있어 제작연대를 명확히 알 수 있을 뿐만 아니라 鐘成記之의 「지」, 都合鍮의 「도합」 등 이두문과 普衆道歲·衆僧 등의 승려 이름과 都唯乃·有休 등의 관직명이 있어 당시의 이두문 사용과 종을 제작하는 데 참가하였던 승려와 감독자 그리고 관직 등을 알 수 있는 귀중한 학문적 자료를 제공하여 주고 있으며 또 명문 중의 개원 13년은 당나라 연호이며 성덕왕 24년(725) 3월 8일에 만들었음을 알 수 있다.

(나) 성덕대왕신종

국립경주박물관.

높이 333㎝, 구경 227㎝, 무게 28.5t

현재 국내에 있는 범종 중 최대의 신라시대 거종으로서 제작연대, 주종하게 된 의도 그리고 불법을 포교하게 된 내용 등을 명기하고 있다. 또한 각부 양식이 풍부하고 화려하게 장식된 범종의 하나이며 상원사 범종과는 다른 특징을 갖춘 특수양식의 범종이다.

종신 상하에는 상대와 하대를 둘렀고 그 속의 주된 문양은 주악상과 반원권 문양대가 아닌 보상당초문으로 장식한 것이 주목된다. 특히 하대에 속하는 구연대는 종구가 八稜形을 이룬 특수한 형태로 일반적인 신라 범종과는 다른 유일한 예라고 볼 수 있다.

견대 밑에는 연주문 속에 상하대의 문양과 같이 보상당초문양으로 장식한 유곽 4개가 있고 그 내부에 양각으로 된 연꽃형의 화좌로 장식된 9유가 배치되어 있다. 종신의 유곽 밑으로 비천상 2구를 대칭되는 위치에 배치하고 그 사이에 8판의 연화당좌 2개를 교대로 배치하고 있다. 특히 상원사 범종의 경우 명문이 정상부에 명기되어 있는 것과는 달리 장문의 명문이 종신에 양각되어 있는 것이 특징이라 할 수 있다. 전체적인 종의 조각수법이 동양 어느 국가에서도 그 유례를 찾아볼 수 없는 거종인 동시에 상원사 범종과 더불어 최대 최고의 조각양식을 구비한 범종의 하나이다.

종신에 2구씩 상대하여 배치한 비천상은 연하좌 위에 무릎을 세우고 공양합장하는 공양상이며 비천 주위에는 보상화를 구름같이 피어오르게 하였다. 또한 천상으로 천의, 영락 등이 휘날리고 있어 다른 신라 범종에서는 볼 수 없는 화려하고 우수한 걸작으로서 한국 비천상 중에서 대표적인 조각수법을 보여주는 것이다.

종신에 명기된 장문의 양각 명문에 의하면 경덕왕이 부왕인 성덕왕을 위하여 동 12만 근을 들여 대종을 주성하려 하였으나 완성을 보지 못하고 다음 혜공왕이 부왕의 뜻을 이어받아 재위 7년(771 ; 대력 6년)에 완성을 본 것이다. 그 당시에 신라의 불교가 융성하던 때이고 신라예술의 전성기여서 이와 같은 우수한 작품이 국가적 佛事로 제작할 만한 배경을 갖고 있었던 때이기도 하다. 특히 명문 내용 중에 석가의 설법이 범종소리로 번져 지옥중생을 제도하여 화엄의 이상향인 극락세계로 인도한다는 뜻이 명기되어 있으며, 또 종의 양식에 있어 36개의 유두는 불교경전에 비치는 36선신을 의미하고 8릉으로 처리한 종구는 불가의 8花와 8音으로 해석되기도 하였다.[6)]

이들 2구의 범종 이외에 명문이 있는 국부팔번사 소장 범종의 명문에서도 당시의 관직·이두·지명·인명 등이 판독되어 귀중한 자료가 되고, 선림원 범종의 명문에서도 이두·인명·관직·지명 등의 기록과 상궁신사 소장 범종의 명문에서도 지명·이두·승려명·관직명·무관직 등이 보여 당시의 직제와 군관직 등을 연구하는 데 귀중한 자료를 제공하고 있다. 또한 우좌팔번궁 소장 범종의 명문에도 이두·지명·주종장·감독 등의 직명과 명칭 등이 있어 신라사 연구에도 중요한 자료가 된다고 하겠다.

---

6) 高裕燮, 《韓國美術文化史論叢》(通文館, 1966).

현존하는 신라 범종 11구를 종합하여 그 특징을 살펴보면 다음과 같다.

첫째, 종신은 한국의 일반 가정에서 사용하는 김치독을 엎어 놓은 것 같은 형태로 몹시 안정감이 있다. 종의 정상에는 용통 즉 음관을 갖고 있고 당좌 2개와 주악하는 비천상 2구를 상호교대로 배치하고 있으며, 상대와 하대를 갖춘 것외에 4개 소에 9유두를 구비한 유곽을 배치하고 있는 점과 천판 주변에 연판으로 돌려 장식하고 있는 것이 종신의 특징이며, 비례상으로도 종구와 종신의 비율이 2：1 또는 1.5：1에 가깝게 이루어진 형태를 갖추고 있다는 것이 특징이라 할 수 있다.

둘째, 신라 범종의 정상에는 예외없이 용뉴와 용통(음관)을 구비하고 있다. 용뉴에는 용두가 종정의 천판을 양쪽으로 힘차게 딛고 범종 전체를 물어서 들어올리는 박진감 있고 사실적인 형태로 조각되어 있고 형태 역시 역U자형으로 솟구치는 듯한 형상을 하고 있는 것이 공통된 특징이다. 또한 용통에는 몇 단으로 구분하여 화려한 당초나 보상화문 내지 연판문 등으로 용통 외면을 장식하여 장엄성과 화려함을 나타내고 있고 내부가 관통되어 종신과 통하도록 되어 있는 것은 중국·일본의 범종과 다른 특징 중의 하나이고 중요한 점이다.

셋째, 상대·하대의 문양대에서 보이는 주문양대는 범종이 제작된 연대가 700년대부터 900년대에 속하는 것들이며, 이 기간 즉 신라불교의 최성기인 동시에 역사적으로 우수한 유물들이 현재까지 유존하여 오는 실정인데 이런 점을 고려할 때 통계적으로 보아 반원권 문양을 주된 문양으로 사용하고 있음이 나타났고 다만 성덕대왕신종, 일본 상궁신사 소장 종, 실상사 파종, 일본 운수사 소장 종, 일본 광명사 소장 종, 청주 출토 종 등 6구만이 보상당초문·파상문 등 다른 문양을 장식하고 있을 뿐이다.[7)]

넷째, 유곽의 문양에서는 상대문양과 동일하게 반원권 문양대를 주문양대로 사용하고 있는 것이 통례이고 그 중에는 보상당초문·천인상·천부상·화문 등으로 조식하고 있는 특례도 있는 것이 주목된다.

---

7) 신라의 金工品에서 보상화문과 당초문 사용은 7세기부터 사용되어 통일신라에 이르러 전반적으로 사용되었다는 설도 있으나(曺圭和, 〈唐草文樣의 系譜〉, 《미술자료》 18, 국립중앙박물관, 1975), 5세기경에 고구려의 벽화고분에서부터 보이기 시작하므로 이 설은 약간의 무리한 점이 있다고 본다.

다섯째, 당좌에 있어서는 종신에 대칭으로 배치하고 있고 형태는 중심에 자방을 갖추고 주위에 8판의 연판을 배치하고 연판 외곽에 다시 당초문이나 보상화문을 돌리고 외곽선을 원형의 굵은 선으로 마무리짓는 것이 신라 범종의 당좌 장식방법의 전형적인 통례이다.

여섯째, 비천의 형상 부분은 매우 중요한 종교적 의미를 갖고 있다 하겠다.

ㅇ 상원사 범종의 비천상은 공후와 우 혹은 생을 주악하는 비천상.

ㅇ 국부팔번사 소장 범종은 횡적과 장고를 주악하는 비천상.

ㅇ 성덕대왕신종은 跪座하여 합장공양하는 비천상.

ㅇ 선림원 범종은 횡적과 장고를 주악하는 비천상.

ㅇ 상궁신사 소장 범종은 장고를 주악하는 비천상.

ㅇ 우좌팔번궁 소장 범종은 장고를 주악.

ㅇ 청주 출토 범종은 비파를 주악하는 비천상과 합장상.

ㅇ 실상사 파종은 횡적과 생을 주악.

ㅇ 광명사 소장 범종은 비파와 腰鼓를 주악.

ㅇ 운수사 소장 범종은 횡적과 요고를 주악.

ㅇ 주길신사 소장 범종은 하늘에서 내려오는 비천상.

이상의 비천상을 보면 주길신사 소장 범종의 비천상 이외의 10구의 범종들에서 보이는 비천상들은 운상에 무릎을 끓은 궤좌상이거나 결가부좌한 상으로 천의를 날리며 주악하는 비천상으로 나타나고 있는 것이 공통점이라 할 수 있으며 이 점이 중요한 특징인 동시에 종교적 배경과 교리적·사상적인 면이 있다고 본다.

또한 상원사 범종에서 보이는 공후를 주악하는 상은 다른 것에서는 찾아볼 수 없으나 공후 자체의 악기는 중앙아세아에서부터 기원되어 서유럽과 중국·한국 등으로 전래되었다는 학설이 있는데[8] 이런 점으로 보아도 이것은 신라인들이 이미 서역과 상당한 교류가 있었음을 증명해 주는 중요한 자료라고 본다.

---

8) 張師勛,《韓國樂器大觀》(韓國國樂學會, 1969), 98~99쪽.

불교가 중국으로부터 신라에 전래된 후 신라는 독창적인 성격을 가지면서 발전하여 왔고 7C경부터는 慈藏·圓測·元曉·義相 등의 고승들을 배출하면서 종세를 떨쳐 불교사상체계를 정립하고 불교기반을 굳혔으며 교리의 종합과 정리를 기하여 단일화를 이루면서 호국불교와 왕실불교로서 크게 역할을 하여 신라사회의 정신계를 이끌어 나가는 원동력이 되기도 하였다. 이와 같은 교리의 정리나 사상의 정립 및 정신계를 종합하여 이끌어 나가는 데 원동력이 된 것은 의상대사(625~702)에 의해 화엄종으로서의 대종을 이룬 것이라 할 수 있겠고 또한 해동화엄종의 시조가 되었으며 신라왕조가 끝나는 시기까지 신라불교는 화엄종으로 고대사회의 정신과 문화, 초부족적 기반을 굳혀왔다고 본다.[9)]

화엄종의 소의로 한 宗旨는 화엄경으로서 그 사상에는 지상설법과 천상설법 두 가지가 있는데 그 표현을 보면 석가가 탄생하자마자「天上天下 唯我獨尊」을 부르짖으며「座」·「立」·「動」·「步」·「走」·「舞」·「歸」의 起居動靜의 모습 위에 불법을 표현한 것이라 할 수 있을 것이다. 이는 어디까지나 점진적이고 이상적인 표현이라고 하는 데 있다.[10)]

즉 불심표현의 기거동정에 있어 飛와 舞는 곧 천상의 설법을 뜻하는 것으로 천상의 표현은 곧 비천상으로 나타나는데 이와 같은 천인사 표현방법이 신라 미술작품의 모든 분야에 비천상이 조식되는 하나의 동기라고 보며 또한 신라시대는 화엄사상이 극도로 발달하여 불교적인 교리나 불교미술품에 있어서도 뚜렸하고 엄격하게 니타나고 있는 실정이다. 이런 점으로 볼 때 범종에 표현한 주악비천상들은 화엄사상에 의한 천상의 설법의 하나인 천인상으로 표현되었다고 보아야 할 것이다

다. 사리장엄구

사리(Sarira)는 身骨 또는 靈骨 등으로 번역되며 불교에서는 이것을 眞身舍利·生身舍利 등 여러 가지로 해석하고 있으나 우리들의 보통 말하는 사리란 석가모니를 화장하였을 때 나온 유물을 말하며, 이를 각지의 탑파에 분장

---

9) 李丙燾,《韓國史》古代篇(震檀學會, 1965), 582~586쪽.
10) 金映遂,〈華嚴思想의 硏究〉(《白性郁博士頌壽記念論文集》, 東國大, 1959).
洪潤植,〈華嚴經의 表現〉(《성보문화재보존관리교재》, 文化財管理局, 1976), 20~22쪽.

하여 석가의 분신으로 정신적 중심이 되었으며 이 사리라는 유골을 여러 가지 화려한 장엄구 속에 안치하는 장치를 사리장치라 하여 중대히 여기고 또 당시의 금속공예의 수준을 가름하는 것으로 여겨왔다. 신라시대의 사리장치 중 대표적인 것으로 상자형장치·전각형장치·8각원당부도형장치가 있다.

상자형장치로 대표적인 것은 皇福寺塔과 皇龍寺址 木塔址의 사리장치이고 전각형사리장치로서는 感恩寺·송림사·釋迦塔·남원 부근 탑에서 발견된 사리장치들이 이에 속하며, 8각원랑부도형 사리장치로는 桃李寺 부도에서 출토된 8세기경의 사리장치가 있다. 다시 말하여 석탑의 탑신 내부에 석함을 넣거나 또는 석함처럼 파고 그 속에 사리함을 장치하는 이 방법을 사리장치라고 부르고 있다. 사리는 소형의 유리제 아니면 수정제의 병형 용기에 넣어 사리함 속에 보존하여 안치하는데 신전이나 불전 같이 화려 정교하게 만들어진 것들이다. 지금까지 알려진 대표적인 것을 보면 感恩寺址 서3층석탑 사리구, 경주 구황리 황복사지 3층석탑 사리구, 송림사 전탑 사리구, 鷲棲寺 石塔舍利具, 봉화 서동리 동3층석탑 사리구, 황룡사지 출토 은제도금 사리호, 황룡사지 탑지 사리장치, 익산 왕궁리 석탑 사리장치, 불국사 석가탑 사리장치 등이다. 이 중에서 몇 예를 소개하여 보면 다음과 같다.

가) 감은사지 서3층석탑 사리구(보물 366호)[11]

1959년 12월 석탑 보수시에 발견된 사리구로서 사리함은 높이 24㎝의 金銅製 角柱形器이며 각 면에 사천왕상 1구씩 접착되었고 그 주위 네 귀에는 花形 1개씩과 좌우에 鬼面 손잡이가 접착되어 있다. 외함 속에 들어 있는 금동제 전각형 사리전은 가장 정교한 솜씨로 제작되었으며 복원도에 의하면 방형기단 위에 4柱를 세우고 보개로 덮은 전단 중앙부에 4인의 주악천인으로 둘러싸이게 사리병을 안치토록 하였고 기단의 각면에는 두개 씩의 안상형 龕을 만들어 소형의 팔부신중을 鑄像으로 하여 배치하였으며 우주·탱주·갑석 외연부 등의 공간은 각종 화문으로 장식되었다. 그리고 기단 상면에는 기단부의 복면에 상대하는 앙련 울타리 같은 것이 돌려 있고 그 안쪽에 난간을 설치하였으며 다시 안쪽에 竹節形 우주를 세워 상향하는 2중 천개를

11) 김재원·윤무병, 《감은사》(국립박물관, 1961).

받들게 하고 있는데 이 천개에도 花文·天人 등을 조식하였으며 또 천개 네 귀에는 봉황형 장식을 달았다. 그리고 지붕 밑으로 장막 같은 장식을 드린 다음 긴 連球수식들을 여러 군데 매달았다. 전당 내부에는 네 귀에 주악천인의 圓刻坐像을 1구씩 배치하고 가운데 앙련으로 장식하고 그 정상부에 화염보주를 얹은 복발형 器를 두었으며 이것을 들면 그 속에 수정제 사리병이 들어 있다. 사리병은 높이 3.8㎝이고 위에서부터 바닥까지 구멍이 맞뚫렸고 바닥은 다시 水晶圓板을 대고 위는 嵌石細金組工으로 된 뚜껑을 덮어 이 上下 두 마개 사이에 사리가 들어 있게 하였다.

감은사지 출토 사리구는 세부양식에 있어 중국의 6세기경 석굴조각에 나타나는 보개나 불전의 모습과 상통하는 점이 있으며 형식이 유래된 바를 짐작케 하며, 682년이라는 연대가 확실하고 또 제작기술이 뛰어난 당시의 불교관계 공예품의 대표라고 할 수 있다.

나) 송림사 5층전탑 사리구(보물 225호)[12)]

1959년 경북 칠곡군 동명면 송림사 전탑 수리시 발견되었다. 전각형 금동사리기는 기단 위에 네 기둥을 세우고 뚜껑을 덮은 형식이며 밑에는 금판을 오려서 만든 복면을 못으로 고정시키고 그 위에 난간을 사방으로 돌렸는데 각 면에는 동자주 3개씩을 세웠으며 투각문양으로 장식하였다. 양쪽 네 귀에는 기둥을 세우고 뚜껑을 받치게 하였다. 그 중간에는 금판을 오려서 만든 연화대를 마련하고 그 위에 녹색 유리제 잔과 같은 모양을 얹었는데 이 용기는 희귀한 예이며 유리잔의 외면에는 둥근 모양의 環文을 장식하였다. 이 유리잔 모양의 컵속에 녹색 유리제 사리병이 안치되었고 유리로서 마개를 하였다. 寶蓋는 2중인데 네 모서리에 수식이 붙어 있고 추녀에 영락이 달려 있다. 이 위는 투각문양 점선문 등으로 장식하고 있으며 사면엔 運辨을 못으로 박아 장식하고 있다.

이와 같은 舍利殿과 함께 금동으로 만든 樹形장식이 발견되었는데 형태는 몹시 도안화되었고 전면에 영락이 붙어 있는 장식적인 것이며 뿌리에 해당되는 부분은 무엇엔가 꽂도록 뾰족하게 되어 있는데 이것은 불교에서 말하

---

12) 김재원, 〈송림사 전탑〉(《震檀學報》 29·30합집, 1966).

는 보리수를 표시하는 관식이 아닌가 한다.

다) 불국사 석가탑 사리장치

1966년 11월에 석가탑 2층 탑신석 상부에서 발견된 것으로 8세기의 인쇄본 다라니경이 함께 나와 전세계의 주목을 끌었으며 사리는 유리小甁에 넣어 은제합에 격납되어 있었고 이것이 금동투각사리함에 넣어져 있었다. 이 사리함은 좌우 대칭으로 배치된 투각보상화문으로 장식되었으며 8세기의 풍려한 양식을 뚜렷이 보여주고 있다.

라. 장신구 및 생활용구

통일신라시대는 고신라와는 달리 부장품도 적고 도굴로 인해 그 종류와 수량도 적어서 상세히 논할 수는 없으나 분황사 석탑 사리함 내에서 발견된 장신구류와 울릉도 천부동 1호분에서 출토된 금동제 과대수식 등 통일신라시대의 정확한 띠장식은 삼국시대 耳杯形 장식에서 비롯되었음을 증명하고 있고 옥류 등도 역시 삼국시대의 것에서 별반 달라진 것이 없다.

한편 청동기에 있어서는 경주 충효동 9호분 출토 유개청동병을 비롯하여 안압지 출토 청동용기물에서 보이는 특징은 약간 높고 밑이 벌어진 굽과 양파모양의 꼭지가 달리 뚜껑을 가진 종지와 같은 굽 모양의 아가리 넓은 대접, 얇고 넓은 굽접시 국그릇, 납작접시, 둥굴납작한 몸에 긴자루를 갖춘 국자, 타원형 숟가락 등이 나온 것으로 보아 고배의 다리를 축소한 듯한 공통된 특색을 갖고 있고 표면장식도 신라토기에서 보이는 한두 줄기 덧줄무늬 또는 침선문 이외에는 거의 무문이고, 물레로 깎은 것 같은 평행선 무늬로 전신에 돌린 흔적으로 보아 모두 고식의 전통을 따르고 있음을 알 수 있다.

(2) 토기 및 와당과 전

가. 토 기

이 시기에 있어서의 토기는 古新羅 土器의 胎土나 燒成방법이 같으나 器形과 文樣에 있어서 많은 변화를 나타내고 있다. 토기의 器臺나 異形土器 등이 없어지며 또한 高杯·長頸壺 등의 받침이 짧아지는 형태로 변하고 있고 뚜껑 꼭지에 있어서도 보주형의 꼭지가 나타나고 있는 점이다. 한편 廣口短

頸壺·平底長頸甁 등이 나타나며 문양에 있어서도 종래의 기하학적 요소가 담긴 문양에서 각가지 화려하고 규칙적인 印花文의 문양을 器面 전체에 덮게끔 하는 施文방법이 나온다.

특히 통일신라시대는 불교의 융성으로 火葬制가 발달함에 따라 器種에 있어서도 火葬納骨用 骨壺가 많은 것이 특징인 동시 唐과의 접촉에서 전래된 것인지는 알 수 없으나 비로소 기종의 기면에 鉛釉系의 黃褐·黃綠色 釉藥을 施釉한 토기와 灰釉系 綠釉土器가 출현하여 학술적으로도 중요한 기점을 제시해 주어[13] 토기의 실연대를 대체로 전기·후기로도 구분할 수 있다.

전기의 토기는 앞에서 언급한 것과 같이 얕은 굽으로 된 고배나 장경호와 긴목을 갖춘 꽃병 같은 것과 문양에 있어서도 三角文과 點圓列文·인화문 등이 주로 성행되고 전기말에 이르러서는 貼花文·인화문·花繩文·구름문 등도 나타난다.

후기의 토기에 있어서는 울릉도 천부동 2·3호분 출토 토기 등이 대표적이며 또한 이 시기에 이르러서는 연유와 회유를 사용한 두 종류의 시유토기가 출현하며 骨壺·胎壺 등 특수한 목적에 사용된 토기들이 나타난다.

나. 와당과 전

통일신라시대의 瓦當(막새기와·암막새)과 塼은 고신라시대에 비하여 불교의 융성 등 사회적·문화적·종교적 발달로 문양이 다양해지고 화려해졌으며, 또한 예술적 가치가 한층 높아졌다고 할 수 있다.

숫막새기와의 형식은 圓形·횡타원형·심엽형 등 3종류이나 주종은 역시 원형의 숫막새기와이다. 문양에 있어서는 대별하여 두 종류로 분류되는데 연

---

13) 《美術資料》 22(국립중앙박물관, 1978)의 휘보란에 慶北 慶州郡 見谷面 金丈3묘에서 발견된 灰釉系 綠釉토기 가마 자리가 발견되었으며, 長石釉를 쓴 고려청자에 앞서 灰釉新羅靑磁가 신라 말기에 있었다는 의견이 나오고 있다.
第1回 東垣기념학술대회에서 발표한 몇 가지 중요한 사항을 보면 정양모, 〈羅末麗初 靑磁 및 白磁硏究의 諸問題〉에서 日暉文을 토대로 고려청자 발생설을 9C 후반으로 보고 있고, 최건, 〈統一新羅時代硬質陶器의 傳統계승과 中國陶磁文化의 受容에 관하여-특히 한국청자 발생시기를 중심으로-〉에서는 9C 전반으로 잡고 있다. 반면에 윤용이, 〈초기 청자요지의 분포자혹색〉에서는 10C 후반으로 보고 있다.
안압지 출토 토기편들에서 보이는 綠釉系 器片과 初期 靑磁片 등에 관한 문제점도 제시되었다.

화문계와 동물문양계로 나눌 수 있으며 연화문계는 종래의 單瓣연화문에서 複瓣연화문으로 변하며 花瓣 사이에 子葉을 刻出시키기도 하였다. 와당의 주변부에 珠文 대신 당초문을 彫飾하는 수법으로 변화되는데 이와 같은 화려번잡한 문양장식법은 역시 당에서 영향받은 것이라 본다.

와당에 동물문양계를 장식한 것은 조류·봉황·伽陵頻伽(kalobinka)·용·기린·토끼·두꺼비 등 불교나 한국 전래의 전설상에 보이는 금수를 장식 배치하고 있다.

한편 암막새기와에서는 숫막새기와와는 달리 당초문양이 압도적으로 우세하며 봉황·가릉빈가·사슴·용 등 금수문외에도 비천문 또는 탑문·좌불상문 등도 장식하는데 이 문양들의 조식에 있어 주된 線을 역시 유려 곡선을 주로 쓰고 있는 것도 주목되는 점이고 이 시대 석조물 등에서 보이는 특징과도 상통한다 할 수 있다.

이들 이외에 역사적인 뜻이 있는 鬼面瓦 등은 상당히 우수한 것들이 있고 지붕 용마루 양끝에 세우는 鴟尾는 황룡사지에서 출토된 것을 비롯하여 당시의 대담성과 건물 크기를 비준할 수 있다고 하겠다.

끝으로 통일신라시대 사찰의 벽면이나 바닥을 장식하기 위한 文樣塼이 유행하였는데 그 중 유명한 것이 경주 四天王寺址 출토의 회유계의 녹위조각전 같은 것이 하나의 예이다. 방형 또는 장방형의 바닥전은 중앙에 寶相花文을 두고 네 귀에는 隅花文을 일정하게 배치하여 연결하면 보상화문단과 연결되는 문양띠를 갖추었고, 또 전의 측면에는 당초문을 돌린 것이 많으나 끝마감의 문양장식도 세심하게 배려하고 있다는 점이다.

이상으로 통일신라시대의 금속공예품의 범종·사리장엄구·장신구·생활용구 및 토기·와당·전 등을 살펴보았다. 여기서 화려하고 정교한 문양과 세부 조각수법과 금속물을 다루는 주조·단조·누금법 등 어느 것 하나 조금도 소홀한 점이 없다는 사실을 알 수 있다. 그러나 그 제조비법이 후세에 전하지 못한 것은 안타까운 일이라 하겠다. 당시의 예술가적 양심과 승화된 미적 감각을 갖고 있었던 工匠들의 책임있고 높은 정신이 통일신라미술 전반의 발달과 향상의 기본적인 바탕이 된 원인에서 비롯되었다고 믿어진다.

〈李浩官〉

5) 건 축

(1) 사원 건축(목조)

통일신라시대에는 불교가 국가적으로 장려되고 여러 종파로 분화되면서 불교건축에는 새로운 변화들이 생기게 되었다. 사찰의 숫자는 전시대보다 늘어났으나 사찰의 규모는 오히려 작아졌다. 불교는 敎宗과 禪宗으로 분화되고 교종에서는 5교파, 선종에서는 9산선문이 이루어졌다. 따라서 여러 교파로 인해 인적·물적·역량의 분산으로 사찰의 숫자는 많아졌지만 규모는 상대적으로 작아진 것이 아닌가 생각된다. 또한 사찰의 구성요소가 많아지고 다양화되었다. 특히 이 시대에는 山地 사찰이 많아지고 있는데 이는 자연과 불교를 융합하려는 의도였다고 보인다. 산지 사찰을 지으려 함에 平地 사찰에서와 같이 넓고 격식을 갖춘 사찰은 만들 수가 없었다. 즉 회랑은 담장으로 바뀌고 자연지세에 따라 건물들을 배치하였다. 또한 종루·경루가 새로운 요소로 등장하였고, 이러한 사찰은 望德寺·高仙寺·佛國寺·四天王寺·千軍里 절터 등에서 볼 수 있다.

종을 만든 기록은 8세기 중엽부터 보인다. 즉 경덕왕 13년(754)의 皇龍寺의 종, 惠恭王 6년(770)~11년에 완성되었다는 聖德大王神鐘, 哀莊王 5년(804)의 禪林院鐘 등이다. 그러나 기록 이전에 만들어진 종으로는 聖德王 24년(725)의 上院寺鐘이며, 사천왕사의 종루터를 보면 이미 문무왕 19년(679)에 사천왕사의 종이 만들어졌다고 할 수 있다.

통일신라시대에는 탑뿐만 아니라 浮屠·石燈 등 여러 가지 석조물들이 많이 등장하였다. 이 시대의 가람배치를 보면 쌍탑형식이 많았음을 알 수 있다. 金堂의 앞쪽으로 대칭의 위치에 탑을 세운 형식인데 이러한 가람은 경주의 사천왕사를 비롯하여 망덕사, 불국사, 천군리 절터 등이 있고 경주군의 感恩寺, 산청의 斷俗寺 등이 있다.

통일신라시대에 창건되고 그 후 폐사된 사찰터만도 경주 시내에 40여 개소에 이른다. 전국적으로는 100여 개소가 넘으며 이 중에 발굴조사가 이루어져 확인된 사찰터는 10여 개소 정도이다. 본격적인 발굴조사가 이루어진 곳은 감은사터 · 망덕사터 · 고선사터 · 천군리 사찰터 · 불국사 등이며 신라시대에 창건되고 통일신라시대에 크게 변화된 皇龍寺터도 전면적인 발굴조사가 실시되었다.[1)]

사천왕사 : 이 사찰은 문무왕 19년(679) 창건된 통일신라시대의 쌍탑식 가람의 최초 사찰이다. 사찰의 남북 길이는 약 105m, 동서 길이는 약 73m이다. 가람의 배치형식은 남북축선 위에 남으로부터 중문 · 금당 · 강당을 일직선상에 두고 금당의 남쪽에 동 · 서로 대칭의 위치에 목탑을 배치한 형식이다. 또한 금당의 북쪽, 동 · 서에도 경루와 종루로 추정되는 건물터가 보인다.

감은사 : 이 절터는 경상북도 경주군 양북면 용당리에 있다. 현재 절터에는 동 · 서에 3층석탑과 금당 및 여러 건물들의 기단 유구가 남아 있다. 《三國史記》 및 《三國遺事》에 의해 신문왕 2년(682)에 이 절이 완성되었음을 알 수 있다. 그러나 공사의 착수는 신문왕의 아버지인 문무왕대에 하였던 것으로 보인다. 이 사찰터의 발굴조사는 1959년 그리고 1979년~1980년, 2차에 걸쳐 실시되었다. 1차 발굴시에는 금당터를 중심으로 이루어졌으며 이 때 금당터의 石床遺構가 확인되었고 금당 좌우에 익랑터도 발견되었다. 2차 때에는 강당 좌우의 건물터가 발견되고 북쪽 회랑은 원래부터 없었음을 확인하였다. 또한 동 · 서 회랑 밖에서 부속건물터가 확인되고 음각된 銘文이 있는 청동제 飯子가 발견되었는데 명문의 내용으로 고려 공민왕 원년(1352)까지는 사찰이 존재하였음을 알 수 있다.

가람배치는 쌍탑식 배치이며 가람의 중심축은 서쪽으로 약 40도 정도 기울어졌고 남쪽으로부터 중문(3×2칸), 금당(5×3칸), 강당(8×4칸)이 놓이고 금당의 양측면 좌우에는 單廊 7칸의 익랑이 붙고 강당의 좌우에도 3×7칸의 크기의 翼舍가 연결되어 있었다. 금당의 앞 양쪽에는 대칭으로 약 38.64m 거리에 3층석탑이 세워져 있다.[2)]

망덕사 : 이 절터는 경주시 排盤洞에 자리잡고 있다. 사천왕사터에서 남남동 약 300m 거리에 있으며 금당터와 동 · 서 목탑터가 확인되었고 그 외의

1) 文化財管理局, 《황룡사》, 1984.
2) 김재원, 윤무형, 《감은사》(을유문화사, 1961).

건물터는 확실히 알 수 없는 상태이다. 이 절은 신라 신문왕 4년(685)에 완공되었다. 창건의 연기는 사천왕사와 함께 《삼국유사》에 자세히 기록되어 있다. 기록을 보면 신라가 삼국을 통일한 후 당나라 고종이 고구려 및 백제의 故地를 2차에 걸쳐 침공하였다. 그런 당의 군사가 실패하자 신라가 사천왕사를 세우고 비법으로 당나라 병사를 격퇴시켰다고 믿고 당나라 예부시랑 樂鵬龜를 파견하여 그 진위를 파악하려 하였다. 그리하여 신라는 사천왕사 근처에 새로 사찰을 급조하여 당 사신에게 보이면서 당 황실의 만수를 기원하는 절이라 속여 돌려보냈다고 한다. 이 때 새로 지은 절이 바로 망덕사이다.

이 절터는 1969~1971년 사이에 3차의 발굴조사가 이루어졌으나 아직 보고서가 나오지 않아 자세한 것은 알 수 없다. 이 절은 남북 길이가 약 71.5m 동서 길이가 약 60m에 달한다. 가람의 배치는 쌍탑식이며 남쪽으로부터 중문, 금당, 강당이 있고 금당 앞 좌우에는 정면 3칸, 측면 3칸의 목탑터가 있다. 중문으로부터 강당에 이르는 동·서쪽에는 회랑이 있었던 것으로 추정된다.

고선사 : 이 절터는 경주시 북쪽 普門池를 지나 暗谷洞의 깊은 계곡 좁은 평지에 위치하고 있었다. 절터는 덕동댐 건설로 수몰되었고 수몰되기 전에 발굴조사가 이루어졌다. 절터에 있던 3층석탑은 국립경주박물관으로 이건되었다. 가람배치는 金堂院과 塔院으로 분리되어 동·서에 배치된 특수한 형식이었다. 이 사찰의 창건년대는 정확히 알 수 없으나 《삼국유사》에 원효대사가 고선사에 거주한 사실이 기록되어 있는 것으로 보아 원효의 入寂 전에 세워진 것이 분명하다. 원효의 입적은 신문왕 6년(686)이므로 이 이전이 될 것이지만 통일전에 건립되었다고는 볼 수 없다. 또한 이 사찰의 3층석탑 양식으로 보아 감은사보다는 앞선다고 추정할 수 있다.[3]

불국사 : 불국사는 경주시 진현동에 위치한다. 이 절의 초창은 법흥왕 22년(535)이며 경덕왕 10년(751)부터 다시 짓기 시작하여 혜공왕대에 완공되었다고 한다. 현재 지상의 목조건축들은 당시의 것이 하나도 없고 임진왜란 후 중건된 대웅전·극락전·자하문 등이 있고 기타의 건물들은 모두 1972년 신축 복원된 것이다. 강당이였던 무설전과 남회랑은 1902년까지는 있었으나 그

3) 경주사적관리사무소, 《고선사지발굴조사보고》(1977).

이후 없어졌다. 당시의 유구로는 가람 전면의 대석단을 비롯하여 청운교·백운교·연화교·칠보교 등의 석조물과 대웅전 일곽 내의 석가탑·다보탑 그리고 비로전 앞의 부도 등이 있을 뿐이다.

이 절의 배치를 보면 우선 크게 3구역으로 나누어 볼 수 있는데, 동쪽 구역에는 대웅전을 중심으로 일곽이 형성되고 이 대웅전 구역 서쪽에는 한 단 낮추어 극락전 일곽이 있고 이들 두 구역 북쪽에는 관음전과 비로전 구역이 배치되어 있어 이들 3구역이 조화를 이루고 있다. 대웅전 일곽은 현재의 공간이며 극락전 일곽은 미래의 공간, 관음전과 비로전 구역은 과거의 공간을 표현화시킨 것으로 해석된다.

대웅전 일곽의 배치는 쌍탑식 가람배치의 전형적인 형식이며 백운, 청운교를 지나는 남북축선 위에 중문인 자하문이 있고 그 북쪽으로 금당격인 대웅전, 그 뒷쪽에는 강당인 무설전이 있으며 대웅전 앞쪽 동·서에는 각각 다보탑과 석가탑이 있다. 이들 건물들은 화랑으로 둘러쳐져 있고 회랑의 남서 및 남동쪽 모서리 끝 부분에는 돌출된 종루와 경루가 있다. 극락전 일곽의 배치는 대웅전 일곽의 축선과 평행하게 남북축이 설정되고 그 위에 안양문과 극락전이 있으며 남·서·북쪽에는 회랑이 둘러 막았다. 후방의 비로전·관음전 일곽은 담장으로 주변을 둘러치고 관음전과 비로전은 별도의 공간 안에 배치시키고 있다.[4)]

석굴건축 : 석굴은 원래 뜨거운 열과 많은 비를 피해서 종교행사를 진행하려고 만든 불전으로 인도에서 널리 유행하던 것이다. 이러한 목적으로 인도에서는 비하라(僧房)·챠이타(佛殿)와 같은 유형이 생기고 한 곳에 수십개의 석굴이 건설되기도 하였다. 이러한 석굴은 불교의 전파와 함께 주변국으로 파급되고 우리 나라에도 그 영향을 받게 되었다. 우리 나라는 이미 삼국시대에 이 영향을 받아 백제의 사찰 이름에도 西穴寺나 南穴寺 등이 생겨나게 된 것이 아닌가 생각된다. 통일신라시대에는 경상북도 軍威의 석굴이 있고 유명한 경주 토함산의 石佛寺(石窟庵)와 같은 석굴이 현존하고 있다. 석굴에는 두 가지 유형이 있는데 그 하나는 자연의 암반을 파고 들어가 동굴식으

---

4) 문화재관리국, 《불국사》(1976).

로 불전을 조성한 것이며 다른 하나는 인공으로 굴을 만들어 그 위에 흙을 덮어 동굴처럼 만든 불전이다. 경주에 있는 석굴은 인공식 동굴의 불전이며 군위의 석굴은 자연 동굴식 불전이라 할 수 있다. 군위의 석굴은 경상북도 군위군 팔공산에 있는 자연 동굴식 석굴로서 7세기 후반의 것으로 조성연대를 보고 있다. 이 석굴은 암반 중턱을 파고 들어가 굴을 만들었다. 석굴 입구의 크기는 직경 약 2m이고 내부는 깊이 약 4.3m, 폭 3.8m, 높이 4.25m의 규모이다. 석굴 안에는 중앙 후면쪽에 높이 2.5m(좌대 높이 포함)의 아미타여래상을 안치하고 이 본존불 좌우에는 높이 2m의 보살입상을 배치하고 있다.

경주 토함산 석불사는 인공식 석굴로서 경덕왕 10년(751)에 착수한 것인데 산자락을 약간 잘라 낸 평지에 인공으로 굴을 조립하고 그 위에 흙을 덮어 자연굴 모습으로 조성한 특수한 형식의 석굴 불전이다. 석굴의 평면은 전실・연도・주실(또는 현실)로 이루어졌으며 주실에는 중심으로부터 약간 뒷쪽에 불상 좌대를 갖춘 본존상을 안치하고 원형 평면의 주실 벽면에는 십대제자상과 십일면관음보살상을 부조하여 배치하고 이 부조 벽면 위에는 10개의 감실을 만들어 보살좌상을 안치하였다. 주실의 상부 천정은 돔구조로 되었는데 돔을 이루는 천정돌은 사이사이에 넣은 힘받이돌에 의지하도록 하고 천정의 정상부에는 원형의 연꽃을 조각한 돌로 마감하여 돔구조의 천정돌을 누르고 있어 그 구조성이 의장상으로나 구조공학상 거의 완벽에 가깝게 조성되어 감탄을 자아내게 한다. 연도의 벽면에는 사천왕상이 조각되어 배치되었고 전실에는 동・서쪽에 팔부중상을 배치하고 연도 입구 좌우 벽면에는 인왕상을 부조하였다. 또한 연도와 주실이 결합되는 부분에는 팔각석주를 세워 주실을 장엄하고 있어 더욱 무게있는 분위기를 만들고 있다. 이 석굴은 1914년 일인들에 의해 크게 수리되었으나 석굴 뒷쪽을 콘크리트로 막고 전실 앞쪽은 개방시켜 그동안 습기와 온도 차이에서 발생된 석굴 내부의 풍화작용과 콘크리트의 악영향으로 조각면에 백화현상이 발생하여 석굴 내부의 상태는 점점 악화되어 갔다. 그리하여 정부에서는 1960년 석굴에 대한 종합적인 조사를 거쳐 1963년부터 본격적인 보수공사에 착수하였다. 이 때 전실 상부는 목구조로 만들어지고 굴 밖에는 2중의 돔이 만들어졌으며 기계설비를 갖추어 내부의 온습도를 조절하게 된 것이다.[5)]

석조물 : 통일신라시대의 불교관계 석조물로서는 석탑·부도·석등·석비 등을 들 수 있다. 대표적인 석탑으로는 신문왕 원년(681) 조성된 감은사 3층 석탑을 비롯하여 고선사 3층석탑, 불국사 석가탑·다보탑, 천군리 절터 석탑, 원원사 석탑, 창녕 술정리 석탑, 화엄사 사자탑, 정혜사 13층석탑, 실상사 석탑 등이 있다.

부도는 승려들의 사리를 봉안하는 묘탑으로서 대표적인 부도는 염거화상의 부도를 비롯하여 대안사 적인선사부도, 봉암사 지증대사적조부도, 쌍봉사 철감선사부도, 보림사 보조선사창성부도, 실상사의 증각대사부도와 수철화상부도 등이 있는데 형식은 하나는 원당형이고 다른 하나는 종형이다. 원당형 부도는 기단석·부도탑신·옥개·옥개장식으로 이루어지고 사리는 부도탑신에 넣었다. 종형은 기단석 위에 종모양의 부도를 올린 단순한 형식으로 조선시대까지 계속된 부도의 기본형이 되었다.

석등은 주로 사찰의 불당 앞에 세운 석조구조물로서 통일신라시대에는 8각의 석등이 많이 유행하였다. 대표적인 것은 부석사무량수전 앞의 석등과 법주사 쌍사자석등, 화엄사각황전 앞 석등, 중흥산성 쌍사자석등, 영암사지 석등 등이 있다.

석비는 역사적 사실을 새겨 후세에 전하기 위한 목적으로 세운 일종의 기념구조물이다. 통일신라시대의 석비로는 성주사 낭혜화상백월보광석비를 비롯하여 쌍계사 진감선사대공석비가 있다. 이 시대의 석비들은 거북을 조각한 구부를 받침대로 하고 그 위에 비신을 놓고 뚜껑돌로 용과 구름을 조각한 이수를 얹었다. 석비에 구부와 이수가 처음 나타난 것은 태종무열왕릉이다.

(2) 궁실 및 연못

문무왕(661~681)은 재위 8년에 고구려를 멸망시키고 삼국통일을 이룩하였고 고구려·백제를 정복함으로써 얻게 된 막대한 노동력과 재물을 활용하여 경주를 통일왕조의 수도답게 변모시키려 하였다. 도시 전체의 변모는 이룩하지 못하였으나 선왕으로부터 물려받은 궁궐을 새롭게 수리하고 그 이름을

5) 문화재관리국, 《석굴암》(1967).

東宮이라 하였다. 동궁 외에도 壤宮을 짓기도 하였으나 그 위치는 아직까지 확인되지 않았다. 문무왕은 재위 후반부인 14년부터 21년까지 계속 궁궐을 확장하고 새로운 궁궐을 짓는데 심혈을 기울였고 경주 전체를 변모시키려 하였던 것 같다. 문무왕 14년 2월에는 雁鴨池를 파고 인공의 산을 만들어 그곳에 화초를 심고 진기한 짐승들을 길렀다. 문무왕 19년 2월에는 궁궐을 매우 웅장하고 장려하게 중수하였고 그 해 8월에는 동궁을 짓고 궁궐 안팎에 있는 여러 개의 문에 걸 현판 이름을 정하기도 하였다.

문무왕에 이어 즉위한 신문왕(681~691)은 전제왕권을 구축한 왕으로 귀족세력을 탄압하고 통일에 따른 중앙과 지방의 여러 행정과 군사조직을 완성하였다. 중앙의 행정조직을 5단계로 정비하고 지방에 九州 五小京을 설치하였고 수도와 지방에 각각 九誓幢과 十停 등 군사조직을 배치하였다. 또 신문왕 6년(686)에 土木·營繕을 담당하는 例作府를 설치하기도 하였다. 신문왕 9년 가을에 왕은 도읍을 달구벌(대구)로 옮기려 하였으나 실현하지는 못하였다. 다만 도시에 활력을 불어넣을 여러 가지 시설과 궁궐을 마련하는 데만 주력하였다.

효소왕 4년(695)에는 西市와 南市를 두었고 성덕왕 16년(717)에는 신궁을 창건하였으며 성덕왕 26년에는 永昌宮을 수리하였다. 효성왕 3년(739)에는 善天宮이 완성되고 경덕왕 3년(745) 7월에는 동궁을 수리하였으며 동왕 6년에는 永明神宮으로 태후(효성왕비 김씨)가 옮겨가기도 하였다. 경덕왕 16년에는 영창궁을 중수하였으며 19년 2월에는 궁안에 큰 못을 파고 궁 남쪽의 蚊川에 月精橋와 春陽橋를 놓았다. 못의 위치는 아직까지 확인하지 못하였고 월정교는 다리 유구가 남아 있어 최근 발굴조사가 이루어졌으며 이 때 석교 서쪽에서 나무다리의 유구도 발견되어 원래 월정교는 나무다리였음이 확인되었다. 춘양교는 일정교라고도 하며 국립경주박물관 서쪽에 유구가 남아 있다. 경덕왕 때는 전제왕권의 절정기였으며 문화의 황금기였다. 이 시기의 경주에는 많은 걸작품들이 만들어진 시기이기도 하였다. 그 대표적인 유산이 토함산의 석굴암을 비롯하여 불국사 등이 있다. 이러한 유적들을 보면 당시의 건축술 수준이 대단한 경지에 이르렀을 것으로 생각되며 궁궐건축은 통일신라 문화를 최대한 반영시킨 건축이었음에 틀림없다.

선덕왕으로부터 진성여왕에 이르는 동안 신라는 호족세력의 등장으로 쇠퇴가 빠르게 진행된 시기이다. 이 시기에는 궁궐을 새로 짓거나 도성을 보강하는 큰 공사는 없었으며 건물 한 채를 짓거나 궁궐 안의 중요건물을 중수하는 것이 고작이었다. 궁궐 안의 건물로는 동궁에 萬壽房을 새로 지었고 중수된 건물은 臨海殿·朝元殿·平議殿·鳴鶴樓·月上樓·月正堂 등이다. 한편 이 시기의 기록에는 앞 시기에 보이지 않던 崇禮殿·臨海門·玄德門·武平門·導禮門 등이 보이나 그 위치에 대해서는 아직 확실히 알 수 없다. 月池宮이나 북궁에 관한 기록이 헌덕왕 14년(822), 진성여왕 11년(897)에 나오는데 북궁이 어느 곳의 궁이였는지 확실하지 않으나 경주시 성동의 殿廊址를 북궁으로 보려는 견해도 있다.

진성여왕 3년(889) 이후 경순왕 9년(935)까지는 신라의 내란기에 이어 멸망기에 접어 들었다. 고려 태조 왕건은 경순왕 9년 신라의 항복을 받고 936년 후백제를 멸망시키고 후삼국을 통일하였다. 이리하여 천년고도 경주는 지방의 한 도시로 전락하였고 통일신라 왕조의 중심이였던 월성·동궁 등 많은 궁궐들도 명맥을 잃게 되었다.

안압지 궁궐터 : 안압지는 통일신라시대에는 月池라 불렸는데 조선 초기의 기록인 《新增東國輿地勝覽》에 "안압지는 天柱寺 북쪽에 있으며 문무왕이 궁 안에 연못을 파고 돌을 쌓아 산을 만들어 巫山十二峯을 상징하고 화초를 심고 기이한 짐승을 길렀다. 그 서쪽에는 임해전이 있었는데 지금은 주춧돌과 계단만이 밭 이랑 사이에 남아 있다"라는 기록이 있어 현재 안압지로 알려진 것이다. 안압지는 1975년 3월부터 발굴조사가 실시되어 1976년말까지 연못 안과 주변의 건물터가 확인되어 그 전모를 파악할 수 있었다. 연못의 전체 면적은 15,658㎡(4,738坪)이었고 연못 안에 3개의 섬이 있었으며 연못의 호안석축 길이는 1,285m로 확인되었다. 유물은 瓦塼類 24,000여 점을 포함하여 30,000여 점의 각종 유물이 출토되었고 연못의 서쪽과 남쪽에서 건물터 26개소, 담장터 8개소, 입수구 및 출수구 등이 발견되었다. 현재 연못의 서쪽에는 3채의 건물이 복원되어 있다. 유물 중에는 글씨를 새긴 기와와 전돌이 나왔는데 그 내용은 '儀鳳四年皆土' 및 '調露四年漢只伐部'라 쓴 것이 있어 문무왕 19년(679) 동궁을 창건하였다는 《삼국사기》의 기록이 사실임을 확인할 수

있었다. 안압지 주변에서 많은 건물터가 발견되었지만 각 건물이 어떠한 건물인지는 확인하기가 어려웠다.[6]

경주 성동 전랑터 : 이 전랑터는 경주시 북천 가까이에 있다. 1937년 발굴된 내용을 보면 동서 180m, 남북 100여m 범위 안에 긴 회랑터 7개 소, 전당터 6개 소, 문터 2개 소 등이 확인되었다. 원래는 서쪽과 동북쪽까지 건물들이 있었으나 장마 때에 북천의 범람으로 인해 유적이 유실된 것 같다. 이 전랑터를 헌덕왕 14년(822)과 진성여왕 11년(897)에 나오는 북궁으로 보는 견해도 있으나 아직 확실하지 않다. 이 전랑터의 배치를 보면 긴 회랑이 남북으로 놓이고 전당들이 남향하고 있어 남북으로 긴 궁궐이었던 것으로 생각되며 회랑들이 전랑터를 동서로 구획하고 있어 고구려의 安鶴宮과 유사한 점을 발견할 수 있어 주목된다. 1993년부터 경주문화재연구소에서 이 유적을 재발굴하고 있어 발굴결과가 주목되고 있으며 과거 밝혀지지 않았던 내용들이 확인되기를 기대하고 있다.[7]

(3) 고 분

통일신라시대의 왕릉이라 전해지는 고분은 경주를 중심으로 모두 17기 정도이다. 이 중에 확실하다고 믿어지는 왕릉은 4~5기에 불과하다. 즉 무열왕릉(660)·신문왕릉(692)·홍덕왕릉(836)·신덕왕릉(917) 등이다. 전해져 오는 왕릉을 모두 포함시켜 왕릉의 구조를 보면 크게 4가지로 분류할 수 있다. 첫째는 봉토 하부나 외부에 아무런 석축이나 석물이 없는 것이고, 둘째는 봉토 하부에 석축을 쌓은 것이며, 셋째는 봉토 하부에 십이지상을 조각한 호석을 돌린 것이고, 넷째는 십이지상 외에 묘 앞에 석인상 등을 배치한 것을 들 수 있다. 첫째 유형의 예는 효소왕릉(702)·희강왕릉(838)·신무왕릉(839)·효공왕릉(912)·신덕왕릉·경명왕릉(924)·경애왕릉(927) 등이며 두번째 유형의 예는 무열왕릉·헌안왕릉(861)·신문왕릉·민애왕릉(839)·헌강왕릉(886)·정강왕릉(887) 등이다. 셋째 유형의 예는 경덕왕릉(764)·헌덕왕릉(826)·김유신묘(673)·구정동 방형분 등이다. 네번째 유형의 예는 성덕왕릉(737)·홍덕왕릉·괘릉

6) 문화재관리국, 《안압지》(1978).

7) 朝鮮古蹟研究會, 《昭和12年度古蹟調查報告》(內外出版, 1938).

(원성왕릉으로 추정, 798) 등이다.

왕릉의 내부구조는 확실하지 않으나 당시 유행하던 석실분으로 추정된다. 도굴로 인해 내부가 알려진 신덕왕릉의 내부는 석실의 크기가 약 3㎡이고, 천정고 3.9m, 네 벽은 안쪽으로 기우려 한장의 천정석을 올려 놓았다. 남쪽 벽의 중앙에는 너비 0.96m, 높이 1.2m의 연도문이 설치되었다. 현실의 안에는 깊이 1.42m, 높이 0.25m의 방형 관대를 만들고 그 위에 동서 방향의 2인분 시상이 있어 합장묘임을 알 수 있다. 이 왕릉에서 중요한 것은 회칠을 한 동·서·북 3면 하부에 동·서에 각각 3개 북벽에 6개, 모두 12폭의 각 폭을 당시 상·하단으로 갈라, 주·황·청·백·감의 5색을 서로 다르게 칠하여 색병풍처럼 만든 점이다. 각 장방형의 채색 크기는 높이 1.4m, 너비 0.34m이다. 이 12개의 화폭은 수로 보아 십이지를 뜻하는 듯하며 2색의 배합으로 각 지를 표현한 것 같다.

통일신라시대의 왕릉은 뚜렷한 시대구분은 할 수 없지만 봉토뿐인 고식의 것에서 당나라식의 석물, 신도가 왕비된 형식에 이르기까지 발전하였다는 것을 알 수 있으며 십이지석·석사자·상석의 배치 등 고려·조선시대의 왕릉에 이르기까지 계속되어 온 한국식 왕릉형식의 시작이라는 점에 중요한 의미가 있다. 또한 예외의 것이 있지만 통일신라시대로 들어 오면서 신라시대의 머리를 동쪽으로 두는 제도가 북쪽으로 바뀌고 이후 북으로 머리를 두는 침향제도가 굳어진 것도 중요한 사실이며 이는 동침에서 북침으로 변화된 것이 고구려나 백제의 영향이었음을 알려주는 중요한 점이라 할 수 있다.

통일신라시대의 장법으로는 특수형식이라 할 수 있는 수중릉이 있다. 이름은 경북 경주군 양북면 용당리 앞 바다에 있다. 일반적으로 대왕암이라 불려지고 있으며 《삼국유사》와 1967년 5월 조사에 의해 문무왕의 릉으로 알려져 있다. 이 대왕암은 자연의 큰 바위 속에 연못 같이 바닷물이 차 있고 파도에 의해 바닷물이 드나들게 되어 있으며 바위 속 연못 중앙에는 큰 자연석이 물 속에 잠겨 있는데 그 밑에 유골을 안치한 것으로 생각되나 자세한 내용에 대해서는 아직 확실히 알 수 없다. 그러나 《삼국유사》의 기록이나 현황으로 보아 물 속에 지석묘 같은 시설이 있지 않을까 추정된다. 이 장법은 유일무이한 특수묘라 할 수 있다.

일반 분묘는 석실분이었을 것으로 보이며 화장이 점차 유행되어 큰 봉토분은 서서히 자취를 감추었으리라 생각된다. 경주 남산일대에서 발견되는 골호라 생각되는 유개토기는 그것을 뒷받침하여 준다. 골호로 사용된 유개합은 표면에 통일신라시대 특유의 인화문이 있는 것이 대부분이며 간혹 화병 같은 병, 당나라 백자병이나 삼족기 같은 삼채도기를 사용한 예도 보인다.[8)]

〈金東賢〉

(4) 석조건축

통일신라시대의 석조건축물로 현재까지 남아 있는 것은 塔婆를 비롯하여 浮屠·石燈·幢竿支柱·塔碑·石蓮池·石蓮臺 등의 불교적인 건조물이 있고 石碑·石橋와 같은 일반적인 석조물이 있다. 이렇듯 다양한 석조물이 남아 있는 것은 石材라는 재료의 耐久性 문제도 있겠으나 한편으로는 다른 어느 나라보다도 한국에는 花崗岩을 비롯한 水成岩·蠟石 등 여러 종류의 석재가 풍부한 데에 연유된다고도 말할 수 있겠다.

가. 탑 파

1,300여 基가 넘는 한국의 탑파는 그 건조재료에 따라 木造·塼造·石造·模塼石造 탑파 등으로 크게 나눌 수 있으며 이 탑파에는 반드시 佛舍利를 봉안하였으므로 佛塔이라고도 하나 본래는 탑파가 옳은 명칭이다.

통일신라시대에는 목탑·전탑·석탑·모전석탑 등 여러 종류의 탑파가 건조되어서 각양각색의 유례를 현재까지 보이고 있다. 그러나 목탑은 나무로 건조되었으므로 오래 견디기가 어렵고 또 여러 차례의 병화로 인하여 모두 소실되어서 오늘에까지 남아 있는 것은 하나도 없고 그 자리만이 남아 있다. 한편 전탑은 탑을 쌓기에 앞서서 人工을 가하여 벽돌을 만들지 않으면 안되었으므로 이러한 수고와 노력의 과정이 전국적인 건탑활동에 큰 장애를 주어서 지역에 따라 일부에서만 건조되었을 뿐 전 지역에 크게 유행하지는 못

---

8) 김용문·안휘준, 《한국미술사》(서울대출판부, 1993).

하였다. 모전석탑의 경우도 이와 같아서 건탑에 앞서 석재로 모전을 다량으로 생산하지 않으면 안되었기 때문에 자연히 그 수효가 적다. 그러나 석탑은 목탑이나 전탑·모전석탑과는 달리 良質의 화강암을 다량으로 채취할 수 있는 한국의 자연적 조건하에서 크게 발달하였다. 그리고 석탑은 석재이기에 오래 견딜 수 있으며 특히 화재에도 어느 정도 견디기 때문에 현재까지 많은 유례를 남기고 있어 1,300여 기의 탑파 중에서 대부분이 석탑인 것이다.

가) 석 탑

「한국은 석탑의 나라」라고 일컬을 만큼 한국에는 다른 어느 나라보다도 석탑이 많다. 일반적으로 「인도와 중국은 전탑의 나라」라 하고 「일본은 목탑의 나라」라고 말하는데 이에 대해 한국은 석탑이 거의 전부이므로 한국 탑파를 대표하는 것이 곧 석탑이라 해도 과언이 아닐 것이다.

7세기 전반인 삼국시대 말기에 이르러 백제와 신라에 세워진 석탑의 초기 형태와 양식은 서로 달랐지만 얼마 후에 두 지역의 석탑은 같은 유형의 탑으로 합쳐지게 된다. 그리하여 한국 석탑의 전형을 이룩하게 되었다. 이것이 곧 신라 석탑의 전형이며 그 계기는 말할 것도 없이 삼국통일이라는 신라의 역사적 위업이라 하겠다.

백제의 미륵사지 석탑과 정림사지 5층석탑의 석탑양식, 고신라의 분황사 석탑의 전탑양식, 이 두 형태가 잘 조화되어 나타난 석탑이 義城 塔里五層石塔(국보 제77호)이라 하겠는데 이 석탑은 전체적으로 보아 석재로 전탑양식의 일면을 모방한 것임을 곧 알 수 있다. 이 석탑은 넓고 큰 기단 위에 5층의 탑신부를 구성하고 있는데 탑신을 받기 위한 1매의 판석과 옥개의 상·하받침이 5단인 점은 곧 분황사 석탑과 통하는 점이며 기단이 광대한 것도 상통하는 점이라 하겠다. 그런데 의성 탑리5층석탑은 분황사 석탑과는 달리 부분적으로 새로운 착상과 옛 수법의 간략화를 보이고 있다. 예를 들면 기단이 잘 정비된 건축기단의 양상을 보이고 있으며 탑신부의 탑신석에는 隅柱 이외에 柱形 1주를 만들었고 사방에 설치하였던 龕室은 한 면에만 마련하고 있다. 그리하여 이 석탑은 백제의 미륵사지 석탑이나 정림사지 5층석탑에서와 같이 기단부의 우주·撑柱나 탑신의 우주 등 柱身에 엔타시스(배흘림)가 강하게 나타나 있다. 이러한 점으로 보아 이 석탑은 신라 석탑의 선구적인 것이라고 할 수 있겠다. 이렇듯 한국의 석탑은 신라가 반도를 통일하면서 하나의 형식으로 집약, 정돈된 것으로 가장 표본이 될 수 있는 것이 이후에 세워진 感恩寺址 三層石塔 東·西 2기(국보 제112호, 〈사진 1〉)와 高仙寺址 3층석탑(국보 제38호)이라 하겠다.

삼국통일은 곧 민족통일의 대업이었으며 이 성과는 비단 국토와 국민의 통합과 융합에만 그친 것이 아니고 문화와 예술에 이르기까지 전반에 걸쳤던 것이다. 석재를 가지고 건조한 석탑도 따로 발생하였기 때문에 3국이 서로 달랐지만 이와 같은 중대한 역사적 전환을 맞이하여 하나로 종합됨으로

〈사진 1〉 감은사지 동·서 3층석탑

국보 제112호

써 한국 석탑으로서의 독창적이고 새로운 양식을 이루게 되었다. 그러므로 한국 석탑의 양식은 시대와 문화상을 따라 변천하였다고 말할 수 있을 것이다. 동시에 석탑은 불교적인 조형물이기 때문에 어디까지나 불교 자체의 성쇠를 반영하고 믿음을 구현했다고 할 것이다.

감은사지 3층석탑은 현재 경주의 東海口 大鍾川 북쪽 언덕의 감은사 옛터에 동·서로 쌍탑으로 있다. 감은사는 통일의 英主인 文武大王이 왜병을 물리치고자 창건한 호국대찰로서 대왕은 그 완성을 보지 못하고 승하함에 그의 아들 神文王 2년(682)에 이르러 낙성된 것이므로 이곳의 3층석탑도 같은 시기로 보아 건립연대가 신문왕 2년 이후로 떨어지지는 않을 것이다. 한편 고선사에는 일찍이 원효대사가 살았었고 대사가 입적한 시기가 신문왕 6년이니 이 석탑의 건립연대는 하한을 신문왕 6년으로 추정할 수 있을 것이다.

감은사지 석탑과 고선사지 석탑은 기단이 2층으로서 상·하단 각면에 우주와 탱주를 세워 목조건축의 軸部를 보이고 있고, 탑신부에 있어서 각 층의 탑신석 각면에도 양쪽에 우주를 마련하여 역시 목조건축을 모방하였으며 옥개석은 폭이 줄어들었다. 그리고 추녀밑은 轉角에 이르기까지 직선을 이루었고 그 밑에는 몇 단의 층단이 있어 곧 전탑의 양식을 계승하고 있음을 알 수 있다. 옥개석 상면인 낙수면은 전탑형식과는 달리 층급이 없는 경사를 이루고 있으며 전각부에서 추녀끝이 들려서 목조건축의 지붕을 모방하고 있음이 눈에 뜨인다. 이와 같은 양식은 이후 한국 석탑의 하나의 전형으로 정립되었으며 시대에 따라 부분적으로 다소의 변화가 있기는 하였으나 그래도 이 형식이 오래도록 고수되어 주류를 이루었던 것이다. 한편 이들 통일 초기의 석탑에서 주목되는 점은 각 부의 구성이 백제시대의 석탑과 같은 많은 석재를 이용하고 있는 것인데 이것은 곧 목조건축에 있어서의 구조성을 잃지 않고 있는 증거라고 하겠다.

이렇듯 석탑으로서의 초기적인 架構는 시대가 내려옴에 따라 점차 희박해져서 석재의 수가 줄어지고 형식의 변화도 보이는데 月城 羅原里 五層石塔(국보 제39호)에서는 탑신석은 제2층 이상부터, 옥개석은 제3층 이상부터가 모두 1석씩이며 다만 탑신석 각면의 양쪽 우주와 옥개석 하면의 층단 받침이 刻出되었음이 같을 뿐이다. 이와 같은 塊體性의 경향은 다시 탑신부 전체와 기단부에까지 미치게 되었으니 慶州 九黃里3층석탑(국보 제37호)과 佛國寺 3층석탑(국보 제21호), 葛項寺址 3층석탑(국보 제99호), 昌寧 述亭里東3층석탑(국보 제34호), 淸道 鳳岐洞3층석탑(보물 제113호), 月城 龍明里寺址 3층석탑(보물 제908호), 慶州 馬洞寺址 3층석탑(보물 제912호) 등이 모두 이에 속하는 양식을 지닌 석탑이라고 하겠다. 그리하여 이들 석탑에서는 별개의 각 부 부재를 가구한 수법은 찾을 수 없고 전형양식과 같은 양식을 표현한 석재를 중첩하여 구성하고 있어 여기서 우리는 한국 석탑에서 가장 일반적인 양식이며 곧 전형양식의 定型이 나타남을 보게 된 것이다.

통일신라시대의 건탑활동은 그 성대인 8세기 중엽에 이르러 절정에 달하여 마침내 전형적인 양식의 정형기를 맞이하게 되는데 이때의 석탑형식은 여러 개의 장대석으로 구축된 지대 위에 2층 기단이 짜이고 그 위에 탑신부·상륜부 순으로 건조되었다. 기단부는 상·하층이 같은 양식으로 각 면석에는 양쪽에 우주를 표시하고 중간에 2주의 탱주를 모각하였으며 상층기단 갑석에는 부연이 마련되어 있고 탑신부를 받고 있는 괴임대는 角形 2단을 정연하게 각출하였다. 탑신부에서는 각 층 탑신석 각 면 양쪽에 우주를 표시하고 옥개석은 하면에 층단의 옥개받침이 5단씩 마련되었으며 상면에는 2단의 각형 괴임을 각출하여 그 윗층의 탑신석을 받고 있다. 이러한 형식은 통일초기에 건립된 감은사지 3층석탑이나 고선사지 3층석탑과 같은 시원적인 신라양식에서 전형의 정형으로 옮겨진 것이니 여러 개의 석재가 생략되어 괴체의 탑신석과 옥개석을 이루게 되었고 기단부의 탱주는 하층에서 3주였으나 2주로 줄어든 것이 현저하게 눈에 띈다. 특히 이 정형에서도 갈항사지 동·서3층석탑은 동탑의 상층기단 면석에 建立緣起가 음각되어 있어 이 명문에 의하여 景德王 17년(758)에 건조된 석탑임을 알 수 있는데, 이 쌍탑은 다른 석탑의 건립

〈사진 2〉 갈항사지 3층석탑(동탑)

국보 제99호

연대를 추정함에 있어 그 표준이 되고 있는 귀중한 탑이라 하겠다(〈사진 2〉).

석탑을 말할 때 앞에서와 같이 8세기 중엽에 이루어진 평면 정4각형의 重層塔을 일반형 석탑이라고 하는데 이러한 석탑의 정형은 이후 오랜동안 한국 석탑에서 지켜온 형식으로 한국 석탑의 주류이며 또한 특색이라고도 할 수 있다. 그런데 시대의 변천에 따라 부분적인 변화가 생기고 혹은 전체적으로 低小해지는 경향을 볼 수 있으니 이를테면 옥개석의 받침이 5단이던 것이 4, 3단으로 줄어든다든지, 기단부 면석의 탱주가 상층부터 2주에서 1주로 줄어들거나 혹은 전혀 없어진다든지, 옥개석 정상의 탑신괴임도 2단에서 1단으로 간략화되고 또는 각형에서 弧形으로 변한다든지, 전체적인 규모가 거대했던 것이 中形·小形塔으로 위축된다든지 하는 변화를 보게 된다는 것이다.

통일신라 성대인 8세기 중엽을 전후하여 비로소 이루어졌던 신라 석탑의 전형적인 정형양식은 9세기에 들면서 차차 변형되어 감을 볼 수 있다. 즉 기단부나 옥개석의 각 부에서 다소의 변화를 찾을 수 있는데, 그 대표적인 예로 9세기 후반에 건립된 것으로 알려진 寶林寺 三層石塔 동·서 2기(국보 제44호, 景文王 10년(870) 건립으로 추정)를 들 수 있다. 이 석탑은 상층기단 면석의 탱주가 2주에서 1주로 줄어들고 옥개석이 평박해졌으며 네 귀퉁이 전각의 반전도 아주 심해지고 있다.

그러나 이 석탑에서는 아직 옥개받침 5단을 그대로 유지하고 있으니 이렇듯 상층기단 면석의 탱주만이 1주로 변하고 하층기단은 2주가 정연하며 옥개받침 5단으로 각 부도 8세기 성대의 정형을 잘 계승하고 있는 석탑으로는 寶林寺 三層石塔을 비롯하여 浮石寺 3층석탑(보물 제249호), 青松寺址 3층석탑(보물 제382호), 斷俗寺址 동·서3층석탑(보물 제72·73호), 淸凉寺 3층석탑(보물 제266호) 등을 들 수 있겠다.

下代인 9세기에 들면서 신라의 석탑은 규모가 작아졌을 뿐만 아니라 그 양식에 있어서 큰 변화를 일으키고 있는 석탑도 있다. 즉 첫째 기단부에서는 석재가 줄어들었고 각 면석의 탱주도 간략화되었으며, 둘째로 탑신부에서는 각층 옥개석의 받침 층수가 줄고 있다. 이 밖에 탑신부 괴임의 모각수법이나 탑신석 괴임 및 낙수면과 전각의 치석형식에서는 8세기의 전형양식으로부터 변형되어 간략화, 혹은 부분적으로 생략되었음을 볼 수 있다. 예를 들면 實

相寺 3층석탑 동·서 2기(보물 제37호), 桐華寺 金堂庵 3층석탑동·서 2기(보물 제248호), 桐華寺 毘盧庵 3층석탑(보물 제247호), 경주 효현리3층석탑(보물 제67호), 奉化 西洞里 3층석탑 동·서 2기(보물 제52호), 佛窟寺 3층석탑(보물 제429호), 靈巖寺址 3층석탑(보물 제480호), 洪川 物傑里 3층석탑(보물 제545호), 襄陽 五色里 3층석탑(보물 제497호), 聖住寺址 5층석탑(보물 제19호), 丹陽 香山里 3층석탑(보물 제405호), 月城 南沙里寺址 3층석탑(보물 제907호), 居頓寺址 3층석탑(보물 제750호) 등이 모두 이러한 양식을 갖춘 석탑이다. 그러므로 기단부에 있어서 상·하층 면석의 탱주가 1주씩이고 탑신부에서는 옥개받침이 4단씩으로 略化되었는데 이들은 그 건립연대도 거의 같은 시기인 9세기 후반으로 추정되고 있다.

이러한 변형은 조형미술품 자체의 양식적인 변화에서 생겨난 결과라기보다는 당시 사회 정치적인 여러 가지 여건에 의한 것이라 할 수 있다. 즉 9세기 이후 왕실의 골육상쟁과 지방 群雄의 난립으로 사회가 혼란해져서 예술도 힘찬 기상에서 섬약으로 변해졌으며 따라서 조형미술품이 그 규모가 작아지고 각부의 양식도 간략화·생략화 된 것이라 생각된다.

하대에 이르면 또 하나의 변형된 作風을 볼 수 있는데 즉 일반형 석탑에서 기단부의 구조가 2층기단이라는 기본형을 벗어난 단층기단으로 변화하여 그 위에 탑신부를 받고 있는 형식이다. 이 형태는 형식적으로는 낮은 하층기단이 생략되어 지대석 위에 바로 상층기단이 놓이게 된 것인데 이러한 양식이 이루어지게 된 동기는 목조건축의 기단이 단층이고 목조건축을 飜案한 백제계의 석탑들이 모두 단층기단인 점과 아울러 고려되어야 할 것이다.

그런데 이러한 단층기단을 갖춘 석탑에서는 여러 개의 장대석을 결구하여 지대석을 마련한 위에 기단부를 구성하고 있는 것이 대부분인데 간혹 통례와는 달리 지대석 대신에 자연 암반 위에 기단 면석을 組立한 석탑을 볼 수 있다. 예컨대 경주 南山 茸長寺谷 3층석탑(보물 제186호)은 이러한 자연 암반 위에 건립한 석탑 중에서 가장 대표적인 유례라 하겠다. 단층기단의 석탑으로는 華嚴寺 동5층석탑(보물 제132호), 鳳巖寺 3층석탑(보물 제169호), 表忠寺 3층석탑(보물 제467호), 聞慶 內化里3층석탑(보물 제51호), 尙州 化達里3층석탑(보물 제117호), 直指寺 大雄殿 앞 동·서3층석탑(보물 제606호)과 毘盧殿 앞 3층석탑(보물 제607호) 및 淸風寮 앞 3층석탑(보물 제1186호), 경주 南山 天龍寺址 3층석탑(보물 제1188호) 등을 대표로 들 수 있는데 이들은 모두 통례를 따라 여러 개의 장대석으로 짜여진 지대석 위에 건립된 석탑이다. 이러한 형식의 석탑은 다음 왕조인 고려시대의 건탑양식에 크게 영향을 주어서 신라시대 전형적인 석탑의 2층기단 양식이 유행하는 한편 단층기단의 석탑도 많이 건조되어서 그 유례를 곳곳에서 볼 수 있다.

이상과 같이 통일 초기부터 말기에 이르기까지 신라식 석탑의 시원부터 전형양식의 정형기를 거쳐 하대에 이르면서 변형되어간 과정을 간단히 살펴보았는데 이들은 모두 일반형 석탑으로서 정4각형의 평면을 갖추고 2층기단을 구성하여 그 위에 탑신부를 안치하고 정상에 상륜부를 장식한 通式인 것이다. 그러나 이와 같은 전형적인 양식을 기본으로 하는 석탑이 건립되는 한편 이 시대에는 이들 기본양식과 형태를 달리하는 「異型的인 石塔」의 출현을 보게 되었다.

즉 통일 성대인 8세기 중엽 이후에 이르러서는 전반적으로 건축적 結構意思가 단일된 조각적인 의사에로 농후하게 기울어져가는 동시에 석탑 그 자체에 농후한 장식의사가 가미되어 들어가 이곳에 前代에서 볼 수 없었던 비건축적인 장식적 석탑의 유행을 보게 되는 것이다. 그런데 이 시기에 건립된 석탑의 이러한 동향은 탑파에서 뿐만 아니고 일반적인 신라 中代 후기의 문화의 동향이기도 한 것이었다. 경덕왕대를 중심한 제반 경영의 修飾的인 특색은 누구나 쉽게 이해할 수 있는 점이다. 그리하여 석탑에 대한 장식적인 의장은 전형적인 석탑 외부에만 그치지 않고 석탑 그 자체의 外樣에까지 미치게 된 것이다. 여기서 비로소 전형적 양식 외에 특수양식의 발생을 보게 된 것이며 가장 좋은 예가 佛國寺 多寶塔(국보 제20호, 〈사진 3〉)과 華嚴寺 四獅三層石塔(국보 제35호, 〈사진 4〉)이라 할 수 있다. 이들은 8세기 중엽의 건조물로 추정되는데 역시 통일 성대에 이어서 꽃피웠던 「修飾的 意匠」이 곧 석탑에까지 미치어 전형에서 특이한 형식을 탄생시킨 사실을 알게 해 준다. 따라서 이후 시대가 내려올수록 여러 가지 유형의 발생을 보게 되는 것이며 동시에 전형적인 석탑 그 자체에도 많은 변천을 보게 된 것이라 하겠다. 그리하여 신라시대에 이루어진 석탑의 전형이 이후 각 시대 석탑의 기본형식을 이루었던 것처럼 이 시대에 비롯된 특수양식도 각 시대의 이형석탑 건조의장의 근간을 이루게 되었던 것이다.

〈사진 3〉 불국사 다보탑

국보 제20호

〈사진 4〉 화엄사 4사자3층석탑

국보 제20호

이형적인 석탑이라 함은 석탑의 건조방법이나 각 부재의 결구양식이 전형적인 양식의 정형에서 벗어나 외관상으로 특이한 형태를 보이는 탑이다. 즉 평면 정4각형 중층의 일반형 석탑의 기본형식을 간직하면서 신라의 전형적인 양식의 정형에서 탈피하여 외양상으로 특수한 가구를 보이고 있는 것인데 이러한 석탑으로는 앞의 2기 외에 화엄사 圓通殿 앞 獅子塔(보물 제300호), 淨惠寺址 13층석탑(국보 제40호), 石窟庵 3층석탑(보물 제911호), 실상사 百丈庵 3층석탑(국보 제10호) 등을 들 수 있다.

불국사 다보탑은 多寶佛 常住證明의 寶塔으로 세워진 것으로 摩訶僧祇律에 있는 造塔婆說에 양식적인 근거를 둔 것이겠고 화엄사 4사자3층석탑은 상층기단에 있어 면석과 우주를 대신하여 4사자로 대체하였을 때 이러한 양식이 나온 것이라 하겠다. 그리고 화엄사 원통전 앞 사자탑도 상층기단을 구성함에 있어서 4좌의 원각사자를 이용하였는데 이 탑의 연대가 다소 떨어지는 것이므로 이것은 곧 같은 寺域에 세워진 4사3층석탑의 양식을 모방하였음을 알 수 있다.

그런데 앞의 양탑이 모두 사자를 이용하고 있음은 사자가 百獸의 王이라는 관념에서 사자를 如來의 위치에 비유한 데에 연유된 것으로 짐작된다. 그리하여 佛身造成에 사자의 용맹한 기상을 적용시켜 소위 왕자의 기풍을 지닌 사자의 위용을 표현하고자 불교적인 여러 조형물에 그것을 광범위하게 이용하였던 것이다. 그렇듯 사자를 불교미술품에서 각기 그들의 표면장식과 주요 부 구성에 이용하고 있음은 여러 가지 조형물의 實例에서 쉽게 볼 수 있는데, 첫째 사자상을 표면장식으로 이용한 예로는 불상좌대・석탑・부도・석등・석비 등의 기단 혹은 대석에 조각함으로써 장엄의 뜻을 나타내는 일이 있고 다음으로 건조물의 주요 부 구성에 이용된 예로는 석탑의 기단과 석등의 대석에 원각한 사자상을 배치하고 있음을 볼 수 있다.

정혜사지 13층석탑은 기단부가 완전히 생략되어 탑신부 괴임의 판석이 지대석과 기단부 및 탑신부 괴임의 역할까지 하고 있으며 탑신부의 층수는 한국 석탑에서는 가장 많은 13층을 이루고 있는 특이한 형식이다. 특히 초층 탑신에서 각 면에 龕形을 개설한 의장과 그 작풍은 고식을 따르고 있는데 신라 석탑의 전형에서 볼 수 있는 초층 탑신석의 門扉形과는 구별해야 할 것이다. 이렇듯 탑신부에서의 각층 탑신석과 옥개석에 다양한 변화로서 특수한 조형을 이루고 있는 데도 신라시대 전형적 석탑의 기본형식인 평면 정4각형 중층의 양식은 잘 지키고 있다. 특히 초층과 그 이상의 탑신부가 크기로나 층수로 보아 심한 차이가 나는 데도 그 사이에 한 장의 판석을 괴임으로써 상・하부를 구분하면서 또한 연결시켜 더욱 짜임새가 있도록 보이게 하는 동시에 전체적으로 단아한 조화를 이루어 안정감이 있는 위에 경쾌한 형태를 보이고 있는 것은 이 석탑만이 지니고 있는 특수한 양식이라 하겠다.

석굴암 3층석탑은 2층의 기단 위에 3층의 탑신을 건립하였는데 기단부가 상・하층으로 구성된 점은 다른 일반형 석탑에서와 같은 의장이라 하겠으나 그 형태에서는 전혀 색다른 특이한 양식을 보이고 있어 주목된다. 즉 탑신부는 평면 경영이 정4각형으로서 일반형이지만 기단부는 그 평면이 8각 및 원형으로 八角圓堂型의 상·하 기단 위에 탑신을 받고 있어 한국에 오직 하나밖에 없는 특수한 구조라 하겠다. 이와 같이 본래의 규범을 벗어나 특이한 양식을 취하고 있는 것은 극히 드문 일이라 하겠는데 이러한 기단부 구성의 시도는 이미 같은 경내에 경영된 석굴암 본존의 좌대 양식에서 착안한 것이 아닌가 생각된다.

실상사 백장암 3층석탑도 정혜사지 13층석탑과 마찬가지로 기단부가 완전히 생략되고 지대석 위에 탑신 괴임만을 시설하여 탑신부를 받고 있는데 이러한 점은 곧 시대가 뒤떨어짐을 알 수 있게 한다. 탑신부에 이어서 탑신석의 감축도가 많지 않고 각층 옥개석도 체감이 적은 편이어서 다소의 불안감을 주고 있으나 이러한 점은 오히려 신라 하대에 이르러 나타나는 둔중감을 없애주어 경쾌감을 느끼게 하고 있다. 즉 기단의 생략, 탑신석과 옥개석의 예외적인 변형 등 여러 가지 점이 잘 조화되어 균정한 전체의 형태를 이룬 참신한 의장을 보이고 있는 동시에 특수양식을 갖춘 석탑으로서는 신라 하대를 대표할 수 있다고 하겠다. 더욱이 각 층 옥개석의 하면에 신라 석탑의 전형과는 달리 층단의 받침을 생략하여 연판과 보살좌상·비천상 등을 조각하고 탑신석에 있어서도 각 층에 신장상과 보살상·주악천인상 등을 가득히 조각하였다. 그러므로 이 석탑은 건조물이라 하기보다는 오히려 하나의 조각품이라고 할 수 있을 만치 장식에 흐르고 있어서 일종의 공예탑으로 볼 수 있는 특수하고도 아름다운 탑이다.

8세기 중엽에 비롯된 또 하나의 특색은 장식적인 석탑이 나타난 일이다. 이러한 현상은 특수양식의 석탑과 같은 연유에서 일어나게 된 것인데 석탑 표면에 조각이 가해져서 여러 가지 佛敎像의 조각이 나타나는 것을 「石塔의 莊嚴」이라 부르고 있거니와 이러한 결과는 장식성이 농후해져서 석탑 자체가 장식물로 보여지게 되는 것이다. 이와 같은 석탑의 장엄은 상·하층의 기단부와 초층탑신석 각면 등에 가장 많이 장식되는데 조각의 종류로는 불교상으로 여래상과 보살상을 비롯하여 四天王像·八部神衆像·仁王像·飛天像·十二支神像 등이 있고, 문양으로는 蓮華紋과 眼象이 있는 외에 雲·龍·獅子像 등이 간혹 있다. 이러한 조각은 여러 가지 종류에서 어느 한 가지가 장식되는 수도 있지만 때로는 두 가지 이상이 조각되는 수도 있다.

통일신라시대의 장식 석탑으로 가장 앞서는 유례는 8세기 초반의 건립으로 추정되는 月城 獐項里寺址 서5층석탑(국보 제236호)이라 하겠다. 이 석탑은 초층 탑신석에 양 우주 이외에 한가운데 門扉가 모각되고 그 좌우에 인왕상이 배치되었을 뿐 다른 부재에는 별다른 장식이 없다. 그러나 8세기 중엽의 건립으로 추정되고 있는 慶州 遠願寺址 3층석탑 동·서 2기는 탑신석에는 물론 기단부에까지 장엄이 조각되어 있다. 현재 원원사지는 史蹟 제46호로 지정 보호하고 있으며 여기에 파손된 석등 1좌를 중앙에 두고 동·서로 3층석탑이 건립되어 있는데 양 탑의 표면 장엄은 똑같이 상층기단 면석에 十二支像을 배치하고 초층 탑신석 각면에는 持物이 있는 사천왕상 1구씩을 조각하였다. 8세기 후반의 건립으로 추정하고 있는 陳田寺址 3층석탑(국보 제122호)은 하층기단에 天人像, 상층기단에는 八部神衆을 배치하고 초층 탑신석에는 각면에 1구씩의 여래좌상을 조각하여 이른바 四方佛을 배치하고 있다.

9세기에 이르러 건립된 것으로 추정하고 있는 화엄사 서5층석탑은 하층기단 면석에 안상 내의 12지신상을, 상층기단 면석에는 8부신중을 배치하고 초층 탑신석에는 각 면에 사천왕상을 1구씩 조각하였는데 이와 같이 기단부에서 탑신부에 이르기까지 장엄을 조각한 석탑은 그다지 많지 않으며 대개는 기단부 장식으로 그치고 있다.

예컨대 이 시대에 있어서 기단부와 탑신부에까지 표면에 장엄이 있는 석탑은 앞에서 살펴본 3기의 석탑 이외에 화엄사 4獅3層石塔, 山淸 泛鶴里3층석탑(국보 제105호), 義城 觀德洞3층석탑(보물 제188호), 中興山城 3층석탑(보물 제112호), 英陽의 化川洞3층석탑(보물 제609호)과 縣一洞3층석탑(보물 제610호), 金芚寺址 3층석탑(보물 제945호) 등이 있고 기단부에만 장엄을 조각한 유례는 慶州 南山里서3층석탑(보물 제124호), 禪林院址 3층석탑(보물 제444호), 醴泉 東本洞3층석탑(보물 제426호), 永川 新月洞3층석탑(보물 제465호), 雲門寺 3층석탑 동·서 2기(보물 제678호) 등이라 하겠으며 탑신부에만 장엄이 있는 석탑은 경주 西岳里 3층석탑(보물 제65호), 青岩寺 修道庵 동·서3층석탑(보물 제297) 등이라 하겠는데 이들은 모두 외형에 있어 신라식의 전형인 4각형 중층의 기본형을 갖추고 있음을 주목해야 될 것이다.

끝으로 일반형 석탑과 같이 2층 기단 위에 3층의 탑신부를 형성하고 상륜을 장식한 형식인데 2층 기단이 평면 8각으로 마치 佛臺座와도 같아 특이한 형태가 주목되는 석탑으로 到彼岸寺 3층석탑(보물 제223호)을 살펴보고자 한다. 기단부만이 특수하므로 석굴암 3층석탑과 같은 類型으로 생각하기 쉬우나 결구양식과 표면장식이 서로 다르다. 즉 8각기단이 정사각형의 지대석 위에 축조되었는데 하층기단은 8각의 각면에 안상이 조각되고 그 위의 갑석이 동일석으로 이루어졌다. 갑석 위에는 1매석으로 조성된 높직한 8각연화대석이 놓였는데 단엽 16판의 伏蓮이 돌려졌으며 낮은 角形 2단의 괴임을 각출하여 상층기단 면석을 받고 있다. 이 면석에는 아무런 조각도 없으며 그 위의 갑석은 하면에 낮은 각형 2단받침과 단엽 16판의 仰蓮을 조각하여 하대복련석과 대칭을 이루고 있다. 그러므로 이 기단부만을 보면 마치 8각원당형의 불좌대와 같다고 하겠다. 이러한 형태의 석탑은 고려시대에 이르러는 몇기의 유례를 볼 수 있으나 신라시대에서는 유일한 예라고 하겠다. 특히 도피안사에는 主尊佛인 鐵造毘盧遮那佛坐像(국보 제63호)이 안치되어 있고 이 좌상의 背面에 造成緣起가 있어 이 명문에 의하여 景文王 5년(865)에 조성된 것임을 알 수 있는데, 이 석탑도 같은 시기에 건립된 것으로 추정되어 이렇듯 건립연대가 확실하게 추정되는 점에서도 주목된다.

나) 전 탑

塼塔의 특징은 모두 단층기단 위에 탑신부를 형성하고 있으며 옥개의 추녀가 短促하고 옥개하면은 물론, 상면인 낙수면도 모두 층단으로 이루어져 있는 점이라 하겠다. 옥개가 짧고 상하면에 층단이 있음은 벽돌을 사용하는 데서 오는 결과이고 그 밖에는 모두 목조건축 양식을 따르고 있는 것이니 이를테면 단층의 기단, 감실의 개설, 옥개 위에 기와를 사용하고 있는 점이라 하겠다.

한국의 전탑은 순수하게 벽돌만을 사용한 중국의 전탑에 비하여 일부에 화강암 석재를 사용한 점이 주목되는 것이니 탑신부에 감실을 개설함에 있어 그 주변과 감실 자체에 화강암을 사용하고 있다. 한국의 전탑 중 건조연대가 오랜된 것은 통일신라시대의 전탑으로 安東의 新世洞七層塼塔(국보 제16

號, 〈사진 5〉)과 東部洞五層塼塔(보물 제56호) 및 造塔洞5층전탑(보물 제57호), 松林寺 5층전탑(보물 제189호) 등이며, 이들은 모두 단층기단 위에 세워지고 탑신부에 감실을 마련할 때에는 반드시 화강암을 사용하고 있다.

안동 신세동7층전탑은 한국 최대 最古의 전탑으로서 통일신라 성대에 건조한 것으로 추정되는데 기본적인 구성형식은 일반형 석탑과 같이 기단부와 탑신부·상륜부의 순으로 이루어졌다. 정사각형의 기단 각면에 8부신중과 4천왕상을 조각한 판석 6매씩을 세우고 그 위에 탑신부를 받고 있는데 탑신부는 灰黑色의 無紋塼으로 축조하였다. 초층 탑신 남쪽면에 감실을 개설하고 옥개상면에는 기와를 덮었던 흔적이 남아 있으니 이것은 전탑에 앞서 목탑이 先行하였다고 추정할 수 있는 근거가 될 것으로 생각된다.

〈사진 5〉 안동 신세동7층전탑

국보 제16호

안동 동부동5층전탑은 현재 화강암 장대석 여러 개를 결구하여 3단의 석단을 쌓아 기단부를 이루고 있으나 그동안 보수로 인하여 원형을 잃고 있다. 탑신부는 직사각형의 無紋塼을 사용하여 5층을 축조하였는데 길고 짧은 벽돌 부분을 어긋나게 쌓았다. 탑신부에 있어서 초층에 감실을 마련한 것은 신세동7층전탑과 같으나 2, 3층에 감실이 개설된 것은 같지 않으며 특히 옥개 낙수면에 있어서도 신세동 전탑과 같은 층단을 두지 않고 각층 전면에 기와를 덮고 있는 것은 이 전탑에서만 볼 수 있는 특징이라고 하겠다.

안동 조탑동5층전탑은 화강암과 벽돌을 혼용하였으므로 이 탑을 순수한 전탑이라고는 할 수 없다. 간혹 다른 전탑에 있어서도 일부에 석재를 사용하기는 하였으나 이와 같이 혼용의 의도가 뚜렷한 유례는 없다. 기단부에는 土築基壇 위에 탑신부를 받기 위한 화강암 5단의 괴임대가 구축되었는데 탑신부에서 초층 탑신은 크기가 일정하지 않은 화강암 석재로 축조하고 그 남쪽 면에 감실을 개설하였으며 초층 옥개부터는 벽돌로 쌓아 올리고 있어 이러한 점이 다른 전탑들과 달라서 주목된다.

송림사 5층전탑은 정상부에 완전한 금동제 상륜부가 남아 있어 희귀한 一例이다. 기단부는 낮은 土築 위에 여러 개의 판석을 세워 면석을 삼았고 각 면에는 양쪽에 우주와 중간에 탱주 5주를 각출하여 석탑의 기단부를 연상케 한다. 탑신부는 정사각형의 벽돌과 이를 半切한 직사각형 벽돌의 두 가지 종류로 축조하였고 각층 탑신의 체감률은 적당하여 안정감이 있는데 이 전탑은 어느 층에도 감실이 없는 것이 특징이다. 또하나 특징적인 것은 금동상륜부인데 그 구조는 여러 층의 塼築으로 露盤의 身部를 삼았고 그 위에 木製 擦柱를 세우고 그 표면을 금동판으로 쌌으며 또한 금동판으로 상륜부의 각 부재를 만들어 끼웠다. 이 금동제 상륜부는 노반 갑석에 해당하는 부분부터 시작하였고 그 네 귀퉁이에는 風鈴을 달았고 그 위에 覆鉢·仰花·寶輪·三輪·龍車·寶株 등이 차례로 장식되어 있다. 다만 보륜과 용차 사이에는 水煙이 있었겠지만 지금은 그 흔적만이 남아 있는데 이렇듯 거의 완형을 갖추고 있는 상륜부는 이 탑이 유일하다 하겠다.

이상 통일신라시대를 대표하는 전탑에 대하여 대략 살펴보았는데 이 전탑들에서 각부에 변화가 있음을 보았으나 이런 정도의 변모는 석탑에 비하면 특별한 변형이 아니다. 이것은 전탑의 재료가 벽돌이라는 점에서 어쩔수 없는 제약 때문이라 하겠다.

다) 모전석탑의 유형

모전석탑은 벽돌과 같이 모각한 모전석재로 건조양식에 따라 그 특징을 모방하여 건립함에 있어 전탑과 같은 축조과정을 거치기 때문에 그 형태가 전탑과 다를 바 없다. 한국에서 가장 오래인 모전석탑은 경주의 芬皇寺 石塔(국보 제30호)으로 삼국시대 신라에서 축조한 것이다. 통일신라의 것으로는 아직 조사된 유례가 없다. 오히려 이 시대에는 본격적인 전탑의 유행을 보게 되었으므로 중국의 전탑을 모방한 초기적인 모전석탑에서 進一步하여 이미 벽돌을 생산할 수 있는 단계에 이르게 되었음을 알 수 있다. 그러므로 통일신라에서는 「모전석탑의 유형」만을 살필 수밖에 없는 일이다.

「모전석탑의 유형」이라 함은 전탑과는 물론 다르고 모전석탑과도 같지 않은 특수한 석탑을 말함인데, 이 탑에서의 특징은 석재를 벽돌과 같이 가공하지 않고 외형만을 전탑류와 같이 모방한 점이라 하겠다. 즉 탑신부의 전체적인 형태로서는 옥개가 짧아지고 그 상·하면에 층단 표현을 한 것 등 전탑의 특징을 구비하고 있다는 것이다. 그러나 이 유형에서 주목되는 것은 기단부의 구조인데 일반형 석탑에서 볼 수 있는 축조방법을 이용하여 단층 혹은 2층의 기단을 이루고 있는 것이 있고, 또하나의 형식은 여러 개의 석재로 구축하여 塊體性을 보이며 立方體의 異形기단을 이루고 있는 점이다. 그리고 탑신부에 있어서는 일반형 석탑에서의 탑신석과 같이 각층의 탑신이 괴체성을 보이고 있는 것이다.

이러한 모전석탑 유형은 곧 異形的인 전탑에 대한 호기심과 평소에 연마한 석조기술이 합쳐져서 이루어진 작품일 것으로 그 수는 많지 않으나 이것으로서 문화의 한 수용단계에서 나타난 특이한 현상을 찾아볼 수 있다. 현재 통일신라시대의 건조물로 남아 있는 것은 義城 塔里5층석탑(국보 제77호)과 氷山寺址 5층석탑(보물 제327호)을 비롯하여 善山 竹杖洞5층석탑(국보 제130호)과 洛山洞3층석탑(보물 제469호), 경주의 南山里東3층석탑(보물 제124호)과 西岳里3층석탑(보물 제65호) 등을 대표로 들 수 있다.

여기서 의성군내에 남아 있는 2기 중 탑리 석탑은 통일신라 초기의 건립이고 빙산사지 석탑은 말기의 건립으로 추정하고 있으므로 양탑이 건립시기에 상당한 차이가 있으나 그 기본형태는 같은 유형에 속하는데 이것은 아마도 같은 지역이라는 데서 나타난 현상이라 하겠다. 서두에서도 살펴보았듯이 탑리5층석탑의 기단부는 일반형 석탑의 단층기단과 같이 판석으로 면석을 조립하고 양 우주와 2탱주를 모각하여 건축기단으로서의 형식을 잘 보이고 있다. 탑신부에서는 옥개석에서 전탑양식을 볼 수 있는 외에 초층 탑신석의 柱形에서 上促下寬의 수법을 찾을 수 있는 점과 柱頭 위에 坐枓 또는 추녀 전각부의 반전 등은 전탑에서도 볼 수 없는 특수한 양식이라 하겠다. 빙산사지 5층석탑은 단층기단의 면석을 15매석으로 구성하면서 탱주가 1주이며 갑석은 8매석으로 짜여졌다. 탑신부는 초층 탑신석 우주가 상촉하관이며 남쪽면에 감실을 개설하고 각층 옥개석 상·하에 모두 층단이 있는 점 등이 탑리 석탑을 그대로 모방하되 간략화의 형식을 보이고 있다.

선산군내의 죽장동 탑과 낙산동 탑은 의성군의 양탑과는 달리 각부에서 일반형 석탑의 양식수법을 많이 보이고 있는데 우선 기단부가 상·하 2층으로 구성되었고 탑신부에 있어서 탑신석도 괴체적인 조립을 보이고 있는 것이다. 죽장동5층석탑에서 주목되는 것은 기단부 갑석 상면의 네 귀퉁이가 옥개석 낙수면의 合角처럼 표현된 것으로 이것은 곧 일반형 석탑에서의 갑석 상면과 같은 것이다. 낙산동3층석탑도 죽장동 탑과 같은 양식인데 하층기단 면석의 3탱주와 상층기단의 2탱주, 그리고 상·하층 갑석 등의 부재가 거의 완전하여 原形을 고찰하는데 귀중하며 한편 같은 지역내의 모전석탑 유형의 분포와 이에 따른 문화의 전파 및 조형물의 계보를 고찰하는 데 좋은 자료가 된다고 하겠다.

경주의 남산리 동탑과 서악리 탑은 기단부에 있어서 여러 개의 석재로 쌓아 괴체성을 보이고 있어 특이한 양식에 주목되며 이러한 점이 앞에서 살펴본 4기의 탑들과 구별된다. 즉 양 석탑은 큼직한 石材로 2列을 올려 입방체의 단층기단을 구성하고 그 위에 높직한 각형괴임을 마련하여 탑신부를 받고 있으며 탑신부에 있어서도 탑신석과 옥개석이 각 1석씩으로 조성되어 중첩되었는데 이러한 형식도 앞의 탑들과는 다른 점이다. 그러므로 이 양 석탑에서 모전석탑 유형의 일면을 볼 수 있는 것은 옥개석 상·하면에 층단이 각출된 것뿐이다. 이러한 현상은 시대가 내려옴에 따라 건조형식이 변하여 간략화되고 복잡한 기법이 단일화, 혹은 생략되는 경향에서 일어나는 결과라고 하겠다. 그리하여 이후 고려시대에 이르러는 이와 같은 유형의 석탑은 볼 수 없고 오히려 모전석탑이 지역에 따라 다소 건조되는 경향을 볼 수 있게 된다.

라) 청석탑

이 靑石塔은 건조 석재가 粘板岩이라는 특수한 용재이기 때문에 붙여진 이름이다. 그러므로 단일적인 화강암으로 건립한 일반형 석탑과 구별하여 검토하게 된다. 이 석재는 그 자체가 크지 못하므로 모두가 작은 규모의 석탑뿐인데 石質이 약해서 각 부재가 파손 혹은 결손되어 완전한 형태로 남아 있는 것은 거의 없다. 또한 이 석탑에서의 기단부는 모두 화강암으로 형성되었고 탑신부 이상만이 점판암인데 이러한 현상도 석재가 작고 흔하지 않기 때문이 아닌가 한다.

청석탑이 본격적으로 유행한 것은 고려시대로서 그 유례를 많이 남기고 있으나 그 시발은 통일신라시대로 보아야 할 것이다. 海印寺 願堂庵 多層石塔(보물 제518호)을 신라시대 건조물로 추정함과 동시에 가장 오래된 청석탑으로 주목된다. 이 석탑도 기단부는 역시 높직한 화강암 석단을 구축하고 그 위에 형성되어 있다. 즉 지면에 층단을 이루는 높직한 화강암 석재로 3단의 지대석을 놓고 그 위에 단층기단을 결구하였는데 하단의 판석부터는 점판암이다. 괴임대와도 같은 점판암 상면에는 伏蓮을 돌리고 그 위에 면석을 끼웠는데 네 귀퉁이에는 별도로 대리석을 세워 양 우주를 삼도록 하였다. 그러므로 면석은 점판암이나 우주는 모두 대리석으로 이루어졌는데 이것은 상층부의 무게를 지탱하기 위한 구조로 생각된다. 그 위의 갑석은 하면에 仰蓮을 조각하여 하단과 대칭되게 하였다. 탑신부는 10층의 옥개석만이 놓여 있고 탑신석은 하나도 남아 있지 않다. 옥개석 추녀 밑에는 반전이 있고 특히 네 귀퉁이 전각의 반전은 경쾌하다. 하면에 얕은 받침이 있는데 9층과 10층의 옥개석 크기에 차이가 있어 그 사이의 옥개석이 없어진 듯하다. 상륜부는 화강암 석재의 노반과 복발이 남아 있다. 이 탑에서 볼 수 있듯이 우주가 별석으로 이루어지고 9층과 10층 사이의 부재가 없어진 것 등은 청석탑 점판암 부재의 軟質에서 오는 결과임을 쉽게 알 수 있는데 따라서 청석탑들의 지대석과 기단부의 부재를 화강암으로 사용할 수밖에 없었던 것 같다.

나. 부 도

浮屠는 어원에 있어 塔婆라 칭하는 일반형 석탑과 같이 舍利塔이라 일컫고 있으나 일반적으로 塔이라 할 때 탑파를 가리키고 부도라 할 때는 高僧의 묘탑을 의미하는 것이므로 伽藍 경영의 중심으로서 불가에서의 예배 대상이 되는 정4각형 중층의 탑파와는 구별되고 있는 것이다. 즉 탑파는 대개 사찰을 이룩하는 데 중심이 되어 후세에까지 이르는 양식의 발전과 계통이 있으며 혹시 특수형 탑파라 하여도 그 원류는 탑파형식의 계보가 뚜렷하다. 그러므로 부도를 묘탑이라는 개념에서 탑파와 함께 다루어 고찰하기에는 여러 가지 점에서 어려운 일이다. 특히 각 부도에는 탑비가 세워져 있어 개개인 승려들의 행적은 물론이요, 다른 승려와의 관계와 사적, 나아가 당시의 사회 및 문화의 일면까지도 알리고 있는 귀중한 사료가 되는 것이므로 조사연구에 있어서도 마땅히 별도의 과제로 설정해야 한다.

부도를 승려의 사리나 유골을 안치한 묘탑으로 규정하였는데, 그렇다면 부도는 한국에 불교가 수용, 포교되면서 승려들의 활동이 일어나고 이후 승려의 입적 직후부터 세워졌을 것인데 실제는 그렇지 못하다. 즉 묘탑을 세운다는 것은 불교식의 장례법으로 인하여 생겨난 일이지만 그렇다고 하여 묘탑의 건립이 불교가 전래된 때부터 시작된 것은 아니다. 한국에 불교가 수용된 시기는 4세기 후반이나 4~6세기까지로 올라가는 묘탑의 예는 문헌상으로도 확인되지 않고 있다.

승려가 입적하면 반드시 부도를 건조했던 것도 아니었다. 예컨대 元曉大師는 입적한 뒤 그 유해로써 塑像을 만들어 분황사에 안치하였다고 하므로 물론 묘탑이 없고, 慈藏律師는 입적한 후 유골을 石穴 안에 안치하였다고 하므로 묘탑의 건립은 생각할 수 없다. 백제의 惠現은 입적 뒤 그의 유해를 석실 안에 갖다 놓아 호랑이의 밥이 되게 하여 일종의 風葬으로 처리하였으므로 또한 묘탑이 없으며 義相大師에 대해서는 아무런 기록도 없다.

대개 불교식이라 하면 荼毘하여 그 유골을 부도에 안장하는 것으로 알고 있으나 불가에서도 화장하지 않고 다른 방법으로 장례한 몇 가지의 예를 앞에서 살펴보았는데 이 밖에 土葬하는 장례법도 있었으니, 신라 惠恭王대의 고승인 眞表律師는 입적 뒤 그의 제자들이 스승의 시체를 옮기지 않고 공양하다가 유골이 산란해짐에 흙으로 덮어 묻고 幽宮을 만들었다는 것이다. 여기에서의 유궁이란 분묘를 말하며 이것은 곧 토장의 좋은 예라 하겠다.

신라에서 가장 오래된 부도는 貞觀年間(627~649)에 세워진 圓光法師와 惠宿의 부도탑으로 《三國遺事》에 그 내용이 보인다. 원광법사의 부도를 경주의 三岐山 金谷寺에 세웠다고 하였는데 현재 이곳에는 남아 있지 않다. 혜숙의 부도는 그 장소조차 밝혀져 있지 않다. 그러므로 이와 같은 내용은 기록뿐이지만 그래도 이 시기를 한국에서의 부도건립의 시초로 보아야 할 것이 아닌가 한다. 당시 중국에서는 이러한 묘탑을 건조하여 그 실례로 당나라의 草堂

寺 鳩摩羅什舍利塔이 있다. 이후 憲德王 5년(813)에 건립하였다는 斷俗寺 神行禪師碑에 부도의 존재를 알리고 있으나 현재 남아 있지 않고 이후 실물을 볼 수 있는 부도로는 文聖王 6년(844)에 건립된 廉居和尙塔(국보 제104호, 〈사진 6〉)으로 정확한 건립연대를 가지고 있는 가장 오래된 부도이다.

이 문성왕 6년의 연대는 문헌상의 기원으로 추정하고 있는 정관연간에서 약 200년이나 뒤진 때인데 이렇듯 2세기 동안의 공백기가 있었음은 의문이다. 그러나 이 문제는 그 동안 묘탑에 대한 전승의 기록이 없고 실물이 전하는 것도 분명치 않으므로 현재로서는 다만 이 공백기가 묘탑을 건립할 수 있는 여건이 되지 못했기 때문이었을 것으로 추측할 뿐이다.

〈사진 6〉 염거화상탑

국보 제104호

다른 여러 가지 장례법과 같이 단순히 유골을 장골, 봉안하는 일에 그쳤다면 어째서 불교의 전수와 더불어 다른 장례법들과 함께 일찍부터 행해지지 않고 훨씬 뒤늦게 행해졌을까 하는 의문점이 생긴다. 그러나 여기에는 장골 이외에 다른 정신적인 면과 조형적인 특별한 의도가 있었음을 생각해야 할 것이다. 본래 묘탑의 건립은 法弟門徒들이 先師를 섬기는 극진한 마음에서 이루어지게 된다. 그런데 당초의 고승대덕들은 불교를 전하고 불경을 번역하는 데만 전력하였으며 神異로서 백성들의 숭앙을 받았으니 후세 禪宗에서와 같이 一宗一派師資相傳의 法門이 확정되지 않았었다.

그러나 9세기에 이르러 당나라로부터 神行과 道義에 의하여 선종이 들어와 그 뒤 전국에 두드러진 대도량이 개설되어 九宗派가 생겨 이른바 禪門九山을 이루게 되었는데 9산의 각 선문에서는 각기 師資相承함으로써 禪風을 크게 일으켰으며 각 山門에는 그 법문의 開山祖와 開山人의 순서로 뚜렷한

一宗派의 계보가 이루어졌다. 이때 각 선문의 제자들은 각기 소속 종파가 확정되면서 그들의 祖師를 숭봉하여 평소에 그가 설법한 내용이나 교훈 등을 語錄으로 남기고 입적한 뒤에는 후세에 길이 보존될 조형적인 장골처를 남기려는 뜻에서 건립하게 된 것이 석조부도인 것이다.

석조부도란 부도를 석재로 건조한 것이므로 붙여진 명칭인데 석재 이외에는 건조재료가 없다. 석조부도란 석재로 건조한 승려의 묘탑을 말한다. 이러한 석조부도의 발달 배경으로는 앞에서 살펴본 것과 같이 일찌기 많은 불교식의 장례법이 있었으나 모두 마땅치 않은 葬俗이어서 선종이 들어온 뒤 모든 법제문도들은 영구적인 장골방법을 강구하고 있었다. 9세기에 이르러서는 어떠한 형태로든지 이미 先代에 부도가 건조되어 있었고 당나라에서는 석조부도의 실례를 보이고 있어 당나라를 내왕하는 승려들에게는 見聞이 되기도 했었을 것이다.

당시 한반도의 사정으로 보아 삼국시대말부터 수세기 동안 연마한 建塔의 기술이 발달하여 곳곳에서 탑파의 造營이 성행되었으며 그 재료인 良質의 화강암은 부족함이 없이 채취되고 있었다. 이러한 상황에서 한국은 선종이 들어온 뒤 조사숭배의 風이 짙어졌을 때 과거의 부실했던 장골처를 보다 견실하게 마련하려는 데서 석조부도가 발생하게 된 것이다. 그러므로 당시의 각 선문에는 開山祖師의 석조부도가 건조되었으며 오늘날 그 연대를 대개 9세기 중반 이후로 추정되고 있는 것이다.

염거화상탑을 건조연대가 확실한 가장 오래된 부도라 했을 때 이를 중심으로 부도의 형식을 고찰해야 될 것인데 이후에 건조한 부도는 대부분이 역시 염거화상탑의 형식을 따라 八角圓堂型을 기본으로 삼아 건립하였으며 다만 조형의 세부양식이나 각부 조각수법에 있어서 다소 시기적인 차이를 보일 뿐이다. 8각원당형이란 8각형을 기본으로 하여 하대석·중대석·상대석 등 기단부는 물론 탑신부에 있어서 괴임대·탑신석·옥개석과 상륜부재를 층층이 쌓았는데 이 부재들이 모두 평면 8각형으로 조성된 것이다.

8각원당형의 어원은 八角八楞을 생각해야 할 것인데 이것은 본래 아미타의 三昧耶形으로 미타와 관음의 殿堂은 대개 8각이며, 8각당을 원당이라 함은 8각이 거의 원형에 가까워 붙여진 이름이라는 것이다. 관음의 淨土補陀落

山이 8각이란 것도 여기서 나온 것으로 미타와 관음은 同體라는 것이다. 또한 건축학적으로 보아 평면이 8각인 건물을 8각원당의 건물이라는 용어를 쓰고 있는 것이다. 따라서 외형으로는 8각이 원형에 가깝기 때문에 8각의 건축물을 8각원당형의 건물이라 하고 불교적인 내용에서 볼 때는 아미타와 관음의 전당이 대개 8각원당이었다는 것에서 그 연원을 찾을 수 있겠다. 그러므로 8각원당형의 부도라 함은 조형적으로 보아 그 형태가 8각의 평면이기 때문에 붙여진 용어인 동시에 불교적인 입장에서 본다면 하나의 전당이라는 뜻에서 불려지는 이름인 것이다.

염거화상탑은 평면이 기단부부터 전체가 8각이어서 전형적인 8각원당형이라 하겠는데 이보다 앞선 시기의 부도로 추정되는 陳田寺址 浮屠(보물 제439호)에서는 다소 다른 점이 있다. 이 부도는 기단부가 정4각형의 평면으로 일반형 석탑의 기단을 이루고 있는데 이것은 현재에 건립되어 있는 진전사지 3층석탑(국보 제122호)의 기단부 형식을 따라 평면 정4각형의 2층기단을 형성하고 있는 것이다. 그러나 탑신부에서는 괴임대부터 탑신석·옥개석까지 평면 8각으로 조성되어서 곧 8각원당형의 탑신을 이루고 있음을 알 수 있다.

이 부도의 9세기 중엽에 건립한 道義禪師의 부도가 아닌가 추정하고 있다. 이러한 추정에는 상당한 이유가 있는데 당시 신라에 禪風을 전하고 또한 일으킨 주인공이 바로 도의선사이며 진전사는 바로 도의선사가 不出山門한 채 40년 동안이나 住錫하였던 곳이고, 염거화상과 보조선사와 같은 고승들이 차례로 師資相承한 유서깊은 禪刹이다. 그러므로 신라선종의 법통을 말할 때 도의선사를 宗祖로, 二祖는 염거화상, 三祖는 보조선사를 들고 있는 것이다. 그리하여 도의선사의 제자인 이 두 선사의 부도는 건조되어 오늘에까지 남아 있는데 이들의 조사가 되는 도의선사의 부도를 건립하지 않았겠느냐 하는 것이 일반적인 생각이어서 이곳의 부도를 도의선사의 부도로 추정하는 것이 무리가 아닐 것 같다. 한편 조형적으로 볼 때에도 탑신부만이 8각원당형이었던 것이 염거화상탑에 이르러 전부재가 8각원당형으로 변하고 있어 전형적인 양식으로의 변화과정에서 진전사지 부도가 先行된 것으로 보아 도의선사의 부도로 굳혀지게 되는 것이다.

염거화상탑은 이렇듯 신라 전형의 8각원당형 부도의 표본이라 하겠는데 이러한 8각의 기본형은 신라는 물론 이후 고려시대에 이르기까지 크게 성행하여 대부분 이러한 형식을 따랐고 조선시대까지에도 영향을 주어 곳곳에서 그 유례를 보이고 있다. 그러나 시기가 변함에 따라 한편으로 8각의 평면구성이 변화되는 조형을 보이고 있으니 일부재가 원형으로 변하는 것, 정4각형으로 변하는 것 등이 신라 말기에서 고려시대에 걸쳐서 나타나는 현상이다. 이것은 角에서 圓으로 변해진 새로운 의장을 시도한 것으로 짐작되나 이러한 변형도 역시 8각의 기본형에서 비롯된 것이다.

한편 高僧大德들의 묘탑형식으로 8각원당의 중적형식 외에 다른 양식이 있으니 일반적으로 石鐘型 浮屠라 칭하는 것이다. 이러한 형태는 주로 고려 말기 이후 조선 전시대를 통하여 가장 많이 건조된 것으로 알려져 있으나 실제는 신라 하대와 고려 초기에도 건조된 석종형 부도가 있으니 그 시원은 신라시대로 보아야 할 것이다.

현재까지 남아 있는 신라시대의 부도는 10여 기를 헤아릴 수 있는데 이 가운데서 건조연대가 뚜렷이 밝혀졌거나 혹은 거의 확실하게 알 수 있는 것은 다음의 7기로 이를 연대순으로 보면 廉居和尙塔(국보 제104호, 文聖王 6년, 844), 雙峰寺 澈鑑禪師塔(국보 제57호, 景文王 8년, 868), 大安寺 寂忍禪師塔(보물 제273호, 경문왕 원년), 鳳巖寺 智證大師寂照塔(보물 제137호, 憲康王 9년, 883), 寶林寺 普照禪師彰聖塔(보물 제157호, 헌강왕 6년), 實相寺 秀澈和尙楞伽寶月塔(보물 제33호, 眞聖女王 7년, 893), 鳳林寺 眞鏡大師寶月凌空塔(보물 제362호, 景明王 7년, 923) 등이며, 이 밖에 望海寺址 浮屠 2기(보물 제173호)와 실상사 證覺大師凝寥塔(보물 제38호), 雙磎寺 浮屠(보물 제380호), 太和寺址 十二支像浮屠(보물 제441호), 禪林院址 浮屠(보물 제447호) 등 5기는 그 건조연대를 확실하게 알 수는 없으나 대개 9세기 후반에 건립된 신라시대의 부도로 추정하고 있다.

앞에서도 말하였듯이 염거화상탑은 현존 신라부도 중에서 건립연대가 확실한 가장 오랜 유례이다. 구조를 살펴보면 전부재의 평면이 8각으로 기단부 위에 탑신부를 놓고 그 위에 상륜부를 장식하였는데 현재 상륜은 남아 있는 부재가 하나도 없다. 하대석 각 측면에는 사자를 양각하였고 상면에 3단의 각형괴임을 각출하여 중대를 받았는데 중대서 각면에는 안상내에 향로 등의 여러 문양을 조각하였다. 상대석은 하면에 3단의 각형받침이 마련되어 하대

상면과 대칭되었으며 측면에는 단엽의 앙련을 3중으로 조각하였다. 그리고 그 위에는 높직한 괴임돌을 놓고 탑신부를 받게 하였는데 이 괴임대 8면에는 안상을 조각하고 그 내면에 天人像 1구씩을 양각하였으며 상면에 2단의 괴임을 마련하여 탑신부를 받도록 하였다. 탑신은 4면에 四天王像을 조각하고 다른 4면에는 門戶形과 額形을 조식하였는데 사천왕상은 각기 무기를 갖고 있다. 옥개석은 연목이나 기와골은 물론, 막새기와에 이르기까지 목조건축의 양식을 충실히 모방하였고 하면의 처마면에는 飛天像을 조각하여 화려하게 장식하였다. 이 부도는 규모가 크지는 않으나 우아한 기품과 소박한 조각수법을 보이며 세부 조각도 단아하다. 현재는 경복궁 경내에 건립되어 있으나 처음 옮겨 세울 당시 부도 안에서 금동제의 塔誌가 발견되어 이 부도의 건립연대가 文聖王 6년(844, 會昌 4년)인 것과 다른 여러 가지 관계 내용을 알 수 있게 되었다.

이와 같이 염거화상탑의 각부 양식을 살펴보았는데, 이 밖에 쌍봉사 철감선사탑, 대안사 적인선사조륜청정탑, 봉암사 지증대사적조탑, 보림사 보조선사창성탑, 실상사 수철화상능가보월탑, 봉림사 진경대사보월능공탑 등 여러 부도는 간혹 각 부재에서 장식적인 면에 다소의 변화를 보여 비천상이 탑신면에 배치되거나 연판내에 장식문양이 있거나 또는 기단부에 구름문양이 조각되기도 하였으나 그 구조의 기본형에 있어서는 역시 8각원당으로 각 부재순의 重積을 잘 지키고 있음을 볼 수 있다.

그런데 이와 같은 일반적인 전형양식의 8각원당형을 떠나서 특이한 형식을 보이는 부도가 곧 석종형이라 말한 바 있다. 그 유례는 太和寺址 十二支像浮屠(〈사진 7〉)라 할 수 있으며 이 부도는 직사각형의 대석과 鐘形의 탑신부가 각기 1석씩으로 구성된 극히 간략한 건조의장이 주목된다. 대석은 뒷면 일부가 파손되었고 측면에는 앞쪽에 3구, 양쪽에 2구씩의 안상이 조각되었으며 뒷면에는 아무런 조각이 없는데 안상의 형식은 신라시대 특유의 細長한 일반적인 형태이다. 상면에는 아무런 시설이 없이 중앙에 탑신을 놓았는데 탑신석은 하부가 약간 좁아졌으나 거의 수직으로 올라가다가 상부에 이르러 곡선을 이루면서 半球形을 보이고 있으며 정상에는 突起가 있어 寶珠形과 흡사하다.

〈사진 7〉 태화사지 12지상부도

보물 제441호

이 부도의 또 하나의 특징은 표면에 개설된 감실과 하부에 조각된 12지신상인데 이 부도의 명칭을 「十二支像浮屠」라 칭하게 된 것도 이 조각 때문이다. 감실은 상부에 거의 4각형으로 뚫었는데 다소 안쪽으로 경사지고 있으며 上椽은 曲面을 이루었고 이를 중심으로 外周에 홈이 파져 있으니 이는 곧 배수를 위한 것으로 생각된다. 12지신상은 양각으로 표시하였는데 감실 밑에 午像을 두고 남북선상 북쪽면에 子像을 조각하였으며 각기 방향을 따라 배치하였다. 대개의 경우 부도에는 그에 딸린 석비가 남아 있어 건조연대를 쉽게 짐작할 수 있으나 이 태화사지 부도는 그렇지 못하다. 그러나 대석의 안상이나 감실개설의 의장, 완전한 12지신상의 형태 및 각부의 조각수법으로 보아 신라 하대인 9세기에 건립한 것으로 추정되는데 이것은 특수한 석종형의 시원을 이루고 있는 부도라는 점에서 더욱 귀중하다 하겠다.

또 한 가지, 형태로 보아 8각원당의 기본형을 벗어난 부도라 할 수 있는 것은 선림원지 부도라 하겠는데 이 부도는 현재 탑신부가 없으나 상대석 상면에 마련된 괴임대가 8각인 점으로 보아 이 위에 놓였던 탑신석은 물론 8각이었을 것이다. 기단부에 있어서 기대석은 8각이나 하대석과 중대석, 상대석에서 8각 혹은 원형의 평면을 보이고 있는데 이것은 이미 언급한 바와 같이 시대가 내려옴에 따라 부분적으로 변하여 角이 圓으로 되어 새로운 의장을 보인 일면이라 할 것이니 이러한 부분은 봉림사 진경대사보월능공탑의 기단부에서도 볼 수 있다. 그러나 이들은 당연히 8각원당형 부도로서 일반적인 전형을 잘 표현하고 있는 것이다. 그리하여 이후에 건조되는 부도는 이들 말기의 조형을 잘 계승하고 있으며 특히 선림원지 기단부의 雲龍 등은 곧 고려 초기의 건립으로 추정하고 있는 高達寺址 浮屠(국보 제4호) 기단부의 4

龍 및 雲紋과 흡사하여 신라말~고려 초기의 조형미술의 전승을 연구하는데 귀중한 유례들이라 하겠다.

다. 석 등

석등이란 일반적으로 등불을 장치하기 위한 石造燈器를 말한다. 등은 불(火)을 조명하는 기구로서 우리 인간이 항상 갈망하고 있는 것이므로 인류생활에 있어서 불가분의 관계를 맺고 있는 것이라 하겠다. 그리하여 우리 인류는 등기구를 사용함으로써 비로소 文明을 찾게 된 것이라고 할 수 있다.

조명시설로서의 등기는 인간이 자연 속에서 발견한 불을 관리하여 어둠을 밝히려는 욕망을 가진 데서 창안해 냈고 점차 편리한 도구로 개발한 기구이다. 그런데 인간이 자연의 呪術的인 영역에서 벗어나 神만이 만들 수 있다는 불을 스스로 관리하게 됨으로써 등은 인간문명의 상징이 되었고 그 등불은 신비적 관념에서 연유한 종교적 진리의 상징물로 등장하게 되었던 것이다.

등에 관하여《辭源》의 설명을 보면 불을 살리는 기구로서 기름을 태워 밝은 빛을 얻는다는 의미를 가지고 있다고 하였으며 한편 불교의 경전 중의 하나인《燈指因緣經》에 의하면 불타의 진리인 光明은 암흑과 같은 娑婆世界에서 헤매고 있는 중생들을 佛身의 광명이 비치는 燈明으로 촌각도 지체없이 선한 지경으로 인도하는 선봉이 되고 있음을 밝히고 있다. 또한《佛說施燈功德經》의 구절에 따르면 塔이나 廟의 모든 형상 앞에 燈供養을 하거나 또는 임종 때에 등불을 밝히면 福田과 三種明을 얻을 것이며 죽은 자를 위하여 塔廟諸佛 앞에 등불을 밝히면 三十三天에 다시 태어나 五種의 淸淨을 얻는다고 하였다. 또《華嚴經》권 40, 普賢行願品에 의하면 등불 하나하나가 須彌山과 같을 뿐 아니라 한 종지의 燈油인 기름은 큰 바닷물과 같아서 이는 모든 공양 중의 가장 으뜸이 되는 법공양에 속한다고 하였다. 권세있고 돈 많은 부자의 화려한 등불보다는 헐벗고 가난하나 진실한 마음으로 살아가는「난다」의 등이 바로 불타의 진리를 묘사한다고《賢愚經》은 가르치고 있다. 또한《造像經》上 3, 造像品 十五則에서도 불타를 만들어 경영하는 사람이 부처님 앞에 새와 짐승을 던져 놓거나 부처님 앞에 시주한 돈을 단 한 잎이라도 손해를 끼친다면 그는 易理를 받아 아비지옥에 떨어져 돌아올 수 없으므로 이들 가운데 香油를 구하여 부처님께 등공양을 한 사람은 죄가 사해질 것이라 하였다.

이와 같이 불교는 기독교나 기타 다른 종교에 비해 등의 개념에 조명 이외에 교리적인 측면에서도 심오한 의의를 부여하고 있음을 주목하게 된다. 그러므로 석등의 기원을 자연히 불교에서 찾을 수밖에 없는데, 그렇다고 하면 「한국의 석등」은 불교문화재로서 주목되어야 할 것이다. 사실상 불교의 등기구는 예배를 올리는 의식용에서 제외할 수 없는 기본적인 도구일 뿐만 아니라 사찰에서 실시하는 모든 공양기구 중 가장 으뜸이 되는 도구로 일찍부터 제작되고 또한 중요시 되었던 것은 당연한 일이었다.

그리하여 법당이나 승방 등 실내에서 사용되는 등기구는 소형이고 항상 이동이 가능하여야 함으로 별문제가 아니나 밖에서 사용하는 경우는 대형인 동시에 견고해야 하므로 석조물로서의 등기구가 필요했던 것이며 따라서 이러한 이유로 석등이 건조되었을 것이다. 이것은 마치 木塔에서 石塔으로 변천된 과정과도 같이 화재의 위험에서, 또한 등기구의 영구보존의 뜻에서 발생된 현상이라고도 하겠다.

석등이 언제부터 건립되었는지는 알 수 없다. 즉 현재까지 조사된 내용으로는 남아 있는 석등의 例가 얼마되지 않으므로 정확한 연대를 안다는 것은 어려운 일이다. 그러나 충청남도 부여읍의 佳塔里 폐사지에서 백제의 石燈蓮華臺石이 발견 조사된 바 있고 전라북도 익산군의 미륵사지에서도 백제 석등의 연화대석과 옥개석·火舍石 등의 부재가 발견, 또는 발굴 조사되었으므로 이미 삼국시대부터 석등을 건립하였음을 알 수 있다. 그리하여 이들 각 부재를 살펴보면 석등의 기본형은 하대석·중대석(혹은 竿石·竿柱라고도 함)·상대석을 기대로 삼고 그 위에 등불을 직접 넣은 화사석을 놓고 옥개석을 얹었으며 정상부를 보주 등으로 장식하는 형식을 보이고 있다. 이러한 형태는 시대와 지방에 따라 변화를 보여 시대적 또는 지방적인 특징을 보이고 있음을 알게 된다.

석등에서 가장 중심이 되는 부분은 등불이 장치되는 화사석인데 현재까지 조사된 백제시대 석등의 화사석은 평면이 8각으로 4면에 火窓口를 냈다. 이러한 점은 통일신라시대의 전형인 8각을 기본으로 하는 형태가 이미 삼국시대부터 비롯되었음을 알게 한다. 그러나 삼국시대 석등의 유례로는 백제시대의 절터 두 곳 이외에는 찾아볼 수가 없으므로 이 이상 언급할 자료가 없어 석등의 시원이 삼국시대까지 올라간다고 밖에는 말할 수 없다. 한편 이후 통일신라시대에 이르게 되면 현재 남아 있는 석등도 많아서 그 양식의 다채로움을 남아 있는 각처의 유례에서 알 수 있다.

〈사진 8〉 부석사 무량수전 앞 석등

국보 제17호

앞에서 살펴보았듯이 삼국기 석등의 기본형태는 8각이었으며 통일신라시대에 이르면서 이러한 평면이 굳혀져서 하나의 전형을 이루게 되었으며 그 대표작으로 浮石寺 無量壽殿 앞 石燈(국보 제17호, 〈사진 8〉)을 들 수 있다. 8각의 전형이란 정4각형의 지대석 위에 8각복련석이 얹히고 그 위에 가늘고 긴 8각 간주를 세우고 다시 8각화사석을 받기 위한 8각앙련대석을 얹는 형식이다. 화사석 위에 8각옥개석이 덮히고 옥개석 정상에는 보주가 얹히는데 이 때 각 부재의 높낮이나 넓고 좁음의 차이는 곧 조형미를 좌우하는 요소가 되는 것으로 경쾌함과 둔중함의 차이는 이러한 데서 나타나게 된다. 이러한 점에서 부석사 무량수전 앞 석등은 8각전형의 신라 석등 중 가장 우아한 작품이라 하겠다. 알맞은 각 부의 비례는 더할 수 없는 조화를 보여주고 특히 화사석 4면에 조각된 보살입상은 한층 격을 높이고 있다. 상·하대석에 복련과 앙련의 연꽃문양을 조각한 것은 시대와 지역을 막론하고 볼 수 있는 공통적인 형식이지만 그 밖에 하대석이나 화사석에 약간의 장식조각을 가하여 장엄을 더하는 수가 많다. 예컨대 부석사 무량수전 앞 석등은 이러한 종류에 속하는 것이며 보살입상 외에 복련석의 각 모서리마다 귀꽃모양을 부친 장식은 한층 아름다운 멋을 돋구고 있다. 이러한 장식적인 석등의 유례로는 몇 기의 신라 석등을 볼 수 있는데 그 중에서도 法住寺 四天王石燈(보물 제15호)은 보살상 대신 사천왕상이 조각되어 있으며 陜川 白岩里石燈(보물 제381호)에도 화사석 4면에 사천왕상 1구씩을 배치하고 있어 주목된다.

8각전형의 기본형을 가장 잘 보이고 있는 석등은 이 밖에 雲門寺 金堂 앞 석등(보물 제193호), 寶林寺 석등(국보 제44호), 實相寺 百丈庵 석등(보물 제40호), 聖住寺址 석등 등이라 하겠는데 이들 가운데서 운문사 금당 앞 석등과 성주사지 석등은 특별한 조식이 없는 가장 단순한 석등이다. 보림사 석등은 높은 지대석 위의 하대에 귀꽃형 장식이 복련에 붙어있고 앙련은 연판 내에 花形이 첨가된 이중의 蓮紋으로 되어 있다. 이들 연판은 조각이 섬세하여 매우 우아하게 보이며 옥개석 위에는 작은 보개가 있고 상륜도 완전하여 전체의 형태가 매우 화려해 보인다. 실상사 백장암 석등에서는 상대석의 양식이 특이함을 볼 수 있다. 즉 앙련은 매우 우아하여 연판 내에는 四瓣五珠紋이 있는 장식문을 양각하였는데 위의 측면에는 각면에 난간을 돌리고 卍字形이 변형된 모양의 창살과 童子柱를 새겨서 장식한 점은 이 석등의 바로 옆에 건립되어 있는 백장암 3층석탑(국보 제10호)에서와 같이 목조건축의 양식을 모방한 것으로 유례없는 특수한 형식이라고 하겠다.

한편 통일신라시대에 특히 호남지방에서 유행했던 것으로 추측되는 특수한 형식으로 鼓腹形 석등이라 불리는 형태가 있다. 이 고복형 석등은 각 부재가 8각을 위주로 한 점에서는 일반적인 전형양식의 석등과 다를 바가 없으나 竿柱石이 8각이 아니고 원형의 평면이며 중앙에 굵은 마디를 두어 마치「북」모양을 이루고 있는 점이 특이하다고 하겠다. 이와 같은 변형된 석등의 예로는 華嚴寺 覺皇殿 앞 석등(국보 제12호), 實相寺 석등(보물 제35호), 開仙寺址 석등(보물 제111호), 淸凉寺 석등(보물 제253호), 任實 龍岩里석등(보물 제267호), 禪林院址 석등(보물 제445호) 등이 있다. 이들의 특징은 간석의 형태가 평면은 圓形을 기조로 하고 상·하가 넓고 그 다음이 줄어들었으며 중앙이 불룩하여 마치 장고모양과도 같다. 이와 같은 모양의 간석 표면에는 모두 섬세한 장식문양이 있어 화려해 보인다. 그뿐만 아니라 하대석 복련 끝에는 예외없이 귀꽃이 표현되었는데 특히 청량사 석등은 화사석 4면에 4천왕상을 양각하여서 더욱 장식적임을 알 수 있다. 실상사 석등, 개선사지 석등, 임실

용암리 석등의 화사석은 8면에 모두 火窓이 뚫렸고 특히 실상사 석등 앞에는 불을 붙이기 위한 시설인 石造燈階가 남아 있어 주목된다.

그런데 이들 가운데서 화엄사 석등, 실상사 석등, 개선사지 석등, 임실 용암리석등은 전라남도에 유존하는데 이러한 분포상황을 볼 때 호남지방에 집중되어 있어 아마도 이 지방에서 유행하던 하나의 지역적인 양식이 아니었던가 추측된다. 선림원지 석등은 상대석 위에 화사석을 받기 위한 높직한 괴임대를 마련하고 화사석 하단부에는 細長한 안상을 1구씩 배치하여 특이한 형태를 보이며 하대 복련부분의 귀꽃과 옥개석 8각전각부의 귀꽃문이 더 한층 이 석등을 화려하게 하고 있다.

현존 석등은 대개 2~3.5m 높이인데 화엄사 각황전 앞 석등은 높이 6.36m로서 실로 우리 나라 최대의 석등이라 하겠다. 그리고 개선사지 석등은 134字의 명문이 화사석에 刻字되어 석등 건립의 연유와 함께 「龍紀三年辛亥十月日」이라는 연대가 뚜렷한 유일한 在銘石燈이다. 그러므로 이 석등은 眞聖女王 5년(891)에 건립되었음을 알 수 있는데 이것은 고복형 석등의 연대 추정에도 유력한 근거가 되고 있다.

다음으로 異形的인 석등양식을 살펴보면 몇 가지의 例를 들 수 있다. 우선 석탑이나 석조부도와 같이 어떠한 공통점을 갖는 것이 아니고 실물을 만든 石工들의 창의에 의하여 건조되는 것으로 각각 다른 의장의 수법을 보이는 형태가 있다. 그 중에서도 중간에 竿柱 대신 獅子 두 마리를 이용하는 양식, 즉 雙獅子石燈이라고 불리는 새로운 양식이 신라시대에 유행하였는데 이러한 형식의 모방 작품은 고려시대에도 계승된다.

신라시대의 쌍사자석등을 대표하는 것으로 法住寺 쌍사자석등(국보 제5호), 中興山城 쌍사자석등(국보 제103호), 靈岩寺址 쌍사자석등(보물 제353호) 등을 들 수 있다. 이들의 특징은 8각 竿石 대신 쌍사자를 놓았는데 사자 두 마리가 마주서서 뒷발로는 하대석 위에 버티어 섰고 앞발과 입으로는 상대석을 받치고 있다. 머리털이나 근육 등의 표현이 사실적이어서 상대석 이상의 무거운 하중을 능히 감당할 수 있어 보여 조금도 불안한 감이 없다. 특히 영암사지 쌍사자석등은 화사석 4면에 사천왕상을 조각하고 지대석 각 면에도 안상 내에 獸形을 조식하면서 더욱이 화려하고 변화된 형태를 보이고 있다.

특이한 석등의 다른 예로 華嚴寺 四獅三層石塔 앞 석등과 八公山의 符仁寺 金堂庵址 석등을 들 수 있는데 화엄사 석등은 각면에 안상이 있는 정4각형 지대석 위에 복련석을 놓고 그 위에 왼쪽 무릎을 세우고 왼손에 보주를 받들고 있는 僧形의 人物坐像을 안치하였다. 다시 그 위에는 8각형의 옥개석을 얹었는데 지대석과 이 옥개석 사이에는 3柱의 둥근 돌기둥이 위쪽을 좁히면서 개석을 받치고 있다. 그 위에 8각상대석과 화사석·옥개석·보주석 등은 모두 일반적인 양식을 따르고 있는데 대석 부분의 특이한 형식은 마주하고 있는 사자석탑과 함께 신묘하고도 기발한 착상이라 하겠다. 석등의 인물상은 곧 석탑의 상층기단부 안에 大德像을 세운데서 얻은 착안이라 하겠으나 석등에 인물상을 이용함은 전형적인 의장에서 벗어난 일이며 上促下寬의 세 돌기둥은 인물상의 보호역할과 석등 자체에 안정감이 있도록 한 특이한 것으로 시각적 효과를 낸 것이다. 석탑에서 佛國寺 多寶塔이 전무후무한 걸작인 것과 같이 이 석등 역시 후대의 석공이 감히 모방하지 못한 걸작품이라 할 수 있다.

부인사 금당 앞 석등은 상·하의 각부가 8각형을 기본으로 하였으나 정8각형이 아니고 대석과 간주로부터 옥개석에 이르기까지 8각의 상대는 2면만이 넓어져서 偏8각형을 이루고 있다. 정8각형의 어느 일부에 변형을 준 것이 아니라 전체 형태에 변화를 주고 있는 특수한 형식이다. 그리고 또 한 가지 특이한 부분은 화사석으로서 창구가 4면에 있던 혹은 8면 전체에 뚫려 있던 8각형의 화사석이 하나가 놓여 있는 것이 전형적인 양식인데 이 석등에서는 두 개의 화사석을 하나로 붙여 놓았다. 즉 화사석이 쌍으로 이루어져서 양쪽에 등불을 밝히게 되어 있는데 이러한 형태로는 유일한 것이다. 표면에 아무런 장식이 없어 기품이 있고 8각의 변형은 경쾌한 느낌을 주는 異形石燈으로서 유례가 드문 작품이라 하겠다.

한편 신라시대의 석등이나 평면의 구도와 조성 석재가 일반적인 석등과 전혀 다른 특이한 석등이 있으니 海印寺 願堂庵 石燈(보물 제518호)을 유일한 예로 들 수 있다. 이 석등은 원당암 앞마당에 靑石材의 다층석탑과 나란히 건립되어 있는데 화사석과 상륜부는 결실되었다. 이 석등은 평면이 6각으로 화강암 지대석 위에 청석재의 하대석과 간주석·상대석·옥개석을 차례로 놓았다. 하대석 역시 청석재로서 평면6각인데 상면에 단엽 12판의 복련을 장식하고 1단의 괴임을 마련하여 간주석을 받았다. 간주석은 短邊의 8각이며 상대석은 6각인데 하대의 복련과 대칭적으로 앙련을 조각하였다. 현재 화사석은 결실되었으나 상대석에 화사석을 끼워 얹었던 흔적이 있다. 옥개석 역시 6각으로 하면에는 3단의 옥개받침을 각출하였다. 옥개석의 낙수면은 매우 낮아 거의 수평에 가깝다. 이곳에 있는 청석탑이 우리 나라 청석탑의 시원을 이루고 있는 것과 같이 이 青石燈도 신라 유일의 특수한 석등으로 주목된다.

라. 당간과 당간지주

幢竿은 幢을 달아두는 장대로서 이 장대를 세우기 위하여 양쪽에 지탱하는 支柱를 세우고 그 중간에 당간을 세우는데 대개는 石材나 鐵材로 조성 건립하고 있다. 그런데 당이란 본래 사찰의 마당이나 문전에 꽂는 旗幢의 일종으로서 속칭 掛佛이라 하여 그 표면에 佛畵가 그려져 있으며 사찰에서 기도나 법회 등의 의식이 있을 때만 당간 정상에 달도록 되어 있는 것이다. 그리하여 이 불화의 旗幟를 당간에 달아 佛事를 勤修하는 것인데, 이 당은 항상 달아두는 것이 아니라 사찰에서 행사가 있을 때만 사용되는 것이다. 오늘날 각 사찰에서 가뭄이 심할 때나 전염병이 유행할 때 임시적으로 기도회를 열기 위하여 당을 다는 불사 이외에 정기적으로 3월 15일의 佛入涅槃, 3월 12일·13일의 彌勒菩薩·彌陀如來, 12월 8일의 佛成道日 등의 법회 때는 반드시 당간에 당을 달고 있다.

그런데 인도의 라다크, 네팔의 불교지역 등에서는 법회 때만 아니고 항상 당간 정상에 당을 달아 바람에 휘날리고 있는 모습을 볼 수 있다. 이러한 상황에서 본다면 당이나 당간은 불가에서 예배의 주체인 탑파와 불상 이외에 어느 佛具보다도 귀중한 聖寶라 하겠다.

일반적으로 密敎에서는 法幢을 세우는 것만으로도 無量의 공덕이 있다는 것이다. 이러한 당과 당간의 건조는 통일신라시대부터 각 사찰에서 성행되었을 것인데 당은 耐久性이 없으므로 걷어두거나 또는 旗幢을 달아두었다 하더라도 남아 있을 리 없고 당간과 그 지주만이 사찰의 입구에 세워졌던 모습대로 현재까지 남아 있는 것이다. 그러나 당간도 오랜 세월에 도괴 파손되어 그 유례가 희소하며 대개의 경우는 양 지주만이 남아 있어 당시의 상황을 짐작케 할 뿐이다.

당간지주의 기본형식은 4각형 石柱를 60~100㎝의 간격으로 양쪽에 세우고 그 내면에 상대하여 杆을 설치하기 위한 杆溝나 杆孔을 마련하는 것이며 하부는 杆臺와 기단부를 시설하는 것이었는데 현재 남아 있는 당간지주에서는 기단부의 구조는 거의 파손되고 착란되어 있는 상태이다. 간구는 반드시 내측면 상단에 파여져 있으나 그 이하 부분의 간공은 그 구멍수가 일정하지 않아 한 군데만 있는 지주가 있는가 하면 어떤 지주에는 두 군데에 파여져 있기도 하며 어떤 것은 관통된 간공이 있는 경우도 있다. 이러한 시원부터의 기본형은 시대가 흐름에도 변화가 없으며 다만 양 지주를 장식하는 각 면의 문양과 지주의 치석 수법만이 시대적 특징을 보이고 있다. 오늘날 어떤 산기슭이나 벌판에 석탑이 서 있으면 옛 절터임을 곧 알 수 있다. 이와 마찬가지로 당간지주가 서 있어도 옛 절터임을 쉽게 알 수 있는 것이다. 현재 당간이 남아 있는 것은 몇 기밖에 되지 않는데 鐵製·石製·木製 등이다.

이와 같은 모든 상황에서 당간은 聖寶인 동시에 그 지주까지 살펴보았을 때 건축 및 조각사 연구에도 귀중한 것임을 알 수 있다. 기록에 의하면 500여 기의 당간지주가 전해지고 있는데 이러한 점에서도 당간과 그 지주는 불교미술사상 하나의 주류를 이루고 있으며 나아가 한국 고대문화의 주류가 불교미술문화임을 단편적이나마 알 수 있게 한다. 즉 당간과 그 지주는 건립의도에 있어서는 건축물이나 전·후·측면의 縱線紋이나 기단부의 안상, 또는 간대의 연화문 등은 이들의 장엄을 위한 장식조각으로서 주목되는 것이다. 그러므로 石柱形을 세웠다고만 생각할 것이 아니라 이 유물이 석조건축물인 동시에 하나의 조각물이기도 하다고 생각하는 것이 옳을 것이다.

충청북도 보은군의 法住寺에서는 신라시대에 세운 지주에 근년에 이르러 새로운 철당간을 세웠다. 이것은 법주사가 大本寺로서 寺勢가 큰편이기 때문에 이러한 훌륭한 당간을 세울 수 있었으나 이와 같은 사정이 허락되지 않는 사찰에서는 철당간이나 석당간 이외에 목재로서 당간을 세워 법회를 열고 있는 장면을 때때로 볼 수 있다. 그리하여 현재까지 남아 있는 당간과 지주를 통일신라시대의 것만을 찾아 특징적인 면을 살펴보고 특히 지주에 있어서는 대표적인 유물을 고찰함으로써 이 시대의 특징을 좀더 자세하게 알아보고자 한다.

〈사진 9〉 갑사철당간 및 지주

보물 제256호

통일신라시대의 것으로는 충청남도 공주군의 甲寺 鐵幢竿 및 支柱(보물 제256호, 철당간 높이 15m, 지주 높이 3m, 〈사진 9〉)가 유일한데 석당간은 없고 이 철당간뿐이므로 이것을 살펴봄으로써 신라시대의 형태를 대략 알 수 있을 것 같다. 당간은 지금 50㎝의 鐵筒 24개를 연결한 것으로 현재 24節目이 보이는데, 전하는 바에 의하면 원래는 28개의 철통이었던 것이 조선 말기인 高宗 30년(1893) 7월 25일에 4마디가 부러져 떨어졌다고 한다.

이 철당간은 현재의 위치가 원위치로서 철당간과 지주·기단부까지 모두 남아 있어 귀중한 자료라 하겠는데, 이 유구가 통일신라시대의 전형적인 양식이 아닌가 한다. 기단은 단층으로 크고 길죽한 두 장의 돌을 결구하여 만들었는데 직사각형으로 구성되었다. 지금도 윗면의 접착부분 두 곳에는 두 장의 돌을 결구시키는 쇠못이 그대로 남아 있다. 측면 사방은 상·하에 굽을 돌려 정연한 규격을 보이고 있는데 좌·우에는 2구씩의 안상을, 앞·뒷면에는 3구씩의 안상을 장식하였다. 윗면에는 아무런 조식도 없고 양 지주 사이의 基底部에는 당간을 받치는 간대가 마련되었다. 이 부분이 윗면의 중심이 되는데 형태는 圓座로서 그 주변에는 아무런 조각도 없다. 양 지주는 동·서로 마주서 있는데 내면과 외면에는 아무런 조각도 없다. 앞·뒤 측면에도 조각이 없는 소박한 지주이다. 정상부의 윗면은 평평하고 외측면으로 접어드는 모서리는 모를 크게 죽여서 오히려 弧線을 그리며 깎여졌기 때문에 원만한 4分圓을 이루고 있다. 당간을 고정시킨 杆은 상부 한 곳에만 시공하여 장치하였는데 철제당간의 5節째 철통을 鐵條로 세번 돌려 고정시켰다.

이 밖에 지주만이 남아 있는 통일신라시대의 것으로서 상당수가 있어 경상북도 영풍군의 浮石寺 幢竿支柱(보물 제255호), 宿水寺址 당간지주(보물 제59호), 전라북도 익산군의 彌勒寺址 당간지주 2基(보물 제236호), 慶州市의 望德寺址 당간지주(보물 제69호)와 三郎寺址 당간지주(보물 제127호), 普門里 당간지주(보물 제123호), 芬皇寺 당간지주, 경기도 安養市의 中初寺址 당간지주(보물 제4호), 전라북도 김제군의 金山寺 당간지주(보물 제28호) 公州의 班竹洞 당간지주(보물 제150호), 서울의 莊義寺址 당간지주(보물 제235호) 등을 들 수 있다. 이 가운데서 중초사지 당간지주는 건립연대가 확실하여 신라시대의 당간지주를 연구하는 데 기준이 되고 있으니, 그 형태를 살펴보면 다음과 같다. 원상대로 85㎝의 간격을 두고 양 지주가 동·서로 마주서 있는데 내측면과 외면에는 아무런 조각도 없다. 앞·뒤에도 조각이 없어 장식적인 의장은 없었던 것으로 보이는데 상부에는 약간의 가공이 있어 주목된다. 즉 양 지주의 상부는 내측면의 상단에서 외면으로 내려오면서 호선을 그리며 깎여졌는데 굴곡이 없이 둥글다. 그리고 위로부터 아래로 121㎝까지는 6㎝의 두께로 전면이 깎여졌다. 그러므로 이 모양을 양 지주의 외면에서 보면 정상부에 길이로 넓직한 額面이 음각된 것 같고 앞·뒷면에서는 상단부가 流麗하게 圓弧를 이루면서 상부 12㎝만을 磨硏한 것처럼 보인다.

당간을 고정시키는 杆은 상·중·하의 세 곳에 간구를 마련하여 장치하였던 것으로 상부는 내면 상단에 직4각형 孔을 마련하여 간을 장치하였고 중·하부는 관통한 둥근 구멍에 간을 설치하게 되어 있다. 현재 지주의 기단부는 基底에 長大石의 기반석을 지주 사이와 양 지주의 바깥쪽에 각기 1장씩 깔아서 기대를 삼고 있을 뿐이다. 간대는 지주 사이의 장대석 중심부에 둥근 구멍을 시공하고 그 주변에 둥근띠를 돌려서 마련하였다. 그런데 간대와 양 지주 기저의 기반석 높이가 같은 것으로 보아 기단부에는 이 밖의 특수한 구조는 없었던 것 같다. 이곳을 중초사지라고 일컫는 것은 서쪽 지주의 외면에 음각한 명문에 의한 것이다. 그렇기 때문에 이 지주의 건조연대도 확실함을 알 수 있다. 명문의 내용은 모두 6行으로 되어 있는데 楷書 음각이며 字徑은 6~7㎝이다. 이 명문에 의하면 신라 興德王 元年(826) 8월 6일에 채석하여 이듬해 2월 30일에 완성한 것임을 알 수 있다.

부석사 당간지주와 숙수사지 당간지주는 내측면을 제외한 다른 3면에 外緣線紋을 돌리거나 혹은 중앙에 다시 縱으로 稜線을 조식하여 어느 정도의 장식의장을 보이고 있으며, 이 밖에 미륵사지 당간지주 2기와 공주 반죽동 당간지주·금산사 당간지주 등이 이러한 유형에 속한다고 할 것이다. 그리고 부석사 당간지주와 금산사 당간지주는 양 지주 사이에 원형간대가 남아 있고 분황사 당간지주에는 특이하게 돌거북으로 된 간대가 있으며 금산사 당간지주와 갑사 당간지주, 공주 반죽동 당간지주에는 기대부가 완전히 남아 있어서 당간지주의 원형을 찾아볼 수 있다.

이상과 같이 신라시대의 당간과 그 지주에 관하여 대표적인 예를 들어 살펴보았다. 지주석에 특별한 조각은 없으나 기단부의 각 측면에 안상을 조각하거나 간대를 가는 선으로 장식하거나 혹은 지주의 측면에 縱線을 양각하여 다소라도 장식적인 의장을 보이고 있음은 비록 석조건물이지만 당간을 받드는 장치로서만이 아니라 하나의 불교적인 미술품으로서의 예술성을 나타내고 있는 일면이 아닌가 한다.

마. 석련지와 석련대

통일신라시대의 石蓮池로 남아 있는 것은 法住寺 석련지(국보 제64호)가 알려져 있을 뿐이다. 다른 예가 없으므로 이 석련지의 형태를 살펴봄으로써 신라의 석련지를 이해할 수밖에 없다. 장대석으로 지대를 구축하고 그 위에 4단의 괴임대가 각출된 8각대석을 놓았는데 각 측면에는 안상이 조식되었다. 대석 위에는 雲紋이 조각된 낮은 원형간석을 놓고 그 위에 半球形의 蓮池를 얹었다. 연지 표면에는 연판을 이중으로 조각하여 전체가 하나의 연꽃송이 같은 느낌을 준다. 연지 口緣 위에 난간을 돌렸으나 파손이 심한데 여기서 목조가구의 일면을 볼 수 있으며 측면에 돌린 각종 佛敎像과 난간의 양식수법 등 균형잡힌 비례나 기발한 의장이 놀라워 실로 석련지로서는 최대의 걸작이라 하겠다.

石蓮臺로는 金山寺 석련대(보물 제23호)를 대표로 들 수 있는데 높이 1.67m, 둘레 10m가 넘는 거대한 연화대석인데도 1石으로 조성되었다는 점에서 더욱 놀랍게 생각된다. 이렇듯 1석의 조형물이나 여러 장의 돌로 조립된 것 같이 상·중·하대의 양식을 정연히 갖추고 있다. 하대석 측면은 10각형으로 각 면마다 細長한 안상을 음각하고 그 내면에는 花紋을 조식하였는데 8면은 동일하나 2면만은 사자상이다. 하대 상면 주연에는 2단의 낮은 받침을 각출하였고 그 안쪽으로 複瓣의 伏蓮이 조식되었는데 각 변마다 1판씩 모두 10판이며 넓은 상면 전체에 꽉 차도록 큼직하게 조각하여 雄麗함이 비할 데 없다. 상면 중앙부에는 6각형의 높은 角形괴임을 각출하여 중대를 받고 있는데 중대는 하대석과 달리 6각형이다.

중대석에도 각면에 세장한 안상을 조각하였으며 그 내면에는 중심부에 귀꽃형 문양을 화사하게 장식하였다. 상대석은 하면 6각의 괴임부부터 측면 상단에 이르기까지 원형으로 조성하여 전면에 앙련을 조각하였는데 앙련은 넓적하고 짧은 단판을 상·하 2단에 배치하여 이른바 重瓣의 형식을 취하고 있으며 각 판내에는 모두 하단 중심부부터 작은 瓣葉을 세겹으로 양각하여 장식하고 있다. 그리고 상단의 앙련 사이에는 太彫의 圓弧紋을 조각하여 間地에까지도 가득히 조각한 화려한 장식적인 의장을 보이고 있다.

상대석 상면에는 중앙부 두 곳에 4각형 孔을 시공하고 그것을 중심으로 하여 주변 평면 간지에 소형의 二重圓圈을 여러 개 음각하고 있다. 이 원권문은 어떠한 부재에도 흔히 쓰여지는 장식문양에 속하는 것으로서 여기서도 물론 상면의 좌·우 4각형 孔을 중심하여 莊嚴紋으로 조식된 것이라 하겠다. 현재 상면은 이것 외에 아무런 유구가 없는데 이것은 두 곳의 4각형 공에 불상 兩足 하부의 돌기를 꼽게 하여 立佛像을 봉안하였던 것으로 생각된다. 이렇게 연화대 위에 立佛을 모시고 兩 足部 주변에 원권문을 장식하는 것은 오래전부터 있었던 일로 이곳에서도 충분히 가능한 일이다. 이러한 석련대의 건조는 이후 고려시대에도 그대로 계승되어 8각·4각 등의 형태로 나타나며, 상·중·하대의 기본형은 그대로 유지된다.

바. 석비와 탑비

碑는 어떠한 사실을 기록하여 후세에 전하는 건조물로 조성재료에 따라 石碑·木碑·鐵碑 등이 있는데 오늘날 가장 많이 남아 있는 것은 석비이다. 그것은 석비가 가장 耐久性이 강하기 때문이라고도 하겠으나 그보다는 석재의 채취가 오히려 의의가 있고 쉬웠기 때문이었던 것으로 생각된다.

목비도 일찍부터 세워져서 현재 강원도 원성군의 치악산 上院寺事蹟碑, 경상북도 경주군 祇林寺의 각종 목비 등이 있으나 이들은 화재에서 다행스럽게도 화를 면하였기 때문이며 대부분의 경우는 불에 타버리기 때문에 성행되지는 않았던 것 같다.

철비도 상당수가 조성된 것으로 생각되나 현재는 그 수효가 별로 많지 않다. 그것은 鐵材의 확보가 어려웠으며 특히 일제시대에 많은 철비가 탈취당하였던 면도 생각하지 않을 수 없다. 최근에 이르러 몇 곳에서 철비가 출토되었다고 하는데 이들은 모두 일제시대에 공출당할 것을 염려하여 땅속에 묻어 놓았던 것이 당시의 古老들은 모두 他界하고 요즈음의 젊은이들에 의해 밭갈이 하다가 쟁기에 걸려 출토된 것이다.

석비의 경우는 일찍부터 석재를 다루는 기술이 크게 발달하였던 우리 나라에서는 어렵지 않게 석재를 채석, 치석하여 立碑하였던 것이다. 비를 세우는 목적이 어떠한 사실을 후세에 기리 전하는 것이었으므로 다른 재료보다는 내구성이 제일 강한 석비가 성행하였던 것은 당연한 일이었다. 화재가 일어나고 병란의 재화로 목비·철비가 모두 타서 없어졌으나 석비만은 의연하게 原形을 갖추고 서 있어, 석비는 삼국시대 이래 통일신라시대와 고려·조선시대에 이르기까지 많이 남아 있으나 목비와 철비는 조선시대의 것뿐이다. 따라서 비의 역사와 양식수법 등을 시대적으로 연구하려면 역시 석비가 중심이 되는 것이다.

비의 내용은 紀績碑·巡狩碑·國境開拓碑·墓碑(塔碑)·寺刹事蹟碑·旌閭碑 등으로 나눌 수 있는데 사실을 발생 당시 또는 그와 멀지 않은 시기에 상세하게 기록한 것이기 때문에 내용은 역사학에서, 書體는 金石文·書誌學에서 각각 중요한 연구자료가 되고 있다. 龜趺와 개석을 갖추는 형식이 언제부터 시작되었는지는 확실히 알 수 없다. 다만 지금까지 전해지고 있는 유례로는 신라 太宗武烈王陵碑(국보 제25호)가 가장 오래된 것이다. 이 석비는 일찌기 碑身을 잃었으며 비신 받침은 거북의 형태이어서 龜趺로, 개석은 龍의 형태이어서 螭首라 통칭하게 되었는데 이 석비에서의 조형과 조각은 놀랄 만한 사실력을 발휘하고 있다. 더욱이 이수 앞면의 중앙에는 「太宗武烈大王之碑」라 篆書된 題額이 있어 이 비의 주제가 명시되어 있고 立碑의 위치는 능의 뒷편에서 보면 전방 좌측이 되어 陵墓碑의 通式을 따르고 있다고 하겠다. 이와 같이 陵墓 앞에 비를 세우는 일은 중국에서는 이미 오래 전부터 유행을 보았으나 우리 나라에서는 이 태종무열왕릉비를 확실한 최초의 예로 삼아야 할 것이다. 물론 고구려 옛 영토인 通溝의 廣開土王碑를 생각할 때 將軍塚을 광개토왕릉으로 보고 이에 대한 능묘비로 본다면 이것은 묘비 건립의 最古例로 삼아야 할 것이지만 이 문제는 아직도 다소의 논란이 있으므로 논외로 하는 것이 좋을 것 같다.

신라 태종무열왕릉비의 양식수법을 살펴보면 西岳里 龜趺(보물 제70호)와 같이 거북의 목이 앞으로 길게 빠져나와 있다. 그것은 곧 거북이 앞으로 나가려는 동작으로 볼 수 있어 진취적 형상이라 할 수 있다. 이수 역시 唐劉仁願紀功碑(보물 제21호)에서와 같이 용모양을 나타냈는데 사실적으로 표현하였다. 이러한 사실성은 경주 서악리 귀부, 경주의 四天王寺 龜趺(사적 제8호) 등 신라 통일 초기의 작품에서 볼 수 있는 것으로서 역시 당시의 雄飛가 곧 이 석조물에 비쳐진 것임을 알 수 있다. 한편 한국인의 소작은 아니지만 신라 문무왕 3년(663)에 건립된 것으로 추정되는 충청남도 부여읍의 당유인원기공비에서는 상부에 圓圭形으로 용을 조각하였음을 볼 수 있다. 이것은 중국에서는 이미 그러한 형식이 유행되었기 때문인데 그들의 손으로 만들어진 석비의 형식이 이와 같이 나타남은 당연한 일이라 하겠다. 그러므로 태종무열왕릉비의 이수에서 용의 문양을 볼 수 있음은 당시의 시대적 상황에서 쉽게 이해할 수 있는 일이라 생각된다.

그러나 통일 초기인 7세기 후반이 지나면 이렇듯 진취적인 기상이 점차 환상적인 형태로 변해가고 있음을 볼 수 있다. 즉 8세기 중반의 한 가지 예를 들어 성덕왕릉비(사적 제28호)의 귀부를 살펴보면 이러한 형상을 곧 알 수 있다. 등쪽에 龜甲은 있으나 머리는 含珠한 용모양으로 변하여 짧은 목을 직각으로 쳐들고 앞면을 향하였는데 앞으로 쑥 빼냈던 목이 뒤로 위축되었음을 우선 보게 된다. 이수도 용모양으로 표현하기는 하였으나 雲紋·波狀紋 등 다른 장식문양이 가미되고 형태도 넓은 蓋石形으로 변하고 있다. 이후 귀부나 이수에서 나타나는 형태나 彫鏤의 변화는 시대를 따라 감각을 달리하고 기법의 차이를 보이지만 함주한 용모양의 귀부와 용을 주제로 한 이수의 기본 형태만은 중국의 석비형식을 떠난 독특한 형태로서 이후 각 시대를 통하여 오래 계속된다.

그리고 이러한 우리 나라 석비형식의 주류 이외에 昌寧 塔金堂治成文記碑(보물 제227호)에서와 같이 4각형 대석에 옥개형 개석을 덮는 예외적인 것도 간혹 있으나 이러한 것이 하나의 주류적인 형식을 이루었다고는 할 수 없다. 이상은 모두 묘비에 속한 부분인데 이 묘비 외에 高僧의 부도에 부속된 탑비가 있다. 탑비라고는 하나 그것은 불교적인 유물인 까닭에 그렇게 불려지는 것이지 그 형태는 실제로 석비와 다를 바가 없으며 귀부·비신·이수의 순으로 조성 건립되어 있다.

현재 남아 있는 유물을 보면 탑비가 다수를 차지하고 있어 석비양식의 변천과정은 탑비를 통하여 관찰할 수 있다고 하여도 지나친 말이 아니다. 그러나 탑비의 유례로는 대부분 9세기 이후 신라 하대와 고려시대에 속하는 것들이어서 7세기 후반에서 8세기에 걸친 유례가 적으므로 양식계보의 정립을 위하여는 약간 부족한 감을 느끼게 한다.

앞에서도 말하였듯이 한국 초기의 석비인 삼국시대 석비들은 상·하에 아무런 시설이나 장식이 없이 자연석 그대로의 형태였다. 그러나 통일신라 초기에 이르면서 점차 당으로부터의 석비양식을 받아들여 귀부가 생기고 이수에 생동하는 용트림이 조각되며 귀부는 철갑이라도 꿰뚫을 듯한 생동감을 보였었다. 이렇듯 당당했던 龜頭는 시대가 흐르면서 점차 위축되기 시작했으며 건립연대가 신라 하대인 9세기에 이르게 되면 당비의 모방으로 점차 변형을 보이게 된다. 興德王陵 龜趺(837년, 사적 제30호), 實相寺 證覺大師凝寥塔碑(861~891년, 보물 제39호), 雙峯寺 澈鑑禪師塔碑(868년, 보물 제170호), 寶林寺 普照禪師彰聖塔碑(884년, 보물 제158호), 禪林院址 弘覺禪師塔碑(886년, 보물 제446호), 雙磎寺 眞鑑禪師大空塔碑(887년, 국보 제47호), 聖住寺址 朗慧和尙白月

〈사진 10〉 월광사 원랑선사탑비

보물 제360호

葆光塔碑(889년, 국보 제8호), 月光寺址 圓朗禪師塔碑(890년, 보물 제360호, 〈사진 10〉), 實相寺 秀澈和尙楞伽寶月塔碑(9세기 후반, 보물 제34호), 鳳巖寺 智證大師寂照塔碑(923년, 보물 제138호), 鳳林寺 眞鏡大師寶月凌空塔碑(924년, 보물 제363호) 등은 이 시기에 건립된 것이다. 이 석비들은 대체로 귀부·비신·이수를 갖추고 있지만 귀부의 頭部에 커다란 변화를 보이고 있다. 즉 7세기의 석비에서 보았던 사실적인 귀두는 완전히 사라지고 龍首와도 같은 환상적인 표현이 되어버린 것이다.

신라시대에 건조된 탑비의 대표가 될 만하여 국보로 지정, 보호하고 있는 탑비는 충청남도 보령군의 성주사지 낭혜화상백월보광탑비와 경상남도 하동군의 쌍계사 진감선사대공탑비 등인데 이들은 각각 약간의 파손이 있기는 하나 보존이 양호하고 彫鏤가 우수한 大作이라고 할 수 있다. 그러나 이 두 석비의 형태가 귀부는 벌써 목이 바튼 용모양으로 변하였고 귀갑의 귀갑문도 형식적이다. 碑座에는 도식화된 구름 문양이 보이고 있다. 이수도 개석형으로 변하였는데 여기에 용모양 외에 다른 문양들이 가미되고 있으나 귀부·비신·이수 등 3부분의 균형이 좋은 秀作이라 하겠다. 이 두 석비의 건조연대는 똑같이 9세기말에 가까운데 이들과 거의 같은 시기에 건조된 전라남도 장흥군의 보림사 보조선사창성탑비, 충청북도 제원군 月光寺址에서 서울 경복궁안에 옮겨 세운 월광사 원랑선사탑비 등도 각부의 양식수법이 같음을 볼 수 있다.

이후 10세기 초반에 건조된 봉암사 지증대사적조탑비, 봉림사 진경대사보월능공탑비도 대체로 같은 형식이나 형태에서 조화를 잃고 조각에서 둔중함이 더해져서 퇴화되는 과정을 볼 수 있다. 더욱이 진경대사탑비에서는 귀두가 너무나 커졌으며 4足이나 앞가슴의 조각이 매우 둔해짐과 동시에 일부에서는 비좌나 이수에서 섬약에 흐른 운문 등이 시대의 강하를 보이고 있다.

한편 이와 같은 전형에서 벗어난 특이한 양식으로 鍪藏寺 阿彌陀佛造像事蹟碑歸趺(보물 제125호)와 崇福寺址 龜趺, 昌林寺址 龜趺 등과 같이 귀부에서 雙頭 혹은 쌍귀부를 이루고 있는 것이 있고 창녕 탑금당치성문기비와 같이 귀부 대신 직4각형 대석을 놓고 이수 대신 개석을 덮었으며 비신 대신 뒷면에 불상을 조각한 특수형태도 있는데 이러한 독특한 형식은 극히 드문 일로서 조형미술상 주목되는 연구자료라 할 것이다.

사. 석 교

돌로 만든 石橋, 즉 石造 橋梁을 말하는 것으로서 대체로 두 가지의 형태로 구분된다. 첫째 여러 개의 長大한 鍊石으로 아취(紅霓·虹霓)를 만들어 이른바 穹窿의 형태를 이루고 그 밑의 공간으로 물이 흐르게 한 것이다. 그리고 그 위를 평평한 路上 같이 정리하여 人馬가 다니게 한 것이 있고, 둘째 홍예를 이루지 않고 石柱를 세워 교각을 만들고 그 위에 장대석을 깔아 人馬가 다니도록 한 일반적인 석교가 있다. 교각부에 특수하게 가공한 것은 없으나 그래도 方柱形으로 치석하여 외관에 신경을 쓴 것이 역력한데 충청북도 沃川郡 郡北面의 靑石橋는 신라시대에 건조한 것으로 알려져 있다.

궁융형의 雲梯를 만들어 石造架構의 전모를 잘 보이고 있는 대표작으로 佛國寺 雲橋·白雲橋(국보 제23호)와 佛國寺 蓮華橋·七寶橋(국보 제22호)를 들 수 있다. 이들은 모두 구름다리를 놓은 것인데 이러한 구조물에서 당시 목조가구의 일면과 아울러 건축의장도 엿볼 수 있는 것이다.

청운교와 백운교는 동쪽에 있어 대웅전에 올라가는 층계이며 연화교와 칠보교는 서쪽에 있어 극락전으로 올라가는 층계이다. 청운교는 아래에 있는 돌계단을 말하는데 18단의 층계로 이루어졌으며 중앙에 登桁을 두어 좌·우 계단으로 구분하였고 등형에는 중앙에 능선을 조출하였다. 다리 아래는 작은 돌을 사용하여 궁륭형의 통로(〈사진 11〉)를 만들어 통행이 가능하도록 하였고 청운교에 오르면 보도가 마련되어 서쪽의 泛影樓의 石柱를 지나 극락전에 이르게 된다. 백운교는 16단으로 청운교보다 규모가 약간 작으나 구조양

〈사진 11〉 청운교의 궁륭형가구

식은 청운교와 같다. 이 백운교 아래에도 궁륭형을 이루어 작은 통로를 만들었는데 청운교와 백운교는 석탑의 개석모양으로 전각이 반전된 갑석을 가로 얹었다. 이 돌계단은 약 45도의 경사를 이루고 있는데 질이 좋은 화강암을 사용하였고 수법도 정교할 뿐 아니라 설계도 세심한 주의로서 이루어진 점이 보인다. 이 건조물의 연대는 불국사 중창과 같이 8세기 중엽인 景德王代로 추정하는데 백운교를 올라 紫霞門에 들어서면 중앙에 대웅전, 동·서에는 다보탑과 석가탑이 각각 보인다.

불국사 극락전에 올라가는 구름다리에서 아래에 가설한 것이 연화교인데 10단의 층계를 만들고 계단식 登桁으로 좌우로 구분하였다. 연화교에는 각 층계에 연판이 조각되어 있는데 이것이 특징이다. 연화교를 올라가면 3매의 장대석을 가로 얹어 만든 궁륭형의 雲梯로서 칠보교에 이른다. 칠보교는 8단의 층계로 이루어졌고 1매의 장대석 등형으로서 좌·우로 구분하고 있으나 연화교와 같이 다른 장식은 없다. 본래 이 두 계단에는 난간이 있었으나 지금은 난간받침을 양각한 석주만이 남아 있을 뿐이다. 연화·칠보교를 합한 전체의 높이가 동쪽의 청운교와 같으므로 소규모이며 각부 구조도 간략화되어 칠보교에서는 다리 아래의 통로도 만들지 않아서 빈약한 듯하나 오히려 짜임새가 있어보여 우아한 감을 느끼게 한다.

〈鄭永鎬〉

(5) 성 곽

통일신라의 성곽은 축조의 동기와 축조의 양상에 있어서 삼국시대보다는 확실한 부분이 많으나, 이에 대한 본격적인 조사는 매우 한정되게 이루어졌다. 통일신라의 성곽은 크게 구분하여 王京, 州와 小京城, 일반 郡·縣의 성, 변경지역의 鎭城과 關城으로 나눌 수 있다.[1] 이는 다분히 성곽의 등급과 기능을 참작한 구분이며, 지역과 국방시설로서의 성격 일반이 포함된 구분이기도 하다. 고고학적 측면에서는 산성과 도시성으로 구분하거나, 축성재료를 기준하여 토축과 석축으로 나눌 수 있다. 이 시기는 결론부터 말하자면 고대의 축성기법이 종합되고, 동시에 새로운 기법이 나타난 시기에 해당되며, 이는 통일에 따른 통치 영역의 재편성과 고대사회의 완성기이자 해체기라는 시대적 성격의 반영이기도 하다.

통일전쟁이 벌어졌던 文武王 때에 이미 있었던 왕성과,[2] 그 주변 사방의 산성이 이룩되어 왕도의 방어를 위한 시설로서의 성곽은 일차적으로 완성된 것이었다. 그러나 문무왕이 계획하였던 京城은 미쳐 완성되지 못하였다가 8세기 전반에 京城周作典이 두어지면서 왕성(궁성)의 외곽에 경성(외성)을 두고, 다시 그 외곽의 사방에 산성이 배치되고, 그 외곽의 요로에 방어망을 갖춘 체제로 왕도의 방어시설이 이룩되었다. 통일신라적 행정구역의 재편성은 神文王 때 이루어졌지만, 왕도의 재구성은 계획만 되고 실현되지 못하였었

1) 이 밖에도 烽·戍·邏에 대한 중국측의 기록이 있으나(《北史》 권 94, 列傳 82, 新羅), 구체적인 것은 확실치 않다.

2) 중국측 기록에는 신라의 王城은 金城으로 둘레가 7~8里로 표현되고, 衛兵 3,000인과 獅子隊가 있다고 하였다(《舊唐書》 권 199上, 列傳 149上, 東夷 新羅).

다. 그 대신 小京과 지방 중심지로서의 州가 축성의 대상이 된 것을 보면, 성곽제도의 재편과 확산과정을 이해하는데 도움이 된다. 즉 통일신라는 王京을 중심으로 축성이 시작되어, 다음 단계에서는 지방의 가장 유력한 중심도시인 소경과 주에 축성이 이루어지고, 다음 단계에서는 일반 군·현과 군사적 요충인 변경지역의 鎭·關에 축성이 이루어졌던 것이다. 이러한 축성의 확산과정은 곧 왕도의 완성과 지방 및 국경지역의 성곽축조가 8세기 중엽에 이르러 일차적으로 완성된 것을 의미하며, 이후의 축성은 새로이 개척된 대동강 이남 지역에 대한 축성이었다. 이러한 과정은 통일신라의 왕권이 안정된 시기에 왕도를 중심하여, 지방의 주요 도시를 거쳐 국경에 이르는 전체적인 통제력이 가장 강력하였던 것과 관련된 等位的인 축성이라 할 수 있으며, 이러한 축성의 양상은 고대의 신분제도나 왕권을 중심한 등위적 편성에 의한 것과, 기존의 많은 성곽들을 재편하고 수축하는 과정이 왕경 중심이었던 것과 다르지 않다고 할 수 있다. 여기서는 왕경과 지방도시의 성곽에 대하여 연구성과를 종합하고, 논쟁점의 큰 줄거리를 언급한 다음에 축성기법의 변화상을 몇몇의 조사 사례를 통해 이해하는 수준에서 서술한다.

가. 왕경의 성곽과 구성문제

통일신라의 왕경은 통일 이전의 왕경을 보완한 것이다. 통일 이전의 왕경은 宮城만을 가진 金城 단계가 있었고, 왕성으로서 새로이 건설된 月城과 明活城 단계를 거쳐서, 점차 南山城을 비롯하여 西兄山城·北兄山城이 축조되므로서 성립되었다. 통일 이전의 왕의 居城은 금성이 중심이었다가 차츰 월성으로 이동되어 갔다.[3] 월성이 왕의 거성으로 굳어지자 월성은 在城으로 불렸으며[4], 명활성도 5세기 후반에 왕의 거성으로 이용되었다[5]. 이러한 통일

---

3) 金城은 기록상으로는 이미 혁거세 21년(B.C. 37)에 京城으로 축조되고, 여기에 宮室이 있었다고 하였고, 《三國史記》의 지리지에서는 宮城을 쌓아 金城이라 이름했다고 하였다.

4) 在城은 月城의 딴 이름이라 하였으나, 실제로 이곳에서는 在城이라는 명문이 있는 기와가 출토되고 있다.

5) 《三國史記》 新羅本紀에 의하면, 明活城은 實聖王 4년(405)의 기록에 나오므로 5세기 초엽 이전에 존재하였다고 여겨지며, 자비왕 16년(473)에 修葺되어 18년에 왕이 이곳으로 移居하여 다시 月城으로 이거하는 炤知王 10년(488)까지 왕

이전의 단계는 고구려에서 있었던 평지성과 산성의 관계와 같은 계열의 왕경구성으로 여겨진다. 고구려의 평상시 왕궁성과 비상시의 入保用 산성이 서로 얼마간의 거리를 두고 조합된 관계는 평양천도 이후에도 존속되었다가 새로운 형식의 이른바 羅城제도로 발전하였다고 여겨지고 있다. 이 새로운 성곽은 산성과 평지성을 하나로 연계시킨 羅城制度를 의미하며 백제의 泗沘都城에서도 나성제가 확인된다. 반면에 비록 나성제가 성립되었어도 그 주변에는 커다란 산성이 있었다. 신라에 있어서도 평지의 궁성을 중심하여 입보용의 산성이 있었다가, 이어 나성제를 채택하지 않고, 산성을 시가지 외곽 사방에 배치하는 독특한 도성체계를 가지게 되었다고 이해되어왔다.[6] 이처럼 독특한 도성제를 가진 원인에 대하여는 아직 활발한 논의가 부족하지만, 지형적인 특성에 말미암는다고 설명되고 있다.

즉 신라의 왕경에는 커다란 강물이 자연적 垓字가 되지 못하는 지형조건이고, 사방이 산지로 둘러싸인 분지에 위치하였다. 대동강과 금강에 에워싸인 고구려와 백제의 왕경과는 달랐다. 백제의 사비도성은 육지로 통과하는 요로에 青馬山城과 石城山城이 나성의 외곽에 있다. 나성제를 채택한다고 하여도 외곽의 산성을 이용한 방어체계는 또 필요한 존재였다. 실제로 나성제를 채택한 고구려와 백제가 그 나성으로 얼마 만한 방어력을 발휘할 수 있었는지도 참고되었을 듯하다.

신라의 왕도는 길이가 3,075步이고, 너비가 3,018보나 되는 거의 方形이고, 이 안에 金城·新月城·滿月城·明活城·南山城이 있었다는《三國史記》지리지의 기록은 오늘날 구구한 해석을 낳고 있다. 다만 "시조 이래 금성에 거처하다가 후세에 이르러서는 두 개의 월성에 많이 거처하였다"[7]라는 설명은 오늘날의 월성과 그 북쪽의 일대가 왕의 거처였음을 알려준다. 이 왕의 궁성과 그 주변의 시가지를 에워싸는 경성이 통일 이전에는 없었거나, 아니면 이

의 거성이었다. 이 시기는 백제의 漢城이 함락되고, 고구려의 남하세력으로 신라도 위협을 느낀 시기에 해당된다. 따라서 이러한 일시적인 왕의 이거는 일종의 피난용의 山城 入保의 성격을 띤다고 할 수 있다.

6) 李進熙,〈朝鮮の都城〉(《日本古代文化の探究·都城》, 社會思想社, 1976), 283~301쪽.

7)《三國史記》권 34, 志 3, 地理 1, 新羅疆界.

미 퇴락하였다고 여겨진다. 문무왕이 京城을 새롭게 하고자 했으나 義湘의 건의를 받아들여 시행치 않았다고 한 것은 바로 나성의 수축계획이었다고 추측된다.[8]

신라의 왕경은 성벽으로 둘러싸인 계획적인 도시였다고 이해할 수도 있다. 서기 炤知麻立干 12년(490)의 기록에는 鄙羅城을 증축하였다는 기록이 있는데[9], 이것이 왕성 주변의 나성의 성격을 가진 어떤 시설일 가능성도 있다. 시가지는 이미 통일 이전에 수용의 한계를 넘어섰다고 여겨진다. 즉, 영토가 크게 넓혀지기 이전인 智證王 때에 이미 京都에 東市가 설치되고, 檻穽을 설치하여 맹수의 침해를 막았으며,[10] 阿尸村에 소경을 설치하고 6부와 남쪽지역의 인호를 이사시켰다. 이어 영토가 크게 넓혀진 眞興王 때에는 國原에 소경을 설치하여 6부의 豪民을 이사시켰다. 이후 많은 사찰의 건립과 명활성 및 남산성의 수축이 이루어졌다. 삼국을 통일하는 문무왕 때에 이르러 통일신라의 축성은 일정한 방향성이 제시된 것으로 여겨진다. 그것은 첫째로 남산성과 西兄山城·北兄山城의 수축과 富山城의 축조처럼 왕경의 주변 산성이 계속하여 증축되어 왕도 방어시설이 충실히 진행되었고, 둘째로 국원성이 축조되어 소경에의 축성이 시작되었으며, 셋째로 沙熱山城이 증축되고, 이어서 召文城, 耳山城, 首若州 走壤城, 達含郡 主岑城, 居烈州 萬興寺山城, 歃良州 骨爭峴城 등의 지방 주요 거점에의 축성이 이루어지고, 넷째로 安北河를 따라 鐵關城을 축조하므로써 국경지역에 대한 관성의 축조가 지향되고 있었다는 점이다.

신라의 왕경은 聖德王 31년(732)에 京城周作典을 설치하여 令 5인을 두고, 이듬해에 卿 6인을 둔 것에서 대략 성덕왕대에는 왕경의 경성이 이루어진 것이라고 할 수 있다. 경성주작전은 경덕왕 때에는 修城府라 이름이 고쳐진 것과 같이 경성의 축조와 수리를 맡은 관청이었다고 여겨진다. 이 관청이 신

---

8) 《三國史記》 권 7, 新羅本紀 7, 문무왕 21년 6월.

9) 《三國史記》 권 3, 新羅本紀 3, 소지마립간 12년 2월.

10) 《三國史記》 권 3, 新羅本紀 3, 자비마립간 12년 춘정월에 京都의 坊里 이름을 정하였다고 하였고, 소지마립간 12년 3월에 처음으로 京師에 市肆를 열었고, 新羅本紀 4, 지증마립간 10년에 東市를 열고, 함정을 설치하였다. 이어 15년에 소경을 설치하고 있다.

라의 최고 관부인 집사부·병부·조부의 다음에 열거된 것으로 보아 이 관부의 중요성은 매우 컸다고 할 수 있다. 기록으로는 景德王 19년(760)에 都城이란 용어가 비로소 사용된 점을 주목할 필요가 있다.

신라의 도성은 唐의 長安城을 모방한 街路조직을 가졌다고 알려져 있다. 6부 55리 1,360坊, 혹은 35리 360방으로 알려진 도시의 범위에 대한 논의가 두 가지로 주장되어 왔다. 하나는 당시의 척도를 비교적 큰 것을 적용하여 남북 5,424m, 동서 5,343m의 범위 안에 140m×165.5m 크기의 큰 구획을 만들어 모두 1,360방으로 구성되었다는 것이고,[11] 다른 하나는 남북 3,840m와 동서 3,670m 크기의 범위를 160m×140m 크기로 구분하여 648방이 되며, 여기서 왕궁·월성·남산·하천·고분군 등을 제외하여 360방으로 구성되었다는 견해이다.[12] 이에 대하여는 현재 활발하게 왕경의 구조를 밝히기 위한 조사가 진행되고 있다.[13] 현재도 지속적으로 진행중인 왕경유적 발굴조사가 보다 진전되면 명확한 해답이 나올 것으로 기대한다.

나. 소경과 주성

신라는 이미 6세기초부터 소경을 경영하였다. 통일기에 이르러서 소경에는 성곽을 축조하였는데, 맨 먼저 國原小京에 둘레가 월성의 두 배가 넘는 2,592보의 성을 축조하였다. 신문왕 때에 이르러 서원·남원·북원의 소경성과 상주·양주 등의 주성을 축조하였는데, 대부분 둘레가 1,000~1,300보 규모로서 월성과 비슷한 규모였다.

이들 소경과 주의 성곽이 평지의 시가지를 두른 邑城의 성격이었는지, 아니면 산성적 성격의 것이었는지는 아직 확인되지 않고 있다. 다만 국원소경은 중원경으로 이름이 바뀌고, 여기에는 왕경의 部와 같이 沙梁部가 있었던 기록이 있고, 서원소경이던 오늘날의 청주에서는 기와에 銘文으로서 같은 이

11) 閔德植, 〈新羅王京의 都市計劃과 運營에 관한 考察〉(《白山學報》 33, 1986).
吳英勳, 〈新羅王京에 대한 考察〉(《慶州史學》, 1992).

12) 尹武炳, 〈新羅王京의 坊制〉(《斗溪李丙燾博士九旬記念 韓國史論集》, 1987).

13) 慶州文化財硏究所(《年報》 창간호, 1990)에 의하면 왕도의 구획은 황룡사 동북측으로 大路의 너비 15m, 小路의 너비 5.5m 내외로 확인되며, 이후의 계속적인 조사로 상하의 두 유구가 겹쳐 있어서, 대대적인 정비가 있었음도 확인되고 있다.

름이 나오고 있어서 아마도 6부제가 시행되었으리라고 추측되고 있다. 그렇다면 소경은 왕경을 典型으로 한 새로운 도시계획과 성곽의 축조가 아니었겠는가라는 추측이 있어 왔다. 지방도시로서의 소경과 주에 대한 성곽의 개략적 연구에 의하면, 이들 도시들은 몇 개의 유형으로 구분된다고 한다. 첫째로는 시가지 계획이 왕경을 모방하여 실시된 곳으로, 방의 크기가 160m 사방이고, 중앙의 南北大街는 너비 80m로 왕경의 1/4규모이며, 남원소경과 상주·菁州(오늘날의 진주)가 이런 유형에 속한다고 한다. 둘째의 유형은 시가지 전체가 성벽으로 둘러싸인 것으로 나성 유형이라 부르며 서원·중원·북원소경과 완산주·河西州(지금의 강릉)가 이에 해당된다고 한다. 세번째의 유형은 시가지 주위에 커다란 산성을 가지고 있는 것으로, 시가지 계획이 실시된 흔적이 없는 漢山州·熊川州·武珍州·歃良州·首若州 및 金官小京이 이런 유형이라 한다. 이러한 유형별 분석은 地割이라 불리우는 옛부터의 지적 구분에 의존한 연구의 초보적인 성과에 의한 것이다.[14] 각 지방도시에 대한 연구는 중원경과 서원경에 대하여 연구가 진행되었다. 중원경의 경우는 오늘날의 충주시에 남은 유적을 보아 사방에 산성을 가지고 있는 점에서 왕경을 방불케 한다.[15] 서원경의 경우에도 시가지 조성의 흔적이 일부 관찰되기도 하며, 성곽의 배치가 시가지 외곽에 조밀하여 역시 복잡한 양상을 보이고 있다.[16] 그러나 현존하는 성곽들은 후대에 축조된 것과, 삼국시대에 축조되어 사용이 멈추어지거나 수축을 거쳐서 계속 사용되어온 것이 공존하고 있다. 따라서 이에 대한 정확한 구분이 우선적으로 필요하며, 이러한 구분은 고고학적 조사방법에 의존하지 않고는 해결될 수 없는 분야이다.

다. 축성기법의 예

통일신라시대에 축조된 것으로 알려진 몇몇의 성들은 발굴조사에 의하여 축성기법이 계속 밝혀지고 있다. 지금까지 조사된 몇 가지 예를 보면 다음과 같다.

---

14) 朴泰祐, 〈統一新羅時代의 地方都市에 대한 硏究〉(《百濟硏究》 18, 忠南大, 1987).
15) 《中原京과 中央塔》(忠州工業專門大, 1992).
16) 梁起錫, 〈新羅五小京의 設置와 西原京〉(《湖西文化硏究》 11, 忠北大, 1993).
車勇杰, 〈西原京의 位置와 構造〉(위의 책).

가) 목천토성

충남 天安市 木川面 南化里에서 조사된 것이며, 黑城山의 동남쪽 낮은 구릉위에 위치하였다. 옛 大麓郡의 治所와 관련된 것으로 여겨지며, 삼국시대의 성곽에서 한단계 발달한 형식에 속한다. 성벽은 版築으로 되었으며, 바닥에서의 성벽의 폭은 5.6m이고, 높이는 4.5m로 추정되었다. 판축은 3.8m씩의 길이를 구간으로 한 分段式 기초를 마련했는데, 각각의 구간마다 기초는 수평을 이루는 석축의 판축기초석을 깔았고, 구간과 구간의 사이마다 둥근 나무기둥을 세웠던 흔적이 뚜렸하였다. 둘레 약 450m의 성벽은 대부분이 이러한 기법으로 축조되었는데, 성안에서 발견된 유물로 보아 통일신라기 이후의 토기조각과 기와조각이 많아 우리 나라 읍성의 始原的 존재로 인식되었다.[17]

나) 울주 화산리성

華山里城은 경남 蔚山市 溫山面 華山里의 낮은 구릉에 있었으며, 통일신라시기에 축조되어 고려시대에도 修築되어 사용된 것이다. 왜구를 방비하는 해안 전초기지에 순수한 판축공법으로 축조되었다가 차츰 기초부분부터 割石으로 보수하였던 유구가 잘 남아 있다. 둘레는 약 450m의 규모이며, 성벽은 폭 5.2m쯤이고, 3.8m씩의 간격을 두고 둥근 나무기둥을 세워 켜쌓기를 거듭하였고, 성벽의 높이는 3m 이상으로 추정된다. 이후 첫번째 보수 때에는 무너진 바깥쪽의 성벽 일부를 정리하여 납작한 돌로 기단석렬을 만들고 축성하였고, 두번째 보수 때에는 석련의 바깥에 또다시 석축을 덧대었으므로 폭이 넓어졌다.[18]

이 성도 목천토성과 같이 성벽 이외의 시설물인 雉나 曲城·擁城과 垓字는 갖추지 않고 있다. 그리고 지면에 나무기둥을 일정히 마련하여 구간을 만들고 축성하는 방법으로부터, 다음 단계에는 석축열을 마련하여 分段式으로 축조하는 단계로 발전하는 양식상의 선후관계를 확인할 수 있었던 점에서 통일신라의 축성기법을 추측하는데 큰 의미를 주었다.

다) 장도성과 부소산성

將島城은 전남 완도군 완도읍 長佐里에 위치한 작은 섬으로 신라의 淸海

17) 《木川土城》(忠南大·獨立記念館建立推進委員會, 1984).
18) 《蔚州華山里城址》(東亞大, 1990),

鎭과 관련된 유적으로 알려진 곳이다. 섬의 주변으로 木柵의 흔적이 있고, 그 안쪽의 가파른 자세를 이용하여 판축의 성벽이 남아 있다. 성벽은 폭 5.6m이고 높이 2.5m 이상이 확인되고, 계속 조사가 진행되고 있는데, 처음에는 역시 나무기둥에 의한 판축이고, 이후 보수과정에서는 성벽 바깥에 석축의 기단렬을 두고 있는 점에 있어 변화된 축성법을 보여준다. 뿐만 아니라 성벽이 현저히 굽어도는 곳에 雉城 혹은 곡성의 흔적이 있어서 군사적 중요성이 큰 곳에서는 치성이 이미 일반화되고 있었을 가능성을 보여준다.[19]

백제의 도성이었던 부소산성의 성벽에서도 백제 때의 성벽을 뒤에 보수한 곳에서 통일신라의 축성법이 본디 백제의 기단석렬을 갖춘 판축공법과 매우 유사한 방법으로 축조되었음이 확인되고 있다. 성벽의 바깥쪽에 나타난 기단석축은 시대가 내려옴에 따라 석재의 크기에 불균형이 많아지고, 기초부분의 수평화와 석재의 보다 많은 사용이 두드러진 현상으로 나타나고 있다.[20]

라) 무진고성

武珍古城은 光州의 무등산 壯元峯에서 잣고개에 있는 일종의 산성으로서 둘레가 3.5㎞에 달하는 큰 규모의 성이다. 조사에 의하면 산의 능선방향에서 직교하는 성벽의 경우에 기반토를 다듬어 L자 모양으로 만들고, 바깥면이 긴 네모꼴인 돌을 5~6단 수직으로 쌓고 있다. 석축의 바깥면과 비탈의 사이는 잡석을 채워서 5m쯤의 높이까지 약간의 경사를 이루고 있다. 사면을 따라 축조된 성벽은 바깥을 석축하고, 안쪽으로 잡석을 채워서 안쪽에 느슨한 경사를 두었다. 성벽이 계곡을 가로지르는 낮은 부분에서는 안팎에 석축을 하고 壁心에 잡석을 채우는 방법을 채택하였다. 성벽이 가장 낮은 부위를 통과는 곳에는 배수를 위한 수구가 만들어져 있었다. 이러한 축조기법은 內托이라 일컫는 우리 나라 석축 산성의 가장 보편적인 축성법에 해당되며, 이것이 통일신라기에 이미 보편화되었음을 알려준다. 또 처음 축조된 성벽과 수축된 후대의 성벽 사이에는 석재의 사용에 있어서 큰 변화를 보여주고 있다.

---

19) 〈將島淸海鎭遺蹟發掘調査成果報告〉(문화재연구소 장도청해진유적발굴조사단 및 장도청해진유적발굴조사 지도위원회 자료, 1989~1992).

20) 〈'93 扶餘扶蘇山城發掘調査指導委員會資料〉(扶餘文化財硏究所, 1993).
《扶蘇山城發掘調査中間報告》(扶餘文化財硏究所, 1995).
《扶蘇山城發掘調査報告書》(國立文化財硏究所, 1996).

성에 사용된 석재는 아래위가 비슷한 크기에서, 점차 아래는 크고 위는 작은 석재가 사용되며, 기초가 암반이나 생토층에서 퇴적면을 이용하고, 정연한 수평쌓기가 허튼층 막쌓기로 변화되며, 배수구의 경우에도 장방형에서 궁륭형으로 변화되고 있음이 관찰되었다.[21]

마) 기타 지방의 읍성

이 밖에도 통일신라의 유물이 출토되는 지방도시의 邑城類는 대단히 많다. 통일신라의 경우에는 특히 지방 통치의 중심지인 소경과 주 이외의 郡과 縣의 치소를 에워싼 읍성이 영위되었다고 할 수 있다. 군의 치소는 三年山郡(오늘날의 報恩)처럼 이미 5세기 후반에 축조된 산성이 계속하여 읍성의 역할을 하였던 곳이 있고, 이러한 양상은 옛 吉同郡(오늘날의 永同)처럼 역시 삼국시대 이래의 읍성이 통일기를 거쳐 고려와 조선시기까지도 이용된 예가 있다. 永同邑城의 경우는 석축과 토축이 교대된 성벽구조를 보이고 있어서 매우 특이하며,[22] 이를 통하여 다양한 축조방법이 지역에 따라 응용되고 있었음을 알 수 있다. 다양한 축조방법은 토축의 소규모 읍성류가 낮은 구릉의 先端部를 이용하여 축조되거나, 석축의 벽체가 비교적 높지 않은 읍성이 수축되어 고려시대의 읍성으로 이어졌다고 여겨지고 있다. 한편 산성은 삼국기 이래의 것들 가운데서 성안의 넓이가 넓고 우물을 비롯한 水源이 마르지 않는 산성이 지속적으로 효용을 가진데 비하여, 규모가 작고 임시적인 산성으로서 성안에 수원이 부족하거나 없는 경우는 거의 폐기되어 갔다고 여겨지고 있다. 그리하여 호족이 지방에서 반 독립적 세력으로 성장한 9세기 이후에는 험준한 계곡 상류를 이용한 규모가 큰 산성들이 축조되었으며, 이러한 추세는 고려시대로 이어졌다. 이 시기에 이르러 석축은 산성에서 거의 유행되었으나, 축조방법에 있어서는 벽체의 구성에서 짜임새를 잃고, 반면에 기능 위주의 부속시설은 증가되었다고 여겨지고 있다.

〈車勇杰〉

21) 《武珍古城》 1·2(全南大·光州直轄市, 1989·1990).
22) 《永同邑城地表調査報告書》(忠北大, 1997).

6) 음 악

(1) 역사적 배경

신라는 백제와 고구려를 멸망시키고 삼국을 통일함으로써 한국사의 새 지평을 열었고, 또한 민족음악사의 새 전기를 마련하였다. 왕통의 전환에 따라서 통일신라는 왕권의 전제화를 촉진시킴으로써 정치적 변화를 겪었다. 곧 聖骨계의 왕통이 眞德王(647~653)대에서 끊기자, 眞骨계 왕권의 전제화가 太宗武烈王(654~660)에 의해서 시작되었고, 그 결과 정치적 흐름이 크게 바뀌었다. 진골계 왕권의 전제화에 따라서 六頭品 귀족 출신의 정치세력이 통일신라의 骨品制사회에서 본격적으로 등장하였다. 6두품 귀족들이 통일신라시대 음악문화의 주된 향수층이었고, 그들이 통일신라사회의 음악문화 발전에 크게 이바지하였다.

통일신라시대의 불교는 군왕으로부터 일반 백성에 이르기까지 존경을 받았던 종교였다. 慈藏·義相·圓測·慧超·元曉는 불교를 신라사회의 지배적 사상으로 이끌어간 신라고승들이었고, 이러한 사상적 배경 속에서 신라의 불교음악은 꽃피울 수 있었다. 한편 神文王 2년(682) 國學의 설립 이후 차츰 6두품 출신의 자제들이 교육을 받음으로써, 유교가 불교에 대항하여 독립된 사상으로 대두되었으니, 强首나 薛聰 같은 인물이 바로 국학 출신의 6두품 귀족들이었다.

융성한 불교의 사회적 배경 아래서 건조된 불국사와 석굴암, 봉덕사의 梵鍾이나 상원사의 범종은 통일신라사회에 꽃피었던 불교문화의 백미로서 신라인의 審美感과 調和美의 극치를 보여주는 뛰어난 예술품들이다. 우리말 노래인 鄕歌의 등장과 발전이 바로 통일신라시대의 문학사에 있었으니, 月明師의 〈兜率歌〉나 〈祭亡妹歌〉 그리고 忠談師의 〈安民歌〉나 〈讚耆婆郎歌〉는 향가문학의 노른자들이다.

이 시대 통일신라사회의 음악문화는 향토색이 진한 가무전통의 기반 위에 이웃 나라의 음악문화를 능동적으로 수용함으로써 새로운 차원의 발전

단계에 진입하였다. 통일신라의 향악은 고구려악기와 백제악기를 적극 수용함으로써 성립된 三絃(거문고・가야금・향비파)과 三竹(대금・중금・소금)으로 대표될 수 있다. 가야국의 가야금 및 고구려의 거문고와 향비파가 통일신라의 삼현으로 정립되었고, 백제의 笛 또는 橫笛 및 고구려의 횡적은 삼죽의 뿌리가 되었다. 백제악기와 고구려악기들이 이렇게 신라사회에 수용되었기 때문에, 통일신라는 가야국과 삼국의 향악전통을 계승하여 발전시켰다.

한편 일본 궁중에 파견되었던 삼국의 악사와 악생들은 백제와 고구려의 멸망 이후에도 오래도록 三國樂을 이어 나갔다. 따라서 일본조정의 삼국악은 한국고대음악사에서 제외시킬 수 없다.

(2) 향악과 향악기

통일신라사회의 음악문화는 그 내용의 성격상 크게 두 갈래로 구분될 수 있으니, 하나는 여러 지방의 향토색이 진한 鄕樂이고, 다른 하나는 당나라에서 수입된 唐樂이다. 향악의 주된 흐름 속에 당악이라는 새 물줄기가 합류됨으로써, 한국음악사의 발전은 새로운 전기를 마련하게 되었다. 먼저 통일신라의 향악이 어떻게 성장했는가를 개관하려고 한다.

가. 삼현과 삼죽의 기원

삼국통일 이후 신라가 백제악기와 고구려악기를 어떻게 수용하여 삼현과 삼죽을 형성했는지에 대하여 《三國史記》 樂志는 아래와 같이 서술하고 있다.

> 新羅의 音樂은 三竹・三絃과 拍板・大鼓와 歌舞 등이다. …三絃은 一은 玄琴, 二는 加耶琴, 三은 琵琶요, 三竹은 一은 大笒, 二는 中笒, 三은 小笒이다(《三國史記》 권 32, 志 1, 樂)

위의 사료에서 확인할 수 있듯이 통일신라의 삼현은 거문고・가야금・향비파이었고, 삼죽은 대금・중금・소금이었다. 삼현의 거문고와 향비파는 고구려의 玄琴과 五絃을 수용한 결과였고, 가야금은 眞興王 때 于勒에 의해서 신라사회에 수용된 악기였다. 이 삼현이 통일신라에 정착된 시기는 惠恭王(765~779) 말기부터 시작되는 신라 下代로 추정된 바 있다.[1] 아무튼 신라가 가야국과 고구려의 향악기를 모두 수용하여 삼현으로 삼았기 때문에, 통일신라의 향악은 실제적으로 한민족의 향악기를 모두 잘 전승하게 되었다.

신라 삼죽의 논의에 앞서서 검토되어야 할 것은《三國遺事》권 2에 전하는 萬波息笛 설화인데, 그 이유는 만파식적의 올바른 이해는 통일신라사회의 음악문화를 아는 데 필수적이기 때문이다. 이제 만파식적 설화의 줄거리를 간추려 소개하면 아래와 같다.

> 第31代 神文大王의 이름은 政明, 姓은 金氏이다. 開耀 元年 辛巳(681) 7월 7일에 즉위했다. 아버지 文武大王을 위하여 東海 변에 感恩寺를 創建했다. 이듬해 壬午 5월 초하루에 海官 波珍飡 朴夙淸이 아뢰었다. "東海 속에는 작은 산 하나가 물에 떠서 感恩寺 쪽으로 향해 오는데, 물결에 따라 이리저리 왔다갔다 합니다." 왕이 이상히 여겨 日官 金春質을 명하여 占을 치게 했다. …이 대나무란 물건을 합쳐야 소리가 나는 것이오니, 聖王께서는 소리로 천하를 다스리실 징조입니다. 王께서는 이 대나무를 가지고 피리[저]를 만들어 부시면 온 천하가 화평해질 것입니다. 이제 대왕의 아버님께서는 바닷속의 큰 龍이 되셨고, 庾信은 다시 天神이 되어 두 聖人이 마음을 같이 하여 이런 값으로 칠 수 없는 큰 보물을 보내시어 나로 하여금 바치게 한 것입니다. …王이 대궐로 돌아오자 그 대나무로 피리를 만들어 月城 天尊庫에 간직해 두었다. 이 피리를 불면 敵兵이 물러가고 病이 나으며, 가뭄에는 비가 오고 장마지면 날이 개며, 바람이 멎고 물결이 가라앉는다. 이 피리를 萬波息笛이라 부르고 國寶로 삼았다. 孝昭王 때에 이르러 天授 4년 癸巳(693)에 夫禮郎이 살아서 돌아온 이상한 일로 해서 다시 이름을 고쳐 萬萬波波息笛이라 했다(《三國遺事》권 2, 紀異 2, 萬波息笛).

만파식적의 상징적 의미에 대한 학계의 견해에 의하면, 성골 출신의 왕통에 도전한 진골계 왕통을 수립한 무열왕권의 정당성을 강조하고, 또 삼국통일의 위업을 마무리하기 위한 신라 中代의 전제왕권을 강화하려는 정치적 목적이 그 설화 안에 숨겨져 있다.[2] 만파식적 설화가 비록 이런 정치적 상징성을 내포하고 있다고 할지라도, 그것은 음악사학적 관점에서 재고되어야

---

1) 宋芳松, 〈新羅三絃의 音樂史學的 檢討〉(《民族文化硏究》18, 高麗大, 1984 ;《韓國古代音樂史硏究》, 一志社, 1985, 77~109쪽) 참조.
2) 金相鉉, 〈萬波息笛의 形成과 意義〉(《韓國史硏究》34, 1981), 1~27쪽.

한다. 왜냐하면 만파식적 설화 및 그 해석에서 신라 삼죽의 기원으로 삼을 만한 단서가 발견되지 않기 때문이다. 통일신라 삼죽의 기원은 오히려 이웃 나라 백제나 고구려의 笛 또는 橫笛을 삼국통일 이후에 신라사회에서 수용한 결과로 보아야 음악사적으로 이치에 맞는다.

삼국시대 신라사회의 음악문화는 각 지방의 가무전통에 근거를 두고 있었으며, 앞에서 언급했듯이 현악기의 등장은 6세기 가야국의 우륵에 의해서 비롯되었다. 더욱이 가야금 이외 신라의 관악기는 《삼국사기》 악지에서 전혀 언급되지 않았고, 적 또는 횡적은 백제악기와 고구려악기로 중국문헌에 전한다. 그러므로 신라 삼죽의 기원은 삼국통일 직후 신라사회에 수용된 백제악기 또는 고구려악기와의 역사적 관련 속에서 이해되어야 한다.[3] 백제나 고구려의 횡적이 삼국통일 직후 신라사회에 수용된 실례는 感恩寺 청동제 사리기 및 비암사의 석상에서 발견된다.[4] 신라의 삼죽은 이런 횡적에서 대금·중금·소금으로 발전되었고, 나중에는 黃鍾調·越調·般涉調 등과 같은 唐樂調까지 널리 연주되기에 이르렀다.

나. 거문고의 수용과 옥보고

거문고가 언제 신라사회에 전래됐는지는 분명치 않다. 그러나 《삼국유사》 권 3에 의하면 孝昭王 2년(693) 거문고가 神笛과 함께 국보로 지정된 사실[5]로 보아 만파식적처럼 신성시되었음을 알 수 있다. 삼국통일 직후 백제유민과 고구려유민을 정치적으로 잘 다스려 내란을 막아 나라의 안정을 바랐던 진골계 정치세력의 호국사상이 만파식적 설화에 담겨져 있듯이, 거문고를 신성시한 점도 그러한 맥락에서 조명될 수 있다. 그러므로 거문고가 삼국통일 직후에 신라사회에 수용되었다고 보기 어렵고, 중대 이후에나 신라땅에 서서히 뿌리를 내리기 시작했는데, 이제 아래의 사료를 중심으로 거문고의 수용 과정을 알아보도록 하련다.

---

3) 宋芳松, 〈新羅 三竹의 起源과 傳承 問題〉(《人文科學》 12, 嶺南大, 1987 ; 《高麗音樂史硏究》, 一志社, 1988, 137~164쪽) 참조.

4) 宋芳松, 《韓國音樂通史》(一潮閣, 1984), 사진 8-라(靑銅製舍利器) 및 사진 33(癸酉銘阿彌陀佛三尊石像).

5) 《三國遺事》 권 3, 塔像 4, 栢栗寺.

玄琴 …신라 사람 沙湌 恭永의 아들 玉寶高가 地理山 雲上院에 들어가, 거문고를 배운지 五十年에, 新調 三十曲을 自作하여 續命得에게 전하고, 속명득은 貴金先生에게 전하였는데, 귀금선생도 역시 지리산에 들어가서 나오지 않았다. 신라왕이 琴道가 끊어질까 근심하여 伊湌 允興에게 일러, 어떤 방법으로든지 그 音律을 전해 얻게 하라 하고, 南原의 公事를 委任하였다. 윤흥이 赴任하여 총명한 少年 두 사람을 뽑으니, 그 이름이 安長·淸長이었다. …안장은 그 아들 克相·克宗에게 전하고, 극종은 일곱 曲을 지었다. 극종의 뒤에는 거문고로서 직업을 삼는 자가 한둘이 아니며(《三國史記》권 32, 志 1, 樂).

玉寶高의 사회적 신분은 위의 인용문에 나타났지만, 그의 활동시기가 밝혀지지 않았으므로 신라사회의 거문고수용이 언제쯤 이루어졌는지에 대하여는 전혀 언급되지 않았다. 신라사회 6두품 출신의 옥보고가 지리산에서 은둔생활을 하면서 거문고의 전통을 특정인에게만 전승한 이유는 그가 고구려유민의 樂師 집안 출신이었기 때문이라고 추정된 바 있다.[6)]

允興이 죽은 경문왕 6년(866)에 의거해서 옥보고가 경덕왕(742~764) 때의 사람으로 밝혀졌고, 거문고가 신라사회에 널리 수용된 시기가 대략 신라 下代라고 추정되었다.[7)] 이렇듯 신라사회의 가야금 수용과는 대조적으로 거문고는 오랜 시간을 거쳐서 신라땅에 수용되었지만, 그 현악기가 결국 가야금 및 향비파와 함께 삼현의 하나로 신라사회에 정립되었고, 이로 말미아마 신라향악의 전통은 굳건히 자리잡고 후대에 전승될 수 있었다.

다. 삼현과 삼죽의 악조 및 악곡

가) 삼현의 악조와 악곡

통일신라시대에 향악이 어떤 형태의 악곡으로 어떻게 연주되었는지는《삼국사기》악지에 자세히 기록되지 않았고, 다만 아래의 사료에서 제시되었듯이 삼현과 삼죽에 사용된 樂調의 명칭과 악곡수만이 전할 뿐이다. 향악곡들이 어떻게 연주되었는가에 대하여서는 다음 소항목에서 언급할 것이고, 여기서는 삼현과 삼죽의 악조와 악곡에 대하여서만 논의하겠다.

---

6) 宋芳松, 앞의 책(1985), 93~98쪽.

7) 宋芳松,《韓國音樂史硏究》(嶺南大出版部, 1982, 417~431쪽 ; 앞의 책, 1988, 99~101쪽).

玄琴 …지은 音曲이 두 調가 있으니, 一은 平調, 二는 羽調인데, 모두 一百八十七曲이었다. 그러나 그 나머지 聲曲으로 유전하여 기록할 수 있는 것은 얼마 안되고 다 흩어져서 모두 기재할 수 없다.…

加耶琴에는 두 音調가 있었는데, 一은 河臨調요 二는 嫩竹調이며, 모두 一百八十五曲이었다. …

琵琶 …그 音은 三調가 있으니, 一은 宮調, 二는 七賢調, 三은 鳳凰調이며, 모두 二百十二曲이다(《三國史記》권 32, 志 1, 樂).

거문고음악의 平調와 羽調가 후대의 악조명과 역사적으로 어떻게 관련되었는지는 실증적으로 검토되어야 할 과제의 하나이다. 두 악조가 후대의 평조 및 우조와 역사적 관점에서 서로 관련되었다고 보면, 평조나 우조는 중심음의 높낮이를 나타내는 調(key)와 음계의 음악적 특징을 나타내는 旋法(mode)의 뜻을 지닌 악조로 풀이될 수 있다. 그렇지만 거문고음악의 평조나 우조가 조의 뜻과 선법의 의미를 모두 포괄하는 악조명으로 사용되었는지, 아니면 조의 뜻으로만 사용됐는지, 또는 선법의 의미만으로 쓰였는지는 두고 생각해 보아야 할 과제다.

가야금음악의 河臨調와 嫩竹調가 어떠한 음악적 구조로 이루어진 악조인지를 위의 인용문에서 알 수 없다. 그러나 두 악조가 世宗 12년(1430) 박연의 상소에 의하여 이름만이 전해졌다.[8] 하림조가《樂學軌範》당시에 嚾子調·啄木調·憂息調와 같은 향악의 악조와 역사적 맥락을 같이 한다면, 가야금의 하림조는 調名과 旋法名을 모두 포괄하는 악조명이라고 추정되었다.[9] 이렇듯 하림조의 음악적 특징이 밝혀진 이상, 눈죽조도 하림조의 경우처럼 조명과 선법명을 포괄하는 악조명으로 해석될 수 있다.

향비파의 宮調·七賢調·鳳凰調가 거문고나 가야금의 경우처럼 향악에 사용된 악조인지, 아니면 중국음악의 악조인지에 대한 아무런 단서가 위의 인용문에 없다. 그러나 궁조가 중국음악에 쓰인 악조이고, 봉황조는 일본에 전하는 비파의 26조 중에 탁목조와 함께 보이며, 칠현조는 중국의 竹林七賢과

8) 宋芳松 앞의 책(1982), 384쪽 〈인용 1〉 참조.

9) 宋芳松, 〈鄕樂 河臨調의 音樂史學的 考察〉(《大丘史學》19, 1981 ; 위의 책, 381~415쪽) 참조.

관계있을 것이라고 추정된 바 있으므로,[10] 향비파의 세 악조는 중국음악에서 사용된 악조로 볼 수 있다.

가야금음악에 185곡이 있었고, 거문고음악에 187곡이 있었으며, 향비파음악에 212곡이 있었다는 사실은 통일신라사회의 음악문화가 퍽으나 다양했을 것을 입증해주고 남는다. 그러나 삼현의 그 많은 악곡들이 어떠한 형태의 음악이었는지는 위의 사료에서 전혀 언급되지 않았기 때문에, 성악 반주곡인지 아니면 순수한 기악곡인지 불분명하다. 다만 다음 소항목에서 언급될 옥보고의 30곡을 통해서 희미하게나마 삼현의 악곡이 어떠했을 것이라고 추정해볼 수 있을 뿐이다.

요컨대 신라 삼현에 사용된 악조는 어느 음악에 사용됐느냐에 따라서 두 갈래로 구분될 수 있으니, 하나는 향악에만 사용된 악조이고, 다른 하나는 당악에 사용된 악조이다. 향악에 사용된 악조는 거문고의 우조와 평조 및 가야금의 하림조와 눈죽조이었고, 향비파의 궁조·칠현조·봉황조는 당악연주에서 사용된 악조였다. 향악기에 중국음악의 악조가 사용된 실례는 다음 소항목에서 언급될 삼죽의 경우에서도 확인되기 때문에, 통일신라의 왕립음악기관이었던 音聲署의 악공들은 그당시의 당악에 사용된 악조를 향악기로 연주했다. 이러한 사실은 신라 음성서의 악공들이 당나라에서 소개된 악조를 자주적으로 향악기에 수용한 대표적인 실례의 하나이다.

나) 삼죽의 악조와 악곡

신라 삼죽에 사용된 악조는 대금·중금·소금에 공통적으로 사용됐는데, 이 공통점이 삼현의 경우와 다르다. 삼죽의 악조는 아래의 사료에서 확인할 수 있듯이 平調·越調·黃鍾調·般涉調·出調·俊調·二雅調 이상 일곱 가지이다.

> 鄕三竹 …三竹笛에는 七調가 있으니, 一은 平調, 二는 黃鍾調, 三은 二雅調, 四는 越調, 五는 般涉調, 六은 出調, 七은 俊調이었다. 大笒은 三百二十四曲, 中笒은 二百四十五曲, 小笒은 二百九十八曲이 있다(《三國史記》 권 32, 志 1, 樂).

10) 李惠求, 〈統一新羅의 文化 : 音樂〉(《한국사》 3, 국사편찬위원회, 1976), 355쪽.

삼죽의 일곱 악조는 음악학계의 연구성과에 따르면 크게 두 갈래로 나눌 수 있는데, 하나는 음악학계에서 밝혀진 평조·황종조·반섭조·월조 이상 네 가지이고, 다른 하나는 아직 밝혀지지 않은 세 악조 곧 이아조·준조·출조이다. 평조·황종조·반섭조·월조는 중국의 악조라는 견해가 일찍이 소개된 바 있고,11) 당나라 天寶 13년(754)에 성립된 당속악 28조와 관련된 네 악조가 신라 下代에 신라사회에 수용되었으리라고 밝혀졌다.12)

그러나 향비파의 일곱 악조 중에서 밝혀지지 않은 이아조·준조·출조는 향악에 사용된 악조일 것으로 추정되지만, 어떠한 음악적 구조로 이루어진 악조인지는 알 수 없다. 다만 가야금의 하림조와 마찬가지로 향비파의 세 악조도 조명과 선법명을 포괄하는 악조일지 모른다는 추정은 가능하다.

대금의 324곡과 중금의 245곡 그리고 소금의 298곡은 삼죽이 삼현에 비해서 더욱 많이 연주되었음을 입증해주고 남는다. 현행 전통음악 중에서 궁중음악의 경우를 상기해볼 때, 관현합주곡이 많은 이유는 관악기가 현악기보다 呈才 곧 궁중무용의 반주음악에 많이 사용되기 때문이다. 삼죽의 그 많은 악곡들은 한편으로는 무용반주와 밀접한 관계를 가졌기 때문에 생긴 결과로 이해되고, 다른 한편으로는 삼죽의 악곡 중 일부가 당속악의 악곡들과도 관련되었다고 볼 수 있다.

요컨대 신라 삼죽의 악조 중에서 일부는 향악에 사용되었고, 나머지는 중국 당속악 28조와 역사적으로 관련되었다. 대금·중금·소금의 향악기에 당속악 28조의 일부가 사용되었다는 사실은 통일신라의 귀족사회에 당악의 영향이 크게 미쳤다는 사실이 확인되지만, 그것은 음성서의 악공들이 일방적으로 당악에 압도당한 것이 아니라, 오히려 당악을 자주적으로 삼죽에 수용한 증거이다. 통일신라의 악공들이 그당시 막강했던 당악의 영향 아래서 삼죽과 삼현을 통해서 향악의 전통을 후대에 굳건히 물려줄 수 있는 자주적 문화수용 역량을 가졌었다는 사실이 음악사적 의미를 지닌다.

---

11) 李惠求, 위의 글, 355쪽.

12) 宋芳松, 〈新羅 三竹의 唐樂調 硏究〉(《韓國學報》 56, 1989), 2~26쪽.
鄭永進, 〈新羅 三竹의 平調 硏究〉(嶺南大 碩士學位論文, 1993), 1~46쪽.

라. 옥보고의 창작곡과 악가무

가) 옥보고의 창작곡

가야금의 185곡, 거문고의 187곡, 향비파의 212곡 이상 모두 584곡이 삼현의 악곡수였고, 삼죽의 악곡수는 대금 324곡, 중금 245곡, 소금 298곡으로 모두 867곡이었다. 삼현의 악곡이 280여 곡이나 많은 이유는 아마도 궁중무용의 반주음악이 포함되었기 때문일 것으로 추정되었지만, 어떤 형태의 악곡인지는 확실하지 않다. 이제 옥보고의 창작곡을 조명해보면, 삼현의 악곡이 대략 어떤 형태의 악곡일 것이라는 추정이 가능하다.

> 玉寶高가 지은 三十曲은 上院曲이 하나, 中院曲곡이 하나, 下院曲이 하나, 南海曲이 둘, 倚嵓曲이 하나, 老人曲이 일곱, 竹庵曲이 둘, 玄合曲이 하나, 春朝曲이 둘, 秋夕曲이 하나, 吾沙息曲이 하나, 鴛鴦曲이 하나, 遠岵曲이 여섯, 比目曲이 하나, 入實相曲이 하나, 幽谷淸聲曲이 하나, 降天聲曲이 하나인데, 克宗이 지었다는 七曲은 지금 없어졌다(《三國史記》 권 32, 志 1, 樂).

옥보고가 창작한 거문고의 악곡명은 우륵의 가야금곡명에 비해서 매우 세련되었다. 우륵의 가야금곡명이 대체로 낙동강지역의 이름이었다는 사실에 주목할 때, 옥보고의 春朝曲·秋夕曲·鴛鴦曲 등과 같은 한문식 악곡명이 바로 세련됨을 보여주는 증거물이다. 세련된 곡명이 출현한 이유는 두 가지인데, 첫째는 두 음악인이 살았던 시대가 두 세기의 차이를 보이는 사실이고, 둘째는 옥보고가 신라사회의 6두품 귀족이었다는 사실이다.

앞서 지적했듯이 옥보고가 경덕왕(742~764) 때의 사람으로 밝혀졌고, 우륵이 진흥왕(540~575) 때의 사람이므로, 옥보고는 우륵보다 두 세기 후에 음악활동을 전개한 사람이다. 삼국통일 이후 신라는 한 세기동안 당나라의 문물을 많이 받아들임으로써 문화발전의 새로운 계기를 마련했기 때문에, 옥보고의 거문고곡명에 대한 이해는 이러한 시대적 상황을 고려해야 하며, 또 다음과 같은 사회적 배경을 감안해야 한다.

신라 골품제사회에서 왕족 다음의 귀족이 6두품인데, 옥보고가 바로 6두품 귀족 출신의 악사였다. 경덕왕(742~764) 당시 왕족과 6두품 귀족의 자제들은 신문왕 2년(682)에 설립된 國學을 개칭한 太學에서 儒學이라는 새 학문을 공부할 수 있었는데, 유학을 위한 중국고전의 탐독은 왕족과 6두품 자제들에게 필수적 과제였다. 신라의 왕립교육기관 태학에서 유학에 필요한 한문교육이 보편화되었고, 특히 6두품 귀족들 사이에서 유학사상이 점차 싹트기 시작하였다. 원효의 아들 薛聰과 외교활동에 크게 공헌한 强首가 모두 6두품 출신의 인물들임을 상기할 때,[13] 옥보고도 한문교육을 받았음이 분명하고, 따라서 그의 창작곡에 한문식 곡명을 붙인 것은 아주 자연스러운 결과였다.

옥보고의 창작곡이 어떤 악곡이었을까에 대하여 아무런 단서를 위의 사료에서는 찾을 수 없지만, 《세종실록》의 朴堧 상소문에서 그 문제의 해결을 위한 단서가 발견된다. 《세종실록》 권 47에 언급된 實相曲이 옥보고의 入實相曲일 것이라는 전제 아래서, 입실상곡은 거문고반주에 의한 성악곡일지 모른다고 추정하였다.[14] 세종(1418~1450) 당시의 실상곡은 아래의 사료에 제시했듯이 거문고의 彈法을 모르고 가사도 없는 거문고곡명으로 분류되었다. 그러므로 실상곡이 입실상곡일 것이라는 추정은 세종 이전의 실상곡이 거문고반주의 가사를 가진 성악곡이라는 사실에서 가능하다.

> 이제 거문고에 소속된 것으로 말씀 드리오면, 그 타는 법은 알면서도 歌詞를 알지 못하는 것이 있으니, 嚾子·啄木·憂息·多手喜·淸平·居士戀 등이 이것이옵고, 또 譜法은 함께 있어도 그 빠르고 느린 節調를 이해하지 못하며, 또 겸하여 가사까지도 잃은 것이 있으니, …實相曲·朽木狗藠·篇 등이 이것입니다(《世宗實錄》 권 47, 세종 12년 2월 丙寅).

위의 사료에서 주목할 것은 세종 12년(1430)에 탄법은 알지만 가사를 알지 못하는 거문고악곡 憂息曲이다. 왜냐하면 이 우식곡이 訥祇王(417~457) 때의 憂息樂과 역사적 맥락을 갖는다고 보면, 우식곡은 거문고반주의 가사를 가진 성악곡으로 해석할 수 있기 때문이다. 우식악이 1천 년이라는 세월의 변천과정을 거치는 동안에 우식곡으로 바뀌었는지는 확실하지 않지만, 아무튼 거문고와 관련된 악곡이라는 사실이 부정될 수 없다면 그러한 추정도 가능하다.

13) 李基白, 《新羅政治社會史硏究》(一潮閣, 1974), 34~64쪽.
14) 李惠求, 《韓國藝術總覽》 槪觀篇(대한민국예술원, 1964 ; 李惠求·張師勛·成慶麟, 《國樂史》, 한국국악학회, 1965, 13쪽) 참조.

앞서 언급된 실상곡과 우식곡이 아니더라도 옥보고가 창작한 30곡 중에는 거문고반주의 성악곡명이 분명히 포함되었으리라고 보아야 마땅하다. 그 이유는 우륵의 12곡명 중에는 낙동강지방의 민요를 편곡한 가야금반주의 성악곡이 있었고, 또한 우륵이 노래와 춤 그리고 가야금 곧 樂·歌·舞에 능통한 樂師였다는 사실을 상기할 필요가 있기 때문이다. 우륵과 마찬가지로 따라서 옥보고도 노래와 거문고에 뛰어난 악사였다고 보아도 무방할 것이다. 그리고 거문고반주의 성악곡 이외에 순수한 거문고곡명이 30곡 중에 포함되었는지의 의문은 앞으로 풀어야 할 과제의 하나이다.

나) 악가무 전통

6세기 중엽 가야금을 수용하기 이전의 삼국시대 신라 향악은 지금의 경상도 여러 지방에서 연주된 가무였다고 앞 장에서 지적하였다. 삼현과 삼죽이 신라 下代에 완전히 수용되기 이전의 신라사회에서 주로 연주된 향악은 《삼국사기》 악지에 다음과 같이 전한다.

> 政明王 9년에 新村에 거동하여 잔치를 베풀고 음악을 연주케 하였는데, 笳舞에는 監이 六人이요 笳尺이 二人, 舞尺이 一人이며, 下辛熱舞에는 監이 四人, 琴尺이 一人, 舞尺이 二人, 歌尺이 二人이며, 思內舞에는 監이 三人, 琴尺이 一人, 舞尺이 二人, 歌尺이 二人이며, 韓岐舞에는 監이 三人, 琴尺이 一人, 舞尺이 二人이며, …小京舞에는 監이 三人, 琴尺이 一人, 舞尺이 一人, 歌尺이 三人이며, 美知舞에는 監이 四人, 琴尺이 一人, 舞尺이 二人이었다. …신라 때에는 樂工을 모두 尺이라고 하였다(《三國史記》 권 32, 志 1, 樂).

위의 사료 끝에 언급된 尺이 신라시대 樂工을 뜻하므로, 琴尺은 가야금을 연주하는 악공이고, 歌尺은 노래하는 악공이며, 舞尺은 춤추는 악공이다. 따라서 금척·가척·무척은 신라의 왕립음악기관 음성서에 소속된 음악인들이었는데, 그들은 악기연주와 노래 그리고 춤을 연주하는 악공, 곧 樂·歌·舞에 능통한 악공들이었다.

가척이 부른 노래나 무척의 춤은 신라 여러 지방의 歌舞에 바탕을 두었다. 왜냐하면 韓岐舞는 경주 부근 六部의 하나인 한기지방의 춤이었고,[15] 小京舞

---

15) 梁柱東, 《增訂古歌硏究》(一潮閣, 1965), 37~38쪽 참조.

는 신라의 다섯 소경(忠州·南原·原州··金海·江陵) 중의 한 소경의 춤이었으며, 美知舞는 경북 의성군 丹密지방의 춤이었다.[16]

삼국통일 직후인 신문왕 9년(689) 당시 신라의 대표적인 향악기가 가야금이었으므로, 금척은 거문고 연주자가 아닌 가야금 연주자였다. 진흥왕(540~575) 때 신라에 투항한 우륵이 法知·階古·萬德에게 노래와 춤 그리고 악기를 각각 잘 전승시켰기 때문에, 한 세기 이후에 금척이 춤과 노래의 반주자로 폭넓게 활약할 수 있었다. 그리고 가야금이 일본궁중에 파견된 신라악사와 악생들에 의해서 新羅琴(시라기고토)으로 알려졌다.

요컨대 삼현과 삼죽으로 대표되는 통일신라의 향악은 크게 두 단계의 발전과정을 거치면서 성장했으니, 신라 中代와 下代가 그것이다. 삼국통일 전부터 혜공왕(765~779)까지의 신라 중대에는 가야금이 신라 향악의 기둥이었고, 이 즈음에 삼현과 삼죽은 서서히 조금씩 자리를 잡아가다가 신라 하대에 이르면서 삼현과 삼죽의 전통이 확립되었다. 따라서 신라 중대에 가야금에 의해서 연주되었던 악·가·무는 하대에 이르러 거문고와 향비파에 의해서 크게 확장되었다.

(3) 당악과 불교음악의 대두

삼국시대와 마찬가지로 향악이 통일신라시대 음악사의 주류를 이루었다. 통일신라가 당나라와 밀접한 문화교류를 전개하면서 당의 문물을 받아들임으로써, 唐樂과 梵唄라는 새로운 물줄기가 향악의 주류에 합류하게 되었고, 따라서 새 음악문화에 의해서 신라음악사는 새로운 지평을 열었다. 당악과 범패의 등장은 삼국시대와 구분되는 통일신라시대의 특징을 나타내는 중요한 사건이므로, 두 음악문화는 음악사에서 중요한 의미를 갖는다.

한국음악사에서 당악이라는 말은 두 가지 의미를 지닌 용어로 사용되고 있다. 첫째는 좁은 의미의 당악 개념이고, 둘째는 넓은 뜻의 당악이라는 말이다. 좁은 의미의 당악은 당나라에서 통일신라사회에 소개된 음악문화를 가리키지만, 넓은 뜻의 당악은 당나라의 음악뿐만 아니라 고려조정에 소개된

16) 宋芳松, 앞의 책(1982), 272쪽 주 91) 및 274쪽 주 110) 참조.

송나라의 음악문화까지 포함하고 있다. 여기서 논의되는 것은 물론 좁은 의미의 당악이다.

가. 당악과 당악기의 등장

가) 《삼국사기》에 기록된 당악

당악에 관한 최초의 기록은 아래 사료에서 확인할 수 있듯이 《삼국사기》 문무왕 4년(664)조에 전하는데, 당악이 최초로 등장하는 시기는 백제가 멸망한 직후였다.

> 三月에 百濟의 餘衆이 泗沘山城(扶餘 扶蘇山城)에 웅거하여 배반하매, 熊津都督(扶餘隆)이 兵을 발하여 攻破하였다. 地震이 있었다. 王이 星川·丘日 등 二十八人을 熊津府城에 보내 唐樂을 배우게 하였다(《三國史記》 권 6, 新羅本紀 6, 문무왕 4년).

星川과 丘日이 문무왕 4년(664)에 당악을 배웠다는 熊津府城은 백제를 멸망시킨 당나라 蘇定方의 군대가 머물고 있던 곳이었다. 웅진부성의 당나라 軍營에서 배울 수 있었던 음악은 군악 계통의 鼓吹일 것으로 추정된 바 있지만,[17] 唐俗樂이 포함되었을지도 모른다. 왜냐하면 오래 체류하는 당나라 군인들을 위로하기 위하여 위문공연단이 웅진부성에 파견되어 상주했을 가능성을 배제할 수 없기 때문이다. 그러므로 성천과 구일 등 28명이 당의 고취와 속악을 모두 배웠을 가능성도 있다. 만약 이들이 당나라 군악 계통의 고취를 배웠다면, 그들은 신라군인이었을 것이다. 그렇지만 혹시 당속악을 배웠다면, 그들은 音聲署 소속의 악공이었을 것이다.

문무왕 4년 이후부터 당악은 신라음악사의 새로운 지평을 열어 주었으니, 다음 소항목에서 언급될 여러 唐樂器의 출현은 당연한 결과였다. 7세기 후반에 구체적으로 어떤 종류의 당악이 신라의 음성서와 귀족사회에서 연주되었는지는 알 수 없으나, 앞서 지적된 당속악 28조의 일부가 삼죽에 사용된 점으로 미루어 다음과 같은 짐작이 가능할 뿐이다.

삼죽에 사용된 황종조·반섭조·월조·평조는 모두 당속악 28조이므로, 음

---

17) 李惠求, 앞의 책(1964), 106쪽 ; 李惠求·張師勛·成慶麟, 앞의 책, 10쪽.

성서의 악공들이 분명히 당속악을 연주하였다. 당속악 28조의 일부를 연주한 대금·중금·소금과 같은 관악기는 당나라 궁중무용의 반주악기로 사용됐을지도 모르고, 따라서 당의 궁중무용이 음성서 소속 舞尺에 의해서 공연되었을 것이다. 아래 사료의《삼국사기》악지에서 볼 수 있듯이 무척의 화려한 의상들이 소개된 사실은 당의 궁중무용과 관련됐다는 증거이다. 그리고 향비파의 궁조·칠현조·봉황조가 중국음악의 악조이므로, 그 당악조는 당악이 신라사회에 널이 연주되었음을 입증한다.

나) 당악기의 출현

통일신라사회에서 당악을 연주했던 당악기는 크게 두 갈래로 구분될 수 있으니, 첫째는 문헌에 전하는 당악기이고, 둘째는 고고학자료에 보이는 당악기이다. 당악기 관련의 기사는《삼국사기》악지의 기록인데, 그 내용은 다음과 같다.

> 新羅의 音樂은 三竹·三絃·拍板·大鼓·歌舞 등이다. 舞에는 두 사람이 있는데, 放角幞頭와 紫色大袖, 公襴에 붉은 띠를 두르며, 鍍金한 銙腰帶와 검은 가죽신을 갖춘다(《三國史記》권 32, 志 1, 樂).

신라 음성서에서 연주된 당악기는 拍板과 大鼓 두 가지였다. 박판은 현행의 拍처럼 생긴 타악기의 일종이고, 대고는 글의 뜻대로 큰 북인데, 이 타악기는 주로 음성서의 악공들에 의해서 연주되었던 당악기였다. 그러나 고고학자료에 나타나는 당비파·피리·박 같은 당악기는 궁중 밖의 신라사회에서 연주되었다.

보통 비파로 문헌에 기록된 唐琵琶는 삼현의 鄕琵琶에 비해서 두 가지가 다르다. 당비파는 네 줄이고 굽은 목을 지녔지만, 향비파는 다섯 줄에 곧은 목을 지녔다. 굽은 목 때문에 당비파는 曲頸비파라고도 하고, 4줄이므로 4현비파로도 불리운다. 당비파가《삼국사기》악지에서는 언급되지 않았지만, 문무왕 13년(673)의 비암사의 癸酉銘阿彌陀佛三尊石像과 신문왕 2년(682)의 감은사의 靑銅製舍利器 및 鳳巖寺의 智證大師寂照塔身에서 각각 발견된다.[18]

18) 李弘稙, 〈韓國古代樂器圖像過眼錄〉(《李惠求博士頌壽紀念音樂學論叢》, 한국국악학회, 1969), 175쪽 도판 21·23(癸酉銘阿彌陀佛三尊石像).

이러한 고고학자료에 의거하건대 당비파가 향비파처럼 통일신라사회에서 널리 연주되었다.

박 또는 박판으로 기록된 이 당악기는 여섯 쪽의 긴 나무판을 나란히 묶어서 만든 타악기의 일종이다. 관현악합주의 시작과 끝에서 사용되었고, 또 呈才 곧 궁중무용의 춤사위를 바꿀 때에도 사용되었던 조선시대의 박을 보건대, 통일신라시대에도 박은 비슷한 경우에 사용되었으리라는 추측이다. 특히 당속악 28조의 일부를 연주했던 삼죽과 함께 박은 당나라의 궁중무용을 반주악기로 연주됐을 가능성이 매우 높다. 박의 연주모습은 봉암사의 지증대사적조탑신에서 발견된다.[19]

피리는《高麗史》악지에 의하면 손집는 指孔의 숫자에 따라서 두 종류로 소개되었고,[20] 향피리와 당피리라는 명칭상의 구분은《악학궤범》권 7에서 시작되었다.[21] 景哀王 원년(924)의 鳳巖寺 智證大師寂照塔碑에 보이는 피리는 당피리로 해석되는데, 왜냐하면 그 피리가 당비파 및 박과 같은 당악기와 함께 연주되었기 때문이다.

글자대로 큰북을 뜻하는 대고는 어느 정도의 크기로 만들어졌는지는 가늠하기 어렵다. 일본의 唐樂(도가쿠)에 연주되는 대고의 경우를 미루어 생각하건대, 신라의 대고는 고려시대의 敎坊鼓처럼[22] 생겼을 것이고, 박과 함께 춤반주에 연주되었을 것이라는 추측이다.

요컨대 당비파·박판·당피리·대고와 같은 당악기는 통일신라사회의 음악문화를 새로운 차원으로 발전시키는 데 크게 이바지했으므로, 그것들은 당악의 새 갈래 형성에 결정적인 역할을 담당했다. 이처럼 당악기의 등장은 삼국시대에는 없었던 일로서 신라음악사의 발전과정에서 큰 음악사적 의미를 지닌다.

秦弘燮, 〈癸酉銘三尊千佛碑像에 對하여〉(《歷史學報》17·18합집, 1962), 83~109쪽.

宋芳松, 앞의 책(1984), 사진 8-나(青銅製舍利器)·사진 20(智證大師寂照塔身).

19) 宋芳松, 위의 책, 사진 20(智證大師寂照塔身) 참조.

20)《高麗史》권 71, 志 25. 樂 2, 唐樂·俗樂.

21)《樂學軌範》권 7. 唐觱篥·鄕觱篥.

22)《高麗史》권 71, 志 25, 樂 2.
《樂學軌範》권 2, 敎坊鼓.

나. 불교음악

통일신라의 불교음악은 梵唄와 居士소리로 구분될 수 있다. 범패는 불교의식과 밀접한 관계를 맺고 성장한 불교음악의 한 갈래이지만, 거사소리는 포교활동에 의해서 생겨난 불교음악의 한 갈래이다. 그러므로 통일신라의 불교음악은 범패와 거사소리로 나누어 개관될 것이다.

가) 신라 범패의 전통

삼국 중에서 제일 늦게 법흥왕 22년(535)에 가서야 신라는 불교를 공식적으로 받아들였다. 이런 불교의 전통을 전승한 통일신라의 범패는 중국의 범패와 밀접한 관계를 맺고 있는데, 중국의 범패는 3세기 무렵 曹植(192~232)에 의해서 처음으로 만들어졌다. 그런데 梵音·聲明·梵聲·漁山으로도 불리는 범패의 유래는 인도의 경전인 베다(Veda)의 사상을 위주로 삼은 婆羅門敎(Brahmanism)에서 찾아져야 한다.

통일신라의 범패와 관련된 두 문헌은 신라고승 眞鑑禪師의 大空塔碑와 일본고승 圓仁(엔닌 ; 793~864)의 《入唐求法巡禮行記》이다. 현재 경남 하동군 雙谿寺에 전하는 진감선사의 대공탑비는 범패 관련의 유일한 신라자료이기 때문에 매우 귀중한데, 그 비문의 일부를 번역해서 소개하면 아래와 같다.

> 범패를 청아하게 잘 불러서, 그 소리가 금옥 같았고, 기우는 악절이나 나는 듯한 소리가 상쾌하고 애완해서 능히 제천으로 하여금 환희하게끔 만들고, 아주 멀리까지 전해지니, 배우려는 자가 집에 가득했으며, 그들을 가르치기를 게을리하지 않았다. 오늘날 우리 나라에 어산의 오묘함을 배우려는 사람들이 다투어 코를 가리는 것과 같이 해서, 옥천사의 여향을 본받으니, 어찌 성문으로 제도하는 덕화가 아니겠는가.

眞鑑禪師 慧昭(774~850)는 哀莊王 15년(804) 당에 입국했다가 흥덕왕 5년(830)에 귀국하여 지금의 쌍계사인 玉泉寺를 세우고 범패를 가르친 신라고승이다.[23] 진감선사가 옥천사에서 가르친 범패가 어떤 종류인지는 확실하지 않다. 그러나 진감선사와 거의 동시대 사람인 자각대사 圓仁이 開成 3년(838) 당에 들어갔다가 承和 14년(847) 일본에 귀국하여 펴낸 《입당구법순

---

23) 《韓國人名大事典》(新丘文化社, 1976), 1024쪽.

례행기》에 신라 범패에 관한 기록이 아래에 제시했듯이 매우 자세하게 전한다.

> 赤山院에서의 佛經講義 儀式. 아침 8시에 불경강의를 위한 종을 쳐서 대중에게 알리고, 종소리가 그친 이후 한참 있다가 대중이 法堂에 들어갔다. 바로 그때 대중을 안정시키는 종소리가 울렸고, 講師가 法堂에 들어와 높은 의자에 앉으려 하자 곧 대중이 합창으로 '稱嘆佛名'을 불렀는데, 그 곡조가 아주 新羅風이었고 唐風을 닮지 않았다. 강사가 자기 자리에 앉자 '칭탄불명'을 부르는 소리가 그쳤다. 강사의 아래에 앉았던 한 僧侶가 당풍의 梵唄를 불렀는데, 그 가사는 '云何於此經'이란 한 행짜리였다. …그 강사가 자기 자리에 내려오자, 한 승려가 '處世界如虛堂'이라는 偈를 불렀는데, 그 노래소리가 本國의 것과 아주 비슷했다(圓仁, 《入唐求法巡禮行記》 권 2, 開成 4년 11월 12일).

원인이 방문했던 赤山院은 중국 山東省 登州의 新羅坊에 있었던 신라절의 하나였다.[24] '稱嘆佛名'이라는 범패는 신라 대중들에 의해서 불렀으니 新羅風일 수밖에 없었고, '云何於此經'을 당나라에서 배운 승려가 불렀으니 그것은 당연히 唐風이었다. 그러나 '處世界如虛堂'은 신라풍도 아니고 당풍도 아니었으며 본국의 것과 비슷하다고 했으므로 日本風의 범패였다. 이렇듯 적산원의 신라절에서 불린 범패가 신라풍·당풍·일본풍 이렇게 세 종류라는 사실은 음악사적으로 여러 사실을 암시한다.

신라대중들이 부른 '칭탄불명' 같은 범패는 진감선사가 당나라에서 배운 당풍의 범패와 음악적으로 구별되었다. 그런 신라풍의 범패가 언제부터 신라사회에서 불리었는지는 잘 알 수 없지만, 진감선사가 귀국한 흥덕왕 5년(830) 이전부터 불리었던 신라 범패였다. 그리고 진감선사가 옥천사에서 가르쳤다는 범패는 당나라에서 배운 당풍이므로, 그 당풍의 범패는 신라풍의 범패와 구분되었다. 요컨대 신라풍의 범패가 흥덕왕 5년 진감선사의 귀국 이전부터 신라사회에서 불리었으나, 당풍의 범패는 진감선사에 의해서 흥덕왕 5년 이후부터 신라에 전파됨으로써, 9세기 중반부터 신라 범패는 진감선사에 의해서 음악적으로 더욱 다양해졌다.

---

24) 李基白, 《韓國史新論》 新修版(一潮閣, 1990), 116~117쪽.

나) 원효의 거사소리

불교를 포교할 때 부르는 거사소리의 기원은 元曉(617~686)의 無㝵歌에서 시작되었다. 불경의 깊은 교리에 어두운 백성들을 위하여 '나무아미타불'의 염불만으로도 극낙왕생할 수 있다는 淨土敎는 그 당시의 귀족불교와는 대조적인 민중불교였고, 정토교의 포교에 앞장섰던 고승이 바로 원효였다. 6두품 귀족 출신의 원효는 破戒 이후 전국 방방곡곡에 떠돌아다니면서 정토교신앙을 널리 포교했고, 어느 한 곳에 치우치지 않고 협소한 주장에 사로잡히지 않는 길을 찾아 구도하면서《金剛三昧經》·《大乘起信論疏》와 같은 유명한 저술을 남겼으며, 스스로 광대의 처지에서 노래부르고 춤추면서 포교에 힘쓰면서 부르던 노래가 바로 최초의 거사소리 無㝵歌였다.

> 원효는 이미 파계하고 설총을 낳은 후로는 옷을 바꾸어 입고 스스로 소성거사라고 하였다. 우연히 광대들이 가지고 노는 큰 박을 얻었는데, 그 모양이 괴이했다. 스님은 그 모양을 따라서 도구를 만들어 화엄경 속에 말한 '아무 거리낌이 없는 사람은 한가지 도로써 생사를 벗어난다'라는 문구를 따서 이름을 무애라고 하고, 계속해서 노래를 지어 세상에 퍼트렸다(《三國遺事》 권 4, 義解 5, 元曉不羈).

스스로를 小姓居士라고 불렀던 원효가 지어 노래불러 세상에 퍼트렸다는 무애가는 따라서 거사소리의 시초였다. 화엄경에서 "아무 거리낌이 없는 사람은 한 가지 도로써 생사를 벗어난다"(一切無㝵人 一道出生死)는 구절을 따서 지은 무애가는 바로 민중불교 정토교의 포교를 위한 거사소리였기 때문이다. 민중불교의 무애가는 신라말로 되었으므로, 한문가사로 된 귀족불교의 범패와는 사설의 내용상으로 구분되었다. 원효의 무애라는 춤과 노래는 통일신라 이후에 고려왕조와 조선왕조의 궁중정재로 채택됨으로써 새로운 공연예술로 발전되어 후대까지 전승되었는데, 無㝵舞歌는 바로 그것이다.

요컨대 통일신라의 불교음악에는 범패와 거사소리가 있었는데, 이 두 갈래의 불교음악은 통일신라음악을 한 차원 높게 발전시키는 밑거름이 되었다. 신라풍의 범패가 진감선사가 전해준 당풍의 범패 이전부터 신라사회에서 널리 연주되다가, 9세기부터 당풍의 범패를 수용함으로써 신라범패의 전통은 새로운 지평을 열게 되었다. 한편 민중불교 정토교의 포교를 위하여 등장한 원효의 무애가는 거사소리의 시초였으므로 음악사적 관점에서 중요한 의미를 지닌다.

(4) 일본에서의 고려악

삼국악을 전승한 일본의 高麗樂(고마가쿠)은 한국음악사의 주류에서 오래전에 벗어났다. 그렇지만 고려악은 모두 한민족의 음악문화를 오랜동안 지속시켰다는 사실이 음악사적 관점에서 큰 의미를 지닌다. 고려악은 아직까지도 唐樂(도가쿠)과 함께 일본 雅樂(가가쿠)의 한 기둥을 이루고 있다는 점에서도 중요한 음악사적 의의를 갖는다.

삼국통일 이후에도 백제악·고려악·신라악은 일본궁중에서 삼국악사와 악생에 의하여 계속 연주되었다. 백제와 고구려가 멸망한지 40여 년 후인 大寶 2년(702) 당시의 雅樂寮(가가쿠료)에 소속되었던 고구려·백제·신라악사는 각각 4명씩이었고, 삼국악생은 각각 20명씩이었다. 그러나 天平 3년(731)에 이르러 백제악생은 20명에서 26명으로 증원됐지만, 고려악생은 20명에서 8명으로 줄었고, 신라악생은 20명에서 4명으로 16명이나 감원되었다. 그리고 아래의 사료에서 제시되었듯이 大同 4년(809)에는 신라악사가 4명에서 2명으로 줄었으나, 백제악사와 고려악사의 4명은 변동되지 않았다.[25]

> 가가꾸료가 정하기를 …고려악사 4명은 횡적·군후·막목·춤 등의 선생이고, 백제악사 4명은 횡적·군후·막목·춤 등의 선생이며, 신라악사 2명은 가야금·춤 등의 선생이다(《日本後紀》 권 17, 平城天皇 大同 4년 3월 병인).

백제악사와 고려악사 4명은 橫笛·箜篌·莫目·춤을 가르치는 선생이었고, 신라악사 2명은 가야금·춤 선생이었다. 삼국시대 언제부터 이러한 숫자의 삼국악사들이 일본에 파견되었는지 분명하지 않지만, 백제의 경우를 보건대 그 시기는 늦어도 欽明天皇 15년(554)에 4명의 백제악사가 교체되었던 6세기 무렵부터였다. 횡적은 나중에 高麗笛(고마부에) 또는 百濟笛(구다라부에)으로

---

25) 李惠求,《韓國音樂論叢》(수문당, 1975), 170~171쪽.

불리운 관악기였고, 후에 百濟琴(구다라고토)으로 불리운 군후는 箜篌가 아닌 거문고였으며,[26] 막목은 향피리와 같은 관악기의 일종으로 추정되었다.[27]

平安(헤이안, 794~1191) 초기 雅樂寮에 소속됐던 삼국악사와 삼국악생들은 仁明天皇(833~847) 당시 악제개혁에 따라서 변천과정을 거쳐야만 했다. 먼저 고려악·백제악·신라악·발해악으로 각각 불리던 것을 高麗樂(고마가쿠)으로 통합시켰고, 통합된 고려악을 아악료의 右坊樂으로 삼았다. 12세기 이후 우방악의 고려악은 左坊樂의 唐樂와 함께 일본 아악의 두 기둥으로 현재까지 전승되고 있다.

嘉祥 원년(848) 9월 22일에 있었던 악제개혁 때 삼국악사와 삼국악생들의 숫자가 많이 변천되었다.[28] 악제개혁 이전에는 고려악생 20명·백제악생 20명·신라악생 20명 총 60명이었으나, 개혁 후에는 고려악생 18명·백제악생 7명·신라악생 4명 총 29명으로 감원되었다. 악제개혁 이전과 이후 삼국악사와 삼국악생의 변천과정을 알기 쉽게 도표로 정리하면 아래의 〈표〉와 같다.

〈표〉 삼국악사·악생수의 변동

구 분 / 년 도	백 제		고 구 려		신 라	
	악 사	악 생	악 사	악 생	악 사	악 생
大寶 2년(702)	4명	20명	4명	20명	4명	20명
天平 3년(731)	4명	26명	4명	8명	4명	4명
大同 4년(809)	4명	-	4명	-	2명	-
嘉祥원년(848) 이전	-	20명	-	20명	-	20명
嘉祥원년	4명	7명	4명	18명	2명	4명

우방악의 고려악에 사용된 악조는 高麗壹越調(고마 이찌코츠조)·高麗平調(고마 효오조)·高麗雙調(고마 소오조) 이상 세 가지였는데, 이러한 악조명은

26) 李惠求, 위의 책, 162쪽.
27) 李惠求, 《韓國音樂硏究》, 199~200쪽.
28) 神宮司廳, 《古事類苑》(東京 : 吉川弘文館, 1979), 樂舞部, 권 24, 635~636·641·643쪽, 권 30, 908~910쪽 및 권 31, 996~997쪽.
李惠求, 위의 책, 169~172쪽.

좌방악의 당악에서 사용된 壹越調·平調·雙調와 명칭상 구분하기 위해서 생긴 결과였다. 고려평조로 된 舞樂(부가쿠)으로 林歌가 있고, 고려쌍조의 白濱 등이 있으며, 고려일월조의 新鳥蘇 등이 있다. 이렇게 당악과 구분되기는 했지만, 악제개혁 후의 고려악은 삼국의 음악적 특징을 잃어버린 채 차츰 일본화의 길로 접어들었고, 따라서 일본에서의 고려악은 한국음악사의 주류에서 완전히 벗어날 수밖에 없었다.

〈宋芳松〉

7) 무용·체육

(1) 무 용

신라 제31대 신문왕 9년(689), 왕은 新村에 거동하여 연회를 개최하였는데 이때에 笳舞·下辛熱舞·思內舞·韓岐舞·上辛熱舞·小京舞·美知舞 등과 같은 무용이 공연되었다.[1] 제40대 애장왕 8년(807)에는 思內琴舞·碓琴舞가 공연되었다. 이들 춤의 형식과 내용은 전혀 알려져 있지 않다. 춤의 이름에 琴이 들어 있는 것은 금의 반주에 맞추어 춤을 추었기 때문에 이런 이름이 명명되었으리라 추측될 뿐이다.

통일신라시대에는 音聲署 소속의 무용수를 舞尺이라 불렀는데 당시의 무척은 靑衣를 입거나 赤衣를 입고 춤을 추었다. 尺은 한국에서는 고대로 평민보다 밑의 계급에 속하는 하급 專業家를 뜻하고 있으나 당시의 尺이 몇 등급에 속하는 사람들인지는 확실하지 않다. 다만 당시에 이미 무용을 전문으로 하는 무척이 존재하고 있었다는 사실에 더 큰 의의가 있다.

무척과 함께 주의를 끄는 것은 歌尺과 琴尺이다. 신라에는 이들을 모두 樂工이라 불렀다. 가척은 노래를 전문적으로 부른 악공이며 금척은 무척과 가척의 반주를 맡은 가야금 연주자였다.

삼국시대의 무용이 음악과 노래와 춤이 혼합된 종합공연예술의 성격으로

1)《三國史記》권 32, 志 1, 樂, 三竹.

연기되었다고 하는 사실은 앞에서 이미 언급하였다. 실제로 가야금을 제작한 于勒은 樂·歌·舞의 명인이었다. 그에게 階古는 琴을 法知는 노래를, 萬德은 춤을 전수받았던 것이다. 이 때가 진흥왕 13년(552)이었다.[2] 따라서 6세기 말경을 전후로 하여 삼국시대의 종합공연적 성격을 띄었던 음악·노래·춤은 각각 독자적인 영역으로 분리되기 시작한다고 추측할 수 있다.

삼국시대에 단순한 노래와 춤으로 연주되었을 신라의 무용은 통일신라시대로 들어오면서 더욱 세련되고 체계화되었을 것이다. 그것은 拍板·大鼓 등의 唐나라 악기가 수입되었고 당나라의 敎坊歌舞가 음성서에 소개되었으리라 짐작되기 때문이다.[3]

당시 무용수의 복장은 귀가 나온 복두를 쓰고 큰 소매가 달린 자색 난삼을 입고 붉은 가죽에 도금한 금테를 두른 허리띠를 띠고 검정 가죽장화를 신었다.[4] 이 무용수의 복장은 궁중에서 춤출 때 입었을 것이다.

통일신라의 궁중무용은 앞 시대의 여러 지방에서 鄕人들이 즐기던 노래와 춤을 음성서에서 더욱 체계화하였다. 가무는 奈勿王(356~401) 때 만들어진 춤이며, 하신열무는 儒理王(24~57) 때에 만들어진 것인데 통일신라시대에 음성서에서 더욱 체계화되어 춤추어진 것이다.

음성서에서 춤추던 춤 이외에도 금색의 공을 가지고 노는 일종의 곡예인 金丸, 唐을 거쳐 들어 온 西域의 가면극인 月顚, 역신을 구축하는 大面, 서역의 가연희인 東毒, 사자춤인 狻猊 등이 향약으로 민중들 사이에서 공연되었다.

그 외에도 劍舞, 처용설화에서 유래되어 만들어진 處容舞, 憲康王이 직접 춤추어 보여준 霜髥舞, 고승 元曉大師가 만들었다고 하는 無碍舞 등이 모두 통일신라시대에 춤추어졌던 무용의 이름이다.

(2) 체 육

삼국시대는 정복적 군사적 성질이 명확하여 대내외의 전쟁에 응할 수 있는 인재, 다시 말하면 힘이 강하고 용감한 무사의 양성이 요구되었다. 따라

---

2) 《三國史記》 권 4, 新羅本紀 4, 진흥왕 3년.
3) 宋芳松, 앞의 책, 221쪽.
4) 《三國史記》 권 32, 志 1, 樂.

서 국가와 사회가 필요로 하는 장사·병사의 양성은 교육목적의 하나로 되었다.[5] 체육은 무예에 수반하는 전투능력 양성을 목적으로 하고 있었다.[6]

전투능력의 양성은 일종의 기능훈련으로 일상의 노동·투쟁·자유유희 등을 통해 행해지기 때문에 합리적이며 교육적인 의도와는 그 거리가 멀다고 할 수 있는 것들이었다.

신체운동을 통한 인간형성의 가장 두드러진 현상으로 花郎徒를 들 수 있다. 국가 비상시에 조직된 화랑도는 귀족적 우월의식과 전사적 덕목의 성취를 위해 일치단결하여 노력하고 있었다는 사실들이 그들의 傳記에 상세하게 쓰여 있다. 어떤 화랑은 무예로 어떤 이는 歌樂으로 어떤 사람은 忠孝로 그들의 꽃다운 이름을 역사에 남기고 있다. 이것은 화랑의 교육에 체육·음악·도덕이 포함되어 있어 그 교육의 목적이 身心의 조화가 잡힌 유용한 인재의 육성에 있었음을 나타내고 있다.[7]

화랑은 남성이면서도 신체를 아름답게 하기 위해 화장까지 하였으므로 이것은 화랑이 추구하던 것이 身體美에 있었음을 단적으로 표시하고 있다. 이것과 관련하여 그들이 명산대천을 유오하고 노래와 춤을 행하였음은 몸과 마음의 조화적 발달을 도모하기 위한 노력이었다. 《三國史記》에는 다음과 같이 보인다.

> 혹은 서로 도의를 닦고 혹은 서로 歌樂으로 즐겁게 하고 산수에서 즐겨 놀아 멀리 가보지 아니한 곳이 없다(《三國史記》 권 4, 新羅本紀 4, 진흥왕 37년).

화랑도들이 행한 체육운동으로는 당시의 한반도에서 일반적으로 행해지던 신체운동－무술·유희－이 포함되어 있었을 것으로 짐작되나 사료의 빈곤으로 그 전모를 파악하기는 대단히 어렵다. 그러나 단편적인 사료를 종합해 보면 화랑의 체육교재로는 단독입산과 같은 修行과 遍歷·蹴鞠[8]·狩獵·劍術

---

5) 南宮龍權, 《教育史》(學文社, 1981), 27쪽.
6) 羅絢成, 《韓國體育史》(教學研究社, 1983), 30쪽.
7) 李鎭洙, 《新羅花郎의 體育思想研究》(保景文化社, 1990), 151쪽.
8) 축국에 관해서는 《한국사》 8(국사편찬위원회, 1998), 제4장 제7절 무용·체육조 참조.

·槍術·弓術·馬術 등의 신체운동이 있었음을 알 수 있다.

단독 입산수행으로 유명한 화랑은 金庾信이다. "그는 단독으로 中岳의 석굴에 들어가 재계하고" 하늘에 맹세하며 4일간의 고행 끝에 한 노인을 만나 方術을 전수 받는다.[9] 또 다른 화랑의 入山修行을 말하는 것으로는 寶川(寶叱徒)太子에 관한 설화가 있다.[10] 그 수행의 방법은 다음과 같다.

① 매일 새벽 寅時(4시경)에 기상한다.
② 산의 정상에 올라가 36形으로 변하는 文殊大聖을 예배한다.
③ 산의 정상에 오를 때 동굴의 물을 길어가 煎茶를 부처님께 공양한다.
④ 밤에는 암자에서 수련한다.

이 수행방법이 김유신의 그것보다 종교적이라 할 수 있으나 입산하여 혼자 수련하였다는 것, 기도를 함께 하는 고행이라는 점에서 동일형식의 신체수행이라 할 수 있다. 이같은 수행의 결과 김유신은 검에 靈光이 드리우는 기적을 얻었으며, 보천은 「肉身飛空」의 경지에 도달한 것이다.

편력에 관한 史料는 《三國史記》의 '산수에서 즐기고 놀아 멀리 가보지 아니한 곳이 없다'의 기록을 들 수 있다. 李穀(1298~1351)은 그의 《東遊記》 속에서 화랑도 가운데에서도 그 이름이 전해지고 있는 述郎·永郎 등의 四仙이 유오한 동해안의 명승지에 관해 언급하고 있다. 叢石亭의 四仙峰, 通州의 金蘭窟, 三日浦, 鏡浦臺, 寒松亭, 越松亭 등의 승지가 화랑의 유오지로서 알려져 있다. 해변에 있는 경승지뿐만 아니라 내륙방면의 五臺山·金剛山·智異山도 화랑도들의 유오지였다.

신라사회에서 화랑도들의 편력이 대단히 중요한 위치를 차지하고 있었음은 《삼국유사》의 融天師彗星歌로서도 알 수 있다.[11] 즉 화랑도들의 楓嶽에의 편력은, 천재나 적국의 침입같은 비상시에도 변경할 수 없는 행사로 확립되어 있었던 것이다. 夫禮郎을 화랑으로 추대한 珠履千徒는 그 이름 그대로 구슬신을 신은 천명의 화랑도들로 경주에서 지금의 강원도 通川까지

---

9) 《三國史記》 권 41, 列傳 1, 金庾信.
10) 《三國遺事》 권 3, 塔像 4, 台山五萬眞身.
11) 《三國遺事》 권 5, 感通 7, 融天師彗星歌 眞興王代.

편력을 감행하고 있다.[12] 화랑도들은 군사적으로 중요한 변경지역에까지 편력하여 적정탐색 등의 군사적 목적을 달성하기도 하고, 여러 가지 정보를 입수하여 國政에 반영시키기도 하였다. 편력을 통해 화랑도들은 世情의 좋은 것, 나쁜 것을 식별하고 경험하여 풍부한 인간으로 성장할 수 있었다. 화랑으로 편력을 끝마치고 임금이 된 景文大王의 예는 이를 단적으로 입증하고 있다.[13]

화랑도의 수렵에 관해서는 《삼국유사》 권 4, 義解 5, 二惠同塵조에 보인다. 이 설화는 수렵이란 신체운동을 통한 仁人君子의 덕성 함양에 관계하고 있다. 수렵이 동물을 잡아 스스로를 살찌우기 위한 것이 아니라 그 반대로 다른 생명의 존귀함을 알도록 하는 데 있음을 깨우쳐 준다는 것이다.

신라의 수렵 모습을 전해주는 것으로는 1934년 경주시에서 발견된 狩獵文塼이 있다. 수렵의 방법은 고구려에서 보이는 것처럼 騎射에 의존하고 있는 것이 특징이다.[14] 고구려의 수렵대회가 혹심한 자연조건과 싸워 이기기 위한 신체운동이었다면 신라의 그것은 빠른 시기에 이미 여유있는 스포츠적 활동으로 발전되었다. 수렵을 통해 화랑도들은 다른 생물도 불쌍히 여기는 '殺生有擇'의 덕목을 배우는 체험학습을 실천하였던 것이다.

《삼국사기》·《삼국유사》에 나타나 있는 무술의 종류는 劒·弓·騎射·騎槍의 4가지이다. 화랑 김유신은 국선이 될 수 있었던 까닭이 마치 검술의 습득에 있었던 것처럼 다음과 같이 기록하고 있다.

> 18세가 되어 검술을 修得하여 國仙이 되었다(《三國遺事》 권 1, 紀異 2, 金庾信).

한국에서는 鐵劒이 기원전 1~2세기경에 나타나고 있어, 김유신의 시대에 이르면 기술은 높은 수준에 도달하고 있었을 것이다. 초기의 검은 直劒이었

12) 《三國遺事》 권 3, 塔像 4, 栢栗寺.
13) 《三國遺事》 권 2, 紀異 2, 四十八 景文大王.
14) 羅絢成이 무사수업의 중심적 놀이가 기사를 통한 수렵이라고 언급한 것도 이같은 특징을 고찰한 결과 나온 견해일 것이다(羅絢成, 《韓國體育史研究》, 文泉社, 1974, 22쪽).

는데 이것은 전쟁용으로는 불편하였다. 때문에 삼국시대가 되면 素環頭의 大刀가 많이 사용된 듯하다. 삼국시대 검의 출토물을 보아도 직검의 수는 적으나 대도의 출토는 많아 이러한 사실을 뒷받침하고 있다. 이 같은 당시의 상황은 劍法의 변화를 가져오게 하는 절호의 원인이 되었을 것이라고 판단되나 확실한 사료가 없어 알 수 없다. 어떻든 김유신의 검법은 《삼국사기》에 다음과 같이 기록되어 있을 만큼 탁월하였다.

跨馬拔劍하여 坑을 뛰어넘어 적진에 들락날락하면서 적장을 베어 그 머리를 들고 돌아왔다(《三國史記》 권 41, 列傳 1, 金庾信).

화랑 金歆運도 劍을 들고 적과 싸우다 전사하고 있다.[15] 검이 화랑들의 주요 무기의 하나였으며, 그들이 검술의 수련에 노력하고 있었음을 알게 한다. 당시의 劍法體系에 관해서는 상세히 알 수 없으나, 김유신의 '試斷大石', '斬所乘馬', '斬將軍' 그리고 김흠운의 '拔劍揮之'의 동작으로 보아 당시 검법의 주류가 자르고 베는 형식이었음을 추찰할 수 있을 뿐이다.

화랑이 실시한 무술의 하나로는 弓術을 들 수 있다. 그것은 화랑 官昌에 관한 다음의 기록으로 알 수 있다.

나이가 16살에 騎馬彎弓에 능하다(《三國史記》 권 47, 列傳 7, 官昌).

여기에 보이는 '기마만궁'의 문구는 해석에 따라서 그 의미가 두 가지로 나올 수 있다. 그 하나는 기마만궁을 함께 해석하여 하나의 신체운동으로 보는 것이며 다른 하나는 기마와 만궁을 분리하여 보는 견해이다. 앞의 것은 騎射라고 하는 무술의 한 영역이 되었으며, 뒤의 것은 기마술과 궁술로 나눌 수가 있다.

삼국은 모두 궁술을 중요시하여, 이것에 의해 인재를 선발하고 있었다. 元聖王 4년(788) 봄에 讀書出身科를 정하기 이전에는 「弓箭法」으로 인재를 선발하였던 것이다.[16] 신라가 삼국을 통일한 뒤의 100여 년까지도 '궁전'으로

---

15) 《三國史記》 권 47, 列傳 7, 金歆運.
16) 《三國史記》 권 10, 新羅本紀 10, 원성왕 4년 춘.

인재를 선발하였다는 것은 신라인들이 궁술에 높은 비중을 두고 있었다는 사실을 입증하고 있다.

화랑도는 신라가 삼국을 통일하는 데에 중요한 원동력이 되었다. 신라의 화랑은 신체운동을 통하여 원만하고 유용한 청소년을 육성하였으며 이것은 한국체육의 전통사상으로 현재에까지 그 영향을 미치고 있다.

〈李鎭洙〉

집 필 자

개　요 .... 신형식

Ⅰ. 삼국통일

1. 삼국통일 과정 .... 이호영
2. 삼국통일의 역사적 의의 .... 이호영

Ⅱ. 전제왕권의 확립

1. 무열왕계의 왕권확립 .... 김수태
2. 전제왕권과 귀족 .... 김수태
3. 중앙통치조직의 정비 .... 신형식
4. 지방·군사제도의 재편성 .... 이인철
5. 토지제도의 정비와 조세제도 .... 김기흥

Ⅲ. 경제와 사회

1. 수공업과 상업의 발달 .... 박남수
2. 귀족의 경제기반 .... 이인철
3. 농민의 생활 .... 이인철
4. 천민의 생활 .... 이인철
5. 의식주 생활 .... 이종철·최은수

Ⅳ. 대외관계

1. 당과의 관계 .... 신형식
2. 일본과의 관계 .... 김은숙
3. 해상활동 .... 김문경

Ⅴ. 문　화

1. 유학과 역사편찬 .... 신형식
2. 불교철학의 확립 .... 정병삼
3. 과학과 기술의 발달 .... 박성래
4. 언어와 문학
  1) 이두와 언어 .... 남풍현
  2) 향　가 .... 황패강
  3) 한문학 .... 이혜순
5. 예　술
  1) 회　화 .... 안휘준
  2) 서　예 .... 이완우
  3) 조　각 .... 김리나
  4) 공　예 .... 이호관
  5) 건　축
    (1) 사원 건축 .... 김동현
    (2) 궁실 및 연못 .... 김동현
    (3) 고　분 .... 김동현
    (4) 석조건축 .... 정영호
    (5) 성　곽 .... 차용걸
  6) 음　악 .... 송방송
  7) 무용·체육 .... 이진수

한국사 9

통일신라

편찬간행 **국사편찬위원회**

초판1쇄 2003년 11월 30일
2쇄 2013년 6월 4일

번각발행 **탐구당**

등록일 1950년 11월 1일
등록번호 서울 제 03-00993 호

주소 서울특별시 용산구 한강대로 62 나길 6
전화 (02) 3785-2211(대표)
팩스 (02) 3785-2272
홈페이지 www.tamgudang.co.kr
전자우편 tamgudang@paran.com

ISBN 978-89-8236-575-1
978-89-8236-566-9(세트)

값 25,000 원

* 파본이나 잘못된 책이 있으면 교환해 드립니다.